Volker Henning Drecoll

Der Passauer Vertrag (1552)

Arbeiten zur Kirchengeschichte

Begründet von
Karl Holl† und Hans Lietzmann†

Herausgegeben von
Christoph Markschies, Joachim Mehlhausen
und Gerhard Müller

Band 79

Walter de Gruyter · Berlin · New York

2000

Volker Henning Drecoll

Der Passauer Vertrag (1552)

Einleitung und Edition

Walter de Gruyter · Berlin · New York
2000

♾ Gedruckt auf säurefreiem Papier, das die
US-ANSI-Norm über Haltbarkeit erfüllt.

Die Deutsche Bibliothek – CIP-Einheitsaufnahme

Drecoll, Volker Henning:
Der Passauer Vertrag (1552) : Einleitung und Edition / Volker Hen-
ning Drecoll. – Berlin ; New York : de Gruyter, 2000
(Arbeiten zur Kirchengeschichte ; Bd. 79)
ISBN 3-11-016697-6

Printed in Germany
Druck: Werner Hildebrand, Berlin
Buchbinderische Verarbeitung: Lüderitz & Bauer-GmbH, Berlin

Für Wolf-Dieter Hauschild

Einführung

Der Passauer Vertrag von 1552 ist eines der wichtigsten Dokumente aus der späten Reformationszeit. Das Vertragswerk selbst und das Zustandekommen desselben in den Passauer Verhandlungen war für den Ausgleich der Konfessionen wegweisend, der 1555 auf dem Reichstag in Augsburg festgeschrieben wurde.

Gleichwohl ist der Passauer Vertrag weitgehend in Vergessenheit geraten und scheint nur noch Spezialisten für die späte Reformationszeit bekannt zu sein. Dies zeigt sich etwa daran, daß in einem 1994 erschienen Quellenband zur Reformation (immerhin in der angesehenen Reihe "Freiherr vom Stein-Gedächtnisausgabe") unter der Überschrift "Die Religionsartikel des Passauer Vertrags" ein Text abgedruckt ist, der nicht dem Vertragstext entstammt, sondern einen Entwurf des Religionsartikels darstellt, der 1552 eben nicht durch den Kaiser Karl V. ratifiziert wurde[1].

Nachdem sich in der Zeit um die Jahrhundertwende gleich mehrere Arbeiten mit dem Passauer Vertrag beschäftigt haben[2], sind in den letzten 90 Jahren so gut wie keine Monographien oder Aufsätze mehr erschienen. Aus der Zeit nach 1945 sind im wesentlichen drei Beiträge zu nennen: a) die Monographie von Heinrich Lutz, Christianitas afflicta[3], b) die Dissertation

---

[1] KASTNER, QUELLEN 520-522 druckt die "Passauer Abrede", nicht den Religionsartikel des Passauer Vertrags; statt NSamml. hätten für den abgedruckten Text Druffel III, 506-510 [bis auf den zweiten Absatz ebd. 510], entsprechende Archivalien oder zumindest HERRMANN, AUSGBURG 250-255 herangezogen werden müssen.

[2] Zu nennen sind die Arbeiten von BARGE, VERHANDLUNGEN; WOLF, NASGA 15; TURBA, BEITRÄGE II und BEITRÄGE III; BRANDI, HZ 95; KÜHNS, GESCHICHTE; BONWETSCH GESCHICHTE und HARTUNG, KARL V. (S. 85-115 zum Passauer Vertrag). NEUMANN, VERMITTLUNGSPARTEI geht auf den Passauer Vertrag selbst nicht mehr ein (vgl. ebd. 97.100f).

[3] LUTZ, CHRISTIANITAS AFFLICTA 88-106.494-496 zu den Passauer Verhandlungen. Lutz geht hauptsächlich auf die Folgen der Passauer Verhandlungen für die europäische Politik der Habsburger ein. Nur am Rande beachtet wird dagegen von ihm die Politik Moritz' von Sachsen während des Jahres 1552 sowie das Zustandekommen bzw. die Bedeutung der Religionsfriedensregelungen im Passauer Vertrag. Weitgehend die Darstellung von Lutz liegt dem Überblick bei BUNDSCHUH, WORMSER RELIGIONSGESPRÄCH 8-32 zugrunde.

zum Leipziger Interim von Johannes Herrmann, der auch kurz auf den Passauer Vertrag eingeht[4] und c) die Untersuchung der neutralen Reichsstände durch Luttenberger[5]. Zu erwarten steht der Abschluß der Politischen Korrespondenz des Herzogs und Kurfürsten Moritz von Sachsen, deren 5. Band immerhin bis zum 1. Mai 1552 reicht.

Der Passauer Vertrag selbst liegt nur in Editionen aus dem 16.-18. Jahrhundert vor, eine kritische Edition fehlt ebenso wie verläßliche Angaben, wo sich die Originale des Vertragstextes befinden. Daher schien eine Neuedition des Vertragstextes angezeigt. In ähnlich veralteter Form liegt der Abschied von Linz 1552 vor, in dem die Passauer Verhandlungen vereinbart wurden[6]; andere Texte wie die Ratifikationsurkunde, mit der Karl V. den Passauer Vertrag angenommen hat, sind nur unvollständig ediert. Die Edition des Passauer Vertrages wurde daher durch den Linzer Abschied und die Ratifikationsurkunde ergänzt. Mit der Programmschrift von Moritz in Linz und der Passauer Abrede treten dazu zwei Texte, die für die Verhandlungen 1552 entscheidend waren. Die Passauer Abrede wurde auch wegen ihrer Bedeutung für die Verhandlungen in Augsburg 1555 ediert.

Von den erhaltenen Protokollen der Passauer Verhandlungen sind das bayerische Protokoll sowie das württembergische, zum guten Teil als Regest bei Druffel ediert. Die ausführlichen Protokolle durch den sächsischen Kanzler Mordeisen, das Protokoll des Mainzer Erzkanzlers und des Bischofs von Passau sind bislang nicht ediert. Die Edition im zweiten Teil des Buches soll durch ihre synoptische Darstellung der Protokolltexte verdeutlichen, wie die jeweiligen Perspektiven auf das Geschehen aussehen. Von Überlegungen, das Mainzer Protokoll (wegen der enormen Länge) teilweise nur als Regest wiederzugeben, wurde wieder Abstand genommen, weil gerade das Mainzer Protokoll sehr gut das Votieren in der Ständeberatung nachvollziehen läßt.

Die folgende Einleitung soll die Edition des Passauer Vertrages kurz erläutern und historisch einordnen. Dabei sind aus arbeitsökonomischen Gründen vor allem an zwei Stellen Eingrenzungen erfolgt: a) Die Geschichte der

---

[4] HERMANN, AUGSBURG 194-203 zu den Linzer Verhandlungen und 204-220 zu den Passauer Verhandlungen. Hermann stützt sich (bedingt auch durch die Situation 1962 in der DDR) auf die Dresdener Archivalien, konnte aber die in Wien und Marburg vorhandenen Archivalien nicht einsehen. Daher geht seine Edition des Religionsartikels in Anhang II (S.250-255) auch nicht über Druffel III, 506-511 hinaus. Vor allem konnte er für den Text des Passauer Vertrages nicht die Originale einsehen.

[5] LUTTENBERGER, GLAUBENSEINHEIT 574-675 untersucht ausführlich die Politik der neutralen Stände im Jahr 1552 und stellt dabei auch ausführlich die vorbereitenden Gespräche in Oberwesel und Worms dar. Für die Passauer Verhandlungen konzentriert er sich stark auf die Beratungen innerhalb der neutralen Stände Anfang Juni 1552.

[6] Als Regest findet er sich in PKMS V, 889f.

beteiligten Einzelterritorien soll nicht im einzelnen verfolgt werden. Es geht also nicht um einen Beitrag zur Territorialgeschichte von Hessen, den beiden Sachsen, Anhalt, Württemberg oder anderer, b) Ebenfalls nicht weiter verfolgt werden soll die gesamteuropäische Dimension des Passauer Vertrages. Dies betrifft vor allem Frankreich und seine Politik sowohl zu den Kriegsfürsten als auch zu den Habsburgern. Im Vordergrund soll stattdessen der Passauer Vertrag im Kontext der Reichsgeschichte stehen.

Die Reichsgeschichte der Jahre 1548-1555 ist dabei ein Zeitraum, für den die Zahl der noch aufzuarbeitenden Archivalien und zu leistenden Einzeluntersuchungen unüberschaubar ist. Insofern kann das vorliegende Buch nur ein erster Schritt sein, diesen Zeitraum besser zu verstehen. Die ausstehenden Einzeluntersuchungen erst abzuwarten, wurde gegen die Tatsache abgewogen, daß umgekehrt solche Einzeluntersuchungen auch moderne Editionen zentraler Texte benötigen. Daher geschieht die vorliegende Edition des Passauer Vertrages und der Passauer Verhandlungsprotokolle in der Hoffnung, daß sie die Beschäftigung mit dem genannten Zeitraum belebt und weitere Untersuchungen anstößt.

Diese Arbeit wäre nicht möglich gewesen ohne vielfache Unterstützung und Hilfe. Besonderen Dank schulde ich Herrn Prof. Dr. Joachim Mehlhausen, der eine frühere Fassung der Einleitung gelesen und daraufhin die Veröffentlichung in der Reihe "Arbeiten zur Kirchengeschichte" überhaupt erst angeregt hat. Seiner sei auch deswegen besonders gedacht, weil schwere Krankheit es ihm nicht möglich machte, die weitere Arbeit an diesem Buch zu verfolgen. Die anderen beiden Herausgeber der "Arbeiten zur Kirchengeschichte", Herr Prof. Dr. Gerhard Müller, Landesbischof i.R., und Herr Prof. Dr. Christoph Markschies, haben sich der Betreuung der Arbeit angenommen. Ihnen sei dafür herzlich gedankt. Dem Verlag Walter de Gruyter GmbH & Co. KG, stellvertretend den Herren Dr. Hasko von Bassi und Klaus Otterburig, sei für die Verlegung dieses Buches ebenfalls herzlich gedankt.

Meiner Landeskirche, der Evangelisch-lutherischen Landeskirche Hannovers, danke ich dafür, daß sie die Druckkosten übernommen hat. Eine solche Förderung wissenschaftlichen Arbeitens ist in Zeiten allgemeinen Sparzwangs keine Selbstverständlichkeit, sondern Ausdruck der Verbundenheit mit der wissenschaftlichen Theologie. Dafür bin ich dankbar.

Dankend erwähnen möchte ich auch die Mitarbeiterinnen und Mitarbeiter der Archive, die mir mit Rat und Tat geholfen haben: dem Österreichischen Staatsarchiv – Außenstelle Haus-, Hof- und Staatsarchiv Wien, dem Sächsischen Hauptstaatsarchiv Dresden, dem Bayerischen Hauptstaatsarchiv München sowie dem Hessischen Staatsarchiv Marburg.

Für Hilfe beim Korrekturlesen und verschiedene Hinweise möchte ich danken Frau Dr. Anneliese Bieber, mit der ich auch immer wieder editions-

technische Probleme des 16. Jahrhunderts besprechen konnte, Herrn Volker
Heise, der als im 16. Jahrhundert sachkundiger Jurist das Manuskript noch
einmal aus ganz anderem Blickwinkel gelesen und viele Hinweise zur Einleitung gegeben hat, und Frau Sabine Lehmann, die in bewährter Weise mehr
als eine Fassung der Einleitung ertragen hat, das Entstehen des Buches über
Höhen und Tiefen hinweg begleitet hat und schließlich das Register erstellt
hat.

Dem rhetorischen Brauch folgend, daß das Wichtigste am Schluß steht,
danke ich schließlich meinem akademischen Lehrer, Herrn Prof. Dr. Wolf-
Dieter Hauschild. Er hat die Beschäftigung mit dem Passauer Vertrag vor
über fünf Jahren angestoßen. Ihm verdanke ich die Liebe zur Kirchengeschichte und in fachlicher wie menschlicher Hinsicht so vieles, was meine
Existenz als Theologen heute ausmacht. Ihm sei daher dieses Buch gewid-
met.

Münster/Osnabrück, November 1999

Inhalt

Editionsteil

Einleitung

1. Die Vorgeschichte der Passauer Verhandlungen bis zum Beginn des Fürstenaufstandes

Der Passauer Vertrag beendete den sog. "Fürstenaufstand"[1] von 1552. Das entscheidende Ereignis in der Vorgeschichte dieses Fürstenaufstandes ist die Belagerung von Magdeburg. Sie ist vor dem Hintergrund der kaiserlichen Interimspolitik einerseits, der Bündnispolitik des Kurfürsten Moritz von Sachsen andererseits zu bewerten.

Karl V. verfolgte 1550 immer noch die Durchsetzung des Interims. Die Proposition für den Augsburger Reichstag 1550 vom 26. Juli beklagte zwar die hinhaltende Nichtdurchführung des Interims wie der Formula reformationis, strebte aber Beschlüsse an, mit denen die Ergebnisse von 1548 "zu merer und pösserer wirklicher exekution und volnziehung dan bis anher gescheen gebracht werden muge"[2]. Dabei war vor allem an eine Durchsetzung des Interims im Norden Deutschlands gedacht. Diese Hoffnung Karls V. hatte ihren Grund darin, daß immerhin in drei wichtigen Flächenstaaten in Norddeutschland das Interim offiziell eingeführt war, nämlich in der Kurmark von Brandenburg, in Braunschweig/Wolfenbüttel und in Braun-

---

[1]   Der Begriff ist unscharf. Im Passauer Vertrag selbst ist später von "Kriegs=gewerb, Russtung vnd Emporung" die Rede (2r/7-8; Stellenangaben laut der hier vorgelegten Neuedition des Passauer Vertrages). In der "Verteidigungsschrift wegen des Kriegszuges" wird der Kriegszug als "christlicher zug" (Druffel III, 380.382) bezeichnet (zu den Ausschreiben Frankreichs und der Kriegsfürsten vgl. den Überblick bei BON- WETSCH, GESCHICHTE 193-205, vgl. ferner PKMS V,733-740). Maria von Ungarn, die Statthalterin der Niederlande und Schwester Karls V., spricht in ihrem Brief vom 5. Oktober 1551 an den Bischof von Arras, den jüngeren Granvella, von "quelque revolte" (Lanz III, 79), Karl V. selbst am 3. März 1552 von "ceste rebellion" (Lanz III, 101). Der Begriff "Fürstenrevolution" ist deswegen ungeeignet, weil die beteiligten Fürsten zwar versucht haben, durch den Einsatz rechtlich nicht zulässiger, militärischer Mittel im Reich eine neue Situation zu schaffen, eine Veränderung der Reichsverfassung insgesamt jedoch nicht beabsichtigt war.

[2]   Die Proposition findet sich bei Druffel I, 454-456, das Zitat ebd. 456; vgl. PKMS IV, 673-675. Vgl. LUTTENBERGER, GLAUBENSEINHEIT 522.

schweig/Calenberg-Göttingen[3]. Von den Kernländern der Reformation, dem ernestinischen Sachsen und Hessen, war wirkungsvoller politischer Widerstand nicht zu erwarten, da die beiden Anführer des Schmalkaldischen Bundes Gefangene des Kaisers waren[4]. Die Protestanten waren über der Frage, ob und – wenn ja – unter welchen Bedingungen man das Interim akzeptieren könne, zerstritten[5]. Karl V. konnte sich also 1550 durchaus in der Position der Stärke fühlen, die er durch den Schmalkaldischen Krieg errungen hatte. Dazu paßt auch, daß er das Projekt der "spanischen Sukzession" verfolgte, das im März 1551 zu den innerhabsburgischen Familienverträgen führte. Dieses Vorhaben hatte das Auseinandertreten der Interessen im Hause Habsburg zur Folge und wurde wahrscheinlich schon sehr früh auch Moritz von Sachsen bekannt[6].

Für Moritz von Sachsen stellte sich die politische Lage um 1550 alles andere als stabil dar: Er war innenpolitisch wie außenpolitisch isoliert. Die eigenen Landstände standen dem (teilweise neuen) Landesherrn, dessen kon-

---

[3] Kurfürst Joachim II. von Brandenburg war über Agricola an der Entstehung des Interims beteiligt; Heinrich d.J. von Braunschweig/Wolfenbüttel verdankte seine Wiedereinsetzung dem Schmalkaldischen Krieg. Erich II. von Braunschweig/Calenberg hatte als kaiserlicher Heerführer in der Schlacht von Drakenburg am 23. Mai 1547 die einzige nennenswerte Niederlage auf kaiserlicher Seite hinnehmen müssen und führte nach seiner Rückkehr in das eigene Fürstentum 1549 das Interim ein; trotz der Gefangennahme von Corvinus war in der Stadt Hannover das Interim nicht durchsetzbar; ähnlich verhielt es sich mit den Städten Braunschweig und Goslar, vgl. KRUMWIEDE, KIRCHENGESCHICHTE NIEDERSACHSENS 124.126.

[4] Johann Friedrich von Sachsen war in der Schlacht bei Mühlberg (24. April 1547) gefangengenommen worden (vgl. MENTZ, JOHANN FRIEDRICH 104-112), Philipp von Hessen nach der Kapitulation von Halle (19. Juni 1547; vgl. BRANDENBURG, MORITZ 547-555; Philipp befürwortete während seiner Gefangenschaft anfänglich die Annahme des Interims, vgl. MÜLLER, TRE 26, 496; WEISS, PHILIPP 82 und PRESS, PHILIPP 72f).

[5] Zum Streit um das sog. "Leipziger Interim" vgl. MEHLHAUSEN, TRE 16, 234f (ebd. 235 Anm.2 zum Begriff Leipziger Interim); HERMANN/WARTENBERG, PKMS IV, EINFÜHRUNG 11-18; WARTENBERG, LUTHER-JAHRBUCH 55, 72-80 (ebd. 74 mit Anm.64 zum Begriff "Leipziger Interim"). RABE, REICH 279 spricht von einer "schweren Belastung des deutschen Protestantismus".

[6] Vgl. LUTZ, CHRISTIANITAS AFFLICTA 85f.133-137; LAUBACH, MÖSA 29, 33-50. BORN, HZ 191, 25, vermutet, daß Moritz bei den Verhandlungen zum Prager Vertrag (8. Juni 1549; s. PKMS IV, 435f, zu den Verhandlungen ab dem 26. Mai vgl. PKMS IV, 418ff) erstmals von den Unstimmigkeiten zwischen Karl und Ferdinand hinsichtlich der Sukzession erfahren hat; Ferdinand war im August in Kursachsen gewesen, vgl. PKMS IV, 481 sowie Druffel I, 281. Daß der Kaiser ab 1548 seine Nachfolge geregelt wissen wollte, dürfte auch mit seinem zunehmend schlechteren Gesundheitszustand zusammenhängen; vgl. u.a. PKMS IV, 727.

fessionelle Haltung nicht so klar erkennbar war, abwartend gegenüber[7]. Die Ernestiner und mit ihnen die unversöhnlichen Lutheraner um Flacius und Amsdorf standen Moritz feindlich gegenüber[8]. Außenpolitisch hätte die Ehe von Moritz mit Agnes, einer Tochter Philipps von Hessen, eine gute Beziehung zu Hessen nahegelegt[9], doch belastete die Gefangenschaft Philipps das Verhältnis zu Hessen bis zum Frühsommer 1550 äußerst stark, da Moritz sich gemeinsam mit Joachim II. von Brandenburg für die persönliche Unversehrtheit Philipps verbürgt hatte. Die protestantischen Fürsten (Hans von Küstrin, Johann Albrecht von Mecklenburg, Albrecht von Preußen, Franz Otto von Braunschweig/Lüneburg) standen ihm wegen seiner Rolle im Schmalkaldischen Krieg skeptisch gegenüber. Immerhin bildete die hinhaltende Interimspolitik Moritz' die Grundlage dafür, daß sich zu Hans von Küstrin vorsichtiger Kontakt anbahnte[10]. Von Karl hatte Moritz zwar die Kurwürde sowie große Teile des ernestinischen Sachsens erhalten (darunter den Wittenberger Kurkreis), doch waren die Hoffnungen, daß das ernestinische Sachsen insgesamt an ihn fiele, enttäuscht worden; nicht zuletzt hatte Moritz Magdeburg und Halberstadt nicht erhalten[11].

---

[7] Dem entsprach, daß die konfessionelle Ausrichtung von Moritz' Räten uneinheitlich war: Während von Komerstadt und Mordeisen protestantisch gesinnt waren, neigten Georg von Carlowitz und sein Sohn Christoph der altgläubigen Seite zu. Vgl. zu von Komerstadt WARTENBERG, LANDESHERRSCHAFT 148-154 (ebd. 154 zur konfessionellen Haltung). Zu Mordeisen [1519-1572] (ADB 22 [1885], 216-218; NDB 18 [1997], 90f [Johannes Hermann]) vgl. HERMANN/WARTENBERG, PKMS IV, EINFÜHRUNG 14. Georg von Carlowitz starb am 2. Mai 1550; vgl. zu ihm WARTENBERG, LANDESHERRSCHAFT 87-89; zu Christoph von Carlowitz [1507-1574] (ADB 3 [1876], 788-790 [Flathe]; NDB 3 [1957], 145f [Christa Schille]) vgl. auch HERMANN/WARTENBERG, PKMS IV, EINFÜHRUNG 13f. Einen Überblick über (fast) alle Räte Moritz' gibt KÜHN, EINZIEHUNG 76-78; vgl. auch HERMANN/WINTER, PKMS V, EINFÜHRUNG 41-44.

[8] Vgl. HERMANN/WARTENBERG, PKMS IV, EINFÜHRUNG 19f; HERMANN/WINTER, PKMS V, EINFÜHRUNG 22f; WARTENBERG, ENTSTEHUNG 84f. Der Gegensatz zu den Ernestinern konnte erst unter Kurfürst August (ADB 1 [1875], 90f [Kluckhohn]; NDB 1 [1953], 448-450 [Hellmuth Rößler]) dauerhaft gemildert werden und fand in dem Naumburger Vertrag vom 24. Februar 1554 seinen Ausdruck, durch den das ernestinische Sachsen einige Ämter zugesprochen bekam, vgl. SMOLINSKY, ALBERTINISCHES SACHSEN 23; MENTZ, JOHANN FRIEDRICH 335f. Vgl. außerdem die (erbrechtlich wichtige) Mitbelehnung ernestinisch Sachsens auf dem Reichstag von Augsburg 1555, vgl. Hornung Protokoll 111f.

[9] Vgl. zu den verwandtschaftlichen Beziehungen zwischen Hessen und Sachsen WARTENBERG, JHKGV 34, 1-3.7; vgl. auch RUDERSDORF, LUDWIG IV., 58. Zum Verhältnis von Moritz zu seiner Frau vgl. HERMANN/WINTER, PKMS V, EINFÜHRUNG 45f.

[10] Vgl. PKMS IV, 65f.160f.

[11] Vgl. BLASCHKE, MORITZ 65f; PACHALI, MORITZ 22.

Entscheidend wurde für Moritz' Politik, daß er erfuhr, daß Hans von Küstrin am 26. Februar 1550 mit Johann Albrecht von Mecklenburg und Albrecht von Preußen ein Defensivbündnis abgeschlossen hatte ("Königsberger Bündnis")[12]. "Das Bündnis der norddeutschen F[ür]s[ten] barg erhebliche Gefahren, sobald es zu einer Verständigung mit Magdeburg, den Ernestinern und Frankreich kam"[13]. Um diese Gefahr abzuwenden und seine außenpolitische Isolation zu überwinden, suchte Moritz seit Anfang 1550 den Kontakt zu Albrecht Alcibiades von Brandenburg/Ansbach-Kulmbach(Bayreuth) und zu Hessen bzw. über Hessen zu Frankreich. Albrecht Alcibiades schickte schon im März 1550 ein "Bedenken" an Moritz, in dem ein gemeinsamer Krieg protestantisch gesinnter Fürsten und des Königs von Frankreich gegen Karl V. vorgesehen war[14]. Der Kontakt zu Albrecht Alcibiades war deshalb besonders wichtig, weil dieser über ein beträchtliches Heer verfügte, das er eigentlich auf der Seite Englands gegen Frankreich führen sollte. Albrecht versprach, dieses Heer nur mit Wissen von Moritz einzusetzen, und bat Moritz um die Vermittlung entsprechender Finanzen, um das Heer aufrechterhalten zu können.

Die Kontakte zu Frankreich mußte Moritz über Hessen anbahnen, da er als offizieller Gefolgsmann des Kaisers und wegen seiner Rolle im Schmalkaldischen Krieg bei Heinrich II. nicht unmittelbar auf freundliche Aufnahme einer eigenen Gesandtschaft rechnen konnte. Den ersten Kontakt stellte Moritz von Sachsen daher über den hessischen Gesandten Heinrich von Schachten her, der für Moritz bei Heinrich fragen solle, was er, Moritz, zu erwarten habe[15]. Dieser hessischen Gesandtschaft im April folgte im Mai bereits ein eigener kursächsischer Gesandter (Heinrich von Gleisenthal), der

---

[12] Vgl. PKMS IV, 580f.

[13] HERMANN/WARTENBERG, PKMS IV, EINFÜHRUNG 35.

[14] Text des Bedenkens bei Druffel I, 376-382; dieser Text sowie der zur Übersendung des Briefes gehörige Brief als Regest auch PKMS IV, 599-604. Der Brief an Moritz vom 27. März gibt Einblick darin, welche Rolle Albrecht für die Herstellung einer Handlungseinheit zwischen Moritz und dessen Bruder August Anfang 1550 gespielt hat; vgl. zum Verhältnis zwischen Moritz und August WENCK, ASäG 9, 415-427; HERMANN/WARTENBERG, PKMS IV, EINFÜHRUNG 25-27.

[15] Vgl. den Bericht Heinrichs von Schachten PKMS IV, 613f; demnach habe Heinrich nach dem Verwandtschaftsverhältnis zwischen Moritz und Philipp gefragt und betont, trotz Moritz' Rolle im Schmalkaldischen Krieg einen Brief an ihn zu schicken. Heinrichs Einschätzung von Moritz dürfte auch auf den protestantischen Heerführern, die nach dem Schmalkaldischen Krieg in französische Dienste getreten waren, beruhen, vgl. BONWETSCH, GESCHICHTE 18.

fast zeitgleich mit der zweiten Gesandtschaft Schachtens[16] bei Heinrich II. war[17]. In einer weiteren Mission im September 1550[18] wird Heinrich II. gegenüber ein Präventivkrieg gegen den Kaiser vorgeschlagen. Zu diesem Zeitpunkt war es noch keineswegs sicher, daß das Bündnis mit Frankreich auch wirklich zustande kommen würde.

In dieser Situation spitzte sich die Situation um Magdeburg so zu, daß Moritz zum Handeln gezwungen wurde. Georg von Mecklenburg[19] hatte im Sommer 1550 Heinrich von Braunschweig bei dessen Maßnahmen gegen die Stadt Braunschweig[20] als Söldnerführer gedient und wandte sich mit seinen Truppen (etwa 3000 Mann) anschließend gegen Magdeburg. Die zahlenmäßig überlegenen Magdeburger erlitten bei einem Ausfall aus der Stadt am 22. September ein Desaster (von 7000 Mann blieben 3000 Mann auf dem Schlachtfeld)[21]. Die Motive für diese Aktion Georgs sind nicht sicher auszumachen, dürften aber wohl darin bestehen, daß Magdeburg als geächtete Stadt für Plünderungen besonders geeignet schien.

Moritz geriet durch diese Aktion Georgs unter Zugzwang. Er hatte gegenüber Magdeburg seit 1548 eine abwartende Haltung eingenommen und scheute (anders als Braunschweig/Wolfenbüttel und Kurbrandenburg) das finanzielle und militärische Risiko einer unmittelbaren Achtausführung. Durch die Aktion Georgs schien genau der seit Ende 1548 befürchtete Fall einzutreten, daß militärisch gegen Magdeburg vorgegangen wurde, ohne daß Moritz in seiner Eigenschaft als Schutzherr einen Vorteil daraus ziehen könnte[22]. Um seine Optionen auf Magdeburg aufrechtzuerhalten und die

---

[16] Vgl. die Instruktion PKMS IV, 643, die von der zeitlich sogar etwas vorangegangenen Sendung Gleisenthals noch nichts zu wissen scheint und daher vielleicht älter als der 11. Juni ist.

[17] Vgl. PKMS IV, 671 (Nr.587).

[18] Vgl. das "Memorial" für Gleisenthal PKMS IV, 687. Vgl. außerdem PKMS IV, 726.

[19] ADB 8 (1876), 680 (Fromm).

[20] Dieser Konflikt spitzte sich seit Frühjahr 1549 zu, vgl. PKMS IV, 397 (Nr.352), 407 (Nr.364); 446.507-510; zu den Kriegsmaßnahmen im Sommer 1550 vgl. PKMS IV, 647. 666-669.687.708. Ergebnis war der Vertrag zwischen Heinrich, der Stadt Braunschweig und den Braunschweigischen Junkern vom 11. September 1550 (Regest bei PKMS IV, 715f).

[21] Vgl. PKMS IV, 731.733.737.

[22] In den vom Kaiser befohlenen Verhandlungen von Eisleben (21.-25. Oktober 1548) nahm Moritz einer militärischen Ausführung der Acht gegen Magdeburg (vgl. das kaiserliche Mandat bei PKMS III, Nr. 725) gegenüber eine dämpfende Haltung ein (vgl. die Instruktion PKMS IV, 169f, das Protokoll ebd. 171-178; das Antwortschreiben Magdeburgs ebd. 181f; der Bericht von Moritz an Karl ebd. 187f), ebenso auf dem Beratungstag von Halle (Instruktion für die kursächsischen Räte PKMS IV, 239, Protokoll ebd. 244-246; Bericht der Räte an Moritz ebd. 247, Bericht von Moritz an Karl V. ebd. 282),

Gefahr abzuwenden, daß die Truppen Georgs gegen ihn verwandt werden könnten, sah sich Moritz (noch bevor er Antwort aus Frankreich hatte) gezwungen, die Truppen Georgs zu verpflichten. Dadurch stärkte er sehr erheblich die eigene militärische Macht und erhielt seine Optionen auf Magdeburg aufrecht.

Moritz ließ sich daher von Karl V. mit der Ausführung der Acht gegen Magdeburg beauftragen. Am 3. Oktober befahl dieser ihm, die Stadt mit dem Kriegsvolk in seine Gewalt zu bringen; Bezahlung der Truppen wurde

---

und veröffentlichte zunächst nur das kaiserliche Achtmandat (vgl. dazu PKMS IV, 205.217). Ende 1548 fanden in Kursachsen die ersten Überlegungen statt, daß der Kaiser die Acht gegen Magdeburg ohne Moritz ausführen könnte (vgl. PKMS IV, 250 [Nr. 206]) und daß es in diesem Fall besser wäre, selbst an der Ausführung beteiligt zu sein, vor allem, weil sonst das Interim aufgerichtet zu werden drohe (vgl. das interne Gutachten PKMS IV, 278f; dies schlägt sich in gewisser Weise im Schreiben von Moritz an Karl vom 2. Januar 1549 nieder; vgl. PKMS IV, 282; Karl scheint dieses Schreiben am 11. Februar noch ebensowenig erhalten zu haben [vgl. PKMS IV, 314] wie Moritz eine Antwort des Kaisers am 28. März [vgl. PKMS IV, 361]). Gegenüber Ferdinand beteuert Moritz am 28. März, daß er entschlossen gegen Magdeburg vorgehen wolle, wobei auch die Polemik aus Magdeburg gegen Moritz eine Rolle gespielt haben dürfte (vgl. PKMS IV, 361-362). Georg von Pappenheim (für Ferdinand; das Geschlecht derer von Pappenheim, in kursächsischer Lehnsabhängigkeit, war seit der Goldenen Bulle Erbmarschall, vgl. dazu AULINGER, BILD 124-132) und Lazarus Schwendi (für Karl) veranlaßten Moritz im Sommer 1549, einen Kreistag abzuhalten (vgl. PKMS IV, 446-448), der eigentlich in Brandenburg stattfinden sollte, wegen Seuchengefahr aber am 20./21. August 1549 in Jüterbog stattfand; in Kursachsen war man sich über die nun einzuschlagende Haltung unsicher, (vgl. das Bedenken PKMS IV, 471-473 einerseits, wo besonders die Risiken und Kosten einer militärischen Aktion betont werden, das Gutachten Christophs von Carlowitz PKMS IV, 478-480 andererseits; der dritte Weg der Achtausführung sieht einen die Acht ausführenden Fürsten vor, der dafür finanziell oder als Gubernator bzw. mit Zollrechten entschädigt werden soll), doch signalisierte man die Bereitschaft zu gemeinschaftlicher militärischer Aktion (vgl. die kursächsische Instruktion PKMS IV, 474-478, hier: 477), erhoffte aber gleichzeitig noch eine Lösung auf friedlichem Wege (vgl. PKMS IV, 485.493). Im Abschied (PKMS IV, 498f) wird die Bereitstellung finanzieller Mittel beschlossen; auch Schwendi rät entsprechend dem Gutachten von Carlowitz (PKMS IV, 478-480) von einer direkten gewaltsamen Lösung ab und rät zu einer Kombination von stärkerer militärischer Bedrohung und gleichzeitiger Verhandlung, vgl. PKMS IV, 504-506. Ein kursächsisches Gutachten von Anfang 1550 kommt zu dem Schluß, daß die Ausführung der Acht für Moritz "nit so schwer oder gefarlich" wie in den bisherigen Einschätzungen sei, "sonnder vill mer Jr Churf.gn. höchste vortail vnnd sycherhait Jres stannds verspricht vnd vertröst", wogegen das Unterlassen beim Kaiser Verdacht errege (PKMS IV, 574), doch wird die Magdeburger Angelegenheit im Laufe des Jahres 1550 nicht energisch weiter betrieben.

zugesagt[23]. Moritz begann die Belagerung Magdeburgs, versuchte aber gleichzeitig (zunächst erfolglos), über Georg von Anhalt mit der Stadt Magdeburg zu einer friedlichen Lösung zu kommen[24].

Das Vorgehen gegen Magdeburg wurde von Moritz also nicht in Angriff genommen, um Karl V. von den Verhandlungen mit Frankreich, Hessen und Albrecht Alcibiades abzulenken. Vielmehr wurde er durch das Vorgehen Georgs von Mecklenburg gezwungen, in der Magdeburger Angelegenheit, die er seit Ende 1548 aufgeschoben hatte, Stellung zu beziehen. Jede andere Maßnahme als die, die Truppen Georgs im Namen der Achtausführung unter sich zu bringen, hätte für Moritz unmittelbar die Gefahr bedeutet, daß Karl V. ohne ihn bzw. gegen ihn die Acht vollstrecken ließ. Diese Gefahr war besonders dann zu fürchten, wenn die Verhandlungen mit Frankreich, den Hessen und Albrecht Alcibiades noch nicht so weit vorangeschritten wären, daß Moritz irgendeinen Rückhalt hatte. Die Belagerung Magdeburgs ist demnach als Reaktion mit dem Ziel der politischen Selbsterhaltung anzusehen und nicht als Scheinmanöver im Rahmen einer intriganten Doppelpolitik.

Ähnliches gilt für die Gewinnung der Truppen vor Verden. Dort sammelte sich Ende 1550 unter Heideck und Mansfeld ein Heer zur Befreiung Magdeburgs. Im Dezember 1550 zog Moritz mit einem Teil des Magdeburger Heeres nach Verden, wo er über Heinrich von Schachten mit Heideck verhandelte und so das Verdener Heer seinen eigenen Truppen zuzuführen

---

[23] Vgl. PKMS IV, 751f. Der Briefweg dieses Schreibens überschnitt sich offensichtlich mit dem von Moritz an Karl vom 6. Oktober, vgl. PKMS IV, 760. Vgl. zu den weiteren Schreiben von Moritz an Karl, vor allem wegen der Bezahlung des Magdeburger Kriegsvolks PKMS V, 112.123-125.182f.188-190.204f.270f.358-361.473-477, vgl. zur Antwort Karls auf das Schreiben vom 26. Mai PKMS V, 243, zur Antwort auf das Schreiben vom 21. September PKMS V, 387-389. Zu den Verhandlungen mit Magdeburg vgl. PKMS V, 112-115.117-122.152 (Nr.65).181f.241f.244.247f.268-270.310.339-343.353-356.364-368.435-437.459-461, zur Ergebung Magdeburgs vgl. PKMS V, 465-471. Im einzelnen wurde die Belagerung von Albrecht Alcibiades von Brandenburg/Ansbach-Kulmbach-Bayreuth und dem kaiserlichen Kriegskommissar Lazarus Schwendi durchgeführt, vgl. HERMANN/WINTER, PKMS V, EINFÜHRUNG 24.39f. Vgl. den Bericht von Lazarus Schwendi PKMS V,134-136 und seine zahlreichen Schreiben an Moritz PKMS V, 102f.123.145f.159.193.218-220.231f.236-238.287f.297-300.311f.362-364, vgl. auch PKMS V,258-261.274f. In regem Kontakt stand Moritz mit Albrecht Alcibiades, vgl. dazu PKMS V, 157.183-188.209f.216-218.220.222-225.248-251.274-275.283f.286f. 298f.304-309.312-315.321-323.350f.428-431.445-447.454f.

[24] Vgl. PKMS IV, 748f.761 (Nr.665). WARTENBERG, TRE 23, 306 spricht von der "Zweideutigkeit des Oberbefehls bei der Belagerung Magdeburgs", vgl. auch WARTENBERG, MORITZ 112f. Vgl. zur Belagerung und Kapitulation Magdeburgs BUCHOLTZ, GESCHICHTE 10-22; HERMANN/WINTER, PKMS V, EINFÜHRUNG 23-26.

vermochte[25]. Zu diesem Zeitpunkt war das Mißtrauen Frankreichs gegen Moritz noch so groß, daß ein Bündnis immer noch nicht in greifbarer Nähe stand[26]. Über Heideck vermochte Moritz Hans von Küstrin für seine Pläne zu gewinnen[27]. Am 21. Februar 1551 schlossen Moritz und Hans von Küstrin in Dresden eine Abrede, in der ein Bündnis geschlossen wurde "auf die defendirung der religion und libertet"[28]; Hans von Küstrin wünschte ausdrücklich, daß dieses Bündnis auch die Erledigung, d.h. Freilassung Philipps und Johann Friedrichs herbeiführen solle. Moritz reagierte darauf mit dem Wunsch, daß die Ernestiner in den Bund einbezogen werden müßten[29]. Daß Moritz bemüht war, das ernestinische Sachsen in das Bündnis miteinzubeziehen, zeigt sein politisches Ziel, auch im Falle einer militärischen Niederlage die Integrität des neuen Kursachsens zu erhalten[30]. Ausdrücklich wurde festgehalten, daß Ferdinand nicht angegriffen würde[31]; das entsprach zum einen der traditionell guten Beziehung von Hans von Küstrin wie von Moritz von Sachsen zu Ferdinand, bedeutet aber angesichts des gegen Karl gerichteten Charakters des Bündnisses, daß Moritz sich jetzt schon die Möglichkeit offenhalten wollte, bei einer etwaigen militärischen Auseinandersetzung die Differenzen zwischen Karl V. und Ferdinand auszunutzen.

Diesem Bündnis zwischen Moritz und Hans von Küstrin traten im Torgauer Vertrag vom 22. Mai 1551 Wilhelm von Hessen und Johann Albrecht von Mecklenburg (dieser auch im Namen Albrechts von Preußen) bei[32]. Unmittelbar nach dem Torgauer Vertrag wurde Friedrich von Reiffenberg als Gesandter nach Frankreich geschickt, der dort das Bündnis aushandeln sollte[33]. Reiffenberg brachte bei seiner Rückkehr den französischen Gesandten Jean de Fresse, Bischof von Bayonne, mit nach Deutschland. Mit diesem wurden 25. September bis zum 5. Oktober Verhandlungen in Lochau geführt, die jedoch nicht zu dem gewünschten Ergebnis eines umfassenden Bündnisses, sondern zum Zerbrechen des deutschen Fürstenbündnisses

---

[25] Vgl. PKMS IV, 920f; vgl. dazu BORN, HZ 191, 41f.

[26] Vgl. dazu PKMS IV, 913f.

[27] Zum Kontakt zwischen Hans von Küstrin und Heideck ab 1549 vgl. KIEWNING, FÜRSTENBUND 38-41.

[28] Langenn II, 324; vgl. PKMS V, 99f.

[29] Vgl. ebd. Vgl. MAURENBRECHER, HZ 20, 324f; HERMANN/WINTER, PKMS V, EINFÜHRUNG 32-34. Vgl. zu Hans' Bemühungen in der Folgezeit Druffel I, 580.656. Vgl. ISSLEIB, NASGA 23, 19-24 und NASGA 24, 285-292.

[30] Vgl. dazu unten S.11f.

[31] Vgl. Druffel I, 580, vgl. PKMS V, 90.

[32] Vgl. PKMS V, 198. Vgl. zu den Einzelheiten BORN, HZ 161, 43-46.

[33] Vgl. dazu Druffel I, 697-701; zur Eigenart des Schriftstückes ebd. 701 Anm.1. Vgl. auch PKMS V, 201f.

führten[34]. Im November wurde Albrecht Alcibiades, der nicht formell zu dem Bündnis gehörte, aber mit den Kriegsfürsten gemeinsame Sache zu machen beabsichtigte, als Gesandter von Moritz, Wilhelm von Hessen und Johann Albrecht von Mecklenburg nach Frankreich geschickt[35]. Kurz darauf, im Dezember 1551 verhandelten de Fresse (und neben ihm der Rheingraf Johann Philipp) in Dresden mit Moritz, Wilhelm und Johann Albrecht. Diese Unterhandlungen führten am 17./18. Dezember zu einer Geheimkonferenz in Dresden[36]. Albrecht Alcibiades konnte daraufhin in Frankreich den eigentlichen Vertrag aushandeln und am 15. Januar in Chambord abschliessen[37], der dann in Friedewalde im Februar noch einmal nachverhandelt wurde[38].

---

[34] Vgl. zum Ausscheiden Hans' sein verteidigendes Schreiben vom 8. Oktober bei Druffel I, 775-777; vgl. PKMS V, 425; sachlich bestand die Differenz in dem offensiven Charakter, den Moritz und Frankreich dem Bündnis geben wollten. HERMANN/WINTER, PKMS V, EINFÜHRUNG 19 sieht als eigentlichen Grund die Konkurrenz von Hans von Küstrin mit Moritz um die Führungsrolle im Fürstenbund an. In Lochau verabredete man bereits militärische Einzelheiten, vgl. PKMS V, 417-421; zu den Lochauer Verhandlungen vgl. das hessische Protokoll PKMS V, 397-407 und das Verzeichnis von Hans von Küstrin PKMS V, 407-414. Einer der wichtigsten Verhandlungsgegenstände in der Folgezeit war die Höhe der finanziellen Unterstützung der Kriegsfürsten durch Frankreich.

[35] Zur Gesandtschaft von Albrecht Alcibiades nach Frankreich vgl. PKMS V, 416f.454. 486-489.493-496.498-504. HERMANN/WINTER, PKMS V, EINFÜHRUNG 20 zufolge war für die Verhandlungen mit Frankreich eigentlich entscheidend der Rheingraf Johann Philipp, der u.a. auch Kontakt zu Heideck hatte, vgl. PKMS V, 490f.504-507.

[36] Vgl. die Akten bei Druffel III, 315-328 sowie die entsprechenden Mitteilungen an Albrecht Alcibiades in Frankreich Druffel I, 869f.872. Vgl. PKMS V, 537-539.

[37] Edition in PKMS V, 574-583, vgl. Druffel III, 340-350. Vgl. weiter BORN, HZ 161, 50-53; LUTZ, CHRISTIANITAS AFFLICTA 66-69.

[38] Vgl. PKMS V, 617-628.

2. Der Beginn des Fürstenaufstandes und die Linzer Verhandlungen

Für das Zustandekommen der Passauer Verhandlungen ist das Vorgehen Moritz' von Sachsen entscheidend, der unter den deutschen Fürsten die führende Rolle einnahm. Für die Eigenart der Passauer Verhandlungen wurde Moritz' Strategie gegenüber Hessen und gegenüber Ferdinand ausschlaggebend.

Gegenüber Hessen war Moritz (wie Joachim II. von Kurbrandenburg) dadurch, daß er vor der Kapitulation von Halle für die leibliche Unversehrtheit Philipps von Hessen gebürgt hatte, offiziell dazu verpflichtet, sich bei dem Sohn Philipps von Hessen als Geisel einzustellen. Der Sohn Philipps, Wilhelm von Hessen, forderte dementsprechend Moritz wiederholt auf, daß er zum Kaiser reisen und sich dort für die Erledigung, d.h. Freilassung Philipps verwenden oder sich in Hessen als Geisel einstellen solle[39]. Diese sog. "Einstellung" bildete für Moritz den willkommenen Anlaß, bei Beginn des Fürstenaufstandes die Regentschaft über Kursachsen an seinen Bruder August zu übertragen. Dies sollte es für den Fall einer militärischen Niederlage ermöglichen, die Folgen dieser Niederlage von dem neuen Kursachsen abzulenken.

---

[39] Die Einstellungsforderungen Hessens richteten sich an Moritz und Kurfürst Joachim von Brandenburg; um die Jahreswende 1548/49 erhielten beide die erste Einmahnung, d.h. Aufforderung, sich einzustellen, vgl. PKMS IV, 242. Vgl. sodann PKMS IV, 487f.526. 538-547. Die von Hessen geforderte Reise beider Kurfürsten zu Karl V. kam nicht zustande (vgl. die Entschuldigungen PKMS IV, 542.560f); eine erneute Einmahnung erging April 1550 zum 31. Juli, vgl. PKMS IV, 610, die Frist wurde sodann auf den 30. Juni verkürzt (vgl. PKMS IV, 619); auch die Verhandlungen von Langensalza (2.-5. Juni 1550; vgl. PKMS IV, 626f.632; Protokoll der Verhandlungen in Langensalza ebd. 638f, vgl. sodann PKMS IV, 656) brachten demgegenüber noch keine Änderung, doch wurde die Einmahnung dann auf Befehl Karls bis zum Ende des Reichstages ausgesetzt, um die Reise zum Reichstag zu ermöglichen, vgl. PKMS IV, 653.663.671.681.690f.719f; vgl. sodann Lanz III, 52f; zu dieser Reise kam es nicht, vgl. PKMS IV, 826f.862.867. Nachdem die militärische Befreiung durch ein kleines Kommando am 22. Dezember 1550 gescheitert war (vgl. PKMS IV, 942), kooperierte Hessen zunehmend mit Moritz. Dies fand schon im Torgauer Vertrag seinen Ausdruck (vgl. PKMS V, 198). Die Einstellung wurde seitdem nur noch öffentlich genannt, vgl. HERMANN/WINTER, PKMS V, EINFÜHRUNG 27. Dazu diente vor allem eine großangelegte Fürbittaktion beim Kaiser in Innsbruck, an der möglichst viele Fürsten und sogar Dänemark, Polen und Ferdinand beteiligt wurden, vgl. HERMANN/WINTER, PKMS V, EINFÜHRUNG 27f, vgl. PKMS V, 292-294.344-348.393f.426.496-498.526. Vgl. zur Einmahnung dann PKMS V, 585.636f.

Bereits in Friedewalde wurde vom französischen Gesandten de Fresse bemängelt, daß Herzog August den Vertrag von Chambord nicht ratifiziert habe; die nachträgliche Unterzeichnung durch Herzog August wurde daraufhin von den kursächsischen Räten zugesagt[40]. Dies ist als der Versuch der französischen Seite zu verstehen, die Beteiligung Kursachsens an dem bevorstehenden Kriegszug auch unabhängig von der Person Moritz' sicherzustellen. Die Ratifikation durch August kam jedoch allen Zusagen zum Trotz nicht zustande. Stattdessen stellte sich Moritz mit einem Schreiben vom 23. März bei Wilhelm von Hessen ein[41].

Karl gegenüber benutzte Moritz die Einstellung als Argument dafür, daß er nicht zum Kaiser kommen könne[42]. Vor allem aber ermöglichte sie es ihm, die Verantwortung für seine Teilnahme am Fürstenaufstand auf Wilhelm von Hessen abzuwälzen. In einem Schreiben an Ferdinand betont Moritz, "wie hertiglich" ihn sein "Vetter landgraf Wilhelm itzo eingemant" habe und daß er es daher nicht mehr umgehen könne, "mich mit eigenem leibe einzustellen". Dies bedeute: "nach getaner einstellung .. (nachdeme ich dadurch in anderer leute hende gebracht) das ich werde verfolgen und thuen müssen was sie mir uflegen und von mir haben wollen"[43]. Ausdrücklich bittet Moritz Ferdinand, seine Beteiligung am Fürstenaufstand "meinem bruder, der in keinem bundtnus stecket, und meine arme lande und getr. underthane nicht entgelden [zu] lassen"[44]. Ganz offen signalisierte Moritz

---

[40] Vgl. CORNELIUS, ERLÄUTERUNG 282.290.298.302.

[41] Vgl. PKMS V, 757f. Vgl. die entsprechende Antwort Wilhelms PKMS V, 758.

[42] Bereits am 25. Februar 1552 begründeten Carlowitz und Mordeisen das Fernbleiben Moritz' mit Gerüchten "der gefar halben, die seine churfl.gn.gn., da sy selbst zu e. kay. mt khame, begegnen möchte" (Lanz III, 93) sowie damit, daß "sich auch ir churfl.gn. des einstellens mit khainen ehren mehr aufzuhalten" wisse (Lanz III, 95). Vgl. PKMS V, 642f. Arras in seinem Antwortschreiben vom 4. März versuchte (vgl. Lanz III, 110f) ebenso wie Karl selbst in seinem Schreiben vom 8. März (Langenn II, 335), Moritz doch noch zur Reise zum Kaiser zu bewegen. Daraufhin begründete Moritz in seinem Antwortschreiben an Karl vom 17. März sein Fernbleiben damit, daß er "ganntz hefftig ... von den gedachten meinen jungen vettern den landtgrauen zu Hessen eingemant" worden sei und "also erenthalben gedrungen werde, mich one lenger aufhalten einzustellen" und sei "derhalben durch solch einstellen verhindert jetzt alsbaldt zu e.kay.mt. personlich zu komen" (Lanz III, 129).

[43] Langenn II, 335; vgl. PKMS V, 695. Vgl. Langenn II, 336: "ich muste nach willen der leute leben, In derer hende ich durch das einstellen gedrungen". Vgl. das sächsische Schreiben an Schwendi vom 9. April: "das S.Kf.Gn., als ein junger herr, und der izund in ander leut gewalt ist, auch zu allerlei wirt angehalten". Vgl. sodann PKMS V, 766f.

[44] Langenn II, 336. Die Übertragung der Regentschaft an August (vgl. PKMS V, 660) ist eventuell auch in den Schreiben an August vom 15. Januar 1552 (Druffel II, 28 [Nr.903]) und vom 20. Januar (Druffel II, 39 [Nr.916]) gemeint.

also, daß er sich für den Fall einer Niederlage die Möglichkeit offenhalten
wollte, nicht als Regent seines Landes[45] an dem Kriegszug teilgenommen
zu haben[46]. Die Konsolidierung des albertinischen Kursachsens in den
Grenzen von 1546 dürfte als das eigentliche Ziel der Politik Moritz' von
Sachsen in diesen Jahren anzusehen sein: Diesem Ziel diente die Befreiung
aus der Isolation durch die Bündnispolitik, die Einbindung der Ernestiner,
die Einstellungspolitik sowie die Belagerung von Magdeburg. Ergebnis
dieser Konsolidierungspolitik sollte langfristig sicherlich sein, daß das
albertinische Kursachsen künftig über eine ganz andere Machtbasis als noch
1550 verfügte[47].

Versuchte Moritz so, seine eigene Verantwortung für den Fürstenaufstand
zu relativieren, bemühte er sich gleichzeitig, Ferdinand und dessen Sohn
Maximilian für seine politischen Ziele zu instrumentalisieren. Noch bevor
die ersten militärischen Aktionen stattfanden, bat er Ferdinand darum, "das
e.kö.Mat. – sohn, König Maximilian uf eine bequehme zeit und gelegenheuit,
doch zum forderlichsten mit mir zusammen quehmen, dovon zue underre-
den, welcher gestalt durch E.kö.Mat. auch etlicher Chur und Fürsten be-
forderunge man zu eyner underrede eyns gemeynen frids halben Im heil.
Reiche und mit der kai.Mat. widerwertigen kommen und den landgrafen mit
genaden ledig machen mochte"[48]. Moritz drängte also Ferdinand und Maximilian in die Rolle eines Vermittlers (neben Kurfürsten und Fürsten) und
signalisierte damit indirekt, daß sich seine Maßnahmen nicht direkt gegen
Ferdinand richten sollten[49]. Die Grundlage für diese Strategie, Ferdinand
als Vermittler von Karl als dem Angegriffenen zu trennen, war die richtige
Einschätzung, daß die Spannungen zwischen Karl und Ferdinand 1551/52 be-

---

[45] Vgl. die Erläuterung der Einstellung als "das jch mein gemahel vnd kindt, auch meine
      lanndt vnd leute vnd getrewe vnderthanen dermassen verlassen" im Schreiben an Karl
      (Lanz III, 129).
[46] Vgl. BORN, HZ 191, 57f.
[47] Demgegenüber ist die Einschätzung von BONWETSCH, GESCHICHTE, der Moritz als
      "Vorkämpfer nationaler Gedanken" (9) oder als "Vertreter fürstlicher Freiheit, prote-
      stantischer Religion und deutschen Nationalbewußtseins" (108) darstellt, sicherlich von
      der Entstehungszeit von Bonwetschs Darstellung abhängig.
[48] Langenn II, 338. Der Brief ist datiert auf den 14. März 1552. Zur Verhandlungsinitiative
      Moritz' vgl. WITTER, BEZIEHUNGEN 56f; HERMANN/WINTER, PKMS V, EINFÜHRUNG
      34f.
[49] Dies hatte Ferdinand in seinem Schreiben an Moritz vom 12. Februar ausdrücklich be-
      fürchtet: "Es ist auch das geschrai und Französisch periemung, das Kai.M. und dersel-
      ben landen, auch meinen landen auch sollen angegriffen werden under den schain der
      religion und konciliums, auch zu erledigung des landgrafens von Hessen" (Druffel II,
      114f). Vgl. PKMS V, 624f.

trächtlich waren. Diese Bitte bedeutet darüber hinaus, daß Moritz seine politischen Ziele mit Ferdinand durchsetzen wollte, und nicht etwa mit seinem Bündnispartner Frankreich. Das Bündnis mit Frankreich sah nämlich vor, daß nur gemeinsam über einen Frieden verhandelt werden solle, und diese Regelung beabsichtigte Moritz von vornherein nicht einzuhalten.

Als Lohn für Ferdinands Vermittlungsbemühungen stellte Moritz in Aussicht, "das die macht des kriegsvolcks wieder den Türcken noch diesen Sommer gewendet zue rettunge E.kö. Mat. Christl. Königsreichs" werden könne[50]. Damit war genau der Punkt angesprochen, an dem Ferdinand Anfang 1552 am dringendsten Hilfe benötigte, nämlich die militärische Bedrohung durch die Türken. Daß er militärische Hilfe gegen die Türken von Karl V. nicht erhielt, bedeutete, daß Karl V. Ferdinands Machtgrundlage, nämlich die österreichisch-ungarischen Erblande, gefährdete[51]. Die Vermutung liegt nahe, daß Karl V. so verhindern wollte, daß Ferdinand die Kaiserwürde dauerhaft an den österreichischen Zweig des Hauses Habsburg ziehen könnte.

Am Kaiserhof war man bis zum Februar (trotz der Mahnungen Marias und Ferdinands[52]) davon überzeugt, daß Moritz loyal zum Kaiser stehen

---

[50] Langenn II, 336.
[51] So sehr die Kaiseridee Karls V. die Universalherrschaft (vgl. BOSBACH, MONARCHIA 46-56) beanspruchte, so zögerlich zeigte sich Karl V. immer wieder, wenn es nicht um die ihm direkt unterstehenden Länder ging, vgl. MÜLLER, JHKGV 12, der ebd. herausstellt, daß Karl "in erster Linie … Landesherr" war und die Interessen auch seiner Verwandten häufig nur zaudernd wahrnahm; dies galt gerade gegenüber Ferdinand auch hinsichtlich der Türkenbedrohung, vgl. CSÁKY, KARL V., 234. Hinzu kommt, daß seit Karls Plänen einer spanischen Sukzession Ferdinand begann, zunehmend eigene Interessen wahrzunehmen. WOHLFEIL, TRE 11, 85f sieht in den Verhandlungen über die spanische Sukzession sogar einen "Bruch" in der Loyalität Ferdinands Karl gegenüber, der dazu führte, daß Ferdinands Politik von 1552 an "von Vertretung und Wahrnehmung der Interessenlage des Reiches und der Erblande" geprägt war, vgl. MAURENBRECHER, KARL V., 295; RASSOW, POLITISCHE WELT 35. Dies war aus der Perspektive Ferdinands gerade 1552 erforderlich, um die eigene Machtgrundlage angesichts der Türkenbedrohung zu erhalten. Wenn FERNANDEZ ALVAREZ, POLITICA MUNDIAL 158f daraus, daß Ferdinand Karl gegen den Fürstenaufstand nicht entschieden militärisch unterstützte, ableitet, daß Ferdinand 1551/52 eine "doble politica" betrieben habe, Karls Zweifel an Ferdinands Loyalität also berechtigt seien (vgl. dagegen SICKEN, FERDINAND 62f sowie unten Anm.52.81), dann läßt sich umgekehrt fragen, welchen Eindruck Karls hinhaltende und jede Hilfe verweigernde Politik angesichts der Türkenbedrohung auf Ferdinand machen mußte.
[52] Seit Herbst 1551 äußerte Maria in ihren Schreiben an Arras immer wieder die Befürchtung, Moritz könne sich gegen den Kaiser wenden und seinen Zusagen seien nicht zu trauen, vgl. Lanz III, 78 (5. Oktober 1551); Druffel I, 873 (23. Dezember); Druffel II, 44 (22. Januar 1552); II, 73 (28. Januar), 95 (3. Februar); 105 (8. Februar). Über eine

werde. Diese Meinung wurde besonders von Arras vertreten, aber auch von Karl selbst[53]. Erst als Moritz seine Einstellung bei Wilhelm mitteilte und sein Kommen absagte, wurde man mißtrauisch. Umgehend (am 3. März), d.h. noch bevor die Kriegsfürsten wirklich losbrachen, wandte sich Karl über seinen Rat de Rye an Ferdinand und bat um Unterstützung. Man sehe nun "clerement, que se doit este une conspiracion dramee de longue main"[54]. Ferdinand solle Moritz vorschlagen, als "moyenneur"[55] zu fungieren, was dieser auch umgehend tat[56]. Bereits Mitte März plante man ein

---

mögliche Verbindung zwischen Moritz und Frankreich äußert sich auch Ferdinand gegenüber Karl; vgl. Druffel I, 791 (5. November); Lanz III, 85f (2. Dezember 1551); Druffel I, 852-854 (12. Dezember) mit der Warnung "il s'allumeroit ung feug contre nous deux qui seroit bien difficille d'estaindre" (ebd.854); vgl. BUCHOLTZ, GESCHICHTE 27-29; vgl. weiterhin WITTER, BEZIEHUNGEN 47f, der ebd. 49 als "das leitende Prinzip in Ferdinands Handlungen .. die Interessen des österreichisch-ungarischen Territorialstaates" hervorhebt, doch dürfte Ferdinand diese immer auch als Basis für seine Reichspolitik bzw. die eventuelle Kaiserwürde gesehen haben, vgl. auch ISSLEIB, NASGA 6, 248-250. Genauere Nachrichten über die Truppenbewegungen im Februar und März erhielt Ferdinand durch Heinrich von Plauen [1510-1554] (Burggraf von Meißen, Oberster Kanzler in Böhmen: ADB 11 [1880], 577-579 [Ferdinand Hahn]), vgl. PKMS V, 644f. 651-653.698f.706f.; vgl. SCHMIDT, BURGGRAF HEINRICH 277-281. Zu den Bemühungen Ferdinands, noch Anfang 1552 die militärische Konfrontation abzuwenden, vgl. BONWETSCH, GESCHICHTE 23.

[53] Die Schreiben von Arras an Maria zeigen, wie sorglos man die Warnungen Marias am Kaiserhof in den Wind schlug. Allein aus dem Zeitraum vom 17. Januar bis zum 10. Februar sind fünf Schreiben Arras' erhalten, in denen die Zuverlässigkeit bzw. baldige Ankunft Moritz' beim Kaiser versichert wird, vgl. Druffel II, 35.56.81.104f.109. Noch am 24. Januar war Arras der Ansicht, daß Moritz "ha peu de gens qui luy adhèrent; il est certain, qu'il n'ha la forme ny moyen de pouvoir soustenir et porter les frais ... et de dire que le roy de France fournira à tout, c'est, comme vous sçavez, ung très grand forcompte" (Druffel II, 56); am 6. Februar meldete Arras beglückt, daß die Kavallerie von Moritz Schwendi zufolge zertrennt worden sei (Druffel II, 104), und am 10. Februar erwartete er immer noch die bevorstehende Ankunft von Moritz (Druffel II, 109). Diese katastrophale Fehleinschätzung hatte sich offensichtlich auch Karl zueigen gemacht, der es zumindest am 24. November 1551 für "fort estrange" hielt, "que ledit duc Mauris oblya tant ce qu'ay fait pour luy qu'il preste l'oreille à practiques Françoises" (Druffel I, 828), vgl. auch BRANDI, KARL V., 518; FERNANDEZ ALVAREZ, IMPERATOR MUNDI 182f.

[54] Lanz III, 99.

[55] Lanz III, 101.

[56] Vgl. sodann Druffel II, 224.226 (vom 11. März). Karl war im März noch der Ansicht, Moritz könne durch die Freilassung Philipps von der weiteren Beteiligung am Unternehmen abgehalten werden. Von den weitergehenden Vorstellungen Moritz' erfuhr er wohl Anfang April durch Walter von Hirnheim, der nach dem Einrücken der Kriegsfürsten in Augsburg ebenda gewesen war, vgl. Druffel II, 404, vgl. BONWETSCH, GESCHICHTE 44,

persönliches Zusammentreffen zwischen Ferdinand und Moritz, das Heinrich von Plauen (Oberster Kanzler von Böhmen und als Burggraf von Meißen unmittelbarer Nachbar von Moritz) aushandeln sollte[57].

Nach dem Beginn des Feldzuges Ende März[58] wurde das vereinbarte Zusammentreffen in Linz mehrfach verschoben[59], kam dann aber am 19. April zustande. Die Verhandlungen in Linz selbst sollen hier nicht ausführlich erläutert werden. Eine endgültige Vereinbarung lag nicht im Bereich des Möglichen, war wohl weder von Moritz noch von Karl ernsthaft erwünscht[60] und wurde auch durch die militärische Lage noch nicht erzwungen.

Im Hinblick auf den Passauer Vertrag ist von den Linzer Verhandlungen[61] besonders der Vortrag des kursächsischen Kanzlers Mordeisen zu nennen, den dieser unmittelbar nach der Eröffnung am 19. April hielt und dessen Forderungen auf Wunsch Ferdinands schriftlich überreicht wurden. An diesem Forderungskatalog ist bemerkenswert, daß er exakt die fünf Punkte enthält, die (in derselben Reihenfolge!) den Passauer Vertrag ausmachen: i.) Freilassung des Landgrafen, ii.) Religion, iii.) Gravamina, iv.) Frankreich und v.) Aussöhnung (sowohl wegen des Schmalkaldischen

---

zu den Gesandtschaften Württembergs, Bayerns und der rheinischen Kurfürsten vor Augsburg vgl. KÜHNS, GESCHICHTE 19-24; BONWETSCH, GESCHICHTE 70f.

[57] Vgl. Druffel II, 239.255; PKMS V, 731f. Plauen äußerte bereits in einem Schreiben vom 22. März die Einschätzung, daß bei den bevorstehenden Verhandlungen auch die Gravamina, die Frage nach Religion und Konzil und das Verhältnis zu Frankreich zur Sprache kommen würden, vgl. PKMS V, 751f. Auch er verstand aber die Verhandlungsbereitschaft von Moritz als Hinweis darauf, daß dieser sich (neben Albrecht Alcibiades) vom Bündnis trennen ließe, vgl. PKMS V, 752f. Die Frage der Religion sah Plauen nur als Vorwand der Kriegsfürsten an, den man deshalb gebrauche, weil man "durch disen artikel ... allein ein empörung pai dem gemainen man zu machen" meine; eine Zusage, daß man bis zu späterer Vergleichung durch das Konzil verspreche, "mit ungnaden nit zu handeln oder jemanden zu beschweren", werde dieses Argument den Gegnern entziehen, vgl. Druffel II, 306.

[58] Vgl. dazu BONWETSCH, GESCHICHTE 35f; HERMANN/WINTER, PKMS V, EINFÜHRUNG 32.

[59] Vgl. PKMS V, 767f.781-783.787f.803f; Druffel II, 316f. Auch war man sich zeitweise auf der Seite Ferdinands unsicher, ob Moritz überhaupt kommen werde, vgl. PKMS V, 810f.818-822.838f; Druffel II, 361-370. Am 13. April versicherte Moritz Plauen noch einmal seines Kommens, vgl. Druffel II, 383[Nr.1282]. Vgl. SCHMIDT, BURGGRAF HEINRICH 287-295.

[60] Vgl. BARGE, VERHANDLUNGEN 32f; LUTTENBERGER, GLAUBENSEINHEIT 577.

[61] Eine Auflistung der (Dresdener) Archivalien zu den Linzer Verhandlungen gibt BONWETSCH, GESCHICHTE 48f; als Regest finden sich die wichtigsten Archivalien in PKMS V, 856f.859f.862f.872-877.880-886.888-890. Vgl. den Überblick bei HERMANN/WINTER, PKMS V, EINFÜHRUNG 34-37.

Krieges als auch wegen des gegenwärtigen Feldzuges)[62]. In den weiteren Verhandlungen benannte Moritz seine Vorstellungen noch genauer: Als Quelle aller Unruhe sei das Interim mitsamt aller entsprechenden Verordnungen anzusehen; "(darmit auch solichs misstrauen aufgehebt und der leut gemüter wieder gestillt) So wirt vnderthenigst gebeten deswegen gebuhrliche vnnd solche vorsehung zu thun, das sich der Religion halben keine Standt des Reichs einige gefahr oder vberzugs zubefarn. Wie dan solches hiebevor vf etzlichen Reichstagen sonderlich aber zu Speier im 44. Jhar mit gemeiner Stende bewilligung auch beschlossen"[63]. An die Stelle des Interims sollte nach Moritz' Vorstellungen also der Speyerer Abschied von 1544 treten.

Ferdinand arbeitete daraufhin eine Resolution aus, die alle fünf Punkte der Reihe nach behandelte, und schickte am 23. April alle übergebenen Schriften sowie diese Resolution durch Lazarus Schwendi zu Karl V.[64]. Er wollte sich also für eine definitive Antwort absichern; Karl V. sollte selbst die volle Verantwortung tragen. Das Dilemma, einerseits gegen die Türken die Unterstützung durch Moritz zu brauchen, andererseits sich aber nicht offen gegen Karl V. erklären zu können, um die Ansprüche auf die Kaiserkrone nicht zu gefährden, löste Ferdinand dadurch, daß er zwar als Vermittler zu fungieren bereit war, sich aber weder für Moritz' politische Ziele vereinnahmen lassen noch für das Resultat dieser Vermittlungen die Verantwortung tragen wollte.

Karl V. hatte zu der ihm übersandten Resolution einige ergänzende Bemerkungen zur Erledigung, d.h. Freilassung des Landgrafen, wollte den Begriff "Nationalkonzil"[65] gestrichen sehen und fand den Schluß des Frankreichartikels zu freundlich, erklärte sich aber bereit, die französischen Vorstellungen anzuhören[66]. Mit dieser Antwort kehrte Schwendi am Abend des 26. Aprils nach Linz zurück; Ferdinand ließ daraufhin Moritz die Resolution vorlesen (mit welchen Änderungen, bleibt unsicher) und ließ ihm

---

[62]   Die Bedeutung dieses "Verhandlungsprogramms" wird unterschätzt von LUTTENBERGER, GLAUBENSEINHEIT 578, vgl. jedoch HERMANN/WINTER, PKMS V, EINFÜHRUNG 35f, ebd. auch zur Vorgeschichte dieses 5-Punkte-Programms. Das entsprechende Aktenstück findet sich unten als *Edition II*.

[63]   PKMS V, 857, die eingeklammerten Wörter sind aus Druffel III, 401 ergänzt. Vgl. LUTTENBERGER, GLAUBENSEINHEIT 579.

[64]   Vgl. Ferdinands Schreiben bei Druffel II, 418 sowie das Regest von Ferdinands Memorial ebd. II, 421f.

[65]   Vgl. LAUBACH, MÖSA 38, 38f; LUTTENBERGER, GLAUBENSEINHEIT 581; vgl. auch BROCKMANN, KONZILSFRAGE 298f.

[66]   Vgl. Druffel II, 427-430 (Auszug des kaiserlichen Schreibens bei Lanz III, 183f). Vgl. sodann Karls persönliches Schreiben an Ferdinand bei Lanz III, 185f.

davon in der Nacht eine Fassung zukommen[67]. Die offizielle Übergabe der
überarbeiteten Resolution erfolgte am nächsten Tag[68].

In seiner Antwort zog sich Moritz erneut darauf zurück, daß er sich nur
soweit einlassen könne, wie Wilhelm es erlaube. Die eigenen Vorstellungen
führte er sodann an als Artikel, die bei dem jungen Landgrafen Anstoß
erregen könnten. Die 14-Tages-Frist zwischen Beurlaubung des Kriegsvolks
und Freilassung des Landgrafen lehnte er jetzt ab. Für den Religionsartikel
nannte Moritz anders als Ferdinand[69] erneut den Speyerer Abschied von

---

[67] BONWETSCH, GESCHICHTE 55f Anm.5 hält die an Karl gesandte Resolution für nahezu
identisch mit dem bei Druffel III, 402-406 (vgl. PKMS V, 872-874) gedruckten Aktenstück (anders dagegen KÜHNS, GESCHICHTE 32 Anm.1); als Argument dafür führt er an,
daß Moritz sofort nach Schwendis Rückkehr die Resolution habe lesen dürfen, so daß
das, was Moritz am Abend des 26. April las, die Resolution Ferdinands vom 23. April
sein müsse. Diese Rekonstruktion läßt sich aus dem Protokoll Mordeisens jedoch nur mit
Einschränkungen ableiten. Der entsprechende Abschnitt lautet SHStAD loc.9146 ("Des
Landgrauen gesuchte Erledigung wie auch Churfürst Moritzens zu Sachßen vnd anderer
deswegen vorgenommene Kriegsrüstung, vnd den von König Ferdinando angesetzten tag
zu Lintz betr. 1552") (=III,66,164 No.16), Bl.363v-364r (die Angabe von BONWETSCH,
GESCHICHTE 57 Anm.1 "Bl.303" ist falsch, denn Mordeisens Protokoll befindet sich
Bl.357-364; vgl. BONWETSCH ebd. 48; es fehlt in PKMS V): "den xxvi. tag Aprili gegen
abent haben di ko. M. den churfursten zu sich lassen erfordern vnd anzeigen: Wiewol
sich Ire ko. Ma. hibeuor freuntlich vnd gnediglichen von wegen des Landtgraffen erledigung vnd anderer furgebrachten artikel halben gegen s.churf.g. albereit hetten
vornhemen lassen, So het doch Ir Ma. fur radtsam vnd gut angesehen, ~~dasselb~~ ⌜di ding⌝
für vbergebung einer schriftlichen anthwort an di kei. Ma. nochmals gelangen zulassen,
domit hirin souhil desto gewisser vnd bestendiger gehandelt würde. dodurch hett sich
solche anthwort etwas vorzogen vnd were aller erst heut disen tag einkommen, dieselb
wolten also Ire ko. Ma. s.churf.g., ob di wol nicht mundiert, lassen furlesen, domit
s.churf.g. den inhalt derselben vngeferlich fassen vnd der sachen destobas nachdencken
kont vnd wolten doneben vorordenen, das dieselb alsbalt solt umbgeschriben vnd s.chur-
f.g. schriftlich zugestelt werden. [364r] dorauf ist solche der ke. M. resolution schrift
m.gst.h. lesen vnd ▷umb 2 vhr◁ in der nacht schrift douon zugeschigkt". Aus diesem
Abschnitt geht nur hervor, daß Moritz noch am selben Tag, an dem Schwendi in Linz
wieder ankam, zu Ferdinand erfordert wurde; wie viele Stunden inzwischen vergangen
sind, wird nicht gesagt; ob in der kaiserlichen Resolution zwischenzeitlich Änderungen
vorgenommen worden sind (Moritz las dieselbe nicht selbst, vielmehr wurde sie ihm
verlesen), bleibt daher offen, ist aber nicht unwahrscheinlich, wenn man bedenkt, daß es
noch bis 2 Uhr nachts dauerte, bevor die Reinschrift überschickt werden konnte.
[68] Zum Datum vgl. BUNDSCHUH, WORMSER RELIGIONSGESPRÄCH 16 Anm.29.
[69] Ferdinands Resolutionsschrift nannte weder den Abschied von 1544 noch das Interim,
verwahrte sich aber dagegen, daß der Kaiser "der religion halben jemanden ichts
mandiert oder sonst schriftlich befolen habe, dann was J.Kai.M. auch der Kurfürsten,
Fürsten und stend des h.reichs beschlossne und aufgerichte reichsabschied jeder zait
mitbracht und vermocht" (Druffel III, 404).

1544 und ergänzte: "Und weil gleichwol die stende der Augsburgischen confession, wie S.Kf.G. anderst nichts wissen, mit dem abschied, so der
religion halben im 44.jare zu Speir aufgericht, zufrieden gewest, so verhof-
fen S.Kf.G. der Kai M. werde auch nochmals nicht entgegen sein, dises
puncten halben genugsame und clare versehung zu thun, daran die stende der
A.C. der pillichait nach mögen begnuegt sein"[70].

Bis zum 30. April handelte man den Linzer Abschied aus[71], der für
Himmelfahrt, den 26. Mai, Verhandlungen in Passau vorsah (348v/3-12).
Als Unterhändler sollten neben Ferdinand Vertreter aller Kurfürsten sowie
geistlicher (der Erzbischof von Salzburg sowie die Bischöfe von Würzburg,
Eichstätt und Passau) und weltlicher Fürsten (Albrecht von Bayern, Hans
von Küstrin, Heinrich von Braunschweig/Wolfenbüttel, Wilhelm von Jülich,
Philipp von Pommern und Christoph von Württemberg) geladen werden
(349v/14-350r/1); für die Verhandlungen wurde ein Waffenstillstand von
einem Monat ab dem 11. Mai in Aussicht gestellt (348v/18-349r/12); außer
Geleitregelungen enthielt der Linzer Abschied noch die Regelung, daß
Maximilian an den Passauer Verhandlungen beteiligt werden solle (349r/29-
349v/8), daß Philipp Gesandte von Moritz, Joachim von Brandenburg, Wilhelm und der Landschaft Hessen empfangen dürfe (350v/ 21-351r/3)[72], daß
Ferdinand sich dafür einsetze, daß Philipp aus den Niederlanden zum Kaiser
überstellt werde (351r/4-9), sowie, daß Moritz die Vorstellungen Frankreichs
weiterleiten solle (351r/10-16)[73].

Die Bedeutung der Linzer Verhandlungen liegt in zweierlei: a) Mit den
fünf von Moritz vorgebrachten Punkten stand der Umfang des Verhandlungsprogramms für die Passauer Verhandlungen fest. b) Neben Ferdinand sollten
die wichtigsten Fürsten des Reiches als vermittelnde Unterhändler fun-

---

[70] Druffel III, 407. Vgl. PKMS V, 875.
[71] S. unten *Edition III.*
[72] Vgl. die entsprechende Mitteilung Ferdinands an Maria bei Lanz III, 187f.
[73] Daß im Linzer Abschied von einem Religionsfrieden überhaupt nicht die Rede ist,
bestätigt, daß die Gewaltverzichtserklärung in Ferdinands Resolution (Druffel III, 404)
nicht als Zusage eines ewigen Religionsfriedens zu verstehen ist, womit Ferdinand seine
Vollmacht wirklich eigenmächtig überschritten hätte; gegen BARGE, VERHANDLUNGEN
39f und TURBA, BEITRÄGE II, 26f vgl. KÜHNS, GESCHICHTE 35.37 und BONWETSCH,
GESCHICHTE 56f. Sehr wohl aber hatte Ferdinand zugesagt, bis zu einem Reichstag, auf
dem ein Weg zur Beilegung der Religionsfrage beschlossen werden sollte, keine Gewalt
in Glaubensfragen anzuwenden; auf diese Position nahmen die neutralen Stände in Passau
Bezug, vgl. unten S.30-35.

gieren[74]. Bereits am 29. März hatten die vier rheinischen Kurfürsten eine Tagung von Räten auf den 7. April nach Bingen beschlossen[75], die ebenda den Tag von Worms verabredeten und dazu auch Kurbrandenburg, Würzburg, Bayern, Württemberg und Jülich einluden[76]. Dieser Tag wurde zunächst verlegt, dann aufgegeben, dann wieder angesetzt und nach einem weiteren Treffen der Räte der vier rheinischen Kurfürsten (am 27. April in Oberwesel)[77] schließlich am 2. Mai in Worms eröffnet. Am 8. Mai kam dort Zasius[78] an, um die Einladung zu den Passauer Verhandlungen zu überbringen[79].

Beide Punkte zusammen bedeuteten, daß die Passauer Verhandlungen nicht nur einen Friedensschluß zwischen dem Kaiser und einigen aufständischen Fürsten darstellen sollten, sondern vielmehr die Grundlegung einer reichsrechtlich relevanten Neuordnung, die durch die Einbindung der wichtigsten Fürsten auf späteren Reichstagen kaum umgehbar war.

In der Zeit nach dem Linzer Abschied bis zur Eröffnung der Passauer Verhandlungen am 30. Mai konnten die Kriegsfürsten durch die Eroberung der Ehrenberger Klause die Ausgangslage für die Passauer Verhandlungen deutlich zu ihren Gunsten verändern. Nachdem der Versuch Karls, in die Niederlande zu entkommen[80], gescheitert war, mußte er nun die Flucht

---

[74] Dazu, daß dies keineswegs ein prinzipiell neues Verfahren war, vgl. KOHLER, POLITIK 359. Vgl. LUTTENBERGER, GLAUBENSEINHEIT 585: "Moritz wollte also durch eine informelle Konferenz einer einigermaßen repräsentativen Gruppe von Ständen das ... umständlichere ... verfassungsmäßige und ordentliche Verfahren umgehen, um bei der Behandlung der reichspolitisch belangvollsten Teile des propagierten Programms der Kriegsfürsten den kaiserlichen Einfluß auf Verhandlungsführung und Verhandlungsergebnis möglichst weitgehend auszuschalten und zugleich eine doch hinreichend breite Basis für die zu vereinbarenden Lösungen zu gewinnen."

[75] Vgl. Druffel II, 301. Vgl. LUTTENBERGER, GLAUBENSEINHEIT 574-576.

[76] Vgl. Druffel III, 419. Wenn BONWETSCH, GESCHICHTE 72-84 besonders das Tun Christophs von Württemberg hervorhebt und die Bedeutung seiner Aktivität einschränkt (ebd. 84: "Andere, zielbewußtere und stärkere Kräfte bestimmten die Politik"), so paßt dies nicht recht zu der Eingangsthese ebd.66: "Ein neuer politischer Faktor erschien auf dem Plan. ... Es ist das erste Mal, daß wir ein unmittelbares Eingreifen in den Gang der Ereignisse von ihrer Seite" (scil. der vermittelnden Fürsten) wahrnehmen.

[77] Vgl. LUTTENBERGER, GLAUBENSEINHEIT 588-603; NEUMANN, VERMITTLUNGSPARTEI 58f.

[78] Johann Ulrich Zasius: ADB 44 (1898), 706-708 (Walter Goetz).

[79] Vgl. zu der Tagung von Worms LUTTENBERGER, GLAUBENSEINHEIT 612-633; BAUER, MELCHIOR ZOBEL 351-355; NEUMANN, VERMITTLUNGSPARTEI 70-78.

[80] Vgl. hierzu SCHÖNHERR, EINFALL IN TIROL 67-70.

über die Alpen nach Villach antreten[81]. Unter diesen Vorzeichen schien es möglich, Karl in den Passauer Verhandlungen zu weitgehenden Zugeständnissen zu bewegen.

---

[81] Zur Ehrenberger Klause vgl. die Einzelheiten bei SCHÖNHERR, EINFALL IN TIROL 76f.82-87; WITTER, BEZIEHUNGEN 74f interpretiert die Öffnung der Pässe (vgl. SCHÖNHERR, EINFALL IN TIROL 91f) durch die österreichischen Erblande mit Wissen Ferdinands als dessen Versuch, Karl zum Friedensschluß zu zwingen, doch dürfte es sich lediglich um eine normale militärische Defensivmaßnahme angesichts eines stark überlegenen Gegners handeln, vgl. FISCHER, STELLUNG 35-43; BONWETSCH, GESCHICHTE 65; FICHTNER, FERDINAND 194.

3. Die Entstehung des Passauer Vertrages auf den Passauer Verhandlungen

a) Die Entstehung des Vertragsentwurfes bis zum 22. Juni

Über den Verlauf der Passauer Verhandlungen geben zum einen die Verhandlungspapiere, die zum guten Teil bei Druffel ediert oder zusammengefaßt sind[82], zum anderen die verschiedenen Protokolle Auskunft. Zu nennen sind sechs Protokolle:
a) das Protokoll des Bayerischen Kanzlers Hund[83],
b) das württembergische Protokoll[84],
c) das unveröffentlichte Protokoll des sächsischen Kanzlers Mordeisen[85],
d) das ebenfalls unveröffentlichte bischöflich-passauische Protokoll[86],
e) der Anfang eines Protokolls, das sich heute in Marburg befindet[87], und

---

[82] S. Druffel III, 484-539.

[83] Gedruckt bei Druffel III, 455-474; Wiguleus Hund [1514-1588]: ADB 13 (1881), 392-399 (Eisenhart); NDB 10 (1974), 64-66 (Leonhard Lenk); vgl. MAYER, HUNDT, hier: 60f.

[84] Gedruckt bei Druffel III, 474-484.

[85] Sächsisches Hauptstaatsarchiv Dresden loc.9145 ("Hessische Entledigung. In Landgraff Philips zu Hessen etc. entledigungssache das Dritte Buch darinnen zu befinden was in dieser ⌜und andern⌝ sache durch die röm.Kön.Mt. auch die dartzue beschriebene Chur- unnd Fürstenn uff den Tagk zu Passau behandelt und welchergestalt dieselbe entlichen durch Gottes gnedige vorleihung vortragen die fürgenommene Kriegeshandlung widerumb allerseits abgeschafft und hochgedachter Landtgraff Philip zu Hessen etc. für.G. Custodien entlediget worden ist. Nach Inhalt der hierbey gehafften Registratur Anno 1552") (= Reg.III, fol.164, Vol.12), Bl. 30r-75v; eine Kopie desselben findet sich im Sächsischen Hauptstaatsarchiv Dresden loc. 8093/11 ("Passawische Handlung und Vortrag und alda vorgebrachte Gravamina Anno 1552") (= Reg.III,40,19 No.3), Bl. 6-37; vgl. die Beschreibung bei BONWETSCH, GESCHICHTE 99. Das Protokoll ist nach loc. 9145 (nicht wie von Barge und Kühns nach der Reinschriftkopie von loc. 8093/11) zu zitieren.

[86] Es befindet sich heute im Bayerischen Hauptstaatsarchiv München, Blechkastenarchiv No.7; N. 17 1/2 (Außentitel: "Acta und Protocol deralhie zu Passaw gepflogenen guetlichen Handlung über die Aijssz im Romischen Reich geschwebte Empörung", darunter: "Erstes fach. No.39", ebd. Bl. 1r-43v = Bischöflich-passauisches Protokoll; über den Verfasser war nichts herauszubekommen.

[87] Es heißt hier nach seinem Fundort sog. "hessisches Protokoll"; es liegt im Staatsarchiv Marburg, Politisches Archiv (Bestand 3), nr.1116, Bl. 33-40, und umfaßt lediglich den Beginn bis zum 8. Juni. Der Verfasser ist nicht bekannt (es ist nicht die Schrift von Heinrich Lersner (ADB 18 [1883], 43ff [Lenz]; NDB 14 [1985], 322-325 [hier: 322]

f) das Mainzer Protokoll nebst verschiedenen Einzelprotokollen, die sich im Mainzer Erzkanzlerarchiv befinden[88].

Diese sechs Protokolle ergeben zusammen ein recht detailliertes Bild von den Passauer Verhandlungen; die bisher noch nicht veröffentlichten Protokolle von Kursachsen, Passau, Hessen und Mainz sind unten als *Edition VI* herausgegeben und ermöglichen es (gemeinsam mit den bei Druffel edierten Protokollen), den Ablauf der Verhandlungen im einzelnen nachzuvollziehen. Im folgenden sollen nur die wichtigsten Stationen skizziert werden.

Die einzelnen Protokolle unterscheiden sich in ihrer Eigenart erheblich. Das Mainzer Protokoll ist das einzige, das die Beratungen der Stände detailliert aufzeichnet und dabei die einzelnen Umfragen und Stellungnahmen der jeweiligen Stände umreißt. Es ist das ausführlichste Protokoll, scheint aber stellenweise in großer Eile geschrieben zu sein; daher enthält es an einigen Stellen Lücken[89], an wenigen Stellen auch sachliche Fehler[90]. So gründlich das Votieren der einzelnen Stände notiert ist, so undeutlich oder knapp ist bisweilen die eigentliche Beschlußfassung dokumentiert.

Das bischöflich-passauische Protokoll faßt die Beratung der Stände immer mit der Beschlußfassung zusammen, nennt meistens nur die Mehrheitsmeinung und ist daher bei der Darstellung dessen, was die Stände Ferdinand haben anzeigen lassen, bisweilen genauer als das Mainzer Protokoll. Es handelt sich um ein sehr reinlich geschriebenes Manuskript (eine Reinschrift?), das kaum Streichungen oder Verbesserungen enthält.

Das Protokoll Mordeisens ist deswegen eine notwendige Ergänzung zu dem Mainzer und dem Passauer Protokoll, weil die Verhandlungen zwischen Sachsen und Ferdinand nur hier dargestellt sind und sich nur hier (etwa in der Frage der Vollmacht) die Position des Kurfürsten wiederfindet. Es ent-

---

[Mühleisen]), der neben Schonpeter Gesandter für Hessen war; es kann sich aber auch um eine Abschrift handeln).

[88] Das Mainzer Protokoll (das Wolf und Hartung benutzt haben) befindet sich im Österreichischen Staatsarchiv/Wiener Haus-, Hof- und Staatsarchiv, Mainzer Erzkanzlerarchiv, Religionssachen 4, Bl. 480-594; vgl. die folgenden Einzeltage: Religionssachen 3, Bl. 104v-105v (6.-8. Juni); Bl. 227-228 (22. Juni); Bl. 234-236 (3. Juli); Bl. 241-249 (4. Juli); Bl. 273-275 (14. Juli); Bl. 328r-329v (8. August); ebd. Religionssachen 4, Bl. 172-173 (23. Juni); Bl. 189-191 (2. Juli); Bl. 195-204 (4. Juli); Bl. 217-219 (14. Juli).

[89] S. Mainzer Protokoll, MEA Religionssachen 4, Bl. 497r; 501r; 509r; 510v; 547r; 547v; 552v; 558v; 559v; 560r; 565r; 572v; 573v; unter dem Datum "Duodecima Juny 52" steht schlichtweg gar nichts.

[90] Vgl. etwa Mainzer Protokoll, MEA Religionssachen 4, Bl. 516v: "Wurtemberg [wohl statt: Würzburg]... verglich sich auch, dass die bede mittel zugleich vbergeben wurden. Wurtemberg: wie Brandenburg." An Stellen wie Bl. 527v "wass nachteil eruolgen mocht, da die gute entstunde" fehlt wo die Negation ("da die gute nicht entstunde").

hält teilweise sehr viele Verbesserungen, die davon zeugen, wie man im einzelnen um bestimmte Formulierungen gerungen hat. Das bedeutet allerdings gleichzeitig, daß Mordeisen häufig nicht einfach etwas mitgeschrieben hat, sondern daß er um eine stilisierte Darstellung des Geschehens bemüht ist, mit der er das Geschehene auch in das rechte Licht zu rücken versucht. Das sog. "hessische" Protokoll ist sehr kurz und notiert oft nur zu einem bestimmten Tag, was geschehen ist, ohne sich dabei streng an den chronologischen Ablauf zu halten.

Für die Passauer Verhandlungen ergaben sich die folgenden vier Parteien: Moritz von Sachsen verhandelte für die Kriegsfürsten; der Kaiser war durch seine Räte Seld und de Rye vertreten[91]. Ferdinand beanspruchte ebenso, Vermittler zu sein, wie die anderen vermittelnden, neutralen Stände, die größtenteils durch Abgesandte vertreten waren[92].

Diese vermittelnden Stände berieten zunächst die Forderungen Moritz' und entwarfen ihre Gutachten, über die dann mit Ferdinand verhandelt wurde. Die Beratungen der Stände wurden von Mainz geleitet[93], Kurfürsten und Fürsten votierten gemeinsam. Zunächst votierten die Vertreter der fünf Kurfürsten (Trier, Köln, Pfalz, Brandenburg, Mainz), dann die anderen

---

[91] Neben de Rye und Seld waren zeitweise auch Wilhelm Böcklin (ab dem 7. Juni; vgl. BRIEFWECHSEL WÜRTTEMBERG 625) und Lazarus Schwendi anwesend, vgl. SHStAD, loc. 9145 ("Hessische Entledigung. In Landgraff Philips zu Hessen etc. entledigungssache das Dritte Buch ...") (= Reg.III, fol.164, Vol.12), Bl. 83v. Seld war erst ab dem 3. Juni anwesend, vgl. "hess." Protokoll, HStAMR, Politisches Archiv (Bestand 3), nr.1116, Bl. 35v. Moritz wurde von Georg von Mecklenburg begleitet und hatte als Räte Dr. Ulrich Mordeisen und Christoph von Carlowitz bei sich, Hessen war durch den Kanzler Heinrich Lersner sowie Schonpeter vertreten, Ottheinrich durch Johann Holffant, vgl. ebd. 84r. Ferdinand hatte die Räte Hoffmann, Gienger und Heinrich von Plauen bei sich, vgl. die Randglosse Hunds auf der ersten Seite seines Protokolls, BHStAM 3167, 370r.

[92] Eine Auflistung der beteiligten Gesandten und Fürsten gibt der Passauer Vertrag 2v/5-27; vgl. auch die Randglosse von Hund auf der ersten Seite seines Protokolls, BHStAM 3167; 370r. Von besonderer Bedeutung waren Albrecht von Bayern, Wolfgang, Bischof von Passau, und Daniel Brendel für Kurmainz. Nicht vertreten waren die Reichsstädte, doch standen einzelne Reichsstädte mit den Kriegsfürsten in Kontakt, vgl. zur Unterstützung durch die Hansestädte BONWETSCH, GESCHICHTE 67.210f; zu Augsburg vgl. BARGE, VERHANDLUNGEN 111f.146; BONWETSCH, GESCHICHTE 93.

[93] Kurmainz übernahm als "Erzkanzler des Reichs" den Gepflogenheiten auf den Reichstagen entsprechend (vgl. AULINGER, BILD 133-136) die Sprecher- und Kanzleifunktion für die neutralen Stände ohne Ferdinand. Zur Rolle Daniel Brendels vgl. DECOT, RELIGIONSFRIEDEN 187f; KRAUSE, DANIEL BRENDEL geht auf die Zeit vor 1555 nicht ein.

Stände (Salzburg, Bayern[94], Eichstätt, dann Brandenburg-Neumark, Passau, Würzburg, Jülich, Pommern und Württemberg; die Braunschweigischen Gesandten haben nach dem Mainzer Protokoll größtenteils nicht mitvotiert). Ferdinand beanspruchte, daß die Stände ihn als "den furnembisten vnnderhanndler"[95] ansahen. Damit, daß Ferdinand als Vermittler und nicht als Vertreter des Kaisers an den Verhandlungen teilnehmen wollte[96], zog Ferdinand die Konsequenz aus seiner Position zwischen Moritz und Karl V. Ferdinand konnte sich weder gegen den Kaiser erklären, noch wollte er die Verantwortung für das Resultat der Vermittlungsbemühungen selbst tragen.

Die zwischen den vermittelnden Ständen und Ferdinand ausgehandelten Artikel wurden dann Moritz vorgelegt, der seine Änderungswünsche anmerkte. Dazu schrieb man (vor allem ab dem 11. Juni), um das Verfahren zu beschleunigen, die Artikel auf die jeweils rechte Papierhälfte; die Änderungswünsche Moritz' konnten so links danebengeschrieben werden, häufig mit der Bemerkung "Saxo.addit" oder "sechsisch" o.ä.[97]. Weitere Streichungen und Änderungen zeugen dann von dem Verlauf der Verhandlungen. Mehrere solche Verhandlungskonzepte sind erhalten. Obwohl die einzelnen Artikel von den Ständen entworfen wurden, ist ihr Einfluß auf den Verlauf der Verhandlungen und die Entstehung des Vertragstextes nicht überzubewerten. Zum einen lagen nämlich den Entwürfen der Stände die recht klar umrissenen Vorstellungen von Moritz zugrunde, und zum anderen wurden

---

[94] Vgl. zur Politik Bayerns gegenüber Karl V. LUTZ, ZBLG 22, 37f; zur Konfessionspolitik Albrechts SCHMID, KONFESSIONSPOLITIK 99-101 und besonders HEIL, REGIERUNG ALBRECHTS 57-70.

[95] Bf.-pass. Protokoll, BHStAM BlKA No.7, Bl. 5v-6r.

[96] Ferdinand verwies, als er am Anfang nach der kaiserlichen Resolution auf den Linzer Abschied hin gefragt wurde, auf die kaiserlichen Räte, "er sei nicht Partei, sondern bloss Unterhändler, und bereit, abgesondert oder zusammen mit den Ständen zu verhandeln" (Druffel III, 456), vgl. Mainzer Protokoll, MEA Religionssachen 4, Bl. 483v-486r; 487v-491r; Bf.-pass. Protokoll, BHStAM BlKA No.7, Bl. 5r-6r. Die Stände setzten die abgesonderte Verhandlung durch, so daß die Stände zunächst unter sich und dann mit dem König verhandelten. Davon gibt besonders das Mainzer Protokoll einen deutlichen Eindruck, weil es die Beratungen der Stände, die in Abwesenheit des Königs geschahen, eigens darstellt. Vgl. LUTZ, CHRISTIANITAS AFFLICTA 89f; LUTTENBERGER, GLAUBENSEINHEIT 653f.

[97] Vgl. Mordeisen Protokoll, SHStAD, loc. 9145 ("Hessische Entledigung III"), Bl. 37v: "domit di sach mit langwirigen schriften nicht wurde aufgehalten, haben s.churf.g. in der ko. Ma. vbergebnen schrift ezliche wort, di s.churf.g. bedengklich gewest, vnderstrichen, auch ezliche artikel vf den randt hinzu gesetzt, ▷Aber ~~den~~ di funften schrift, belangende di aussonung, gar geendert, wi hirneben zubefinden◁". Ferdinand und die Stände hatten am 11. Juni Moritz die Entwürfe aller fünf Artikel übergeben, der darauf am 12. Juni antwortete, vgl. ebd. Bl. 37r-v.

die Entwürfe zunächst mit Ferdinand verglichen. Ferdinand konnte also als Vermittler vor Moritz die Gestaltung der Artikel beeinflussen. Da Ferdinand als der ranghöchste Unterhändler auch dafür zuständig war, die Stände und auch Sachsen zu "erfordern", d.h. zu einer Sitzung berufen zu lassen, und er gleichzeitig in Austausch mit den kaiserlichen Kommissaren stand, wurde er zum Dreh- und Angelpunkt der Verhandlungen. Dies zeigte sich spätestens dann, wenn die Verhandlungen ins Stocken gerieten, weil dann nämlich Ferdinand direkt mit Sachsen verhandelte.

Moritz trug am 1. Juni unmittelbar nach Verhandlungseröffnung sein Programm vor, das er auf Wunsch Ferdinands dann auch schriftlich abfaßte. Nach Betonung des Friedenswillens erläuterte er nacheinander die fünf Artikel, die er bereits in Linz genannt hatte: Hinsichtlich der Befreiung des Landgrafen lehnte es Moritz ab, daß die Truppen 14 Tage vorher beurlaubt werden müßten, die Kapitulation von Halle könnte (bis auf die Regelungen bezüglich Kassel) erneuert werden, die Angelegenheit der Grafschaft Katzenellnbogen, die vor dem Reichskammergericht anhängig war, sollte restituiert und gütliche Verhandlungen vereinbart werden[98].

Für den Religionsartikel verwies Moritz zunächst darauf, daß der Zwiespalt der Religion auf Mißbräuchen beruhe, während "doch, Gott lob, kein hauptartikl in unserm christlichen glauben streitig, noch irrig"[99] sei. Deswegen sei auf den Reichstag von Speyer 1544 zurückzugehen. Als Grund der Empörung nannte Moritz ausdrücklich das Interim[100]. Daraus folgerte anschließend sein Programm, daß "die Kun.Maj., anstatt der Kai.M. wollten einen gemeinen fridstand machen, auch von wegen der Kai.M. und fur sich selbst bewilligen, das sich der religion halben die stend der A.C. zu irer Kai.M. auch kein stand zu dem andern, etwas ungnedigs, unfrundlichs, ... zu versehen, sonder das ain stand den andern seiner religion fridlich und ruebiglich sitzen lass, und kainer den andern derwegen überziehen beschweren noch verachten sollen, und das es sonst der artikl halben frid und recht belangend gehalten werde nach laut und inhalt obgemelts Speirischen abschids des 44.jars", wobei die Frage des "Rechts" vornehmlich auf die Zulassung von Protestanten an das Reichskammergericht zielte. Außerdem befürwortete Moritz, daß (neben dem Reichstag) eine Nationalversammlung zur Vergleichung der Religion einberufen werde, "da aber die vergleichung

---

98 Vgl. Mainzer Protokoll, MEA Religionssachen 4, Bl. 482v; Bf.-pass. Protokoll, BHStAM BlKA No.7, Bl. 2v-3r.
99 Druffel III, 485.
100 Vgl. Druffel III, 485; Bf.-pass. Protokoll, BHStAM BlKA No.7, Bl. 4r.

auch durch denselben weg nicht künd ervolgen, das man alsdann nicht desto
weniger in obgemeltem fridstand blieb"[101].
Damit lag das Programm eines ewigen Religionsfriedens fest. Es bestand
aus zwei Komponenten: a) der Verknüpfung von "Religion, Friede und
Recht" und b) der Loskoppelung des Religionsfriedens von der Frage einer
inhaltlichen Vergleichung und damit der unbedingten ewigen Geltung
desselben. Mit dem Artikel "Religion, Friede und Recht" sind drei Punkte
miteinander verknüpft: a) die Anerkennung der Konfession der CA als im
Reich zugelassener *Religion*, b) die Einbeziehung der CA-Verwandten in den
Land*frieden* (d.h. de facto Aufhebung des Wormser Edikts, des Augsburger
Reichstagsabschieds von 1530 und des Interims) sowie c) die *rechtliche*
Integration der Protestanten in die Reichsverfassung, wozu paradigmatisch
die Besetzung der Beisitzer am Reichskammergericht diente[102]. Die enge
Verknüpfung von "Religion, Friede und Recht" war in dem herangezogenen
Reichstagsabschied von Speyer 1544 ausdrücklich festgelegt worden: "nachdem ... aber befindlich, daß alle Verhinderungen Friedens und Rechtens aus
den fürfallenden Irrungen der streitigen Religion erfolget und also die Articul
der Religion, Friedens und Rechtens an einander hangen, und auseinander
fliessen, achten wir, daß zu fruchtbarer Verrichtung derselben, die Noth-
durfft erfordert, daß diese Articul, so viel möglich, alle unter eins fürgenom-
men und erledigt werden"[103].
Auf die Gravamina versprach Moritz in einer eigenen detaillierten Aufstellung einzugehen; hinsichtlich Frankreichs erklärte Moritz, trotz Bemühungen (anders als im Linzer Abschied vorgesehen) keine schriftliche Aufstellung französischer Forderungen vorweisen zu können, und verwies auf
den französischen Gesandten. Diese kurze Erwähnung des Frankreichartikels
diente einerseits dem Zweck, den französischen Gesandten als eigene Verhandlungspartei in die Passauer Verhandlungen einzubringen, signalisierte
aber andererseits, daß für Moritz selbst die Vorstellungen Frankreichs
irrelevant waren. Hinsichtlich der Aussöhnung verlangte Moritz die Aus-
dehnung der Begnadigung aus der Acht auf alle, die am Schmalkaldischen
Krieg sowie an der Fürstenempörung beteiligt waren. In diesem Zusammenhang forderte er die Restitution der Braunschweigischen Junker, d.h. die

---

[101] Druffel III, 485.
[102] Vgl. RANKE, GESCHICHTE V, 212.
[103] NSamml. I, 509.

Rücknahme der Maßnahmen von Heinrich von Braunschweig gegen die Junker und die Städte Goslar und Braunschweig[104].

Um einzuordnen, inwiefern Moritz mit dem Programm die Vorstellungen der mit ihm verbündeten Fürsten vertrat, ist ein Vergleich mit dem Forderungskatalog, den Johann Albrecht von Mecklenburg am 26. Mai Moritz zugeschickt hatte, aufschlußreich. Zunächst einmal besteht in den meisten Punkten Übereinstimmung: Auch der Mecklenburger forderte natürlich die Erledigung des Landgrafen (allerdings neben derjenigen Johann Friedrichs I.; außerdem rangierte dieser Punkt erst an dreizehnter Stelle). Hinsichtlich der Religion verlangte er Zulassung der CA im Reich, und zwar losgekoppelt von Konzilien, Colloquien etc. Am Kammergericht seien Protestanten zuzulassen; die für Moritz' Programm charakteristische, auf 1544 rekurrierende Verbindung von Religion, Friede und Recht findet sich allerdings nicht. Sodann nannte Johann Albrecht einige Gravamina und verlangte, daß alles "'cum consensu regis Galliae' zu verrichten" sei und daß die Aussöhnung für alle gelten solle, die sich der Fürstenempörung angeschlossen hätten. Darüber hinaus forderte Johann Albrecht die Aufhebung der Jurisdiktion der Geistlichen. Vor allem seien Prozesse wegen geistlicher Güter nicht vor das Reichskammergericht zu bringen. Diese Forderung findet sich in Moritz' Programm überhaupt nicht und tauchte bei den Passauer Verhandlungen (anders als 1555 in Augsburg) nur am Rande auf[105].

---

[104] Vgl. Druffel III, 485f. Beide Schriften wurden bereits am 3. Juni von Ferdinand an Karl übersandt, vgl. Lanz III, 219. SHStAD loc.8093/11 ("Passawische Handlung und Vortrag und alda vorgebrachte Gravamina Anno 1552"), Bl. 87 listet die Braunschweigischen Junker wie folgt auf: "Die Hern vnd vom Adel so hertzog Heinrich von Braunschweig beschwert hat| Anthonius| Christof gebrudere (*eine Klammer faßt Anthonius und Christof zusammen:* Edle Herren zu Warberg)| Ludwig Curdt, Heinrich, Christof Curd, Jost, Hans, Heinrich Brandt, Bartolt, alle genand von Schweichelde| Ludolff, Hans, Jobst, Matias, Adam Tomas Jost, Bartolt Ditterich alle von Oldershausen| Christof von Steinberg| Claus von Rottorf| Lenus von Oberg| Claus Berner| Philips Henning und Christoff gebruder von Bortfeld| Curdt Bock| Bartolt, Gise, Ernst, Erich Ditterich und Anthonius alle von Mandelslo| Wilhelm von Schachten| Herman von der Malsberg| Bartolt von Homroth| Johan Hammenstedt| Andreas Bessell| die beide Erbarn Stedt Braunschweig vnd Goßlar". Vgl. zu Heinrichs Politik PETRI, ARG 72, 151f.

[105] Bei der Formulierung des Religionsartikels, daß "auch der jetzigen kriegsübung verwante, auch sonst alle andere stende ... irer hab, guetter, landen, leüten, renten, zinsen, gülten, ober- und gerechtigkeiten halben unbeschwert" bleiben, verlangte Moritz zunächst die Ergänzung "so vil sie der noch in possession sein", vgl. Druffel III, 499. Wäre diese Ergänzung in den Passauer Vertrag gelangt, hätte dies bereits 1552 die Aufhebung der geistlichen Jurisdiktion und die reichsrechtliche Anerkennung der Konfiskation geistlicher Güter durch die protestantischen Fürsten bedeutet. Die neutralen Stände wiesen Moritz' Forderung jedoch entschieden zurück, vgl. Druffel III, 502. Die

Nach Moritz erläuterten am 4.Juni die kaiserlichen Gesandten Seld und de Rye die kaiserliche Position. Die Freilassung Philipps von Hessen wurde in Aussicht gestellt, doch beharrte Seld auf der 14-Tages-Frist zwischen Beurlaubung des Kriegsvolks und der Erledigung des Landgrafen[106]. Beim Aussöhnungsartikel signalisierten Seld und de Rye Kompromißbereitschaft, hinsichtlich Frankreichs rekurrierten sie auf den Linzer Abschied, verlangten also schriftliche Übergabe der französischen Forderungen durch Moritz. Die beiden Punkte, in denen die kaiserliche Position ablehnend war, waren der Punkt "Religion, Friede und Recht belangend" sowie die Gravamina. Ausdrücklich lehnte Seld Moritz' Rekurs auf den Reichstagsabschied von Speyer 1544 ab und verwies auf das Interim, das auch vom sächsischen Kurfürsten bewilligt worden sei. Die Kombination von "Religion, Friede und Recht" löste Seld auf: hinsichtlich der Religion könne man den Kaiser nicht bewegen, Friede und Recht seien nicht in schleuniger Handlung abmachbar. Für die Gravamina war die Antwort ausweichend und hinhaltend: Dem Kaiser seien die Gravamina zum Teil nicht bekannt, ganz allgemein wurde Abhilfe zugesagt[107]. Daß die Gravamina dem Kaiser unbekannt waren, entsprach nicht der Realität. Den Gravaminakatalog, den Moritz in Fürstenfeldbruck Herzog Albrecht von Bayern und dieser nach dem Tag von Linz an Ferdinand übergeben hatte, hatte Ferdinand in französischer Übersetzung an Karl weitergeleitet, der zu den einzelnen Punkten kurze Notizen vermerkte[108]. Doch zeigt die Antwort der kaiserlichen Kommissare bereits die Verhandlungsstrategie, die Karl im weiteren Verlauf anwenden sollte, das Argument nämlich, daß Reichstagsabschiede nicht durch eine wie hochkarätig auch immer bestückte Teilversammlung von Reichsfürsten ersetzt bzw. geändert werden könnten. Karl berief sich also auf die reichsrechtlich geltende Grundlage, und das hieß für ihn konkret: auf das Interim[109].

Seld und de Rye spielten in den weiteren Verhandlungen eine nur marginale Rolle. Der Grund ist darin zu sehen, daß Ferdinand die eigentliche Verhandlungsinitiative übernahm; die von den kaiserlichen Räten erhobene Forderung, daß seitens des Kaisers hinsichtlich der Religion in keinem Fall nachgegeben werden könne, machte er sich ebensowenig zu eigen, wie dies die neutralen Stände taten.

---

dann von ihm vorgeschlagene Ergänzung "wie sie deren in zeit des abschidtz im 44. jar in possess gehapt" ließ er dann ebenfalls schnell fallen (vgl. Druffel III, 507 mit Anm.c).

[106] Vgl. Druffel III, 491.457.459.

[107] Vgl. Druffel III, 491. Diese Antwort der kaiserlichen Kommissare wurde von Ferdinand und Seld noch am 4. Juni an Karl übersandt, vgl. Lanz III, 227f.230.

[108] Vgl. Druffel III, 444-447.

[109] Vgl. zu dieser Einschätzung des Interims durch Karl SOWADE, INTERIM 23f.

Am 6. Juni beriet man vormittags das erste Mal über die Religionsfrage. Grundlage der Beratung war Moritz' Programm vom 1. Juni sowie die Resolution der kaiserlichen Gesandten vom 4. Juni. Auf diese Beratung hin beschloß man, ein Konzept für den Religionsartikel zu entwerfen und es am selben Nachmittag zu beraten[110]. Dies geschah dann auch tatsächlich[111]. Am 7. Juni abends ließ Ferdinand durch Gienger den Ständen anzeigen, daß er nur wenige Änderungswünsche hatte, die die Stände nach kurzer Beratung bewilligten[112]. Bereits am 8. Juni antwortete Moritz auf den ihm zugestellten ersten Entwurf des Religionsartikels[113]. Seine Änderungswünsche wurden am 10. Juni morgens von den Ständen beraten und das Ergebnis dieser Beratung direkt an Ferdinand übergeben[114]. Darauf hat Ferdinand am Nachmittag des 10. Juni geantwortet[115]. Am 11. Juni wurde der Artikel der Religion gemeinsam mit allen anderen Artikeln an Moritz übergeben. Ab jetzt wurde der Religionsartikel nur noch gemeinsam mit den anderen Artikeln verhandelt. Moritz ließ seine Änderungswünsche an dem Rand notieren und am 12. Juni wieder übergeben[116]. Seine Änderungswünsche im Religionsartikel wurden von den Ständen am 13. Juni beraten[117]; am 14. Juni stimmte Ferdinand dem Beratungsergebnis der Stände weitgehend zu[118]. In den Schlußverhandlungen zwischen Ferdinand und Moritz am 14. Juni einigten sich beide weitgehend auf die Form des Religionsartikels, der am 22. Juni dem Kaiser überschickt wurde[119]. Im wesentlichen ist der Reli-

---

[110] Bf.-pass. Protokoll, BHStAM BlKA No.7, Bl. 10v-11r; Mainzer Protokoll, MEA Religionssachen 4, Bl. 510v-515r.

[111] Vgl. Mainzer Protokoll, MEA Religionssachen 4, Bl. 517r-518r. Im Bf.-pass. Protokoll wird diese Beratung nicht erwähnt.

[112] Vgl. Bf.-pass. Protokoll, BHStAM BlKA No.7, Bl. 14r-14v; Mainzer Protokoll, MEA Religionssachen 4, Bl. 524v-525r.

[113] Vgl. Mainzer Protokoll, MEA Religionssachen 4, Bl. 532r-532v.

[114] Vgl. Bf.-pass. Protokoll, BHStAM BlKA No.7, Bl. 20v-21v; Mainzer Protokoll, MEA Religionssachen 4, Bl. 536v-539v.

[115] Vgl. Bf.-pass. Protokoll, BHStAM BlKA No.7, Bl. 21v; Mainzer Protokoll, MEA Religionssachen 4, Bl. 540r-541r.

[116] Vgl. Mordeisen Protokoll, SHStAD loc. 9145 ("Hessische Entledigung III"), Bl. 37r-37v.

[117] Vgl. Bf.-pass. Protokoll, BHStAM BlKA No.7, Bl. 23r; Mainzer Protokoll, MEA Religionssachen 4, Bl. 544v.

[118] Vgl. Mainzer Protokoll, MEA Religionssachen 4, Bl. 547v.

[119] Vgl. Mordeisen Protokoll, SHStAD loc. 9145 ("Hessische Entledigung III"), Bl. 40v-42r. Ein letzter Änderungswunsch von Moritz wird am 17. Juni erwähnt, vgl. Mainzer Protokoll, MEA Religionssachen 4, Bl. 533v; ein Halbsatz wird noch auf Bitte der hessischen Räte am 20. Juni eingefügt, vgl. Mordeisen Protokoll, SHStAD loc. 9145 ("Hessische Entledigung III"), Bl. 52v.

gionsartikel, die sog. "Passauer Abrede", also zwischen dem 6. und dem 14. Juni 1552 entstanden. Im Vergleich mit anderen Artikeln wie der Freilassung Landgraf Philipps oder den Braunschweigischen Junkern fällt auf, daß die Beratung und Beschließung des Religionsartikels relativ unproblematisch war.

In der ersten Beratung skizzierte Trier recht ausführlich die Position der geistlichen Stände: Der Friede sei entsprechend der Zusage, die Ferdinand in Linz gegeben habe[120], zuzugestehen, doch sollten die Kriegsfürsten die geistlichen Stände besonders versichern. Eine Einigung in der Religionsfrage sei auf den nächsten Reichstag zu verschieben. Sachsens Bedenken sollten durch die Zusage zerstreut werden, daß dort alle Parteilichkeit verhütet werden solle. Die Erneuerung des Abschiedes von Speyer 1544 lehnte Trier ebenso ab wie eine Revision des Kammergerichts außerhalb der rechtlich vorgesehenen Wege (Reichstag oder Visitation)[121]. Dieser Meinung schloß sich Köln an, dem sich Bayern, Passau und Eichstätt anschlossen; ähnlich wie Trier und Köln votierte Mainz, dem sich Salzburg anschloß. Würzburg erkannte zwar die Wichtigkeit der Religionsvergleichung an, doch war für Würzburg der sofortige Frieden entscheidend. Damit waren die geistlichen Stände und Bayern einer Meinung[122].

Pfalz hielt den Religionsartikel für den Kernpunkt der Auseinandersetzung: "konnten nit vnuermelt lassen, dass Pfaltz alwegen darfur gehalten, alles missuertrauen vrsprungklich daher komen"[123]. Der von Sachsen vorgeschlagene Weg sei ebenso wie der von Ferdinand vorgesehene "nit ein vnweg"[124]. Mit dem von Ferdinand vorgesehen Weg ist dabei die bereits

---

[120] S. Druffel III, 404. Der entscheidende Satz lautet: "... so will J. Ku. M., anstatt und in namen J. Kai. M. hiemit auch bewilligt haben, das J. Kai. M. auch hinfuro der religion- und glaubenssachen halben mit der that keinen stand des h. reichs beschweren noch dringen, sondern schirist ainen gemeinen reichstag halten und darinnen sich mit kurfürsten, fürsten und stenden des h. reichs verner freundlich und gnediglich vergleichen, durch was cristenliche und freuntliche mittel und weg, es sei nochmals durch den weg des concilii oder ainer gemeinen reichsversamlung, die spaltig religion und glaubenssachen furgenommen, verglichen und erörtert werden sollen". Das kritische Wort ist "hinfuro"; der Sinn wird jedoch durch den positiv erläuternden "sondern"-Satz klar: Ferdinands Zusage basierte darauf, daß auf dem Reichstag eine Lösung für die Religionsfrage gefunden würde. Der Fall der "Nichtvergleichung" war gar nicht vorgesehen. Insofern bezog sich das "hinfuro" nur auf die Zeit bis zu der "Vergleichung" in der Religionsfrage. Genau auf diese Position konnten sich die geistlichen Fürsten wie Trier auch am 6. Juni einlassen.
[121] Vgl. Mainzer Protokoll, MEA Religionssachen 4, Bl. 510v-511r.
[122] Vgl. LUTTENBERGER, GLAUBENSEINHEIT 656.
[123] Mainzer Protokoll, MEA Religionssachen 4, Bl. 511v.
[124] Ebd.

von Trier und Köln genannte Zusage aus Linz gemeint. Sachlich wich Pfalz nicht deutlich von Trier und Köln ab: Die Religionsfrage sei auf den künftigen Reichstag zu verschieben, wo ein Beschluß über ein Konzil herbeigeführt werden solle (immerhin hielt Pfalz neben einem General- auch ein Nationalkonzil für möglich); dem Kammergericht sei der Friede, wie von Moritz vorgeschlagen, mitzuteilen, die Beschwerden gegen das Kammergericht aber zusammen mit den Gravamina zu beratschlagen.

Brandenburg-Kurmark betonte ähnlich wie Pfalz die Bedeutung der Religionsfrage, es "sej an dem, dass sein her Je vnd alwegen befunden, dass auss spaltung der religion alles missuertrawen eingewachsen", weswegen Bündnisse entstanden seien; "Man wuss sich auch zuberichten, dass die religion so weith Ingerissen, dass nit wol darauss zupringen"[125], daher sei der Frieden dringend vom König einzufordern. Der Friede solle auch dem Kammergericht mitgeteilt werden. Darüber hinaus solle man sich ernsthaft um die Beseitigung des Zwiespalts der Religion kümmern, und da das Trienter Konzil nicht zu dem erwünschten Erfolg geführt habe, solle man ein Nationalkonzil ansetzen[126]. Dem schloß sich Brandenburg-Neumark an, sachlich votierte Jülich wie Brandenburg (wollte allerdings die geistliche Jurisdiktion nicht speziell erwähnt wissen), dem sich Württemberg anschloß. Pommern votierte dafür, "dass ein gemeiner fridstand vfgericht, biss die religion verglichen" und betonte, daß dies nicht nur bis auf den nächsten Reichstag sich erstrecke[127]. Hinsichtlich der Kammergerichts machte sich Pommern für die Forderung Sachsens stark und verlangte die Zulassung lutherischer Beisitzer. Damit bildete sich mit beiden Brandenburg, Jülich, Württemberg und Pommern eine zweite Fraktion gegenüber den geistlichen Ständen und Bayern, die ein Nationalkonzil befürwortete.

Diese beiden Richtungen blieben auch in der zweiten Umfrage erhalten. Trier lehnte eine Erörterung der Religionsfrage auf dem Reichstag ab und verlangte die Verweisung auf ein Konzil, dem folgte Eichstätt. Köln wolte die Religionsfrage auf den Reichstag verschoben wissen, ebenso Mainz, der immerhin noch vorsah, daß auf dem Reichstag über die Verfahrensweise des Konzils zu verhandlen sei. Dem schlossen sich Salzburg, Bayern, Passau und Würzburg an.

---

[125] Mainzer Protokoll, MEA Religionssachen 4, Bl. 511v. Allerdings hatte Brandenburg auch beim Landgrafenartikel betont, "das dieser art. ein vrsach dass gantzen handels, darauss die andern sachen komen" (Mainzer Protokoll, MEA Religionssachen 4, Bl. 501v).

[126] Vgl. Mainzer Protokoll, MEA Religionssachen 4, Bl. 511v-512r. Vgl. LUTTENBERGER, GLAUBENSEINHEIT 660f.

[127] S. Mainzer Protokoll, MEA Religionssachen 4, Bl. 513r.

Dafür, daß der Frieden bis zur Vergleichung der Religion dauern solle, sprach sich jetzt ausdrücklich Pfalz aus. Er befürwortete jetzt auch die Mitteilung ans Kammergericht und die Order an dasselbe, lutherische Personen anzunehmen. Die Religionsfrage sei zwar auf den Reichstag zu verschieben, doch solle man das Nationalkonzil bereits nennen. Pfalz schlug daher die Wendung vor "durch ein National oder andere weg"[128]. Beide Brandenburg befürworteten noch einmal die Zusage eines Nationalkonzils, Brandenburg-Neumark u.a. mit der Bemerkung "wuss man wol, was es vf den Reichstag geschoben, dass nichs darauss"[129]. Württemberg plädierte dafür, auf Ferdinands Erklärung in Linz zurückzugreifen, diese aber durch ein Nationalkonzil zu präzisieren[130], und schlug auch noch einmal ein Religionsgespräch vor[131]. Nicht mehr ganz erkennbar sind die Positionen von Jülich und Pommern[132].

Entscheidend war an dieser ersten Beratung, daß sich die geistlichen Stände wie die protestantischen bzw. mit ihnen sympathisierenden Stände von Anfang an darüber einig waren, daß ein "beständiger Frieden" aufgerichtet werden müsse[133]. Damit bezog man sich sowohl auf Moritz' Forderungen als auch auf die Position, die als die Ferdinands in Linz angesehen wurde. Uneins war man hinsichtlich der Frage, wie man den Religionsausgleich bewerkstelligen könne. Man beschloß daher, die von Pfalz vorgeschlagene Kompromißformulierung aufzunehmen, die ein Nationalkonzil oder einen anderen Weg vorsah.

Bei der Beratung des ersten schriftlichen Konzepts am 6. Juni nachmittags wurden nur einige Kleinigkeiten verbessert, etwa, daß der Frieden nicht nur auf die Stände, sondern auch auf König und Kaiser zu stellen sei, oder daß der Landfrieden zu nennen sei. Die Frage des Kammergerichts solte ver-

---

[128] Mainzer Protokoll, MEA Religionssachen 4, Bl. 513v.

[129] Mainzer Protokoll, MEA Religionssachen 4, Bl. 514r.

[130] Vgl. Mainzer Protokoll, MEA Religionssachen 4, Bl. 514v: "Vnd das solch National Jetz benent vnd der Ko. Mt. furgeschlagen, dan ob wol gesagt werden, man konne es Jetz nit thun, Achten sie, die andern Stende wurdens auch nit abschlagen".

[131] Vgl. Mainzer Protokoll, MEA Religionssachen 4, Bl. 514v: "Item, es solten zu beiderseits theologj niddergesetzt werden, die dass heyl der teutschen solten suchen".

[132] Jülich bezog sich auf das zuerst gegebene Votum und sprach sich dagegen aus, die Konzilsfrage auf den Reichstag zu verschieben. Das Mainzer Protokoll erwähnt dabei allerdings nur das "general Concilium", was zu der vorigen Meinung von Jülich nicht paßt. Pommern wollte die Frage des Religionsausgleichs dem König anheimstellen. "Vnd je ehr es beschee, Je besser" (Mainzer Protokoll, MEA Religionssachen 4, Bl. 515r).

[133] Dies wird auch von Trier zu Anfang der 2. Umfrage betont: "vermerken allenthalben sich vergleichen, das ein fridstand gemacht" (Mainzer Protokoll, MEA Religionssachen 4, Bl. 513r).

schoben werden. Nur Pfalz bemerkte sichtlich enttäuscht "befunden gleichwol, dass In etlichen puncten heut anders daruon geredt", und schlug vor, daß man bei den Worten Ferdinands aus Linz bleiben solle[134]. Bayern befürwortete die Mitteilung ans Kammergericht, Brandenburg-Neumark verlangte, daß "vnder den personen, welcher confession sie seyen, kein sonderung zuhaben, diesgleichen des Iuraments"[135], doch wurde dieser Wunsch nicht aufgegriffen. Dasselbe gilt von der Forderung Jülichs, der sich Württemberg anschloß, daß man bei den geistlichen Gütern ergänzen solle "Vnd was jeder in bessess"[136]. Dagegen wurde die Ausschließung der "Jhenen, so verdampter secten seyen" vom Frieden, die Jülich gefordert hatt, aufgenommen[137].

In den weiteren Verhandlungen waren folgende, von Sachsen am 8. Juni in seiner Replik auf den ersten Entwurf[138] angeregte Punkte des Religionsartikels Gegenstand der Diskussion:
— der Halbsatz "souil sie deren In possess sind" wird vor allem von geistlichen Ständen am 10. Juni abgelehnt. Am 13. Juni plädieren die Stände und Ferdinand dafür, den Regensburger Abschied von 1541 heranzuziehen, doch erreicht es Ferdinand am 14. Juni in Verhandlungen mit Moritz, den Halbsatz ganz auszulassen, allerdings nur gegen die Zusage, daß diese Auslassung niemals zum Nachteil gereichen soll[139].
— Die Mitteilung des Friedens an das Kammergericht bleibt gegen den Widerstand von Köln und Bayern in dem Religionsartikel[140].

---

[134] Vgl. Mainzer Protokoll, MEA Religionssachen 4, Bl. 517v. Mainz, wo man das Konzept entworfen hatte, verwahrte sich dagegen: "die schrift sej der berathschlagung gemess so vnd der Lintzischen abred".

[135] Mainzer Protokoll, MEA Religionssachen 4, Bl. 518r.

[136] Ebd.

[137] Ebd. Die Beschränkung auf die Verwandten der Augsburgischen Confession findet sich noch im Passauer Vertrag, vgl. unten S.94.

[138] Sie findet sich bei Druffel III, 498f. Das Beratungsergebnis der Stände ist bei Druffel III, 502f als Regest wiedergegeben. Vgl. LUTTENBERGER, GLAUBENSEINHEIT 664f.

[139] Vgl. zum 10. Juni Bf.-pass. Protokoll, BHStAM BlKA No.7, Bl. 20v; Mainzer Protokoll, MEA Religionssachen 4, Bl. 536v-537r, zum 13. Juni vgl. Bf.-pass. Protokoll, BHStAM BlKA No.7, Bl. 23r; Mainzer Protokoll, MEA Religionssachen 4, Bl. 544v. 547v, schließlich zur Auslassung des Satzes und der Zusage Ferdinands Mordeisen Protokoll, SHStAD loc. 9145 ("Hessische Entledigung III"), Bl. 41r (ebd. Bl. 41r-41v zur Ausklammerung der geistlichen Güter in eine separate Vereinbarung zwischen Moritz und Ferdinand), vgl. das Referat an die Stände am 17. Juni Bf.-pass. Protokoll, BHStAM BlKA No.7, Bl. 29r; Mainzer Protokoll, MEA Religionssachen 4, Bl. 553v.

[140] Vgl. Mainzer Protokoll, MEA Religionssachen 4, Bl. 537r. Die Versicherung des Friedens (vgl. Druffel III, 499) wird von den Ständen befürwortet, vgl. Bf.-pass. Protokoll, BHStAM BlKA No.7, Bl. 21r; Mainzer Protokoll, MEA Religionssachen 4, Bl. 537r.

— Die von Sachsen geforderten Halbsätze "auch sonst Jede Beysitzer vnd andere personen des Chamergerichts bei seiner Religion zupleiben" und der Halbsatz "in annemung derselben die religion nit gescheucht soll werden" sind umstritten. Obwohl die meisten Stände im Anschluß an Pfalz dafür plädieren, setzt Ferdinand es am 14. Juni durch, daß beide Halbsätze in der Passauer Abrede ausgelassen werden[141]. Eingefügt wird dagegen auf Wunsch der hessischen Räte der Halbsatz "denen, die schweren, sollen frei gelaßen werden"[142].

— Die Zufügung des "Colloquiums" als Weg neben General- bzw. National-konzil und Reichsversammlung wird zugegeben[143].

— Das von Sachsen geforderte Adverb "einhellig", das das Überstimmen auf dem künftigen Reichstag gerade bei der Regelung der Religionsfrage verhin-dern sollte, wird am 13. Juni von den Ständen abgelehnt, doch wurde schon am 10. Juni beschlossen, Sachsen dahingehend eine Zusage zu geben, daß es auf dem künftigen Reichstag kein Überstimmen geben solle[144].

— Die ausdrückliche Suspension des Rechts[145] wird am 10. Juni von den Ständen für beschwerlich gehalten und soll daher verschoben werden; emp-fohlen wird die Formulierung, die in die Passauer Abrede gelangt ist, nämlich, daß "alles, so mergemeltem fridstand zuwider sein oder verstannden werden mocht, demselbigen nichts benemen, derogirn noch abbrechen" soll[146].

---

[141] Vgl. Bf.-pass. Protokoll, BHStAM BlKA No.7, Bl. 23r; Mainzer Protokoll, MEA Religionssachen 4, Bl. 544v; dazu, daß Ferdinand seine Position (vgl. Mainzer Protokoll, MEA Religionssachen 4, Bl. 547r) am 14. Juni gegen Moritz' Forderungen (vgl. Bf.-pass. Protokoll, BHStAM BlKA No.7, Bl. 25r) durchsetzen kann, vgl. Mord-eisen Protokoll, SHStAD loc. 9145 ("Hessische Entledigung III"), Bl. 41v-42r.

[142] Vgl. Mordeisen Protokoll, SHStAD loc. 9145 ("Hessische Entledigung III"), Bl. 52v.

[143] Vgl. Bf.-pass. Protokoll, BHStAM BlKA No.7, Bl. 21r, dabei spricht sich Pfalz bereits dafür aus, Gleichheit der Stimmen zu vereinbaren, vgl. Mainzer Protokoll, MEA Reli-gionssachen 4, Bl. 537v.

[144] Zur Ablehnung des "einhellig" vgl. Bf.-pass. Protokoll, BHStAM BlKA No.7, Bl. 23r; Mainzer Protokoll, MEA Religionssachen 4, Bl.544v; zur Zusage bzw. "Vertröstung" Sachsens am 10. Juni vgl. Mainzer Protokoll, MEA Religionssachen 4, Bl. 540v (befür-wortet von Pfalz, Brandenburg-Kurmark, Mainz und dann allen anderen).

[145] Dabei ging es um die von Moritz am 8. Juni erhobene Forderung, "das auch der Augsburgisch im 30. jar aufgericht und andere abschied, dergleichen die gemainen geschrieben recht gegen den stenden der A. C., so vil die religion, auch obbemelten fridstand belangend, bis zu endlicher vergleichung der religion suspendirt sein und bleiben mög", Druffel III, 499.

[146] Vgl. Mainzer Protokoll, MEA Religionssachen 4, Bl. 538r-538v. Vgl. LUTTENBERGER, GLAUBENSEINHEIT 667f.

— Die Zulassung protestantischer Beisitzer wird nach Beratungen der Stände am 10. Juni auf den künftigen Reichstag verschoben (auch wenn in der Passauer Abrede versprochen wird, diesbezüglich "alle vermogliche furderung zuerzeigen"). Dem König anheimgestellt und entsprechend in die Passauer Abrede aufgenommen wird dagegen die Form des Eids[147].

Entscheidender Punkt des Religionsartikels war, daß bereits am 6. Juni unter Beteiligung aller vermittelnden Stände ein "beständiger Friede" beschlossen war. Genauer lautete die Formulierung: "das ein bestendiger fridstand zwischen der Kai. und Kön. M., den churfürsten, fürsten und stenden der Teutschen nation bis zu endlicher vergleichung der zwispaltigen religion angestelt, aufgericht und gemacht werde"[148].

Die Formulierung ist deshalb als auffällig zu werten, weil sie den Friedstand "bis zu endlicher vergleichung der zwispaltigen religion" erstreckt. Theoretisch war dieser Frieden also begrenzt, nämlich bis eine "endliche vergleichung" der Religion erreicht sein würde. Das entsprach exakt der Gewaltverzichtserklärung, wie sie Ferdinand in Linz gegeben hatte. Das zeigt auch die Formulierung, daß die "streitig religion nicht anders dan durch freuntliche und fridliche mittel und wege zu einhelligem christlichen verstand und vergleichung gebracht werde"[149].

Gleichzeitig war man Moritz insofern entgegenkommen, als schon das erste Konzept des Religionsartikels a) die Verbindung von "Religion, Friede und Recht" und b) die Loskoppelung des Religionsfriedens von der Vergleichung enthielt. Bemerkenswert ist besonders die Formulierung: "Do auch die vergleichung durch der selben weg kainen wurde ervolgen, das alsdan nichts desto weniger obgemelter fridstand bei seinen creften bis zu endlicher vergleichung besteen und bleiben solle"[150]. Das Zustandekommen des Religionsartikels beschreibt Mainz also völlig zutreffend, wenn es am 6. Juni heißt: "die schrift sej der berathschlagung [scil. am 6. Juni vormittags]

---

[147] Dies ist der Vorschlag von Brandenburg-Kurmark, der sich am 10. Juni bei der Mehrheit der Stände durchgesetzt hat. Pfalz, Brandenburg-Neumark, Württemberg und Pommern können sich mit der Forderung einer sofortigen Zusage der Zulassung protestantischer Beisitzer nicht durchsetzen, vgl. Bf.-pass. Protokoll, BHStAM BlKA No.7, Bl. 21r-21v; Mainzer Protokoll, MEA Religionssachen 4, Bl. 539r-539v.

[148] Druffel III, 506f.

[149] Vgl. dazu Druffel III, 404 und oben S.30 Anm.120.

[150] Dieser Absatz stand bereits im Konzept der Stände vom 6. Juni, die Überschrift "Sächsisch" bei Druffel III, 509 bezieht sich nur auf den ersten Absatz bis "unvergriflich". Dies geht auch aus Moritz' Antwort am 8. Juni deutlich hervor, vgl. Druffel III, 499. Vgl. sodann die entsprechenden Konzepte MEA Religionssachen 3, Bl. 122-124 und Bl. 126-127. Die "Nichtvergleichungsformel" selbst ist nicht dem Speyerer Abschied von 1544 entnommen, wie BARGE, VERHANDLUNGEN 87 Anm.2 meint.

gemess ~~so~~ vnd der Lintzischen abred, hab die Sechsischs schrift dargegen
gehalten, ~~vnd~~ vnd hinein gesetzt, damit gleicheit gehalten".

Die Erklärung eines einstweiligen Gewaltverzichts in Verbindung damit,
daß ein Ausgleich in der Religionsfrage in Aussicht gestellt wurde, entsprach
nicht nur Ferdinands Zusage aus Linz, sondern erinnert auch an den
Abschied von Speyer, den Moritz am 1. Juni genannt hatte. In Speyer war
für die Religionsfrage angesichts des bevorstehenden Konzils der Gewaltverzicht bis zur endlichen Vergleichung zugesagt worden. Diese Regelung beinhaltete eine Unklarheit, die ihr je nach der Einschätzung der Frage, ob die
Religionsspaltung durch eine friedliche Einigung (ein Konzil o.ä.) beigelegt
werden könne, einen unterschiedlichen Sinn gab: Wenn man davon ausging,
daß eine friedliche Einigung nicht mehr zustandekommen würde, bedeutete
sie den ewigen Religionsfrieden; wenn man jedoch davon ausging, daß eine
friedliche Einigung möglich war bzw. möglicherweise zu erzwingen war,
bedeutete sie einen begrenzten Religionsfrieden bis zu der angesetzten
Einigungsverhandlung (egal, ob es sich um ein Konzil, ein Kolloquium oder
eine Nationalversammlung handelt). In dem letzteren Sinne hatte Karl V.
nach 1544 das Konzil von Trient als maßgebliche Einigungsversammlung
ansehen können, durch den die Begrenzung des Friedstandes von 1544 erfüllt
war. Auch das Interim selbst war ja ursprünglich als der Versuch einer
"Vermittlung im Glaubensstreit"[151] gedacht, so daß dadurch eine neue
Rechtsgrundlage entstanden war, in der der Gewaltverzicht von 1544 für
Karl V. keine Geltung mehr hatte.

Wenn Ferdinand diesen Entwurf des Religionsartikels ohne tiefgreifende
Änderungswünsche an Moritz hatte weiterleiten lassen, trug er damit nicht
nur der Mehrheitsmeinung unter den vermittelnden Ständen Rechnung[152],
sondern griff vor allem den Abschied von 1544 wieder auf: die Wiederho-
lung des damals gegebenen Gewaltverzichts unter der Einschränkung einer
gleichzeitig anzuberaumenden Einigungsverhandlung schien ihm ein Weg zu
sein, der für Karl wie für Moritz akzeptabel sein konnte. Als Meinung

---

[151] RABE, KARL V. UND DIE PROTESTANTEN 333.

[152] De Rye und Seld schrieben am 15.Juni an Karl V., daß ihrer Meinung nach alle versammelten Stände, "et les ecclesiastiques pas moins que les seculiers", die "paix perpetu-
elle" befürworteten und daß dies sogar für die Stände gelte, die "autrement sont de
bonne volonte". Als besonderer Vorzug wurde dabei begriffen, daß dieser Religionsfriede auf die CA-Verwandten eingeschränkt sein solle, so daß die Häresien "de
Zuingliens, Swenckfeldiens, anabatistes etc" nicht eingeschlossen wären, vgl. Lanz III,
264f. Als dem Kaiser eigentlich zugetane Fürsten nennt BARGE, VERHANDLUNGEN 74f
den Kurfürsten von Köln, den Bischof von Würzburg, Heinrich von Braunschweig/Wol-
fenbüttel und Hans von Küstrin; trotzdem fand sich "keine einzige Stimme zu Gunsten
der Beibehaltung des spanisch-katholischen Systems" (BARGE, VERHANDLUNGEN 97).

Ferdinands heben Seld und de Rye in ihrem Schreiben an Karl V. hervor, dieser habe aus den Briefen und Instruktionen Karls "clement comprins, que lintention de vostre maieste nest poinct de vuider le different de la religion auec la force des armes, mais seullement par moyens amiables et pacifiques"[153]. Ganz im Sinne Ferdinands empfahlen sie Karl V. die Annahme des Vertragsentwurfes mit den Worten: "il sera bien euident, que tout ce en quoy vre ma^te vouldra condescendre, elle ne fera point come constraincte par negociation, mais come requise pour le bien de la chrestiente, et pour non delaisser son frere en ce dangier" und außerdem "elle [scil. votre maiesté] pourroit tousjours apres, quant les choses seroient en meilleur estat, gaigner occasion, de les [scil. les rebelles] chastier come ils meritent"[154].

Daß Ferdinand den Entwurf des Religionsartikels der Stände hat weiterleiten lassen, bedeutet also nicht, daß er sich die Meinung zu eigen gemacht hatte, daß der Protestantismus eine auf Dauer im Reich zu tolerierende und reichsrechtlich anzuerkennende Konfession darstellte[155]. Ferdinand befürwortete 1552 vielmehr die Zusicherung des Gewaltverzichts, um schnell zu einem Friedensabschluß zu kommen, den er selbst im Hinblick auf die Türkenbedrohung so dringend brauchte. Der alte Mechanismus, den Protestanten dann Zugeständnisse zu machen, wenn ihre Hilfe gegen die Türken gebraucht wurde, war insoweit noch in Kraft. Die Zusage des Gewaltverzichts verband Ferdinand mit der Einberaumung einer Einigungsverhandlung. Hier liegt der Grund dafür, daß Ferdinand nach 1552 so energisch das Projekt eines "Religionsgespräches" verfolgte. Daß er 1552 nicht von sich aus den ewigen Religionsfrieden als dauerhafte Lösung für das Reich befürwortete, sollte sich 1555 auf dem Reichstag von Augsburg bestätigen. Denn dort war Ferdinand keineswegs gewillt, den Religionsfrieden als Bestandteil eines Reichstagsabschieds ohne weiteres zuzugestehen (s. dazu unten).

---

[153] Lanz III, 265.

[154] Lanz III, 308f.

[155] Dieser Meinung ist dagegen BONWETSCH, GESCHICHTE 120: "Den Religionsfrieden billigte er ohne weiteres; er anerkannte damit den Protestantismus, der deutsch und antispanisch zugleich, seine vornehmste Stütze war. Sein Beitritt verlieh der Forderung den vollen Wert". Gleichzeitig stellt BONWETSCH, GESCHICHTE 122 fest, daß Moritz' Forderung ihre "Tragweite" "doch erst durch die Versammlung, die sie aufnahm" erhielt, also nicht schon durch Ferdinands "Beitritt", sondern durch die Zustimmung Ferdinands *und* der neutralen Stände, durch die "im Prinzip die Gleichberechtigung der Konfessionen anerkannt" war (ebd.). Die Religionspolitik Ferdinands dürfte damit nicht getroffen sein, für die neutralen Stände kommt Bonwetsch selbst wenig später zu dem Ergebnis, daß die Stände stark in den Hintergrund treten, vgl. DERS., GESCHICHTE 135.

Da sich beide Seiten, Moritz wie Ferdinand, um einen schnellen Vertragsabschluß bemühten, kam man bereits nach drei Wochen vorerst zum Abschluß der Verhandlungen[156]. Am 22. Juni ließ der König den Ständen mitteilen, daß er mit Moritz in allen Artikeln verglichen sei, d.h. daß in allen
Artikeln Einigkeit bestehe[157]. Dies galt für die fünf Kernartikel, die auf die
Freilassung des Landgrafen (in dem allerdings das Datum für die Beurlaubung des Kriegsvolks und die Freilassung Philipps noch nicht festgelegt
war), auf "Religion, Friede und Recht", auf die Gravamina, Frankreich und
die Aussöhnung incl. Restitution der Braunschweigischen Junker eingingen,
sowie für den Sicherungsabschnitt, in dem der Inhalt des Vertrages durch
Verpflichtungen der beteiligten Stände zur gegenseitigen Unterstützung
gesichert wurde.

b) Ferdinands Einholung von Karls Resolution und Karls Ablehnung des Vertragsentwurfes

Als Ferdinand angesichts der gelungenen Vergleichung die Verlängerung des
Anstandes bis zum 18. Juli (dem Tag, der für die endgültige Vollziehung des
Vertrages ins Auge gefaßt war[158]) verlangte, zog sich Moritz darauf
zurück, daß er dies nicht ohne Wilhelm und die Mitverwandten entscheiden
könne[159]. Moritz' Forderung, binnen zehn Tagen die Zustimmung oder

---

[156] Zu den Einzelheiten der Verhandlungen vom 11.-22. Juni vgl. BONWETSCH, GESCHICH-
TE 129-138 und LUTTENBERGER, GLAUBENSEINHEIT 664-672.
[157] Vgl. Druffel III, 466; MEA Religionssachen 3, Bl. 227r.
[158] Zunächst war der 3. Juli ins Auge gefaßt worden, vgl. Mordeisen Protokoll, SHStAD
loc. 9145 ("Hessische Entledigung III"), Bl. 33v. Am 18. Juni hatten Gienger und Mordeisen "di concept der schriften sampt den geschehnen enderungen vberlesen";
Mordeisen Protokoll, SHStAD loc. 9145 ("Hessische Entledigung III"); Bl. 52r; hierzu
wurden auch die hessischen Gesandten hinzugezogen, und es wurde über das Datum der
Erledigung Philipps beraten: "Item, das der tag, wan der landtgraf solt gegen Reinfels
gestelt werden, Specificirt wurde ▷und we̶ weil sich di handlung etwas vorzogen, ist der
tag durch m.gst.h. ferner erstreckt ◁ ?? d̶o̶r̶a̶u̶f̶ ̶v̶o̶r̶g̶l̶i̶c̶h̶e̶n̶,̶ ̶d̶a̶s̶ ̶e̶s̶ ̶d̶e̶r̶ ̶1̶8̶.̶ ̶J̶u̶n̶y̶ ̶s̶e̶i̶n̶ ̶s̶o̶l̶e̶,
⌜bis auf den 18. Juny [sic! statt 18. July], domit di schriften mochten ein tag oder sechs
zuuor vber⌝antwort werden" (ebd. 52v).
[159] Vgl. Mordeisen Protokoll, SHStAD loc. 9145 ("Hessische Entledigung III"), Bl. 53v-
54r: "Den 22. Juny haben di ko. Ma. einen sonderlichen artikel stellen laßen, di erstrek-
kung des gutlichen [54r] anstandts betreffende, vnd ist derselb im anfang dohin gericht
gewest, als ob dise frides vnd vortrags handelung auf der k. M. gnedigst wolgefallen,
bewilligung vnd ratification gestelt worden. weil sich aber m.gst.h. ider zeit im handel
des hat vornhemen laßen, das s. churf.g. di handelung, so alhier furgefallen, auch an
derselben mithuorwanten must gelangen laßen, So haben s.churf.g. zu solchem artikel di
wort a̶u̶c̶h̶ gesetzt «auch des Churfursten halben vf s.churf.g. mithuorwanten»".

Ablehnung der Kriegsfürsten einzuholen, stieß bei Ferdinand und bei den vermittelnden Ständen auf Befremden, denn Ferdinand war davon ausgegangen, daß Moritz anstelle seiner Kriegsverwandten handeln und abschließen dürfe[160].

Laut dem Protokoll Mordeisens war dieses Argument von Moritz' Seite bereits in den direkten Verhandlungen zwischen Moritz und Ferdinand über die vom Kaiser geforderte 14-Tagesfrist zwischen Beurlaubung des Kriegsvolkes und Freilassung Philipps vorgebracht worden[161]. Dort schon hatte Moritz eine Verlängerung des Waffenstillstandes nicht zugestehen wollen; "weil s.churf.g. vormergkten, das di ko. Ma. nicht entlichen befelch hetten von wegen der kei. Ma., alhier zuschlißen, sonder di sachen zuruck an Jre ke. Ma. wolten gelangen laßen, So wolte s.churf.g. gleicher gestalt, was alhier gehandelt wurde, an derselben mithuorwanten zuschigken vnd bestes fleis befurdern, das es dieselben an Jnen auch nicht mangeln lißen"[162].

Ganz ähnlich argumentierte Moritz am 22. Juni. Auf die entsprechende Änderung der Waffenstillstandsverlängerung hin wurde Mordeisen von Ferdinand zu sich gerufen und daraufhin befragt, ob Moritz nicht für alle Kriegsverwandten abschließen dürfe. Mordeisen erwiderte, "das ich ider zeit von s.churf.g. souil vorstanden, das si der andern irer mithuorwanten halben nicht gnugsamen gewalt, on hindersich bringen entlich zu schlißen"[163].

Der Versuch der Stände, Moritz umzustimmen, scheiterte ebenso wie der Versuch Ferdinands, in einer Verhandlung zwischen Kursachsen, ihm und Albrecht von Bayern eine Änderung von Moritz' Position herbeizuführen.

---

[160] Vgl. MEA Religionssachen 3, 227r. Ferdinand betonte, daß er auch in dieser Meinung an den Kaiser geschrieben habe und daß Hessen durch eigene Gesandte ja an den Verhandlungen beteiligt gewesen sei, vgl. Mordeisen Protokoll, SHStAD loc.9145 ("Hessische Entledigung III"), Bl. 54r: "das Ire Ma. den di handelung nicht anders vorstanden, dan das m.gst.h. di ding allenthalben fur sich vnd s.churf.g. mithuorwanten außerhalb Marggraf Albrechts gewilligt, dorumb were auch Marggraf Albrechts halben ein sonderlicher artikel gesezt. Es wer auch albereit vf di meinung an di ke. Ma. geschriben vnd furnemblich, ▷Jre ke. Ma. in solche handelung zubewegen, ◁ das angezogen, das der weil s.churf.g. albereit fur sich vnd Jre mithuorwanten gewilligt, das es Jr Ma. auch gnedigst wolt bewilligen" und Bl. 54v: "Mit der einfurung, weil s.churf.g. vber den artikeln so heftig disputirt, dorzu di heßischen gesanthen oftmals bei sich gehabt vnd von den artikeln mit in geradtschlagt".

[161] Vgl. Druffel III, 466, wo berichtet wird, daß Wolfgang, der Bischof von Passau, sich daran erinnerte, daß in den Verhandlungen über die 14-Tagesfrist, die er gemeinsam mit Albrecht von Bayern und Mordeisen geführt habe, dieselbe Meinung gefallen sei; vgl. Mainzer Protokoll, MEA Religionssachen 4, Bl. 563v.

[162] Mordeisen Protokoll, SHStAD loc.9145 ("Hessische Entledigung III"), Bl.36r Randnotiz.

[163] Ebd. 54v.

Gegenüber Ferdinand legte Moritz dabei seine Begründung ganz offen auf
den Tisch: "Vnd ob sich gleich s.churf.g. entlichs befelchs het von hier aus
erholen wollen, So hetten doch s.churf.g. baldt anfangs von Jrer ko. M. vormergkt, das si von der k. M. ⊢ wegen ⊣ auch nicht entlich schlißen, sonder
di bedengken an Ir k. M. wolten gelangen laßen. dorumb hetten [55v] es
s.churf.g. auch dohin pracht, das derselben mithuorwanten fur dem entlich
beschlus das auch musten bericht werden"[164].

Diesem Bericht läßt sich entnehmen, daß Moritz mit seinem Verhalten auf
ein Verhandlungsinstrument Ferdinands reagierte[165]. Dieser hatte mit dem
Anspruch, nur als Vermittler in Passau zu sein, der nicht selbst abschließen
dürfe, sondern vielmehr erst die kaiserliche Zustimmung einholen müsse,
eine gewisse Neutralität ohne weitere Verbindlichkeit für seine eigene Person
zu erlangen gesucht. Genau gegen diese Neutralität setzte Moritz nun das
von Ferdinand kopierte Argument ein, nicht genügend Vollmacht zum endgültigen Abschluß zu haben. Moritz wollte also verhindern, daß Ferdinand
den Abschluß des Vertrages als Sache Karls V. hinstellte. Quittierte Ferdinand das Verhalten Karls, ihm, Ferdinand, keine Unterstützung gegen die
Türken zukommen zu lassen, damit, daß er seinerseits die Verantwortung für
das Ergebnis der Passauer Verhandlungen von sich abschob, versuchte
Moritz mit dem Hinweis auf die Zwänge durch die eigenen Bündnispartner
und den Zeitfaktor, ihn in eine Position zu drängen, in der er weitergehende
Zusagen machen sollte. In der Situation, in der Ferdinand angesichts der
Türkenbedrohung von Karl weitgehend alleingelassen wurde, sollte Ferdi-
nand Zusagen machen, die sich gegen anderslautende Ansprüche Karls einsetzen ließen. Moritz wollte sich so die Spannungen zwischen Karl und
Ferdinand zunutzemachen.

Ein weiteres Motiv für Moritz' Taktik ist darin zu sehen, daß Moritz eine
weitere Verzögerung des Vertragsabschlusses verhindern wollte. Der Entwurf der Waffenstillstandsverlängerung enthielt u.a. die Formulierung:
"doch dass ... die Kai.M. bei derselben Kriegsvolk würklich verschafft, das
der bemelt friedstand gegen den herrn churfürsten, derselben Kf.G. mitverwanten und iren undertanen gleichsfalls auch gehalten werd"[166]. Aus dieser
Formulierung läßt sich schließen, daß Moritz militärische Gegenmaßnahmen
Karls durchaus für möglich hielt. Dies beinhaltete aber die Gefahr, daß der

---

[164] Mordeisen Protokoll, SHStAD loc.9145 ("Hessische Entledigung III"), Bl. 55r-v.
[165] BONWETSCH, GESCHICHTE erwähnt diese Begebenheit nur beiläufig (ebd. 139), so daß
bei ihm die Bedeutung der Einstellungspolitik für Moritz' Taktik gegenüber Ferdinand
unbeachtet bleibt. LUTTENBERGER, GLAUBENSEINHEIT konzentriert sich ganz auf die
neutralen Stände und geht daher auf die Taktik Moritz' nicht ein.
[166] Druffel III, 524.

Kaiser innerhalb des verlängerten Waffenstillstandes seine militärische Aus-
gangsposition derartig verbessern würde, daß er den Vertragsentwurf dann
ablehnen könnte, während gleichzeitig die Kriegsfürsten sich bereits an den
Vertrag gebunden hätten und so zur Untätigkeit verurteilt sein würden[167].
Daß diese Einschätzung Moritz' nicht aus der Luft gegriffen war, zeigte das
Verhalten Karls V., an den man gleichwohl am 22. Juni die verglichenen
Artikel zur Prüfung übersandt hatte. Denn Karl V. entschloß sich am 30.
Juni, die Vertragsartikel abzulehnen.

Vom Datum des 30. Juni gingen fünf Schreiben nach Passau: a) ein
erstes, allgemeines Antwortschreiben an Ferdinand, das nur für diesen
bestimmt war[168], b) die Anmerkungen zu den Entwürfen der Vertragsartikel[169], c) ein Schreiben an de Rye und Seld[170], d) ein Postscriptum zu
a)[171] und e) ein Schreiben an die zu Passau versammelten Stände[172].

Eine Begründung für die Ablehnung des Vertrages enthielten nur die
Schreiben b) und c)[173]. Ferdinand gegenüber beklagt Karl zunächst allgemein, daß der Vertrag formal zu seinen Ungunsten gestalte sei: Die Verpflichtungen Moritz' seien nur in "mots generaulx" gefaßt, während er,
Karl, ganz präzise zu bestimmten Taten verpflichtet sei. Gegenüber den
vorher geschickten Entwürfen seien noch umfangreiche Änderungen vorgenommen worden, nun jedoch halte man jede Änderung für unmöglich,
weil "si je y veulx faire changement quelconque, tout est rompu"[174]. Sodann geht Karl auf die einzelnen Artikel ein. Hinsichtlich des Landgrafen-
artikels beharrt er darauf, Philipp erst nach der Beurlaubung des Kriegsvolks
freizulassen. Die Religionsfrage möchte er auf ein Konzil oder (besser

---

[167] Vgl. KÜHNS, GESCHICHTE 69f.

[168] Lanz III, 312-316 = Druffel II, 645-650.

[169] Lanz III, 318-329 (vgl. die Verbesserungen von Druffel II, 654f). Wie sich dieses
Schreiben im einzelnen zu dem als Regest bei Druffel II, 650-653 mitgeteilten Aktenstück verhält, geht aus Druffel II, 650-655 nicht hervor.

[170] Lanz III, 329-333. Diesem Schreiben lag eine Kopie von b) bei, vgl. Lanz III, 330.

[171] Lanz III, 317f. Mit diesem Schreiben reagierte Karl V. auf das Schreiben Ferdinands
vom 27. Juni = Lanz III, 300-303.

[172] Lanz III, 333-336.

[173] In a) dankte Karl Ferdinand nur kurz für seine Mühe und verwies auf die detaillierte
Beschreibung seiner Anmerkungen zu den einzelnen Artikelentwürfen (vgl. Druffel II,
645f = Lanz III, 312), in d) ging er nur kurz auf weitere Nachrichten von Rüstungen
ein. Das Schreiben an die Stände e) enthält seinerseits keine direkte Begründung der
Ablehnung, sondern beteuerte nur den eigenen Friedenswillen, machte die Kriegsfürsten
dafür verantwortlich, daß kein Friede herrsche, und forderte die Stände zu weiterer, dem
Kaiser gegenüber loyaler Verhandlung auf; vgl. Lanz III, 334f.

[174] Lanz III, 319.

noch:) auf den nächsten Reichstag vertagt sehen[175]. Vor allem möchte er
nicht jetzt in einer Situation, in der er nicht in der Lage sei, Krieg gegen die
Protestanten zu führen, sich zu etwas verpflichten, das ihn dann auch später
binden würde. Die Gefahr des "non pouuoir jamais procurer le remède"
gegen die Glaubensspaltung verstoße gegen sein "deuoir". Die Zustimmung
zum ewigen Religionsfrieden würde die Verpflichtung bedeuten "pour après
comporter perpétuellement sans remède les hérésies; et il pourroit venir
tamps et occasion, en laquelle ma conscience m'obligeroit au contraire".
Schließlich würde der Religionsartikel, so wie er von den Ständen und
Ferdinand vorgesehen war, bedeuten, daß "par cecy tumberoit du tout par
terre l'Interim et tout ce que avec si grande peyne et fraiz s'est faict au point
de la religion"[176]. Für die Gravamina möchte Karl sich zu nichts verpflichten und vor allem vermeiden, daß die Mehrheit der Stände zum Richter über
ihn wird und so die Autorität des Kaisers untergraben wird. Er möchte nur
Abstellung der Gravamina auf dem nächsten Reichstag versprechen. An dem
Frankreich- und dem Aussöhnungsartikel hat er nichts auszusetzen. Die
Regelungen des Sicherungsabschnittes dagegen konnte Karl nicht mit seinem
Gewissen vereinbaren.

An diese Detailfragen schließt Karl noch einige Überlegungen an, die
seine Stellung zu den Passauer Verhandlungen insgesamt betreffen. Karl
bezeichnet es als den Vorschlag Ferdinands, "quil faut sortir comme lon
pourra de ce destroict, et que je nauray apres faulte de causes pour matta-
cher a ces malheureux et leur donner le chastoy quilz meritent"[177]. Damit
war genau die von Ferdinand eingeschlagene Strategie angesprochen, wie
1544 den Gewaltverzicht zu erklären und auf die nächste Gelegenheit zu
warten, um neue Voraussetzungen für militärische Maßnahmen zu schaffen[178]. Ferdinand hatte genauer vorgeschlagen, den Vertrag anzunehmen,
um dann die Truppen der Kriegsfürsten erst gegen die Türken und dann
gegen den König von Frankreich als den eigentlichen Urheber der Empörung
zu führen[179].

---

[175] Vgl. Lanz III, 320.
[176] Druffel II, 654 = Lanz III, 321.
[177] Lanz III, 324.
[178] Daß Ferdinand versuchte, dadurch, daß er an Karls Politik von 1544 anknüpfte, einen
Nenner zu schaffen, auf den sich auch Moritz einlassen konnte, wird nicht erkannt von
LUTZ, CHRISTIANITAS AFFLICTA 90f.
[179] Vgl. Lanz III, 291f.

Genau dies hält Karl für unmöglich[180]. Zwar habe er gehofft, dem Vertrag zustimmen zu können, um die Schäden, die ein Abbruch der Verhandlungen vor allem für Ferdinand und sein Königreich bedeuten würde, vermeiden zu können, doch "quand je considere, combien je y mectroie de la conscience, et feroie contre mon deuoir acceptant le traicte, comme il est couche, je ne my puis aucunement persuader"[181]. Für den Fall, daß seine Veränderungen nicht in die Artikel eingearbeitet werden sollten, droht Karl sodann mit militärischen Maßnahmen. Für den Fall, daß er nicht genügend Truppen ansammeln könne, um sich den Kriegsfürsten ernsthaft entgegenstellen zu können, wolle er Deutschland verlassen und nach Italien oder Spanien gehen. Diese letztere Möglichkeit begründet Karl damit, daß die "mediateurs au lieu de paciffier se monstrent tant parciaulx", so daß er von Italien oder Spanien aus sehen wolle "si en mon absence jlz scauroient ou vouldroient mieulx faire"[182]. Diese Möglichkeit war weniger ein konkreter Plan als vielmehr eine auf die vermittelnden Stände (besonders die geistlichen Kurfürsten und Fränkischen Bischöfe) zielende Drohung, daß sie ohne Rückhalt am Kaiser den Kriegsfürsten schutzlos ausgeliefert wären. Dies zeigt der Fortgang des Schreibens, in dem Karl vor allem eines für nötig erachtet: 15-20 Tage Zeit, um die Truppenansammlungen voranbringen zu können.

Vor diesem Hintergrund beauftragt Karl Ferdinand damit, die Verhandlungen zum Abschluß zu bringen. Dabei schlägt er drei Möglichkeiten vor: a) den Weg der militärischen Konfrontation (bzw. den Plan, Deutschland für eine Weile sich selbst zu überlassen), b) die Einarbeitung von Karls Änderungswünschen in den Vertrag, den er dann "pour le bien commun de la Germanye" akzeptieren würde, oder c) die Möglichkeit, daß Ferdinand sich der ihm vorliegenden Vollmacht bedient und den Vertrag so, wie er entworfen wurde, abschließt[183]. Diese Möglichkeit ist jedoch noch nicht im Hinblick auf eigene Abdankungspläne hin konzipiert[184], vielmehr würde sich mit dieser Möglichkeit verbinden, daß Karl auf dem nächsten Reichstag die Unrechtmäßigkeit von Ferdinands Annahme des Vertrages erklären würde

---

[180] Vgl. Lanz III, 324f, ebd. 325: "Et ne fault, que je me forcompte moy mesme prenant ceste opinion de pouuoir chastier le roy de France, que a la verite seroit bien la plusgrande resource de tous affaires, puisquil est le fondement de tous troubles; mais jl fauldroit le pouuoir faire, que je cognois bien, comme dessus est dit, mestre jmpossible".
[181] Lanz III, 325.
[182] Lanz III, 325.
[183] Vgl. Lanz III, 326.
[184] Darauf zielt LUTZ, CHRISTIANITAS AFFLICTA 91.

und daß die Ursachen dafür in der Bedrohung von Ferdinands Ländern durch die Türken lägen[185]. Diese Erklärung sollte dann sicherstellen, daß er, Karl, sich nicht an den Vertrag gebunden fühle, so daß der Weg für einen neuen Reichstagsabschied frei wäre. Da dieser Fall bedeuten würde, daß Ferdinand den entworfenen Vertrag mit der Behauptung, in Vollmacht des Kaisers zu handeln, unterschreiben und sich dabei in dem Sicherungsabschnitt dazu verpflichten würde, bei Nichteinhaltung des Vertrages mitsamt Maximilian gegen die nichteinhaltenden Partei (also Karl) vorzugehen, verlangte Karl für diesen Fall eine Geheimerklärung von Ferdinand und Maximilian, daß sie nicht gegen Karl vorgehen würden[186].

Überschaut man diese drei Möglichkeiten, läßt sich schnell ermessen, daß alle drei Möglichkeiten für Ferdinand katastrophale Folgen beinhalteten. Möglichkeit a) würde schlichtweg die Fortsetzung des Krieges in Deutschland bedeuten; gegen die Türken müßte Ferdinand in diesem Fall ohne weitere Unterstützung auskommen; Möglichkeit b) würde de facto die Neueröffnung der Verhandlungen über die Erledigung des Landgrafen, den Religions- und den Gravaminaartikel bedeuten; hier bestand die Gefahr, daß Moritz die Verhandlungen abbrach, so daß diese Möglichkeit im Endeffekt auf dasselbe wie Möglichkeit a) hinauslief. Möglichkeit c) schließlich war zwar denkbar, doch würde Ferdinand dadurch für immer seine Stellung im Reich verlieren. Vom Kaiser würde auf dem nächsten Reichstag erklärt werden, daß Ferdinands Abschluß des Vertrages für ihn nicht bindend und damit nicht rechtskräftig war. Ferdinands Verhalten mußte dann einer absichtlichen Täuschung sehr ähnlich sehen. Ließ sich Ferdinand auf diesen Weg ein, riskierte er sowohl seine eventuelle Wahl zum Nachfolger Karls als auch so gut wie alle Einflußmöglichkeiten im Reich.

Da auch Karl wußte, daß diese letzte Möglichkeit den politischen Ruin für Ferdinand bedeuten würde, zielen seine drei Möglichkeiten auf die Fortsetzung des Krieges, jedoch nicht sofort, sondern erst nach einiger, sich hinschleppender Verhandlung. Und genau hier läßt sich das eigentliche Motiv für die Ablehnung des Vertragsentwurfes ausmachen. Während die Kriegsfürsten seit der Eroberung von Innsbruck keinen militärischen Erfolg mehr

---

[185] Vgl. Lanz III, 326: "car mon jntencion seroit de remonstrer a la prochayne diette liniquite dicelluy [scil. du traité] et les causes pour lesquelles je ne my vouldroye tenir pour oblige actendu la force non pas faicte a moy ... mais a vous et aux estatz qui craingnent deste destruitz tant du coustel du Turcq que deux".

[186] In den Regelungen des konzipierten Sicherungsabschnitts und nicht im Mißtrauen Karls gegenüber Ferdinand und Maximilian liegt der Grund für diese Forderung, vgl. BONWETSCH, GESCHICHTE 156 mit Anm.3.

vorweisen konnten, war Karl dabei, militärisch zu erstarken[187]. Die militärische Lage hatte sich während der viereinhalb Wochen vom Beginn der
Verhandlungen bis zur ablehnendenden Entscheidung Karls beträchtlich verändert. Dies war auch den Kriegsfürsten von Anfang an bewußt[188]; besonders Wilhelm von Hessen befürchtete, durch die Verhandlungen von Passau
dem Gegner die Zeit zum militärischen Wiedererstarken zu geben. Bereits
am 2. Juni schrieb er Moritz von dem Gerücht, "das die tagsatzung zu
Bassau uf nichts anderst dan uf ein betrug soll angesatzt sein, damit sich
der feind sterken und wir untereinander etwan uneinst und geschwecht
werden"[189]. Am 15. Juni mahnt er erneut: "Dweil wir da handlen, sterkt
sich der veind an allen orten; wir halten anstand, underdes fert der veind ufs
heftigst fort, und in summa: die handlung zu Passau ist nichts, dann ein
betrug, das man uns von einander trenne ... ich sehe, das alle sachen und

---

[187] Ein Schreiben vom 30. Mai zeigt, welche Rüstungsbemühungen Karl unternommen hatte,
vgl. FERNANDEZ ALVAREZ, IMPERATOR MUNDI 185f. Vorerst war vorgesehen, 7 Regi-
menter Infanterie und 8000 Mann Kavallerie zusammenzubringen. Diese Truppen sollten
sich aus drei Bestandteilen zusammensetzen: a) 6.000 Mann sollten aus Italien über die
Alpen ziehen (4000 Italiener unter dem Marquis de Marignan und 2000 Spanier unter
Juan de Gevara); dazu wurde die Belagerung von Parma aufgehoben. Am 30. Juni hatten
die ersten italienischen Truppen Brixen bereits passiert, vgl. Lanz III, 315; vgl. auch
WÜRTTEMBERG, BRIEFWECHSEL I, 699. b) Tirol und Böhmen sollten Truppen bereit-
stellen, und zwar insgesamt mehr als 3000, vgl. Lanz III, 256. Als Lazarus von Schwendi (vgl. zu ihm ADB 33 (1891, 382-401 [Kluckhohn]; KRONE, SCHWENDI 134-139;
DOLLMANN, SCHWENDI 55-59) am 25. Juni in Prag ankam, standen bereits 1500 Mann
Kavallerie sowie 500 Mann Infanterie bereit, vgl. sodann Druffel II, 615. Hierzu sollten
2000 Mann leichte Kavallerie aus Polen stoßen, die Hans von Küstrin versprochen hatte;
vgl. zum Eintritt Hans' von Küstrin in kaiserliche Dienste Druffel II, 536-538.629.678-
680.697unten.709, vgl. BRANDI, KARL V., 522f; dieser Dienst wurde am 3. August
aufgekündigt, vgl. Druffel II, 719.723. Auch Heinrich von Braunschweig stand mit
einigen Truppen bereit, vgl. Lanz III, 211.297. c) In Süddeutschland sollten in verschiedenen Städten Truppen versammelt werden, die wichtigste war Frankfurt unter
Conrad von Hanstein, vgl. Lanz III, 217.220.255; Druffel II, 526.559unten. Am 22.
Juni konnte Ferdinand davon berichten, daß Hanstein den Truppen der Kriegsfürsten um
Christoph von Oldenburg eine Niederlage bei Aschaffenburg beigebracht hat, vgl. Lanz
III, 284.315. Weitere Zentren der kaiserlichen Sammlungsbemühungen waren Regensburg (unter Philipp von Eberstein), Ulm (unter Conrad von Bömelberg), Straßburg und
das Gebiet am Bodensee, vgl. Lanz III, 214.226.229.

[188] Daß Moritz über das Ausmaß der kaiserlichen Rüstungen informiert war, zeigt u.a. ein
Schreiben an seinen Bruder August vom 23. Juni, vgl. Druffel II, 621f. Vgl. ISSLEIB,
NASGA 7, 47f.

[189] Druffel II, 551.

handlung zu Passau ... nur uf ein beschisserei gestelt"[190]. Vor diesem Hintergrund wird deutlich, daß Karl V. es sich (anders als Ferdinand) leisten konnte, die Entwürfe der Vertragsartikel abzulehnen und so das Wiederaufleben des Krieges zu riskieren[191].

Am 2. Juli kehrte Moritz nach Passau zurück, am 3. Juli kam die Antwort des Kaisers an[192]. Moritz ließ erklären, er habe "sich beflissen die Zeit zubekurtzen" und "hette auch drauf ein enndlich anndtwort und Resolution erlangt"[193]. Moritz verband diese Ankündigung der Antwort der Kriegsverwandten mit der Feststellung, daß doch sicher auch Ferdinand inzwischen Antwort habe[194]. Moritz wollte damit sicherstellen, daß Ferdinand die Verhandlung nicht weiter verzögern würde. Ferdinand, der die ablehnende Antwort des Kaisers erhalten hatte, versuchte, Zeit zu gewinnen, u.a. um mit den Ständen das weitere Vorgehen absprechen zu können. Er zog sich daher auf die Mahnung zurück, die er Moritz vor dessen Abreise am 24. Juni mit auf den Weg gegeben hatte, daß nämlich die kaiserliche Resolution auf jeden Fall nach der Resolution der Kriegsfürsten verlesen

---

[190] Druffel II, 598. Das von Druffel II, 599 Anm.1. aufgrund des Anfangs von Moritz' Antwortschreiben (Druffel II, 604) vermißte offiziellere Schreiben, das auch für Carlowitz' Augen bestimmt war, ist wohl mit SHStAD loc.8099/3 ("Hess. HändeSchreiben den Passauischen Vertrag ao. 1552 1576 betr."); Bl. 1-4 zu identifizieren, das allerdings ebf. auf den 15. Juni datiert ist (vgl. ebd. 3v). Die entsprechenden Formulierungen sind deutlich zurückhaltender als in dem bei Druffel gedruckten Schreiben, vgl. ebd. 3r: "Aus disen vnnd anndern zum theil vorerzognen ursachen wollen wir E.L. hiemit der Passawischen vnnderhandlung genuglich abgedannckt ... haben ... Bitten derwegen E.L. durch Gottes vnd Irer selbst ehre willen sie wollten sich der hanndlung zu Passaw enteussern einen fueglichen Abschidt nemen sich zum furderlichsten wider anhero zum Kriegsvolck verfügen vnnd darInn furnemblich alle Teutschen wolfarth vnnd auch Ir ehr vnd gutten namen bedenncken vnnd sich lenger nicht lassen umbfuren".

[191] Auch Christoph von Württemberg rechnete eher mit einem Scheitern der Passauer Verhandlungen und Fortsetzung des Krieges, vgl. WÜRTTEMBERG, BRIEFWECHSEL I, 698.705.

[192] Frei erfunden und ohne Anhalt an den Quellen ist die romanhafte Erzählung der Szene durch BAUMGARTEN, MORITZ 356-358.

[193] MEA Religionssachen 3, Bl.234r. Vgl. Mordeisen Protokoll, SHStAD loc.9145 ("Hessische Entledigung III"), Bl.58r.

[194] Vgl. Mordeisen Protokoll, SHStAD loc.9145 ("Hessische Entledigung III"), Bl. 58r: "wi̶ s̶.c̶h̶u̶r̶f̶.g̶. ̶n̶i̶c̶h̶t̶ ̶z̶w̶e̶i̶f̶e̶l̶t̶e̶n̶ ̶v̶n̶d̶ ⌈do nhun⌉ Ir ko. Ma. w̶o̶l̶t̶e̶n̶ ̶d̶i̶e̶s̶e̶l̶b̶ noch angehortem s.churf.g. mithuorwanten anthwort ▷solche der k. M. resolution◁ auch alsbaldt gnedigst ⌈wolten⌉ erofnen, So w̶o̶l̶t̶e̶n̶ ⌈wern⌉ s.churf.g. ⌈erbuttig⌉, wes si bei deren mithuorwanten erhalten, der ko. M. vnd gegenwertigen Stenden a̶u̶c̶h̶ ▷izo alsbalt◁ vndertheniigst vnd b̶ freuntlich zuuormelden". Vgl. Mainzer Protokoll, MEA Religionssachen 4, Bl. 570r.

werden würde[195]. Begründend führte er aus, er habe die kaiserliche Antwort noch nicht gelesen, wolle dies aber umgehend gemeinsam mit den kaiserlichen Kommissaren tun[196]. Moritz bestand nochmals ausdrücklich darauf, daß die kaiserliche Resolution sofort nach Bekanntgabe derjenigen der Kriegsfürsten eröffnet würde, beließ es dann aber bei der Bitte, noch heute abend oder am nächsten Morgen die kaiserliche Resolution zu eröffnen[197].

Moritz erklärte nun, daß er seinen Mitverwandten alles berichtet habe, was verhandelt wurde. Diese hätten daraufhin zwar Bedenken angemeldet, daß viele Punkte "nit entlich erledigt, sonder andersswohin und in die lenge verschoben"[198] seien, hätten den Vertragsentwurf aber angenommen, sofern vier Punkte eingehalten würden: a) Die Artikel sollten unverändert so, wie sie entworfen waren, bewilligt werden, b) die Behebung der Gravamina

---

[195] Vgl. zu dieser Mahnung Mordeisen Protokoll, SHStAD loc.9145 ("Hessische Entledigung III"), Bl. 56r: "Es wolten auch Jr ko. Ma. das s.churf.g. vorwarnet haben, das man s.churf.g. der kei. Ma. resolution nicht ehr wurde erofnen, Es hetten dan s.churf.g. zuuor irer mithuorwanten anthwort einbracht". Am 3. Juli ließ Ferdinand anzeigen, seine Königliche Majestät. "wusten sich gleichwol zuerinnern, welchergestalt di ding hibeuor zwischen Jrer ko. Ma. vnd s.churf.g. vorlaßen vnd vorabschidt vnd das derselb dohin ~~gericht~~ gestanden, das sich s.churf.g. zu derselben widerkunft irer erlangten resolution bei derselben mithuorwanten erstlich solten erofnen vnd, wan das geschehen, das alsdan der kei. Ma. resolution s.churf.g. auch solt vormeldet werden" (ebd. 58v). Vgl. Mainzer Protokoll, MEA Religionssachen 4, Bl. 570r-570v.

[196] Vgl. Mordeisen Protokoll, SHStAD loc.9145 ("Hessische Entledigung III"), Bl. 58v: "Nhun wer der kei. Ma. resolution wol heut vor mittag khommen, Aber von wegen des feiertags hetten es Jr ko. M. nicht konnen mit den keiserlichen Rethen vnd gegenwertigen Stenden vorlesen vnd vilweniger sich dorauf entschließen. Es wolten aber Jre ko. Ma. solchs zum furderlichsten thuen vnd alsdan solche der kei. Ma. resolution s.churf.g. nicht vorhalten".

[197] Vgl. Mordeisen Protokoll, SHStAD loc.9145 ("Hessische Entledigung III"), Bl. 59r: "das doch hinwider alsbaldt der kei. Ma. resolution s.churf.g. solte erofnet werden. Weil dan s.churf.g. vormergkten, das dieselb ankhomen, So wern s.churf.g. der Hofnung, das dieselb s.churf.g. auch nicht wurde vorhalten bleiben vnd, wo muglich, ~~auch~~ zu furderung der sachen noch heiut disen abent ▷oder je morgen fru◁ entdeckt werden, vnd auf dieselb zuuorsicht und Jrer ko. Ma. zu ehrn wolten s.churf.g., was si fur resolution von Jren mithuorwanten erlangt, erofnen".

[198] MEA Religionssachen 3, Bl.235r. Vgl. Mordeisen Protokoll, SHStAD loc.9145 ("Hessische Entledigung III"), Bl. 59r: "wiewol nhun dieselb s.churf.g. mithuorwanten dorinnen allerlei bedengken gehabt vnd sonderlich ~~das~~ angezogen, das ezlichen Jren obligenden beschwerungen in solchen mitteln gar nicht abgeholffen, ezliche artikel aber beßere erclerung zuuorhutung kunftiger disputation bedurften". Vgl. zu den Verhandlungen vom 24.-26. Juni im Feldlager bei Eichstätt den Bericht bei BUCHOLTZ, GESCHICHTE 97-99 Anm.*.

soll vom Kaiser zugesagt und vom König bewilligt werden, c) der Landgraf
solle freigelassen werden[199] und schließlich sollten d) mit dem König von
Frankreich Verhandlungen eröffnet werden, um "durch den wege fried in
der ganntzen christenheit" aufzurichten[200]. Ferdinands Wunsch nach noch-
maliger schriftlicher Abfassung dieser Artikel lehnte Moritz ab[201].

Am 4. Juli wurden um sieben Uhr morgens die Stände zu Ferdinand be-
stellt, der ihnen mitteilte, daß bei der kaiserlichen Resolution auch ein
Schreiben an die Stände dabei sei. Sodann erklärte Ferdinand, daß Karl
mehrere der Artikel für so beschwerlich und difficultiv halte, daß er, Ferdinand, nicht Befehl habe, den Vertrag so abzuschließen. Er, Ferdinand, sei
zwar zu weiterer Verhandlung bereit, fürchte jedoch, daß kein Ergebnis
zustandekäme "und weiß kein bessern noch furtreglichern wege, dan das Jr
Ko.Mt. sich selbs in eigner person vff der Post zu der Kay.Mt. verfug-
te"[202]. Dies solle auch dem Kurfürsten angezeigt werden; und er hoffe, daß
eine weitere Frist von 8 Tagen keine Probleme bereite.

Ferdinand verfolgte also keine der von Karl vorgeschlagenen Möglichkeiten, sondern plante, in einem Spitzengespräch Karl noch zur Zustimmung zu
den Vertragsartikeln zu bewegen. De facto bedeutete dieser Vorschlag Ferdinands jedoch, daß die Verhandlungen in die Länge gezogen wurden, bevor
man zu einem Abschluß oder dem Abbruch der Verhandlungen kam.

Um 10 Uhr ließ Ferdinand Moritz zu sich kommen; bei seinem Ankommen verließen die Stände den Saal. Ferdinand erklärte nun, "das di kei. Ma.
bei ezlichen ansehenlichen artikeln sich dermaßen resoluirten, das Jre ko.
Ma. aus mangel gnugsams befelchs izunt alhier ▷Jrer kei. Ma. teils◁ zu
entlichen beschlus nicht kommen mochten"[203]. Zusammen mit den Ständen

---

[199] Als Termin wurde der 23. Juli genannt, "dieweil die Zeit dess 18. July villeicht zu
kurtz, alß das die obligationes vnnd verschreibung nit so bald" (MEA Religionssachen
3, Bl. 235v) könnten verschafft werden; vgl. Mordeisen Protokoll, SHStAD loc.9145
("Hessische Entledigung III"), Bl. 60r: "Vnd das ~~so s.f.g.~~ der alt Landtgraf gewißlich
vf di bestimpte zeit gegen Reinfels vf freien fus gestelt wurde oder, do es kurz halben
der zeit nicht ehr sein kont vnd domit auch di briflichen vrkunde ~~in das N~~ der
Ratification, Loszelung vnd obligation moge gegen Mechel geschigkt werden, das
solche zeit bis auf den 23. July erstreckt ~~wer~~ wurde vnd di ~~ledigs~~ ledigstellung gewißlich
erfolgte".

[200] MEA Religionssachen 3, Bl. 235v; vgl. Mainzer Protokoll, MEA Religionssachen 4, Bl.
571v; Mordeisen Protokoll, SHStAD loc. 9145 ("Hessische Entledigung III"), Bl. 60v.
Vgl. Druffel III, 531.

[201] Vgl. Mordeisen Protokoll, SHStAD loc.9145 ("Hessische Entledigung III"), Bl. 61r;
Mainzer Protokoll, MEA Religionssachen 4, Bl. 571v.

[202] MEA Religionssachen 3, Bl. 241r-241v; vgl. Mainzer Protokoll, MEA Religionssachen
4, Bl. 572r-572v; Druffel III, 468.

[203] Mordeisen Protokoll, SHStAD loc.9145 ("Hessische Entledigung III"), Bl. 62r.

habe er beratschlagt, was zu tun sei, und da er, Ferdinand, befürchte, daß durch weitere Schriften "nichts fruchtbarlichs mocht erhalten werden ... So hetten Jre ko. Ma. auf den weg gedacht, das sich Jre ko. Ma. in eigner person vf der post aufmachen vnd selbst zu der kei. Ma. vorrucken wolten"[204]. Er beabsichtige, innerhalb von acht Tagen wieder in Passau zu sein, und bat Moritz um entsprechende Verlängerung des Waffenstillstandes[205]. Gleichzeitig kündigte er an, daß die im Vertrag vorgesehenen Obligationen bereits ausgearbeitet werden könnten, so daß der Vertrag ohne weiteren Verzug abgeschlossen werden könnte, wenn Karl zugesagt hätte[206].

"Dorauf ~~haben di ko.~~ hat sich m.gst.h. d solcher keiserlichen resolution zum hochsten beschwert"[207]; er führte Ferdinand vor Augen, "wi sich erstlich s.churf.g. vf Jrer ko. M. begern zur ~~ha~~ gutlichen handelung balt anfangs [64v] het bewegen laßen vnd dodurch nicht wenig ~~unwillens~~ ▷vordachts◁ bei derselben mithuorwanten auf sich geladen"[208] habe, daß er die Verhandlungen mit aller Mühe und unter Hintanstellung des Eigennutzes geführt und sich bei seinen Kriegsverwandten für die Annahme eingesetzt und am 3. Juli sogar hingenommen habe, daß die kaiserliche Resolution erst später eröffnet wurde, und mit einer Annahme des Vertrages "on einig ferner difficultirn" gerechnet habe[209]. Diese in aller Ausführlichkeit vorgebrachten Beschwerden schloß Moritz dadurch ab, daß er erneut auf Ferdinands Vollmacht einging: "Wi dan s.churf.g. dorauf zu Linz vnd alhier von der ko. Ma. vortrost ▷vnd dorauf mit s.churf.g. bei einem iden artikel so heftig gehandelt◁ worden, ~~vnd~~ di Linzisch handlung auch klar mit sich bringt, das Jre ko. Ma. allen gewalt habe, entlich zuschlißen". Mit diesem Verweis auf Ferdinands Vollmacht in Linz zweifelte Moritz an, ob Ferdinand tatsächlich keine ausreichende Gewalt für einen endgültigen Abschluß hatte. In ähnlicher Weise hatten manche Stände in ihrer Beratung von Ferdinands Anzeige am 4. Juli morgens es für möglich gehalten, Ferdinand zu bitten, die Sachen doch noch eigenmächtig zum Abschluß zu bringen. Man hielt es also für möglich, daß Ferdinand noch über einen weiter-

---

[204] Ebd. 62v.
[205] Vgl. ebd. 63v: "So begerten auch ~~s.ch~~ Jre ko. Ma., s.churf.g. wolten fur sich selbst bewilligen vnd bei Jren mithuorwanten befurdern, domit der fridliche anstandt dise kurze zeit vber noch mochte erstreckt werden".
[206] Vgl. ebd. 63r.
[207] Ebd. 64r.
[208] Ebd. 64r-64v.
[209] Ebd. 65r.

gehenden Alternativbefehl verfügen könnte[210]. In der Tat war Karl in seinem Antwortschreiben ja davon ausgegangen, daß Ferdinand notfalls den
Vertrag eigenmächtig abschließen könne; theoretisch verfügte er also über
ausreichende Vollmacht, doch weigerte sich Ferdinand konstant, von dieser
Vollmacht in einem Sinne Gebrauch zu machen, der es Karl erlauben könnte, sich von dem Vertrag als nicht in seinem Sinne abgeschlossen zu distan-
zieren und ihn, Ferdinand, so auf Dauer im Reich politisch "kalt zu stellen".
Mit dem Verweis auf Ferdinands Rolle in Linz habe er, Moritz, die
Artikel bei den Kriegsverwandten befürwortet, und zwar in der Annahme,
daß die Annahme des von Ferdinand ausgehandelten Vertrages auch tatsächlich geschehen würde, "hetten sich auch solcher bewilligung vmb souil
destomher vormutet, weil sich di k. M. oftmals erbo vornhemen laßen, das
si nichts libers dan fride vnd einigkeit im reich wissen befurdern wolt. Vnd
dan auch, weil di gefhar der Turcken an souil orten, sonderlich in der ko.
M. erblanden so gros vnd treflich vberhandt nhimbt, ▷vnd furnhemblich
auch, weil Jre ko. Ma. vnd di furnembste Stende des reichs solche mittel
selbst furgeschlagen vnd hendeler gewest◁"[211]. Ironisch bedauerte Moritz
Ferdinand, daß er nun allein sich gegen die Türken wehren müsse[212], lehnte aber eine Verlängerung des Waffenstillstandes ab, denn "das si auch
einigen fernern anstandt solten bewilligen, das stunde in s.churf.g. gewalt
nicht"[213].
Damit traf er genau das Dilemma, in dem Ferdinand steckte: Auf der
einen Seite drohte ihm, durch eine Annahme des unveränderten Vertrages,
die Karl später anfechten würde, reichspolitisch ins Abseits zu geraten, auf
der anderen Seite mußte er fürchten, sich wegen der Fortsetzung des Krieges
in Deutschland allein gegen die Türken wehren zu müssen. Moritz erklärte
es für unnötig, daß er die acht Tage, in denen Ferdinand zu Karl und wieder
zurück nach Passau reisen wollte, in Passau bliebe, und weigerte sich,
weitere Zusagen zu geben. "das aber s.churf.g. zusagen solten, das es dern
mithuorwanten alsdan bei solchen mitteln auch wurden entlich bleiben laßen,

---

[210] So schlug Mainz vor, man solle "nachmalss Jr Ko. Mt. bitten, sich der sachen zu
mechtigen" (Mainzer Protokoll, MEA Religionssachen 4, Bl. 573v). Dies wurde in der
Antwort der Stände an Ferdinand wie folgt aufgenommen: "wie sie nachmalss gern sehen
wolten, ▷es hetten◁ die Ko. Mt. hetten sich dieser handlung gemechtigt" (ebd. 575v).
[211] Mordeisen Protokoll, SHStAD loc. 9145 ("Hessische Entledigung III"), Bl. 65v.
[212] Vgl. ebd. 66r: "vnd dau dauerte s.churf.g. hirin nicht wenig di ko. Ma. vnd derselben
gelibten Kinder sohne, welchen der erbfeindt der Christenheit, der Turck, izundt so
beschwerlich obleit vnd Jr das irer Ko.Ma. di vorhofte hilf, so si aus vorrichtung diser
handlung zugewarten, solte entzogen werden, do doch s.churf.g. dieselb zum hochsten
zufurdern geneigt were".
[213] Ebd. 66v.

das were auch in s.churf.g. befelch nicht, dan s.churf.g. wern anderer gestalt nicht von derselben mithuorwanten abgefertigt, dan das si Jre bewilligung der furgeschlagnen mittel vf den fal solten thuen, do alsbaldt aus der k. M. resolution zubefinden, das Jre k. M. domit auch entlich zufriden were. [67v] Weil aber nhun daßelb nicht erfolgt, So konten s.churf.g. auch ferner nicht willigen"[214]. Selbst wenn nach acht Tagen die Antwort Karls positiv ausfallen würde, "so konde doch sein Churf.Gnaden fur sich vnd seine mitverwandten kein weittere vertrostung thun"[215]. An diesen Fronten änderte auch ein Vier-Augen-Gespräch zwischen Moritz und Ferdinand nichts[216].

Nachmittags teilte Moritz den Verlauf seiner Unterredung den Ständen mit, als diese gerade von Gienger und Albrecht von Bayern über die Verhandlungen mit Moritz vom Vormittag unterrichtet wurden. Am Abend ließ Ferdinand erneut Moritz zu sich kommen und versuchte erneut, ihn zu einem weiteren Zugeständnis zu bewegen, doch blieb Moritz fest bei seiner am Vormittag erklärten Position. Schließlich beließ es Ferdinand bei der Zusage Moritz', im Falle der Annahme des Vertrages bei Karl alles aufzubieten, um auch die Kriegsfürsten zur Einwilligung in den Vertrag zu bewegen[217]. In einer noch darauffolgenden Verhandlungsrunde zwischen

---

[214] Mordeisen Protokoll, SHStAD loc.9145 ("Hessische Entledigung III"), Bl. 67r-v.

[215] MEA Religionssachen 3, Bl.244v.

[216] Vgl. Mordeisen Protokoll, SHStAD loc.9145 ("Hessische Entledigung III"), Bl. 68r: "Dorauf haben di ko. Ma. mit s.churf.g. gar alein geredt, wi aber s.churf.g. bericht, seint si auf diser anthwort beruhet". Für die Annahme, daß Moritz in diesem Vier-Augen-Gespräch zugesichert habe, "wenn Karl den Vertrag ohne Änderungen annehme, würden er und seine Bundesgenossen es gleichfalls tun" (so BONWETSCH, GESCHICHTE 151; FICHTNER, FERDINAND 197), gibt es in Mordeisens Protokoll keinen Beleg. Neben Ferdinand bemühte sich auch Albrecht von Bayern um ein weiteres Zugeständnis Moritz', der jedoch bei seiner Position blieb. Ferdinand muß daraufhin gedroht haben, gar nicht erst zu Karl zu reisen, vgl. Bf.-pass. Protokoll, BHStAM BIKA No.7, Bl. 37r: "Darauf dann dj Khu. Mt. angetzaigt, wie sie auf solchen wohn auch nit abraisen khundten" und Mainzer Protokoll, MEA Religionssachen 4, Bl. 578v: "Vnd wie er vermerkt, so wol auch die Ko. Mt. vf den whon sich der reyss nit vnderfangen, wol wissen, wie vnd wan, So verhar Sachsen vff seiner meynung". Diese Drohung verfing bei Sachsen jedoch nicht und wurde von Ferdinand umgehend wieder fallengelassen. Auch die entsprechenden Äußerungen im Protokoll Hunds besagen nur, daß Moritz für den Fall der Annahme des Vertrags durch Karl "mit seinen verwanten bestes fleis nochmalen dahin handele..." bzw. danach streben wolle (!), daß seine Mitverwandten dann sich auch an den Vertrag gebunden fühlten; vgl. Druffel III, 469.

[217] Vgl. Mordeisen Protokoll, SHStAD loc.9145 ("Hessische Entledigung III"), Bl.70r Randnotiz: "weil si [scil. die Kö. Mt.] vormergkten das s.churf.g. vf voriger anthwort fest beruheten vnd sich gleichwol, zu Irem fleis anzuwenden, erbotten So wolten es Jre ko. M. dißmals auch dobei bleiben laßen vnd sich gnediglich vorsehen, s.churf.g. wur-

Moritz und den Ständen nahm Moritz das Angebot derselben an, eine
Gesandtschaft ins Lager zu schicken, die das Mißtrauen der Kriegsfürsten
gegen Moritz beseitigen und die Annahme des Vertrages befürworten sollte,
an; er blieb ansonsten aber bei seiner Position[218]. Am 5. Juli verließ
Moritz wieder Passau, in der Nacht zum 6. Juli reiste Ferdinand nach
Villach.

*c) Die Modifikationen des Religions- und des Gravaminaartikels
im Villacher Gespräch und die Annahme des Vertrages*

Das Villacher Gespräch soll hier nicht erneut dargestellt werden[219]; von
dem Ergebnis dieses Gespräches unterrichtete Ferdinand die Stände am 14.
Juli. Trotz aller Bemühungen Ferdinands habe Karl in "erwegung der hohen
verletzung vnnd beleidigung" die Annahme der entworfenen Vertragsartikel
nicht zugestehen können, "Nichtsdestoweniger hett Jr Kn.Mt. sich der
sachen bei Jr Kay.Mt. souil angenomen, das letzlich Jr Kay.Mt. bewegt
worden, das sie Jn die alhieig Capitulation aussenhalben zweien puncten
genedigst bewilligt" habe, "Nemblich Religion fried vnnd Recht auch
Grauamina betreffennd"[220]. "Nun hette die Kay.Mt. dieses puncten halben
ein groß bedencken, das also ein vnbedingter immerwerennder friedstannd
bewilligt werden, durch ein particular hanndlung vnnd versamblung, die weil
die hannd|lung des friedstanndts die Stennd alle gemeinlich mit berurt"[221].
Die Veränderungen des Religionsartikels lassen sich durch den Vergleich des

---

den di ding allenthalben zum besten bei Jren mithuorwanten befurdern, vnd haben dorauf
s.churf.g. ~~den~~ ⌈Iren⌉ abschidt von der ko. Ma. ~~vor~~ genhommen".

[218] Vgl. ebd. 72r-72v: "weil di ko. Ma. willens were, sich zu der ke. M. eigner person
zubegeben, vnd si, di Stende, auch nochmals fleis anwenden wolten, di ke. M. zubewegen, solche mittel anzunhemen etc., So wern s.churf.g. auch des erbitens, wi dan
hiuor gemelt, das si solchs an Jre mituorwanten auch gerne wolten bringen. [72v] Si
konten aber derhalben nichts gewißes zusagen, weil si alein vf den fal zu bewilligen
gewalt hetten, wan di ke. Ma. ir solchs auch alsbaldt hetten gefallen laßen, wi si dan
solchs di ko. Ma. auch berichtet".

[219] Vgl. dazu LUTZ, CHRISTIANITAS AFFLICTA 91-101. Wichtigste Quelle ist der Bericht
Karls an Maria bei Druffel II, 681-687 (vgl. Lanz III, 377f; vgl. die Druffel II, 684
erwähnte Anlage bei Lanz III, 358-360) sowie Karls Schreiben an Seld und de Rye vom
11. Juli (Lanz III, 361-365).

[220] MEA Religionssachen 3, Bl. 273v. Wertlos ist die Darstellung durch JUNG, MORITZ, die
ebd. 303 behauptet: "In Villach gelang es Ferdinand, seinen Bruder zum Einlenken auch
in der Religionsfrage zu bewegen".

[221] MEA, Religionssachen 3, Bl. 237v-238r.

Entwurfs mit dem endgültigen Vertragstext leicht feststellen[222]; es sind im wesentlichen vier Stellen, an denen Karl in den Text des Entwurfes eingriff:
— Neu gefaßt wurde der Beginn des Religionsartikels: An die Stelle der Aussage, daß "ein bestendiger fridstand ... angestelt, aufgericht und gemacht werde" trat nun ein Abschnitt, der betonte, daß die Frage, Religion, Friede und Recht belangend zu den von Moritz angeregten Fragen gehört. Karl wolle dem Linzer Abschluß folgen und innerhalb eines halben Jahres einen Reichstag halten, auf dem über die Möglichkeiten einer christlichen Vergleichung beraten werden solle. Die entsprechende Regelung des Artikelentwurfes über den Reichstag wurde nun an den Anfang des Artikels gestellt.
— Daran wurde der Gewaltverzicht angeschlossen, eingeschränkt durch die Einleitung "Vnd mittler Zeit"[223]. Die Ausage "vnd die streitig religion nicht anders dan durch freuntliche und fridliche mittel vnd wege zu einhelligem christlichen verstand vnd vergleichung gebracht werde" wurde ersatzlos gestrichen.
— Eingefügt wurde die Zusage: "Was dann auf solchem Reichstag durch gemaine Stendt sambt Irer Kay:Mt: ordenlichem Zuethuen beschlossen vnnd verabschidet, daß soll hernach also strackhs vnnd vesstigelich gehalten, auch darwider mit der that oder in annder weeg mit nichten gehandlt werden."[224]
— Ersatzlos gestrichen wurde die Zusage, daß auch dann, wenn keine Vergleichung erfolgen würde, "nichts desto weniger obgemelter fridstand" in Geltung bleiben solle.
Alle anderen Regelungen wurden bis auf geringfügige Änderungen einzelner Wörter beibehalten. Dies galt besonders für die Regelungen, die das Reichskammergericht betrafen:
— Dem Reichskammergericht solle der Passauer Vertrag mitgeteilt werden. Damit war von seiten Moritz' intendiert, daß der Passauer Vertrag fortan als reichsrechtlich bindende Grundlage fungieren sollte.
— Künftig sollte neben dem Eid "zu Gott und den Heiligen" auch der Eid "zu Gott und auf das heilige Evangelium" zugelassen sein.
— Die Kammergerichtsordnung sollte auf dem nächsten Reichstag daraufhin geprüft und ggf. dahingehend geändert werden, daß die Protestanten nicht überstimmt würden.

---

[222] Vgl. die Synopse von Passauer Vertrag und Passauer Abrede unten bei *Edition IV* sowie HERMANN, AUGSBURG 250-255 (ebd. auch zu den geringfügigen Unterschieden zwischen dem Entwurf aus Villach und dem endgültigen Vertragstext).
[223] Passauer Vertrag 4v/16.
[224] Passauer Vertrag 5r/7-10. Dieser Satz lehnt sich an eine ähnliche Formulierung aus der Passauer Abrede an.

— Hinsichtlich der Präsentation der Beisitzer wurde festgehalten, daß die Stände den Kaiser gebeten hätten, sich seiner "Machtvollkommenheit" zu bedienen, um die Zulassung von Protestanten am Kammergericht sicherzustellen.

— Am Beginn des nächsten Reichstages sollte ein von beiden Konfessionen paritätisch besetzter Ausschuß über die Wege der Vergleichung in der Religionsfrage beratschlagen[225].

Dem standen die Einschränkungen gegenüber, mit denen Karl den Religionsfrieden einschränkte. Carlowitz und Mordeisen schrieben am 15. Juli an Moritz, daß sie vertraulich bereits von den Änderungen Karls informiert worden seien; sie nannten drei wesentliche Punkte, die im wesentlichen die Änderungen erfassen:

— Der "fridstand" solle nur bis zum nächsten Reichstag gelten.

— Der Fall der Nicht-Vergleichung, also daß die vorgesehenen Ausgleichsverhandlungen in der Religionsfrage zu keinem Abschluß gelangten, war nicht geregelt.

— Überstimmen der Evangelischen sollte auf dem nächsten Reichstag möglich sein[226].

Im Gravaminaartikel betrafen die Änderungen vor allem den Schluß[227], in dem geregelt war, daß Ferdinand sowie die in Passau anwesenden Stände auf dem nächsten Reichstag die Gravamina gegen Karl vornehmen und "gutlich erortern oder nach vermug und inhalt der gulden bullen und alten herkommen der Deutschen nation daruber geburlich erkantnus thuen"[228]. Aus der Regelung, daß bei der Erledigung der nicht Karl betreffenden Gravamina dieselben "mit irer Kei.Mt. als des oberhaupts rath und zuthun"[229] erledigt werden sollen, ergibt sich, daß genau der Punkt, daß die Gravamina gegen Karl ohne ihn verhandelt werden sollten, von Karl nicht akzeptiert wurde[230]. In dem endgültigen Vertragstext sollten die Karl

---

[225] Vgl. zum Ausschuß als Instrument der Reichstage SCHLAICH, ZHF 10, 307f; AULINGER, BILD 220-227 und BECKER, KURFÜRSTENRAT 81.

[226] Vgl. Druffel II, 677.

[227] Der Wortlaut des Passauer Vertrages 5v/20-6r/22 entspricht bis auf geringfügige Änderungen dem Entwurf, vgl. bei Druffel III, 511f und MEA Religionssachen 3, Bl. 154f.203r-204v.

[228] Druffel III, 512, vgl. MEA Religionssachen 3, Bl. 154v-155r.

[229] Druffel III, 512, Vgl. MEA Religionssachen 3, Bl. 155r.

[230] In den Gravamina kulminierte der Vorwurf an Karl, der von ihm beanspruchten Funktion des Kaisertums nicht gerecht zu werden, sondern dieselbe zu seinen Zwecken zu mißbrauchen, vgl. BOSBACH, MONARCHIA 59-62. Daher reagierte Karl auf diesen Punkt, daß ohne ihn über die Gravamina gegen ihn entschieden würde, besonders ablehnend.

betreffenden Gravamina diesem von Ferdinand und den Reichsständen vorgetragen und deren Erledigung befördert werden[231]. Mit dieser Aussage behielt sich Karl im Grunde die Erledigung nach eigenem Gutdünken vor.

Diese Änderungen des Vertrages hatte Karl an eine weitere Bedingung geknüpft, daß nämlich die Kriegsfürsten nach Erhalt des geänderten Vertragstextes innerhalb von acht Tagen zustimmen müßten. Ende Juli plante Karl, über Innsbruck Richtung Füssen aufzubrechen und dort die bisher ausgehobenen Truppen sowie die zwischenzeitlich zugezogenen Italiener und Spanier zu versammeln[232].

Nachdem am 14.Juli die Stände über die geänderten Vertragsartikel in Kenntnis gesetzt waren, wurden in der darauffolgenden Beratung verschiedene Vorschläge geäußert. Hinsichtlich des Religionsfriedens sollte Ferdinand gefragt werden, ob er noch einen "nebenbevelch" hätte[233]. Für die Gravamina tauchte der Plan auf, den Kriegsfürsten zuzusagen, daß die vermittelnden Stände auf dem nächsten Reichstag sich für die Beilegung der Gravamina einsetzen wollten. Ferdinand antwortete daraufhin, daß er keinen weiteren Befehl hätte und daß an dem Vertrag nichts geändert werden könne. Von den drei von Karl vorgesehenen Lösungswegen[234] machte Ferdinand also von vornherein keinen Gebrauch. Er schlug stattdessen eine eigene Verhandlungslinie ein, die darauf basierte, durch Nebenzusagen die Annahme des Vertrages zu bewirken. So erklärte er, daß er Karl dahingehend verstanden hätte, daß er keinen Stand aus Religionsgründen bekriegen wolle und daß er die Zusage der Gravaminaerledigung ernst meine[235]. Die Stände gingen auf diese Strategie insofern ein, als sie am 16. Juli über ein eigenes Schreiben an Moritz verhandelten, in dem diesem zugesagt werden solle, daß die neutralen Stände auf dem nächsten Reichstag sich ebenfalls "nit weniger dann alhie beschehen" für den Frieden einsetzen wollten. Allerdings entschied man sich nach einiger Beratung dafür, diese Zusicherung nur

---

[231] Vgl. die entsprechende Nachricht von Carlowitz und Mordeisen an Moritz: Druffel II, 677.

[232] Vgl. Druffel II, 704.

[233] Vgl. Druffel III, 470. Vgl. Mainzer Protokoll, MEA Religionssachen 4, Bl. 588r, wonach Trier am 15. Juli vorschlug: "drumb hielten sie darfur, dass rex zuersuchen, da er weittern beuelch In dem, solchen zuerofnen", dem schlossen sich alle anderen Stände an, vgl. ebd. 588r-589v. Ausführlich begründete Brandenburg-Kurmark, daß Ferdinand wenigstens bei seiner Zusage aus Linz bleiben möge (ebd. 588v); einige Stände äußerten das Bedenken, daß man Ferdinand wohl bitten solle, einen etwaigen Nebenbefehl bekanntzumachen, daß die Existenz eines solchen jedoch sehr unwahrscheinlich sei, so vor allem Mainz und Bayern (ebd. 589r). Vgl. auch BRIEFWECHSEL WÜRTTEMBERG I, 711.

[234] Vgl. Lanz III, 358-360 und dazu LUTZ, CHRISTIANITAS AFFLICTA 99f.

[235] Vgl. Druffel III, 471.

allgemein zu geben (als Versprechen, den Frieden "mit bestem vleis zu befurdern") und sich nicht in verbindlicher Form festzulegen[236]. Als Gesandte der Stände sollten Adam Trott (Kurbrandenburg) und Wilhelm Kettler
von Meyenhof, genannt Ley (Jülich) zum Kriegslager vor Frankfurt reisen,
Ferdinand wollte Heinrich von Plauen schicken[237].

Über die Verhandlungen Plauens und Moritz' im Kriegslager ist fast
nichts bekannt[238]. Entscheidend für Moritz' Entschluß, den Vertrag anzunehmen, dürften zwei Punkten gewesen sein: a) Im Moment war vom Kaiser
nicht mehr zu erhalten; das, was erreicht war, bot für Kursachsen selbst wie
für den nächsten Reichstag eine annehmbare Ausgangsbasis[239]. b) Die
gegenwärtige Lage war inzwischen bestenfalls als militärisches Patt zu
bezeichnen, das sich jederzeit auch zugunsten des Kaisers ändern konnte[240]. Daß Moritz Mühe hatte, Wilhelm von Hessen und seine Mitverwand-

---

[236] Vgl. Druffel III, 473 mit Anm.b. Vgl. Bf.-pass. Protokoll, BHStAM BlKA No.7, Bl.
43r; Mainzer Protokoll, MEA Religionssachen 4, Bl. 591r-592r.

[237] Vgl. Druffel III, 471. Der Name Heinrichs von Plauen wird am 15. Juli von
Brandenburg-Kurmark ins Spiel gebracht, vgl. Mainzer Protokoll, MEA Religionssachen
4, Bl. 588v; ob Ferdinand aufgrund eigener, paralleler Überlegungen Plauen ausgesucht
hat, ist nicht mehr erkennbar, vgl. Bf.-pass. Protokoll, BHStAM BlKA No.7, Bl. 41v;
Mainzer Protokoll, MEA Religionssachen 4, Bl. 590r. Vgl. den Bericht von Zasius über
die Verhandlungen im Feldlager vor Plauens Ankunft sowie den Tod Georgs von Mecklenburg bei BUCHOLTZ, GESCHICHTE 102-105 Anm.*.

[238] Aus der Zusatzerklärung zwischen Moritz und Plauen (vgl. BARGE, VERHANDLUNGEN
150f) geht hervor, daß vor Frankfurt noch über die folgenden sechs Punkte verhandelt
wurde: 1. Übergabe des Vertragsoriginals (vgl. unten Kapitel 5). 2. Die kaiserlichen
Mandate für die Commission, die die Angelegenheit der Braunschweigischen Junker mit
Heinrich von Braunschweig/Wolfenbüttel vergleichen sollte, sollten wie eines der drei
Vertragsoriginale und die Ratifikationsurkunde am 20. August in Donauwörth an Moritz
übergeben werden, 3. Moritz soll am 3. August sein Lager abbrechen. 4. Die im
Vertrag vorgesehenen Obligationen für Philipp von Hessen sollen über Adam Trott und
hessische Gesandte an Königin Maria zu Mecheln gelangen. 5. Für die Aussöhnung
wurden noch einmal einige Personen extra benannt: Wolfgang von Anhalt sollte re-
stituiert werden; Wilhelm von Schachten und Hermann von der Malsburg sollten zu den
Braunschweigischen Junkern gerechnet werden, die Söldnerführer Reckrodt, Schärtlin
und Reiffenberg sollten restituiert werden. 6. Das Geschütz, das Moritz bei seinem
Einfall in Tirol erbeutet hatte, sollte zurückgegeben werden. "geschehen und geben zu
Ryedelheim bei dem veltlager vor Franckfurt am Main dinßtags den andern des Monats
Augusti nach Christi geburt funffzehn hundert und in dem zwei und funffzigsten Jarr, |
m. Churfurst etc. Heinrich Burggraf etc."; SHStAD loc. 9145 ("Hessische Entledigung
III"), Bl. 573r.

[239] Vgl. FISCHER-GALATI, IMPERIALISM 106f.

[240] Die militärischen Gründe für die Annahme des Vertrages werden etwas zu stark betont
von KÜHNS, GESCHICHTE 90f; vgl. TREFFTZ, FRANKREICH 6f.

ten zur Annahme des Vertrages zu überreden, geht schon daraus hervor, daß die eigentlich für den 1. August vorgesehene Vertragsunterzeichnung[241] noch einmal auf den 2. August verschoben wurde[242]. Daß nur Moritz und Wilhelm den Vertrag unterschrieben haben, bedeutet nicht, daß Johann Albrecht von Mecklenburg und Ottheinrich[243] den Vertrag abgelehnt haben. Im Vertrag selbst war nämlich vorgesehen, daß Moritz und Wilhelm für alle Kriegsfürsten unterzeichnen sollten[244]. Pfalz-Neuburg und Mecklenburg stand somit die Möglichkeit offen, den Vertrag zwar nicht förmlich anzunehmen, ihn aber auch nicht offiziell abzulehnen. Ihr Nicht-Protest bedeutete jedoch, daß der Vertrag, wie vorgesehen, rechtskräftig unterzeichnet war.

Was die Ratifikation des Vertrages durch Karl angeht, so hatte Moritz zwei Fassungen zur Auswahl[245]. Moritz wählte die allgemeinere, die keine Aussagen zu dem eingeschränkten Friedenswillen Karls enthielt[246]. Eine Revokation ist am kaiserlichen Hof wohl erwogen und konzipiert, aber nicht ausgeführt worden[247]. Beide Beobachtungen zusammen bedeuten, daß der

---

[241] Vgl. Adam Trotts Bericht bei Druffel II, 712f sowie die Notiz von Plauen unter dem Exemplar D.

[242] Vgl. Plauens Notiz unter dem Exemplar D. Vgl. sodann TREFFTZ, FRANKREICH 2f.

[243] Vgl. zu ihm TRAUTZ, OTTHEINRICH 38f; POENSGEN, GESTALT (hier: 44); KURZE, OTT HEINRICH (hier: 12f); VON REITZENSTEIN, OTTHEINRICH (hier: 219f).

[244] Dies wird nicht beachtet von KÜHNS, GESCHICHTE 91 und BARGE, VERHANDLUNGEN 147.

[245] Vgl. Druffel III, 532-535 (vgl. BONWETSCH, GESCHICHTE 101f zu der falschen Überschrift), vgl. sodann den Auszug aus der Ratifikationsurkunde bei TURBA, BEITRÄGE II, 74f. Edition der gesamten Ratifikationsurkunde unten als *Edition V*.

[246] Vgl. hierzu TURBA, BEITRÄGE II, 42-46.

[247] So überzeugend LUTZ, CHRISTIANITAS AFFLICTA 495-497. Vgl. zu Karls Zaudern bei der Ratifikation SCHMIDT, BURGGRAF HEINRICH 302-304; LUDOLPHY, RELIGIONSPOLITIK 29f. Der Text des Revokationsentwurfs findet sich bei TURBA, BEITRÄGE III, 287-312. Hauptargument für die Revokation sollte demnach die Tatsache sein, daß nach dem Vertragsabschluß Teile des Heeres der Kriegsfürsten (Christoph von Oldenburg, Reiffenberg) sich mit Albrecht Alcibiades zusammengetan und weiterhin Krieg geführt hätten, vgl. TURBA, BEITRÄGE III, 302f. Auch die Beteiligung Braunschweigischer Junker an einer Fehde von Graf Volrad von Mansfeld gegen Heinrich von Braunschweig/Wolfenbüttel wurde von Karl als Argument angesehen, aufgrunddessen behauptet werden könne, der Passauer Vertrag sei insgesamt gebrochen, vgl. BARGE, VERHANDLUNGEN 157 und 158 Anm.1. Für den Religionsartikel möchte das Revokationskonzept auf die beiden zuvor gehaltenen Reichstage (1546 und 1578/48) zurückgehen, vgl. TURBA, BEITRÄGE III, 308.

Passauer Vertrag sowohl von Moritz und Wilhelm von Hessen als auch von
Karl als rechtsgültig abgeschlossen betrachtet wurde[248].

d) Die Rolle Frankreichs nach den Protokollen über die
Passauer Verhandlungen

Der Passauer Vertrag beendete de facto die Koalition zwischen den Kriegsfürsten und dem König von Frankreich. Auf eine dauerhafte Koalition mit
Frankreich hatte es zumindest Moritz von vornherein nicht abgesehen. Ihm
war vielmehr an einer Zusammenarbeit mit Ferdinand gelegen. Das Zustandekommen des Passauer Vertrages wurde durch die Koalition der Kriegsfürsten mit Frankreich kaum behindert. Dies zeigt sich deutlich an den
Verhandlungsprotokollen. Frankreich kommt nämlich nur bei fünf Punkten
überhaupt in den Blick:
— Der französische Gesandte Jean de Fresse, Bischof von Bayonne, suchte
schon am 2. Juni um Audienz bei den vermittelnden Ständen nach[249]. Die
Stände befürworteten diese Audienz, wollten aber Ferdinands Meinung dazu
hören und Abgeordnete Ferdinands oder Karls zulassen[250]. Ferdinand
lehnte eine Audienz strikt ab, doch blieben die Stände dabei, de Fresse
anzuhören, was Ferdinand geschehen ließ[251]. Ferdinands Ablehnung der
Audienz von de Fresse dürfte auf der Überlegung beruhen, daß Frankreich
auf keinen Fall als weiterer Verhandlungspartner in die Verhandlung
einzubinden sei, von dessen Zustimmung eine Einigung abhängig sein
könnte. Außerdem wußte Ferdinand, daß Karl eine Berücksichtigung der
Interessen Frankreichs in Passau auf keinen Fall billigen würde.
    Die Stände setzten sich über den Widerstand Ferdinands hinweg und
hörten de Fresse. "ist ein sehr hefftig und hietzige Oration"[252], die am 4.
Juni auch Ferdinand und den kaiserlichen Räten zugestellt wurde. Der Vor-

---

[248] Anders dagegen BONWETSCH, GESCHICHTE 190, der aus dem Fehlen der Ratifikationen
    aller Kriegsfürsten schließt, daß "der ganze Passauer Vertrag formell ungültig" blieb,
    doch sind solche Ratifikationen nicht im Vertrag vorgesehen, sondern wurden erst
    nachträglich von Karl eingefordert, relativieren also nicht die Rechtskraft des Passauer
    Vertrages. In der Tat wurde ja von seiten des Kaisers Philipp freigelassen, wenn auch
    mit einiger Verzögerung. Zur Freilassung Philipps von Hessen vgl. BONWETSCH, GE-
    SCHICHTE 188f, zu den Verhandlungen über das Katzenelnbogische Erbe vgl. SCHMIDT,
    AHG 41, 39-43; AHG 42, 29-54.
[249] Vgl. "Hess." Protokoll, HStAMR, Politisches Archiv (Bestand 3), nr. 1116, Bl. 34v;
    vgl. Mainzer Protokoll, MEA Religionssachen 4, Bl. 486r-486v.
[250] Vgl. Mainzer Protokoll, MEA Religionssachen 4, Bl. 486r-487v.
[251] Ebd. 488r-491v.
[252] "Hess." Protokoll, HStAMR, Politisches Archiv (Bestand 3), nr. 1116, Bl. 35r.

trag von de Fresse hatte auf die weiteren Verhandlungen aber keine Auswirkung. Schon die Frage der Instruktion bereitete Schwierigkeiten[253]. Unverrichteter Dinge und mit einer abschließenden Drohung, daß ohne den König von Frankreich ein Neuanfang nicht ernsthaft erreicht werden könne, verabschiedete sich de Fresse bereits am 8. Juni von den Ständen[254].

— Frankreich wurde im Passauer Vertrag nur insofern berücksichtigt, als Moritz erlaubt wurde, die Forderungen Frankreichs an den Kaiser zu übermitteln. Die Stände sprachen sich dafür aus, daß Frankreich hinsichtlich des allgemeinen Friedens nicht zu berücksichtigen sei, und daß Sachsen lediglich die "priuathanndlungen" weiterleiten solle[255]. Der Frankreichartikel wurde von Moritz konzediert[256], woran besonders deutlich wird, daß Moritz weder an einer Berücksichtigung von Frankreichs Interessen im Passauer Vertrag noch an einem Ausgleich zwischen Karl und Heinrich II. interessiert war[257]. Ferdinand, die vermittelnden Stände und Moritz waren sich im Grunde einig, daß Frankreich auszuklammern war.

— An einigen Stellen führt Moritz Frankreich als taktisches Argument an. So verwies Moritz am 3. Juni hinsichtlich der Verlängerung des Waffenstillstandes nicht nur auf die übrigen Kriegsfürsten, sondern auch auf den Gesandten Frankreichs[258]. Am 15. Juni begründete Moritz seine Abreise aus Passau damit, daß er sein Heer zusammenhalten müsse, das sonst dem Franzosen zuzulaufen drohe[259]. Wichtiger ist Moritz' Verweis auf Frankreich am 3. Juli: Genauso wie Ferdinand das Vertragspaket an Karl schicken müsse, von dessen Zustimmung das Zustandekommen der Einigung abhängig sei, genauso wollten Moritz' Mitverwandte das Vertragswerk an den König von Frankreich gelangen lassen. Bewußt ließ Moritz dabei im Unklaren, ob er eine vorhergehende Zustimmung einholen wollte oder ob er Heinrich II. den geschlossenen Vertrag nur mitteilen wollte; er sprach nur

---

[253] Vgl. Bf.-pass. Protokoll, BHStAM BlKA No.7, Bl. 7v-8r; Mainzer Protokoll, MEA Religionssachen 4, Bl. 495r.

[254] Vgl. "Hess." Protokoll, HStAMR, Politisches Archiv (Bestand 3), nr. 1116, Bl. 39v.

[255] Bf.-pass. Protokoll, BHStAM BlKA No. 7, Bl. 16v. Vgl. die Beratungen des Frankreichartikels im Mainzer Protokoll, MEA Religionssachen 4, Bl. 519r-529r; 529r-v.

[256] Vgl. Mordeisen Protokoll, SHStA loc. 9145 ("Hessische Entledigung III"), Bl. 42r.

[257] Zu Moritz' Versuchen, seine Zustimmung zu dem Vertrag Frankreich gegenüber so zu verantworten, daß ein künftiger Kontakt überhaupt möglich blieb, vgl. TREFFTZ, KURSACHSEN UND FRANKREICH 5-7; BONWETSCH, GESCHICHTE 179.

[258] Vgl. Mainzer Protokoll, MEA Religionssachen 4, Bl. 495r-496r.

[259] Vgl. Bf.-pass. Protokoll, BHStAM BlKA No.7, Bl. 28r.

davon, daß "alles Mit des Khunigs auß Frannckreich vorwissen"[260] (nicht: Zustimmung!) abzuschließen sei. Genau auf diese Unklarheit machten die Stände Ferdinand sodann am 4. Juli auch aufmerksam[261]. Umgekehrt hatte Ferdinand schon bei dem Landgrafen- und dem Aussöhnungsartikel darauf bestanden, daß die Entäußerung vom französischen Bündnis und die zeitlich festgelegte Rückkehr der in französischem Dienst stehenden Söldner unbedingt geregelt werden müßten[262].

— Die Stände berieten seit der Audienz am 3. Juni immer wieder auch über eine mögliche Antwort an Heinrich II.[263]. Mehrfach wurde eine solche Antwort verschoben (so am 7. und am 13. Juni). Erst am 27. Juni beschloß man ein Antwortschreiben[264]. Am 1. Juli kam abends, wenige Stunden vor der Ankunft Moritz', das zweite Schreiben Frankreichs an die Stände[265] in Passau an, das Mordeisen dem mainzischen Kanzler übergab[266]. Moritz bat am 3. Juli sowohl Ferdinand als auch die Stände darum, den Inhalt dieses Schreibens bei Karl zu befördern, wozu sich beide bereit erklärten[267]. Die Stände berieten dieses Frankreichschreiben am 2. Juli[268]; diese Beratungen wurden am 4. Juli fortgesetzt, am 5. Juli beschloß man die entsprechende Antwort. Erst am 22. Juli erhielt allerdings Mordeisen eine Kopie des Antwortbriefs, die er jedoch Moritz nicht mehr zuschickte, da er annahm, daß Moritz inzwischen bereits Kenntnis davon hatte[269].

— Als man am 6. August in Passau von der Annahme des Vertrages erfahren hatte und Ferdinand am 8. August die Verhandlungen beschloß,

---

[260] Bf.-pass. Prot., BHStAM BlKA No.7, Bl. 34r. Vgl. Mordeisen Protokoll, SHStA loc. 9145 ("Hessische Entledigung III"), Bl. 60r; Mainzer Protokoll, MEA Religionssachen 4, Bl. 571r.

[261] MEA Religionssachen 4, Bl. 242v. Vgl. Bf.-pass. Prot., BHStAM BlKA No.7, Bl. 35v; Mainzer Protokoll, MEA Religionssachen 4, Bl. 576r-v.

[262] Vgl. Bf.-pass. Protokoll, BHStAM BlKA No.7, Bl. 24v-25v; Mordeisen Protokoll, SHStA loc. 9145 ("Hessische Entledigung III"), Bl. 39r-v.

[263] Vgl. Mainzer Protokoll, MEA Religionssachen 4, Bl. 497r-499r.545r.

[264] Druffel III, 524-526. Vgl. Mainzer Protokoll, MEA Religionssachen 4, Bl. 565r-565v.

[265] Druffel III, 526-528, datiert auf den 29. Juni (ebd. 528).

[266] Vgl. Mordeisen Protokoll, SHStA loc. 9145 ("Hessische Entledigung III"), Bl. 57r; Bf.-pass. Prot., BHStAM BlKA No.7, Bl. 32r.

[267] Vgl. Mordeisen Protokoll, SHStA loc. 9145 ("Hessische Entledigung III"), Bl. 60v. Vgl. Mainzer Protokoll, MEA Religionssachen 4, Bl. 571v.576r-577r.

[268] Vgl. MEA Religionssachen 4, 189r-191v; Mainzer Protokoll, MEA Religionssachen 4, Bl. 566v-570r. Das Ergebnis dieser Beratung wurde am 5. Juli schriftlich Ferdinand präsentiert = Druffel III, 528f (vgl. ebenda 529 zur Datierung aufgrund von Hunds Indorsat), vgl. Druffel III, 529 mit MEA Religionssachen 4, Bl. 190r und 190v (letzte Zeile) bis 191v.

[269] Vgl. Mordeisen Protokoll, SHStA loc. 9145 ("Hessische Entledigung III"), Bl. 75v.

kündigte er unmittelbar im Auftrag Karls dessen Krieg gegen Frankreich an und forderte die Stände zur Unterstützung Karls auf[270]. Gleichzeitig verhandelte Ferdinand mit den Ständen über den Gemeinen Pfennig für den Türkenkrieg[271]. An diesem Verhalten Ferdinands wird deutlich, daß die Passauer Verhandlungen aus seiner Sicht dazu dienten, einerseits Moritz als Verbündeten im Kampf gegen die Türken zu gewinnen, andererseits Karl den Krieg gegen Frankreich zu ermöglichen.

Zusammengefaßt läßt sich sagen, daß das Frankreichbündnis für das Zustandekommen der Koalition und den erfolgreichen Feldzug der Kriegsfürsten im Frühjahr/Sommer 1552 wesentlich war, für das Zustandekommen des Passauer Vertrages aber eine nur ganz untergeordnete Rolle spielte.

---

[270] Vgl. MEA Religionssachen 3, Bl. 329r; Mainzer Protokoll, MEA Religionssachen 4, Bl. 593v.
[271] Vgl. MEA Religionssachen 3, Bl. 328v-329r.

4. Die Überlieferung des Passauer Vertrages

Der Passauer Vertrag ist in verschiedenen Archiven in etlichen Abschriften erhalten. Im folgenden sind nur das Sächsische Hauptstaatsarchiv Dresden, das Staatsarchiv Marburg, das Österreichische Staatsarchiv Wien (Haus-, Hof- und Staatsarchiv) und das Bayrische Hauptstaatsarchiv München berücksichtigt.

Ausgefertigt wurde der Vertrag, wie im Vertrag selbst vorgesehen, am 2. August 1552 in drei Exemplaren. Diese drei Originalexemplare mit den entsprechenden Unterschriften und Siegeln sind erhalten[272], und zwar liegt die Fassung der Kriegsfürsten im Staatsarchiv Marburg, diejenige der vermittelnden Stände im Mainzer Erzkanzlerarchiv, das sich heute im Wiener Haus-, Hof- und Staatsarchiv findet, wo sich ebenfalls das dritte, für die Habsburger Seite bestimmte Exemplar befindet.

A   Das Exemplar der (Wiener) Reichskanzlei (im folgenden: *Habsburger Exemplar*; Österreichisches Staatsarchiv, Haus,- Hof- und Staatsarchiv, Allgemeine Urkundenreihe 1552, VIII/2 - kleinere Schachtel, in der Mitte gefaltetes Exemplar) besteht aus 12 Blättern Pergamentlibell (Breite ca. 21-32 cm, Höhe: ca. 36cm); der Vertragstext steht 2r-11v; Blatt 1 ist unbeschrieben, ebenso 12r, auf 12v steht rechts oben: "Paßawischer Vertrag De Anno 1552", daneben "Capitulation und ... verglichen zwischen"(unleserlich wegen verblassender Schrift)[273]. Dieses Exemplar ist am besten erhalten

---

[272] TURBA, BEITRÄGE II, 37 Anm.2 spricht davon, daß nur zwei Originale erhalten sind, ebd. 76 (Nachtrag) teilt er mit, daß das dritte Exemplar, das er in Dresden vermutete, dort nicht vorhanden ist. Ihm folgt HERRMANN, AUGSBURG 220 Anm.3: "Das im Dresdner Landeshauptarchiv befindliche Vertragsoriginal ist leider durch Kriegs- oder Nachkriegswirren verloren gegangen" (auf die beiden Wiener Originale verweist Herrmann nicht). Die Möglichkeit, daß das dritte Original in Marburg liegt, hatte Turba nicht in Betracht gezogen. Trotz Turbas Hinweis auf zwei Originale in Wien schreibt BONWETSCH, GESCHICHTE 170: "das einzige erhaltene Original im Wiener Archiv beschreibt Turba Beiträge II, S.28 [sic!] Anm.2".

[273] Der Vertrag ist in ein späteres Kanzleiblatt eingewickelt, in das der Vertrag gewickelt ist; auf diesem Blatt findet sich links oben die rote Ziffer: 18, darunter Bleistiftsignatur: B 2157, sowie folgende Titelei:

"Passaw den 2ten August 1552
Passawer Vertrag
Inhalt

Der Curfürst Moriz und die ihm verbundenen Fürsten legen die Waffen nieder, und verabschieden ihr Kriegsvolk auf den 11 oder 12ten August oder geben es auf Verlangen dem römischen König in Sold. Der Landgraf Philipp von Hessen soll der Haft völlig

und daher der Edition zugrundegelegt. An wenigen Stellen (4v/3.27; 6v/22; 7v/21) ist der Text evtl. schon beim Abschreiben korrigiert worden. Die Siegel sind größerenteils zerbrochen: Erkennbar sind die Siegel von Ernst von Salzburg, Albrecht von Bayern, von Mainz (grünes Siegelwachs - zerbrochen); zwei weitere Siegelbruchstücke gehören wahrscheinlich zu den Siegeln von Pfalz und Wilhelm von Hessen (rotes Siegelwachs). Außerdem ist auf der letzten Seite noch der Umriß eines sehr großen Siegels zu sehen (wahrscheinlich das Ferdinands).

B   Das aus dem Mainzer Erzkanzlerarchiv stammende Exemplar (im folgenden: *Reichsexemplar*; Österreichiches Staatsarchiv, Haus-, Hof- und Staatsarchiv, Allgemeine Urkundenreihe 1552, VIII/2 - größere Schachtel) besteht aus 10 Blättern, von denen Blatt 1 und 10 unbeschrieben sind; der Vertragstext findet sich 2r-9v[274]. Dieses Exemplar (Breite: ca. 28,5 - 30 cm, Höhe: ca. 33,5 - 34,5 cm) ist durch Wasserschäden teilweise durchscheinend geworden, aber noch an fast allen Stellen lesbar. Es finden sich an einigen Stellen (4r/10: 4v/19: 5v/13; 7v/21.22; 9r/2; 10v/26) Korrekturen, die mit anderer, dunkelschwarzer Tinte nachgetragen sind. Von dieser Tinte finden sich auf 8v Tintenspritzer, die auf der gegenüberliegenden Seite 9r abgedrückt sind.

---

entlassen vnd am 11ten oder 12ten August, nach seinem Schlosse Rheinfels unentgultich zurückgeschickt werden; so wie auch die Geächteten, deren sich der Churfürst Moriz angenommen hatten, als dem Graf Albrecht von Mannsfeld, den Rheingraf, der Graf Christoph von Oldenburg, Johann von Heidek, Sebastian Schärtlin und andere restituirt werden sollen. Die Religionssache und die Erledigung der Beschwerden über eingerissen in die Reichsverfassung wurden auf den nächsten Reichstag ausgesetzt, der innerhalb sechs Monaten gehalten werden soll. Auf selbem werde man sich noch mals über die Mittel und Wege berathen, wie der Religions-Spaltung am besten, entweder durch ein allgemeines oder Nazionalkonzilium durch ein neues Colloquium oder durch eine allgemeine Reichsversammlung, abgeholffen werden könne, zu welchem zweck gleich zu Anfang des Reichstags ein Ausschuß von etlichen schiedlichen, verständigen Personen beyder Religions Partheyen in gleicher Anzahl geordnet werden solle, mit dem Auftrage zu berathschlagen, wie solchs Religions-Vergleychung am fügluchsten möchte vorgenommen werden. Unterdessen aber sollten bayde Religions-Partheyen unbeschwert belassen werden."

Hierunter steht in der Mitte: "N[ro] 149", weiter rechts: "Kasten N[ro] 151, Lade N[ro] 5.", mit Bleistift ist nachgetragen: "49".

[274] Der Vertrag ist in ein großes Papier gehüllt, das oben den roten Buchstaben M (= Mainzer Erzkanzlerarchiv) trägt. Neben der Notiz "Passau 2. August 1552" oben rechts steht als Beschriftung: "Passauer Vertrag abgeschlossen zwischen K.Ferdinand I. u. genannten Reichs u. Kurfürsten zur Beilegung der aus Veranlassung der Verhaftung des Landgrafen Philipp von Hessen im Reich entstandenen Irrungen"; darinnen findet sich ein Einlegepapier in Größe des Vertrags mit der Notiz "N. sh. ad Lad. 18" und der Aufschrift "Passauer-Vertrag vom 2ten Aug.en 1552".

Alle sieben Siegel sind sehr gut erhalten. Als erstes ist das Siegel Ferdinands angehängt, mit der Aufschrift: "Ferdinandus D G Romanorum Rex
semper Aug Hung Boem ZC Rex Archid Aust Inf Hisp Com Tiroli
ZC"[275]. Von Ferdinands Siegel gehen zwei Schnüre aus; an dem einen
finden sich die Siegel der geistlichen, an dem anderen die der weltlichen
Fürsten[276]: Auf der geistlichen Seite finden sich das Mainzer Siegel (zu
erkennen am Mainzer Rad; das Siegel ist beim Abdrücken verrutscht, daher
ist von der Umschrift nur noch entzifferbar: "... Mog ... Elect")[277] und
von Salzburg (die Schrift ist ebenfalls schlecht lesbar: ... Archiepi ...
Salzburg Sanctae Sedis (?) Legati Comitis Palatini"). Auf der weltlichen
Seite hat als erstes Pfalz gesiegelt (kleines Siegel mit drei Buchstaben:
F.P.C. [= Fridericus Palatini Comes], darunter ein Harnisch mit Greif). Es
folgen Albrecht von Bayern (Umschrift: "S. Alberti Comitis Palatini Reni
Bavariae Ducis"), Hessen (s.u.) und Sachsen. Das sächsische Siegel ist
ebensogroß wie das Ferdinands und trägt die Umschrift: "Imp Archimars
Elector L I M N S Mauritii D G Duc Saxonie Sac Ro". Das hessische und
sächsische Siegel sind dicht gedrängt aneinander angehängt (nach dem
sächsischen Siegel ist die Siegelschnur nur noch 2 cm lang).

C   Das Exemplar der Kriegsfürsten befindet sich nicht (wie zu erwarten) in
Dresden, sondern in Marburg (Staatsarchiv Marburg, Samtarchiv Schubl.38
Nachtr.1). Es gehört dort zum alten Bestand, und zwar wurde es 1865 bei
der Neuorganisation des Hessischen Staatsarchivs in einem "Blechkasten"
aufgefunden und als Nachtrag dem Samtarchiv zugefügt. In dem dazugehö-

---

[275] Ein anderer Abdruck desselben Siegels ist abgebildet bei POSSE, SIEGEL DER DEUTSCHEN
KAISER Band 3, Tafel 22, Nr.2 (= Nr.12 der fortlaufenden Zählung von Ferdinands
Siegeln). Vgl. ebd. Band 5, S.62: "Mittleres römisches Königssiegel. In einem erha-
benen Ringe der einfache Adler mit Heiligenschein. Auf der Brust ein quadrierter Schild:
1. Ungarn, 2. Böhmen, 3. quadriert Kastilien und Leon, 4. gespalten, vorn Burgund,
hinten geteilt von Habsburg und Tirol; Herzschild Österreich. Um den Schild hängt der
Orden des goldenen Vließes". Das Siegel kommt vor zwischen 1534 und 1557 (vgl.
ebd.).

[276] Die Aufteilung nach geistlichen und weltlichen Ständen an zwei, vom Kaisersiegel
ausgehenden Kordeln scheint auf Reichstagen üblich gewesen zu sein, vgl. AULINGER,
BILD 251-254 (die Zuordnung der Reichsstädte entfiel in Passau ja; Ferdinand siegelte
dort, wo bei Reichstagsabschieden der Kaiser siegelte).

[277] Es ist das bei POSSE, SIEGEL DER ERZBISCHÖFE VON MAINZ auf Tafel 17, Nr.3
abgebildete Wappen (= Nr.156 der fortlaufenden Zählung); vgl. die Beschreibung ebd.
S.61: "Sekret. Gespaltener Schild, vorn das mainzer Rad, hinten das heusenstammsche
Familienwappen, besteckt mit Schwert, Kreuz und Krummstab." Die Umschrift lautet
nach POSSE, ebd.: "S.Seb[asti]ani Archiepi Mogunt.Prin.Elect.".

rigen Findbuch[278] heißt es: "Nachtrag. Geschehen am 20.Mai 1865. Es haben sich in einem Blechkasten vier Urkunden auf Pergament mit vielen Siegeln vor gefunden, und zwar: 1552 38,1 eine mit den Unterschriften des Königs Ferdinand, des Christoph Matthias Canzlers und im Auftrag des Churfürsten von Maintz, des Dr Melchior Drechsel im Auftrag des Kurfürsten Friedrich von der Pfalz zweier Herzögen von Bayern, 'M. Churfürst m.p.' (wahrscheinlich Moritz) und Wilhelm Landgraf zu Hessen versehenen Urkunde, enthaltend den Passauer Vertrag d.d. 2. August 1552, mit anhangenden 6 Siegeln"[279].

Daß es sich um das dritte Exemplar handelt, ist aufgrund der gleichen äußeren Gestalt (Maße: ca. 31-32 cm breit ca.35-36 cm hoch), derselben Original-Unterschriften incl. ihrer Anordnung sowie der übereinstimmenden Siegel sicher. Der Text findet sich 2r-9v; Bl. 1 und 10 sind ein Umschlagpapier, das etwas größer ist. Äußerlich fällt auf, daß die Pergamentstruktur etwas stärker erkennbar ist als bei A und B. Bl. 7 hat eine ungerade Unterkante (das Blatt ist an der linken Seite 35,5 cm, an der rechten nur 33,5 cm hoch). Zwischen den einzelnen Absätzen ist der Abstand mitunter etwas größer als in A und B (bis 2-3 cm). Bis auf einige Stockflecken ist dieses Exemplar ebenfalls sehr gut erhalten und bis auf einige kleine Ausnahmen überall lesbar.

Erhalten sind sechs Siegel, die denen in A entsprechen. Das erste Siegel ist wie in A das Ferdinands. Von Ferdinands Siegel gehen zwei Siegelschnüre aus, von denen an dem einen die beiden geistlichen Fürsten, der Kurfürst von Mainz und der Erzbischof von Salzburg, an dem anderen drei weltliche Fürsten gesiegelt haben, und zwar Pfalz, Bayern (gut lesbar ist die Umschrift: "Alberti comitis Palatini reni Bavariae ducis) und ein kleines Siegel von Wilhelm von Hessen (dunkelgrünes Siegelwachs, erkennbar ist noch von der Umschrift: "Guilelm. Land … Nid(?); in der Mitte ein Wappen mit dem Greif zeigend, darüber die Jahreszahl 1547, dem Jahr der Gefangennahme Philipps, als Wilhelm die Regentschaft übernahm)[280]. Es ist kein Siegel von Moritz erhalten, während die Siegelschnur an der "geistli-

---

[278] Es trägt den Titel: "Preuß. Hess. Samtarchiv, Verz.1: Urkunden, Akten etc. Band II" und den Innentitel: "Repetitorium über diejenigen Urkunden, Akten und sonstigen Schriftstück des vormaligen Ziegenhainer Sammt-Archivs, welche nach dem zwischen dem Kurhaus Hessen und dem Großherzogtum Hessen unterm 2.Mai 1855 wegen der Theilung desselben abgeschlossenen Vertrage als gemeinschaftlich verblieben sind. Aufgestellt in den Jahren 1861 bis 186… 2[r] Band (1862 u. 1863)".

[279] Im genannten Findbuch auf den S.86 und 88.

[280] Bei der Entzifferung der Siegel war mir freundlicherweise Herr Stellv. Archivdirektor Dr. Lachmann, Marburg behilflich.

chen" Seite nach dem Siegel des Ernst von Bayern nur noch ca. 3 cm lang ist, ist die an der "weltlichen" Seite" noch ca. 10 cm lang; hier hätte also noch ein mittelgroßes Siegel Platz gehabt. Allerdings ist einschränkend zu sagen, daß die Siegel 1960 restauriert und neu angehängt wurden[281].

Diese drei Originalexemplare stimmen wörtlich überein, lediglich an einer Stelle findet sich die Vertauschung zweier Worte (3v/3). Abweichungen bestehen sodann in der Orthographie sowie in der Verwendung von Abkürzungen besonders bei "Römisch Kaiserliche Majestät"; an einzelnen Stellen sind die Wortendungen schwankend.

Für die Einordnung weiterer Abschriften und Kopien des Vertrages ist darauf hinzuweisen, daß alle drei endgültigen Vertragstexte folgende Unterschriften aufweisen: Ganz oben steht Ferdinand, dann nebeneinander der Kanzler des Mainzer Erzbischofs, Christoph Matthias, sowie der Abgesandte des Kurfürsten von der Pfalz Melchior Drechsel, darunter ebenfalls nebeneinander Ernst, Erzbf. von Salzburg, und Albrecht von Bayern. Dann weiter rechts unten ein großes m (für Moritz) Churfurst sowie die Abkürzung für "manu propria subscripsit" sowie "Wilhelm H.Hessen"[282]. Datiert ist der Vertrag auf den "andern Tag des Monats Augusti", das Datum der Freilassung Philipps und der Beurlaubung allen Kriegsvolkes (der elfte oder zwölfte August sowie der 6. August) stehen einfach im Fließtext.

D Von besonderer Bedeutung ist eine Entwurfsfassung des Vertrages, die sich im Staatsarchiv Marburg befindet: Samtarchiv Schubl.37 N° 38 (1552). Dieses Exemplar besteht aus 20 Blatt, wobei Bl. 2-19 ca. 22 cm breit und ca. 32 cm hoch sind und Bl. 1 und 20 ein späteres, etwa größeres Umblatt ist. Bl. 2r/v, 3r/v und 18r/v und 19r sind leer, auf 19v steht von späterer Schrift nachgetragen: "Romischer Kor: Mat: sampt anderer Chur unnd Fursten zu Passaw aufgerichter vertragk zwischen Keyr: Mat und dem Churfürsten zu Sachssenn Hertzogen von Meckelnburgk und Landtgrauen Wilhelm zu Hessenn sampt Iren mitaynungsverwanten beteidigt"; auf dem Umblatt steht auf 1r: "a.a. Passauer Vertrag 1552", mit Bleistift: "Akten Wilhelms" sowie die Signatur: "Schubl. 37 N° 38" neben dem Stempel: "im Samtarchive Bd.ii S.68; No. 38 (N° 14) Schubl. 37). Diese auf Papier geschriebene Fassung fällt durch die folgenden Merkmale auf:

---

[281] Auf Blatt 10v findet sich ein Aufkleber mit der Aufschrift: "Samtarchiv Schubl.38 Nachtrag 1 - 1552. Restaur. 1960/35, restauriert und Siegel neu angehängt".
[282] Vgl. TURBA, BEITRÄGE II, 37 Anm.2.

i. Anstelle des Datums "11. oder 12. August" bzw. "6. August" steht in D
"n.tag July", was dann gestrichen ist, ein + verweist auf den Rand, wo das
im endgültigen Vertrag stehende Datum nachgetragen ist.
ii. D datiert den Vertrag "den Sechtzehenden tag des Monats July",
iii. Die Unterschriften von Moritz von Sachsen und Wilhelm von Hessen
fehlen, die Unterschriften Ferdinands sowie der Ständevertreter sind aber
Originalunterschriften, weswegen es sich nicht um eine spätere Abschrift
handelt. Alle fünf Unterschriften stehen untereinander.
iv. Für Mainz hat nicht wie in den drei endgültigen Exemplaren Christoph
Matthias, sondern Daniel Brendel unterzeichnet.
v. Unter den Unterschriften und den fünf Papierwachssiegeln[283] (von Ferdinand und den vier Fürsten) steht:

"auff den ersten dits monats augusti habe ich
dise Copi des vertrags vberantwortt mpp
   Hinrich mpp &
Das dato dits vertrags solle gestellt
werden aupf dem andern augusti wail derselbe itzt
aupff solchem beschlosen ist worden" (17v)[284].

In Wien, Marburg und Dresden finden sich darüber hinaus folgende Abschriften des Vertrages:
(E) Österreichisches Staatsarchiv, Haus- Hof- und Staatsarchiv, Mainzer Erz-
kanzlerarchiv, Religionssachen 3, Bl. 298-315; diese Abschrift enthält das
Datum "auf den eylfften oder zwolfften ⌐tag⌐ Augusti" bereits im Text, hat
aber folgendes Ende (314r):
"Geschehen zu Passau den ~~sechszehenden~~ ⌐andern⌐ tag des Monats ~~July~~
▷Augusti◁ nach Christi unsers lieben Herrn gepurt im funffzehendhundert
vnnd zwey vnd fünfftzigsten vnserer Reich des Romischen im zwej vnd
~~dreissigsten~~ ⌐zwantzigsten⌐ vnd der ander Im sechs vnd zwantzigsten Jarn,
~~Ferdinand~~
~~Daniel Brendel von Homburg~~
~~Melchior Drechssel Doctor~~
~~Ernst h.Jn Bayern confirmirt &~~
~~manu propria &~~
~~Albrecht Hertzog zu Bayern~~
~~st. manu propria~~"

[283] Vgl. hierzu KITTEL, SIEGEL 172 sowie 129 Abb.81.
[284] Vgl. Druffel III, 570.

Auf der nächsten Seite (314v) sind dann die Unterschriften nach C kopiert:
"Ferdinand

von wegen Herrn Sebastian	von wegen Hern
Ertzbischouen des hey. Stuls	Fridrichs Pfaltzgraf
zu Maintz & Churf. Christof	bei Rhein
Mathias L. Cantzler	Churfursten Melchior
Manu propria als beuelchaber	Drechssel manu
	propria

Ernst h.i.Bayern confirm.&	A.H.z.Bayern &
manu prop(ri)a &	st.m. propria

        M Churfurst
        mp(ro)pria sst

        Wilhelm L.zu Hessen".

(F) Österreichisches Staatsarchiv, Haus- Hof- und Staatsarchiv, Mainzer Erz-
kanzlerarchiv, Religionssachen 4, Bl. 256-269; als Datum der Freilassung
Philipps bzw. der Beurlaubung des Kriegsvolkes wird der "n. tag July"
genannt; datiert ist der Vertrag "Geschehen zu Passau den xvj. tag des
Monats July", jedoch ist auf dem Deckblatt (256r) in anderer Schrift der 17.
Juli angegeben; unter dem Vertragstext sind keine Unterschriften kopiert.

(G) Österreichisches Staatsarchiv: Haus-, Hof- und Staatsarchiv, Allgemeine
Urkundenreihe 1552, VIII/6; auch diese Abschrift des Vertrages enthält am
Anfang nur den Kurztext bei den Titeln von Ferdinand und Philipp von
Hessen; sie ist datiert "Geschehen zu Passaw den 16. tag des Monats July",
so auch auf dem Umschlagblatt, doch steht der 11./12. August bereits ohne
weiteres im Text; unter dem Vertragstext sind wie in F keine Unterschriften
kopiert; das Exemplar enthält etliche Unter- und Anstreichungen sowie Notizen am Rand und unter dem Text.

(H) Österreichisches Staatsarchiv: Haus-, Hof- und Staatsarchiv, Beilage zu
Mainzer Erzkanzlerarchiv, Reichstagsakten 23, Bl. 1-22 enthält unter dem
Titel "Abschied 1552, Passauer Vertrag" eine weitere Abschrift mit zahlreichen Randnotizen von anderer Schrift, einigen Unterstreichungen, vor allem
aber den Kapitelüberschriften wie im Druck a, dementsprechend stehen unter
dem Vertragstext (wie im Druck a) keine Unterschriften; ebenso wie a steht
der 11./12. August im Text; der Vertrag ist auf den 2. August 1552 datiert.

(I)   Sächsisches Hauptstaatsarchiv Dresden, loc. 9145 ("Hessische Entledigung.
[Innentitel:] In Landgraff Philips zu Hessen etc. entledigungssache das Dritte
Buch darinnen zu befinden was in dieser [über der Linie: und andern] sache
durch die röm.Kön.Mt. auch die dartzue beschriebene Chur- unnd Fürstenn
uff den Tagk zu Passau behandelt und welchergestalt dieselbe entlichen
durch Gottes gnedige vorleihung vortragen die fürgenommene Krieges-
handlung widerumb allerseits abgeschafft und hochgedachter Landtgraff
Philip zu Hessen etc. für.G. Custodien entlediget worden ist. Nach Inhalt
der hierbey gehafften Registratur Anno 1552") (= Reg.III, fol.164, Vol.12),
Bl. 545-562 mit dem Titel (545r): "Passawische Vertrag fectum patauia 30
July Anno etc. 52", der 11./12. August steht im fließenden Vertragstext;
Unterschriften sind keine verzeichnet.

(K)   Sächsisches Hauptstaatsarchiv Dresden - loc. 8093/12 (Passauische Handlung
1552 [Innentitel: Etzliche Schreiben und Berichte so Doctor Ulrich Mordeisen an Hertzog Augusten der Passauischen Handelung halben gethan Anno
1552]), Bl. 90-106 (106 sowie ein weiteres unnumeriertes Blatt: vakat) enthält eine Ansammlung der Vertragsartikel in verschiedenen Schriften auf
verschieden großem Papier in der Reihenfolge des Vertrags; der 11./12. August steht bereits im Text, als Datum ist der 16. Juli 1552 angegeben, die
Unterschriften sind wie in D kopiert.

(L)   Sächsisches Hauptstaatsarchiv Dresden - loc. 8093/11 ("Passawische Handlung und Vortrag und alda vorgebrachte Gravamina Anno 1552"), Bl. 208-
227 mit dem Titel (208r): "Passawisch vortragk Lectum Pataviae xxx July
Anno 1552"; der 11./12. August steht bereits ebenso im Text wie das Datum
2. August 1552; Unterschriften sind keine kopiert.

(M)   Sächsisches Hauptstaatsarchiv Dresden - loc. 8093/11 ("Passawische Handlung und Vortrag und alda vorgebrachte Gravamina Anno 1552"), Bl. 228-
244 enthält den Titel (228r): "Vertrag Lectum 30 July Anno etc. LII"; das
Datum der Freilassung/Urlaubung ist nachträglich eingetragen: "und ir -
besamlet Krigsfolck auf den n. ⌐12.⌐ tag July ⌐Augusti⌐ [von anderer Tinte:]
⌊xiten oder xiiten⌋" (230v); ähnlich 231v und 239r; das Datum ist ebenfalls
korrigiert: "Geschehen zu Passau den xvi ⌐andern⌐ tag des Monats July
⌐Augusti⌐" (244v); wiederum finden sich keine Unterschriften.

(N)   Sächsisches Hauptstaatsarchiv Dresden - loc. 9146 ("Landgraf zu Hessen
Custodia und Entledigung wie auch Passauische Handlung 1552"), Bl. 1-17
enthält den endgültigen Vertragstext incl. 11./12. August und dem Datum 2.
August 1552; wiederum sind keine Unterschriften kopiert.

(O) Hessisches Staatsarchiv Marburg, Bestand 3 (Politisches Archiv), nr.1116, Bl. 200-215; ebd. 200r der Titel "Transactio Pataviensis. Passawischer Vertrag de anno 1552"; diese Kopie enthält den "Elfften oder zwoelfften Augusti" im Text, ist aber auf den "sechtzehenden tagk des monats July" datiert, die Unterschriften sind wie in D kopiert.

(P) Hessisches Staatsarchiv Marburg, Bestand 3 (Politisches Archiv), nr.1116, Bl. 222-241 enthält auf dem Titel (222r) neben der Überschrift "Transactio Pataviensis Passawischer Vertragk" oben rechts die Datumsangabe: "1552 Juli 16"; ebenso ist der Vertrag im Text datiert, doch findet sich der 11./12. August bereits im Text; auch hier sind die Unterschriften wie in D kopiert.

(Q) Hessisches Staatsarchiv Marburg, Bestand 3 (Politisches Archiv), nr.1114, Bl. 171r-188r, mit der Überschrift: "Passawischer Vertrag de dato 16ten July Ao.1552" (171r); das Datum 11./12. August steht bereits im Text, ansonsten ist der Text an vielen Stellen beim Schreiben korrigiert worden und endet: "Geschehen zu Passaw den Sechzehenden tag des Monats July nach Christi unsers lieben Herrn gepurt im funffzehenhundertund zweiund~~zwannzigsten~~ ⌜funffzigsten⌝ ▷unserer Reich des Römischen im zwei vnd zwannzigsten◁ vnd der anderen Im Sechs vnnd zwannzigsten Jaren", folgen die Unterschriften kopiert nach D.

(R) Bayerisches Hauptstaatsarchiv München, Kurbayern Äußeres Archiv nr. 3167, Bl. 424r-440r; datiert auf den "16tag des Monats July", anstelle des Datums 11./12. August bzw. 6. August steht "n.tag July" im Text; keine Unterschriften.

(S) Bayerisches Hauptstaatsarchiv München, Kurbayern Äußeres Archiv nr. 3167, Bl. 467r-481r; Titel: "Passauerischer vertrag inmassen derselb ingrossiert vnd ins corpus gebracht worden ist" (481v, auf dem Kopf); das Datum ist korrigiert, z.B.: "auf den ~~n.~~ ⌜12.⌝ tag ~~July~~ ⌜Augusti⌝ schirist allenthalben vrlauben" (468v), "auf den ~~n.~~ ⌜6.⌝ tag ~~July~~ ⌜Augusti⌝ schirist (...) zu Mecheln vberantwurt werden" (469r), "Geschehen zu Passau, den ~~16.~~ ⌜2.⌝ tag des Monats ~~July~~ ⌜Augusti⌝"; Unterschriften kopiert nach D.

(T) Bayerisches Hauptstaatsarchiv München, Kurbayern Äußeres Archiv nr. 3168, Bl. 368r-381v; datiert auf den "xvi tag des Monats July" (381v), anstelle des Datums 11./12. August bzw. 6. August steht "n.tag Juli"; Unterschriften kopiert nach D.

(U)   Bayerisches Hauptstaatsarchiv München, Kurbayern Äußeres Archiv nr.
3168, Bl. 345r-357v; wie (R) datiert auf den 16. Juli, "n.Tag July" im Text;
Unterschriften kopiert nach D, aber es fehlt die Unterschrift Ferdinands.

Die Aufstellung dieser Abschriften des Passauer Vertrages zeigt, daß sich
die Abweichungen von D gegenüber A-C häufig wiederfinden. Dabei sind
folgende Besonderheiten zu vermerken:
a) Das Datum der Freilassung Philipps ist mit "n.tag July" angegeben, und
der Vertrag ist auf den 16. Juli 1552 datiert: F, R, T, U, vgl. M, S.
b) Das Datum 11./12. August bzw. 6. August steht im Text, der Vertrag ist
aber trotzdem auf den 16. Juli datiert: G, K, O, P, Q, vgl. E, M.
c) Die Unterschriften sind nach D kopiert: K, O, P, Q, vgl. E.
     Demgegenüber ist der Vertrag richtig datiert in H, L, M, fast richtig (30.
Juli) in I, vgl. M, S.
Diese Übersicht zeigt, daß die Mehrzahl der Abschriften in den vier genannten Archiven einen Text voraussetzt, wie er sich in D findet. Teilweise sind
die Randnotizen, wie sie sich in D finden, eingetragen, teilweise nicht.
Wenn Unterschriften kopiert sind, liegt die Abfolge von D zugrunde; eine
Ausnahme bildet nur E, wo die Abfolge von D durchgestrichen ist und durch
die von C ersetzt ist.
     Dieser Befund bedarf einer Erklärung und macht es erforderlich, die Be-
deutung von D noch genauer zu erläutern. Dies soll im nächsten Kapitel geschehen.

Sehr früh muß der Passauer Vertrag bereits gedruckt worden sein; drei
Exemplare eines frühen Druckes finden sich in Dresden:

a   Sächsisches Hauptstaatsarchiv Dresden - loc. 8093/12 ("Passauische Handlung 1552 [Innentitel: Etzliche Schreiben und Berichte so Doctor Ulrich
Mordeisen an Hertzog Augusten der Passauischen Handelung halben gethan
Anno 1552]), Bl. 111-132; der Druck trägt den Titel "Abdruck des Passawischen Vortrags so den andern Monats tag Augusti Anno etc. LII auffgericht
worden" und fügt in den Text folgende Überschriften ein:
vor 3r/10: "Abstellung der Kriegsrüstung und Landgraff Philips zu Hessen
etc. erledigung belangend
Erstlich sol der Churfürst ..." (114r);
vor 4r/27 "Religion Fried vnd Recht betreffend" (117r);
vor 5v/20 "Der Deutschen Nation Freiheit belangende" (119v);
vor 7r/8 "Sicherung der jhenigen so in der Kai.Maie.Acht und dieser Krie-
gesrüstung vorwant gewest" (122r);

vor 7v/9 "Auffhebung aller zusprüche so die Beschedigten wider die Kriegsvorwanten haben möchten" (123r);

vor 8r/4 "Pfaltzgraff Otheinrich belangend" (124r);

vor 8r/11 "Gemeine sicherung aller KriegsLeut vnd anderer so dem Kriege vorwant" (124v);

vor 8v/7 "Restitution der Braunschweigischen Herrn vnd Junckern" (125r);

vor 9r/18 "Die Stedt Goßlar vnd Braunschweigk belangende" (126v);

vor 9v/5 "Wie die Kai.Maie. diesen Vortragk zuhalten sich vorpflichten sollen" (127r);

vor 9v/25 "Der KriegsFürsten bewilligung inn diesen Vortrag" (128r);

vor 10v/12 "Vorsicherung der Kö.Maie.auch der Chur und Fürsten als der Hendeler zu handhabung dis Vortrags" (129r);

vor 11r/28 "Sigelung" (131r).

Zwei weitere Exemplare dieses Druckes finden sich a) Sächsisches Hauptstaatsarchiv Dresden - loc. 8093/11 ("Passawische Handlung und Vortrag und alda vorgebrachte Gravamina Anno 1552"), Bl. 284-307, hier mit einem zusätzlichen handbeschriebenen Umblatt, das den Titel trägt (284r): "Passawisch Vortragk 1552"; Bl. 285-306 gleicht dann a; und b) Sächsisches Hauptstaatsarchiv Dresden - Beigabe zu Originalurkunde 11454.

(b)   Ein anderer Druck findet sich Bayerisches Hauptstaatsarchiv, Kurbayern Äußeres Archiv, nr. 3167, nach Bl. 481 als Bl. 482 eingefügt; dieser Druck weicht orthographisch geringfügig von a ab und enthält dieselben "Kapitelüberschriften"; nach dem Vertragstext folgt der Text der Passauer Abrede.

Hortleder
NSamml.   Der Vertrag ist dann abgedruckt bei Hortleder sowie in der Neuen und vollständigen Sammlung der Reichsabschiede, ed. Ernst August Koch, Frankfurt a.M. 1747[285].

Der Edition wird eines der drei Originale (A) zugrundegelegt, wozu die anderen beiden Originale B und C als ständige Zeugen treten. Da die Fassung D für die Rekonstruktion der Ausfertigung und Unterzeichnung der Originale besonders aufschlußreich ist (vgl. unten), wird auch sie als ständiger Zeuge angeführt. Für den bislang heranzuziehenden Text in NSamml. ist der Abdruck bei Hortleder Voraussetzung; zwischen A, B und C und Hortleder sind Drucke wie a das entscheidende Zwischenglied; a, Hortleder und NSamml. werden daher ebenfalls in den kritischen Apparat aufgenommen.

---

[285] Genaue Titel und Seitenangaben im Siglenverzeichnis der Edition.

5. Die Ausfertigung und Unterzeichnung der drei Originale vor Frankfurt

Für die Entstehungsgeschichte des Passauer Vertrages ist die Einordnung des Exemplars D entscheidend. Dazu ist der Verlauf der Verhandlungen zu berücksichtigen: Nach der Eröffnung am 1. Juni und der Klärung von Verfahrensfragen (bis zum 4. Juni) wurden ab dem 5. Juni alle fünf Vertragsartikel beraten: i. Landgrafenartikel; ii. Religion, Friede und Recht, iii. Gravamina, iv. Frankreichartikel, v. Aussöhnungsartikel, wobei die letzten drei Artikel häufig zusammen beraten wurden. Bereits am 22. Juni kam man zu einem Abschluß, am 23. Juni wurden die verglichenen Artikel abgeschrieben und zum Kaiser geschickt; Moritz reiste ins Feldlager vor Eichstätt ab; bis zur Ankunft der kaiserlichen Stellungnahme am 3. Juli beriet man über die Haltung der Stände gegenüber Heinrich II. von Frankreich und seinem Gesandten de Fresse.

Am 3. Juli hatte Ferdinand die kaiserliche Antwort vorliegen, die erst am 4. Juli bekanntgegeben wurde. Am 5. Juli reiste Moritz wiederum ins Feldlager (vor Mergentheim), in der Nacht zum 6. Juli reiste Ferdinand zum Kaiser nach Villach, wo am 9. und 10. Juli das Villacher Gespräch stattfand und die veränderten Fassungen des Religions- und des Gravaminaartikels ausgearbeitet sowie die Ratifikation für den so veränderten Vertrag konzipiert wurden.

Am 14. Juli war Ferdinand wieder in Passau, wo er den Ständen die veränderten Fassungen der Artikel sowie Entwurf von Anfang, Schluß und Ratifikationsurkunde des Vertrags vorlegte; Moritz blieb während dieser Zeit im Kriegslager. Die Stände entschlossen sich nach einiger Verhandlung am 16. Juli, den so veränderten Vertragstext an das Kriegslager zu schicken, wo Moritz und Wilhelm von Hessen den Vertrag stellvertretend für die Kriegsfürsten unterzeichnen sollten. Noch am 16. Juli wurde eine Gesandtschaft der Stände nach Frankfurt ins Feldlager geschickt, am 17. Juli machte sich Heinrich von Plauen auf den Weg[286], der vor Frankfurt die Vertragsunterzeichnung am 2. August erreichte. Er kehrte unmittelbar nach Passau zurück. Ihm eilte Zasius voraus, von dem die vermittelnden Stände und Ferdinand am 6. August von der Annahme des Vertrages erfuhren.

---

[286] Vgl. Druffel III, 474: "Disen tag ist der burggraf auf der post verritten, aber der stend zwen gesanten am Samstag [= 16. Juli] davor". Die beiden Gesandten der Stände sind Adam Trott und Wilhelm Kettler von Meyenhof, genannt Ley (vgl. Druffel III, 538f).

Das Exemplar D enthält den endgültigen Vertragstext incl. der vom Kaiser geänderten Artikel sowie die Originalunterschrift von Ferdinand und den vermittelnden Fürsten. Letztere haben diese Vertragsfassung erst ab dem 14. Juli wissen können, das Datum "16. Juli" ist das Datum, an dem der endgültige Vertragstext von den vermittelnden Ständen den Kriegsfürsten zur Beschließung ausgefertigt wurde. Die Notiz Heinrichs, der am 17. Juli nach Frankfurt reiste, sowie die Datierung von D auf den 16. Juli sprechen dafür, daß es sich bei D um eine Fassung des Vertrages handelt, die Heinrich von Plauen mit in das Kriegslager nahm, um dort die Kriegsfürsten zur Annahme des Vertrages zu bringen. Dazu paßt das Fehlen der Unterschriften von Moritz und Wilhelm von Hessen; beide Fürsten waren bei der abschließenden Beratung vom 14.-16. Juli ja nicht in Passau, sondern im Kriegslager vor Frankfurt.

Mordeisen berichtet, daß am 17. Juli die Stände ihn und Carlowitz zum Zimmer des Königs haben erfordern lassen, "▷ Aldo dan gegenwertig gewest der Erzbischof von Salzburg vnd herzog Albrechten von Beirn von wegen der Fursten vnd di Menzischen vnd pfelzischen Ret von wegen der Churfursten◁"[287]; "vnd ist der gefaste vortrag vf ein Papir geschriben vnd durch di ko. Ma., di Menzischen vnd pfelzischen gesanthe, den Erzbischof zu Salzburg vnd herzog Albrecht zu Beiern ~~vnder~~ mit eignen henden vnderzeichnet gewest. vnd hat vns der Menzisch Canzler vormelt, das der vortrag dermaßen vnderzeichnet, wi wir alhier sehen"[288].

Als sich darauf bei der Siegelung das Problem erhob, daß Salzburg und Bayern der Rangfolge nach erst nach dem Kurfürsten Moritz hätten siegeln dürfen und dieses Bedenken den sächsischen Räten angezeigt wurde, antwortete Mordeisen, sie hätten von Moritz "keinen befelch, in disen vortrag zu bewilligen, wi wir dan auch vormergkten, das di ko. Ma. vnd di Stende zu erlangung s.churf.g. bewilligung eine sonderliche schigkung thuen wolten"[289]; sie würden das Bedenken gegebenenfalls aber Moritz mitteilen, der den Vertragsabschluß an der Reihenfolge der Siegelung sicher nicht scheitern lassen werde.

Die Auskunft Mordeisens, keine Vollmacht zum Abschluß des Vertrages zu haben, ist eventuell nicht ganz richtig, denn in Marburg findet sich zumindest der Entwurf einer Vollmacht für Carlowitz und Mordeisen[290]. Dort heißt es, daß, "wan obberurter vertrag von der Kay. Mt. ~~ang~~ (wie sie

---

[287] Mordeisen Protokoll, SHStAD loc. 9145 (Hessische Entledigung III"), Bl. 74v am Rand.
[288] Ebd. Bl. 74v.
[289] Ebd. Bl. 75r.
[290] HStAMR, Politisches Archiv (= Bestand Nr.3), nr.1114, Bl. 167r-168r, ohne Datum, "gebenn Inn vnserm veldt lager" (168r).

dess In vntzweifelicher ~~zuhoffnung~~ ~~stende~~uersicht stunden) angenohmmen
vnd zugeschrieben wurde, das auff denselben fall wir vnd vnsere mitver-
wanthen … den vertrag alsdann auch nit ausschlahen, sondern denselben
~~et(?)~~ entweder ~~durch vnsere~~ gegenwertig annehmen oder durch vnsere ▷vnd
vnserer mitverwanthen◁ gevolmechtigten Rethe oder aber, do ~~wir~~ dasselbig
auch nit geschehen mochte, durch ein schrifflich ratification zuschreiben
belieben, vnd volgend auch selbst vnterzaichen, siegeln vnd volnziehen wol-
tenn"[291]. "Weill ~~vns aber wieder~~ ⌈wir dann⌉ vieler treffentlicher ver-
hinderung ~~h~~ vnd vngelegenheit halben schwörlich ▷aigner person◁ wiederumb gegen Passaw werden kommen vnnd beim beschluß vnd volntzihung des
vertrags sein ~~mögenn~~ ⌈werden⌉ konnen, … haben wir auff obberurten fall,
▷sofern der vertrag zuuorn von Kay. Mt. ~~zuge~~ ohne ennderung oder einigen
anhang zugeschrieben vnd sonst keiner andern gestalt◁, vnsern Canntzler
Rethen vnd lieben getrewen Christoffen v. Carlowitzen etc. vnd hern Vlri-
chen Mordeisen, der Recht doctorn, ~~volko~~ vnsere volkommene macht, ~~vnnd~~
gewalt vnd befelch gegebenn, ~~haben~~ Geben Inen dieselbig auch hiemit Inn
krafft ditz brueffs ~~als de ge~~, also das sie an vnser stadt vnd von
vnserntwegen obbemelten vertrag … bewilligen vnd anehmen, sich auch mit
Irer Ko. Mt. vnd den andern Stenden der form oder eingangs ⌈vnd siglung⌉
des vertrags … vergleichen vnd von vnserntwegen guthsagen vnd versprechen mogenn, alsbald solcher vertrag von der Kay. Mt. vnnd andern,
dauon die ~~??~~ abrehde meldet, wie sich geburth, volntzogenn, das wir
denselben vnuerzöglich auch vnterschreiben vnd siegeln wollen"[292].
Ob diese Vollmacht tatsächlich erteilt wurde, ist ungewiß, aber nicht ganz
unwahrscheinlich. Wichtiger ist, daß sie nur für den Fall galt, daß Karl den
Vertrag ohne Änderung annehmen würde. Dieser Fall war aber nicht einge-
treten, so daß Mordeisen und Carlowitz für die Annahme eines geänderten
Vertragsentwurfes wohl wirklich keine Vollmacht hatten.
Auf das Bedenken der sächsischen Räte haben die Stände "angezeigt, das
si wol wusten, das wir den vortrag zubewilligen nicht befelch hetten, vnd
wer di anzeigung vns alein dorumb geschehen, das wir wusten, aus was
bedengken di Siglung furgenhommen, vnd das es bei v.gst.h. dem Churfursten nicht anders mochte gedeutet werden. So must auch der vortrag one
das noch einsmals ingrossiert werden, do kent man di Sigelung alsdan vorendern"[293]. Daraufhin wurde der Vertragsentwurf, der "noch einsmals ingrossiert werden" mußte, gesiegelt, und "Deßelbigen tags ~~hat~~ ist der her
Burggraf von Meißen ~~abgereist~~ zu m.gst.h. auch vorritten vnd di vnder-

---

[291] Ebd., Bl. 167r.
[292] Ebd., Bl. 167v.
[293] Mordeisen Protokoll, SHStAD loc. 9145 ("Hessische Entledigung III"), Bl. 75r.

schribne vnd ~~underzeichnete~~ ⌐gesigelte⌐ Notel mit sich genhommen"[294].
Um genau solch eine "Notel" des Vertrages[295] handelt es sich bei dem
Exemplar D. Auffälligerweise spricht Mordeisen in seinem Protokoll nur
von einer Notel im Singular, so daß man annehmen muß, daß D die einzige
Ausfertigung darstellt.

Daraus ergibt sich, daß Heinrich von Plauen mit einem Vertragsentwurf
in das Feldlager vor Frankfurt reiste, in dem das Datum für die Freilassung
Philipps bzw. der Beurlaubung des Kriegsvolks noch nicht festgelegt war.
Heinrich von Plauens Mission spielte demnach eine wichtige, in der bisheri-
gen Forschung nicht berücksichtigte Rolle. Er hatte nicht nur die Aufgabe,
Moritz und Wilhelm von der Annahme des veränderten Vertrages zu über-
zeugen, sondern sollte auch das endgültige Datum festlegen[296] und mit
Moritz über die Überlassung der Truppen verhandeln.

Daß das Datum 11./12. August erst von Heinrich von Plauen in Frankfurt
ausgehandelt wurde, geht auch aus dem Mainzer Protokoll hervor. Bei den
Schlußberatungen über den Vertragstext am 16. Juli heißt es: "⊢Ist
geschlossen⊣ (...) Item, gesanten sollen sich des tags der erledigung mit
Sachsen vergleichen", dies wurde von Ferdinand akzeptiert[297].

Dazu paßt, daß Adam Trott am 31. Juli an Kurfürst Joachim von Brandenburg schrieb, daß Moritz den Vertrag "annemen und morgen volziehen
underschreiben und auch besigeln" wolle und daß als Termin für die Erledigung Sonntag in acht Tagen (= 14. August) "bewilligt, angenommen und
beslossen" worden sei, was Plauen auch Karl und Ferdinand mitgeteilt
habe[298]. Am 31. Juli stand demnach der 11./12. August noch immer nicht
endgültig als Termin fest.

Dies bestätigt auch ein Schreiben der ständischen Gesandten aus dem
Kriegslager an die Stände in Passau, das, eigentlich am 31. Juli verfaßt,

---

[294] Ebd. Bl. 75v.

[295] Eine "Notel" wird auch in der Ratifikationsurkunde Karls V. erwähnt, vgl. *Edition V*,
Zeile 8, meint dort aber den Vertragsentwurf vom 22. Juni.

[296] Vgl. die entsprechende Bitte Karls vom 11. Juli, Lanz III, 362.

[297] Mainzer Protokoll 590v, ebd. die Antwort Ferdinands, "5. n. Julij sol Jm leger verglichen werden". Das Protokoll von Hunds Protokoll weist in dieselbe Richtung. Dort
heißt es, daß am 6. August der kaiserliche Rat Zasius, Heinrich von Plauen voraus-
eilend, in Passau angekommen sei und von der Annahme des Vertrages berichtet habe
und daß Moritz sich samt Kriegsvolk zum 12. August bei Donauwörth für den Türkenfeldzug verfügen würde (vgl. Druffel III, 474); dieses Datum tauchte vorher gar nicht
auf und wird wie eine mitteilenswerte Neuigkeit erwähnt. Die einfachste Erklärung dafür
ist diese, daß neben der Nachricht von der Annahme des Vertrages das endgültig ausge-
handelte Datum wichtig war.

[298] S. Druffel II, 712.

durch ein Postscriptum vom 2. August ergänzt wurde. In ihm heißt es, daß "der herr D. Zasi gesterigs tags auf der post gen Passau verreiten sollen", daß man aber dann das Datum der Freilassung bis auf den 12. August erstreckt habe[299].

Aus diesen Briefen läßt sich ersehen, daß Moritz und Wilhelm sich am 31. Juli bereits entschlossen, den Vertrag anzunehmen, daß man aber über die Verhandlungen über das Datum der Freilassung Philipps und der Beurlaubung des Kriegsvolks noch den 1. August zubrachte und es erst am 2. August zum wirklichen Abschluß kam und der 11./12. August als Datum feststand[300]. Dem entspricht, daß Plauen auf der Notel D zunächst vermerkte, daß der Vertrag jetzt auf den 1. August datiert werden soll, das dann aber durch eine weitere Notiz auf den 2. August vertagte.

Für die drei Originalexemplare, die ja das Datum "11./12. August" bzw. "6. August" im Text enthalten, bedeutet dies, daß sie nicht am 16. Juli in Passau ausgefertigt wurden, sondern frühestens am 2. August[301]. Terminus post quem für die Vertragsoriginale A, B und C ist also der 2. August.

In einem Schreiben, in dem er dem Kaiser die Annahme des Vertrages mitteilt, vermerkt Plauen, daß "jnmassen die copey gefertigt" worden sei und dann an dem 13. August "dem churfursten, wo sein lieb damals sein werden, zugestelt werden" soll[302]. Dieses Datum, der 13. August, ist noch

---

[299] S. Druffel III, 549. Da Zasius das Datum in Passau mitteilte, muß sich seine Abreise auf den 2. August verzögert haben.

[300] HStAMR, Politisches Archiv (Bestand nr.3), nr.1117, Bl. 81r-v liegt ein Entwurf für eine Verlautbarung von Moritz und Wilhelm (datiert auf den 8. August), daß trotz der Verschiebung des Datums der Freilassung vom 18. Juli auf den 11./12. August (das entsprechende Datum steht am Rand!) alle Einzelheiten gehalten werden sollen und die Obligationen entsprechend verlängert werden sollen.

[301] Die Notiz Heinrichs von Plauen, die das Datum auf den 1., und dann auf den 2. August stellt, wird auch von Druffel III, 570 dahingehend interpretiert, daß dementsprechend "dann neue Exemplare ausgefertigt worden sein" müssen "mit dem aus 'Juli 16' in August 2' veränderten Datum". Druffel meint, er habe "solche Original-Exemplare ... nicht gesehen", doch dürften die oben beschriebenen Exemplare A-C wegen der sieben Originalunterschriften sowie der anhängenden Siegel als diese, von Druffel vermißten Originale anzusehen sein.

[302] Lanz III, 409f. In diesem Schreiben ist für die Freilassung des Landgrafen der 9. August vorgesehen, welches Datum Heinrich von Plauen auch Maria mitgeteilt habe. Dieses Datum lag eigentlich vor der im Vertrag festgelegten Frist, doch konnte dies Karl V. dem Schreiben Plauens nicht entnehmen. In diesem Datum ist also offensichtlich eine gewisse "Reserve" miteingeplant; Plauen betont, daß dieses Datum auszuführen sei, damit der Vertrag nicht sogleich als gebrochen angesehen werden könnte, vgl. Lanz III, 410: "so sonders zweiffels alberait beschehen wirdet sein, hetten sich zurichten, dadurch dem vertrag nichts zu entgegen furfiele, noch gehandlet wurde."

am 2. August geändert worden, denn in dem ebenfalls am 2. August geschlossenen Nebenvertrag zwischen Heinrich von Plauen und Moritz[303]
heißt es, daß "das Original des Vertrags, dergleichen der Kay. Mat. etc.
Ratification, So Ihr Kay.en Mat.en darüber geben solle, alles vermuge der
versigelten vnd von der Kung.en Mjt. vnterschriebenen Copien, So dem
Churfürsten zugestelt ist worden, auff den zwanzigsten tag Monats Augusti
dis Jars zu Thonawwert vnd im fal, so sein Churfürstlich Gnnade nicht aldo,
derselben rath ader dinner, so derhalb des orts sein, vberantwort vnd zugestelt werden"[304] soll.

Dies setzt voraus, daß Plauen nicht bereits Originale in Frankfurt hatte,
die Moritz und Wilhelm nur noch zu unterschreiben und zu siegeln brauch-
ten[305]. Die von Plauen und Moritz getroffene Zusatzregelung, daß der Ori-
ginalvertrag nebst Ratifikation am 20. August Moritz in Donauwörth überstellt werden sollte, wäre völlig unverständlich, wenn Moritz ein Vertragsoriginal gleich hätte dabehalten können. Am 2. August konnte man also
in Frankfurt den Vertrag nur so abschließen, daß er wieder zurück nach
Passau gebracht und das für Moritz bestimmte Exemplar später, nämlich am
20. August, diesem übergeben werden mußte.

Dies führt zusammen mit der Wendung von Plauen, daß "jnmassen die
copey gefertigt" worden sei, zu der Annahme, daß die drei Originale des
Passauer Vertrages nicht in Passau, sondern im Feldlager vor Frankfurt
angefertigt wurden.

Diese Hypothese läßt sich mit dem bereits erwähnten Schreiben der ständischen Gesandten an die Stände in Passau stützen. Dort heißt es, daß die Gesandten "disen morgen" (= 2. August) "allererst vernomen, das drei originalia des ob. vertrags solten gefertigt" werden; die eigentliche Frage ist
dabei diese, ob das für die Stände bestimmte Exemplar nicht in dem vom
Markgrafen Albrecht heimgesuchten Mainz, sondern besser in der Pfalz oder
anderswo aufzubewahren ist[306]. Die Wendung, daß sie "disen morgen allererst vernomen, das drei originalia des ob. vertrags solten gefertigt" werden, kann nicht bedeuten, daß den Absendern, unter ihnen Adam Trott und
Ley, jetzt erst bekannt wurde, daß der Vertrag überhaupt in dreifacher (und
nicht zweifacher o.ä.) Ausfertigung abgeschlossen werden solle. Denn dies

---

[303] Eine Kopie liegt SHStAD loc. 9145 ("Hessische Entledigung III"), Bl. 571-573.

[304] Ebd., Bl. 571r.

[305] Vgl. dagegen die ältere Forschungsmeinung, wie sie sich bei RANKE, GESCHICHTE 220
findet: "bei Frankfurt ist die Originalurkunde, welche die Abgeordneten Ferdinands mitgebracht hatten, von Moritz, den jungen Landgrafen und Johann Albrecht untersiegelt
worden".

[306] S. Druffel III, 549.

ging ja bereits aus der Vertragsnotel, die Plauen mit nach Frankfurt genommen hatte, hervor und konnte den ständischen Gesandten Trott und Ley nicht unbekannt sein. Trott und Ley wurden laut Auskunft des Bischöflich-Passauischen und des Mainzer Protokolls nämlich erst abgefertigt, nachdem die Stände den Schluß des Vertrags dahingehend geändert hatten, daß nicht zwei, sondern drei Exemplare hergestellt werden sollen[307]. Das bedeutet, daß sich die erwähnte Wendung nicht auf die Anzahl der Originale bezieht, sondern darauf, daß man sich am 2. August entschloß, für die Vollziehung des Vertrages die drei Originale im Feldlager vor Frankfurt anzufertigen.

Diese Hypothese bedeutet für die Unterschriften unter den drei Originalen A, B und C, daß die Unterschriften von Moritz und Wilhelm *vor* den Unterschriften Ferdinands und der Vermittler unter den Vertrag gesetzt wurden. Moritz und Wilhelm unterschrieben so, daß für die Unterschriften Ferdinands sowie der anderen Fürsten entsprechend des von Plauen mitgebrachten, von Ferdinand und den Vertretern der anderen Vermittler unterschriebenen Entwurfs genügend Platz vorhanden wäre. Die so ausgefertigten Originale wurden dann von Plauen zurück nach Passau gebracht.

Gegen die Hypothese, daß der Passauer Vertrag in Frankfurt ausgefertigt wurde, scheint nun zunächst ein Schreiben von Mordeisen an Moritz vom 7. August zu sprechen[308]. Mordeisen berichtet darin zunächst davon, daß Zasius die Annahme des Vertrages mitgeteilt habe und daß Mordeisen dann bei Ferdinand angefragt habe, ob Plauen die Originalratifikation des Vertrags mitbringe. Daraufhin habe Ferdinand Zasius zum Kaiser geschickt, damit er die Ratifikation sowie die entsprechenden Schriften wegen der Braunschweigischen Junker sowie wegen Johann Friedrichs von Sachsen "erlangen" und nach Passau bringen würde, "alsdan werden Ire ko. M. solches alles e.churf.g. zuschigken"[309]. Ferdinand bat die Stände darum, bis zur Wiederankunft Plauens in Passau zu bleiben. Am 7. August war Plauen also noch nicht wieder in Passau.

Außerdem überlegte Mordeisen, "das es sich gleichwol ⊢ vnd gestalt der sachen ⊣ geburen vnd e.churf.g. zu ⊢ wider erlangung vnd ⊣ erhaltung

---

[307] Vgl. Bf.-Pass. Protokoll, BHStAM BlKA No.7, Bl. 41v-42r; der Vorschlag kam von Köln und wurde von Mainz, Salzburg, Bayern, Brandenburg-Neumark und Württemberg aufgegriffen, die anderen schienen zumindest nicht dagegen zu sein (vgl. Mainzer Protokoll, MEA Religionssachen 4, Bl. 590r-590v). Ferdinand billigte dies, ebd.: "3. Sollen 3 vertrag vfgericht". Laut dem Mainzer Protokoll sind Trott und Ley zusammen mit Heinrich von Plauen erst am 17. Juli abgereist, vgl. ebd. 592v.

[308] SHStAD, loc. 9145 ("Hessische Entledigung III"), Bl. 521r-522r das Konzept, in der Kopie 525r/v datiert auf den 7. August.

[309] Ebd., Bl. 521v.

gutes willens bei der kei. M. ~~kunftiglich~~ nutzlichen ▷ ~~auch nach gestalt der~~
~~sachen nicht vn~~ ◁ sein wolte, das e.churf.g. gegen Irer kei. Ma. ein vnder-
thenigste entschuldigung der verlauffenen handlung halben ~~gethan hetten~~
⌐thuen⌐ "[310]. Hierzu habe er bereits ein Konzept entworfen. Schließlich
bemerkt Mordeisen eher beiläufig: "Nachdem auch der ko. Ma. Cantzlei,
deßgleichen auch der Mentzische Cantzler dise zeit vber vil mhue ⌐arbeit,
redens⌐ vnd schreibens ~~gehabt~~ ⊢ thun haben mussten ⊣ vnd sonderlich auch
der vortrag in der ko. M. cantzlei vorfertigt vnd nochmals, wie wir vor-
mergken, von neuem vf Pergamen ingrossiert sol werden, So vermergken
wir souil, das ~~solche~~ hofnung ~~haben~~ ⌐Sein⌐, e.churf.g. werden fur sich vnd
Ire mithuorwanten si, ▷ wo dem In allen solchen grossen vertragshandlungen
gebreuchlich ◁, mit einer verehrung bedengken."[311] Das bedeutet, daß
Mordeisen am 7. August noch damit rechnete, daß der Vertrag von der
königlichen Kanzlei, also doch wohl in Passau oder Wien angefertigt werden
sollte.

Dies könnte gegen die Annahme einer Anfertigung der Originale in
Frankfurt sprechen. Doch ist nicht auszuschließen, daß Mordeisen am 7.Au-
gust noch nichts davon wußte, daß die drei Originale in Frankfurt ausgefertigt wurden, z.B., weil man sich erst nach Zasius' Abreise dazu entschloß.

Das würde bedeuten, daß man nach der Ankunft Zasius' in Passau noch
damit rechnete, daß Plauen die Notel, also D, mit den Unterschriften von
Moritz und Wilhelm wieder zurück nach Passau bringen würde. Ganz ähnlich klingt der Bericht der Schlußsitzung vom 8. August im Mainzer Protokoll. Ferdinand ließ den Ständen mitteilen: "wiewol Ir Mt. hieuor es fur
rathsam bedacht vnd die Stende ersucht, vf den von Plawen alhie zuuerharren, so hetten doch Ir Mt. vf ferner ansuchen etlicher auss den Stenden vnd
andern vrsachen In dem Ir bedencken geendert vnd vnder anderm erwogen
vnd befunden, das In der sachen alhie beschlossen vnd die mittel angenom-
menn, das es nunmher dass bequemist, das sich die Fursten zu Iren Landen
vnd Leutten vnd die potschafften wiederumb anheimischs zu Iren herschafften begeben, dan obgleich der vertrag noch In forma zufertigen, so Konnte
es doch alhie nit gescheen, Sonder muß ferner zu der versiglung vberschickt
werden"[312]. Demnach wartete Ferdinand mit den Ständen am 8. August
noch auf die Ankunft Plauens, wartete die Ankunft jedoch deswegen nicht
ab, weil der Vertrag eh nicht "in forma zufertigen" wäre, und zwar wegen
der Versiegelung. Für Ferdinand gilt dasselbe wie für Mordeisen: wenn man

---

[310] Ebd., Bl. 521v.
[311] Ebd., Bl. 522r.
[312] Mainzer Protokoll, MEA Religionssachen 4, Bl. 593r. Vgl. MEA Religionssachen 3, Bl.
328r.

sich erst nach Zasius' Abreise entschloß, die drei Originale in Frankfurt anzufertigen, konnte er am 8. August noch nichts davon wissen.

Wann Plauen in Passau angekommen ist, ist leider unbekannt. Der Hinweg von Passau nach Frankfurt wurde von Plauen in etwa acht Tagen zurückgelegt (Abreise am 17. Juli, Beginn der Verhandlungen am 25. Juli[313]), Zasius war allerdings schon nach vier Tagen wieder in Passau (Abreise am 2. August, Ankunft am 6. August). Das bedeutet, daß Plauen (wenn er am 3. oder 4. August aus Frankfurt abgereist ist) zwischen dem 8. und 12. August in Passau angekommen wäre. Da Ferdinand am 11. August um 10.00 Uhr aus Passau abgereist ist, hat Plauen Ferdinand entweder zwischen dem 9. und dem 11. August noch in Passau angetroffen oder ihn am 11./12. August knapp verfehlt. In dem ersteren Fall hat man die Vertragsoriginale vielleicht noch gerade vor der Abreise der betreffenden Fürsten und Gesandten in Passau unterzeichnen können. Im zweiten Fall mußte Plauen Ferdinand nachreisen; nach seiner Unterschrift wäre man dann gezwungen gewesen, die Unterschriften und Siegel von Bayern, Salzburg, Mainz und Pfalz einzeln einzuholen.

Diese Rekonstruktion erklärt drei Umstände, die sonst nur schwer erklärbar wären:

a) In den Originalexemplaren mit den Unterschriften und Siegeln aller Beteiligten steht die Unterschrift von Christoph Matthias anstelle derer von Daniel Brendel, die sich in D findet[314]. Das deutet darauf hin, daß die Notel D nicht in demselben Kreis unterzeichnet wurde wie die Vertragsoriginale. Entweder weilte nach Plauens Ankunft nur noch Christoph Matthias in Passau, während Daniel Brendel bereits abgereist wäre, oder bei der Einholung der Unterschrift von Mainz war nur Christoph Matthias greifbar, der dann anstelle von Daniel Brendel unterschrieb.

b) Die Unterschriften von Moritz und Wilhelm stehen beide rechts untereinander mit einigem Abstand und passen in dieser Anordnung nicht so ganz zu den darüberstehenden Unterschriften. Das würde zu der Vermutung, daß Moritz und Wilhelm vor den anderen unterschrieben haben, sehr gut passen. Daß die vermittelnden Stände jeweils paarweise nebeneinander unterzeichnet haben, könnte auch damit zusammenhängen, daß nach der ausführlichen Unterschrift von Christoph Matthias für Mainz zuwenig Platz für weitere drei untereinander stehende Unterschriften war.

---

[313] Vgl. Druffel III, 474.548.

[314] Vermerkt von BONWETSCH, GESCHICHTE 170, der dafür keine Erklärung zu bieten weiß. Der Name Daniel Brendel ist also keineswegs lediglich "irrigerweise" (so TURBA, BEITRÄGE II, 76 [Nachtrag]) in spätere Vertragsabdrucke geraten.

c) Die Existenz zahlreicher Kopien der Fassung, die Heinrich von Plauen
mit sich nach Frankfurt führte, erkennbar vor allem an den fünf untereinander stehenden Unterschriften und dem (eigentlich falschen) Datum 16. Juli
setzen voraus, daß es eine Zeitspanne gegeben haben muß, in der der Vertrag wegen seiner rechtlichen Konsequenzen bereits kopiert werden mußte,
die Originalexemplare aber noch nicht greifbar waren. Dies könnte genau die
Zeit zwischen dem 2. August und dem Tag, an dem man über ein Original
des Vertrages verfügte, gewesen sein. Heinrich von Plauen hinterließ in
Frankfurt also das von Ferdinand, Daniel Brendel etc. unterzeichnete Exemplar mit der Eintragung des "11. oder 12. Augusti" (= die Notel D), das so
an Wilhelm von Hessen gelangte und daher heute in Marburg liegt.

Nicht möglich scheint es dagegen zu sein, daß die drei Vertragsoriginale
in Passau angefertigt wurden und dann Sachsen und Hessen zur Unterschrift
und Siegelung überschickt wurden; hiergegen sprechen zwei Überlegungen:
a) Zu fragen ist, was Moritz und Wilhelm am 2. August in Frankfurt unterschrieben. Die Notel, die Plauen mitgenommen hatte, also D, enthält die
Unterschriften von Moritz und Wilhelm nicht. Es ist nicht denkbar, daß
Plauen am 2. August sich mit der mündlichen Zusage von Moritz und Wilhelm und der Unterzeichnung des Nebenabkommens durch Moritz zufrieden-
gab.
b) Das Datum der Freilassung Philipps bzw. Beurlaubung des Kriegsvolks
wurde in Passau erst durch Zasius am 6. August bekannt. Es ist unwahrscheinlich, daß man bereits die Originale ausfertigte, bevor Plauen den
endgültig unterzeichneten Vertragsentwurf nach Passau gebracht hätte. Eine
Ausfertigung nach Plauens Ankunft (also frühestens ab dem 9. August) in
Frankfurt hätte am 8. August vereinbart werden müssen, müßte also in dem
Mainzer Protokoll auftauchen.

Die Siegelung der drei Vertragsoriginale durch Hessen und Sachsen erfolgte erst Ende August bzw. Anfang September. In einem Postscriptum zu
einem Brief von Wilhelm an Moritz vom 23. August fragt Wilhelm an, "ob
auch E.L. den vertrag Im Original vonn der Key. Mt. zu Thonawwerd
sampt anndern mehr schrifften vnnd Mandaten, wie die abrede mit dem vonn
Plauo vor Frannckfurth gewesen, bekommen haben oder nit, deßgleichen,
das sie vnns das Original dess vertrags oder ye glaubwierdige vidimirte vnnd
Auscultirte Copien vndder etzlicher Fursten vnd Stett sygeln zu kommen
lassen. dann wie E.L. zuerachten, wir des selben höchst bedurfftig sein,
wissens auch keineswegs zu entrathen"[315]. Dieses Bemühen Hessens, eine
rechtsgültige Fassung des Passauer Vertrags in Händen zu haben, erklärt die

---

[315] SHStAD, loc. 9145 ("Hessische Entledigung III"), Bl. 619v.

Umstände der Sieglung, über die zwei weitere Schreiben Auskunft geben, nämlich ein Schreiben von Wilhelm an Moritz vom 27. August sowie ein Schreiben Mordeisens vom 3. September. Am 27. August war ein Kurier der königlichen Kanzlei bei Wilhelm, und zwar mit den drei Originalen. Wilhelm schreibt weiter, daß er von den "drei Originalia des passawischen vertrags, vnsers theils auch vnderschrieben vnnd versiglet"[316] nur zwei an Moritz schicke, aus Sorge, daß die Originale verloren gehen könnten. Er habe "darumb eins bei vns behalten, damit wir solchs (wie wir doch nit hoffenn) vff den fall vor ein Document vnd beweisunge darlegen konten"[317]. Er verspricht gleichzeitig, das zurückbehaltene Original später zuzuschicken[318].

Der "Brifeszeiger der Kon. Mait."[319] kam daraufhin in Dresden mit nur zwei Originalen an. Dies geht aus Mordeisens Schreiben vom 3. September an Moritz hervor, der bereits mit Ferdinand zum Feldzug gegen die Türken unterwegs war[320]. Dort heißt es: "Nun habe ich allen vleis furgewandt, bei dem Canzleischreiber zuerhalten, das er mir das eine Original, das den Stenden soll zukomen, alhier solt lassen vnd mich dargegen erbeten, bei E. churf.en gn. vnderthenig zubefurdern das das Original, so der Landgraff noch bei sich hat, an ein gewis orth, nach der Kon. Mait. gefallen den Stenden innerhalb eines Monats oder sechs wochen vfs lengst solt zugeschickt werden. Weil ichs aber nicht hab [681v] erhalten konnen, So hab ichs mussen geschehen lassen. vnd darmit aus dem vortzug nicht etwan ein gefahr entstunde, hab ich an solche zwei Originalia E. Churf.en. gn. gros Insigel auch hengen lassen vnd brifszeigern diselben zugestalt, Sonderlich weil E. Churf.en gn. das Original der Key. Mait. Ratification albereit haben vnd an dem Original so der Jung Landgraff behalten Euer Churf.en gn. Insigel noch nicht angehangen"[321].

---

[316] Ebd., Bl. 679r.

[317] Ebd.

[318] Das dritte Original kam also vermutlich gar nicht erst nach Dresden. Das von Druffel III, 570 (= IV,37) herangezogene Schreiben Wilhelms vom Februar 1553 besagt nur, daß die Frage einer "vidimierten Kopie" Anfang 1553 zwischen Hessen und Kursachsen akut war. Philipp wollte Wilhelm eine Kopie mitgeben, doch sprach Wilhelm bei Moritz das Problem nicht an, weil dieser "von herausreichung des Passauwischen vertrags kein erregung gethan" habe; dies kann sehr wohl so verstanden werden, daß Februar 1553 das Vertragsoriginal bereits in Hessen lag.

[319] SHStAD, loc. 9145 ("Hessische Entledigung III"), Bl. 681r; ebd. wird der königliche Kurier auch "Canzleischreiber" genannt.

[320] Vgl. dazu ISSLEIB, NASGA 8, 42f.

[321] SHStAD, loc. 9145 ("Hessische Entledigung III"), Bl. 681r-681v.

Mordeisen siegelte also kurz vor dem 3. September nur die Originale A und B, während alle drei Originale von Hessen gesiegelt worden sind[322]. Ganz entsprechend heißt es in dem Findbuch in Marburg zu dem dort liegenden Exemplar C: "… enthaltend den Passauer Vertrag d. d. 2. August 1552, mit anhangenden 6 Siegeln" (obwohl sieben Unterschriften vorhanden sind)[323], während an dem Reichsexemplar B alle sieben Siegel erhalten sind. Daß Wilhelm das dritte Original bei sich behalten hat, ist somit der Grund dafür, daß das Original C heute in Marburg (und nicht, wie im Vertrag vorgesehen, in Sachsen, also Dresden) liegt.

---

[322] Ohne die Datierung zu berücksichtigen, zieht BONWETSCH, GESCHICHTE 184 mit Anm.4 die Schreiben Wilhelms und Moritz heran, um daraus zu schließen: "Am achten Tage, den 2. August 1552, unterzeichneten Moritz und Wilhelm die drei Vertragsexemplare. Wilhelm siegelte auch sofort [sic!]. Dann wurden zwei der Urkunden durch einen kaiserlichen Boten [sic!] nach Dresden geschickt, um dort gesiegelt zu werden, die dritte nahm allen Anschein nach der Burggraf mit zum Kaiser."

[323] Vgl. oben S. 65f.

6. Zur Bedeutung des Passauer Vertrages

Die einzelnen Folgen des Passauer Vertrages lassen sich in die Folgen, die der Vertrag für einzelne Fürstentümer hatte, und diejenigen, die das Reich und die Religionsfrage insgesamt betreffen, unterscheiden. Die rechtlichen Folgen für einzelne Fürstentümer sind vielfältig: für das albertinische Sachsen bedeutete der Passauer Vertrag die Konsolidierung des 1546 Erreichten[324]; Philipp kehrte nach Hessen zurück, die Hallesche Kapitulation war erneuert, Kassel aber durfte befestigt bleiben, die Katzenelnbogensche Sache wurde neu aufgerollt. Heinrich von Braunschweig/Wolfenbüttel und die Braunschweigischen Junker sahen ebenso wie die Städte Goslar und Braunschweig neuen Verhältnissen entgegen. Einige Fürsten wie Wolfgang von Anhalt, Ottheinrich von Pfalz/Neuburg und Reinhart von Solms kehrten in ihre Fürstentümer zurück bzw. blieben dort[325]. Keine Einigung kam mit Albrecht Alcibiades von Brandenburg zustande, der sich dem Vertrag nicht anschloß. Der Tod Moritz' von Sachsen in dem Markgrafenkrieg 1553 veränderte die politische Landschaft schlagartig. Der außenpolitische Kontext der Konsequenzen des Passauer Vertrages ist mannigfach, Karl verfolgte immer noch das Projekt der spanischen Sukzession, aber auch Bündnispläne im Reich[326] und eigene Abdankungs- bzw. Rückzugspläne. Direkt im Anschluß an den Passauer Vertrag führte Karl erneut Krieg gegen Frankreich, doch blieb dieser Anfang 1553 vor Metz stecken[327]. In Rom wurde bis 1555 gleich zwei Mal ein neuer Papst gewählt (Marcellus und Paul IV.). Im Reich bereitete hauptsächlich Ferdinand nach dem Türkenfeldzug 1552 den Reichstag vor, der 1555 in Augsburg stattfand.

Die Bedeutung des Passauer Vertrages soll hier nur im Hinblick auf die Reichspolitik skizziert werden. Dabei ist als die zunächst wichtigste Folge zu nennen, daß mit dem Passauer Vertrag de facto die kaiserliche Interimspoli-

---

[324] Vgl. BONWETSCH, GESCHICHTE 178.

[325] Dazu, daß die durch das Interim verursachten Neuordnungen in den Städten Süddeutschlands auch nach 1552/1555 zum guten Teil erhalten blieben, vgl. RITTER, DEUTSCHE GESCHICHTE I, 76f.

[326] Vgl. PRESS, BUNDESPLÄNE 85-91. ANGERMEIER, REICHSREFORM 313 stellt als Folge des Passauer Vertrages heraus, daß anstelle der Religionsfrage ab 1553 in der Reichspolitik die Landfriedensfrage in den Vordergrund tritt und daß die Bemühungen um die Kreisreform und das Scheitern der Bündnispläne auf diesem Hintergrund zu verstehen ist.

[327] Vgl. RABE, TRE 17, 641.

tik beendet war[328]. Seit dem 2. August 1552 konnten die protestantischen Stände ohne Einschränkungen an die Konsolidierung ihrer kirchlichen Verhältnisse gehen[329]. Diese Feststellung beinhaltet allerdings eine Unklarheit der Rechtslage, die dadurch entstand, daß das Interim im Passauer Vertrag konsequent nicht erwähnt wird. Die Frage, ob das Interim insgesamt aufgehoben oder nur seine Ausführung zeitweilig, d.h. bis zum nächsten Reichstag ausgesetzt wäre, konnte so von Karl und von Moritz unterschiedlich verstanden werden.

Denn auf der einen Seite war bei den vom Kaiser nicht geänderten Artikeln eine Regelung stehengeblieben, die besagte, daß der Kaiser sich für die Ausführung des Vertrages einsetzen werde, "vnangesehen aller annderer aufgerichten Abschiden, souil die diser vergleichung in etwas zuwider oder abbruchig sein möchten"[330]. Dieser Artikel war in der Form, in der er zur Vereinbarung des ewigen Religionsfriedens gepaßt hätte, stehengeblieben, und konnte auch so verstanden werden, daß das Interim insgesamt aufgehoben sei, und zwar definitiv, denn von einer zeitlichen Begrenzung ist hier nicht die Rede.

Auf der anderen Seite stand eine ähnlich lautende Regelung auch in dem Religionsartikel und war dort auf den "mergemelten fridstand" bezogen, der schließlich in der unterzeichneten Fassung bis zum nächsten Reichstag befristet war. Dementsprechend konnte man die Regelung, daß "alles das, so mergemeltem fridstandt zuwider sein oder verstanden werden möcht, demselbigen nichts benemen, derogieren noch abbrechen" solle, als Aussetzung der entsprechenden Regelungen für die Geltungsdauer des Friedens verstehen, und das bedeutete de facto eine zeitlich befristete Außerkraftsetzung bis zum nächsten Reichstag[331]. Daß diese Interpretation möglich war, bestätigt die Aussage Selds in der Denkschrift für den Augsburger Reichstag von 1555, daß der Kaiser mit dem Passauer Vertrag "ab executione illius declarationis, quae usitato nomine Interim appellatur, desistat"[332].

Mit dem Problem der Geltung des Interims war das der reichsrechtlichen Verbindlichkeit des Passauer Vertrags verbunden. Formal gesehen konnte

---

[328] Vgl. MAURENBRECHER, KARL V., der ebd. 310 die Bedeutung des Passauer Vertrages darin sieht, "daß die Zwangsgesetze, die Karl nach seinem Siege über die Protestanten erlassen, wieder aufgehoben, ja daß überhaupt die Wirksamkeit der kaiserlichen Politik von der deutschen Nation entfernt worden ist".
[329] Vgl. für Hessen MAURER, HESSEN 23f.
[330] Passauer Vertrag 9v/13f; vgl. für die Seite der Kriegsfürsten: 10v/2-11.
[331] Die Feststellung von BONWETSCH, GESCHICHTE 177 ("Das Interim galt nicht mehr im Reich") ist daher ungenau.
[332] Denkschrift Selds 7, 171. Vgl. LUTZ, CHRISTIANITAS AFFLICTA 121f.

der Passauer Vertrag einen Reichstagsabschied nicht ersetzen, da zwar an den Passauer Verhandlungen die wichtigsten Reichsstände beteiligt waren, diese aber nur einen Bruchteil der auf dem Reichstag vertretenen Stände darstellten[333]. Dies hatte ja auch Karl als Argument dafür genutzt, daß ein ewiger Religionsfrieden gar nicht durch einen Partikularvertrag beschlossen werden könne. Umgekehrt waren an dem Passauer Vertrag nicht nur die wichtigsten weltlichen Fürsten (Bayern, Württemberg, Jülich, Hessen, Mecklenburg), sondern vor allem alle Kurfürsten und Ferdinand beteiligt. Das bedeutete, daß die Kurfürstenkurie auf dem nächsten Reichstag auf der Grundlage des Passauer Vertrages zu beschließen hatte und daß wichtige Fürsten in der Fürstenkurie ebenfalls festgelegt waren[334]. Dies galt nicht nur für die Regelungen, die einzelne Fürstentümer betrafen (etwa Hessen, Braunschweig-Wolfenbüttel, Pfalz-Neuburg), sondern auch für Regelungen, die das gesamte Reich betrafen, etwa die Frage des Reichskammergerichts oder der Gravamina. Von der Interpretation des Passauer Vertrages auf dem nächsten Reichstag würde somit abhängen, inwiefern die Regelungen des Passauer Vertrages in den nächsten Reichstagsabschied aufgenommen würden. Dies bestätigt sich, wenn man die Bedeutung des Passauer Vertrags auf dem Augsburger Reichstag von 1555 betrachtet.

In der Instruktion von Kurfürst August von Sachsen vom 6. Januar 1555 wurde auf den Passauer Vertrag Bezug genommen; von dem dort vorgesehenen Kolloquium sei wenig zu erwarten, daher sei der Religionsfrieden nicht auf eine bestimmte Zahl von Jahren, sondern auf ewige Dauer abzuschließen[335]. Um dieses Ziel durchzusetzen, übergaben die Gesandten Kursachsens am 11. Februar Ferdinand eine Kopie des Entwurfes des Religionsartikels in der von Karl noch nicht geänderten Fassung, die hier als "Passauische handlung" bezeichnet wird[336]. Sie forderten, "daß ein bestendiger,

---

[333] Eine instruktive Übersicht über alle auf den Reichstagen 1521-1582 vertretenen Reichsstände gibt AULINGER, BILD 360-374.

[334] Vgl. LUTTENBERGER, MÖSA 35, der ebd. 5f konstatitert: "Die ihr [scil. der Passauer Verhandlung] zugerechnete reichspolitische Handlungsfähigkeit resultierte aus dem Rang und der Macht der geladenen Ständegruppe, der fünf neutralen Kurfürsten und eigentlich aller bedeutenderen Reichsfürsten". Allerdings habe "der erste Vertragsentwurf in seinen reichspolitisch belangvollen Teilen dann auch nicht mehr als ein Beratungsprogramm für den alsbald zu veranstaltenden Reichstag" (ebd. 6) geboten. SKALWEIT, REICHSVERFASSUNG 51 spricht davon, daß die Passauer Handlung dem Reichstag von 1555 "die Richtung gewiesen hat".

[335] Vgl. Druffel IV, 559f.

[336] Hornung Protokoll 50 mit Anm.73. Vgl. BARGE, VERHANDLUNGEN 161. Zu Felix Hornung (1515/20-1566) vgl. LUTZ, EINLEITUNG 7-12.

imerwerender, unbedingter fried der religion halben aufgericht"[337] werde. Kursachsen behaftete Ferdinand also bei dem, was er zusammen mit den Ständen beschlossen hatte. Mit dieser Forderung verband sich die Position Kursachsens, daß der Religionsartikel vor allen anderen verhandelt und abgeschlossen werde solle und daß dabei keine Überstimmung der CA-Verwandten in Frage komme[338].

Dieses Vorgehen Kursachsens knüpfte insofern an die Erklärung Ferdinands nach der Verlesung der Proposition an, als er dort nicht nur auf das kaiserliche Ausschreiben verweisen ließ, sondern auch auf den Passauer Vertrag[339]. Als die Stände am 21. Juni ihr Bedenken bezüglich des Religionsfriedens übergaben, knüpften sie neben der Proposition ebenfalls an den Passauer Vertrag an[340]. Hornung hatte zwar noch versucht, die Erwähnung des Passauer Vertrages in der Proposition zu vermeiden, stieß dabei jedoch auf den Widerstand Ferdinands, der an der einmal vom Kaiser in veränderter Fassung gebilligten Proposition nichts ändern wollte[341].

Gleichwohl war Ferdinand alles andere als bereit, den Religionsfrieden umgehend zuzugestehen. Dafür dürfte es vor allem zwei Gründe geben: a) Die Aufnahme des ewigen Religionsfriedens in einen Reichstagsabschied würde eine spätere Revision nur sehr schwer möglich machen. Diese Möglichkeit, vorerst Frieden zu schließen und die Sache später zu revidieren, hatte Ferdinand Karl gegenüber 1552 als Argument für die Annahme des Entwurfes des Religionsartikels benutzt. Der einstweilige Gewaltverzicht war für Ferdinand immer mit dem Projekt einer Religionsverständigung verbunden, durch den die Zusage des Gewaltverzichts wieder begrenzt werden könnte[342]. Das bedeutet gleichzeitig, daß Ferdinand selbst keineswegs

---

[337] Hornung Protokoll 50.

[338] Vgl. Hornung Protokoll 50. Das Wort "einhellig", das Karl 1552 gestrichen hatte, konnte im Augsburger Religionsfrieden durchgesetzt werden, vgl. Brandi Textausgabe 8.22, vgl. Hornung Protokoll 74 mit Anm.h und 146-147.

[339] Vgl. Hornung Protokoll 47f.

[340] Vgl. Hornung Protokoll 68.

[341] Dies betraf vor allem die stehengebliebene Wendung, derzufolge Ferdinand den Reichstag "in namen irer Kay.Mt." halte, also nicht aufgrund der vollkommenen Heimstellung in eigener Machtvollkommenheit, vgl. LUTZ, CHRISTIANITAS AFFLICTA 325-328. In diesem Zusammenhang erwähnt Hornung, daß Jonas die erwähnte Formel in der Proposition verlesen habe "welchs und auch das der Passauisch vertrag austrucklich angeregt worden, wir nit endern mogen"; Hornung Protokoll 49. Daß man auf kaiserlicher Seite damit rechnete, daß der Entwurf des Religionsartikels von 1552 ins Feld geführt wurde, ergibt sich aus der Denkschrift Selds 165.

[342] Nach LUTZ, CHRISTIANITAS AFFLICTA 226-230 zielt Ferdinands Religionspolitik auf ein "Junctim schrittweiser dogmatischer und disziplinärer Verständigung" (ebd. 230), doch läßt sich "kaum Näheres darüber aussagen" (VON BUNDSCHUH, RELIGIONSGESPRÄCH 46

gesinnt war, die Religionsfrage im Sinne der CA-Verwandten abschließend zu klären. Zudem gab er ein wichtiges Verhandlungsobjekt aus der Hand, wenn er von vornherein den Religionsfrieden ohne Gegenleistung zugestand.

b) Ferdinand konnte auf dem Reichstag eine von Karls ausdrücklichem Willen abweichende Politik[343] nicht vertreten, ohne Gefahr zu laufen, daß Karl die Verantwortung für das Beschlossene von sich wies. Dies galt besonders, weil Karl schon bei der Vorbereitung der Proposition versucht hatte, Ferdinands Handeln auf dem Reichstag von Augsburg nicht als Vertretung des Kaisers, sondern als (wenn auch berechtigtes) eigenmächtiges Handeln hinzustellen. Ferdinand hatte sich anläßlich der Proposition und seiner Rolle als beauftragtem Vertreter des Kaisers erfolgreich dagegen zur Wehr gesetzt, mußte sich jedoch weiterhin darum bemühen, dem Kaiser keine Handhabe dafür zu bieten, ihn, Ferdinand, als allein handelnden Herrscher hinstellen zu können. Für Ferdinand kam es darauf an, diese Variante kaiserlicher Abdankungspolitik möglichst lange zu vermeiden.

Dem stand das Interesse Kursachsens entgegen, den Religionsartikel als allererstes zu verhandeln, so daß ohne eine Einigung in dieser Frage nichts weiter verabschiedet werden könnte. Dies begründete man wiederum damit, daß im Passauer Vertrag vorgesehen war, am Anfang des vorgesehenen nächsten Reichstags einen Ausschuß für die Frage, wie die Religion verglichen werden könnte, einzusetzen[344]. Entscheidend für den Verlauf des Augsburger Reichstages wurde, daß die Stände insgesamt dieser Forderung Kursachsens nachgaben und ihrerseits in Anknüpfung an den Passauer Ver-

---

Anm.120). Demgegenüber ist darauf hinzuweisen, daß Ferdinand (ähnlich wie hinsichtlich der Proposition 1555) schon 1552 bemüht ist, die Verantwortung bei Karl zu belassen und deswegen einen Weg vorzuschlagen, den Karl selbst schon einmal (nämlich 1544) ähnlich gegangen war. Sein Ziel war dabei sicherlich, die verfassungsrechtlich fragwürdigen Versuche Karls, Ferdinand in eigener Vollmacht handeln zu lassen und dabei die staatsrechtliche Funktion des Kaisertums zeitweise zu suspendieren, zu verhindern. Vor diesem Hintergrund ist Ferdinands Interesse an einem Kolloquium als Versuch zu werten, die Verfassung des Reiches und damit den altgläubigen Charakter des Reiches zu bewahren. Daran mußte ihm im Hinblick auf die Grundlage seines künftigen Kaisertums essentiell gelegen sein.

[343] Die kaiserliche Richtlinie hinsichtlich der Religionsfrage war die, daß ein ewiger Religionsfriede nicht zuzugestehen sei, weil "gemelte stend auf disen erlangten vorteil und trost, das man sie irer religion halben nit anfechten dorfte, nit allein von iren leren nit abweichen, sonder sich vil mer halsstarriger und widerspenstiger erzaigen wurden"; Hornung Protokoll 44; vgl. ebd. Anm.52 mit dem Verweis auf Seld, Denkschrift 164.

[344] Vgl. Hornung Protokoll 58. Dieser Ausschuß trat dann in Augsburg jedoch nie zusammen, vgl. HOLLERBACH, RELIGIONSGESPRÄCH 203.

trag dafür eintraten, die Religionsfrage gleichzeitig mit der Landfriedensfrage zu behandeln[345].

Bei der Formulierung des Religionsartikels schloß man sich dann tatsächlich eng an den 1552 konzipierten Religionsartikel an, und zwar sowohl im
Fürstenrat als auch im Kurfürstenrat[346]. Der Entwurf des Fürstenrates enthielt auch die von Karl 1552 gestrichene Nichtvergleichungsklausel, die auch
Ferdinand beanstandete[347]. Eine ausführlichere Nichtvergleichungsformel
des Kurfürstenrates gelangte verändert in den endgültigen Abschied[348].

Ferdinand selbst hielt den Passauer Vertrag für eine Grundlage, auf der
für den Fall, daß eine Einigung in Augsburg nicht zustandekommen würde,
man weiterhin verharren könnte. Als Ende Juli die Verhandlungen festgefahren waren, sprach Ferdinand mit Felix Hornung über den Plan einer Prorogation. Er schlug vor, "das alhie zu beschluss dises reichstags ein abschied
zu machen sein solt, das von wegen abwesens der chur und fursten alhie
nichts gehandelt werden moge". Geplant hatte Ferdinand die Einberufung
eines neuen Reichstages für November 1556. Bis dahin solle der "Passauisch
abschied ... prorogiert werden den religionfrieden betreffend bis uf solchen
reichstag oder andere vergleichung"[349]. Mit letzterem war vor allem der
Plan eines Religionsgespräches angesprochen, das Ferdinand nach wie vor
verfolgte.

Die Verbindung der Prorogation des Reichstages mit der Verlängerung
der Geltung des Passauer Vertrages zeigt, daß es für Ferdinand sehr gut
denkbar war, daß der Passauer Vertrag bis zur endlichen Vergleichung der
Religion als Rechtsgrundlage für das Reich fungieren sollte, diesmal auf der
Grundlage eines Reichstagsbeschlusses. Ähnlich wie der Nürnberger Anstand
hätte der Passauer Vertrag also durch immer wiederkehrende Verlängerung
für geraume Zeit die Rechtsgrundlage des Reiches bilden können. Theoretisch ist sogar die Möglichkeit denkbar, daß man ihn einfach bis zu endlicher
Vergleichung verlängerte. Wenn eine solche immer wieder herausgezögert
worden wäre, hätte der Passauer Vertrag zu der Rechtsurkunde werden kön-

---

[345] Vgl. Hornung Protokoll 69. Vgl. HOLLERBACH, RELIGIONSGESPRÄCH 200.
[346] S. Brandi Textausgabe 7-9.20-24 sowie die Synopse bei *Edition IV*. Vgl. BRANDI, HZ
    95, 260f.
[347] Brandi Textausgabe 8f; zu Ferdinands Protest vgl. Hornung Protokoll 76.
[348] Vgl. Brandi, Textausgabe 30.47f und Hornung, Protokoll 116f.
[349] Hornung Protokoll 91.

nen, die anstelle des Augsburger Religionsfriedens fortan das Nebeneinander beider Konfessionen[350] im Reich rechtlich ermöglicht hätte.

Eine weitere folgenreiche Nachwirkung des Passauer Vertrages ist schließlich hinsichtlich der geistlichen Güter und der geistlichen Jurisdiktion festzustellen. In den Passauer Verhandlungen hatte Moritz sich mit seiner Forderung, daß die Zusage, die altgläubigen Stände bei ihrem Besitzstand des Jahres 1544 zu belassen, nicht durchsetzen können. Die geheime, nur Ferdinand gegenüber geäußerte Forderung, Münster einem Sohn des Landgrafen von Hessen zu übertragen (und damit de facto: zu säkularisieren) und die Säkularisation der geistlichen Güter in Sachsen anzuerkennen, wurde von Karl abgelehnt[351].

In dem Passauer Vertrag wurde den altgläubigen Ständen zugesagt, daß sie bei ihren Besitzrechten bleiben sollten. Diese Zusage galt eigentlich gleichermaßen für die weltlichen wie für die geistlichen Ständen, bedeutete jedoch vor allem für die geistlichen Stände, daß weitere Konfiskationen bzw. Säkularisationen ausgeschlossen waren. Dies galt sowohl für die Säkularisation ganzer Stände als auch für die Besitztümer geistlicher Fürsten in protestantischen bzw. protestantisch werdenden Territorien (die entsprechende Regelung des Passauer Vertrages bezieht sich nämlich nicht auf bestimmte Territorien, sondern auf die besitzenden Stände). Umgekehrt war aber auch keine Rückgabe einmal konfiszierter Güter oder die Wiederherstellung der geistlichen Jurisdiktion vorgesehen. Das bedeutete, daß die vor August 1552 vorgenommenen Säkularisationen mit Berufung auf den Passauer Vertrag als berechtigt dargestellt werden konnten.

---

[350] Bereits der Passauer Vertrag war auf die CA-Verwandten eingeschränkt, vgl. so schon Moritz am 1. Juni 1551, vgl. Druffel III, 485; demgegenüber befürworteten sogar die vermittelnden Stände eine Ausweitung auf alle nicht als Häresie verurteilten Konfessionen, vgl. Druffel III, 507.499. Zur Bezeichnung "alte Religion" anstelle von "katholisch" vgl. Hornung Protokoll 149.

[351] Vgl. Lanz III, 314 (vgl. Ferdinand an Karl Lanz III, 284f). Vgl. zum Hintergrund des Interesses Hessens am Bistum Münster PETRI, ZVHG 71, 55f. Vgl. zu Sachsens Haltung zur Säkularisationsfrage das Konzept SHStAD loc. 9145 ("Hessische Entledigung III"), Bl. 234: "Nachdem der artikel di geistliche guter belangendte dem puncte der Religion anhengig gemacht wird", soll mit den früheren Besitzern der geistlichen Güter daraufhin verhandelt werden, daß sie diese abtreten; mit den geistlichen Gütern sollten "di nothurftige Ministeria der Kirchen, Pfarn vnd schulen auch di vniuersiteten vnd hospitalia" (234r) unterhalten werden. "So bittet s.churf.g. vnderthenigst di Ko.Ma. wolten an stadt der kei. Ma. s.churf.g." (234r) versichern, " das sich di ⌜Ire⌝ Kei. ⌜oder⌝ auch Ire ko. Ma. solcher geistlicher guter halben di in s.churf.g. [234v] lande gelegen" (234r-v) "nicht wollen annhemen noch s.churf.g. mit dem Cammergericht oder in ander weg derhalben beschweren lassen" (234v).

Dies wirkte bei dem Streit um die Verwendung der protestantischen Güter dahingehend fort, daß die Besitzstandsicherung vom 2. August 1552 als Stichtag der Säkularisationen in den Augsburger Religionsfrieden gelangte. Die Idee, "das es jeder bey seinem inhaben und gebrauch blieb laut des Passauischen vertrags und wie es ein jeder bis dohin heerbracht", wurde schon am 21. Juni von Ferdinand bedacht, zum damaligen Zeitpunkt aber verworfen[352]. Im September kam Ferdinand jedoch auf diese Idee zurück und ließ vorschlagen, daß "auch je billich die geistlichen bey demjenigen, das sie in zeit des Passauischen vertrags und bishere gehabt und undter inen gehalten worden, gelassen werden" sollen[353]. Diese "Stichtagsregelung" bezog sich (anders als die entsprechende Regelung des Passauer Vertrages) auf die reichsmittelbaren Stände sowie auf die Güter von geistlichen Reichsständen in den Gebieten anderer Reichsstände (die reichsunmittelbaren geistlichen Stände sollten ja durch den Geistlichen Vorbehalt geschützt werden). Ferdinand beabsichtigte also eine Status-quo-Sicherung aller geistlichen Stände (der reichsmittelbaren wie der reichsunmittelbaren).

In den Augsburger Religionsfrieden gelangte jedoch eine Formulierung, die nicht generell allen geistlichen Ständen den Besitz vom 2. August 1552 zusicherte, sondern besagte, daß die Protestanten die bis zum 2. August 1552 eingezogenen Güter reichsmittelbarer Stände behalten dürften. Über das reichsmittelbare Kirchengut, das künftig reformiert werden würde, "sagte der Wortlaut (scil. des Augsburger Religionsfriedens) nichts"[354]. Dies bedeutete, daß formal für das nichterwähnte, 1552 noch nicht säkularisierte Kirchengut die bisherigen Rechtsregelungen fortgalten. Das bisher geltende Reichsrecht war deswegen von der Struktur her altgläubig, weil es gerade hinsichtlich des Kirchengutes auf das kanonische Recht Bezug nahm und somit das nicht säkularisierte Kirchengut auch durch das Gemeine Recht geschützt war[355]. Diese Argumentation war juristisch so korrekt, daß sich dieser Auffassung im Vierklosterstreit zum guten Teil auch die protestantischen Beisitzer am Reichskammergericht anschlossen[356]. Dies ließ sich insofern mit dem Passauer Vertrag stützen, als dort vorgesehen war, daß nicht nur die Kriegsfürsten, sondern "auch alle andern Stende der Augs-

---

[352] Vgl. Hornung Protokoll 77.
[353] Hornung Protokoll 119.
[354] HECKEL, DEUTSCHLAND 90.
[355] Vgl. HECKEL, AUTONOMIA UND PACIS COMPOSITIO 52f.
[356] Vgl. RITTER, GESCHICHTE II, 163; DICKMANN, HZ 201, 273-275. Vgl. zum Vier-Kloster-Streit besonders KRATSCH, JUSTIZ - RELIGION - POLITIK 59-124, beispielhaft für die Argumentation eines (wohl) protestantischen Juristen ebd. 112f zum Assessor Buchner.

purgischen Confession verwandte die andern des heiligen Reichs Stende, so der alten Religion anhengig, geistlich und weltlich" (4v/23-25) bei ihrer Religion unbeschwert lassen sollten. Der Passauer Vertrag konnte so die Grundlage dafür darstellen, daß die nach 1552 vorgenommenen Säkularisationen rechtlich anfechtbar waren. Diese (katholische) Auffassung implizierte, daß der Augsburger Religionsfriede nicht die Reichsverfassung insgesamt veränderte, sondern nur für die protestantischen Stände punktuelle Ausnahmen zuließ.

Genau dieses Verständnis des Augsburger Religionsfriedens wurde von den Protestanten nicht geteilt. Für sie bedeutete das ius reformandi die weitgehende Freistellung; dies wurde noch dadurch verstärkt, daß sie das reservatum ecclesiasticum nicht anerkannten (was sich in der Säkularisation der norddeutschen Bistümer 1555-1566 niederschlug). Das ius reformandi schloß für sie die Aufhebung der geistlichen Jurisdiktion sowie das Recht zur Säkularisation reichsmittelbaren Kirchenguts ein. Diese Auffassung implizierte jedoch, daß durch das ius reformandi die Reichsverfassung insgesamt verändert war und besonders die Verbindung des Gemeinen Rechts mit dem kanonischen Recht nicht zugrundezulegen war. Für die vor 1552 vorgenommenen Säkularisationen konnte sich die protestantische Position insofern auf den Passauer Vertrag berufen, als dort im Sicherungsabschnitt alles, was dem Passauer Vertrag entgegenstand, aufgehoben wurde. Wenn man annahm, daß durch den Passauer Vertrag eine Rückgabe säkularisierter Güter nicht vorgesehen, also sanktioniert war, konnte dies auch auf die geistliche Jurisdiktion und die bis dahin säkularisierten geistlichen Güter bezogen werden (auch wenn die geistliche Jurisdiktion im Passauer Vertrag anders als im Augsburger Religionsfrieden nicht ausdrücklich erwähnt wurde). Allerdings leidet eine solche Interpretation unter dem Nachteil, daß sie sehr viel in den Vertragstext hineinlesen muß. Sie ist daher nicht besonders plausibel. Insgesamt konnte daher viel besser die altgläubige Seite mit dem Passauer Vertrag gegen die Berechtigung der protestantischen Säkularisationen argumentieren als die protestantische dafür.

Abschließend läßt sich die geschichtliche Bedeutung des Passauer Vertrages (abgesehen von den vielen Einzelwirkungen[357]) in fünf Punkten zusammenfassen:
— Das religionspolitische Programm Kursachsens, das letztlich für den Abschluß des Augsburger Religionsfrieden ausschlaggebend war, basierte auf

---

[357] Vgl. zur Kammergerichtsordnung Hornung Protokoll 101, zu den Gravamina ebd. 113. 132, vgl. zu letzerem LUTTENBERGER, KURFÜRSTEN 61-63.

dem Passauer Vertrag und auf der Passauischen Verhandlung. Nur auf dieser
Grundlage konnte Kursachsen die vorrangige Verhandlung der Religionsfrage, die unbegrenzte Dauer und die Nichtvergleichungsformel durchsetzen.
Der Augsburger Religionsfrieden lehnt sich bis in einzelne Formulierungen
hinein an die Passauer Abrede an, setzt aber auch den Passauer Vertrag voraus[358].

— Daß der Religionsfrieden nur für die CA-Verwandten gelten sollte, war
bereits im Passauer Vertrag angelegt. Dies änderte sich erst 1648 durch den
Westfälischen Frieden.

— Ferdinand griff auf den Passauer Vertrag zurück, um ein Religionsgespräch vorzubereiten.

— Ferdinands Prorogationspläne beinhalteten, daß der Passauer Vertrag als
weiter zu verlängernde Interimslösung denkbar war.

— Die Besitzstandsicherung der geistlichen Güter durch den Passauer Vertrag wirkte in der Stichtagsregelung des Augsburger Religionsfriedens fort.
Der Passauer Vertrag konnte als Rechtsbasis dafür dienen, daß die nach
August 1552 vorgenommenen Säkularisationen rechtlich angegangen werden
konnten.

Aus diesen fünf Punkten ergibt sich, daß der Augsburger Religionsfrieden
ohne den Passauer Vertrag und die ihm vorangehenden Verhandlungen nicht
denkbar gewesen wäre. Es ist daher nicht erstaunlich, daß in der folgenden
Zeit nach 1555 neben dem Augsburger Religionsfrieden fast immer auch der
Passauer Vertrag genannt wurde[359]. Die Passauer Verhandlungen und der
Passauer Vertrag veränderten das Reich. Eine Religionspolitik, wie sie Karl
V. noch mit dem Interim verfolgt hatte, war nun nicht mehr möglich. Jetzt
war die Zeit für eine Konsolidierungspolitik der protestantischen Stände da.
Zweifelsohne gehört der Passauer Vertrag zu den bedeutendsten Erfolgen in
der Politik des jungen Kurfürsten Moritz von Sachsen, auch wenn die Konsolidierung des Erreichten in Kursachsen nicht mehr Sache Moritz', sondern
die seines Bruders August war.

---

[358] Vgl. dazu die Synopse bei *Edition IV*. Die engste Parallele zu den entsprechenden
Formulierungen des Augsburger Religionsfrieden bestehen zur Passauer Abrede, doch
gibt es an zwei Stellen "minor agreements" zwischen Augsburger Religionsfrieden und
Passauer Vertrag, die zeigen, daß auch der Vertrag selbst vorauszusetzen ist: a) die
Wendungen "der Augsburgischen Confession verwandte"/"so der alten Religion anhen-
gig" und b) die Ergänzung "ligendt vndt varendt" bei "haab, Guettern".

[359] Vgl. noch IPO V,1: "Transactio anno millesimo quingentesimo quinquagesimo secundo
Passavii inita et hanc anno millesimo quingentesima quinquagesimo quinto secuta pax
religionis ... in omnibus suis capitulis unanimi imperatoris, electorum, principum et
statuum utriusque religionis consensu initis ac conclusis rata habeatur sancteque et
inviolabiliter servetur." Vgl. DICKMANN, FRIEDEN 357.

Editionsteil

Edition I: Der Passauer Vertrag vom 2. August 1552

Ediert wird im folgenden eines der Original des Passauer Vertrages, das Original *A* (Siglenverzeichnis s. unten). Als ständige Zeugen wurden herangezogen: *B, C, D, a, Hortleder* und *NSamml.*

Editionsrichtlinien

1. Der *Seitenumbruch* incl. der *Seitenzählung* von *A* wurde beibehalten.
2. Der *Zeilenumbruch* von *A* wurde beibehalten, d.h. die *Zeilenzählung* entspricht dem des Originals *A*. Da die Zeilen des Vertragsoriginals länger als die Buchzeile sind, mußten viele Zeilen in zwei Zeilen dargeboten werden; diese umgebrochenen Zeilenenden sind eingerückt worden und werden nicht eigens gezählt. Gezählt werden also nur die links ausgerückten Zeilenanfänge, die dem Original *A* entsprechen.
3. *Orthographie*: Es wurde die Orthographie von *A* beibehalten. Vokalisches und konsonantisches ‹u› bzw. ‹v› wurden ebenso beibehalten wie die Unterscheidung von ‹i› und ›j›, die Doppelkonsonanz und metathetisches ‹h›. Verschiedene Schreibweisen für ‹s› wurden einheitlich mit ‹s› wiedergegeben.
4. *Abkürzungen* für Wörter (Mt. u.ä.) werden unaufgelöst wiedergegeben. Schreibkürzel (für ‹-er›, ‹-en›, ‹etc.› usw.) werden stillschweigend aufgelöst.
5. Die *Groß- und Kleinschreibung* von *A* wird beibehalten (in einigen Fällen ist es allerdings Ermessenssache, zu entscheiden, ob ein großgeschriebener Klein- oder ein kleingeschriebener Großbuchstabe vorliegt).
6. Auch die *Worttrennung* von *A* wurde übernommen.
7. Die *Zeichensetzung* wurde, um die Lesbarkeit zu erhöhen, modernisiert. Dies schien besonders angesichts der sehr langen und geschachtelten Sätze des juristischen Vertragstextes angezeigt. Die Originale haben nur Virgeln.
8. Im *textkritischen Apparat* sind aufgenommen: Wortänderungen, Wortauslassungen, Wortumstellungen, Abkürzungen bzw. Auflösung von Abkürzungen, Wiedergabe von Zahlwörtern mit Ziffern sowie abweichende Wortformen mit grammatikalischer bzw. syntaktischer Relevanz. Orthographische Abweichungen ohne Bedeutung sowie schwankende Wortendungen ohne Bedeutung wurden nicht aufgeführt.

Als textkritische Zeichen werden benutzt:

⌐aaaaa⌐   über der Linie

▷bbbbb◁   am Rand

⊢ccccc⊣   vor der Zeile

⌊ddddd⌋   unter der Linie

~~eeeeeee~~   durchgestrichen

9. Im *Sachapparat* werden die genannten Personen, soweit möglich, nach der ADB, der NDB sowie den KLK-Bänden nachgewiesen (Bei Herrschern stehen in eckigen Klammern die Regierungszeiten, bei anderen Personen, wenn möglich, die Lebensdaten). In Auswahl wurden außerdem Hinweise auf die Einleitung (besonders bei erwähnten Ereignissen bzw. Dokumenten) sowie auf Vorlagen des Textes gegeben. Schwer bzw. mißverständliche Wörter werden im Apparat ins moderne Deutsch "übersetzt".

Siglenverzeichnis[1]

A   Österreiches Staatsarchiv: Haus-, Hof- und Staatsarchiv, Allgemeine Urkundenreihe 1552, VIII/2 (Exemplar der [Wiener] Reichskanzlei; kleinere Schachtel, in der Mitte gefaltetes Exemplar).

B   Österreiches Staatsarchiv: Haus-, Hof- und Staatsarchiv, Allgemeine Urkundenreihe 1552, VIII/2 (Exemplar des Mainzer Erzkanzlerarchivs; größere Schachtel, nicht gefatltet, aber Wasserschäden).

C   Hessisches Staatsarchiv Marburg, Samtarchiv Schubl.38, Nachtr.1.

D   Hessisches Staatsarchiv Marburg, Samtarchiv Schubl. 37, Nr. 38, Bl. 4-17.

a   Abdruck des Passawischen Vortrags so den andern Monats tag Augusti Anno etc. LII auffgericht worden, eingeheftet in: Passauische Handlung 1552; fol III 40,19, No.4, Loc.8093: Etzliche Schreiben und Berichte so Doctor Ulrich Mordeisen an Hertzog Augusten der Passauischen Handelung halben gethan Anno 1552, Bl.111-132.

Hortleder = Der Römischen Keyser und Koniglichen Maiesteten, auch des Heiligen Römischen Reichs Geistlicher und Weltlicher Stände/

---

[1]   Zur Beschreibung der Handschriften vgl. oben S.62-67.

Churfürsten/Fürsten/Graven/Herrn/Reichs- und anderer Städte/ zu-
sampt der heiligen Schrifft/Geistlicher und Weltlicher Rechte
Gelehrte Handlungen und Außschreiben/Rathschläge/Bedencken/
Send- und andere Briefe/Bericht/Supplicationsschrifften/Be-
felch/Entschuldigungen/Protestationes, Recusationes ... von Recht-
mässigkeit/Anfang/Fort- und endlichen Außgang deß Teutschen
Kriegs Keyser Carls deß Fünfften/wider die schmalkaldische
Bundsoberste/Chur- und Fürsten/Sachsen und Hessen und I. Chur-
und Fürstl. G.G. Mitverwandte. Vom Jahr 1546 biß auff das Jahr
1558. Ordenlich zusammen gebracht/an vielen Orten bewärt und
erklärt ... und zum andern Mal an Tag gegeben durch Herrn
Friderich Hortledern, Fürstlichen Sächsischen Hofrath zu Weimar,
Gota 1645 [= Hortleder I, 2. Aufl.] [ohne Randglossen und
lateinische Zwischennotizen]; [Das 14. Capitel des fünfften Buchs
p. 1317-1324 = Passauer Vertrag; Titel: "Abdruck des Passawischen Vertrags so den andern MonatsTag Augusti Anno etc.52
auffgericht worden").

NSamml. = Neue und vollständigere Sammlung der Reichs-Abschiede, welche von den Zeiten Kayser Conrads des II bis jetzo, auf den Teutschen Reichs-Tägen abgefasset worden, sammt den wichtigsten
Reichs-Schlüssen so auf dem noch fürwährenden Reichs-Tage zur
Richtigkeit gekommen sind. In Vier Theilen ... Nebst einer Einleitung, Zugabe und vollständigen Registern, Franckfurt am Mayn
bey Ernst August Koch, 1747. [Dritter Teil derer Reichs-Abschiede von dem Jahr 1552 bis 1654 inclusive, p. 3-10 = Passauer
Vertrag].

[1r/v] *(auf beiden Seiten unbeschrieben)*

[2r]
Wir, [a]Ferdinand, von Gottes genaden Römischer
    Khunig, zu allen zeitten Merer des Reichs in Germanien, zu
    Hungern, Boheim,
Dalmatien, Croatien vnnd Selauonien etc., Kunig & Jnnfanndt in
    Hispanien, Ertz =
Hertzog zu Österreich, Hertzog zu Burgundi, Steyr, Kernndten,
    Crain vnnd Wirt =
5   emberg etc., Graue zu Tyrol etc.,   Bekhennen offennlich vnd thuen
    khundt[a]
menigelich[b]: Alls vnns [c]hieuor zeitlich in meer wege angelanngt[c],
    welchermas =
sen sich im heyligen Reich Teutscher Nation hin vnnd wider
    allerhandt Kriegs =
gewerb, Russtung vnd Emporung ertzaigen[d] vnd aus des
    Hochgebornnen [e]philip =
sen, Lanndtgrauen zu Hessen, Grauen zu Catzenelpogen, Dietz,
    Zigenhaim vnd
10 Nida, vnsers lieben Ohaims vnd Furstens, Custodien vnd
    verhafftung[e] Jr fur =
nembste[f] Vrsach schöpfen vnd nemen sollten, haben wir aus
    angebornner be =

[a-a] *Ferdinand I, deutscher Kaiser [1558-1564]: ADB 6 (1877), 632-644 (Maurenbrecher);*
NDB 5 (1961), 81-83 (Adam Wandruszka); der Beginn des Passauer Vertrages ähnelt dem
eines Reichstagsabschieds: der ausführlichen Titelei des obersten Herrschers folgt die
Wendung "Bekennen öffentlich und tun kund: ..." - [b] *menigelich = gewißlich -* [c-c] *= "in*
der Vergangenheit immer wieder bekannt geworden ist" - [d] *ereignet haben -* [e-e] *Philipp I.,*
der Großmütige, Landgraf von Hessen [1509/18-1567]: ADB 25 (1887), 765-783
(Friedensburg), vgl. Rudersdorf, Hessen 254f.261-273; zur Verhaftung Philipps vgl. oben S.2
Anm.4. - [f] *wichtigste*

---

1 Wir Ferdinand, von Gottes genaden Römischer *Kapitälchen in A — 3* &: om. *B, C — 1-6*
Wir Ferdinand ... menigelich: Wir Ferdinannd etc. Bekhennen & *D*; Wir Ferdinand etc.
Bekennen *a, Hortleder*; Wir Ferdinand von Gottes Gnaden, Römischer König etc. bekennen
etc. *NSamml. — 7* heyligen: H. *Hortleder — 9-10* Grauen zu Catzenelpogen, Dietz,
Zigenhaim vnd Nida, vnsers lieben Ohaims vnd Furstens: etc. *D, a, Hortleder, NSamml. —*
10 Ohaims: Ohaim *B — 11* Vrsach: Ursachen *NSamml. — 11* sollten: solte *a, Hortleder,*
NSamml. —

gierdt, Trew, Lieb vnd naigung, so wir zum heyligen Reich, auch allen vnd Je=

den desselben Stennden vnd glidern vnd sonderlich zuerhalltung vnd befurderung

gemainer wolfart, Rue, frids vnd ainickhait, auch zu abstellung vnd verhuet=

15 ung Cristlichs Bluetuergiessens, verderbung^g der vnschuldigen vnd verhörung

des vatterlandts billich vnd willig tragen, die ^{h}Römisch Kay Mt:, vnnsern lieben

Brueder vnd herrn^h, Bruederlich freundtlich vnd pitlich ersuecht, vns bemelts^i

Landtgrauen erledigung^k vnd anderer anhengigen sachen halben, so zu Krieg

vnnd emporung vrsach geben möchten, guetlicher vnderhandlung zuginnen

20 vnd zugestattnen, Solchs auch von Jrer Lieb vnd Kay Mt: Bruederlich erlanngt,

darauf dann wir sambt dem Durchleuchtigisten Fursten, ^{l}herrn Maximilian,

Kunig zu Boheim &, vnnserm freundtlichen lieben Sune,^{l} vnd die Hochgeborn=

en ^{m}Mauritz, Hertzog zu Sachsen etc^m, vnnd ^{n}Albrecht, hertzog zu Bayrn &^{n}, vnser

---

^{g} *Zugrunderichten* – $^{h-h}$ *Karl V., deutscher Kaiser [1519-1556]: ADB 15 (1882), 169-206 (Maurenbrecher); NDB 11 (1977) (Alfred Kohler); TRE 17 (1988), 635-644 (Horst Rabe)* – ^{i} *des genannten* – ^{k} *Freilassung* – $^{l-l}$ *Maximilian II., deutscher Kaiser [1564-1576]: ADB 20 (1884), 736-747 (Maurenbrecher); NDB 16 (1990), 471-475 (Volker Press)* – $^{m-m}$ *Moritz, Herzog und [ab 1547] Kurfürst von Sachsen [1541-1553]: ADB 22 (1885), 293-305 (Maurenbrecher); NDB 18 (1997), 141-143 (Günther Wartenberg); TRE 23 (1994), 302-311 (G. Wartenberg), vgl. Smolinsky, Albertinisches Sachsen 9.19-23* – $^{n-n}$ *Albrecht V., Herzog von Bayern [1550-1579]: ADB 1 (1875), 235-237 (Riezler); NDB 1 (1953), 158-160; vgl. Ziegler, Bayern 57.60-65*

---

12 heyligen: H. *Hortleder* — *15* verderbung: Verderben *a, Hortleder, NSamml.* — *16* Kay Mt: : Kaiserlich Mayestat *B;* Kayserlich Mayestat *C* — Römisch Kay Mt: : Röm:Kay:May: *a;* Röm.Keys.Maj. *Hortleder;* Röm.Kayserl.Maj. *NSamml.* — *17* bemelts: ermeldtes *NSamml.* — *19* möchten: möchte *a* — *19* vnderhandlung: handelung *a;* Handlung *NSamml.* — *20* Lieb: Liebden *a, Hortleder;* — Jrer Lieb: I.L. *NSamml.* — *20* Mt: : *statt* Mt *schreibt C durchgehend* Mat; *statt* Mt *schreibt durchgehend* May *a;* - *nur hier:* Keys.Maj. *Hortleder;* Kayserl.Maj. *NSamml.* — *23* & *om. a, Hortleder, NSamml.* —

lieb Oheim, Churfurst vnnd Sune zu negstuerschinem° Osterfest in
    vnnser Statt
25   Lintz^p zusamen khumen, vns hieruber freundtlich vnd vertrewlich
    vnnderedt
vnnd nach allerhanndt verloffner beratschlagung, vnnderhanndlung,
    auch vleiß =
iger bewegung^q diser hochwichtigen sachen bey vns vnd Jren
    Liebden fur ^rnutz
vnd notwendig angesehen vnd bedacht, ain ander furdersame
    zusamenkhunfft
benantlich auf den Sechsundtzwaintzigisten tag May negsthin^s hieher
    gen Paß =
30   aw furzenemen vnd zustellen, deßgleichen hienachbestimbte
    Churfurssten
vnnd fursten Als mit vnderhandler Auch hier zu zubeschreiben^t, so
    mit

[2v]
vnd neben vns sich ferner guetlicher vnderhanndlung vnderfahen^u
    vnd ver =
mitlt Gottlicher gnaden den furgefallnen beschwerungen, Jrrungen
    vnd
geprechen gentzlich vnd entlich abhelffen mochten^r. demnach haben
    wir vnd
bemelter Churfurst zu Sachsen vns auf obbestimbte zeit hieher
    verfuegt, vnd
5   seyen der anndern funf Churfursten hienachbemelte Gesanndten,
    Nemb =

---

*° vergangenen = 24.April 1552 - ᵖ Vgl. zum Tag von Linz oben S.15-19 - �q Beratung - ʳ⁻ʳ
Vgl. Linzer Abschied (Edition III) 348v/4-10; 349v/9-350r/5 - ˢ kommenden - ᵗ schriftlich
einzuladen -*

23-24 vnser lieb: unsere liebe *NSamml.* — *25* Lintz: Lynntz *B, C, D* — *25* vns: und
NSamml. — *26* beratschlagung: Rathschlagung *a, Hortleder, NSamml.* — *27* bewegung:
Bewilligung *NSamml.* — *27* hochwichtigen om. *NSamml. 27* Liebden: L. *a, Hortleder* —
Jren Liebden: I.L. *NSamml.* — *29* Sechsundtzwaintzigisten tag May: xxvi. May *a*; 26.Maij
Hortleder; 26.Maii *NSamml.* — *29* negsthin: negst *a;* nechst *Hortleder;* Nächst *NSamml.* —
29 gen: gegen *a, NSamml.* — *30*: zustellen: anzustellen *NSamml.* — *30* hienachbestimbte:
die nach=bestimmte *NSamml.* — *1* guetlicher: gütlichen *a* — *3* wir *über der Linie D* — *4*
Sachsen: Sachsen etc. *a, Hortleder, NSamml.* — *4* hieher: alhieher *a;* allhieher *Hortleder,
NSamml.*

lich, von des ᵘErtzbischofs zu Maintzᵘ ᵛDaniel Brendel von hamburg,
     Thuembherr
daselbstᵛ, ʷCristoff Mathiasʷ, der Rechten Licentiat Cantzler, vnd
     ˣPeter Echterˣ, von
des ʸErtzbischoffs zu Cölnʸ Hainrich Saltzburg vnnd Franciscus
     Burkhart, baide
Doctor, von des ᶻErtzbischofs zu Trierᶻ Johan von der Leyen,
     Obrister Archidiacon
10   daselbst, philips, freyherr zu winnenberg vnd beyelstain,
     Landthofmaister
vnd ᵃFelix hornung, Doctor Cantzlerᵃ, von ᵇPfaltzgraf Friderichsᵇ
     ᶜLudwig Graue
zu Stolberg, Kunigstain vnd Rutschefortᶜ, ᵈJohann von dienhaim,
     Ambtman
zu Creutzenachᵈ, Melchior Drechsl, Doctor, vnd ᵉJohann Kötintᵉ,
     vnd von ᶠMarg =
graf Joachimsᶠ wegen ᵍAdam Trot, Marschalchᵍ, ʰCristoff von der
     Strassenʰ, ⁱThi =
15   mothei Jungⁱ vnd ᵏLamprecht distlmayrᵏ, all drei Doctor, Auch die
     Erwurdigen

ᵘ⁻ᵘ *Sebastian von Heusenstamm, Erzbischof und Kurfürst von Mainz [1545-1555], vgl. Jürgensmeier, Kurmainz 61f.77-80 –* ᵛ⁻ᵛ *Daniel Brendel von Homburg, Erzbischof und Kurfürst von Mainz [1555-1582]: NDB 3 (1957), 507f (Anton Ph. Brück), vgl. Jürgensmeier, Kurmainz 61f.79-82 –* ʷ⁻ʷ *Christoph Matthias (gest. 1567) –* ˣ⁻ˣ *Peter Echter von Mespelbrunn (1520-1576) –* ʸ⁻ʸ *Adolf III., Graf von Schaumburg (Schauenburg), Kurfürst und Erzbischof von Köln [1547-1556]: NDB 1 (1953), 83f (Robert Haaß), vgl. Bosbach, Köln 59 –* ᶻ⁻ᶻ *Johann V. [von Isenburg], Erzbischof und Kurfürst von Trier [1547-1556]: ADB 14 (1881), 424-426 (Endrulat), vgl. Molitor, Kurtrier 50 –* ᵃ⁻ᵃ *Felix Hornung (1515/20(?)-1566) vgl. oben S.87 Anm.336. –* ᵇ⁻ᵇ *Friedrich II., Kurfürst von der Pfalz [1544-1556]: ADB 7 (1877), 603-606 (Kleinschmidt); NDB 5 (1961), 528-530 (Peter Fuchs), vgl. Schindling/Ziegler, Kurpfalz 8-10 –* ᶜ⁻ᶜ *Ludwig, Graf zu Stolberg (1505-1574): ADB 36 (1893), 339-345 (Ed. Jacobs) –* ᵈ⁻ᵈ *Johann von Dienheim (gest. nach 1569) –* ᵉ⁻ᵉ *Johann Ködnitz –* ᶠ⁻ᶠ *Joachim II. Hector, Kurfürst von Brandenburg [1535-1571]: ADB 14 (1881), 76-86 (Th.Hirsch); NDB 10 (1974), 436-438 (Johannes Schultze), vgl. Rudersdorf/Schindling, Kurbrandenburg 35 –* ᵍ⁻ᵍ *Adam Trott (gest. 1564) –* ʰ⁻ʰ *Christoph von der Strassen (1511-1560): ADB 36 (1893), 506-510, vgl. Quellen: Opel, Briefsammlung –* ⁱ⁻ⁱ *Timotheus Jung (ca. 1520-1580) –* ᵏ⁻ᵏ *Lamprecht Distelmeyer (1522-1588): ADB 5 (1877), 256-258 (Th.Hirsch); NDB 3 (1958), 744f /Walter Nissen) –*

11 Doctor: D. *a, Hortleder* — *12* dienhaim: Ducheim *a, Hortleder* — *13* Kötint: Kötnit *B, C*; Kottnit *D*; Kötnigk *a;* Kötnick *Hortleder;* Cötnik *NSamml.* — *13* vnd om. *a, Hortleder, NSamml.* — *15* Doctor: Doctores *NSamml.* —

hochgebornen, [l]Ernnst, Ertzbischoue zu Saltzburg &[l], [m]Mauritz zu
Aichstett[m] vnnd
[n]wolfgang zu Passaw[n] Bischouen vnd Albrecht, Pfaltzgraue Bey
Rein, hertzog
in Obern vnd Nidern Bayrn persönlich, vnd dann von des [o]Bischoue
zu Wirtzburg[o]
Hainrich, Graue zu Casstl, Thuembherr daselbst, vnd [p]hanß Zobl[p],
von [q]Johansen

20   Marggrauen zu Brandenburg &[q], [r]Adrian Albin, Doctor Cantzler[r],
Andreas Zöch, Doctor,
vnd [s]Bärtl von Mandelslo[s], von [t]Hainrichs des Jungern, Hertzogen zu
Braun=
schweig[t], Veit gromer, von [u]wilhelmen, hertzogen zu Gulch &[u],
[v]wilhelm Ketler
von Mehenhof, genant Lay, hofmaister[v], Dieterich von Schöpstat,
[w]Carle harst[w], Doctores,
von [x]Philipsen zu Pomern[x] [y]Jacob Zitzewitz, Doctor vnd Cantzler[y],
vnd von [z]Cristoff=

[l-l] *Ernst, Herzog von Bayern, Administrator von Passau [1517-1540] und Salzburg [1540-*
1554]: ADB 6 (1877), 249f (v. Zeißberg); NDB 4 (1959), 619 (Dieter Albrecht), vgl Zeeden,
Salzburg 73. – [m-m] *Moritz von Hutten, Bischof von Eichstätt [1539-1552], vgl. Schmid,*
Eichstätt 167 – [n-n] *Wolfgang von Salm, Bischof von Passau [1540-1555]: ADB 44 (1898),*
117 (Walter Goetz), vgl. Lanzinner, Passau 58f.67f – [o-o] *Melchior Zobel von Giebelstadt,*
Fürstbischof von Würzburg [1544-1558]: ADB 21 (1885), 286-289 (Wegele); NDB 17 (1994),
8f (Alfred Wendehorst), vgl. Ziegler, Würzburg 98f.112 – [p-p] *Sohn von Christoph Zobel (?),*
vgl. ADB 45 (1900), 383 (v. Eisenhart) – [q-q] *Johann (Hans) von Brandenburg (von Küstrin)*
[1535-1571]: ADB 14 (1881), 156-165 (Th.Hirsch); NDB 10 (1974), 476f (Johannes
Schultze), vgl. Rudersdorf/Schindling, Kurbrandenburg 34f.46f – [r-r] *Adrian Albin (1513-*
1590) – [s-s] *Bertold von Mandelsloh (gest. 1580), vgl. NDB 16 (1990), 11 (Hans-Jürgen*
Rieckenberg) – [t-t] *Heinrich der Jüngere, Herzog von Braunschweig-Wolfenbüttel [1514-*
1568]: ADB 11 (1880), 495-500 (Spehr); NDB 8 (1969), 351f (Heinrich Schmidt), vgl.
Ziegler, Braunschweig 8-10.24-27 – [u-u] *Wilhelm V., Herzog von Jülich [1539-1592]: ADB*
43 (1898), 106-113 (Harleß), vgl. Smolinsky, Jülich 86f.93-101 – [v-v] *Wilhelm (II.) von*
Ketteler, Bischof von Münster [1553-1557]: ADB 43 (1898), 127f (Harleß), vgl. von Oer,
Münster 109.121f – [w-w] *Harst, Karl (1492-1563): ADB 10 (1879), 647-649 (Harleß); NDB*
7 (1966), 705 (Heinz Martin Werhahn) – [x-x] *Philipp I., Herzog von Pommern-Wolgast [1532-*
1560]: ADB 26 (1888), 31-34 (von Bülow), vgl. Schmidt, Pommern 182-184.193-199 – [y-y]
Zitzewitz, Jacob von (1507-1572): ADB 45 (1900), 379-381 (v. Stojentin) –

---

18 in Obern: in obern in obern *D* — *20* & om. *NSamml.* — *20* Doctor: *D. a,* Hortleder —
22 & om. , *Hortleder, NSamml.* — *22-23* wilhelm Ketler von Mehenhof: Wilhalben Köttler
von Mehenhof *C*; Wilhelm Kettler Wilhelm von Mehenjof *D;* Wilhelm Kettler, Wilhelm von
NewenHoff *a, Hortleder, NSamml.* — *23* Carle: vnd Carle *Hortleder* — *24* von: dann
NSamml.

25   en, hertzogen zu wirtemberg^z, wegen ^{a}hanß Dietrich von Plennigen, Oberuogt

zu Stuetgarten^a, Ludwig von Frawenberg, Oberuogt zu Lauffen, ^{b}hanß hain =

rich Heckhlin^b vnd Caspar Beer, baide Doctor, Auch bey vnns alhie erschinen,

Mit welchen als neben vns furgenomnen vnd beschribnen vnderhandlern wir

die sachen fur handt genomen, Auch anfangs von bemeltem Churfursten

30   zu Sachsen seiner Lieb und derselben ^{c}Mitainungs verwanten^c begeer vnd

[3r]

beschwerungen in ^{d}zwaien vnderschidlichen schrifften^d empfangen vnd volgents

mit hohem vleiß erwegen vnd den sachen zum getrewlichisten nachgedacht, wie

die zu guetlicher vergleichung^e gebracht vnd die vorsteendt hochschedlich Kriegs =

empörung abgestellt, sonder bestendiger frid, Rue vnd ainickhait Jm heyligen Reich

5   Teutscher Nation wider aufgericht vnd erhallten werden möchte, vnd also letzt =

lich nach vil vnd langgepflogner, schrifftlichen vnd Mundtlichen vnderhandlung hie =

nachuolgunde Mittl Puncten vnnd Articl ^{f}auf der Römischen Kay Mt: wolgefall =

$^{z\text{-}z}$ *Christoph, Herzog von Württemberg [1550-1568]: ADB 4 (1876), 243-250 (P.Stählin); NDB 3 (1957), 248f (Robert Uhland), vgl. Ehmer, Württemberg 168-170.178-182 –* $^{a\text{-}a}$ *Hans Dietrich von Plieningen (gest. nach 1555) –* $^{b\text{-}b}$ *Johann Heinrich Hecklin von Steineck (gest. vor dem 12. 6. 1563) –* $^{c\text{-}c}$ *Verbündeten –* $^{d\text{-}d}$ *Vgl. Druffel III, 484-486 (das Programm aus Linz [vgl. Edition II] aufgreifend und erläuternd) und 486-490 [eine Aufstellung der Gravamina, vgl. auch sog. "hessisches" Protokoll 39r-39v. –* ^{e} *Einigung bei Streitfragen*

---

27 Doctor: Doctores *NSamml.* — 28 furgenomnen: furgenomen *B, D, a;* fürgekommenen *NSamml.* — 29 fur handt: vor die handt *a;* vor die Hand *Hortleder;* für die Hand *NSamml.* — 30 seiner Lieb: S.L. *a, Hortleder, NSamml.* — 30 Mitainuns: Miteinigungs *Hortleder;* mit = Einigungs = *NSamml.* — 7 Römischen: Ro: *B;* Röm. *a, Hortleder, NSamml.* — 7 Kay Mt: : Kayserlich^n Mayestat *C;* Keyserl.Majest. *Hortleder;* Kayserl.Maj. *NSamml.* —

en, Auch deß Churfursten zu Sachsen halber auf seiner Lieb
Mitainungsfuerwanten

bewilligung vnd Ratification^f entlich abgeredt, betädigt^g vnd
vergleicht,

10 Erstlich soll der Churfurst zu Sachsen vnd seiner Lieb Mituerwante
Kriegsfursten

vnd Stendt, ^{h}so disen vertrag annemen^h, von allem Jrem thätlichen
furnemen^i vnd

gegenwurtiger Kriegsuebung gentzlich absteen vnd Jr besamblet^k
Kriegsfolckh

auf den Ailfften oder zwolfften tag Augusti schierist^l allenthalben
Vrlauben, zer=

trennen vnd verlauffen^m oder vnns, Kunig Ferdinanden, auf vnser
begeer vnd

15 besoldung eruolgen lassen, Auch nach aller Muglichait, vnd das
darJn khain ge=

uerlichait gespuert werde, darob sein vnd verfuegen, das Jr
Kriegsfolckh one

ferner beschedigung der Kay Mt: vnnd vnser, auch Churfursten,
Fursten, Stend

vnnd Stett des heyligen Reichs Jren abtzug nemen vnd getrent
werden vnd also

sich der Kay.Mt: vnd des heyligen Reichs gehorsame verhalten vnd
darJnen

20 bleiben, Auch die Stendt, Stett vnd andere, die Sy biß anher
vbertzogen vnd bele-

---

^{ff} *Vgl. zu dieser Wendung oben S. 38-40 –* ^{g} *ausgehandelt –* $^{h-h}$ *Dieser Nebensatz bezieht
sich auf Albrecht Alcibiades von Brandenburg-Kulmbach sowie die in französischen Kriegs-
diensten stehenden Kriegsfürsten, vgl. 8v/1.6; 7v/1-8; vgl. die entsprechenden Regelungen
10r/4-6.12.17.19-21 –* ^{i} *Vorgehen –* ^{k} *versammeltes –* ^{l} *sofort, unmittelbar –* ^{m} *transitiv:
entlassen und zerstreuen*

---

8 seiner Lieb: S.L. *a, Hortleder, NSamml. — 8* Mitainungsfuerwanten: mitAinungsverwan-
dten *D*; Mitainigungsvorwanten *a;* MiteinigungsVerwandten *Hortleder;* mit=Eini-
gungs=Verwandten *NSamml. — 10* seiner Lieb: S.L. *a, Hortleder;* Sr.L. *NSamml. — 10*
Mituerwante: mituerwandten *D — 12* besamblet: versammlet *NSamml. —13* Ailfften:
Aindlefften *B;* Aindlifften *C —* Ailfften oder zwolfften tag Augusti: ~~a. tag July~~ ▷eilfften
⌜oder zwelfft⌝ augusti◁ *D;* xi. oder xii. Augusti *a;* 11. oder 12. Augusti *Hortleder,
NSamml. — 17* Kay Mt: : Keyserlichen Majest. *Hortleder;* Kays.Maj. *NSamml. — 19*
Kay.Mt: : Römischen Kay.Mt. *B, D;* Ro^n Kay^n Mat *C;* Rö.Kay.May. *a;* Röm.Key-
serl.Majest. *Hortleder;* Röm.Kayserl.Maj. *NSamml. — 19* heyligen: Heil. *NSamml. —*

gert oder sonst Jnen beypflichtig gemacht, derselben Jrer pflicht, anhangs vnd

Bundtnuß durch ain offen patent, alhie begriffner Copi gleichlautendt, ledig

zelen, wie Sy dan Auch auf solch patent vnd in Crafft diß vertrags derselben

ledig sein sollen.

25   Es soll Auch Landtgraf Philips zu Hessen mitler weyll die ⁿzu hall in Sachsen

aufgerichte Capitulationⁿ ausserhalben der Jenigen Articl, so hieuor schon ver=

richt vnd voltzogen, Auch ausserhalb des puncten Cassl belanngendt, °von

Newem Ratificieren° vnd vnuerbruchlich hallten, Auch sein erfolgte verhafft=

ung vnd aufhaltung nicht Anden, Äfernᵖ oder rechen, sonder gegen der Kay.Mt:,

[3v]
vns vnnd dem heyligen Reich als ain gehorsamer Furst sich die tag seines le=

bens erzaigen vnd sich deß alles gegen der Kay Mt: in gebuerender Vnnd al=

hie begriffner form gnuegsam Obligiern vnd verschreiben, auch solchs bey seinen

Sünen vnnd Landtschafft gleichsfals zuhalten vnd sich von Newem zu=

5   uerschreibenᑫ, entlich verfuegen vnd verschaffen,

deßgleichen bede Churfursten Sachsen vnnd Brandenburg, Auch ʳhertzog Wolf=

ⁿ⁻ⁿ *Kapitulation von Halle: 19.Juni 1547, vgl. oben S.2 Anm.4 -* ° *Vgl. Druffel III, 523 (ebd. auch zur Ausnahme der Befestigung in Kassel) -*ᵖ *eifernd verfolgen -*ᑫ *schriftlich zu verpflichten -*

---

23 derselben: derselbigen *a* — 26 ausserhalben: en mit anderer Tinte *D* — 29 Kay.Mt: : Keys.Maj. *Hortleder;* Kayserl.Maj. *NSamml.* — *1* heyligen: H. *Hortleder, NSamml.* — 1-2 lebens: Leben *C* — 2 Kay Mt: : Keys.Maj. *Hortleder;* Kays.Maj. *NSamml.* — *3* auch solches: solchs auch *B,D,a Hortleder, NSamml.;* solches auch *C* —

gang Pfaltzgraue &[r] [s]Jr vorgegebne obligationes gleicherweise auch
  wider
ernewern[s] vnd obbestimbte verschreibungen auf den Sechsten tag
Augusti schierist der durchleuchtigen Furstin, [t]frawen Maria zu
  Hungern vnd
10 Boheim, Kunigin, Wittib, vnser freundtlichen, lieben Schwesster[t],
  oder [u]derselben
presidenten[u] zu Mecheln vberantwort werden.
Dagegen soll gedachter Landtgraff seiner Custodien gentzlich
  enntlediget vnd
auf ob angesetzten Ailfften oder zwölfften tag Augusti gegen
  Reinfels one ent=
gellt auf freyen fueß in sein sichere gewarsame gestellt werden.
  darneben
15 soll auch die Kay:Mt Jr Kriegsfolckh, was deß wider dise Stendt an
  Maniger=
lay orten versamblet, wider Jetzgemellte Stendt, so disen vertrag
  annemen,
in khainen weeg gebrauchen noch auf denselben ligen lassen.
Es soll auch die Kay:Mt: den Landtgrauen bey der furgenomnen
  beuestigung
zu Cassl gnedigelich pleiben lassen,
20 deßgleichen mit Execution der in werender Custodien gesprochnen
  [v]Nassaw=

[r-r] *Wolfgang, Pfalzgraf, Herzog von Zweibrücken und Neuburg [1526-1559]: ADB 44 (1898),*
76-87 (Julius Ney), vgl. Ney, Pfalzgraf Wolfgang 32 (zur Neutralität Wolfgangs), vgl.
Warmbrunn, Pfalz-Zweibrücken 170f.175-180; Schindler/Ziegler, Kurpfalz 10.25 – [s-s] Vgl.
Druffel III, 523 – [t-t] Maria, Erzherzogin von Österreich, Königin von Böhmen und Ungarn,
Statthalterin der Niederlande [1505-1558]: ADB 20 (1884), 374-378 (Maurenbrecher); NDB
16 (1990), 207-209 (Gernot Heiß) – [u-u] Viglius Aytta von Zwichem (1507-1577): ADB 39
(1896), 699-703 (P.L. Müller), ab 1549 Präsident des Geheimen Rates in Mecheln

7 & *om.* B — 8 Sechsten: 6. *NSamml.* — 8 tag *om.* a, *Hortleder* — 8-9 Sechsten Tag
Augusti: n. tag July ▷sechsten augusti◁ D — 9 frawen Maria: frawen Ma *nicht lesbar* B —
13 Ailfften: Ainlifften B; aindlifften C — 13 Ailfften oder zwölfften tag Augusti: n. tag July
▷eilfften oder zwelfften augusti◁ D; xi oder xii tag Augusti a; 11. oder 12. Tag Augusti
Hortleder, NSamml. — 14 freyen: freiem a; freyem *Hortleder* — 15 Kay:Mt : Keys.Maj.
Hortleder; Kays.Maj. *NSamml.* — 16 disen: dise C — 17 denselben: denselbigen *NSamml.*
— 18 Kay:Mt: : Keys.Maj. *Hortleder*; Kayserl.Maj. *NSamml.* — 18 bey der furgenomnen:
bey der furgenomen D; bey fürgenomener a; bey fürgenommener *Hortleder, NSamml.* — 20
mit: mit der a, *Hortleder, NSamml.* —

ischen vrtln^v allenthalben stilgestanden werden, biß nach erledigung
    des Landt=
grafen guetliche handlung zwischen den partheyen furgenomen vnnd
    ge=
pflogen werden mag vnd Jm fal, da die guetlickhait entstuende, das
    dem
Landtgrauen, souil Sich gebuert, zuegelassen werden, was von
    zeugen,
25   Brieflichen vrkhunden vnd ander notturfft bißhero aus mangl der
    Aduo=
caten oder in werender Custodien nit eingebracht, nochmals
    eintzebringen vnd
alßdann ^{w}durch die Churfursten, souil disen sachen vnuerwandt,
    selbs oder Jre

[4r]
Räte vnd dann durch noch Sechs vnpartheysche Fursten des Reichs,
    deren Jede partey
funf der Kay:Mt: Jnnerhalb aines Monats nach des Landtgrauen
    erledigung^x
benennen vnnd furschlagen, vnd Jr Kay.Mt: aus Jedes tails benanten
    drey
Fursten erwölen, vnd vnder den Sechsen zum wenigisten drey
    weltlich sein^w, die
5   in aignen personen oder auch Jr dartzue verordnet Rate als
    Kayserliche Com=

$^{v-v}$ *Gemeint sind die Urteile des Reichskammergerichts im Streit um das Katzenelnbogener Erbe, vgl. Georg Schmidt, AHG 41 (1983), 39-43; AHG 42 (1984), 29-54* – $^{w-w}$ *Ein solcher Ausschuß lehnte sich an die Gepflogenheiten bei den Reichstagen an, vgl. Aulinger, Bild 221; Becker, Kurfürstenrat 81* – ^{x} *Freilassung* –

---

23 mag: möge *a, Hortleder, NSamml.* — *23* guetlickhait: gütlicheit *a;* Gütigkeit *Hortleder* — *24* werden: werde *a, Hortleder, NSamml.* — *26* nochmals: nachmahl *NSamml.* — *1* Sechs: 6. *Hortleder* — *1-6* deren … Commissarien *in Klammern D* — *2* funf: 5. *Hortleder* — *2* Kay:Mt: : Kayserlichen Mayestath *a;* Keyserl.Maj. *Hortleder;* Kays.Maj. *NSamml.* — *3* Ir Kay.Mt: : ihre Kayserliche Mayestath *a;* ihre Keys.Maj. *Hortleder;* Ihre Kays.Maj. *NSamml.* — *3* drey: 3. *Hortleder* — *4* Sechsen: 6. *NSamml.* — *4* drey: 3. *NSamml.* — *4* weltlich: weltliche *a, Hortleder, NSamml.* — *5* personen: person *C* — *5* Ir *om. Hortleder, NSamml.* — *5* verordnet: verordne *D;* vorordenthe *a;* verordente *Hortleder;* verordnete *NSamml.* — *5* Kayserliche: Keys. *Hortleder;* Kayserl. *NSamml.* —

missarien die wider obberuert gesprochen vrtln^y vnd Execution
   angetzogne
Grauamina vnd exceptionen gebuerlich ersehen vnd ob die handlung,
   welche die
zeit, der Lanndtgraf in der Custodia gewest, fur vnd eingebracht,
   Reassumiert,
die ergangnen vrtln vnd proceß auf dieselben eingebrachten
   grauamina vnd
10   Exceptionen vnd die noch furzewenden suspendiert werden solten,
   erkhent werde,
was Recht sey, das auch solche guetliche handlung vnd erkhantnuß
   Jnnerhalb zwai=
er Jarn aufs lengist nach beschluß vnd dato diß vertrags gewißlich
   verricht vnnd
voltzogen,
Aber all andere puncten vnnd Articl von gemelltem Churfursten zu
   Sachsen vnd
15   wilhelmen Landtgrauen zu Hessen wegen angetzogen vnnd
   furkhumen biß zu erledig=
ung der Andern vbergebnen gemainen beschwerungen eingestellt vnd
   verschoben werden,
Deßgleichen der ^zAdministrator Teutsch Ordens^z, auch hertzog
   hainrich zu Braunschweig
vnd andere, so den Lanndtgrauen des verganngnen
   ^aSchmalkhaldischen Kriegs^a halben
in ansprach genomen oder noch zuhaben vermainen, damit auch biß
   zuerledig=
20   ung der obberuerten beschwerungen Stillsteen,
Auch die angetzogene Newe Grauamina, so in des Landtgrauen
   werender Custodia

---

^y *3v/20f* – ^z-z *Wolfgang von Schutzbar, gen. Milchling, Administrator des Deutschen Ordens und Deutschmeister [1543-1566], vgl. Weiß, Deutscher Orden 224f; Gundermann, Preußen 221-223* – ^a-a *Schmalkaldischer Krieg: 1546-1548, vgl. Brandi, Karl V. 479-491; Rabe, TRE 17, 640f*

7-8 die zeit: die Zeit als *Hortleder, NSamml.* — *10* furzewenden suspendiert: zewenden *mit anderer Tinte nachgezogen, über dem* u *von* suspendiert *mit derselben anderen Tinte u-Strich eingetragen* B — *11* Innerhalb: Jnner B — *11-12* zwaier: 2. *NSamml.* — *12* aufs: auff das *NSamml.* — *14* Churfursten: Chur *nicht lesbar* B — *20* obberuerten: obvormelten *a;* obvermeldten *NSamml.* —

am Kayserlichen Camergericht oder sonst wider Jne furgenomen sein
    möchten,
sambt derselben Exceptionen, durch die Chur und Fursten, so diser
    sachen vnnder=
handler gewesen, auf negstem Reichstag gebuerlich ersehen vnnd
    gedachter Landt=

25   graf darJnn notturfftigelich gehört, Auch daruber, was Recht vnnd
    billich, erkhenndt
vnd mitler zeit am Kayserlichen Camergericht stillgestanden werden
    solle.
Was dann volgendts die andere Articl, so bey diser Fridshanndlung
    von dem Chur=
fursten von Sachsen vnnd seinen Mituerwandten angeregt, als
    erstlich [b]Reli=

[4v]
gion, frid vnd Recht[b] betrifft, soll die Kay Mt: dem gnedigen
    [c]erbietten, so Jungst
zu Lyntz von Jrer Mt: wegen nach Jnnhalt der datzumal[d] gegebnen
    Antwort
beschehen[c], getrewlich nachsetzen, Auch Jnnerhalb aines halben
    halben Jars
ainen gemainen Reichstag hallten, darauff nochmals, auff was weeg,
    Als

5   Nemblich aines General oder National Concilij, Colloquij oder
    gemainer
Reichsfuersamblung, dem zwispalt der Religion abzuhelffen vnd
    dieselb zu
Cristlicher vergleichung zubringen, gehanndlt vnnd also solche
    ainickhait

[b-b] *Vgl. unten Edition IV sowie die Synopse von Passauer Abrede und dem Religionsartikel des Passauer Vertrages, vgl. oben S.25-38 -* [c-c] *Vgl. Druffel III, 404f -* [d] *damals -*

---

21 werender *om. Hortleder* — 22 Kayserlichen: Kay. *a;* Keys. *Hortleder;* Kays. *NSamml.*
— 25 Recht vnnd billich: billich vnd recht *a, Hortleder, NSamml.* — 26 Kayserlichen: Kay.
B,a; Keys. *Hortleder;* Kayserl. *NSamml.* — 28 von: zu *a, Hortleder, NSamml.* — *1* Kay mt:
Keyserl.Maj. *Hortleder;* Kays.Maj. *NSamml.* — *2* Mt: Majestat *Hortleder;* Maj. *NSamml.*
— *3* halben halben *A, wobei das zweite* halben *unterpunktet ist:* halben *B, C, a, Hort.,
NSamml.* —

der Religion durch alle Stendt des heyligen Reichs, sambt Jrer Mt:
ordenlichem
zuethuen soll befurdert werden.

10   Es soll Auch zuuorberaitung solcher vergleichung bald anfangs
solches Reichs=
tags ain Ausschuß von etlichen schidlichen[e], verstendigen personen
baider
seits vnnd Religion in gleicher anzal geordnet werden, mit beuelch
zu=
beratschlagen, welchermassen solche vergleichung am fueglichisten[f]
möcht
furgenomen werden, doch [g]den Churfursten sonst des Ausschuß
halben an Jrer

15   hochait vnuergreifflich[g],
Vnnd mitler zeit weder die Kay Mt:, wir, noch Churfursten, Fursten
vnnd
Stende des heyligen Reichs kainen Standt der Augspurgischen
Confession
verwant der Religion halben mit der that, gewaltiger weiß oder in
ander
weeg wider sein Conscientz vnd willen dringen oder derhalben
vbertziehen,

20   beschedigen, durch Mandat oder Ainicher andern gestallt beschweren
oder ver=
achten, sonnder bey solcher seiner Religion vnnd glauben
Ruebigelich vnd
fridlich bleiben lassen.
Es sollen auch der Jetzigen Kriegsvebung, auch alle andern Stende
der Augspurg=

---

[e] *friedfertigen* – [f] *am geschicktesten* – [g-g] *Vgl. Aulinger, Bild 221f* –

---

8 heyligen: Heil. *Hortleder;* H. *NSamml.* — 8 Mt: Maj. *Hortleder, NSamml.* — *11-12*
baider seits vnnd Religion: beiderseits vnd Religionen *a;* beyderseits Religionen *Hortleder,*
NSamml. — *16* Kay Mt: Keyserliche Majestat *Hortleder;* Kays.Majest. *NSamml.* — *17*
heyligen: H. *NSamml.* — *17* Augspurgischen: Augspurg. *NSamml.* — *19* derhalben: der *mit*
anderer Tinte über der Linie nachgetragen B — *21* Ruebigelich: Ruebigelich *C;* Rueblich *D;*
ruiglich *a;* rühiglich *Hortleder;* ruhiglich *NSamml.* — *23* andern: andere *C,D,a Hortleder,*
NSamml. —

ischen Confession verwandte die andern des heiligen Reichs Stende, so der alten
25   Religion anhengig, geistlich vnnd weltlich gleicher gestalt, Jrer Religion, Kirchen
gebreuch, ordnung vnnd Ceremonien, auch Irer haab, Guettern, ligendt vnd
varendt, Landen, Leutten, Renten, zins, Gulten[h], Guettern, Ober vnd gerechtickhaiten[i]

[5r]
halben vnbeschwert vnd Sy derselben fridlich vnnd Ruebiglich gebrauchen vnd
geniessen, Auch mit der that oder sunst in vnguettem gegen denselben nichts
furnemen, sonder [k]in allweeg[k] nach laut vnd außweisung vnser vnd des heyligen
Reichs Rechten, ordnungen, Abschidt vnd aufgerichten Landtfriden Jeder sich gegen
5   dem Andern an gebuerendem, ordenlichen Rechten, alles bey vermeidung der
peen, [l]in Jungst ernewertem Landtfriden begriffen[l], benuegen lassen.
Was dann auf solchem Reichstag durch gemaine Stendt sambt Irer Kay:Mt: orden=
lichem Zuethuen beschlossen vnnd verabschidet, daß soll hernach also strackhs vnnd
vesstigelich gehalten, auch darwider mit der that oder in annder weeg mit nichten
10   gehandlt werden.
Vnd solle auch alles das, so mergemeltem fridstandt zuwider sein oder verstanden

[h] *Grundstücksertrag bzw. Grundschuld und entsprechender Zins* – [i] *Rechtsansprüche bzw. rechtliche Zugehörigkeit* – [k-k] *in jedem Fall* – [l-l] *Gemeint ist der Reichstagsabschied von 1551* –

---

24 heiligen: Heil. *Hortleder, NSamml.* — 27 Guettern *gestrichen und unterpunktet A; om.B,C,D,a,Hortl.,NSamml.* — 1 Ruebiglich: Ruewiglich *C;* Ruebigelich *D;* ruiglich *a;* ruhiglich *Hortleder, NSamml.* — 2 denselben: denselbigen *D,a Hortleder* — 3 heyligen: H. *a,Hortleder, NSamml.* — 5 gebuerendem: -en *a,NSamml.* — 5 ordenlichen: -em *C,D* — 6 in *nachgetragen C* — 7 Kay:Mt: Kayserlichen Mayestat *C;* May. *a;* Maj. *Hortleder, NSamml.* — 9 [in] *B* —

werden möcht, demselbigen nichts benemen, derogiern^m noch
abbrechen, vnd solches

also von der Kay.Mt:, vnns, auch Churfursten, Fursten vnnd
Stenden Respectiueⁿ

gnuegsam vnnd notturfftigelich in Crafft dises vertrags versichert
sein, Auch

15   dem Kayserlichen Camergericht vnnd beisitzern ^oobgemelter
fridstanndt zuer=

khennen gegeben vnd bey Jren pflichten beuolhen werden^o, sich
demselben frid=

standt gemeß zuhallten vnd zuerzaigen, auch den Anrueffenden
partheyen

darauf vngeachtet, welcher Religion die sein, geburlich vnd
notturfftig hillff

des Rechtens mitzethaillen. ^pAuch sonderlich die form des beysitzer
vnd anderer per=

20   sonen vnd parteyen aydts, zu Gott vnnd den heyligen oder zu Gott
vnd auff das

heylig Euangelium zuschwörn, denen so schwern, sollen hinfuro frey
ge=

lassen werden^p.

Souil aber die vergleichung der Stimmen, Auch gleich vnparteysch
Recht zuer=

hallten, deßgleichen presentation der Beysitzer vnd andere Articl
fridens vnd

25   Rechtens betrifft, Jst in diser handlung bedacht worden, da etwas
beschwer=

lichs oder bedenckhlichs Sich in der Camergerichts ordnung wolt
erewgen,

---

^m *(zum Teil) aufheben* – ⁿ *gegenseitig* – ^{o-o} *Vgl. Mencke, Visitationen 76f* – ^{p-p} *Vgl. Mencke, Visitationen 77f* –

---

12 demselbigen: demselben *NSamml.* — *13* Kay.Mt: Keyserlichen Maj. *Hortleder;* Kays.Maj. *NSamml.* — *14* dises: des *Hortleder* — *15* Kayserlichen: Kay: *D,a;* Keyserl. *Hortleder;* Kayserl. *NSamml.* — *16* demselben: demselbigen *Hortleder* — *16-17* fridstandt: Friedens=Stand *NSamml.* — *18* geburlich vnd notturfftig hillff: gebürliche nottürfftige hülffe *a;* gebührliche nothdürftige Hülffe *Hortleder, NSamml.* — *19* des: der *a, Hortleder, NSamml.* — *20* oder: wider *Hortleder* — *21* hinfuro: hinfüro an *a;* hinfüran *Hortleder, NSamml.* — *22* werden: werde *a* — *23* vnparteysch: vnpartheyische *Hortleder* — *25* Ist: so *Hortleder* —

dieweill solch ordnung mit gemainer Stendt bewilligung in gemainer

[5v]
Reichsfuersamblung aufgericht vnd beschlossen, das die
    bestendigelich nit, dann
widerumb durch die Kay.Mt: vnnd gemaine Stenndt in gemain oder
    aber, qsouil
es die gelegenhait erleidenq mag, den rordenlichen weeg der
    Visitation gemelts
Camergerichtsr oder sonst moge geendert vnnd erledigt werden, da
    dann wir
5   sambt der Churfursten Gesandten, erscheinenden Fursten vnnd der
    abwesenden
Potschafften vrbittigs vnnd willig seyen, alle vermugliche furderung
    zuer =
zaigen, damit in Religionsachen khain thaill sich des vberstimens vor
    dem An=
dern zubefärnt, Auch parteylickhait verhuet vnnd die verwanten der
    Augspurg=
ischen Confession am Kayserlichen Camergericht nit außgeschlossen,
    deßgleichen
10   Auch andere beschwerungen, wo ainiche befunden wurden, der
    billichait nach
abgewendt vnd diß alles auf negstem Reichstag abgehanndelt werde.
Es haben auch wir sambt der Churfursten Gesandten, erscheinenden
    Furssten
vnnd der abwesenden Potschafften bey der Kay:Mt: freundtlich vnd
    vnder=
thenigelich angesuecht vnnd gebetten, das Jr Kay Mt die
    notwendigistenn

---

q-q = *"soweit es in der Situation möglich sein wird"* - r-r *Vgl. Mencke, Visitationen 13f* - s
bereit - t *zu hüten, in Acht nehmen, als Gefahr fürchten*

---

27 solch: sol⌐che¬ *D* — 2 Kay.Mt: Keys.Maj. *Hortleder;* Kayserl.Maj. *NSamml.* — 6
vermugliche: mögliche *NSamml.* — 9 Kayserlichen: Kay: *D;* Kay. *a;* Keyserl. *Hortleder;*
Kays. *NSamml.* — 10 der: ⌐der¬ *D* — 13 Kay:Mt: Keyserlichen Majestat *Hortleder;*
Kays.Maj. *NSamml.* — 13 vnd: ⌐vnd¬ *mit anderer Tinte nachgetragen B* — 14 Kay Mt:
Keyserliche Maj. *Hortleder;* Kays.Maj. *NSamml.* —

15   Puncten vnd darunder den Articl die presentation belangendt vnnd,
        das die
     verwanten der Augspurgischen Confession am Kayserlichen
        Camergericht,
     ᵘwie oblautᵘ, nit außgeschlossen werden, aus volkhomenhait Jrer Kay
        Mt:
     gewalts zubefurderung vnnd erhaltung fridens vnnd ainickhait im
        Reich als
     palt Jmmer muglich erledigen wollten.
20   Die angetzognen beschwerdenᵛ, so der Teutschen Nation freihaitten
        zuwider einge=
     rissen sein sollen, ᵂJn des Churfursten zu Sachsen vbergebnen Articl
        vnd neben=
     schrifft begriffenᵂ, betreffendt, waren wir sambt den Churfurstlichen
        Ge=
     santen, erscheinenden Fursten vnnd der Abwesenden Potschafften
        ganntz
     wol genaigt vnnd vnbeschwert gewesen, darJnn vnnd, was fernner
        den=
25   selben anhengig sein möchte, alßbald auch vnderschidlich guetliche
        hanndlung
     furtzenemen. Nachdem wir aber ˣaus der Kay.Mt: zu diser handlung
        abge=
     fertigter Räth berichtˣ souil vermerckht, das Jr Kay:Mt: solcher
        beschwerden

     [6r]
     biß anheer zu guettem thail gar khain wissen empfanngen vnd also
        Sy die Rät

ᵘ⁻ᵘ = 5r/19-22 - ᵛ *Gravamina* - ᵂ⁻ᵂ *Vgl. Druffel III, 484-486 und besonders 486-490, vgl.*
3r/1 - ˣ⁻ˣ *Vgl. Druffel III, 491.*

---

15 den: der *a* — *15* belangendt: belangende *Hortleder* — *16* Kayserlichen: Kay: *D;* Kay. *a;*
Keyserlichen *Hortleder;* Kayserl. *NSamml.* — *16* Kay Mt: Keys.Maj. *Hortleder;*
Kayserl.Maj. *NSamml.* — *22* waren: weren *B, C;* Weren *D, a, Hortleder;* wären *NSamml.*
— *22* Churfurstlichen: Churfürsten *a, Hortleder, NSamml.* — *26* aus: uff *a;* auff *NSamml.*
— *26* Kay.Mt: Kayserlichen Mat. *C;* Kayserlichen Maiestat *a;* Keys.Maj. *Hortleder;*
Kayserl.Maj. *NSamml.* — *26* zu: in *Hortleder, NSamml.* — *27* Kay:Mt: Kayserliche
Maiestat *a;* Keyserl.Maj. *Hortleder;* Kays.Maj. *NSamml.* —

darauf nit abferttigen mugen, zu dem, das auch dise beschwerden so
    weitleuffig,
groß vnnd hochwichtig vnnd aber die zeit zu gegenwurtigem tag
    angesetzt gantz
khuertz vnd dann auch dem Churfursten zu Sachsen vnd seinen
    Mituerwaten
5   dartzwischen vnnd, biß den sachen nach notturfft abgeholffen, Jr
    Kriegsfolckh zu=
erhalten nit allain vbermessigen Costen gebern, Sonder den
    Obrickhaitten,
hin vnnd wider auch den Armen vnnderthanen zu merckhlichem
    nachtaill
vnnd schaden gelangen wurde, demnach solle die erledigung
    angeregter be=
schwerungen auf dem Reichstag schierist zuhallten oder auf ain
    anndere ver=
10 samblung des Reichs dißmals verlegt vnd eingestelt vnd die
    ^yLyntzisch be=
willigung^y, Auch der Kay: Räte alhieig vertrösten, Nemblich das der
    Kay Mt:
hofrat, so des heyligen Reichs vnnd der Stenndt gemaine oder
    sonderbare sachen
beratschlagen vnnd erledigen, also statlich mit Teutschen Räten
    besetzt, auch
die Teutsche sachen durch Teutsche gehanndelt werden, das darob
    menigelich
15 ain billichs benuegen tragen vnnd haben, das auch Jr Kay:Mt: der
    Teutschen
Nation, Jres geliebten vatterlanndts, wolhergebrachte Libertet vnnd
    freyhait

---

^{y-y} *Vgl. Druffel III,405*

---

4 Mituerwaten *[sic!] A*: mituerwandten *B, C, NSamml.*; mituerwanten *D;* — *11* Kay: Kay
Mt *B;* Kay Mat *C;* Kay.May. *a;* Keys.Maj. *Hortleder;* Kays.Maj. *NSamml.* — *11* alhieig:
alhie *a;* allhie *Hortleder, NSamml.* — *11* Kay Mt: Keyserl.Maj. *Hortleder;* Kayserl.Maj.
NSamml. — *12* heyligen: H. *NSamml.* — *12* der *om. NSamml.* — *12* sachen: ▷sachen◁ *D*
— *15* Kay:Mt: Keyserliche Majestat *Hortleder;* Kayserl. Maj. *NSamml.* — *16*
wolhergebrachte: wohl ergebrachte *Hortleder*

nit allain nit zuschmelern oder zuschwechen, sonnder auch nach
   Irem ver=
mugen zuerhallten zum höchsten genaigt sey, diser Zeit allenthalben
   zu
danckh angenomen worden.

20 Vnnd damit der Churfurst zu Sachsen vnnd seine mitverwanten sich
   nit zube=
sorgen, das dise handlung ersitzen[z] vnd nit zu geburlichem
   furderlichem endt ge=
lanngen möcht, so sollen wir, auch obgedachter, vnser geliebter Son
   Khunig Maxi=
milian, Auch Churfursten, Fursten vnd Stendt des heyligen Reichs
   die ange=
brachten beschwerungen furhanden nemen, Jrer Kay Mt: furtragen
   vnd dar=
25 auf befurdern, dieselben, souil der billichait nach gegrundt befunden,
   auch
angesehen (wie sich gebuert, die [a]gulden Bull[a] vnnd anndere des
   heiligen
Reichs ordnungen vnnd alte lobliche herkhomen der Teutschen
   Nation, zu gueter

[6v]
erledigung zubringen vnd dann auch die vbrigen beschwerungenn,
so die Kay Mt nit betreffen, sonnder durch sonderbare[b] Stendt vnnd
glider des heiligen Reichs andern zuegefuegt worden, oder, was
auch die Stenndt selbs vnnder ainander, es belanng dann die form
5 vnd maß gemainer beratschlagung vnnd handlung oder annders,
   haben

---

[z] *ruht, ohne daß etwas getan wird* – [a-a] *Goldene Bulle von 1356, vgl. Arnim, Wolf: Art.
Goldene Bulle v. 13565, LMA 4 (1989), 1542f (Edition: Fontes iuris Germanicae Antiquii ex
MGH XI. Bulla aurea Karoli IV. ... Bearbeitet von Wolfgang D.Fritz, Weimar 1972) –* [b]
einzelne

---

20 zu: von *C* — *23* heyligen: Heil. *NSamml.* — *24* Kay Mt: Keyserlichen Majestat
Hortleder; Ih. Kays.Maj. *NSamml.* — *25* dieselben: dieselbigen *Hortleder* — *25* souil der:
so viel derer *Hortleder;* so viel deren *NSamml.* — *25* (wie sich gebuert: (wie sich
gepurt) *D* — *2* Kay Mt: Keyserliche Majestat *Hortleder;* Kays.Maj. *NSamml.* — *3* heiligen:
H. *Hortleder, NSamml.* — *3* worden: werden *a, Hortleder, NSamml.* — *5* beratschlagung:
berathschlagungen *a, NSamml.* — *5* handlung: handlungen *D,a, Hortleder, NSamml.* —

möchten, gleichergestallt, doch mit Jrer Kay Mt: als des oberhaubts
Rath vnnd zuethuen Auch also wie oblaut zu anfanng des negst=
khunfftigen Reichstags furnemen vnd erledigen, vnnd Jst die Kay:
Mt: deß gnedigen milten erbiettens, was Jr Mt: selbs Jnsonnder=
10   hait betreffen mag, sich in demselben aus gnedigem guettem
willen dermassen zuerzaigen vnnd zuhallten, das gemaine Stendt
augenscheinlich spurn sollen, das Jr Mt: zum hochsten begeer, alle
sachen nach der gebuer zurichten, Auch den gemainen nutz Jrem
aignen bey weittem furtzesetzen vnnd alle sachen dergestallt fur=
15   zenemen, das alle Stenndt sich desselben der billichait nach ganntz
wol sollen haben zuersettigen.
Fernner, als auf den Articl den ᶜKhunig von Franckhreichᶜ beruerent,
aus seines ᵈOratorsᵈ ᵉgethanen werbungᵉ vermerckht, das darJnn
        etliche
mitl vnnd puncten des gemainen fridens vnnd dann auch seine
20   sondere priuat sachen angetzogen worden vnd aber die puncten
vnnd sachen des gemainen fridens Teutscher Nation allain die Ro.
Kay.Mt:, vnns, auch Churfursten, Fursten vnnd Stendt ⌈deß⌉
        heyligen Reichs
vnd sonst niemandt belangen, Auch dise gengenwurtige versamblung gleich eben vonwegen befurderung vnd erhalltung gemaines
25   fridens, auch erledigung der vorsteenden angetzognen beschwerden
furgenomen, so wirt derhalben ainicher Andern hanndlung von
unnötten geachtet.

ᶜ⁻ᶜ *Heinrich II., König von Frankreich [1547-1559]* – ᵈ⁻ᵈ *Jean de Fresse, Bischof von*
Bayonne – ᵉ⁻ᵉ *Vgl. Druffel III, 524-526* –

---

6 Kay Mt: Keyserlichen Majestat *Hortleder;* Kays.Maj. *NSamml.* — *8-9* Kay:Mt: Kayserlich
Mat *C;* Keyserl.Majest. *Hortleder;* Kays.Maj. *NSamml.* — *9* Ir Mt: ihre Majestat *Hortleder;*
Ih.Maj. *NSamml.* — *12* Ir Mt: ihre May *a;* ihre Majestat *Hortleder;* Ih. Maj. *NSamml.* —
12 begeer: begert *a;* begehrt *Hortleder, NSamml.* — *18* seines Oratorss: einen Oratores *a;*
seiner Oratoren *Hortleder, NSamml.* — *20* worden: werden *D, a, NSamml.* — *21* Ro.:
Römisch *B, D;* Röm. *a, Hortleder, NSamml.* — *22* Kay. Mt: Keys.Maj. *Hortleder;* Kayserl.
Maj. *NSamml.* — *22* deß *nur in A über der Linie* — *22* heyligen: H. *Hortleder, NSamml.* —
23 niemandt: niemands *a, Hortleder, NSamml.* — *23* belangen: belangende *a;* belangend
NSamml. — *23* gengenwurtige: gegenwurtige *B;* gegenwuertige *C;* gegenwurtig *D;*
gegenwertige *a;* gegenwärtige *NSamml.* — *24* gleich *nicht lesbar C* — *24-25* gemaines ...
vorsteenden *nicht lesbar C* —

[7r]

Was aber des Kunigs von Franckhreich priuat sachen betrifft, mag
der Chur=

furst zu Sachsen ᶠvermug des Lyntzischen Abschidtsᶠ von gedachtem
Khunig oder

seinem Orator, wo das hieuor nit geschehen, nochmals vernemen,
was beruerter

Kunig vonwegen seiner priuat sachen an die Kay Mt: zusprechen,
zubegern

5 oder zufordern, vnnd dieselben Begeer vnd vordrungen alßdann vns
zuestellen,

damit die furter durch vnns an die Kay Mt gelangen vnd Sy sich
fernner dar=

auff Jres gemuets vnd willens erclärn mochten.

Belangendt die Jhenigen, so verschines Kriegs halben in der Kay:Mt:
Acht vnd

vngnad khomen vnd diser Jetzigen Kriegsrustung verwant vnd
zuegethan

10 sein, haben wir sambt der Churfursten gesandten, erscheinenden
Furssten

vnd der Abwesenden Potschafften bey der Rö.Kay:Mt: an aller
getrewen freunt=

lichen vnd vnderthenigen befurderung nichts abgeen lassen, auch
letzlich er=

halten, das ᵍGraf Albrecht von Mansfeltᵍ sambt seinen Sunen, der
ʰRein=

grafʰ, ⁱGraf Cristoff von oldenburgⁱ, ᵏhanß herr von heydeckhᵏ,
ˡFriderich von

ᶠᶠ Vgl. *Edition III; 351r/10-16* – ᵍᵍ *Mansfeld, Albrecht III., Graf von [1480-1560]: ADB 20 (1884), 215-221 (Größler); NDB 16 (1990), 78f (Reinhard R. Heinisch), vgl. Wartenberg, Mansfeld 78-88* – ʰʰ *Rhein- und Wildgraf Johann Philipp [1520-1566]* – ⁱ⁻ⁱ *Christoph, Graf von Oldenburg [1502-1566]: ADB 4 (1876), 241-243 (Merzdorf); NDB 3 (1957), 346f (Werner Storkebaum), vgl. Hoffmann, Oldenburg 130f.135f* – ᵏ⁻ᵏ *Heideck, Johann Freiherr von [1508-1554]: ADB 11 (1880), 294 (Landmann)* –

---

2 Khunig: Königs *Hortleder* — 3 seinem Orator: seinen Oratorn *a, Hortleder;* seinem Oratoren *NSamml.* — 3 das: diß *NSamml.* — 3 hieuor: hiebevor *NSamml.* — 4 Kay Mt: Kayserlich Mat *C;* Kays.Maj. *NSamml.* — 5 dieselben: dieselbigen *Hortleder;* dieselbig *NSamml.* — 6 Kay mt: Keys.Maj. *Hortleder;* Kays.Maj. *NSamml.* —8 Kay:Mt: Keyserlichen Majestat *Hortleder;* Kays.Maj. *NSamml.* — 11 Rö.: Römischen *B,D, Hortleder;* Röm. *a, NSamml.* — 11 Kay:Mt: Keyserlichen Majestat *Hortleder;* Kays.Maj. *NSamml.* —

15   Reiffenberg[l], [m]Georg von Reckhenrodt[m], [n]Sebastian Schertle &[n],
       deßgleichen andere, so des
     selben Kriegß halben in vngnad vnd von Jren Landen, Leutten vnnd
       Guettern
     khumen, alls [o]hertzog Othainrich Pfaltzgraf[o], [p]Furst wolf von
       Anhalt[p], deß
     gleichen die [q]Braunschweigischen herrn vnd Junckhern[q] vnd
       gemainlich alle
     vnnd Jede andere, hochs vnnd niders Standts, benant vnd vnbenant,
       so des
20   vergangnen Kriegs in vngnad khomen vnnd noch sein vnd Jetzigem
       Krieg
     sich anhengig gemacht, von der Kay Mt: außgesuent, aus sorgen
       gelassen,
     auch wider zu gnaden vnnd hulden aufgenomen werden, Auch in
       Crafft diß
     vertrags Außgesönet sein sollen, doch das Sy sich hinfuro gegen der
       Kay.Mt:, vns
     vnd dem heyligen Reich geburlicher schuldiger gehorsam ertzaigen
       vnd halten,
25   Auch wider Jr Kay Mt, vns vnd das Reich nit diennen sollen, biß zu
       erledigung des
     Articls, so derhalben den gemainen beschwerungen eingeleibt, bey
       welcher er=
     ledigung es auch volgendts bleiben vnd darnach gehalten werden
       solle,

[l-l] Reiffenberg, Ritter Friedrich v. [1515-1595]: ADB 27 (1888), 687-690 (Otto) – [m-m] Georg von Reckerodt [1500-1559] – [n-n] Schertlin, Sebastian S. von Burtenbach [1496-1577]: ADB 31 (1890), 132-137 (Alfred Stern) – [o-o] Otto Heinrich (Ottheinrich), Kurfürst von der Pfalz [1556-1559]: ADB 24 (1887), 713-719) Salzer), vgl. Schindling/Ziegler, Kurpfalz 9f.22-24 – [p-p] Wolfgang, Fürst zu Anhalt [1508-1564]: ADB 44 (1898), 68-72 (F. Kindscher), vgl. Schrader, Anhalt 88-92 – [q-q] Vgl. oben S.27 Anm.104.

15-16 desselben: desselbigen *Hortleder* — 21 Kay Mt: Keyserl.Maj. *Hortleder;* Kays.Maj. *NSamml.* — 23 hinfuro: hinfüro an *a;* hinfüran *Hortleder; NSamml.* — 23 Kay.Mt: Keyserl.Majestat *Hortleder;* Kayserl. Maj. *NSamml.* — 23 vns om. *Hortleder, NSamml.* — 24 heyligen: H. *NSamml.* — 24 geburlicher schuldiger gehorsam: gebührliches schuldigen gehorsams *a, Hortleder;* gebührlichs schuldigen Gehorsams *NSamml.* — 25 Kay Mt: Keyserl.Maj. *Hortleder;* Kayserl.Maj. *NSamml.* —

[7v]

Das auch die Jhenigen, so, wie oblaut, außgesonet vnnd begnadt
  worden vnd

diser zeit ausserhalb des Reichs Teutscher Nation, in Franckhreich
  oder

anderer orten seyen vnd wider die Kay.Mt: diennen, sich Jnnerhalb
  Sechs

wochen den negsten nach dato diß vertrags zuerclärn vnd gleich von
  derselben

5   zeit an wider die Kay Mt: vnnd die Stendt des Reichs fernner nit
    zudienen

noch sich gebrauchen zulassen, auch volgendts aufs lengst in zwaien

Monaten den negsten darnach sich wider herauß in TeutschLandt
  zuuer=

fuegen schuldig oder diser aussuenung vnd begnadung nit fähig sein
  sollen.

Vnd nachdem in schwebender Kriegsuebung allerlai thatliche
  Newerungen

10   vnd sachen furgangen, Auch etliche Churfursten, Fursten, Stendt
    vnd Stett

Jrer Guetter entwert vnd beschedigt worden, so sollen dises Kriegs
  verwante

Fursten alle in disem Krieg eingetzogne vnd eroberte herrschafften,
  Stett,

Fleckhen, Landt, Leut vnd Guetter, denen Stenden, so sy zuuor
  zuegestannden,

widerumb volgen lassen vnd, wie obgemelt, Jrer pflicht vnnd
  anhanngs,

15   damit Sy dieselben Jnen beypflichtig gemacht, ledig zelen, doch das
    die Reichs

Stett bey Jren allten priuilegien vnnd freyhaitten gelassen werden.

Dargegen haben die Kay Mt: vmb gemaines fridens vnd verhuettung
  weit=

---

3 Kay.Mt: Keyserliche Majestat *Hortleder;* Kays.Maj. *NSamml.* — *3* Sechs: 6. *NSamml.* —*4* diß: des *Hortleder* — *4* vnd: vns *Hortleder* — *4* derselben: derselbigen *Hortleder* — *5* Kay Mt: Keys.Maj. *Hortleder;* Kays.Maj. *NSamml.* — *6* volgendts: volgend *B, D* — *6* lengst in: st in *nicht lesbar C* — *6* zwaien: 2. *NSamml.* — *11* dieses: diese *a, Hortleder, NSamml.* — *15* Sy: ⌜sy⌝ *B* — *17* Kay Mt: Kayserliche Maiestat *a;* Keys.Maj. *Hortleder;* Kayserl.Maj. *NSamml.* — *17-18* weitterer: weiters *a, Hortleder, NSamml.* —

terer schadens willen alle vnnd Jede zuespruch vnd vordrungen, so
    die besche=
digten Stende vnnd Stett oder auch sonderbare personen wider die
    Kriegs=
20 uerwante Fursten vnd die Jren vnd hinwider dieselben verwante
    gegen
andern Stenden der erlitnen vnd zuegefuegten schäden halben
    ⌐zuhaben⌐ vermain=
en, Aus Jrer Kay.Mt: Macht volkhomenhait gentzlich aufghebt, vnd
    wollen
aber Jr Kay:Mt neben vnns vnd andern Stenden des Reichs auf
    solche pil=
liche mittl vnd wege bedacht sein, damit die beschedigten Stenndt
    vnd
25 Stett der beschwerlichen schäden vnnd verhörung, so Sy vnd Jre
    vnder=
thanen erlitten, one diser kriegsuerwanten Stendt zuethuen beschwer

[8r]
ung vnd schaden ergötzt vnd mit allen gnaden bedacht, Auch also
    alle Vr=
sachen zukhunfftiger weitterung abgeschnitten vnnd bestendiger frid
    er=
halten werde.
Alls Auch hertzog Othainrichs pfaltzgrauen & halben furkhumen vnd
    durch
5 seine gesandten Suppliciert vnd gebetten worden, Jne bey der
    Ro:Kay:Mt: zube=
furdern, haben wir sambt den Churfurstlichen Gesandten,
    erscheinenden Fursten

---

18 zuespruch: Zuspruche *NSamml.* — *21* ⌐zuhaben⌐ *A, B, C* — *22* Kay.Mt: Kayserlichen Maiestat *a;* Keys.Maj. *Hortleder;* Kayserl. Maj. *NSamml.* — *22* Macht *om. Hortleder, NSamml.* — *22* aufghebt: g *in B mit anderer Tinte nachgeschrieben, in C mit anderer Tinte nachgetragen;* auf⌐ge⌐hebt *D* — *23* Kay:Mt : ihre Kayserliche Maiestat *a;* ihre Keys.Maj. *Hortleder;* Ihr.Kays.Maj. *NSamml.* — *23* auf: auch *D* — *5* seine: seinen *a, Hortleder* — *5* Ro: : Römischen *B,D, Hortleder;* Röm. *a, NSamml.* — *5* Kay:Mt: Keyserlichen Majestat *Hortleder;* Kayserl.Maj. *NSamml.* — *6* sambt den Churfurstlichen: sampt der Churfürsten *a, Hortleder, NSamml.* —

vnd der Abwesenden Potschafften bey hochgedachter Kay Mt: alle getrewe

furwendung gethan vnd erhalten, das Er vnd sein Landtschafft bey dem Furst=

enthumb Newburg vnnd seiner zuegehorung gelassen werden vnnd bleiben

10 muge,

das auch die Churfusten Fursten Stend vnd Stette, so diser Jetzigen Kriegsueb=

ung verwandt, die seyen veldtMarschalch, Rittmaister, Obristen, beuelchß=

leut oder sonst in gemain alle Kriegßleut, wie die Namen haben möchten,

sambt allen denen, so Jnen darJnn oder darunter anhengig vnd beypflichtig

15 worden, hochs vnd Nidern Stands, benant vnd vnbenant, aus sorgen gelas=

sen vnd wider zu gnaden an vnd aufgenomen vnd dise furgenomne Kriegsuebung vnd alles was sich darJnn ainiger gestallt verlauffenn

gegen Jnen, deßgleichen auch Sy gegen andern (weder sambtlich noch

sonderlich, in oder ausserhalb Rechtens, haimblich oder offenbar, in vn=

20 gnaden oder argem gedacht, geandet oder geäfert werden sollen, doch

das Sy sich hinwider gegen der Kay:Mt:, vns vnnd dem heyligen Reich

gebuerlicher schuldiger gehorsam ertzaigen vnd hallten.

Es soll auch ꝛGraf Reinhart von Solmsꝛ auf gepurliche versicherung, deßgleichen

---

ꝛꝛ Solms, *Graf Reinhart der Aeltere, Graf zu [1491-1562]: ADB 34 (1892), 584f (B. Poten)*

---

7 Kay Mt: Keyserl.Maj. *Hortleder;* Kayserl.Maj. *NSamml. —* 14 vnd: oder *a, Hortleder, NSamml. —* 16 an vnd aufgenomen: auff- und angenommen *NSamml. —* 21 Kay:Mt: : Keyserlichen Majest. *Hortleder;* Kays.Maj. *NSamml. —* 21 dem heyligen: das heilig *D,a;* das heilige *Hortleder;* das H. *NSamml. —* 22 gebuerlicher schuldiger gehorsam: gebührlichen schuldigen Gehorsams *NSamml. —* 24-25: Fenckhnuß: Gefängnuß *Hortleder, NSamml. —*

auch all andere, so von allen taillen gefangen oder verstrickht, Jrer
    Fenckh=
25 nuß verstrickung oder verhafftung auf obbestimbten Ailfften oder
zwolfften tag Augusti one entgeltnuß auch erledigt vnd bemuessigt
werden.

[8v]
da auch ˢMarggraf Albrecht zu Brandenburgˢ gleichergestallt von
    seiner
kriegsuebung absten vnd in der obbenanten zeit sein Kriegsfolckh
    ur=
lauben vnd disen vertrag seins thails annemen vnd bewilligen, auch
    mit=
ler weill den fridlichen anstanndt hallten vnd durch sich vnd sein
    kriegs=
5 folckh weitter niemandt beschedigen vnd beschwern wirdet, so soll
    er
auch darJnnen begriffen sein.
Souil dann obbemellter Braunschweigischen Junckhern begerte
    Restitution
Jrer heuser vnd guetter, deren Sy durch hainrichen den Jungern,
    hertzogen
zu Braunschweig &, entsetzt, auch schuldtuordrungen belanget, soll
    die
10 Kay.Mt: gedachten hertzog zuuerhuettung allerhandt Merere
    weitter=
ung vnd beschwerung, so hieraus eruolgen möcht, auch sonderlich
    zube=
furderung Rue vnd ainickhait im heyligen Reich vnd vmb gemaines
    frids

ˢ⁻ˢ *Albrecht [Alcibiades], Markgraf von Brandenburg-Ansbach-Kulmbach [1541-1557]: ADB*
1 (1875), 252-257 (Maurenbrecher); NDB 1 (1953), 163 (Erich Frhr. v. Guttenberg), vgl.
Rudersdorf, Brandenburg-Ansbach 10f.20f -

---

25 Ailfften: aindlifften *C* — 25-26 Ailfften oder zwolfften tag Augusti: n̶.̶ t̶a̶g̶ J̶u̶l̶y̶ ▷eilfften
oder zwelfften augusti◁ *D*; 11. oder 12. Tag Augusti *NSamml.* — *2* vnd *nicht lesbar B* —
9 belanget: belangend *a;* belangent *D, Hortleder* — *10* Kay.Mt: : Keyserl.Majest. *Hortleder;*
Kayserl.Maj. *NSamml.* — *11* eruolgen: folgen *Hortleder, NSamml.* — *12* heyligen: Heil.
NSamml. —

vnnd nutz willen baide Churfursten zu Sachsen vnd Brandenburg,
Auch

Marggraf hannsen zu Brandenburg vnd hertzog Philipsen zu Pomern

15   zu Jrer Mt: Comissarien verordnen vnd Jnen aus Jrer Kay Mt:
Macht

volkhomenhait alle volmacht beuelch vnd gewallt geben vnd auffle=

gen, die partheyen aufs aller furderlichist, so es gesein mag, 'an
geleg=

ne Malstat' zuerfordern, Sy in allen Jren geprechen obbestimbte
Resti=

tution, auch schuldtsachen vnd vordrungen betreffent, nochmaln
Summa=

20   rie^u notturfftigelich zuverhörn vnd volgendts allen muglichen vnd
Euseristen

vleiß furzewenden, Sy in der guete zuuertragen, wo Sy auch
befunden,

das Hertzog Hainrich den Junckhern vermug seiner unwiderleglichen

brief vnnd Sigl etwas zuthuen schuldig, Alßdann Jne hierJnn der
billichait

zuweisen vnnd zuuermugen, Jm fall aber, da Jr die guetlich
vergleichung

25   bey ainem oder Baiden thaillen entstunde, alßdann in Namen Jrer

Kay Mt: die Braunschweigische Junckhern Jrer entwerten
heuser vnd

guetter alßpaldt wurckhlich zurestituirn, einsetzen vnd darJnn

[9r]

zuschutzen vnd zuschirmen, Auch solch guetliche verainung oder
wurckhliche

Restitution auf lengist Jnnerhalb dreyer Monaten den negsten nach
beschluß

$^{t-t}$ *zu diesem Zweck* - ^{u} *abschließend*

---

15 Irer: Ih. *NSamml*. — 15 Mt: : Maiestat *a;* Majestät *Hortleder, NSamml*. — 15 verordnen:
vorordent *a* — 15 Kay Mt: : Keyserlichen Majest. *Hortleder;* Kayserl. *NSamml*. — 18
obbestimbte: -er *D* — 21 Sy: die *a, Hortleder, NSamml*. — 24 Ir: Je *B;* ye *C;* jhe *a;* je
NSamml. — 25 Irer: Ih. *NSamml*. — 26 Kay Mt: : Kayserlichen Mat *C;* Keyserlichen
Majest. *Hortleder;* Kays.Maj. *NSamml*. — 27 zurestituirn: restituiren *Hortleder* — 1
verainung: vorainig *a* — 2 auf: aufs *B, wobei* s *mit anderer Tinte nachgetragen;* aufs *C,D;*
auffs *a, Hortleder, NSamml*. —

vnd dato ditz vertrags gewißlich zuuerrichten vnd zuuoltziehen, doch
    mitvor=
behaltung Jedem thaill seiner spruch vnd vordrungen, so sy zu vnd
    gegen
5   ainander haben möchten, dieselben alßdann nach eruolgter
    Restitution
an ortten vnd enden zusuechen vnd außzufuern, wie sich gebuert vnd
    Recht ist.
Es sollen Auch die Kay Mt:, wir, vnnd die eruorderten Chur vnnd
    Fursten
obgemelte Comissarien bey dem, so sy zuuolg solcher Commissionn
    ~
10 handlen werden, souil sich gemainem Landtfriden vnd Reichs
    ordnungen
nach zuthuen gebuert, gnedigelich vnd freuntlich schutzen, schirmen
    vnd handt=
haben helffen.
daneben soll die Kay Mt: zum furderlichisten ain ernnstlich Mandat
    bey poen
der Acht An hertzog hainrichen außgeen lassen, die
    Braunschweigische herrn
15 vnnd Junckhern an Jren Leib, hab vnnd guettern, auch Jnsonderhait
    Jren
Gehultzen biß zu solcher der Kay:^{en} Commissarien entlichen verhör
    vergleich=
ung oder Restitution nit zubeschwern, noch Ire höltzer
    zuuerwuessten.
Gleichergestallt sollen die Kay Mt: obbemelten vier Chur vnnd
    Furssten als

---

4 vordrungen: vorderung *C* — *5* dieselben: dieselbigen *a, NSamml.* — *8* Kay Mt:
Keys.Majest. *Hortleder;* Kayserl.Majestät *NSamml.* — *8* Chur vnnd Fursten: Churfürsten,
Fürsten *a, Hortleder;* Churfürsten, Fürsten etc. *NSamml.* — *9* obgemelte: obbemelte *a,*
Hortleder, NSamml. — ~ *als Zeilenfüller nur in A* — *10* werden: würden *a, Hortleder,*
NSamml. — *13* Kay Mt: : Kayserlich Mayestat *C;* Keyserliche Majestät *Hortleder;*
Kayserl.Majestät *NSamml.* — *15* Jren: ihrem *a, Hortleder, NSamml.* — *15* guettern: gue
nicht lesbar B — *15-16* Jren Gehultzen: irem gehöltze *a;* ihrem Gehöltze *Hortleder,*
NSamml. — *16* solcher: solchem *a, Hortleder, NSamml.* — *16* Kay^{en}: Kaiserlichen *B;* Kay^n
C; Kay. *D, a;* Keyserl. *Hortleder;* Kayserl. Majest. *NSamml.* — *17* oder: der *NSamml.* —
18 Kay Mt: Keyserliche Majestät *Hortleder;* Kayserl.Majest. *NSamml.* —

Jrer Mt: Comissarien auflegen vnd beuelhen, hertzog hainrichen vnd
baide
20 Stett Braunschweig vnnd Goßlar in Jren spruchen vnd vordrungen
gegen ainander auch in der guete notturfftigelich zuuerhörn vnd der
billichait nach zuuergleichen, auch Jrer Kay.Mt: ernstlich Mandat
vnd
Jnhibition bey poen der Acht an hertzog hainrichen vnnd baide Stett
alßbald außgeen lassen, Jr furgenomen oder vorhabennd Kriegß =
25 rustung abzuschaffen vnd sich aller thätlichen handlung genntzlich

[9v]
zuenthalten, sonnder sich gemelter Kay:^{en} Comissarien billicher
hand =
lung vnd weysung benuegen zulassen oder sonst Jre spruch vnnd
vordrungen anderst nit als mit ordenlichem Rechten vermug des
Reichs
ordnung gegen ainander zusuechen vnd außzefuern.
5 Solches alles vnd Jedes, so obgeschriben vnnd in ainem Jeden Articl
Nambhafftig
gemacht vnd die Kay.Mt: anruert, sollen Sy in Crafft Jrer
Ratification,
daruber veruertigt, bey Jren Kayserlichen wirden vnd worten fur
sich
vnd Jre nachkhomen steet, unuerbruchlich vnd aufrichtig hallten vnd
vol =
ziehen, dem strackhs vnd vnwaigerlich nachkhomen vnd geleben vnd
10 darwider Jetzt oder khunfftigelich weder aus volkhomenhait oder
vnder
ainichem andern schein, wie der Namen haben möchte, nichts
furnemen,

---

19 Mt: Mayestat *C,a;* Majestät *Hortleder;* — Irer Mt: : Ihro Majest. *NSamml.* — 22
Kay.Mt: : Keyser.Majest. *Hortleder;* Ihro Kayserl.Majest. *NSamml.* — 23 ⌈der⌉ *B* — 24-25
Kriegßrustung: Kriegsvolck *Hortleder* — 1 Kay^{en}: Kaiserlichen *B, C;* Kay: *D;* Kay. *a;*
Keyserl *Hortleder;* Kayserl. *NSamml.* — 3 ordenlichem: -en *D, Hortleder* — 6 Kay.Mt:
Keyserl.Maj. *Hortleder;* Kayserliche Majestät *NSamml.* — 7 Iren: ihrer *NSamml.* — 7
Kayserlichen: Kay: *D;* Kayserl. *NSamml.* — 8 steet: stät vnd *Hortleder;* stet und *NSamml.*
— 10 darwider: dorüber *a;* darüber *Hortleder, NSamml.* —

handlen oder Außgeen lassen, noch Jemandts anderm von
    Jrentwegen
zuthuen gestatten, vnangesehen aller annderer aufgerichten
    Abschiden,
souil die diser vergleichung in etwas zuwider oder abbruchig sein
    möchten,

15   Auch alle Stendt des heiligen Reichs sambt vnd Jnsonderhait bey
    disem
vertrag fridstandt vnd andern Articln obbegriffen handthaben,
    schutzen
vnnd schirmen. vnd ob ain oder mer Stendt ainen oder meer
    Anndere
ainicher gestallt, vnder was gesuechtem oder furgewentem schein das
    ge =
schehe, darwider bedranngen, vbertziehen, belaidigen oder
    beschwerenn

20   wurde (. welches sich doch khains wegs zuuersehen.), dem oder
    denselben
sollen die Kay Mt: mit vnd neben dem Andern thaill, dem, so solche
    be =
drangnuß zuegefuegt oder betrot wurden, mit Jrer Kay:[n] hilff,
Rath, furschub, furderung vnd wurckhlichen beystandt, wie Jrer Mt
    Kayserlichen
Ambt nach gebuert, hilfflich erscheinen vnd solche beschwerung
    abwenden.

25   Vnnd wir, der Churfurst zu Sachsen, hertzog Othainrich pfaltzgraf,
    [v]hertzog
hanß Albrecht zu Meckhelburg[v] vnd [w]Landtgraf Wilhelm zu Hessen
    &[w],

[v-v] *Johann Albrecht I., Herzog von Mecklenburg [1547-1576]: ADB 14 (1881), 239-243 (L. Schultz); NDB 10 (1974), 499 (Hildegard Thierfelder), vgl. Schrader, Mecklenburg 166f.174* – [w-w] *Wilhelm IV., Landgraf von Hessen [1567-1592: Hessen-Kassel]: ADB 43 (1898), 32-39 (Walther Ribbeck), vgl. Rudersdorf, Hessen 254-256.273-279. –*

---

17 Anndere: anderer *a*, Hortleder, *NSamml.* — *19* beschwerenn: beschwerden *D* — *20* dem: dehn *a*; den *Hortleder*; wieder den *NSamml.* — *20* denselben: denselbigen *a*; dieselben *NSamml.* — *21* Kay Mt: Keys.Majest. *Hortleder*; Kayserl. Maj. *NSamml.* — *22* Kay[n]: Kaiserlichen *B, D*; Kayserlichen *C, a*; Keyserlichen *Hortleder*; Kayserl. *NSamml.* — *23* Mt: Keys.Maj. *Hortleder*; Kayserl.Majest. *NSamml.* — *23* Kaysrlichen: Kay[m] *C*; Kaiserlichem *D*; Kay. *a*; om. Hortleder, *NSamml.* —

[10r]

Bekhennen Auch offentlich, das alle vnd Jede obgeschribne puncten vnd

Articl mit vnnserm guetten wissen vnnd willen seyen furgenomen, abgehandlt vnnd beschlossen, willigen vnd versprechen auch fur uns sambtlich vnd sonderlich vnsere Erben vnd nachkhomen, Auch alle

5   die Jhenigen, so vnns in diser Kriegsuebung zuegethan vnd verwannt gewest oder noch sein möchten vnd disen vertrag Anemben, dieselbigenn

Articl sambt vnd sonderlich in Crafft diß briefs bey vnsern Furstlichen

Eren vnd wirden, in Rechten guetten trewen vnd im wort der warhait,

souil ainen Jeden betrifft oder betreffen mag, waar, steet, vest, Aufrichtig

10   vnd vnuerbruchlich zuhallten vnd zuuoltziehen vnd dem getreuelich vnd

vnwaigerlich nachzekhomen vnd zugeleben vnd darwider khainen Standt,

in disem vertrag begriffen oder der denselbigen hernachmals annemen,

bewilligen vnd eingeen wurde, vnder was gesuechtem schein das geschehen

möchte, mit der that oder sunst ainicher gestallt haimblich oder offenlich

15   durch vnns selbs oder andere von vnsern wegen beschweren, vbertziehen, dringen,

belaidigen oder betrueben, sonder den oder die disen vertrag hallten vnd

demselben nachkhomen vnd geleben werden, wider die, so beruerten vertrag

nit hallten oder demselben zugegen etwas handlen, furnemen oder vnder=

steen oder ainichen Standt, so in disem vertrag begriffen oder der denselben

---

20 hernachmals auch bewilligen vnd sich mit gleicher verpflichtung
        darein
    begeben, mit thatlicher handlung oder sonst vergwaltigen,
        vberziehen, be=
    drangen, belestigen, beschedigen oder ainich beschwerung zuefuegen
        wurde,
    vnser getrewe hilff, Rath vnd beystandt in Crafft deß hieuor
        aufgerichten
    gemainen Landtfriden, Reichsordnungen vnd dises vertrags vnd
        fridstants
25 sambtlich vnd sonderlich thuen vnnd laisten, Auch vns daran nichts,
        was da=
    gegen erdacht oder aufgericht were oder khunfftigelich werden vnd
        vns
    hierJnnen entheben oder zustatten khumen möchte, Jrren oder
        verhindern

[10v]
lassen, dan wir alle sambtlich vnd ain Jed insonderhait vns alles deß
Jenigen, so disem vertrag zuwider Jst oder verstanden, wie das
        Namen
haben vnd Jnsonderhait außgedeutet werden möchte, welches wir
auch hierJnnen fur Außtruckhenlich specificiert geacht haben, kain=
5   es wegs gebrauchen, sonder dasselbig alles zu dem effect vernichtigt
vnd aufgehoben sein soll, wie wir auch dasselbig hiemit also auff
heben vnnd vernichtigen, Auch vns desselbigen hiemit in Crafft diser
schrifft, souerr vnd weit es disem vertrag vnd vnser gegenwurtigen
verpflichtungen zuwider sein oder ainicher weiß verstanden werden
10 möchten, in bester bestendigister form gentzlich begeben vnd
        vertzigen
haben wollen.
Damit auch hierJnn souil desto weniger auf ainichem tail zuzweiueln
oder ainicher Mißuerstandt einreissen mochte, so wollen wir, Khunig
        Fer=

---

24 Reichsordnungen: Reichs Ordnunge *a*; ReichsOrdnung *Hortleder* — 25 vnnd: vnd *om.*
Hortleder, NSamml. — *1* alles: als *D* — *1-2* deß Jenigen: das jhenige *a*; das jenige *Hortleder*
— *4* haben: haben wollen *a, Hortleder, NSamml.* — *5* vernichtigt: vornichtigen *a*;
vernichtigen *Hortleder* — *6* soll: sollen *a*; *Hortleder* — *8* vnser *om. a, Hortleder, NSamml.*
— *9* oder: und *NSamml.* — *10* möchten: möchte *Hortleder, NSamml.* —

dinand & vnd Kunig Maximilian vnd dann die obgedachte geistliche vnnd
15 weltliche Chur vnd Fursten, Als durch die allerseits dise sach obberuerter
gestallt abgehandlt, vns dermassen erclärt vnd bewilligt haben, Namb=
lich baide Kunigen fur uns, unser Erben vnd nachkhomen, Sy aber, die
Geistliche Chur vnd Fursten, mit Rat vnd bewilligung Jrer Thuemb Capitl vnd die weltliche Chur vnd Fursten, Alberait fur sich, Ire Erben
20 vnd nachkhomen vnwiderrueflich, das wir vnd Sy solche handlung nicht allain fur uns selbst, vnsere vnd Jre Erben vnd nachkhomen, auch vnser Kunigreich Ertz vnnd Stiffte, Auch Landt, Leut vndertha=
nen, dienner vnd verwante, souil vns vnd dieselben allerseits be= trifft, also hallten vnd dawider in kainen weg handlen wollen,
25 sonder auch, wo ainicher taill wider dise entliche vergleichung (.als doch nit zuuerhoffen.) Jetzt oder khunfftigelich handlen vnd den andern thaill mit thätlicher oder beschwerlicher handlung, die geschehe
offenlich oder haimblich, beschweren, vergwaltigen oder bedrangen

[11r]
wurde vnd auff erJnnerung dauon nit absteen wolte, das wir vnnd Sy,
auch vnnser vnd Ire nachkhomen, alßdann dem Andern thaill, so wider
dise vergleichung vnd vertrag beschwert, beuortailt, vberzogen oder sunst
belaidigt wurde, vnd fur uns vnd Sy oder vnser vnd Jre nachkhomen ein=
5 sag vnd pilliche weisung leiden khundte, gegen dem andern thaill, so das, wie obgemellt, nit dulden, sonder mit thätlicher handlung fortfarn

---

14 Maximilian: Maximilian etc. *a, Hortleder, NSamml.* — *14* obgedachte: hochgedachten *a, Hortleder, NSamml.* — *24* kainen: khainerlaj *D;* keinerley *a, Hortleder, NSamml.* — *26* oder: *in ist B die Abbreviatur für* er *von anderer Tinte nachgezeichnet* — *27* oder: aber *a* — *4* vnd: oder *a, Hortleder, NSamml.* —

wolte, nicht allain khain Rath, hilff oder beystandt laisten, sonder
    auch den
andern thaill, so, wie obgemelt, einsag vnd weisung leiden vnd
    nemen
wollte, wider den andern in Crafft des hieuor auffgerichten gemainen
    Landt=
10   friden, Reichsordnungen vnd dises vertrags vnd fridstandts hilff vnd
    bey=
standt laisten wollen, doch soll in alle obgemellte wege der thaill, so
vermainen wolt, das diser fridstandt durch Jemandt anders
    verprochen
oder dem zuwider gehandlet, mit thätlicher handlung gegen
    demselben
nichts furnemen, sonder zuuor die sach an vns, auch die Chur vnd
    Fursten
15   als vnderhandler gelangen lassen, welche Alßbaldt darauf guetliche
    hand=
lung furnemen vnd daruber erkhantnuß thuen, vnd was durch vns
    vnd
dieselben also verglichen vnd erkhant, dem sollen bede thaill on alle
    waiger=
ung geleben vnd nachkhomen, vnd Jm fall, das nit geschäch,
    alßdann die hilf
vnd beystandt, wie hieoben allenthalben gemelt, gelaist werden.
20   Vnd damit der verwandtnuß vnd pflicht halben, damit die
    obgemelten vnder
handler der Kay:Mt: zuegethan, solches souil desto vngescheuchter
    geschehen
möchte, so sollen Sy beruerts falls solcher Jrer pflicht vnd
    verwantnuß
von der Kay Mt: erlassen sein, also das Sy ungescheucht derselben
    ob diser

---

8 obgemelt: gemelt *a, Hortleder;* gemeldt *NSamml.* — *8* weisung: weisunge *a, Hortleder;*
Weisunge *NSamml.* — *12* Jemandt: jemands *a, Hortleder* — *15* ⌈lassen⌉ *D* — *17* dieselben:
dieselbigen *a, Hortleder* — *17* vnd: oder *a, Hortleder, NSamml.* — *18* das: do es *a;* da es
Hortleder, NSamml. — *20:* obgemelten: obbemelten *a;* obbemeldten *Hortleder, NSamml.* —
21 Kay:Mt: : Keys.Maj. *Hortleder;* Kayserl. Majestät *NSamml.* — *23* Kay Mt: : Keyserlichen Majestät *Hortleder;* Kayserlichen Majest. *NSamml.* —

vergleichung halten, vnd gegen dem thaill, so demselben zuwider,
wie gemelt,
25 handlete, dem andern thail vnuerhindert beystandt laisten mugen vnd
sollen,
darumb die Kay Mt Sy auch in khainen ungnaden verdenckhen noch
solches
zu Mißfallen von Jnen vermerkhen sollen,
Wann nun der Churfurst zu Sachsen fur sich selbs vnd seine
Mitainungs =

[11v]
verwanten solche obbestimbte Capitulation in allen vnd Jeden Jrenn
puncten vnd Articln guetwillig angenomen, auch zu halten vnd
zuuol =
ziehen zuegesagt vnd dann die Römisch Kay Mt: dem heiligen Reich
Teut =
scher Nation Jrem geliebten vatterlandt zu guet, nutz vnd wolfart die
5   auch gnedigelich bewilligt vnd Ratificiert, Inhalt vnd vermug Jrer
ˣKay
Mt: daruber veruertigten Ratificationˣ, So sein demnach des alles zu
warem
vnd vestem urkhundt hieruber ʸdrey vertragsbriefʸ gleichslauts
aufge =
richt vnd veruertigt vnd mit vnser Khunig Ferdinanden vnd baider
Chur =
fursten zu Maintz vnd pfaltzgraf friderichs, deßgleichen des
Ertzbischoff zu
10 Saltzburg vnd hertzog Albrechts in Bayrn, von Jrer Lieb vnd der
Andern

ˣ⁻ˣ = *Edition V* - ʸ⁻ʸ *Vgl. oben S.78f.*

---

24 gemelt: obgemeldt *Hortleder, NSamml.* — 26 Kay Mt: Keys.Maj. *Hortleder;* Kayserl.Majest. *NSamml.* — *1* verwanten: Miteinigungsvorwandten *a* — *1* obbestimbte: bestimpte *Hortleder;* bestimmte *NSamml.* — *3* die: der *C* — *3* Römisch Kay Mt: Ro.Kay.Mat. *C;* Röm.Kay.Mayestat *a;* Römische Keys.Maj. *Hortleder;* Röm. Kayserl. Majestät *NSamml.* — *5* ⌐bewilligt⌐ *D* — 5-6 Kay Mt: : Keys.Ma. *Hortleder;* Kayserl. Majestät *NSamml.* — *10* in: zu *Hortleder, NSamml.* — *10* von: vnd *Hortleder, NSamml.* — *10* Lieb: Liebden *a, Hortleder;* L. *NSamml.* —

Chur vnd Fursten als vnderhandler wegen, vnd dann des Churfursten zu

Sachsen vnd Landtgraf Wilhelms von Hessen ^zfur sich vnd all Jre Mit=

ainungsuerwante aignen handen vnderschriben^z vnd ^aanhangenden Jnsigln

besiglt^a, vnd der Ain vertragsbrief der Römischen Kay:Mt:, der ander gemain=

15 en Stenden vnnd der drit bemelltem Churfursten zu Sachsen vnd sein=

en mituerwanten zuegestellt worden. Geschehen zu Passaw, den ^bandern tag deß Monats Augusti^b nach Cristi vnsers lieben herrn geburt

im Funftzehenhundert vnd zwaiundfunftzigisten, vnserer Reiche des Römischen im zwaiundtzwaintzigisten vnd der andern im Sechsund=

20 zwaintzigisten Jaren

Ferdinand mpp. *(Unterschrift)*

---

^{z-z} *Hieraus geht hervor, daß eine Unterzeichnung durch Johann Albrecht von Preußen und andere nicht vorgesehen war, vgl. oben S.57. –* ^{a-a} *Vgl. oben S.82-84 –* ^{b-b} *Vgl. zum endgültigen Datum oben S.76-79.*

---

12 von: zu *C — 12-13* Mit=ainungsuerwante: -en *B, C, D, a, Hortleder, NSamml. — 14* Römischen Kay: Mt: : Ro. Kay. Mat. *C;* Röm.Kay.May. *a;* Röm.Keyser.Maj. *Hortleder;* Röm. Kayserl. Majestät *NSamml. — 15* zu: von *a, Hortleder, NSamml. — 17* andern: sechtzehenden *D; NSamml. merkt an:* MSC den 26. Tag des Monats Julii. In der ersten Edition stehet den 16. Jul. verfasset. *— 17* Augusti: July *D —*

Von wegen heren Sebastian des hay.   Von wegen Hern Fridrichs
Stuls zue Mentz Ertzbischouen &   Pfaltzgrauen bey Rhein und
Churf., Christoff Matthias L.Cantzler   Churfursten Melchior Drechssel
25   Manu propria   Doctor manu propria

Ernst h. i Bayrn c*(on)*firm*(irt)* d   ⌈sst⌉ Albrecht HzgBayrn ⌈sst⌉
    manu p*(ro)*p*(ri)*a d   s*(ubscripsi)*t m p*(ro)*pria

                    m Churfurst
                    m propria st

            Wilhelm H.Hessen

[12r] *(unbeschrieben)*
[12v]
rechts oben: Paßawischer Vertrag   Capitulation und ...
            De Anno 1552/   verglichen zwischen
                                          verblaßte Schrift (unleserlich)

21-30: Die Unterschrift von Christoph Matthias weicht in B etwas ab:
von wegen hernn Sebastian | Ertzbischouen des hay. stuls | zue Mentz und Churfst. | Christoff Matthias L.Cantzler | Manu propria Als bevelchhaber; *in C lautet die Unterschrift wie folgt:* von wegen herren sebastian | des hey.stuls zue Mentz | Ertzbischouen Churfst. | Christoff Matthias L. Cantzler | Als beuelchhaber Manu propria; *in D steht unmittelbar unter Ferdinand:* Daniel Brendel von Homberg pp, *darunter die Unterschrift* Melchior Drechsel Doctor st, *darunter die von Ernst von Bayern und von Albrecht Hzg. in Bayern in derselben Form wie in A, B, C, nur nicht nebeneinander, sondern untereinander. Die Unterschriften Moritzens und Wilhelms fehlen. Bei Hortleder [NSamml] stehen untereinander:* Ferdinand | manu propria | Daniel Brendel vom Homburg sst. | Melchior Drechsel Doctor | Ernst H. in Beyern, confirmirter m.p.sst. [mppr.sst. *NSamml.*] | Albrecht Hertzog zu Beyern m.p.sst. [mppr.sst *NSamml.*] | Moritz Hertzog zu Sachsen, Churf.sst [Churfürst sst *NSamml.*] | Wilhelm Landgraff zu Hessen [Hessen etc. *NSamml.*]; *keine Unterschriften stehen unter a. —* 25 Doctor *om.* B — *In D steht unter dem Vertrag unter den angehängten Siegeldurchdrücken:* auff den ersten dits monats augusti habe ich | dise Copi des vertrags vber antwortt mpp | Hinrich mpp & | das dato dits vertrags solle gestelt | werden auff dem andern augusti wail derselbe itzt | auff solchem beschlosen ist worden —

Edition II: Programmschrift von Moritz von Sachsen, an König Ferdinand am 19.April 1552 in Linz überreicht

Ediert wird die Programmschrift nach der folgenden Archivalie: Sächsisches Hauptstaatsarchiv Dresden, loc. 9146 ("Des Landgrauen gesuchte Erledigung wie auch Churfürst Moritzens zu Sachßen vnd anderer deswegen vorgenommene Kriegsrüstung, vnd den von König Ferdinando angesetzten tag zu Lintz betr. 1552") (= III,66,164 No.16), Bl. 296r-297r. Das Deckblatt Bl. 295 trägt den Titel "Des Churfürsten zu Sachssen erste vbergebne schrift der Kön. Mait zu Lintz etc." (295r; 295v *vakat*). Ein Regest findet sich bei Druffel III,400 und in PKMS V, 856 (ebd. auch eine Übersicht über weitere Abschriften). In der folgenden Edition ist der Zeilenumbruch der Archivalie nicht übernommen, ansonsten gelten die Editionsrichtlinien, Punkt 1.-4. von Edition I.

[296r]
Erstlich wirt vnderthenigst gebeten, das der Landgraf zu Hessen, welcher auf der beider Churfursten Sachssen vnd Brandenburg traw vnd glauben in die beschwerlich Custodien kommen vnd solang erhalten werden, derselben ohne allen lengern vertzug mochte erledigt werden.
Das auch die beschwerungen, so s.f.gn. vnd derselben Kinder in werender Custodien ihres achtens vnrechtmessig zugefugt, wider mogen abgeschaft werden, Auch der schäden halben, di s.f.gn. vnd derselben Kinder erduldet, geburliche vnd gnedigste versehung mochte gescheen.
Das mit der Execution in der Catzenelnbogischen sachen werde innengehalten Vnd nach gescheener des Landgrafen erledigung gutliche handlung darin furgenomen, Vnd do die entstunde, die angezogenen Grauamina wider geburlichen reuidiert.
Zum Andern, Weil den Verwandten der Augspurgischen Confession durch embsige Mandat vnd schriften allerley aufferlegt vnd eingedrungen hat wollen werden, das derselben Confession vnd also ihrer Cristlichen Religion zuwider, dardurch dan nicht ein geringer mistrauen zwischen den herren vnd Vnderthanen, sonderlich denen entstanden, so verschinens xlvi Jhares vf der Key Mait bescheene vertrostung ihre Vnderthanen des furder vertröstet, das der Key Mait gemuet vnd meinung nicht sey, sie von solcher ihrer Religion zu dringen, So wil die notturft
[296v]
sein, derhalben solche versehung zu thun, darmit sich obgemelte Verwandten hinfuro nicht weiter zubefahren, das sie von solcher ihrer Religion möchten gedrungen ader derhalben vorgewaltigt werden.

Zum dritten, Nachdem deme nun ein lange zeit her, in der Kei Mait Hof
Regiment vilerlei beschwerung vnd mangel furnemlich aus dem vorgefallen,
das di Key Mait solche sachen durch frembde Auslendische Leut, die der
breuch des Heiligen Reichs vnd der Stende derselben gelegenheit nit bericht,
haben handeln lassen, Welche beschwerung dan zum teil in gemein allen
Stenden des Reichs zu treflichem nachteil gereichen, zum teil auch den
Churfursten als den furnemsten glidern des heiligen Reichs an ihrer Reputation verkleinlich, darneben auch vilen Stenden in sonderheit ⌐an⌐ gelegen
Vnd dardurch die deutsche Nation an ihrer loblichen alten freiheit vnd
herkomen nicht wenig beschwerdt vnd bedrengt wirt, So wirt vndertenigst
gebeten, das nach geburlicher verhör solcher beschwerungen die mittel vnd
weg vorgenomen, dardurch solche beschwerungen abgestelt, die Deutsche
Nation, vnser gemein Vaterlandt, bei ihren loblichen Freiheiten gelassen Vnd
also geburlicher gehorsam gegen der Kei Mait vnd ein recht vertrauen
zwischen den Stenden des Reichs erfolgen moge.
Vnd weil die Stende, so diser furstehenden Kriegsvbung
[297r]
verwannd, nit haben vmbgehen konnen, darmit sie solch ihr furhaben desto
beharlicher ausfuren konten, anderer Potentaten, die eins grossern vormu-
gens dan sie seint, an sich zuziehen vnd derselben hulff vnd furderung
zugebrauchen, So bitten sie vnderthenigsts, man wolle sie in der gutlichen
handlung derselben halben mitt ehren auch bedencken Vnd die sachen allenthalben dohin richten, Darmit in der gantzen Cristenheit ein gemeiner bestendiger fride, ruhe vnd einigkeit moge erhalten vnd die macht derselben
wider den Erbfeindt den Turcken gewant werden.
Das auch sonst menniglich, so diser vorsteenden Kriegsubung zugethan Vnd
in der Stende dinst, vorspruch, all verwanthnus ist, aus sorgen mochten
gelassen werden Vnd die Sache, so wider etzliche derselben ader andere dis
vergangenen Kriegs halben ergangen, moge aufgehoben Vnd die Ihenigen,
so des ihren derhalben entwert, darzu widerumb mochten gelassen vnd
restituirt werden.

Edition III: Der Abschied von Linz (1. Mai 1552)

Der Abschied von Linz wird hier ediert nach dem eigenhändig unterschriebenen Exemplar Sächsisches Hauptstaatsarchiv Dresden, Loc.9146 ("Des
Landgrauen gesuchte Erledigung wie auch Churfürst Moritzens zu Sachßen
vnd anderer deswegen vorgenommene Kriegsrüstung, vnd den von König
Ferdinando angesetzten tag zu Lintz betr. 1552") (=III,66,164 No.16), Bl.
348r-351r. Das Deckblatt Bl. 347 trägt die Aufschrift "Abschiedt" (347r;
347v *vakat*). Die Archivalie hat eine Höhe von ca. 32 cm und eine Breite
von knapp ca. 22cm. Der Linzer Abschied findet sich gedruckt in NSamml.
und als Regest in PKMS V, 889-890 (ebd. 889 auch eine Übersicht über
weitere Abschriften). Es gelten die Editionsrichtlinien von Edition I.

[348r]
Inwissen, Nachdem ^adie Römisch zu Hungern vnnd Behem etc.
Kon:Mt:^a, vnnser Aller genedigister Herr, Auf sonnderbare Bewilligung vnnd volmacht der ^bRöm:Kay:Mt:^b, auch vnnsers allerge-
nedigisten Herrns, auf Irer Kon:Mt: freundtlichs vnnd Brue-
5   derlichs ersuechen vnnd pithe eruolgt, sich mit dem durchleuchtigisten, hochgebornnen Fursten vnnd Herrn ^cHerrn Moritzen, Hertzog-
en zu Sachsen, Lanndtgrafen in Duringen vnnd Marggrafen zu
Meissen, des heiligen Römischen Reichs Ertzmarschalchen vnnd
    Chur-
fursten^c, meinem gnedigisten Herrn, ainer personlichen zusamen-
10 khunfft in Irer Kon:Mt: Stat Lynntz auf Irer Kon:Mt: freund-
lichs vnnd gnedigs ersuechen vnnd beger verglichen vnnd demnach Ir Kon:Mt: vnnd Churf.en g.en zusamen khomen vnnd sich
diser yetz schwebennden sorgelichen Kriegsyebung halb, so sich im
Reich Teutscher Nation zuegetragen, gnedigelich vnnd freundtlich
15 vnndterredt, wie dieselbigen zustillen, vnnd die Mitl vnnd
weeg zetreffen seyen, dardurch verrner tätliche hanndlung
abgestellt vnnd frid, Rue vnnd Ainigkhait Im heyligen Reich
gemacht vnd erhallten werden möchte,

---

^{a-a} *Ferdinand I., vgl. Angaben zum Passauer Vertrag 2r/1-5* – ^{b-b} *Karl V., vgl. Angaben zum
Passauer Vertrag 2r/16f* – ^{c-c} *Vgl. Angaben zum Passauer Vertrag 2r/23*

Das darauf Ir Kon:Mt. vnd Churf.en g.en nach villerlay Muntlichen
20 vnnd schriftlichen vndterhanndlung sich letzlich ainer anndern
guetlichen Tagsatzung, darauf vermitelt götlicher gnaden den
furgefallnen Irrungen vnnd geprechen genntzlich vnnd entlich
abgeholffen werden soll, mitainander verainigt vnd verglichen, Wie hernachuolgt:
25 Erstlich, das Ir Röm:Kon:Mt: anstat vnnd in Namen der
      Röm:Kay:Mt:
vnnd sein Churf.en g.en fur sich selbs vnnd anstat vnnd von wegen
      ᵈMarg-
[348v]
graf Albrechten zu Branndenburgᵈ, ᵉHertzog Hannß Albrechten von
Megckhlburgᵉ vnnd ᶠLanndtgraf Wilhelmen zu Hessenᶠ vnnd annderer Irer Churf.en vnnd f.en g.en in diser Kriegshanndlung
      Mitverwan-
ten bewilligt haben, das von wegen ferrnern guetlichen handlung
5   vnd vergleichung obberuerter Irrungen vnd entstanndnen Kriegs
yebung Ir Kon:Mt: vnnd Churf.en g.en auf schierist khomennden
      ᵍPfintztag,
vnnsers lieben Herren vnnd Seeligmachers Himelfarttagᵍ, in der Stat
Passaw gegen abenndt einkhomen Vnd am Morgens zu fruer tag
zeit die hanndlung wider fur hanndt nemmen vnnd zu guetlicher
10 vergleichung hanndlen vnnd, souil Imer möglich, bringen sollen
vnd wollen,
Doch Irer Kon:Mt halben mit dem lautern geding vnnd beschaiden-
hait, Nachdem der Churfursst zu Sachsen von seiner Churf.en g.en
Mitverwanndten wegen nit gewalt gehabt, Alhie ainen fridlichen
15 Anstanndt biß nach besuechung solliches guetlichen tags zubewilligen, das sein Churf.en g.en bey obbemelten Iren Mitverwanndten Fursten Ires eüsserissten pessten, Möglichen vnnd menschlichen
vleiß werbe, anhallte vnnd erlannge, das Sy Mit vnnd neben sein-
en Churf.en g.en von Ir selbst vnnd Ir aller Kriegsfolckh vnd
      Mitver-
20 wanndten wegen, ainen fridlichen Annstanndt zuhalten, bewillig-
en, Also das derselbig fridlich Anstanndt den Aindlifften tag des

ᵈ⁻ᵈ Vgl. Angaben zum Passauer Vertrag 8v/1 – ᵉ⁻ᵉ Vgl. Angaben zum Passauer Vertrag 9v/25f
– ᶠ⁻ᶠ Vgl. Angaben zum Passauer Vertrag 9v/26 – ᵍ⁻ᵍ = Donnerstag, der 26.Mai 1552

Negstkhomennden Monats May angeen vnd gehallten soll werden,
dergestallt, das Ir Chur- vnnd f.en g.en vnnd derselben verwanndten
vnnd Kriegsfolckh In sollichem werenndem Anstanndt weder
25 der Kay: noch Kon:Mt.en noch Ainichem anndern Churfursten,
Fursten, Stanndt oder Stat noch derselben vndterthanen verrer vberziehen, beschödigen, vergewaltigen, prennen oder pranndtschätzen,
Sonnder in den Legern, da Sy ligen werden, Ir nodturfft vmb Zym-
30 liche betzalung erkhauffen Vnnd der Armen vndterthanen ausser-
[349r]
halb gewönlicher fueterung verschonen, Doch soll Inen vnbe-
nomen sein, In solchem Stilstanndt Ire Leger vngefärlich zuuer-
annndern, Aber sich von Belegerung der fleckhen vnnd annderer
vergewaltigung vnd tatlichen hanndlung enthallten. Herwider-
5 umb wil sich hierInn die Röm: Kon: Mt: hochgedachter Rö:
Kay:Mt: auch freundlich vnnd Bruederlich Mächtigen vnnd
von Irer Kay:Mt wegen Bewilligt haben, So bald sollicher Still-
stanndt von Irer Churf.en g.en vnnd obbemelten Iren Mitverwannten Angenomen vnd bewilligt worden Vnd durch ^hHerrn Hannsen
10 Walthern von Hirnhaymb Rittern^h Irer Kay:Mt: von seinen
Churf.en g.en vnnd Iren Mitverwanten schrifftlich zuerkhennen gegeben wirdt, Welliches von dato Innerhalb zwelff tag-
en gewisslich beschehen soll, Das also pald auch Ir Kay Mt: vnd
derselben Mitverwannten vnd Kriegsfolckh gegen seinen Churf.en
15 g.en vnnd Iren Mitverwanten vnd Kriegsfolckh gleichermassen
den fridlichen Anstanndt halten sollen vnnd wollen In allermaß
vnnd gestallt, wie yetzo Irer Churf.en g.en vnd Irer Mitverwanndten
halben gesetzt ist. Unnd damit aber sollicher Anstanndt auch sein gewisses zill vnd Ennt hab, So ist von Irer Kon Mt freundtlich
20 vnnd gnedigelich begert worden, das Es, als obstet, auf den aindlifften tag May angeen (aber von obbemelten vnnsers lieben Herrn
Himelfarttag antzuraiten Nur ainen Monat lanng weren vnd
gehalten soll werden, Vnnd sollich Irer Kon:Mt: freundtlichs
vnd gnedigs beger des Stilstanndts halben, auf welliches erlanng-
25 ung Ir Kon:Mt: die Tagsatzung wurckhlich furgeen zulassen gestellt, Will Ir Churf.en g.en bey Iren Mitverwanddten anbringen
vnd befurdern Vnnd ob auch, wie es bewilligt, als obsteet, die Kay:
Mt: durch obbemelten von Hirnhaim berichten lassen.

---

^{h-h} *Walter von Hirnheim [gest. 1557]*

Vnd nachdem der Churfurst zu Sachsen Abermaln freundtlich begert,
[349v]
das neben Irer Kon:Mt: auch ⁱderselben geliebter Son, Mein genedigister Herr, die Khunigelich würde zu Behemb etc.ⁱ den khunfftig-
en guetlichen tag besuechen vnd neben Irer Kon:Mt die sachen
entlichen vergleichen helffe, Darauf geben Ir Kon:Mt: vnd
5   sein Königeliche wierde dise freunndliche anntwurt, das Sy in sollich Ir Churf.en g.en begere gern freundtlich hiemit bewilliget
haben wollen, souer es annderer Ierer obligen vnd sonderlich der
Hungerischen Kriegssachen halben sein wierd mögen.
Dieweil nun aber der Römischen Kay Mt:, Auch Churfursten,
       Fursten
10   vnnd Stennden des heiligen Reichs an dem trefflich vil gelegen
sein will, das sollich KhriegsEmbörung vnd daraus eruolgennd
weiterung, pluetvergiessen vnd verderbung Lanndt vnnd Leuth
zeitlich furkhomen vnnd frid, Rue vnd Ainigkhait gepflanntzt vnd
erhalten werde, So ist von der Römischen Kon:Mt: fur Nutz vnnd
15   Nodtwenndig angesehen vnnd furgeschlagen worden, Welliches Iro
sein Churf.en g.en auch nit vngefallen hat lassen, Das auf
       obbemelten
guetlichen tag durch die Röm:Kay:Mt: oder Ir Kon:Mt: auch
beschriben vnnd erfordert sollen werden Meine gnediste vnnd
gnedige Herrn ^kdie vier Churfursten bey Rein vnnd der Churfurst
20   zu Branndenburg, dergleichen auch von Geistlichen der Ertzbischof
zu Saltzburg, Bischofe zu Würtzburg, Bischof zu Aichstet vnnd
Bischof zu Passaw, Vnnd von den welltlichen Furssten Hertzog
Albrecht zu Bayrn, Marggraf Hanns zu Branndenburg, Hertzog
Hainrich zu Braunschweig, Hertzog Wilhelm zu Gulch, Hertzog
25   Philips von Pomern vnnd Hertzog Cristof von Wiertemberg^k, auff
das Sy sich mit vnnd neben Irer Kon:Mt: sollicher guetlichen
vndterhanndlung vndterfahen Vnd die entstanndne Irrungen
vnd Kriegsyebung zu guetlicher hinlegung vnd vergleichung
[350r]
mit Gottes Hilff furdern vnnd bringen helffen.
Wäre auch sach, das die beschribnen Chur: vnnd Furssten nit
all ankhämen oder schickhten, so soll nicht desto weniger die
guetlich vnderhanndlung durch die, so ankhomen, furhanndt geno-

---

ⁱ⁻ⁱ Vgl. Angaben zum Passaer Vertrag 2r/21f - ^{k-k} Vgl. die Angaben zum Passauer Vertrag
2v/6-25

5   men vnd gehanndlt werden, als ob Sy all erschinen wären.
     Vnnd auf das Ire Chur vnd f.en g.en desto Meer vrsach zuerscheinen
        haben,
     So ist von Irer Kon:Mt: fur guet angesehen vnnd begert worden,
     das zu dem das Ire Chur vnd f.en g.en der Römischen Kay: vnnd
     Irer Kon:Mt:en vnnd des Heiligen Reichs frey sicher vnnd ge-
10   strackh Glait fur sich vnnd die, so Sy mitbringen, zue, auf vnd
     von sollichem guetlichen tag haben sollen vnnd werden. Das
     noch daruber der Churfurst von Sachsen vnnd obbemelt Irer
     Churf.en g.en mitverwanndte Fursten fur Sich vnd Ir Kriegsfolckh
     vnnd Mitverwannten Ir yedem Ir schrifftliche versicherung geben
15   vnd vermug derhalb gethanen Abred zueschickhen vnnd darInn
     versprechen sollen in pesster formb, das Sy vnnd die, so Sy vnge-
     farlich mit bringen oder schickhen werden, dergleichen Ire Landt-
     schafften vnd vndterthanen sich in obbestimbter Zeit des weren-
     den, guetlichen tags auch Ires Raisens zue vnd von sollichem guet-
20   lichen tag biß wider an Ir sichere gewarsam vnd hofleger
     von Iren Chur vnd f.en gnaden vnd Inen in nichten geschödiget,
     vergewaltiget noch vbertzogen sollen werden, sonnder Irent-
     halb in allweg Ruebig vnnd vnbetranngt bleiben sollen. Doch
     auch mit dermassen vnnd beschaidenhait, das herwiderumb der
25   Churfurst zu Sachsen vnd seiner Churf.en g.en mitverwanndten
     vndterthanen vnd Kriegsfolckh von Iren Chur. vnd f.en gnaden
     solliche zeit auß auch ⌐Also⌐ vnbeschedigt vnd vnbetranngt bleiben
        vnd
     gelassen werden. Vnd solliches hat sich sein Churf.en g.en, bey Iren
     mitverwanndten mit getreuem vleiß antzubringen vnnd, Wo
30   Imer möglich, zuerhalten vnd vertigen zelassen, bewilligt.
     [350v]
     Damit auch dem Churfursten zu Sachsen vnd seiner Churf.en g.en
        Mitver-
     wannten zue, auf vnd von sollichem guetlichen tag An aller nodturff-
     tiger sicherhait nichts abgee, So bewilliget die Rom Kon: Mt:
     hiemit anstat der Kay:Mt: vnd fur sich selbs, das Sy auch dartzue,
5   darauf vnd dauon biß wider an Ir guete sichere gewarsame der Rom:
     Kay: vnnd Irer Kon:Mt.en vnd des heyligen Reichs frey vnd
        gestrackh sicher
     Glaidt haben sollen vnnd Inen daruber von Kay: oder Irer
        Kön:Mt:en
     an Irer Kay:Mt stat vnnd fur sich selbs nodturfftige vertigung
     volgen soll in pesster form.

10   Vnnd sollich obberuert des Churfursten zu Sachsen vnd seiner
         Churf.en g.en Mit-
      verwannten versicherung, den Chur vnd f.en zugeben, Soll auch,
         wie
      pillich, auf Ir Churfurstlich vnd furstlich gnaden selbs Ire Räth vnd
         diener
      vnd die, so Sy vngefärlich mit Inen bringen, oder auf die Rätth, die
         Sy
      an Irer stat schickhen sambt denen, die Sy ungefärlich mitbringen,
15   verstanden werde.
      Der Churfurst zu Sachsen hat auch bewilliget, den Churfursten vnd
         Fursten,
      So seiner Churf.en g.en vnnd Iren Mitverwannten Leger auf ain,
         Zwo
      oder drey meilweyts nache khomen werden, zu Merer sicherhait auf
         Ir
      ersuechen, welches zeitlich beschehen soll, etliche pferdt
         zuetzeordnen,
20   damit Sy sich in Alweg gar khainer gefar oder schadens zubefarn
         haben.
      Vnnd damit nun auch meines gnedigen Herren Lanndtgraff Philipsen
      zu Hessen erledigung desto fruchtbarlicher geschlossen werden
         möge, So
      bewilligt die Röm:Kon:Mt:, das die Churfursten Sachsen vnd Brann-
      denburg yeder ainen Vnnd Lanndtgraf wilhelm ainen, dergleichen
25   auch seiner f.en g.en Lanndtschafft ainen Gesanndten abfertigen
         mögen,
      den will Ir Kon Mt an mein gnedigiste ᵐFrau Konigin Mariaᵐ
      auf der Kay Mt: derhalb empfanngnen gwalt vnd Bewilligung
      schreiben geben, das Sy sicher zu seinen f.en g.en khomen vnnd
         gelassen
      werden mögen, dergleichen auch freundtlich vnd bruederlich fur-
      [351r]
      dern, das Inen viern sambt vnnd sonnder vergundt vnd erlaubt
         werde,
      In Abwesen annderer allain sich mit Irer f.en g.en nodturfftig-
      elich zuundterReden.
      Was aber fur freundlich ersuechen vnnd begere vom Churfursten

---

ᵐ⁻ᵐ *Vgl. die Angaben zum Passauer Vertrag 3v/9f*

5   zu Sachsen gethan worden von wegen heraufbringung des Landt-
      grafens an der Kayserlichen oder Irer Kon:Mt: hofe etc., des wil
      Ir Kon:Mt: an die Römisch Kay:Mt furderlich gelanngen lassen
      vnnd, souil mit Nodturfftiger sicherhait beschehen mag, freund-
      lich vnd bruederlich befurdern.
10   Beschliesslich, wo dem Churfursten zu Sachsen von dem ⁿKönig von
      Franckhreichⁿ ainich furschleg oder Mitl, wie sein Kon: wurde,
      zwischen der Kay:Mt: vnd Iro frid zumachen sein, achtet, zuekho-
      men, so soll vnnd will sein Churf.en g.en dieselbigen Irer Kon:Mt:
      ferrner vberschickhen, dieselbigen an die Kay Mt: furtar gelanngen
15   zulassen vnnd Irer Kay: Mt: willen vnnd gemueth daruber zu-
      uernemen Laut Irer Kon:Mt Ersten Resolutionschrifft. Actum
      in Irer Kon:Mt: Stat Lynntz vnnd mit Irer Kon:Mt: vnd Iren
      Churf.en g.en furgedruckhten Secreten verwandt. Den Ersten tag
      May Anno etc. Im zwayvnndfunfftzigisten.

20   Ferdinand mpp.

                          m churfurst
                          mpp sst.

(Papiersiegel von Ferdinand [zerbrochen] vnd Moritz)

[351v] (vakat)

ⁿ⁻ⁿ *Vgl. die Angaben zum Passauer Vertrag 6v/17*

Edition IV: Die Passauer Abrede

Die Edition der Passauer Abrede erfolgt auf der Grundlage von in MEA, Religionssachen 3 und 4 befindlichen Abschriften. Dabei gilt das folgende Sigelverzeichnis:

A MEA, Religionssachen 4, 86r-87r
B MEA, Religionssachen 4, 102r-104v
C MEA, Religionssachen 4, 149r-150v
D MEA, Religionssachen 3, 137r-140r
E MEA, Religionssachen 3, 199r-201v

Der Edition zugrundegelegt wird A, orthographische Abweichungen von A werden nicht berücksichtigt. Ergänzungen ganzer Absätze, die sich ab C finden, werden in eckigen Klammern unter der Angabe "C:" eingefügt. Der Zeilenumbruch ist aufgelöst, ansonsten gelten die Editionsrichtlinien von Edition I, Punkt 1.-4.

[86r] Auf den artickhl die Religion auch frid vnnd Recht belanngenndt bedennckhen die Römisch Ku. Mat. sambt der Churfursten gesanndten, erscheinennden fursten vnnd der abwesennden Pottschafften, das ain bestenndiger fridstanndt zwischen den Kay.^{n} und Ku.^{n}Mat.^{en}, den Chur-
5 fursten, fursten vnnd Stännden der Teutschen Nation biss zu enntlicher vergleichung der zwispalttigen Religion angestellt, aufgericht vnd gemacht werde dergestalt, das Kay.^{e} und Ku. Mat.^{en} auch Churfursten, fursten vnnd Stennde des heyligen Reichs khainen Stanndt der augspur-gischen Confession verwanndt oder, die sonnst khainer anndern of-
10 fenntlichen verworffnen vnnd durch die Reichsabschide verdambten Secten anhenngig, mit der tat gewalttiger weiss oder in annder weeg wider sein Conscienz vberziechen, beschedigen, durch Mandat oder ainicher andern gestallt beschweren oder verachten, sonnder bey sol-cher seiner Religion vnnd glauben, Ruebigelich vnnd fridlich beleiben

---

1 Randnotiz: ▷Lectum pathauia 12 Juny A° 52◁ *C (spätere Schrift);* ▷Prelectum◁ 22 Iunii A° 52◁ *E — 2* bedennckhen: bedenckht *B — 2* Churfursten: Churfurstlichen *C = B;* Churf.en *D, E — 6* zwispalttigen: Spaltigen *B,* spalttigen *E — 8* heyligen: ⌈hey⌉ *E — 9* verwanndt: verwanndten *B, E — 12* Conscienz: conscientz vnnd willen von seiner Religion vnnd glauben tringen oder derhalben *C = B = D = E — 13* ainicher: in ainicher *B = E — 13* oder: ⌈oder⌉ *B —*

15 lassen vnnd die Strittig Religion nit annderst dann durch freundtliche,
fridliche mittl vnnd weeg zu ainhelligem Christlichen verstanndt vnnd
vergleichung gebracht werden. Es sollen auch der yetzigen Kriegsyebung verwanndte, auch sonnst alle anndern Stennde die anndern des
heyligen Reichs Stenndt, Geistlich vnnd weltlich gleichergestallt, Irer
20 Religion, Kirchen gebreuch, ordnung vnd Ceremonien, auch Irer hab,
guettern, Lannden, Leuten, Rennten, zynnss, guldten, ober vnnd
gerechtigkhaiten halben vnbeschwerdt vnnd Sy derselben fridlich vnd
Ruebigelich gebrauchen vnnd geniessen, auch mit der that oder sonnst
in vnguetten gegen [86v] denselbigen nichts furnemen, sonnder in
25 albeg[!] nach laut vnnd aussweisung des heyligen Reichs Rechten,
ordnungen, abschid vnnd aufgerichten Lanndtfriden Jeder sich gegen
dem anndern an geburennden ordenlichen Rechten benuegen lassen,
alles bey vermeidung der poen, In Jungst ernewerten Lanndtfriden
begriffen.

30 Vnnd sollte derhalben von Kay.ⁿ vnnd Ku.ⁿ Mat.ᵉⁿ auch Churfursten,
Fursten vnnd Stennden respectiue gnuegsame vnnd notturfftige
versicherung beschehen vnnd gegeben werden, auch dem Kayserlichen
CamerRichter vnnd beysitzern obgemelter fridstanndt zuerkhennen
gegeben vnnd beuolhen werden, sich demselben fridstanndt gemess
35 zuhaltten vnnd zuertzaigen, auch den anrueffennden Partheyen darauf
geburlich vnnd notturfftig hylff des Rechtens mitzuthailen.

15 freundtliche: freuntliche ▷vnd◁ C; freundtliche vnnd D; f.en E — 20 Kirchen gebreuch:
Kirchengepreuch C — 20 hab: Haab vnnd B; hab vnnd gutern E — 22 halben: halben ▷S.:
was sie deren in Zeit des abschiedes Im 44. Jar In possess gehapt vnnd noch◁ C; halben
▷was sie deren in Zeit des abschiedts Im 44.ⁿ Jar In possess gehabt vnd noch D — 25 albeg:
alle weg C; allweeg B; allewege D; allwege E — 25 heyligen om. C, D — 30 Vnnd sollte
derhalben: Vnnd sollen auch alles das, so mhergemeltem friedstand zuwidder sein oder
verstanden werden mocht, demselbigen nichs benemen derogirn noch abbrechen vnnd
derhalben C = B = D; Vnnd solle auch alles das so mergemeltem fridtstand zuwider sein
oder verstannden werden mocht, demselbigen nichts benemen, derogirn noch abbrechen
derhalben E — 32 versicherung: versicherung Inner oder ausserhalb diss vertrags C = B =
D = E — 32 vnnd gegeben werden om. C, B, D, E — 32-33 Kayserlichen CamerRichter:
Key. Chamerrichter C, D; Kay. Camergericht B; Kay. Chamergericht E — 34 beuolhen: bej
Iren Pflichten beuolhen C = B = D = E — 35 darauf: darauff ▷S.: vngeachtet welcher
Religion die sein◁ C; darauf vngeachtet welcher Religion die sein B (im Text); darauf
▷vngeachtet welcher Religion die sein◁ D; darauf vngeachtet welcher partheien die sein E
— 36 mitzuthailen: mitzutheilen, auch sonderlich die form der Beysitzer ▷S.: vnd anderer
personen vnd partheien◁ aids zu Got vnd den heyligen oder Zu Got ~~oder~~ ⌜vnd⌝ das heylig
Euangelium zuschweren ▷S.: auch sonst Jede Beysitzer vnd andere personen des Chamergerichts bei seiner Religion zupleiben◁ hinfueran frey gelassen auch In annemung derselben

Souil dann anlanngt, die Spalttung der Religion zu ainem gleichmässigen verstanndt vnnd ainigkhait widerumb zubringen, ermessen der Churfurssten Rätte, die erscheinennden furssten vnnd der abwesennden
40 Pottschafften, das die Kay. Mat. schierist ainen gemainen Reichstag halten vnnd darInnen sich mit Churfursten, fursten vnnd Stennden des heyligen Reichs verrer gnedigelich vergleichen sollen, ob nachmals durch den weeg aines Generals oder Nationalis Concilii oder ainen gemainen Reichs oder annderer versamblung die Spalttig Religion vnnd
45 glaubens sachen furgenommen, verglichen vnnd erördert werden, vnnd das bey derselben vergleichung, wie die alsdann durch [87r] die Kay. Mat. vnd gemaine Stennde fur nutz vnnd guett bedacht vnnd geschlossen wierdt, menigelich mit gnaden pleiben solle.

[C: ▷S.: Es wirt bedacht, das zuuorbereittung solcher vergleichung
50 dinstlich sein solt, das bald bald anfang solchs reichstags ein ausschus von etzlichen schiedlichen verstendigen personen beeder Religion In gleicher antzal verordnet wurde, die beuelch hetten zuberathschlagen,

---

die religion nit gescheucht soll werden C; mitzethaillen, auch sonnderlich die form des beyitzer vnnd annderer personen vnnd partheyen aids zu Got vnnd den Heiligen oder zu Got vnnd ⌐auf⌐ das Heilig Euangelium zuschweren denen so schwern sollen hinfuro frey gelassen werden B; mitzutheilen auch sonderlich die form dess beisitzer ▷vnnd andere personen vnd partheien◁ aides zu Got vnnd den hey. oder zu Got vnd das hey. Euangelium zu schwern ▷auch sonst jedem beisitzer vnnd annder personen des Chamergerichts bei seiner Religion zu pleiben◁ hinfuran freigelassen, auch In annemung derselben die Religion nicht gescheucht soll werden D; mitzutheilen, auch sonderliczh die formb des Beisitzers vnnd anndere personen vnnd partheien aidts zu Got vnnd den hey. oder zu Got vnnd ⌐vf⌐ das hey: Euangelium zuschwern, denen so schweren sollen hinfuro soll frei gelassen werden E — 38 ermessen: ermessen die Ku. Mt., auch B; ermessen die Kon. Mt., auch E — 40 schierist: schirst ▷vnd Innerhalb n. zeit◁ C = D; schirist vnnd Innerhalb aines Halben Jars vngeuerlich nach beschluß vnnd dato dises fridstanndts vnnd vertrags B = E — 40 ainen: vnnd einen D — 42 gnedigelich: g.ˡⁱᶜʰ E — 43 Concilii: Concilii oder eines Colloquii C = B = D = E — 43-44 oder ainen gemainen Reichs: oder Gemainer Reichs B = E — 45 werden om. C, D — 47 Stennde: Stende ▷S.: so wol der augspurgischen Confessionen Verwandt als des andern theils◁ C; Stennde so wol der augspurgischen Confession verwanndt als des anndern thails B = E; Stende ▷so woll der augspurgischen Confession verwandt als des anndern theils◁ D? — 47 guett: gut ▷S.: einhelliglich◁ C; gut ▷einhelliglich◁ D — 47-48 geschlossen: beschlossen E — 49-55 Es wirt bedacht …: B und E bieten dieses Absatz im Text; D hat diesen Absatz am Rand, aber ohne ihn direkt durch eine Markierung einzufügen, er steht jedoch wesentlich weiter oben, und zwar direkt unter der Randbemerkung bei: das die Key. Mt. schirst ▷vnnd Innerhalb n. Zeit◁ vnnd einen gemainen Reichstag halten (Zeilen 40-41) — 49 wirt: wirdt auch B = E — 50 bald bald anfang: pald anfanngs B; baldt anfangs D, E — 51 beeder: beide E — 52 verordnet: geordnet B = D = E —

welchermassen solche vergleichung am fuglichsten mocht furgenommen werden, doch den Churfursten sonst des ausschuss halben an Irer
55 hocheit vnuergreifflich. ◁]

Da aber die vergleichung auch durch derselben weeg khainen wurde ervolgen, das alssdann nichts desto weniger obgemelter fridtstanndt bey seinen Crefften biss zu enntlicher vergleichung besteen vnnd bleiben solle.

60 Ferrner souil die artickhl fridens vnnd Rechtens betrifft, wierdt bedacht, da etwas beschwerlichs oder bedennckhlichs sich in der Camergerichts ordnung wolt eraigen, die weyl sollich ordnung mit gemainer Stennde bewilligung in gemainer Reichsversamblung aufgericht vnd beschlossen, das die bestenndigelich nit, dann widerumb
65 durch die Kay. Mat. vnnd gemaine Stennde in gemain oder aber, souil es die gelegenhait erleiden mag, den ordenlichen weeg der visitation gemelts Camergerichts oder aber sonnst mit den anndern furgewenndten beschwerungen, möge geendert vnnd erledigt werden,
[C = B = D = E: da dan die Ko. Mt. sampt der Churf.en gesanten
70 vnnd der erscheinenden fursten vnd der abwesenden potschaften vrbietig vnnd willig sein, alle vermogliche furderung zuerzeigen, damit in Religion sachen kein theil sich dess vberstimmens vor dem andern zubefaren, auch partheylicheit verhutet vnnd die verwandte der augspurgischen Confession vom Kay. Camergericht nit ausgeschlossen,
75 desgleichen auch sonst andere beschwerungen, wo die befunden wurden, der pillicheit nach abgewendet vnnd dieses alles auff nachkunftigem Reichstag abgehandelt werde.
▷ Sachsen: ◁ Es wurt gepetten, das die Ko. Mt., auch Chur vnnd fursten bei der Key. Mt. wolten gleich jetzundt freuntlich vnnd vnder-
80 thenigst ansuchen vnnd bitten, das Ire Key. Mt. diese nothwendig

---

56 aber: auch C, D — 56 auch om. hic C, D — 57 ervolgen: folgen E — 60 Ferrner souil die artickhl: Souil aber die Vergleichung der Stimmen, auch gleich vnpartheischs recht zuerhalten, dergleichen presentation der Beysitzer vnnd annder art. C = B = D = E — 62 wolt eraigen die weyl sollich ordnung om. C, D — 70 vnnd der om. B, E — 71 furderung: befurderung E — 74 vom: am B, E — 75 sonst om. B, E — 75 die: ainiche B — 77 nachkunftigem: negstem B — 77 werde: werde etc. D — 78-86 Es wurt gepetten ...: B und D haben diesen Absatz im Text; Sachsen om. B.; ▷addidit Saxo. ◁ D — 78-79 Es wurt gepetten, das ... Jetzund: Es wollen auch die Ku. Mt. sampt der Churfursten Gesanndten erscheinennden furssten vnnd der abwesennden Potschafften bey der Kay. Mt. B — 79 freuntlich: f.lich D — 80 diese nothwendig: die notwenndigisten B —

puncten alspald auss volkommenheit Irer Key. Mt. gewalt zubefurderung vnnd erhaltung fridens vnnd einigkeit im Reich erledigen wolten.
So wiert In keinen zweiffel gestelt, Ire Key. Mt. werde dasselbig
gnedigst thun vnnd sich hierin nicht weniger gemeiner wolfart zum be-
85   sten gnedigst erzeigen, als auf andern reichstagen vnd In fridStenden
hieuorn offtmals gescheen Ist.]

81 alspald: vnd darunnder den articl die presentation belanngennt vnnd das die verwanndten
der augspurgischen Confession am Kay. Camergericht wie oblaut nit ausgeschlossen werden
B — *82* erledigen: alspald Immer muglich erledigen *B* — *83-86* So wiert ... gescheen ist
om. B — *84*: gnedigst: g.ˢᵗ *D* — *85*: gnedigst: g.ˢᵗ *D*

Synopse zwischen dem Religionsartikel des
Passauer Vertrags und der Passauer Abrede

Die folgende Synopse stellt dem Religionsartikel des Passauer Vertrags (Text nach Original A) den Text der Passauer Abrede (Text nach Exemplar E) gegenüber. Dabei sind im Text des Passauer Vertrages die Wörter in anderem Font gesetzt, die der Passauer Abrede entstammen. Kursiviert sind sowohl im Religionsartikel des Passauer Vertrages als auch in der Passauer Abrede die Wörter, die in den Augsburger Religionsfrieden übernommen worden sind. Im Text der Passauer Abrede ist zusätzlich vermerkt, welche Wörter in den Entwürfen für den Religionsartikeln, die der Fürstenrat (= ⁱ⁻ⁱ) und der Kurfürstenrat (ᶜ⁻ᶜ) 1555 erarbeitet haben, übernommen worden sind.
[In eckigen Klammern und in Halbpetit sind die Passagen der Passauer Abrede gegenübergestellt, die in der Abrede an anderer Stelle stehen, aber verändert in den Religionsartikel des Passauer Vertrages aufgenommen wurden].

Passauer Vertrag 4r/27 - 5v/19   Passauer Abrede

Was den volgendts die andere Articl, so bey diser Fridshanndlung von dem Chur= furssten von Sachsen vnnd seinen Mituerwandten angeregt, als erstlich Reli= [4v]gion, frid vnd Recht betrifft, soll die Kay Mt: dem gnedigen erbieten, so Jungst zu Lyntz von Jrer Mt: wegen nach Jnnhalt der datzumal gegebnen Antwort beschehen, getrewlich nachsetzen.

Auf den Art. die Religion, auch friedt vnnd Recht belangenndt, Bedencken die Ro. Kon. Mt. sampt der Churf.en gesanndten, erscheinenden fursten vnnd der abwesennden potschafften,

Auch Jnnerhalb aines halben halben Jars

[vgl. Innerhalb eines halben Jars vngeferlich Nach beschluß vnd dato dieses friedtstanndes vnd vertrags

ainen gemainen Reichstag halten, darauff nochmals,

eynen gemeinen Reichstag halten, vnnd darinnen sich mit Churf.en, f.en vnd Stennden des hey. Reychs ferner gˡⁱᶜʰ [= gnediglich] vergleichen sollen, Ob

auff was weeg, Als Nemblich aines *General* oder *National Concilij*,

nachmals durch den weg eines *generalis* oder *Nationalis Concilij*

Colloquij oder gemainer
*Reichs*fuersamblung, dem zwispalt
der Religion abzuhelffen vnd dieselb zu Cristlicher vergleichung
zubringen, gehanndlt vnnd also
solche ainickhait der Religion
durch alle Stendt des heyligen
Reichs, sambt Jrer Mt: ordenlichem zuethuen soll befurdert werden.

Es soll Auch zuuorberaitung solcher vergleichung
bald anfangs solches Reichs =
tags ain Ausschuß von etlichen
schidlichen, verstendigen personen baider seits vnnd Religion
in gleicher anzal geordnet werden
mit beuelch zu = beratschlagen,
welchermassen solche vergleichung am fueglichsten möcht furgenomen werden, doch den Churfursten sonst des Ausschuß halben an Jrer hochait vnuergreifflich

Vnnd mitler zeit weder die Kay Mt:,
wir, noch *Churfursten, Fursten
vnnd Stende des heyligen Reichs
kainen Standt der Augspurgischen
Confession* verwant

oder eines *Colloquij* oder gemeiner
Reichs oder anndere versamblung die
spaltig Religion vnnd glaubens sachen
furgenomen, verglichen vnnd erorttertt
werden.]

[vgl. Es wird auch bedacht, das Zu vorbereitung solcher vergleichung dinstlich
sein sollte, bald anfangs solchs Reichstag ein Ausschuss von ettlichen
schidlichen verstendigen personen beide Religion
In gleicher Antzall geordnet wurde,
die beuelch hetten zuberathschlagen,
welchermassen solche vergleichung am fuglichsten mocht furgenomen werden, doch den Chur-
f.e^n sonst des Auschuss halben an Irer hocheit vnuergreifflich.]

das ein ^{cf}*bestenndiger* friedt^{fc}stanndt
^{c}*zwischen den Key.* vnd Kon.*Mt.*en,
*den Churf.en, fursten vnnd Stennden
der Teutschen Nation^c* bis zu enndtlicher vergleichung der spalltigen
Religion ^{c}angestellt, vffgericht vnnd^c
gemacht ^{c}werde^c,

dergestallt, das ^{c}*Kay.* vnnd Kon.Mt.,
auch ^{f}*Churf.en, f.en
vnd Stende des* $^⌐$*hey.*$^⌐$ *Reichs
keinen Stanndt der Augspurgischen
Confession*^{f} verwanndten oder die
sonst keiner anndern offentlichen

---

das ein bestenndiger ... gemacht werde: vgl. Kurfürstenrat § 3; *bestenndiger friedt*: vgl.
Fürstenrat § 1 — *Kay. ... Augspurgischen Confession*: vgl. Fürstenrat § 3 und
Kurfürstenrat § 3 —

verworffnen vnnd durch die Reichs
Abschiedt verdampten secten
anhengig

der Religion halben mit der that, | ᶠ*mit der that*
gewaltiger weiß oder in ander | *gewaltiger weis* oder In anndere
weeg *wider sein Conscientz vnd* | wege *wider sein Conscientz vnd*
willen | *willen* von seiner Religion vnnd
dringen oder derhalben | glauben *tringen,* oder *derhalben*
vbertziehen, besschedigen, durch | *vberziehen, beschedigen, durch*
Mandat oder Ainicher andern ge- | *Mandat oder In ainicher anderer ge-*
stallt beschweren oder ver= acht- | *stallt beschwern oder verach-*
ten, *sonnder bey solcher seiner* | *ten, sonder bei solcher seiner*
Religion vnnd glauben Ruebige- | *Religion vnnd glauben Ruig-*
lich vnd fridlich bleiben lassen. | *lich vnd friedlich bleiben lassen,*
| *vnnd die strittig Religion nit anderst*
| *dan durch f.liche [= freundliche]*
| *friedliche mittl vnnd wege Zu*
| *einhelligem Christlichen verstanndt*
| *vnnd vergleichung gebracht werden*ᶠᶜ.

Es *sollen* auch der Jetzigen Kriegs- | ᶜᶠEs *sollen* auchᶠᶜ der Jetzigen Kriegs-
vebung, auch alle andern *Stende* | vbung verwandte
der Augspurg= ischen Confession | auch sonst alle anndere stende
verwandte die *andern des heiligen* | die *anndere des hey.*
Reichs Stende, so der alten Religion | *Reichs Stende*
geistlich vnnd weltlich gleicher ge- | ᶠ*geistlich vnnd welltlich*ᶠ gleicherge-
stalt, *Irer Religion, Kirchen ge-* | *stallt Irer Religion, Kirchen ge-*
breuch, ordnung vnnd Ceremonien, | *breuch, ordnungen vnnd Ceremonien,*
auch Irer haab, Guettern, ligendt | *auch Ir* ᶠ*hab vnnd gutern,*
vnd varendt, Landen, Leuten, | *Landen, leut,*
Renten, zins, Gulten, Guettern, | *Renten, Zins*ᶜ, gulten,
Ober vnd gerechtickhaiten [5r] | ᶜ*ober vnnd gerechtigkeit*ᶜ
halben *vnbeschwert vnd Sy* | halben ᶜ*vnbeschwerdt vnnd sie*
derselben fridlich vnnd Ruebiglich | *derselben friedlich vnnd Ruiglich*
gebrauchen vnd geniessen, Auch | *gebrauchen vnnd geniessen, Auch*
mit der that oder sunst in vn- | *mit der that oder sonst In vn-*
guettem gegen denselben nichts | *gutem*ᶠ *gegen demselbigen* ᶠ*nichts*
furnemen, sonder in allweeg nach | *furnemen, Sonnder In allwege nach*

---

mit der that ... gebracht werden: vgl. Fürstenrat § 3 und Kurfürstenrat § 3 — *Es sollen auch ...* vgl. Fürstenrat § 6 und Kurfürstenrat § 4

laut vnd außweisung vnser vnd
des heyligen Reichs Rechten, ord-
nungen, Abschidt vnd aufgerich-
ten Landtfriden Jeder sich gegen
dem Andern an gebuerendem, or-
denlichen Rechten,
alles bey vermeidung der peen, in
Jungst ernewertem *Landtfriden*
begriffen, benuegen lassen.
Was dann auf solchem Reichstag
durch gemaine Stendt sambt Irer
Kay:Mt: orden= lichem Zuethuen
beschlossen vnnd verabschidet, daß
soll hernach also strackhs vnnd
vesstigelich gehalten, auch darwider mit der that oder in annder
weeg mit nichten gehandlt werden.
Vnd solle auch *alles das, so* mergemeltem *fridstandt zuwider sein*
oder verstanden werden möcht,
demselbigen nichts benemen, dero-
giern noch abbrechen vnd solches
also von der Kay.Mt:, vnns, auch
Churfursten, Fursten vnnd Stenden
Respectiue gnuegsam vnnd notturfftigelich in Crafft dises vertrags versichert sein,
Auch dem Kayserlichen Camergericht vnnd beisitzern obgemelter
fridstanndt zuer= khennen gegeben vnd bey Jren pflichten beuolhen werden, sich demselben frid=
standt gemäß zuhallten vnd zuerzaigen, auch den Anrueffenden
partheyen darauf vngeachtet, welcher Religion die sein, geburlich

laut vnnd aussweisung[f]
des hey. Reichs rechten, ord-
nungen, Abschedt vnd vffgerich-
ten Lanndtfrieden [f]*Jeder sich gegen*
den Andern an geburendem or-
denlichem Rechten benugen lassen[f]
Alles bei vermeydung der poen In[c]
jungst ernewrten [c]*Landtfrieden*
begriffen.[c]
[vgl. das bei derselben vergleichung,
wie die als dan durch die Key. Mt. vnnd
gemeine Stenndt so wol der Augspurgischen Confession verwanndt als des anndern theils fur Nutz vnnd gut bedacht
vnnd beschlossen, wirdt Menigklich mit
g[den] [= gnaden] pleiben soll.]

[c]*Vnnd solle*[c] auch [c]*alles das, so*[c] mergemeltem [c]*fridstand zuwider sein*
oder verstannden werden mocht,
demselbigen nichts benemen, dero-
girn noch abbrechen, derhalben
von Key. vnd Kon. Mt.en, auch
Churf.en, f.en vnd Stennden
respectiue gnugsame vnnd notturfftige versicherung[c] Inner oder
ausserthalb diß vertrags [c]beschehen,
[f]Auch dem Kay: Chamerge-
richt vnnd beisitzern[f] obgemelter
[f]friedtstanndt zuerkennen gegeben vnnd[c] bei Iren pflichten [c]beuo-
lhen werden, sich demselben[f] friedtstanndt [f]gemeß zuhalten vnnd zuertzaigen, Auch den anruffenden
partheien[f] darauf vngeachtet welcher[c] partheien [c]die sein, [f]geburlich

---

laut vnd aussweisung ... Landtfrieden begriffen vgl. Fürstenrat § & und Kurfürstenrat § 4
— *Vnnd solle auch alles ...* vgl. Fürstenrat § 6 und Kurfürstenrat § 15 — *Auch dem Kay:*
Chamergericht ... vgl. Fürstenrat § 6 und Kurfürstenrat § 15

vnd notturfftig hilff des Rechtens
mitzethaillen, Auch sonderlich die
form des beysitzer vnd anderer
per = sonen vnd parteyen aydts,
zu Gott vnnd den heyligen, oder
zu Gott vnd auff das heylig Euangelium zuschwörn, denen so
schwern, sollen hinfuro frey
ge = lassen werden.

vnnd notturfftig hilff des Rechtens
mitzutheilen^{fc}, auch sonderlich die
formb des Beisitzers vnnd anndere
personen vnnd partheien Aidts,
zu got vnnd den hey. oder
zu Got vnnd ⌐vf⌐ das hey: Euangelium zuschwern, denen so
schweren, sollen hinfuro soll frei
gelassen werden.
Souill dan anlangt die spaltung der
Religion zu einem gleichmessigen
verstandt vnd eynicheit widerumb
zupringen, ermessen die Kon.Mt:,
Auch der Churf.lichen Rhete, die erscheinende fursten vnnd der Abwesennden Potschafften, das die
Key:Mt: schirst vnnd Innerhalb eines
halben Jars vngeferlich Nach beschluß vnd dato dieses friedtstanndes
vnd vertrags eynen gemeinen Reichstag halten, vnnd darinnen sich mit
Churf.en f.en vnd Stennden des hey:
Reychs ferner g^{lich} vergleich sollen
Ob nachmals durch den weg eines
generalis oder *Nationalis Conciliy*
oder eines *Colloquii* oder gemeiner
Reichs oder anndere versamblung die
spalltig Religion vnnd glaubens
sachen furgenomen verglichen vnnd
erorttert werden, vnnd das bei
derselben vergleichung wie die als
dan durch die Key:Mt: vnnd gemeine
Stenndt so wol der Augspurgischen
Confession verwanndt als des
anndern theils for Nutz vnnd gut
bedacht vnnd beschlossen wirdt
Menigklich mit g^{den} pleiben soll

vnnd notturfftig hilff des Rechtens mitzutheilen vgl. Fürstenrat § 6 und Kurfürstenrat § 15

Es wirdt auch bedacht, das Zu vorbereitung solcher vergleichung dinstlich sein sollte, das baldt anfangs
solchs Reichstag ein Ausschuss von
ettlichen schidlichen verstendigen
personen beide Religion In gleicher
Antzall geordnet wurde, die beuelch
hetten zuberathschlagen welchermassen solche vergleichung am
fuglichsten mocht furgenomen
werden doch den Churf.e^n sonst des
Auschuss halben an Irer hocheit
vnuergreifflich

Dha aber di ^{c}*vergleichung*^{c} auch
^{c}*durch*^{c} derselben ^{c}*weg*^{c} keinen
^{c}*wurde folgen*^{c}, das ^{c}*als dan* ^{f}*nichts
desto weniger*^{cf} obgemelter
^{cf}*friedtstanndt bei*^{cf} seinen ^{cf}*crefften
bis zu enndtlicher vergleichung*^{f}
bestehn vnd ^{f}*pleiben soll*^{cf}

Souil aber die vergleichung der Stimmen, Auch gleich vnparteysch Recht zuer = hallten, deßgleichen presentation der Beysitzer vnd andere Articl fridens vnd Rechtens betrifft, Jst in diser handlung bedacht worden, da etwas be- schwer = lichs oder bedenckhlichs Sich in der Camergerichts ordnung wolt erewgen, dieweill solch ord- nung mit gemainer Stendt bewil- ligung in gemainer [5v] Reichsfuer- samblung aufgericht vnd beschlos- sen, das die bestendigelich nit, dann widerumb durch die Kay.Mt: vnnd gemaine Stenndt in gemain oder aber, souil es die gelegen-	Souill aber die vergleichung der Stymmen, Auch vnpartheischs Recht zuerhalten, des gleichen presentation der Beisitzer vnnd anndere Art. friedens vnnd Rechtens betrifft wurdt bedacht, dha ettwas be- schwerlichs oder bedencklichs sich Jn der Chammerrichtsordnung wollte ereugen, dieweill solche ordt- nung mit gemeiner Stenndt bewil- ligung Jn gemeiner Reichs ver- samblung aufgericht vnnd beschlos- sen, das die bestenndiglich nit dan widerumb durch die Kay.Mt. vnd gemeine Stendt Jn gemein oder aber, sovill es die gelegen-

---

Dha aber di vergleichen ... pleiben soll: vgl. Fürstenrat § 4 hait erleiden mag, den ordenlichen weeg der Visitation gemelts Camergerichts oder sonst moge geendert vnnd erledigt werden, da dann wir sambt der Churfursten Gesandten, erscheinenden Fursten vnnd der abwesenden Potschafften vrbittig vnnd willig seyen, alle vermugliche furderung zuer= zaigen, damit in Religionsachen khain thaill sich des vberstimens vor dem An= dern zubefärn, Auch parteylickhait verhuet vnnd die verwanten der Augspurg= ischen Confession am Kayserlichen Camergericht nit außgeschlossen, deßgleichen Auch andere beschwerungen, wo ainiche befunden wurden, der billichait nach abgewendt vnd diß alles auf negstem Reichstag abgehanndelt werde.

Es haben auch wir sambt der Churfursten Gesandten, erscheinenden Furssten vnnd der abwesenden Potschafften bey der Kay:Mt: freundtlich vnd vnder=
thenigelich angesuecht vnnd gebetten, das Jr Kay Mt die notwendigisten Puncten vnd darunder den Articl die presentation belangendt vnnd, das die verwanten der Augspurgischen Confession am Kayserlichen Camergericht wie oblaut nit außgeschlossen werden, aus volkhomenhait Jrer Kay Mt: gewalts zubefurderung vnnd erhaltung fridens vnnd ainickhait im Reich als palt Jmmer muglich erledigen wollten.

heit erleuden mag, den ordenlichen weg der visitation gemelts Chamergerichts oder aber sonst moge geendert vnnd erledigt werden, da dan die Kon:Mt: sampt der Churf.en gesanndten, erscheynennden fursten vnnd der Abwesennden pottschafften vrbutig vnnd willig seien, alle vermogliche befurderung zuertzeigen, damit in Religionsachen kein theil sich des vberstimens vor dem andern zubefharn, Auch partheilicheit verhut vnnd die verwanndthe der Augspurgischen Confession Am Kay: Chamergericht nicht aussgeschlossen, deßgleichen auch annder beschwerungen|, wo die befunden wurden, der pillicheit nach abgewenndet vnnd dieses alles auf nachkunfftigem Reichstag abgehandlet werde etc.

Es wirdt gebetten, das die Kn. Mt., auch Chur vnd fursten

bei der Kay. Mt. wolten gleich Itzundt f.lich [= freundlich] vnd vnderthenigst ersuchen vnd bitten, das Jre Kay:Mt: diese nottwendige puncten

alsbaldt
auss volkomenheit
Jr Key Mt: gewallt zu befurderung vnnd erhaltung friedts vnnd eynigkeit Jm Reich erledigen wollten.

So wirdt In keinen zweifell gestellt,
Ir Key:Mt: werde dasselbig g.st [=
gnedigist] thun vnnd sich hierInnen
nicht weniger gemeyner wolfart zum
besten gst [= gnedigist] ertzeigen als
vf anndern Reichstägen vnnd In
friedtstenden hieuor offtmals geschehen ist.

Edition V: Karls V. Ratifikationsurkunde
des Passauer Vertrags (15. August 1552)

Ediert wird die folgende Archivalie: Sächsisches Hauptstaatsarchiv Dresden, Originalurkunde 11454. Sie trägt das Indorsat: "Ad mandatum Caesareae et Catholicae M^{tis} proprium [Unterschrift:] Bave". Gut erhalten, allerdings einmal gebrochen ist das Siegel Karls V. Die Urkunde ist 76 cm breit und 47 cm hoch, was eine sehr lange Zeilenlänge bedeutet. Es gelten die Editionsrichtlinien von Edition I, Punkt 1.-4. Der Zeilenumbruch ist durch | und Absatz gekennzeichnet. Z.5-8.19-25 sind gedruckt bei Turba, Beiträge II, 74f.

Im textkritischen Apparat sind mit dem Kürzel F die Varianten der Beilage zur Originalurkunde 11454 vermerkt, die den Entwurf Ferdinands darstellt. Zu vergleichen ist der Druck der Konzepte bei Druffel III, 532-534.

Wir Karl der Funfft von Gottes gnaden Römischer Kaiser zu allen
    zeiten Merer des Reichs König in Germanien zu Castillien
    Arragon von baider Sicilien Hierusalem Hungern Dalmacien
    Croacien Nauarra Granaten Tolleten|
Vallentz Gallicien Mayorca Hispans Sardinien Corduba Corsica
    Murcien Giennis Algarbien Algeziern Gibraltar der Canarischen
    vnnd Indianischen Innsulen vnnd der Terre firme des Oceanischen
    Mers etc. Ertzhertzog zu Österreich Hertzog zu Burgundi zu
    Lottrigk zu Brabant zu|
Steyr zu Kernndten zu Crain zu Limpurg zu Luxemburg zu Gelldern
    zu Calabrien zu Athen zu Neopatrien vnnd Wiertemperg etc.
    Graue zu Habsburg zu Flanndern zu Tirol zu Görtz zu Barcinon
    zu Artheis zu Burgundt Pfaltzgraue zu Heingaw zu Hollanndt zu
    Seelanndt zu Pfierdt|
zu Kiburg zu Namur zu Rosselion zu Ceritania vnnd zu Zutphen
    Lanndtgraue Inn Elsas Marggraue zu Burggaw zu Oristam zu
    Gociain vnnd des heiligen Römischen Reichs Furst zu Schwaben
    Cathalonia Asturia etc. Herr Inn Frieszlanndt auf der Windischen
    Marck zu Portenaw zu Bescaya|

5   zu Molin zu Salins zu Tripoli vnnd zu Mecheln etc. Bekennen hiemit
disem Brieue vnnd thuen kundt allermenigelich. Nachdem wir
jetztentstanndner Kriegsvbung halben von dem Durchleuchtigisten
Großmechtigen Fursten Herrn|
Ferdinannden Römischen zu Hungern vnnd Bohaim etc. Kunig
vnnserm freuntlichen lieben Bruedern bruederlich vnnd freuntlich
ersuecht worden seiner Lieb sampt etlichen vnnsern vnnd des
heiligen Reichs Chur vnnd Fursten guetliche vnndterhanndlung
zugestatten vnnd einzureu-|
men derwegen dann ain zusamenkunfft auf ainen bestimpten Tag
geen Passaw furgenommen darauff gemelter vnnser freuntlicher
lieber Brueder der Römisch König etc. sampt etlichen der
benannten Fursten aigner person Aber der anndern Chur vnnd
Fursten statliche Gesand-|
ten Räth vnnd Pottschafften erschinen allerlay hin vnnd wider
gehanndelt Auch letzlich ain Nottel aines Vertrags doch auf
vnnser zu oder abschreiben verfaßt, vnnd vnns durch sein Lieb
zugeschickt worden Wiewol wir nun solche Nottel in den maisten
ansehenlichsten puncten vnd|
Artickeln dermassen befunden das dieselben nicht allain vnns vnd
dem heiligen Reiche Sonnder auch etlichen sonnderbaren
Stennden vnnd personen so Sy betreffen möchten etwas
hochbedenncklich vnnd beschwerlich Also das wir dieselben
dermassen wie sy gestelt anfenncklich nit anne-|
10   men Sonder villieber die ganntze handlung darob zerschlagen lassen
wöllen wie wir dann solches Inn vnnser widerschrifft angedachten
vnnsern freüntlichen lieben Bruedern den Römischen König etc.
lauter angezaigt vnnd zuerkennen geben Nicht desto weniger aber
dieweil|

1-5 F bietet folgenden Anfang: Die Ratification des fridstanndts soll von der Kay Mt wegen
auf nachuolgende form gestellt werden, Nachdem jetzentstanndner ... — 5 wir *om.* F — 5
Ir Kay:Mt *add.* F — 5-6 dem Durchleuchtigisten ... Bruedern: Kö.Mt: F — 6 seiner Lieb:
Irer Ku:Mt; F — 6 vnnsern vnnd *om.*f F — 7 gemelter ... etc.: Ir Ku: Mt; F — 8 vnnser:
Irer Kay.Mt F — 8 vnns: Irer Mt: F — 8 sein Lieb: die Kö.Mt: F — 8 wir nun: nun Ir
Kay.Mt: F — 9 vns: Irer Mt: F — 9 wir: Ir Mt F — 10 wir dann: dann Ir Mt F — 10
vnnser: Irer F — 10 angedachten ... etc. : an die Ku:Mt: F — 10 geben: gegeben F —

wir volgendts von seiner Lieb als die sich deshalben vnangesehen
aller Irer vngelegenheit eylendts auff der post zu vnns verfuegt
vnnd dann auch von den Churfurstlichen Gesanndten den
erscheinenden Fursten vnnd der abwesenden potschafften durch
Ire Schreiben auff das Bruederlichst|

freuntlichst vnnd vnndterthenigst vermannt ersucht vnnd gepetten
worden vnns hierin als ain milter gnediger fridliebender Kaiser
zuerzaigen der hohen mercklichen geferlichait diser vorsteenden
leufft vnnd zeit was nachzugeben Auch also von der merern
beschwerung wegen so auß|

diser Kriegshanndlung zugewarten den wenigern aus lieb des fridens
nachzusehen So haben wir zum letsten furnemblich angesehen
vnnd bedacht ob wir wol auf vorgeende Gnad des Allmechtigen
mit Hilff, Rath vnnd zuthun vnnserer gehorsamben Stennden vnnd
getrewen vnn-|

derthanen vnns gantz wol getröstet zu aller notwenndiger gegenwehr
über die fürberaitung die wir allberait gethan vnns stattlichen
zuschicken vnnd gefaßt zumachen noch dannocht vnnd damit das
hailig Reiche Teutscher Nation ain mal wider in frid vnnd Ruhe
gesetzt Auch dises hochbe-|

15   schwerlichen lasts so demselben aus solcher Kriegsübung bißher
obgelegen erlediget vnnd also dardurch das entlich eussert
verderben so darauff gestannden furkommen Auch danebenn dem
Turcken vnnd anndern der gantzen Christenhait vnnd des heiligen
Reichs widerwertigen Iren|

muetwillen gegen denselben zutreiben die gelegenhait abgeschnitten
vnnd bey dem allem die vergiessung Christlichs Pluets verhörung
vnnd verwuestung Lanndt vnnd Leut Jammer vnnd noth Elend
verderben vnnd sterben der Armen vnschuldigen verhüetet vnnd
letzlich die Inner-|

---

11 wir: Ir Mt *F* — *11 post* volgendts: zum taill *add. F* — *11* seiner Lieb: der Ku.Mt: selbs
F — *11* vnns: Irer Mt: *F* — *12* vnns: sich *F* — *12* was: etwas *F* — *13* haben wir: hett Ir
Mt: *F* — *13* zum letsten: auf das letst *F* — *13* wir wol: wol Ir Mt: *F* — *13* vnnserer: Irer
Mt: *F* — *14* vnns: sich *F* — *14* die wir: so Ir Mt *F* — *14 post* allberait: schon *add.F* — *14*
widerumb *F* — *14* zu *F* — *16* Jammer vnnd: vnnd *om.F* —

lichen waffen wider die Außlenndischen Vheindt vnnd betrüeber des
gemainen fridens desto statlicher gewenndet werden mögen So
will vnns Inn disem fall nicht allain von gemaines fridens wegen
als ainem Christlichen Kaiser vnnd dem Haupt wolgepüern
sonnder auch die vn-|
uermeidlich notturfft zum tail erfordern von vnnserm vorigen
gleichwol begrundtem vorhaben zuweichen Auch vnnsers
freuntlichen lieben Brueders des Römischen Königs etc. vnnd
annderer vnndterhanndler Ratlichem bedenncken vermanen pitt
vnnd begern entlich statzugebenn,|
Dem allem nach so wöllen wir offtgemeltem vnnserm freüntlichen
lieben Brueder dem Römischen König etc. zu Brüederlichen
freüntlichen Ehren vnnd gefallen dem heiligen Reiche Teutscher
Nation zu wolfart vnnd aufnemmen den vnndterhanndlenden Chur
vnnd Fursten zu gnedigem|
20   genaigten willen den Vertrag wie derselb durch vnnsern
freünntlichen lieben Bruedern den Römischen Künig etc. sampt
anndern Chur vnnd Fursten aufgericht verbriefft vnnd versigelt
Inn allen seinen puncten Artickeln mainungen vnnd begreiffungen
Ratificiert, bewilligt vnd|

---

17 wollt *F* — *17* nicht allain von gemaines fridens wegen: von gemaines fridens wegen nit
allain Irer Mt: *F* — *18* vnnserm: Irer Mt: *F* — *18* begrundtem: gegrundtem *F* — *18* vnnsers
... etc.: der Ku.Mt. *F* — *19* wöllen wir ... etc.: woll Ir Mt: der Ku:Mt: *F* — *20 post* willen
add. F: sich anfenckhlich dessen mit gnaden erclärt haben das Irer Mt: gemuet will vnd
maynung nie gewesen auch noch nit seyn in dem heyligen Reich ainichergestallt Krieg
zuerweckhen sonnder vill mehr allen menschlichen muglichen vleiß Ires thaills furtzewenden
damit frid Rue vnnd ainikhait darInn erhalten werd, wie dann solches aus dem das Ir Mt
sich khurtzverschiner zeit dise gegenwurttige Kriegsempörung zufurkhumen so gantz gnedig
vnnd willickhlich Auch hernach als Sy nicht desto weniger Iren furgang genommen zu
abstillung derselben so gantz schidlich vnnd guettig wie menigelich sehen mög ertzaigt
gnugsam Abtzenemen Bey solchem Irer Mt gnedigem vatterlichen willen vnnd naigung
gegen dem heyligen Reich Auch Stenden vnd Glidern desselben Sey Ir Mt: bedacht
vesstigelich vnnd biß an das ennt zuuerharren Auch des heiligen Reichs obligen guetlich
vnnd mit zuethuen gemainer Stendt abzuhandlen vnnd sonnst Jemandts aus beruerten Stenden
mit ainichen Kriegsgewalt nit Antzugreiffen vnnd wollen also; *am Rand hat diese Passage*
eine spätere Kanzleihand angestrichen und am Beginn der Anstreichung daneben vermerkt:
in Originali sunt praetermissa — *20* der *F* — *20* vnnsern ... etc.: Ir Ku: Mt *F* — *20*
mainungen: mainung *F* —

angenommen haben Ratificiern bewilligen vnnd nemen denselben
auch an hiemit wissentlich vnnd in crafft dits Briefs. Bey vnnsern
Kaiserlichen wirden vnnd worten geredend vnnd versprechend
solches alles souil vnns beruert fur vnns vnnd vnnsere
Nachkomen (doch dass|
demselben Vertrag gleichfalls vnnd herwiderumb durch den anndern
tail samptlich vnnd ainen Jeden Irer verwanndten Innsonnderhait
in allen vnd Jeden seinen puncten Artickeln mainungen vnnd
begreiffungen respectiue auch also getrewlich one alle gefar
arglist, waige-|
rung oder Aufzug gelebt vnd nachgeganngen werde) stet
vnuerbruchenlich vnnd aufrichtig zuhalten vnnd zu volnziehen
demselben stracks vnnd vnwaigerlich nachzukomen dawider nicht
zuhanndlen oder zuthun noch Jemanndts annderm zuhanndlen
vnnd zuthuen gestatten|
Alles nach Innhalt des vertrags vnnd wie die wort desselben solches
weiter aufweisen getrewlich vnnd vngeuerlich. Mit vrkundt dits
Briefs besigelt mit vnnserm Kaiserlichen anhanngendem Innsigel.
Dergeben ist zu Munchen am funffzehennden Tag des Monats|
25   Augusti Nach Christi vnnsers lieben herrn gepurt funffzehenhundert
vnnd Im zwayvnndfunfftzigisten Vnnsers Kaiserthumbs Im
zwayvnnddreissigisten Vnnd vnnserer Reiche Im
Sibenvnnddreissigisten Jaren|,

Carolus

(links weiter unten:)
V. A.Perrenot

---

21 Ratificirn ... an: Thue das auch *F — 21* vnnsern Kayserlichen: Iren Kay. *F — 21* vnns
beruert ... Nachkomen: Ir Mt: beruert fur sich vnnd Ire nachkhomen *F — 22* gleichfalls:
gleichergestallt *F — 22* vnnd herwiderumb ... Innsonnderhait *om. hic F — 22* vnd Jeden
om.F — 22 Artickeln ... begreiffungen : vnd Articln von dem Anndern thaill vnnd ainem
Jeden Irer verwanten *F — 22-23* one alle ... Aufzug *om.F — 23* oder zuthun *om.F — 23
post* annderm: von Irentwegen *add.F — 23* zuhanndlen vnd *om. F — 24 post* ungeuerlich
*endet der Entwurf Ferdinands, folgt in F unmittelbar die eigenhändige Unterschrift
Ferdinands; auf der Rückseite ist noch von anderer Schrift als Titel vermerkt:* Nottell
Kay.Mt.en Ratification

Edition VI: Die Protokolle über die Passauer Verhandlungen
von Kursachsen, dem Bischof von Passau, aus dem Mainzer
Erzkanzlerarchiv und aus Hessen

Ediert werden die vier noch unveröffentlichten Protokolle zu den Passauer
Verhandlungen. Im einzelnen handelt es sich um die folgenden Archivalien:

1.) Dr. Ulrich Mordeisen, Protokoll über die Passauer Verhandlungen
Sächsisches Hauptstaatsarchiv Dresden, loc. 9145 [Vol. III] ("Hessische
Entledigung. In Landgraff Philips zu Hessen etc. entledigungssache das
Dritte Buch darinnen zu befinden was in dieser ⌈und andern⌉ sache durch
die röm.Kön.Mt. auch die dartzue beschriebene Chur- unnd Fürstenn auff
den Tagk zu Passau behandelt und welchergestalt dieselbe entlichen durch
Gottes gnedige vorleihung vortragen die fürgenommene Kriegeshandlung
widerumb allerseits abgeschafft und hochgedachter Landtgraff Philip zu
Hessen etc. für.G. Custodien entlediget worden ist. Nach Inhalt der
hierbey gehafften Registratur Anno 1552") (= Reg.III, fol.164, Vol.12),
Bl. 30r-75v.

Dieses Protokoll ist wie folgt in der Registratur, Bl. 3r-3v, aufgenommen:
"▷Protocol◁ Doctor Vlrich Mordeisens Registratur vber die Passauische
handelung darinnen ordentlichen nacheinander ertzehlet wirdt was von tage
zu tage als von 27 Nay biß vff den 22 July darinnen furgelauffen vnd
mundlichen gehandelt, auch was fur vnderschiedene schrifften von artickeln
zu artickeln gewechselt, dobey dan alsbalds vff den Randt gesagt worden
[3v] wo diese schrifften so viel derselben vorhanden zubefinden sinndt."

Mit dem Kürzel B werden Abweichungen zu der Abschrift in SHStAD loc.
8093/11 ("Passawische Handlung und Vortrag und alda vorgebrachte Gravamina Anno 1552") (=Reg.III,40,10 No.3), Bl. 6-37 notiert.

2.) Bischöflich-passauisches Protokoll
Reichs-Acta Handlungen und Acta über die ao.1552 im Reich entstandene und durch
die uncatholisch ungehorsame Ständ Sachsen Hessen und derselben adhaerenten
wieder Kayser Carl den 5ten erwirckten Aufstand und Empörung, auch darüber
erfolgten Vergleich, vulgo Passauischen Vertrag, bestehend in 5 Separirten fasiculn
und einem eingebundenen Protocoll id est ao. 1552

Blechkasten No.7 N.17 1/2 (Außentitel: Acta vnd Protocol deralhie zu Passaw
gepflogenen guetlichen Handlung vber die Ajissz im Romischen Reich geschwebte
Empörung) darunter von anderer Schrift: Erstes fach. No 39"

3.) "Mainzer Protokoll" aus dem Mainzer Erzkanzlerarchiv, Religionssachen 4, Bl. 480r-594r; Außentitel: Prothocollum des gehaltenen gutlichen tags, so den 26. May A° 1552 Jhen Passaw angesetzt etc."

4.) *sog.* *"Hessisches Protokoll"*, Hessisches Staatsarchiv Marburg, Politisches Archiv (Bestand 3), nr. 1116, Bl. 33-40.

Zur Beschreibung der Protokolle sind S. 21-23 zu vergleichen. Die Protokolle werden synoptisch ediert und zwar so, daß Berichte zu parallelen oder identischen Ereignissen untereinander oder doch in der Nähe stehen. Dies Verfahren schien auch deswegen angebracht, da die Berichte sich zum Teil gegenseitig ergänzen und bisweilen von sehr unterschiedlicher Länge sind. Die Unterscheidung der Protokolle geschieht durch die verschiedenen Schriftfonts, die wie folgt zugeordnet sind:

Mordeisens Protokoll	Times
Bf.-pass. Protokoll	**Albertus**
Mainzer Protokoll	Univers
sog. Hess. Protokoll	*Univers Italic*

Editionsrichtlinien

Es gelten die folgenden Editionsrichtlinien:

1. Die *Seitenzählung* wird in eckigen Klammern angegeben. Eine Beibehaltung des Seitenumbruchs war wegen der synoptischen Parallelisierung nicht möglich.
2. Der *Zeilenumbruch* wurde aufgelöst.
3. Die *Orthographie* wird beibehalten. Vokalisches und konsonantisches ‹u› bzw. ‹v› werden ebenso wiedergegeben wie die Unterscheidung von ‹i› und ›j‹, die Doppelkonsonanz und metathetisches ‹h›. Verschiedene Schreibweisen für ‹s› wurden einheitlich mit ‹s› wiedergegeben. Davon ist ‹ß› unterschieden. Die Abgrenzung von ‹u› gegen ›n‹ durch Querstrich wird nicht wiedergegeben (und ist im Sächs. Protokoll uneinheitlich gesetzt).
4. *Abkürzungen* für Wörter (Mt. u.ä.) werden unaufgelöst wiedergegeben. Dies gilt vor allem für die Hoheitstitel "Königliche Majestät" und "seine churfürstlichen Gnaden". Anstelle der verschiedenen Abkürzungszeichen (neben einfachem Punkt besonders Doppelpunkt sowie Tilde) wird einheitlich ein Punkt verwandt (da vor allem der Doppelpunkt nicht immer klar erkennbar ist). Bis auf die folgenden Abkürzungen werden die Auflösungen in eckigen Klammern geboten:

Sächs. Protokoll:
s. churf. g. = s[eine/er/en] churf[ürstliche/er/en] g[naden]
ko. Ma. = k[onigliche/er/en] Ma[jestät/ten]
ke. Ma. (auch ke. M., kei. Ma. u.ä.) = ke[iserliche/er/en] Ma. [jestät/ten]
ko. W. = k.[önigliche] W.[ürde]
f. g. = f[ürstliche/er/en] g[naden]
(Die Abkürzungen des 2. Schreibers in 35r-37r weichen davon ab:
Ko. Mat. = Ko[nigliche/er/en] Ma[jestä]t
s. ch. g. = s[eine/er/en] ch[urfürstliche/er/en] g[naden]
Key. Mat. = Key[serliche/r/en] Ma[jestä]t

Pass. Protokoll
Die Abkürzungen für Khunigliche Maiestat und Churfürstliche gnaden werden häufig mit den verschiedensten Schleifen abgeschlossen, die jedoch keinen grammatischen Sinn haben noch weitere Buchstaben andeuten. Daher
wird zu ‹Khu.Mt.› und ‹churf. g.› vereinheitlicht.
Khu. Mt. = Khu[nigliche/er/en] M[ajesta]t[en]
churf. g. = churf[ürstliche/er/en] g[naden]

Mainzer Protokoll:

Ro. Ko. Mt. =Ro[mische/er/en] Ko[nigliche/er/en] M[ajestä]t
Key. = Key[serlich/e/r/en]
Key. Mt. = [Keyserliche/er/en] M[ajestä]t
Commiss., Commissa. u.ä. = Commiss[arien]
Churf.en = Churf[ürst]en
f.en = f[ürst]en
F. = F[rankreich]
Brand., Brandenb. u.ä. = Brandenburg
Land., Landg. u.ä. = Landgraf
Cammerg. = Cammerg[ericht]
art. = art[ikel]

sog. "hessisches" Protokoll

May. = May[estät]
Mtt. = M[ajestä]t[en]
Kho. = kho[niglich] (neben khoy.)
Kay. = Kay[serlich/e/er/en]

Schreibkürzel (für ‹-er›, ‹-en›, ‹etc.›, ‹das› usw.) werden in allen Protokollen stillschweigend aufgelöst.

5. Die *Groß- und Kleinschreibung* wird beibehalten (in einigen Fällen ist es allerdings Ermessenssache, zu entscheiden, ob ein großgeschriebener Klein- oder ein kleingeschriebener Großbuchstabe vorliegt).
6. Die *Worttrennung* ist, soweit erkennbar, übernommen. Da jedoch der Zeilenumbruch aufgelöst wurde, wird nach moderner Silbentrennung getrennt.
7. Die *Zeichensetzung* wurde, um die Lesbarkeit zu erhöhen, modernisiert. Dies schien besonders angesichts der sehr langen und geschachtelten Sätze des juristischen Vertragstextes angezeigt.
Im Bf.-pass. Protokoll begegnen neben den Virgeln zwei Absatzschlußzeichen › sowie ÷, wobei letzteres größere Sinnabschnitte zu markieren scheint. Das sächsische, das Mainzer und das sog. hessische Protokoll haben nur Virgeln.
8. Im *textkritischen Apparat* zum Protokoll Mordeisens sind aufgenommen: spätere Kanzleinotizen, auffällige Abweichungen von Abschrift B. Auf den detaillierten Nachweis der Verweise wurde verzichtet, da gerade die Korrespondenz mit Moritz in PKMS V ediert werden wird.
9. Auf einen *Sachapparat* wurde aus Platzgründen verzichtet. Im einzelnen ist die Einleitung zu vergleichen.

[30r] ⊢ Registratur, was teglich zu Passaw gehandelt wordenn ⊣ Der Churfurst zu Sachßen etc. m.gst.h. ist zufolge des Linzischen abschidts den Sonnabent nach Ascensionis domini gegen Paßau khommen.

Den folgenden Sontag Exaudi, welchs ist der 29. J̶u̶n̶y̶ ⌈May⌉, seint die ko. Ma. von Salzburg gegen dem abent anherkommen.

Den 30. J̶u̶n̶y̶ ⌈May⌉ haben di ko. M. den Churfursten zu sich laßen erfordern vnd vormeldet, das sich Jre ko. Ma. gleichwol nicht one vorseumbnus anderer Jrer Ma. obligenden gescheft zufolge des Linzischen abschidts anher begeben, vnd wern gleich willens, di handelung alsbalt mit s.churf.g. furzunhemen. Es befunden aber Jre ko. Ma., das der erforderten Chur vnd Fursten ganz wenig personlich ankommen oder auch Jre gesanthen alhier hetten, vnd solchs wurde on Zweifel v̶o̶n̶ w̶e̶g̶e̶n̶ ⌈di⌉ ferne des wegs s̶e̶i̶n̶ vorursachen. Gleichwol wurden Jr ko. Ma. bericht, das di gesanthen vf dem weg vnd i̶n̶ in wenig tagen, auch vileicht noch heut anher kommen w̶u̶r̶d̶e̶ mochten. Derhalben bedechten Jre ko. M. das bequembste zusein, das mit der handelung vorzogen wurde, bis di erforderten Chur vnd Fursten oder Jre gesanthen alle oder doch zum wenigsten der mherer teil bei der handt weren, vnd wolten sich Jr ko. Ma. vorsehen, solchs wurde s.churf.g. auch nicht zuwider sein.

[30v] Dorauf haben Jre k̶o̶.̶ ̶M̶a̶.̶ ⌈churf.g.⌉ widerumb laßen anzeigen: Ob wol der vorzug in disen handeln schedlich vnd di zeit auch an ir selbst etwas kurz were, weil aber di ko. Ma. solchs also fur das beste ansehe, das der andern ankunft erwart wurde, vnd zuhoffen, das sich dieselb nicht lang vorzihen sol, So wolten sich s.churf.g. mit Jrer ko. Ma. hirin auch vnderthenigst vorgleichen vnd beten vnderthenig, Jre ko. M. wolten di sach, souil muglich, befurdern.

[2r]   Protocoll
                  der hanndlungen des Jetzigen tags zu
                    Passaw die gegenwurtig Khriegs-
                          empörung betreffendt
                            de anno etc.
                               1552
                        Montags, den 30 Maj,
Hat die Ro. etc. Khu. Mt. etc. Chur vnnd Fursten, auch der abwesennden Potschafften fur Jr Mt. etc. berueffen vnnd erfordern, Jnen auch furhalten lassen: dhweill, wie Jr Khu. Mt. etc. bericht, der Noch abwesennden Chur vnnd fursten Potschafften vnnder weegn vnnd noch diß tags ankhomen solten, were Jrer Khu. Mt. gnedigist guet achten, Man hette disen tag supersedieret vnnd vermelter Potschafften erwarttet.

Vber diß Haben sich Jr Khu. Mt. etc. gnedigist erpotten, Mit den beschribnen Chur vnnd fursten, auch Potschafften sametlichen, die hanndlungn zuberathschlahen vnnd zuhanndlen, auch bericht begert, wie vnnd waßmassen die sachen antzugreiffen.

Hierauf hat der vmstanndt vnnd feyrung des Heuttign tags den gegenwurtign Chur vnd fursten, auch Potschafften gefallen, vnnd ist das vberig auf die Merere versamblung eingestelt vnnd darbej gelassen worden.

[481r]   Prothocollum des tags
                          zu Passaw A° 1552
Den N̶e̶u̶n̶v̶n̶n̶d̶z̶w̶e̶i̶n̶t̶z̶i̶g̶s̶t̶e̶n̶ ⌈dreissigsten⌉ Maij Anno etc. 52 seind die Meintzischen gesandten her daniel Brendel dhumher, Christopherus Mathias Cantzler vnnd

Mittichen, den 1 Juny,
haben die Khu. Mt. der abwesendennden Churfursten Räthe, alß Cölln, Maintz, Phalz vnnd
Branndenburg, dann auch die gegenwurtige Fursten, alß Salzburg, Bairn, Eystat vnnd Passaw,
auch anndern Fursten, [2v] alß Wurtzburg, Cleue vnnd wierttemberg, Potschafften fur sich
erforderet vnnd denen sammet vngeuerlichen furhalten vnnd antzaigen lassen,
Nemblichen: das Jre Khu. Mt. der abwesennden Chur vnnd Fursten personndlichs erscheinen vast gern gesehen, weill aber das auß den Eehafften, Jn Jr, der gesanndten, vbergebe-
nen Scheinen vnnd gewälten begriffen, nit sein mugen, weren Jre Khu. Mt. mit der stattlichen abferttigung ganntz vnnd mit gnaden zufrieden. Vnnd ob wolpurt, das zu den hannd-

Peter Echter zu Passaw JnKommen vnd haben ~~sich~~ bey der Romischen Ko. Mt. vmb
audientz angesucht, seind daruf zu 5 vhr nach mittag vorbescheyden, haben sie Jn-
halt Jrer Jnstruction zu eingang derselbigen furpracht. daruf Jnen der Konig antwurten lassen, er het gern gesehen, das Meintz selbs personlich erschienen, Neme aber
nichs desto weniger die entschuldigung an vnd wer mit den gesandten zufrieden.
vnd dass sie nit hetten konnen alspald auff den bestimpten tag, den 26. Maij,
einkommen, ⊢wer⊣ ~~wer hett~~ er, der Konig, ~~and~~ selbs erst den 28. Maij zu abent an-
Kommen, hettens auch nit ehr schicken konnen, derhalben er auch der gesanten er-
scheinens wol zufrieden, wolt Jnen daruf nit verhalten, das sein Ko. Mt. alspald zu
Jrer anKunfft het mit Hertzog Moritzen vnnd den andern gehandlet, das sie wolten
der Churf.en am Rhein der Jrer Räthe erwarten, das sie sich gutwillig erzeigt. so
bald es dan die gelegenheit begebe, so wolten Jr Mt. die sachen furnemen vnd den
Meintzischen ansagen lassen.
~~Trigesima~~ ⌈Ultima⌈~~pr~~⌉⌉ Maij
Seind gegen abent die Pfaltzgreuischen, Gulchischen vnd Wurtembergischen
ankommen. Jst nichs gehandlet.
[481v]   Mittwochs Prima Junij
hat der Konig zu fruer tag zeit der Churf.en gesandten, die erscheinende fursten
vnnd der abwesenden räthe zwischen Sieben vnnd Achten furderlich ~~zu~~ erfordern
lassen, die alspald erschienen. den Jst durch den Konig furgehalten: Es zweiffelten

[33r]   Protocollum der Handelung des passawischen tags
Denn Letzten May sindt mit den pfaltzieschen vnd Guelchieschenn die
wuertembergiesche räthe zu passaw einkommen, daselbstenn die Khonigliche
Maiestat, Hertzog Moritzenn, Auch andere Eruorderte, Ausgenommen Trier,
Braunschwaig vnnd Pomern, geffundenn, Jedoch noch nichts gehandtlet gewesenn,
sonder hat die Romiesche Khoinigliche Maiestat an Hertzoig Moritzenn ein tag daruoir
begerenn Laissenn, das er bis zue der vberiegen annkhunfft gedultieglich warten
wolt, das er gewilligt etc.
Jtzgemeltem Letzten tag May Haben sich die wurtembergiesche bei hochgedachter
Kho. May.^en angetzeigt, Jres herrenn vnuermugliecheit Entschuldieget vnd, das sein
f.G., ob sie woll vonn Jrer Mtt. zue diessem tag nicht beschriebenn, doch dem
handell zue guetem Schieckenn wollen, Welches durch D. Giengernn der Khonigliche
Mtt. also angebracht worden, die auch den ges[33v]anndtenn antworten Laissenn,
das sie Jr ankhunfft gern gehort.
Volgenden den Ersten tag Juny Jst gemeinlich bedacht wordenn, mit der handelung
lenger nit zuuerziehen sein. derhalben bei der Khonieglichen Mtt. die Erscheinenden
Fuerstenn personhlich vnd der Abwesenden Chuer vnd fuersten Räthe vnd Botschaff-
ten zuesamenn khommen, welche alle die Khonigliche Mtt. mit reichung Jrer handt,
desgleichen auch die wuertembergiesche, gantz gnedieglichen Entpfangen vnd als

lungn die gegenwurt des Churfursten zu Trier, auch Praunschweig vnnd Pomern noch erwartet, Jedoch so were, wie Jre Khu. Mt. achtetten, mit den hanndlungn lennger nit zuuerziehen, Sonnder Jn allweg furzuschreitten wie auch die sachen antzugreiffen. Wolten gleichwol Jr Khu. Mt. etc. Niemandt furgreiffen, doch allain vnnd vmb furderung willen Jrer Khu. Mt. etc. bedennckhen eröffnen. Hieltten auch darfur, von vnnötten sein, weitleuffige außfuerung der vrsachen diser zusammenkhunfft zethun, dann die ainem Jeden Hieuor durch Jre Khu. Mt. etc. vberschickht worden vnnd dhweil zu Lintz, was der Khaj., auch Jrer Khu. Mt. erpieten gewesen, dem Churfursten von Sachssen entdeckht, der auch das an seine Mitverwanndten zubringen, seinen bedacht vnnd disen weitern tag erhalten. Gedächten Jre Khu. Mt. etc., der Resolution vnnd anntwurt an den Churfursten zubegern sein, Mit dem erpieten, das Jr Khu. Mt., was zu abstellung diser Khriegsempörung vnnd aufrichtung fridens, Rue vnnd ainigkhait diennen möchte, an Jr nichts erwinden zulassen, wie dann Jr Khu. Mt. nit zweiffeln, die khurfurstliche Gesanndten, auch gegenwurtige fursten vnnd Pottschafften wurden gleichs Gemuts sein, alß dann die Ro. etc. Khaj. Mt. etc. Jre Räthe auch alhere gesenndet vnnd abgeferttiget hetten.

sein Ko. Mt. nit, der Churf.en gesanten, die fursten vnnd der abwesende rathe hetten auss dem ausschreiben zu diesem tag vnd vberschickten handlungen vernommen, weshalben die Jetzig zusamenKunft angestelt, vnuonnoten dasselbig zu repetiren. Vnd wiewol Trier, ~~P~~ Braunschweig vnd Pommern noch nit ankommen, so moge doch diese handlung lengern verzug nit leyden. So sey es auch ~~L~~ der Lintzischen abred gemess, das Jn abwesen etlicher die andern handlen mogen, Vnnd wiewol er, der Konig, nit gern wolt vngehort der Churf.en gesanthen, fursten vnnd rathen bedencken furschreitten, doch zu furderung der sachen wollen sein Mt. nit verhalten, das sie darfur hielten, den sachen ein anfang zugeben. es solt der Churfurst von Sachsen zuerfordern sein vnd Jme anzuzeigen, Er wuss sich vorgepflegter handlung zu Lintz, vnd wie dieser tag alher vnnd warumb angesetzt, zu erJnnern, vnuonnoten, nach der lenge solichs ausszufuren. Vnd wiewol der Konig nichs liebers wolt, dan dass die Churf.en selbs personlich erschienen, so hetten sie sich doch entschuldigt, dabej [482r] er es pleiben liess, vnnd Jre räthe vnnd gesanthen abgefertigt, die weren vrputig vnnd willig, wie auch die erscheinenden fursten vnnd der andern gesanthen, alles das helffen zubefurdern, was zu fried vnd ruhe dienlich sein mocht, wie dan auch sein Ko. Mt. darzu geneigt. So het die Key. Mt. die Jren auch alher abgefertigt, vnnd wiewol Trier, Braunschweig vnd Pomern noch nit anKommen, hetten doch sein Ko. Mt. die sachen nit wollen lenger Jnstellen, vnnd dieweil Sachsen sich zuerJnnern, was zu Lintz gehandlet, wo bej es plieben, vnd vf des Konigs declaration schrift sich nit ercleren mogen von wegen, das Sachsen one vorwissen seiner mituerwanten schliesslich zuhandlen gepurt vnd die ding hinder sich pringen wollen. vnd wie nun zuerachten, diese ding bej den andern zum vleissigsten befurdert vnd resoluirt were, So wer die Ko. Mt., auch der Churf.en gesanten, die fursten vnd rathe vrpiutig, solichs von dem Sachsen zuuernemen, vnd erpieten sich, alles das mit vleis helfen zubedencken vnnd furzunemen, was zu befurderung gemeiner ruhe dinstlich

baldt durch gemelten D. Genger proponieren laissenn, Nemlich: die weil vff dem Lienzieschenn Abschiedt die keiserliche Mtt. Jr rathe vff denn tag geschickt vnnd dan vff Jrer keiserlichen Mtt. dazumals gethane resolution der Churfurst zu Sachsenn sich nit resoluirt, sonder bedacht bis vff diessenn tag begert, wilcher Jm zugeben ist, So sehe Jr khoinigliche Mtt. fur raitsam ahn, das man Jn berueffte vnnd hoerete, [34r] Auch da er ferners furzubringen, das selbiege thun wolte, mit Erbietung, in gnedieglich vnd freundtlich anzuhoeren, auch besten vleis vorzuwenden, domit vff mittel vnd

Den 1. Juny haben di ko. Ma. s.churf.g. abermals laßen erfodern vnd vormeldet, das sich Jre Ma. zufolge dem Linzischen abschidt anher begeben. Vnd wiewol solchs mit Jrer Ma. vngelegenheit geschehen, So hetten sich doch Jre ko. Ma. doran nichts wollen vorhindern laßen. dergleichen hetten auch di Churfursten Jre stadtliche botschaften anher geschigkt. So wern ezliche fursten in eigner person gegenwertig, vnd di abwesenden hetten auch Jre gesanthen anher gefertigt, wi dan di aldo furhanden. Dieweil sich dan s.churf.g. wurden zuerinnern wißen des inhalts des Linzischen abschidts vnd sonderlich, das s.churf.g. di handelung, so domals gepflogen, an derselben mithuorwanthen wolte gelangen laßen, So zweifelten Jr ko. Ma. nicht, solchs wurde also geschehen sein, vnd begerten demnach an s.churf.g., das si Jr ferner gemuth vnd in welchen artikeln si weitere erclerung [31r] begerten, wolten anzeigen. das wolten Jre ko. Ma. neben der abwesenden Churfursten gesanthen, gegenwertigen Fursten vnd der abwesenden Reth freuntlich vnd dinstlich anhoren vnd sich dorauf dermaßen erzeigen, das an Jrer Ma. vnd den andern an nichts solt erwinden, das zu fride, rhue vnd einikeit im reich mocht dinstlich sein. Dorauf haben s.churf.g. ein abtrit genhommen vnd alsbaldt muntlich di artikel, so zumtheil zu Linz vnerledigt bliben, widerumb erholt vnd dieselben ferner muntlich ausfuren vnd vmb abhelffung solcher beschwerungen bitten laßen.

[3r] Nach gehabtem bedacht Haben Chur vnnd fursten vnnd der abwesenden Potschafften anntwurt geben vnnd sich Erstlichen gegen Jrer Khu. Mt. etc. gnedigister wolmainung bedanncckht vnnd, was zu aufrichtung gemaines Nutzens vnnd fridens diennet, Jren muglichen vleiß Jrer Khu. Mt. anerpotten, vnnd ob wol guett, das der abwesennden noch erwarttet, so liessen sie Jnen doch, das mit der hanndlung vortgeganngen, ganntz wol vnnd besser gefallen.
Diser Beschlueß Jst hinach auf erforderung des Churfursten seinen Churfurstlichen gnaden, Mit erwitterung oben vermelts erpietens, das auch vmb furderung willen Jre Khu. Mt. vnnd die gegenwurtige Stennde lennger nit verwartten wolten, furgehalten vnd entdeckht worden.

sein mocht. ▷Die churf.en gesanthen, fursten vnd andere rathe haben hieruf geantwurt: Sie hetten das anpringen vernomen, Bedanckten ſ sich des furgewendten vleis, den die Ko. Mt. noch furwendt zubefurderung gemeines nutz vnd wolfart teutscher Nation etc., Vnd wiewol sie gern wolten, das die Trierischen vnd andere bej anfang dieser sachen zugegen weren, So liessen sie Jnen doch auss vrsachen, das diese handlung lenger verzug nit leyden mocht, des Konigs rathsam bedencken gefallen, vnd wusten dasselb nit zuuerbessern. ◁
Hieruf Jst Sachsen erfordert, der auch erschienen, vnd Jme furgehalten, wie vorgemelt.

vnd wege mit gottes gnadenn vnd huelff gedacht dadurch die kriegsentporung abgeschaffen wurde.
Also ist Sachsen berufft. vnd als er khuemen, die khoinigliche Mtt. Jm bis hienaus Jns vorgemach Entgegen gangen, Jnen hinein gefürt mit freundtlichen geberden, reden vnd lachen. Jst alsbaldt durch D. Genger wie vormals proponirt worden.
Daruff Sachsen, so Carlowietzen vnd den Cantzler bei sich gehapt, selbst ein bedacht begert, abtreten, Jn ein ander gemach gangen, baldt wieder khomen vnd sein resolutionn nach Lenge mundtlich vortraigen Laissenn.

170   *Protokolle zum 1. Juni:* — / 3r-3v / 482r-482v / —

Hierauf vnnd nach khurtzem genommenem bedacht Hat der Churfurst sich der Khu. Mt. gegenwurtt vnderthanigist bedannckht vnnd zu freundtschafft vnnd gnaden der annderer stattliche Besuchung angenomen, Mit erpietung, vorgephlegenen hanndlungen seines vermugens nachzusetzen vnnd die zum Bessten zubefurdern, Mit erneuerung, wie sich Jre Churf.liche gnaden zu Linz erpotten, das Jrer Churf.en g.en gemuett nie gewesen, was wider der Khaj. oder Jrer Khu. Mt. hochait furtzunemen, wie das Jre Churf.en g.en mit derselben vnuerdrossenen, anhere ertzaigten diennsten erwisen, darumbn Jre Churf.en g.en sambt dem Churfursten zu Branndenburg der Lanngen Custodien des Lanndtgrafens Jn Lasst Jrer Trey vnnd glaubens khomen, pittundt, wie beden Jren Churf.en gnaden hierauß wider zuhelffen, auch Rue vnnd friden angestelt werden möchten, gnedigist vnnd freundtlichen zubedenckhen vnnd zuberathen vnnd, ob wol Jungst zu Lintz auf seiner Churf.en g.en übergebene Beschwerung articl gnedigiste anntwurt eruolgt, die sein Churf.en g.en auß Mängl Gewalts schließlichen damaln nit annemen mugen, Sonnder die [3v] an seine Mituerwanndte lanngen zelassen, weil aber damaln auf sein Begern den Lanndtgrauen ainetweders an den Khaj. oder Jrer Khu. Mt. Hofe zustellen nit eruolgen noch sein wollen, Hetten seine Mituerwanndten, der Jung Lanndtgrafe vnnd anndere, angeregte, gegebene anntwurt vnnd Resolution weitter, wie ⌈er⌉ hernach erzellen wurde, bedacht.

Betreffen des Lanndtgrauen Erledigung were Jr aller pitt, Jr Khu. Mt. etc. wolte dise erledigung, dann auch Jr abstellung vnnd Trennung Jres Khriegsvolckhs Mitthailn, Sonnder ainß mit dem anndern geen vnnd Jn das werckh Chomen lassen, das ist, das alßbaldt Jr Khriegsvolckh durch sie getrennet, alßbaldt auch vnnd vnnder ainst der Lanndtgrafe geledigt wurde, welche erledigung dann auf sein, des Lanndtgrafen, Obligation vnnd Caution Mit verphlichtung seiner furstlichen trey vnnd glaubens gestelt werden möchte, oder, vnnd woe das nit stat hette, das Lanndtgraf Jn aines Churfursten hanndt geanntwurt wurde, auf Mainung, woe durch Jre Churf.en gnaden vnnd derselben Mituerwanndten, was also beschlossen, nit volzogen, Sich Landtgraue selber Jn die Custodien wider erheben oder dahin gestelt werden solte. dann hiedurch wurden die Jungen Lanndtgrauen Jn die Capitulation Jres thails auch zubewilligen dest mer bewegt werden, das auch allen hanndlungen gelegenlicher sein. So solte auch sampten zu khunfftiger versicherung, wie hieuor das abgeredt, nichts Manngln, alß es dann auch der articln der Capitulation halber wenige Jrr Mer haben wurde, denn sie schon zum thail volzogen, aines thails auch ~~weitter obligation alß Cassl so zubesterckhen angefanngen~~ ▷Ennderung, ⌈alß⌉ Mit Besterckhung Cassl genomen, ◁ nit bedurffen wurden, Mit pitt, versehung zethun, damit erganngene vrttl vnd Recht auf die bewilligte weeg gestelt, auch die Execution KhatzenElenpogen halber aufgehoben

Sachsen Churfurst hat nach gehaptem bedacht ~~antzeig~~ antwurten lassen: Er hab gehort, [482v] wes angezeigt, wus sich zuerJnnern der vrsachen dieser zusamenKunfft, hab sich hieuor gegen dem Konig bedanckt, bedanck sich noch, vnd hab gern gehort, das der Churf.en gesanthen, die fursten vnnd etlicher räthe zugegen, vnnd wiewol er gern wolt, das die andern auch beyhanden, Nichsdestoweniger wol er der sachen verner nachsetzen. Vnd stell in Kein zweiffel, es sej dem Ro. Konig zuwissen, wie sein Churf.en g.en Jn diese handlung Kommen, das er auch nit dahin entschlossen, dem Keyser etwas zuwidder furzunemen, vnd dass er nichs liebers wolt, dan dem Keyser zu dinst zusein, vnd het wol leyden mogen, das vf vilfaltig ansuchen der Landgraf wer erledigt worden vnnd noch erledigt wurt, dennoch er nichs liebers wolt befurdern, das diesem ding wurde abgeholfen, frid, ruhe vnd eynigkeit erhalten wurde, des vorhabens er noch sey. Vnd als der Konig vf etlich art. sich resoluirt, er sich aber nit ercleren Konnen, vnd der abschied zuruck zupringen angestelt, hab er dasselbig gethan vnnd allen muglichen vleis furgewendt vnd von des Landgrafen Sonen vnd andern Jren verwanten ~~gehe~~ souil erlangt, das der Landgraf erledigt, die Capitulation ernewert, der Katzenelnbogischen sachen gehandlet, von wegen der reli-

vnnd dem Lanndtgrauen, Neue zeugen vnnd Jnstrumenta hinfuran furzubringen vnnd zustellen, vergundt vnnd zugegeben wurde.

[4r] Dann vnd zum anndern der Religion halber, weill die Spaltung deren Menig Khundtpar, auch dj declaration, so Mann das Jnterim zunennen phleget, ainß geschwindt Jn die Stenndt gestossen, Hierauß vnd, das dem Reichs abschidt, anno 44 zu Speir aufgericht, nit aller dings nachgesetzt, das vnuertrauen vnnder die Stenndt erwachssen, were Jr begern, sie bej solchem abschidt des 44. Jarß noch pleiben zulassen, das auch Jr Khu. Mt. an stat der Khaj. Mt. Jn diser Religion sachen ainen gnuegsamen bestenndigen fridtstanndt, also das khain thaill sich des anndern vor vberfall, vberzueg oder Mandierung zubefaren, Sonnder ain Jeder bej seiner Religion (das verstuennden sie der augspurgerischen Confession) gelassen wurde, an stat der Chaj. Mt. aufrichten wolten, wie diser fridtstanndt Jn berurtem abschidt des 44. Jars begriffen vnnd gestelt were; das auch dem Cammergericht aufgelegt, disem abschidt Jn allem zugeleben vnnd Nachzusetzen. So dann das gehalten Concilium bej Jnen fur khain General Concilj angesehen, pitten sie, das abzustellen. Vnnd nit zuhoffen, das solcher zwispalt der Religion mit Reichstägen wol muge hingelegt werden, sie auch vberstymmet, were Jr guet achten vnnd begern derowegen, ain Nationversamblung zuhalten, darzue bederseits gelerte gebraucht. vnnd woe gleich die sachen nit ertragen, Nichtsweniger berurter fridtstanndt zwischen allen den Stenndten gehalten mochte werden. dann vnnd zum dritten die Beschwerden des Reichs betreffendt, were Jren Churf.en gnaden vnnott, die zuercleren, Sonnder Jre Churf.en gnaden wolten die anndern Churf.en vnnd Stännden, so mit verstanndt vnnd alter baser[?] begabt, beuelhen, doch hetten Jre Churf.en g.en nit vnderlassen, bej deren Mitverwannten etliche beschwerungn aufzumerckhen, so Jre Churf.en gnaden doch nit Jn Mainung, Jemandts darmit vorzugreiffen, aufzulegen erpuetig.

Was dann vnnd zum vierten die Khu. wirde Jn Frannckh[4v]Reich belannget, weil sein Churf.en g.en vnd derselben Mituerwanndten ausser diß Khunigs vorwissen nit zuhanndlen, Hetten sein Churf.en g.en nit vnderlassen, der Khu. wirde Jn Frannckhreich hierumbn zuschreiben, vnnd die anntwurt wider emphangen, das sein Khu. wirde deren Gesanndten zu disem tag abferttigen wurden, achtetten Jre Churf.en g.en, denselben zuhören sein.

Anndere vnnd, so in der Khaj. Mt. acht khomen, berurendt, pätten Jre Churf.en g.en, die außsonung vnnd begnadung Jn gemain auf sie alle zustellen, darzue auch die Praunschweigische Junghere nit allain zubegnaden, Sonnder denen der Restitution Jrer entwenndten guettern widerumbn zuuerhelffen, auch Jrer Churf.en gnaden vnnd derselben Mitverwanndten Jn diser Khriegsübung zugethane Jn gleiche außsönung vnnd auß sorgen Chomen zuelassen; vnd also beschlossen, Mit erpietung fur sich vnnd seine Mitverwanndten, zu aufrichtung fridens Menschlichen, Muglichen vnnd Eusseristen vleiß etc. anzuwennden.

gion fridstand vffzurichten sein solt, die art. [483r] frid vnnd recht, wie im Abschiedt des reichstags Jm 44. Jar zu Speyer gehalten, des Chamergerichts halben angestelt werden solten, wes auch des Tridentischen Concily halben ~~zu~~ nit zugwarten, vnnd das vf dem reichstag die religion sach nit mocht erortert werden, sonder vf einem National Concilio solten zuerortern sein, oder vfs wenigst bej dem fridstandt pleiben, auch der alten preuch teutscher Nation, derselbigen libertet, des Konigs von Franckreichs, der Banniten, vnnd deren, die Jn Jetziger Kriegsrustung gedienet, der Braunschweygischen Junckern ~~vnnd al~~, nach der lenge außgefurt vnd furpracht, wie er nachmals auf begern der Ko. Mt., der Churf.en gesanthen, der fursten vnnd der abwesenden rathe solichs Jn geschriften vbergeben sich erpotten.

post Meridiem

Jst nichs verhandlet worden etc.

Als haben di ko. Ma. begert, das s.churf.g. solchs in schriften wolt vbergeben, So wolten si es neben den erforderten vnd gegenwertigen Fursten, auch der abwesenden gesanthen beradtschlagen.

Das haben s.churf.g. zuthun bewilligt, vnd ist noch denselben tag gegen abent di schrift vberanthwort[1].

Vber solcher schrift haben di ko. M. vnd erforderten Fursten vnd der abwesenden reth ~~bis ??~~ etzlich tag geradtschlagt ~~vnd allererst den 6. Juny auf den artikel des Landtgraffen erledigung~~ ▷belangendt◁ ~~anthwort geben wi aus der schrift zubefinden mit B signirt~~

Die Khu. Mt. vnnd gegenwurtige Stänndt Haben auß vrsachen, das die sachen hochwichtig vnnd vasst beschwerliche articl weren, des furtrags abschrifften, dann auch die erpettene erleutterung aufzulegen begert.

So der Churfurst zethun bewilliget.

Phintztags, den 2.Juny,
hat die Khu. Mt. etc. die Gegenwurtige Stennde wider erfordern vnnd antzaigen lassen, das an Nächten zwischen acht vnnd Neun vhrn der Churfurst [5r] Jrer Khu. Mt. etc. den beschehenen furtrag Jn Schrifften eingelegt, Jn wenigen Stundten die Nebenschrifft der Grauaminen zuuberantwurten, erpotten, wie beschehen. dhweill dann die sachen wichtig, die auch zeitlichs Raths bedurfftig, vnnd Marggraue Albrecht Nichts weniger vnnd vnangesehen diß anstanndts mit seinen gewälttigen hanndlungn verfaren thette, die zeit desselben auch ganntz khurtz vnnd der gesanndten ain ansehenliche anzall vorhannden vnnd also der Befurderung der hanndlung hoch von Nötten, So begeret Jre Khu. Mt. der Stänndten Räthlichs bedennckhen, durch was Process vnnd ordnung zuuerfaren, zuuernemen.

[483v]   Donnerstags secunda
                                Junij
hat der ~~Konig den Stenden furgehalten~~ der Churfurst von Sachsen dem Konig sein bedencken Jn schriften vbergeben, der Konig dem Meintzischen Cantzler furter zugestelt, den Stenden furzupringen, vnnd ~~das~~ nicht destoweniger die Stend alspald fur sich bescheiden, Jnen furgehalten, das Sachsen die geschriften vbergeben. Nun wer die zeit Kurtz, mochte der anstand auch alspald erleschen, damit man dan desto schleuniger die sachen kommen konte, so wolten sie sich bedencken, was fur ein Process Jn diesen sachen furzunenemen[sic!], wolten sie, die Ko. Mt., souil an Jr die ding, helfen befurdern.

Daruf die erscheinenden fursten, auch der abwesenden Chur vnd f.en gesanten die sachen vnderhandt genommen vnnd volgender gestalt berathschlagt.

Also ist er von der koinigliche Mtt. vnd den anderen gemeinlich gebeten worden, dasselbieg alles in Schriefften zu vbergeben, das er gewilliget etc.

---

[1]   Hier Notiz von späterer Schrift: so hierbey fol.86, ▷Item drey vnderschiedene Concept d. Mordeisens dieser schriefften, welche aber allezeit geendert vnd entlichen bey der schrieft, wie die fol. [es fehlt die Zahl] stehet, blieben, diese Concept seindt hierbey fol.94.(102.[7]106.)111. Item die doneben vbergebene Grauammina ein Artickel von Abschaffung der Mengel, so in dem Kayserlichen Hoffregiment furgefallen seindt, fol.119◁.

[484r]   2. Junij

⊢Coln⊣ ~~Trier~~: het angehort, wes der Konig proponirt, Nemlich, das dauon zureden
sein solt, wie der process vorhandt zunemen, vnd bedecht Jne, da es die zeit eiled,
dass alle solcher vortrag durch Sachsen ꝑ abgeschriben, erwogen vnd danach aller
bedencken zusamen pracht vnd der Ko. Mt. furter furpracht, vnd [??]ich mit Jrer Mt.
zuuergleichen, wo es aber der verzug nit erleyden, da die grauamina vorhanden, das
sie alsdan verlesen vnd die bedenken gehort, vf verbesserung.
Pfalz: hetten auch vermerkt, wass des Konigs gesinnen vnd dahin verstanden vt c.
Vnd hetten bedacht, wes zu Lintz verhandlet, woruf es dazumal gestanden vnd
beruhet, Nemlich das man sich vf etlich puncten noch solt resoluiren, het man
zuerachten, dass kein fuglicher weg zunemen, dan das die vberige resolutiones
bescheen, furter disse grauamina abgeschriben vnd der Ko. Mt. zuzustellen vnd
begern, sich vf Jede zuresoluiren, alsdan kont man sich vf gepurlich mittel vnd weg
vergleichen, doch vf verpesserung der andern.
Brandenburg: repetirt auch des Konigs furpringen. Vnd hetten bedacht, weil Konig
die handlung sametlichen wollen mit den andern furnemen, Sol Jr Mt. Jr meynung
zum ersten antzeigen, ~~kont~~ vnd solt ein tag furter mit Jr vergleichen, vnd nachdem
die zeit Kurtz vnd Margraf Albrecht furfar, sol daruf zugedencken sein, das derwegen
Sachsen zuersuchen, das er die zeit des anstandts erstrecke, Vnd begern an Jne M.
zuschicken, desgleichen solten die f.en auch thun, dass er diss werck durch thetlich
handlung nit wolt verhindern etc.
Meintz: verstunde den Konig dahin, Man solt daruon reden wie der process
vorhanden, vnd het darfur, dass die berathschlagung Jn gesampten rathe solt
berathschlagen vnd dem Konig furter furpringen. Es wolt dan der Konig selbs
praesidiren vnd ~~Jn be~~ die vota colligiren vnd Jr bedencken alspald antzegen, ~~solt der~~
~~ander weg b~~ Sein diese zwen weg zu den andern. Margraf Albrechten belangen, das
Sachsen zuersuchen, sol Meintz nitt zuwidder sein.
[484v] Saltzburg: Vt Meintz, das der weg also an die handt genomen, lass er Jme
gefallen, desgleichen Margraf Albrechts halben.
Bayern: Vt Meintz, ~~des Margrafen~~ Erstreckung dess anstandts sol man zuuor sehen,
weil er noch nit auss, wie sich die handlung anlassen, kont der anstand zu aussgang
weitter begert werden. Des Margrafen halben liess er Jme gefallen.
Eystet: liess Jme auch gefallen der berathschlagung halben, desgleichen des
Margrafen halben. Sachsen werd kein prorogation willigen one vorwissen.
Brandenburg: ~~liess~~ dergleichen, Aber des Margrafen halben solt mans zuuor an Konig
gelangen, dan Jr Mt. mochts ein bedencken haben.
Passaw: Des process halben wie Meintz. Mit dem Margrafen acht er, die suchung
werd vnuerfengklich sein, darumb solts an Ko. pracht werden etc.
Gulch: Acht auch das der process an die hand genomen vnd also, wie Meintz daruon
geredt, volfaren werd. Den anstand belangen, soll man sehen, wie sich die handlung
anlassen. Margrafen mag man ersuchen.
Wurtzburg: Vt Passaw.
Wurtemberg: Der Konig solt sich resoluirn vf die art., so Sachsen vbergeben, konne
man sich furtter auch danach richten. Margrafen: wol man Jne ersuchen, mit thatli-
cher handlung stilzusteen, mag man es thun. den anstand belangen, vt Meintz.
Meintz: ~~d~~ Man hab vernomen, dass die Stimmen nit gleich, drumb noch einest vmb-
zufragen etc.
[485r]   2. vmbfrag
Colln: het gehort, wes die andern sich vernemen lassen, vnd vernommen, dass das
Meintzische bedencken durchs ~~merer~~ ▷etlich◁ approbirt, ~~aber etlich~~ Nem⌈l⌉ich das
mans zuuor berathschlagen vnd volgendts ~~bede~~ an Konig gelangen solt, die andern,
dass des Konigs resolution zuhoren, damit er nun sich Jn dem mit andern verglich,

Hierauf vnnd nach gehabtem bedacht vnd Rathschlag die Stende Jre Khu. Mt. etc. wider beanntwurt:
Auf Mainung, das sie Jr Khu. Mt. vnderthanigist vermanen, vnnd gedächten, zu schleinigem ordenlichem Proceß den weeg sein, das sich Jr Khu. Mt. zuuor an Jr vnnd der Khaj. Mt. etc. stat auf vbergebene des Churfursten Schrifften erclärt hetten, darauf möchten sich die Stennde schlieslichen auch Resoluiern vnnd Jr bedennckhen volgundts auf bede Schrifften Jrer Khu. Mt. etc. wider furbringen.
Hiebej neben Jst Jrer Khu. Mt. auch angetzaigt worden, das dj Stennde gedächten, Marggrauen Albrechten durch absenndung oder Jn schrifften zubesuchen sein. vnnd ob wol schlechter außrichtung sich zuuersehen, So ist es doch bej der Besuchung pliben.

so sehe Jne fur gut an, dass die Chur vnd f.en zuuor alle handlung berathschlagt vnd furter an Konig gelangen liessen, vnd Jre resolution begern.
Pfaltz: des process halben hetten sie denselben auss der Lintzischen handlung genomen, drumb sehe sie fur gut an, das derselb process nachmals gehalten werd, dan Sachsen gesterigs tags vom Ko. mundtlich resolution begert, da man dan die resolution von Konig vnd Chur vnd f.en hette, kontte man sie gegen einander ~~versehen~~, vnd sich der vnerledigten puncten furtter auch vergleichen. dieser ~~puncten~~ process achten sie, doch vf verpesserung, am bequemlichsten. den Anstand belangen, was zubesorgen were, dass der Anstand der handlung zu Kurtz, wer besser, man het zu aussgang dessen bej Sachsen angesucht, dan da sachsen sichs nit allein beladen wolt, kont ers an die andern gelangen. Sol aber die handlung Jm ersten anstand verricht, wer vnuonnoten, weittern anstand zubegeren. des Margrafen halben acht er, dass er zuersuchen vnd zubegern, Jn Anstand zuwilligen, Acht, es werd ein ansehens bej Jme haben. Solt es durch ein schickung bescheen, liess ers Jme auch gefallen.
Brandenburg: Den process belangen hab er sich zuuor mit Meintz verglichen. Vf dem tag zu Lintz hab der Ko. die sachen vf hindersichpringen an Key. Mt. genomen, desgleichen Sachsen. derwegen, weil Sachsen sich erclert, der Konig solt sich auch ercleren. Anstand vnd schickung zum Margrafen hetten sies guter meynung erregt, solt nit vil schaden, sonder mher furdern, wolle sich Jn dem mit andern vergleichen.
[485v] Meintz: Man sol die Ko. Mt. ersuchen, das sie sich vf die Sachsischs schrift ercleren, wol man den process der berathschlagung, wie daruon geredt, vnderhandt nemen. Margrafen zuersuchen, verstunde er von Churf.en rethen vnd andern f.en, das Jnzustellen, das lass er Jme auch gefallen.
Saltzburg: Des process halben vt Meintz. Anstand: seyen alberedt 8 tag verschienen vnd noch 8 vorhanden, drumb acht er, es sej von noten, Jn zeit derhalben anzusuchen. Margrafen halben wie Meintz.
Bayern: das der Konig vmb resolution zuersuchen, geb er zubedenken, ob Sachsen schrift zuuor zuersehen. Anstand halben: sol man vor der antwurt vmb ein (?) weittern Anstand begern, Mocht Sachsen gedencken, man ~~werd~~ wolt die Sachen ~~vfschie~~ ziehen. wol sich Jn dem mit andern vergleichen. Acht, Sachsen werd gnugsamen gewalt haben, den Anstand zuprorogiren, doch wuss ers nit gewiss. zu Margrafen zuschiken: wie die andern.
Eystet: vt Saltzpurg.
Brandenburg: Acht, das die Sachsischs schrift erstlich vorhandt zunemen vnd eines Jeden bedencken zuhoren, vnd fur der Ko. Mt. anpringen vnd Jr resolution begeren. Anstand: acht er, das es bej Sachsen ein seltzsams ansehen haben werd, vt Bayern.
Passaw: Vt Meintz. Stels noch zubedenken, ob man die ~~p~~ berathschlagung Jnsonder oder Jn beisein der Ko. Mt. solt furgenomen werden. Margrafen halben vt ~~22~~
Gulch: Ko. solt vmb resolution ersucht werden.

Gleichwol haben die Stenndte der Churtzen zeit diß Anstanndts vill geredt. vnnd ob wol dern vill der Mainung gewesen, das alberaith vnd Onuerzueg bej dem Churfursten von Sachssen vmb erstreckhung [5v] antzuhalten, So hat doch deren Mainung auß erhellichen, furgewenndten vrsachen furgedrungen, das nach der zeit solches begern zu Vnderpleiben solte, Vnnd das Mann verfuere vnnd die anntwurt auf des Churfursten furtrag furderet vnd, woe alsdann der Prorogation weiter von Nötten, die auch zuerlanngen gedächte, das also diser articl nach der zeit der Khu. Mt. vnuermeldet gepliben.

Sonnsten seien bede schrifften abschreiben zulassen, fur guet angesehen, darzue dann auch ain stundt furgenomen worden.

Der Maintzisch Canntzler Hat auch ain khurtz briefe, so die frantzosisch Pottschafft Jme an gestert zugesenndet, verlesen, darJnnen die Pottschafft bej den Stänndten vmb audients ains Ernnstlicher anheltt.

Wurtzburg: wie die Churf.en, des Anstandts halben vt Bayern, des Margrafen halben mag mans thun, wuss aber nit, obs furtreglich oder nit.

[486r] Wurtemberg: den process soll man halten, wie er vormals angefangen. prorogation des Anstandts soll Jngestelt werden.

Meintz schlos: vermercken, das man fast einer meynung, Nemlich dass der Ko. zubeantworten, Man hab sich des process halben vnderredt vnd hielten darfur, Nachdem Sachsen sich erclert, dass Jr Ko. Mt. an stat der Key. Mt. sich daruf g.en^lich resoluirt, vnd solchs den Chur vnd f.en zustellen, wol man die bede resolutiones besehen, vnd wo ein vnuerstandt darin befunden, wolten sie Jr bedencken auch erofnen. Die prorogation soll Jngestelt werden, biss sich Jr Mt. resoluirt, vnd nachdem man sehe, wie sich die handlung anliess, kont die prorogation gesucht werden. Margraf Albrechten belangen, Verstunde man dass merer dahin, dass er zuersuchen, von seinem furnemen biss zur vergleichung stilstee.

Maintz zeigten den Chur vnd f.en ~~an~~ vnd gesanten an, die Ko. Mt. hab des ~~Main~~ Churf.en von Sachsen schrift Jnen zustellen lassen, dieselb Jnen furzuhalten, Stund zu Jnen, ob man sie solt verlesen, oder abschreiben lassen.

Haben Jnen gefallen lassen, das es abgeschriben werd.

Meintzischs Cantzler zeigten den Chur vnd f.en an, dass die frantzosischs potschaft schriftlich bej Jme angesucht vnd begert, Jme ein stund zuernennen, damit er sein beuelch mog anzeigen. Weils aber Jn seinem thun nit sej, mogen sie sich, wes ~~sie~~ zuthun, vergleichen.

[486v] Coln: vermeint, dieweil es der art. einer sej, so von Sachsen gestern furpracht, Nemlich das der Konig seine gesanten alhie, den man anhoren mocht, Nun wuss er nit, wes die Key. Mt. Jn dem gesindt, ob Jr Mt. sich Jnlassen woll oder nit.

Pfaltz: vermeint, dis handlung solt an Konig gelangt werden, ~~vnd~~ mit antzeig, das die potschaft nit vfzuhalten, sonder zuhoren, da aber Jr Ko. Mt. ein ander bedencken, wol man anhoren.

Brandenburg: Acht, dass es dem Konig anzupringen, wuss nit, wie es vmbgeen kont werden, das sie nit zuhoren, drumb acht er, das sie zuhoren, doch soll man es zu Jren Ko. Mt. gestelt werden ▷vnd solten die Keyserischen dartzu◁

Meintz: vt Brandenburg, das er zuhoren, dan solt er nit gehort werden, wurd man zum hochsten angezogen werden, wie dan zu wormbs auch bescheen. Man soll Jnen

[34v] Den 2 Juny Jst durch Khoinigliche Mtt. anbracht wordenn, vonn Sachsen ein prorogationn des anstandts zu bitten, wilches die andernn nicht vor raitsam ansehen wolten, domit der Churfurst nit gleich Jm anfang ein geuerlichen auszug Erdencken mocht.

Der Stennde bedennckhen gewesen, Solches Jn gemain der Khu. Mt. etc. auch zuuermelden sein, Mit dem anzaigen, das die Stennde darfur hiellten, dise Pottschafft Jn allweg zuhören sein, vnnd hierauf Jrer Khu. Mt. etc. verrer bedennckhen zuuernemen. dann ob wol der khaj. Commissarien, das sie bej solcher verhöre Neben Jrer Khu. Mt. verordneten zugegen weren, bej villen fur guet angesehen, So ist es doch bej oben angetzogenner gemainer anregung, wie die auch furgetragen, pliben.

Die Khu. Mt. haben Jr anntwurt biß Nach Mittags furgestelt vnnd die sachen zubedennckhen gefasst.

horen, konne man doch thun, was man woll.

Saltzburg: dergleichen.

Bayern: War auch der meynung, das er zuhoren.

Eystet: dergleichen.

Brandenburg: Wie die andern.

Passaw: auch.

Gulch: ~~das~~ Man soll der Ko. Mt. kein ordnung proscribiren, wen sie zu dieser handlung ziehen wollen, Sonst wie die andern.

Wurtzburg: Wie die Churf.en.

Wurtemberg: wie Meintz.

Meintz schlos, ~~das~~ er vermerk, das ein meynung, das des frantzosen Orator zuhoren, wer aber weitter zur handlung zuziehen, sej man zweyerlej meynung.

[487r]   2. vmbfrag

Colln: Es stee daruf, das von dem Oratorj zuhoren, von wem er wol gehort sein, da man das vernommen, Stund alsdann zu dem, wer darzu zunemen.

Pfaltz: Acht zuuerhuttung allerlej verdachts, das Jn dieser handlung der Key. Mt. gesanthen vnd Commissarien zugeschweygen, dan da sie darzu getzogen, mocht es bej den andern verdacht pringen.

Brandenburg: Sie hetten zuuor Jr bedencken angezeigt, darbej liessens sies pleiben, Konten nit gedencken, wie es solt zu vmbgeen sein, das es der Ko. Mt. nit anzupringen.

Meintz: der Orator beger, gehort zu werden, vnd verstunden sies dahin, das sein beger vor den Stenden zuthun, drumb waren sie der Brandeburgischen meynung, wol man die Keyserischen darzu haben, konne mans auch thun.

Bayern: Wie vor, ~~doch~~ mocht ein verdacht pringen.

Aystet: vt Meintz.

Brandenburg: damit man Jn dem verdacht nit sej, vnd ~~sie~~ ⌈er⌉ bej den Stenden ansucht, solt man dan andere darzu ziehen, mocht ein verdacht pringen.

Passaw: der gesandt solt gehort werden, drumb acht er, das man den Ko. diss ansuchens solt berichten, ob man Jemants darzu nemen solt, mog man sich vergleichen.

[487v] Gulch: Jst des bedenckens, das ~~mane~~ an den Konig solt gelangen, das man bedacht, ~~Jn~~ den Oratorem zuhoren, da sie des bedenckens, wolt mans horen, vnd wurde Jn dem wedder Keyser oder Konig außgeschlossen.

Wurtzburg: wie die andern.

Wurtemberg: dergleichen.

Meintz schlos: Man sols an Konig pringen, vnnd Jrer Ko. Mt. meynung daruber horen, werd man vernemen, wen Jr Mt. dartzu ordnen wollen etc.

Der Konig gab antwurt: het gehort, wes man des process halben bedacht, Nun were es vmb essens zeit, wolts weitter bedencken biss nach mittag vmb drej, solten ~~wie~~ sie widder komen.

Nachmittags

haben die Khu. Mt. etc. den erscheinenden Stennden furhalten vnnd antzaigen lassen, das Jr Khu. Mt. Jn vnnserm anbringen ainen Mißuerstanndt befunden: dann Jr Khu. Mt. Nemen sich der Khaj. Mt. etc. hierinnen nit an, [6r] hetten auch khainen Beuelch von Jrer Khaj. Mt. wegen, weren derselben Commissarien, also Monnser de Ryhe vnnd herr Georg Seldt, selber zugegen. So auch der lintzerisch Receß zuerkhennen gebe, dann Jn dem außgefuert, das Jr Khu. Mt. Neben vnnd mit sambt den Stännden guettige hanndlung phlegen solten, des sich Jr Khu. Mt. hiemit gnediglich erpieten thetten. damit nun furderlichen gehanndlt, Hetten Jr Khu. Mt. an Heut der Stännden guetbedunckhen begert, wie noch. Es were Nun, das von der Stenndt vnnd aines Jeden fursten wegen durch ainen Mundt geredt oder ain annderer weeg furgenomen werde.

Das zu Marggrauen Albrechten abgesenndet, lassen Jr Khu. Mt. derselben gefallen.

Die frantzosisch Pottschafft betreffend, Seie Jrer Khu. Mt. etc. diß gesanndten begern frembdt, dann der frantzoß Mit diser hanndlung nichts zethun, auch nit beschriben. So gebe der Lintzisch Receß dem Khunig auß Frannckhreich seine weeg, Bej deme es Jr Khu. Mt. etc. zulassen vnd dahin disen gesanndten zuweisen sein.

Hieran haben Jr Khu. Mt. etc. auch henngen lassen: dhweil die vbergebene des Sachssen schrifften lanng, die zeit des anstanndts aber khurtz, Ob nit vmb erstreckhung alßbaldt zuhanndlen.

hat der Konig angezeigt, Er het kein beuelch weitter, dan vnderhendler zusein, derhalben er die begert resolution nit geben konte, Sonder het der Keyser sein eygen Commissaries, so vermocht der Lintzischs Abschiedt, das er mit ~~den~~ vnd neben den andern handlen solt, derhalben so solt man samentlich handlen, ein Jeder sein bedencken anzeigen, wurden die sachen dardurch gefurdert.

Margraf Albrechts halben last Jme Jr ko. Mt. gefallen.

Den Oratorem belangen dess Frantzosen Acht der Konig, dass der Lintzischs Abschiedt vorhandt zunemen, der vermag, das der frantzoss sein beschwerden hertzog Moritzen anpringen sol, der es furter an die Stend soll gelangen lassen.

[488r]   A Meridie.

Meintz: man het gehort, welchergestalt die Ko. Mt. sich declarirt vnd sich fur ein vnderhendler halten, auß vrsachen, die Key. Mt. die Jren alhero abgefertigt, derwegen das heutig bedencken nit stat haben moge, vnd das man sich zusamen setzen vnd einer sein bedencken nach dem andern anzeigen solt. Die schickung zu Margraf Albrechten haben Jme Jr Ko. ~~W~~ Mt. gefallen lassen. Den Oratorem belangen des Frantzosen Acht der Konig, das der Lintzischs Abschied vor handt zunemen, vnd sein suchen hertzog Moritzen anzupringen. Jtem des Anstandts halben.

Coln: acht, sei vnuonnoten, widder zurepetiren, vnd acht, weil der Key. ⌐Mt.⌐ Jre gesanthen alhie hab, vnd der Konig vnderhandler, solt es Jren Mt.en nit zuweren sein, sonder zudancken. Wie die berathschlagung furzunemen, vermeint er, das die vota zucolligiren vnd zuforderst der Konig, weil er auch ein vnderhendler, doch stelt ers zu den andern. Die Schickung zum Margrafen liess er gefallen, vermeint, dass von Chur vnd fursten derselben Jmants dahin zuordnen, damit dem abzuhelfen. regem franc. belangen: weil er vernim, das er sich zu Lintz etlicher puncten halben vernemen lassen, die vf hindersichspringen angenommen, solt er dahin zuweysen sein. ~~w~~ Vnd er aber Jchts den Stenden furzupringen, konne er nit erachten, wie es Jme abzuschlagen, vnd dessen die Ko. Mt. zuberichten. Anstand belangen het man ~~be~~ heut daruon geredt, dass es vnuerfengklich, Bedeucht Jne, dass solche bedencken die Ko. Mt. auch zuberichten, doch alles vf der andern bedenken.

Pfaltz: hette auch der Ko. Mt. meynung angehort, vnd souil belangt, dass ein missuerstandt sein soll, weil der Konig vmb weitter resol. [= resolution] angelangt, Bedencken sie, dass gleichwol die meynung nit gewesen, das der Konig derhalben solt aussgeschlossen sein, dan die Lintzischs handlung den anfang von Jrer Ko. Mt. Vnd achten dass nit vnpillich ~~zu~~, verhoft, es wurd der Konig weitter resolution ausspracht haben, vermog dess lintzischen Abschiedts, weil alle Stend bej der handlung [488v] nit gewesen, vnd wer Jr meynung nie dahin gestanden, der Konig außzuschliessen, sonder sich der vnderhandlung gefrawet, darumb liessen sie Jnen nit zuwidder sein, dass Jr Ko. Mt. selbs wol vnderhandler pleiben vnd der berathschlagung personlich beywonen.

Welcher weg Jn der berathschlagung am bequemlichsten, liessen sie Jnen gefallen, dass der Konig selb bej der berathschlagung wer vnd vota colligir, dass achten sie am furtreglichsten.

Margraf Albrechten belangen: Jn dem seyen sie heut gehort worden, vnd bedancken sich, dass die schickung soll furgenomen werden.

Konigs auss frankreichs potschaft belangen: ~~N~~ weil der Konig sich auss der Lintzischen handlung zuberichten, do er einigs beschwerung, solt ers Sachsen zustellen, furter Jn sachen haben zuhandlen. Nun bedencken sie, wiewol nit vnrathsam, dass der orator gehort, Jedoch mogen sie leyden, dass dess Konigs meynung geuolgt.

Anstand betrefen: bedechten sie, dass hierin, dass der Ko. Mt. bedencken solt volg gescheen vnd erstreckung desselben gesucht werden.

Brandenburg: das die Ko. Mt. mit Jn der handlung seien, lassen sie Jnen gefallen, man so [sic] Jr Mt. danck darumb sagen. wiewol heut beschlossen, der Konig solt ein sondern rath haben, weil Jr Mt. aber Jn der berathschlagung sein wolle, lassen sies Jnen gefallen.

Margrafen Albrechten belangen: Stellen sie zu den andern, wer zu der schickung zugeprauchen.

Anstand: hab Bayern heut ein vrsach angezeigt, warumb der anstand noch nit zusuchen, dem man zugefallen, dabej lassen sies pleiben, mogen leyden, der Konig solchs bericht werden.

Oratorem belangen: sei heut beschlossen, Jnen zuhoren, weil aber der Konig dessen bedenkens trag, Solt Jnen nit zuwidder sein, dass der potschaft [489r] der Lintzischs abschied vorgehalten, Nemlich dass er die mengel Sachsen antzeigen solt, ders ferer an gepurendt ort werd pringen lassen, wo nit, solt die Ko. Mt. zupitten sein, das der orator gehort werd.

Meintz: weil die Ko. Mt. anzeig, dass Cesar die Jren alhie hab vnd der Konig die handlung mit den Chur vnd f.en furnemen sol, Sej Jnen nit zuwidder, dass Jr Mt. bej der berathschlagung sej vnd also procedirt werd.

Schickung zum Margrafen: sollen leut dahin geschickt werden, die Jme angenem.

Oratorem: weil der Konig bedenken tregt, dass er sol gehort werden, ob der Konig mit Sachsen gehandlet, der furter mit dem oratorj handel vnd Jne des lintzischen Abschiedts erJnner, Jme die beschwerden anzuzeigen, da aber rex solchs bedenken het, hielt man darfur, dass rex zupitten, das der orator gehort, dan es hoch mocht angezogen werden, vnd Meintz vnd andern nahe gesessen zu nachteil reichen, Jtem die, so vf dem tag zu Wormbs gewesen, hetten sich vernemen lassen, mitler zusein zwuschen dem Konig vnd Key. Mt.; solt dem nit nachgesetzt werden, wer schimpflich, drumb, do Sachsen solchs nit thun wolt, das alsdan rex zupitten, Jnen zuhoren. Prorogation halben vt alij.

Saltzpurg: vt Meintz.

Bayern: hab vernommen, wes der Konig sich vernemen lassen, von wegen der Key. Commissarien, das der Konig Jm rath wol sitzen vnnd vota colligirn, soll man bitten, dass ers wol halten, wie vf andern reichstagen, trag bedencken, das er bej der berathschlagung sein soll, doch wol er sich nit sondern.

Margrafen betrefen last er Jme die schickung gefallen.

Frantzosischs potschaft lass ers bej seinem heutigen bedencken pleiben, der lintzischs Abschiedt sej vnuerbindtlich gehalten, das ers drumb thun sol oder muss, konne er sich nit berichten, dan [489v] solt der gesandt nit gehort werden, werd die gantz handlung zerschlagen. Acht, dass der Konig zupitten, das er mog gehort werden.

Anstandts halben lass ers beim heuttigen bedencken pleiben.

Eystet: Acht, das man sich solt bedancken, das Ko. Mt. bej der handlung sein woll, ~~w~~ allein het man Jre Mt. damit nit berichten wollen, weil sie aber darbej zu sein begeren, lass ~~l~~ mans pleiben. der andern punctten halber vergleich er sich mit andern.

Brandenburg: es stund seins erachtens daruf, ob die resolution von den Keyserischen zusuchen, dan es bedunck Jne, der Konig deute daruf, vnd vermeint, dass mit rath der Ko. Mt. die schrift, so Sachsen vbergeben, soll ~~fur~~ vor der resolution furhandt genomen werden, vnd wer des von Bayern meynung ~~dan~~,

Schickung: vergleicht er sich mit andern.

Frantzosischs potschaft: Acht er, das Jme die hor nit solt abgeschnitten werden, ~~wie~~ auss vrsache wie Bayern dauon geredt, dan sollen die Chur vnd f.en mitler sein vnd Jme die audientz abschlagen, trag er bedenckens.

Prorogation halben wie andere.

Passaw: Was die berathschlagung belangt, vergleich er sich mit dem merer.

Schickung zum Margrafen: wol vf personen gedacht sein, so dem Margrafen angenem.

den Oratorem: vermeint, er soll gehort werden.

Prorogation halb lass er Jme der merer meynung gefallen.

[490r] Gulch: Liess Jme der Ko. Mt. bedenken gefallen vnd gewilfart werden. Aber den modum procedendj belangen trag er kein beschwerung, Aber es werd bej dem gegen¹ [= gegenteil] ~~dar fur~~ fur partheischs angesehen werden, sonderlich weil der punct die libertet belangen den Konig so wol als den Keyser anlang, vnd konen die vota nit frey geen.

Schickung: last er Jme gefallen.

Prorogation: deucht Jne noch, das damit Jngestanden wer, biss der von Sachsen vf sein schriften widder beantwurt.

Oratorem belangen: wuss sich der vertrostung, so zu wormbs dem frantzosen gescheen, zuberichten, wurd ein seltzam ansehen haben, da er nit gehort werd, drumb liess er Jme gefallen, dass er gehort werd.

Wurtzburg: wer Jme nit zuwidder, dass der Konig Jn die handlung gezogen werd, fal Jme ⌈das⌉ bedenken, so Bayern vnd andere gehapt, fur, das es bedencklich sein mocht, weil man nit libere votiren mocht. vnd acht, das ein ausschuss vf 6 oder 8 personen gemacht, alsdan des Konigs bedenken auch gehort, volgendts ein gemeiner rath gehalten werden. dan solt ein Jeder nit reden, was Jme vmbs hertz, wer der sachen ~~nach~~ mher nachteilig dan nutzlich. Wol sich doch Jn dem von andern nit absondern, gabes zubedenken.

Margraf Albrechten be.en [= belangen] last er Jme die schickung gefallen, doch dass die Ko. Mt. zupitten, auch die Jren darzu zuzuordnen,

Oratorem: Kone er nit wissen, auss wes vrsachen er nit zuhoren, dan es der sachen hinderlich, drumb der Konig dess zuerJnnern.

Anstand vt alij.

[490v] Wurtemberg: Lass Jme der andern bedenken gefallen.

Pommern: Vernim, wes der Koniglichen Mt. meynung gefallen, Aber was den modum procedendj belangt, Acht er, dass der Konig zupitten, Jn diese handlung so weith nit Jnzulassen, damit es der sachen nit hinderlich.

Nach gehabter vnnderreden Haben die Stennde die Khu. Mt. wider beanntwurt, auf Mainnung, das sie, die Stennde, an Jr Khu. Mt. der Resolution Khaj. Mt. etc. begert, des Hetten sie vrsachen genomen auß dem lintzerischen Receß vnnd weren nie der Mainung gewesen, Jr Khu. Mt. von diser guettiger hanndlung zu sündern, Sonnder hielten Jr Khu. Mt. fur den furnembisten [6v] vnnderhanndlern vnnd sich des g.en erpietens vndertheнigist bedannckht. Gedächten auch, den schleinigisten proceß sein, woe sie, die Stennde, fur sich selber die Schriften berathen vnnd volgundts Jre bedennckhen durch ainen Mundt der Khu. Mt. etc. wider anfuegten.

Der absenndung selber an Marggrafn Albrechten lassen es die Stennde darbej pleiben, allain das darzue taugnnliche personen erkhiest, auch die Khu. Mt. etc. sambt Jnen abzuferttigen gnedigist gewiltt sein wolten.

So haben auch die Stännde Nochmaln die Khu. Mt. vnderthanigist gepetten, Jn die verhöre des franntzosischen gesanndten gg.st ist zu willigen.

Die erstreckhung des anstanndts berurendt, Haben die Stennde Jrer Khu. Mt. angetzaigt: weill noch nichts gehanndlet, Möchte villeicht solches begern bej dem Churfursten übl wöllen bedacht werden, vnnd hierumbn geacht, die anntwurt vnnd hanndlung zufurdern vnnd alßdann darmit dise erstreckhung, woe noch von Nötten, zubegern sein.

Schickung lass er Jme gefallen, vnd dass rex mitschick.
Oratorem regis Francie belangen lass Jme gefallen, dass er zuhoren vnd dass der Konig die vrsachen erJnnert, vnd mocht sein, das der weg beim Sachsen zusuchen vermog des Lintzischen Abschiedts, ~~es sollt~~ Man wuss aber, warumb Chur vnd fursten alhie, solt man Jne nun weit vmbweysen, mocht dem handel vndinstlich sein.
Meintz: man hab vernommen, was Margraf Albrechten belangt, das es ein meynung, vnd das nichs weitters dan, wer dohin zuschicken vnd wass anzupringen.
Oratorem zuhoren, sol man den Konig bitten, dass man Jne horen solt.
Anstand sol verzogen werden, biss man sehe, wie sich sach anlass.
Den process belangen seyen zweyerlej meynung, wol von noten sein, das noch einest vmbge~zufragen~ vnd sich einer gewissen meynung vergleichen werd.

2. vmbfrag

Cölln: hielt nachmals darfur, weil der Key. Mt. Commiss. alhie vnd rex sich zum vnderhendler Jngelassen, acht ⌐er⌐ es das furtreglicher, dass es Jn beysein regis bescheen mag. Vnd ob wol mag gesagt werden, das es Sachsen nachteilig, So vernem er doch, dass es Jme nit beschwerlich, weil er seine beschwerung regi vbergeben, do man aber acht, das der vertzug nit nachteilig, wol er sich mit andern vergleichen.
[491r] Pfaltz: Man solt sich entschuldigen, dass der verstand nit gewesen, das er aussgeschlossen, vnd ~ges~ het ⊢der⊣ ~Jm~ Lintzischen abschiedt solchs vrsach geben. den process belangen, hab man vor verstanden, dass Jr meynung, dass rex presidirt, solt der sachen furtreglicher sein, weil aber die sachen anders bedacht ~sei~ vnd statliche vrsachen angezeigt, drumb wollen sie sich nit sondern.
Wer zum Margrafen zuschicken, konne es Meintz vnd Pfaltz nit thun, ~da~ sonder Jemants der derendts angenem, die Jnstruction solten etliche begreifen, vnd furter Jm rath abgehort werden.
Brandenburg: Verglich sich, souil den process anlangt, mit Bayern,
der schickung halben mit Pfaltz.
Meintz: weil Bayern ansehenliche vrsachen angezeigt, das der Konig nit Jn der berathschlagung sein solt, wolt man sich Jn dem nit sondern.
Die schickung betrefen, vt Pfaltz, weil man die Jnstruction zustellen etlichen beuelhen, wol man auch nit fechten.
Saltzpurg: liess Jme gefallen.
Bayern: repetirt sein vorig votum, dess process halben.

Hierauf die Khu. Mt. verrer Repliciert vnnd zu gnaden den Ersten articln verstannden, allain zu furderung Haben Jr Mt. zubedennckhen gesetzt, ob nit die Sächsische vbergebene schrifften den Khaj. Commissarien vmb Jr Resolution zu vberanntwurten. Ob nun die Stennde Neben Jrer Mt. etc. darzue auch verordnnen ~~Sonnder~~ Oder, ⌈das⌉ es die Khu. Mt. etc. zubeschehen allein ordnung geben solten, fur guet achten wolten, Stelleten es Jr Khu. Mt. den Stännden haimb. Die Mitsenndung an M. Albrechten belanngundt, Hetten Jr Mt. annderer sachen halber an heut zu dem Marggrafen schon abgeferttiget. demselben gesandten wolten Jr Khu. Mt. schon beuelh ~~geben~~ mit Jnen auch geben.

[7r] Läst es noch bej Jrer Mt. bedennckhen, die franntzosisch Potschafft betreffend, pleiben, doch vnnd, das die Stennde das annderst vnnd, die zuhören ain Notturfft sein, gedächten, wöllen Jr Khu. Mt. hierinnen den Stenndten nit Mass noch ordnung geben, des g.^{ist}en [= gnedigisten] versehens, sie, die Stenndte, wurden sich Jn dem der gebuere nach zuhalten wissen. Mit der prorogation Haben sich Jr Khu. Mt. mit den Stänndten auch verglichen.

Vnnd zu letzt den Stänndten auch antzaigen lassen, das an heut des Jungen Lanndtgrauen gesanndten bej Jrer Khu. Mt. audients erworben, die Jrer Mt. etc. der werbung abschrifften vberraicht, so Jr Mt. etc. dem Maintzischen Canzler auch vberschickht. vnnd den gesann-

Schickung: konne die Jnstruction nit wol gefertigt werden, biss man wuss, ob der Konig auch schicken woll oder nit.

Eystet		
Brandenburg		
Passaw		
Gulch	dergleichen.	
Wurtzburg		
Wurtemberg		
Pomern	der Jnstruction halben wie Bayern.	

Solche bedencken Jst fur gut angesehen, der Ko. Mt. alspald anzupringen, wie dan bescheen, Erstlichen des process, Jtem der schickung halben zum Margrafen, Jtem dess Anstandts halben, vnd dess frantzosischen orators halben. [491v] dem Konig Jst solchs furgehalten, Mit vermeldung, auss was vrsachen es nit rathsam, Jre Ko. Mt.en ~~die vota~~ Jm ~~rath~~ gesamptem rathe sein solten. Seind Jr Ko. Mt. zufrieden gewesen, das die ~~anwesenden~~ fursten vnd der abwesenden Chur vnd gesanthen die sachen berathschlagen vnd auss einem mundt Jr bedenken Jrer Ko. Mt. furtter referiren solten, wolten Jr Ko. Mt. Jr gutbedunken Jnen furtter auch entdecken.

Jtem das die schickung zu Margraf Albrechten Jren furtgang gewinne vnd ein Jnstruction den Jhenen, so geschickt, gefertigt werde.

Diessen tag Jst bedacht, Margraff Albrechten ▷*durch botschafften*◁ *zue suchenn, sich der prorogation auch zu vnderwerffenn, vnd die Khoniegliche Mtt. gebethen, das sie auch mit schicken wolt. daruff der Khoinig selbst geantwort: Jch hab diessen Morgen fur mich selbst zu Margraff Albrechten geschickt, das er verwandt, was Behmisch Lesen, vnd eine zuegehoirig vnd sonst gar nit annderer handelung halben. Hett doch Jn diesse Schickung auch bewilliget. des Khoinigs von Franckreichs Bottschafft, Johannes Fraximius, hatt diesen tag vnd* ~~zuuoer~~ *daruhoir etlich mall Bej dem Menzieschen Cantzler vmb Audients angehaltenn, daruff gefragt, vnd die [35r] khoy. Mtt. ein bedacht bis nach Essens begert, vnd hernach sich vernemhen lassen, das der Orator aus vielen vrsachen nit zu hoeren, sonder das er sein werbung Sachsen vberantworten, der es an sie nachmals gelangen solt. Es seindt aber die fuersten vnd der abwesenden Chuer vnnd fuersten räthe daruff beharret, das man den Orator hoeren solt, Aus vrsachen, man muste Legatos hoeren, Sonderlich dweil zu besorgenn,*

dten den Beschaidt geben, das Jr Khu. Mt. solches, wie billichen, mit den Stännden berathen wolten, vnd demnach Jrer Mt. begern, die Stennde wolten diß Werben zu berathschlagen auch an dj hanndt nemen.

So auch dj Stennde bewilliget, vnnd also dise articl alle zu gleichen verstanndt diß tags gebracht vnnd beschlossen worden.

Freitags, den 3.Juny, vor Mittags

Jst durch die Stennde von wegen der absenndung zu Marggraf Albrechten etc. bedacht, weill der anstanndt zu der gesanndten hinaufkhunfft gar Nahendt auß sein, werdt von Nötten sein, das vber verloffene bedennckhen der Churfurst Jn allweg vmb prorogation alßbaldt anzulanngen, das auch der Khu. Mt. etc. vmb befurderung vnnd Beistanndt antzubringen seie, wie beschehen, Vnnd die Khu. Mt. etc. Neben Bairn vnnd Passau solches an den Churfursten gebracht haben. [7v] Die aberttigung zu dem Marggrauen etc. Jst in dem Mererm auf Branndenburg vnnd Bairn gestimbt vnd gelegt, darzue dann adam Trott, Churfurstlicher Rathe, vnnd N.Notthafft, Bairischer Marschalh, furgenomen worden seien.

der prorogation halben des Anstandts lassen Jr Ko. Mt. Jnen gefallen, das bej Sachsen derhalben angesucht werde.

Ob dess frantzosen potschaft zuhoren, tragen Jr Ko. Mt. nachmals bedenckens, Stelts aber zu den fursten vnnd gesanthen, wes hierin zuthun, wurden die notturf hierunder zubedencken wissen.

Berathschlagung

Hieruf seind dem Meintzischen Cantzler Pfaltz vnd Bayern zugeordent, die Jnstruction an Margrafen zufertigen.

Es ist auch durch die anwesende fursten der Chur vnd andern fursten gesanten bedacht, dass der frantzosischs Orator soll gehort werden.

[492r]   Tertia Junij

Die Jnstruction, so an Margraf Albrechten gestelt, Jst verlesen worden, vnnd habens Jnen der Churf.en gesanthen, auch die anwesenden fursten vnd der abwesenden gesanthen gefallen lassen, wie die gestelt.

das one des frantzoisen wiessenn kein vergleichung zuerlangen. die Khoinigliche Mtt. hat aber nit darJn wollen ⌈*ge*⌉*willigen, wilches vnangesehen volgenden dritten tag der Orator Jn abwesenn der khoy. Mtt. gehort, der sein werbung Mundtlich vnd Latine gethain, wilche von Jme Jn Schrifften begert vnnd Erhalten wordenn. Jst ein sehr hefftig vnd hietzige Oration.*

Vff diesen 2 tag hat die khoy. Mtt. sich vernemhen lassenn, das sie von der khey. Mtt. dieses tags halbenn kainen gewalt oder beuhelch habe, were ein mit handeler vnd gedacht, der selbiege zue pleibenn. dorab die Stende vnd gesandten sich befrembdet, Jrer Mtt. [35v] antzeigten, das si der vernempst vnderhendler seindt vnd auch pleiben soll, Jdoch vnder sich beschloßen, Jn abwesen Jrer Mtt. die berathschlagung zuthun.

Diesenn nach Mittag sein Landtgraue wilhelms gesandten ankomen, audientz beym Konig begert, Jr Jnstruction, so vff henrich Lersenern Cantzlern vnd Johann Milchlingen gestelt, Jn Original vbergeben. Der Konig hatt widderumb begert, vmb ein streckung des Anstandts bey Sachßen antzuhalten, welchs gewilligett vnd Paßaw vnnd Beyern personlich zuthun vfferlegtt wordenn.

Den 3 Juny Jst ein Jnstruction Ann Marggraue Albrechtenn verlesen, vnd beide, Beyern vnd Brandenburg Marschalckh, zu Jme Abgefertigt wordenn.

Vonn wegenn der Kay. Mat. Jst anfangs alda gewest der her vonn Rui allein, Aber diesen tag vmb 3 vhrn der Seldt auch ankomen.

Jn der durch die Stennde gestelter Jnstruction Hat die Khu. Mt. anndere Enderung oder zwayung nit gehabt alß dj Meldung des frantzosen oder seiner Potschafft, welche wortt auch außgelassen worden.

So ist auch bej den Stenndten bedacht worden, das den gesanndten, vber die gestelt Jnstruction Jrer geschickhlichait nach zu Repliciern vnnd muglichen vleiß gegen dem Marggrauen furzuwennden, eingepunden werden möchte.

Coln: last Jme die gefallen. Man wol dan den gesanthen beuelhen, da es Jnen abge-schlagen, das sie weitter glimpflicher anhalten solten.

Pfaltz: da der Margraf ein abschlegig antwurt Jn eyl geben wurde, ob nit die gesanten weitter anhalten solten.

Brandenburg: last Jme gefallen.

Meintz: Sie hetten sie gestelt, wol man etwas dartzu oder daruon thun, wollen sies auch thun.

Saltzpurg: wie pfaltz.

Bayern: dergleichen wie Pfaltz. Gab zubedencken, ob Sachsen zuersuchen, dem Mar-grafen des Anstandes halben zuschreiben.

Passaw: dergleichen.

Brandenburg: Sie sei der abred gemess, lasts Jme gefallen.

Wurtzburg: lasts Jme auch gefallen.

Gulch: last Jme gefallen, das der zusatz hinzugesetzt werd, dass die gesanthen den Margrafen erJnnern solten, das es zu vndergang teutscher Nation gereichen thette.

Wurtemberg: wie Pfaltz.

Jst hieruf der Jnstruction zu end der appendix angehengt worden, Jm fal, ein abschlegig antwurt eruolgen solte, das sie ▷die gesanthen◁ sollen repliciren, mit vermeldung, das es gantzer teutscher Nation zu vndergang vnd verderben gereichen thette, da er Margraf Jn seinem furnemen furtfaren solt.

Es ist auch proponirt, das zubedenken, weil die petition vf den erlangten ~~stil~~ anstand gestelt, ob dieselb nit auch vf die prorogation zurichten.

[492v] Colln: Acht es fur nothwendig. Gab zubedencken, ob Sachsen an Margrafen solt schreiben vmb merers ansehens willen.

Pfaltz: der prorogation halben hab man den Konig gesterigs tags gehort, vnd bedenken, solt die schickung fur sich geen, ~~vnd die~~ wol die notturft erfordern, bej dem Konig der prorogation anzusuchen, vnd zu seiner Ko. Mt. zustellen, Ob nit Jetz alspald bej Sachsen vmb prorogation anzusuchen, da dan vf ein weg wurt beschlossen, liessen sie Jnen das Colnischs bedencken gefallen.

Brandenburg: verstunden die sachen vf zwen puncten, liessen Jnen das Bayerischs bedencken nit missfallen. die Jnstruction sej dem Lintzischen Abschied gemess, dan da man vmb progation [sic!] angesucht, hab Sachsen 14 gewilligt, Such man weitter an, werd der anstand desto besser volgen.

Meintz: wiewol gestern bedacht, das die prorogation noch nit zusuchen, Jedoch wolten sie sich nit sondern.

Saltzpurg: dergleichen.

Bayern: liess Jme gefallen, das der prorogation halben an die Ko. Mt. neben der Jnstruction bedenckens weiss solt gelangen, vnd ob der anstand mocht erhalten werden, das Sachsen mit an Margrafen schreiben solt.

Brandenburg ⎤
Wurtzburg |
Gulch   ⎬ dergleichen
~~Eystet~~ |
Passaw   ⎦

Auch bedacht, das hertzog Moritz vmb ain Mit vnnd zuschreiben an den Marggrauen ersucht werden solte.

Meintz proponirt: es sej gestern fur gut angesehen, die frantzosischs potschaft zuhoren, wol vonnoten sein, sich einer stund zuuergleichen.

[493r] Colln: ~w~ stelts zu den andern, Acht nachmittag vmb zwo oder drej vhr.

Pfaltz: Acht, das den Keyserischen Commissarien solchs zuuor angezeigt werd, auß was vrsachen es geschee, vmb 3 vhr nach mittag sol man Jne horen.

Brandenburg: liess Jme auch gefallen.

Meintz: Achten, das er Jm Capittelhaus gehort werd vmb 3 ~vb~ vhr nachmittag.

Saltzpurg: vt Meintz.

Bayern: dergleichen. Setzt zubedencken, ob mans den Keyserischen solt antzeigen, dan weils der Konig hab difficultirt, wie viel mher sie es auch thun wurden, der Konig werds Jnen woll antzeigen.

Brandenburg
Wurtzburg ⎱ dergleichen

Gulch: Last Jme auch gefallen, das er 3ª hora gehort werd.

⊢Passaw⊣ ~Eystet~: dergleichen.

Wurtemberg: wie die andern.

Meintz ~proponirt~ ⌈proponirt⌉: weil fur gut angesehen, bej Sachsen vmb prorogation anzusuchen, wol dauon geredt sein, wer darzu zuordnen, wer es bej Jren Churf.en g.en solt werben, et Jtem, wer zu dem Margrafen zuschicken.

Coln: Acht von Churf.en zwen vnd von fursten zwen. zum Margrafen zuschicken, ~sei~ musten es personen sein, so angenem. von wegen Coln konne niemants ~ge~ dartzu gepraucht werden, dan der gesanthen nit mher dan einer, zudem mocht es bej dem Margrafen kein ansehen haben, Schlug Brandenburg Churf.en fur.

[493v] Pfaltz: was die ordnung zu dem Churf.en, Acht er, das die Ko. Mt. zuersuchen, die Jren auch mitzuschiken.

Schlug fur zu dem Marg.en Pfaltz: Bayern vnd Wurtemberg. Pfaltz sej zu reysen nit gefast, zu dem es vnansehenlich.

Brandenburg: zu ~Sachsen~ ⌈Brandenburg⌉ zuschicken, ~sol~ schlug er Bayern vnd Pfaltz fur, zu Sachsen schlugen sie Bayern, Saltzpurg vnd Passaw fur.

Meintz: zum Margrafen schlugen sie Bayern, Pfaltz oder Brandenburg, dan sie versehen, sie seyen die Jhenen, wo etwass zuerlangen, das gescheen wurde, zu Sachsen schlugen sie Bayern vnd Passaw fur, batten drumb.

Saltzpurg: vt Meintz.

Bayern: ~vt~ Sachsen belangen vt Pfaltz, Jst willig, zum Margrafen zuschicken.

Passaw: zum hertzogen solt der Konig vnd Bayern verordnen, des Margrafen halben wie die andern.

Brandenburg: wie Bayern.

Wurtzburg: wie Bayern.

Gulch: dergleichen.

Wurtemberg: dergleichen.

~Meintz~

Brandenburg Churf.en bewilligten, sich ~dat~ zur schickung zum Margrafen geprauchen zulassen.

Die Jnstruction Jst der Ko. Mt. anpracht, neben dem bedencken, das man bej hertzog Moritzen vmb prorogation ansuchen solt, daruf Jr Mt. Jnen die Jnstruction gefallen lassen, wie die gestelt. Allein da die wort, den frantzosen belangen, [494r] darinsteen pleiben solten, das Jr Ko. Mt. bedenckens trugen, die Jren nit zuschicken, wolten aber nichs desto weniger den Jren, die sie vor zweyen tagen zum Margrafen

Nach Mittags

Jst der frantzosisch Orator von den Stennden gehört worden, was sein furbringen, Hiebej zuuernemen, darauf er angesprochen worden.

abgefertigt, ein nebenschrift thun, damit die sachen desto ehr gefurdert. Der prorogation halben liessen Jr Ko. Mt. Jnen gefallen, das dieselb bej Sachsen gesucht werd, vnnd weil Sachsen Jetzo alspald one das zu Jrer Ko. Mt. kommen wurden, Solt man Bayern vnd den von Passaw Jrer Mt. zuordnen, woltens sies mit Sachsen handlen. Jst bescheen.

Hieruf Jst durch die anwesenden fursten, desgleichen der abwesenden Chur vnd fursten potschaften fur gut angesehen, das Jn der Jnstruction an Margrafen die wort, den frantzosen belangen, herauss gelassen werd, doch das es die geschickten ad partim anpringen solten.

Nachmittag

Jst des Konigs von Franckreich potschaft gehort worden, vnnd daruf vmbgefragt, wes Jme widder zur antwurt zugeben.

Trier: man hab gehort, wes der orator regis anpracht, darauss vernomen, welchergestalt er beneuolentiam captirt, dass zwischen Frankreich vnd dem reich ein freundschaft gewesen, vnd dass er etlich beschwerung anzeig, so dem reich vnder diesem Keyser zugestanden, vnd das der Sachsen Jn Bundtnus sich Jngelassen, Jn welcher aussgeredt, das er sich Jn kein vertrag one Jne Jngelassen solt, das ▷vnd da◁ ein bestendiger vertrag vfgericht, die fursten, so gefangen, erledigt, das auch die alte bundtnus erledigt ernewert, wolt er den Krieg fallen lassen, etc. Vnd nachdem die sachen wichtig, das derwegen von seinem anpringen copej begertt soll werden, damit man den Konig vnd des Key. gesanten konne bericht thun, Jtem das dieselb Sachsen auch zuzustellen vnd zubegern, Ob dem also, wie er anpracht. doch stelten etc.

[494v] Colln: wuss das Trierischs bedenken zu anfang nit zuverbessern.

Pfaltz: weil das viel puncten in Jme vnd bedechten, dass rex sich vernemen lassen, dass sie kein aussdruckliche bewilligung geben wollen, sonder den Stenden heimgestelt vnd kein mass geben, darauss sie abnemen, dass sie kein gefallen darob nemen werden, dass bedenckens mocht einfallen, dass abschrift zubegern. Aber nichs desto weniger wussen sie sich zuerJnnern, dass dem Konig zugesagt, wass orator furpringen, Jme solchs zuuerstendigen, neben [sic!]. Vnd achten darfur, dass es bej der Ko. Mt., auch den Key. Comiss. zu keinen vngnaden gereichen, da die schriften begert werden. verglichen sich w mit Trier.

Brandenburg: liess Jme gefallen, dass abschrift begert, dem Konig vberantwurt vnd den Comissa., wollen sie Jr bedenken ⊢vnd notturft⊣ furter auch antzeigen.

Meintz: gedechten, da man abschrift forder vnd es gleichwol ein wichtig anpringen, dass man furtter Jn schriften widder antwurten muss, Vnd da er Jn kurtz kont abgefertigt werden, solt nit vndinstlich sein, Aber nichs destoweniger, weil die andern die sachen dahin richten, das cope dass anpringen Jn schriften zubegeren, weils an Ko. vnd Keyser, Jtem an Sachsen zugelangen, vnd alle wort nit wol konten vermerckt werden, vnd nachteilig sein mocht, So lassen sie Jme nit zuwidder sein, das begert werd, sein anpringen Jn schriften zuthun. Mit vermeldung, er wer Man zweifel nit, er hab dessen a rege beuelch, drumb er auch ein Jnstruction haben werdt, drumb sol die Jnstruction von Jme erfodert werden vnd furter Kone man die abschrift seins anpringens vernemen.

Quandoquidem in rebus et negotijs tam arduis moris et Consuetudinis sit, quod legatj muneris suj credentias uel Jnstructiones authenticas presentare debeant, quam fidem ab ipso status praesentes etiam postulent et requirant, qua fide facta status Conueniens rmsm. [= remissam ?] denuo sint daturj.

Orator replicuit se a Christianiss. [= -issimo] suo rege habere Jnstructionem generalem, ex qua et haec excerpserit, quae instructio sit subscripta et Sigillo Regio consignata, quam lubens uelit Cancell. Moguntino et coniunctis [8r] aliquot in fidem exhibere, quod factum etc., prout adseruit. Cancell. praefatus et suj adiuncti etc. retulerunt Jnstructionem illam per numeros descriptam esse, quos ipsi non nouerunt.

Verrer haben meine gnedige fursten vnnd herrn Bairn vnnd Passau der Khu. Mt. vnnd Jrer beder außrichtung auf den heuttigen beschlueß, der prorogation halber, den Stennden hieneben bej furlesen lassen.

Darauf beschlossen worden, die Khu. Mt. anzulanngen, das Jr Khu. Mt. bej den Khaj. Commissarien vmb befurderung vnnd Jr Resolution gnedigist anhalten lassen wolten. vnnd woe die Khu. Mt. etc. gedächten, allain zufurderung, das die Khaj. Commissarien ainen articln nach dem anndern Resoluiern vnnd vbergeben möchten, So wolten die Stennde Jnen das auch gefallen lassen.

[495r] Saltzpurg ⎤
Bayern │
Eystet ⊢ Lassens darbej pleiben,
Brandenburg │ wie Meintz daruon geredt
Passaw │
Gulch ⎦
Wurtzburg ⎤
Pommern ⊢ dergleichen
Wurtemberg ⎦

Solchs Jst also von Jme dem Oratorj erfordert worden, weil die sach wichtig vnd man nit zweiffel, er werd von dem Konig von Franckreich ein Jnstruction empfangen haben.

~~Man hab verstanden, wes~~ wes er Jn beuelch, derwegen begerten sie, er wol die Jnstruction furlegen.

Er sagt, Sachsen sei dermassen von dem Frantzosen vnderricht vnd ▷Jne auch◁ mit schriften vnderricht, da man die haben, wol er sie furlegen.

Man sagt Jme, das man solchs von Jme wol annemen.

Er sagt, man sol denn Meintzischen Canzler zu Jme kommen lassen, wol ers Jme vnder dess Konigs Sygel zustellen.

⊢Propositio⊣ Bayern sagt: Was den anstandt belangt, darumb er vnd Passaw neben der Ko. Mt. an Sachsen gesinnen gethan, ~~da~~ wes ⌈er⌉ sich vernemen lassen, liess er verlesen, vnd Jst der gantz effectus, dass er nichs willigen ~~wolt~~ kont, da er aber vf seine vbergebne art. ein ein [sic!] schleunige antwurt, das einen vertrag ~~geme~~ zuuerhofen, gegeben wurde, wolt er sich der gepur verhalten ▷vnd ~~wol er~~ sich noch 4 tag weitter fur sich selbs mechtigen, dan die sachen principaliter beim Jungen Landgrafen stunden◁. Vnd Jedoch sich darneben letzlichen vernemen lassen, da es bej dem frantzosischen Oratorj zuerhalten, dass er neben Jme ~~den anst~~ weittern Anstand vf sich nemen wolt, wolt er sich auch eines guten bedencken.

Paßaw vnnd Beyern habenn Referirt daß sie vf ein Anstandt bey Sachßen vf 3 wochen gehandlet, aber nichts erhalten.

[495v]   Jst hieruf vmbgefragt

⊢Anstand belangen⊣ Trier: hetten angehort, wes Konig, Bayern vnd Passaw mit
dem Sachsen ⌐ge⌐handlet, auch wass fur antwurt geuolgt, Bedanckten sich dessen,
Achten, es sei die vnuermeidlich notturft, weil aber Sachsen sich entschuldig, einig
prorogation zuthun, Aber da Jme geantwurt, ₩ vnd sich die sachen zum friden,
rechten etc., Lassen sie Jnen gefallen, das der Konigs orator ersucht, mit erzelung
der vrsachen vnd furter Sachsen auch anpracht, mit der vertrostung, dass man allen
vleiss furwenden wolt, damit die antwurt vf sein schriften solt volgen.

Coln: repetirt dass Jhenig, mit der danckfugung wie Trier etc. daruf sei bedencklich,
dass bej ₦ dem oratorj einich ansuchung solt thun, sonder allein bej Sachsen, vnd
dass man sich mit der antwurt befurder, acht er, Sachsen werd sich desto eher
weysen lassen.

Pfaltz: hetten auch vermerckt, woran sich ₫ die erlangung des Anstandts woll
stossen, Vnd bedenken, das die Ko. Mt. ersucht, bej den Key. rethen die resolution
zufertigen. da es bescheen, sei verhofenlich, es mocht bej Sachsen die erstreckung
geuolgt werden. das man ein andern weg suchen solt, achten sie nit dienlich, wolten
sich mit andern vergleichen etc.

Brandenburg: verstundens dahin, wiewol schon Sachsen den Anstand nit willigt,
dass er Jne doch nit abschlegt, drumb solt der Konig die resolution bej den
Keyserischen holen, damit Sachsen vor aussgang des stilstandts antwurt geben
werden, mocht sich Sachsen bewegen lassen. Jtem, Sachsen solt mit guten worten
vertrost werden, dass es an furderung vnd hinlegung dieser vnruhe nit mangeln solt.
das es bej dem oratorj zusuchen, achten sie, [496r] dass Sachsen es bej dem Oratorj
suchen solt, wolt sich von andern doch nit absondern, was fur gut angesehen.

Meintz: vt Brandenburg, vnd bedanckten sich des angewendten vleiss.

Saltzpurg: dergleichen.

Bayern: es stunde daruf, wo Sachsen die antwurt empfange, vnd die dahin gericht,
das sie verfenglich zum frieden.

Acht, das der Oratori glimpflich des Anstandts angeredt werd, das man es an Ko.
Mt. solt gelangen lassen, werd wenig zuerhalten sein, weil sie difficultirt hab, den
Oratorem zuhoren. Stelts zum andern.

Eystet: vergleicht sich mit dem merer, Nemlich, dass die Ko. Mt. zuersuchen, bej den
Keyserischen die resolution zuerlangen, kont die handlung fur hand genommen vnd
furter Sachsen beantwurt werden, damit man in handel komme, vnd Sachsen nit
dencken mocht, man wol die sachen mit vleiss vfziehen.

Brandenburg: verglich sich mit Pfaltz, des Anstandts halben mit Bayern.

Passaw: weil vor Jme geschlossen, das die Key. ₴₴ Commissarien vmb resolution
zuersuchen, liess er Jme auch gefallen, da sie schon nit vf alle art. sich alspald
resoluiren konten, das sies doch Jn etlichen thetten, damit der sachen ein anfang
gemacht werd.

Gulch: vt Passaw.

Wurtzburg: dergleichen.

Pomern: vt Passaw.

Wurtemberg: vt Bayern, doch mit dem anhang vt Passaw.

[496v] Meintz: das merer sei, das der Konig zuersuchen, bej den Keyserlichen
Commissarien anzuhalten, das sie sich solten resoluiren, vnd der sachen ein anfang
gemacht werde. Des Anstandts halben, pleibts ⌐bej⌐ der merer bedencken.

Trier: liessen Jnen gefallen, das etlich deputirt würden, so zu der Ko. Mt. gingen vnd
begerten, das Jr Mt. die sachen wolten bej den Keyserischen befurdern, damit sie
sich resoluirten.

Coln: dergleichen.

Pfaltz: dergleichen. Was die schickung zu Margraf Albrechten belangt, Achten sie,

Die Khu. Mt. haben sich auf das anpringen gnedigister befurderung erpotten, Mit anregung, das der vertzueg Jrer Khu. Mt. am beschwerlichisten fallen thue.
auf Morgen Sambstags solle Mann zu Siben vhrn wider zusamen Chomen.
Da ist bedacht vnnd beschlossen worden, das die Oration des franntzosen Khu. Mt. etc. vnnd den Khay. Commissarien wurde zugestelt. Jr Khu. Mt. vnnd sie daruber wider gehört.
So seien Jr Khu. Mt. etc. wie an gestert vmb befurderung bej den Khaj. Commissarien angelanngt worden.
Hierauf Jr Khu. Mt. die Stänndt zu 2 vhrn Nach Mittags widerbeschaiden lassen.

das dieselb vnuerfengklich sein werd, man wuss dan, wie es der prorogation halben des anstandts geschafen.

Brandenburg ⎤⊢ dergleichen
Meintz

Saltzpurg: wie Pfaltz.
Bayern: weil der anstandt nit erlangt, hab man sein bedencken zuuor gehort, dabej lass ers pleiben. Der resolution halben der Keyserischen last er Jme gefallen, die Ko. Mt. ersucht werd.
Eystet: dergleichen.
Brandenburg.
Passaw: wie Trier, Nemlich, das dem Meintzischen Cantzler Jemants zugeordent, der die werbung beim Konig thue.
Gulch: dergleichen.
Wurtzburg: die schickung zum Margrafen belang sein hern am menisten, weil aber die prorogation noch nit erlangt, lass er Jme der andern bedenken gefallen.

Pomern ⎤⊢ dergleichen
Wurtemberg

[497r] ▷resolutio regis◁ Solche bedenken Jst der Ro. Ko. Mt. anpracht, durch den Meintzischen Cantzler, Pfaltz vnd Saltzpurg. ~~vnd~~ daruf Jr Mt. sich, souil den process anlangt, vernemen lassen, das sie Jnen die sachen nit weniger liessen anliegen als die fursten vnd gesanthen, wie sie dan solche suchung ▷der resolution halben◁ bej den Keyserischen gesanthen albereidt ~~gesu~~ gethan, die dan Jn embsiger arbeit stunden, dieselb zufertigen, sobald solchs beschee, wolt er den fursten vnd gesanthen die vnuerhalten lassen.
Die schickung zum Margrafen belangen, liessen Jr Ko. Mt. Jnen gefallen, das dieselb noch ein zeitlang, biss man der prorogation gewiss vnd dieselb erlangt hette, eingestelt wurde.

Quarta Junij

Meintz proponirt: es wol daruon geredt sein, wes dess Konigs von Franckreichs Orator vf sein werbung widder zubeantwurten.
Trier: sie hetten des Oratoris furpringen bej Jnen erwogen vnd befunden, das rex etlich conditiones las furpringen, darin vermelt, dass sie gern wolt, das frid zwuschen dem Keyser vnd teutschen vfgericht, die fursten erledigt, die beschwerungen das reich entledigt, Jtem, das die alten *** [Lücke von etwa 4-6 Wörtern] weil die sach wichtig, vnd sie nit wissen mogen, was allenthalben fur conditiones, Jtem, was fur pundtnuss, wass fur art., Jtem, dass der orator der priuat sachen sich nit erclert, Achten nit vnrathsam, diss furpringen der Ko. Mt., Jtem dess Keysers gesanten vnd Sachsen zuzustellen. Nun hab man des Sachsen schrift an Key. Commiss. gelangen lassen, Jtem bedencken anzuzeigen, soll derselb process auch gehalten werden, vnd von Keyserischen anhoren, wass Jr meynung. Wol man ~~es~~ aber die erclerung beim oratorj erholen, sol Jnen auch nit zuwidder sein, Setzten es zum andern etc.
[497v] Colln: hetten auch das Jhenig vermerkt, wie durch Trier erholt, vnd nachdem

sich Sachsen vernemen lassen, das die sachen nit konten ~~hind~~ hingelegt werden, es geschee dan mit willigen dess Konigs von Franckreich, daruf konte des Konigs gesanten ~~solt~~ ⌐kurtz⌐ geantwurt werden, das man Jn arbeit were, den mengeln abzuhelffen. Solt aber solchs bescheen one vorwissen des Konigs, wer bedencklich, drumb liess er Jme das Trierischs bedenken gefallen, dass es dem Konig, Jtem den Keyserischen vnd Sachsen furzupringen vnd Jr bedencken zuhoren.

Pfaltz: hetten des oratoris anpringen erwogen. Vnd befunden, ob schon der Konig auss Frankreich zu der gute gewilligt, sej es mit ~~??~~ conditionen gescheen, Nemlich, dass die confirmation der alten vnd newen bundtnussen pleiben solten. Achten, das diess anpringen diss einichen puncten halb Sachsen zuzustellen vnd bericht zuerholen, wie er zuuerstan. Hetten sich erJnnert, dass der Konig alles diss anpringens berichtet so [sic!] werden, Achten sie nit fur vnrachtsam, da dan fur gut angesehen, das diss schrift an die Keyserischen zugelangen, solt solchs Jnen auch nit zuwidder sein. Was die priuat sachen belangen, bedencken sie, das es noch zurzeit nit anzuregen. sie hetten auch das anpringen des oratoris dahin nit verstanden, dass rex francie Jetzt vnderhandlung leyden moge, sonder wolten dieselb Jngestelt lassen sein, doch vf verpesserung etc.

Brandenburg: liess Jnen gefallen, dass dem Konig, Jtem des Keyserischen vnd Sachsen werd zugestelt, wiewol sie bedenkens gehapt, sich so weit Jnzulassen. Aber weil erstreckung des anstandts bej dem Oratorj solt gesucht werden, liessen sie Jnen gefallen, das ~~es~~ der bundtnuss halben erclerung begert werde.

[498r] Meintz: Liess Jme auch gefallen, das es dem Konig, Jtem den Keyserischen vnnd Sachsen zugestelt vnd Jr bedencken zuhoren. Acht, das kein erclerung bej dem Oratorj zusuchen, sonder bej Sachsen vmb weniger verdachts willen.

Saltzpurg: vt Meintz.

~~Meintz~~

Bayern: wie Colln, vnd weil es daruf stunde, dass die schriften an Konig, Jtem die Key. vnd Sachsen solten gelangt, Acht, das neben der vberantwurtung solt beim Konig anzuhalten, da sie mit der resolution vf ein oder mher puncten hetten, dass sies vberreicht.

Passaw: vt Bayern. Acht, der Konig solt sich neben den Keyserischen ercleren, wie weith sie zwuschen dem Konig von Franckreich vnd dem Keyser gutlich handlung leyden mochten.

Brandenburg: wie andere, doch trag er fursorg, Sachsen werd sich der erclerung beschweren, drumb acht er, dass es bej Sachsen vnd dem Oratorj solt gesucht werden.

Wurtzburg: wie andere, das die schriften an Konig vnd Key., auch Sachsen zugelangen, verglich sich Jm andern mit Beyern.

Gulch: dergleichen. Acht, das die declaration bej Sachsen zusuchen, Jtem das der Konig zubitten, bei den Keyser. der resolution halben furderung zuthun, lass er Jme gefallen.

Eystet: Dem frantzosischen solt gesagt werden: Man wuss sich zuerJnnern, welchergestalt der Konig von F. sich gegen reich gehalten vnd dass er sich Jetzo so gnediglich erhalten, doch vf pit, bedanck man sich. was die declaration der bundtnuss belangt, vergleicht er sich mit dem merer.

[498v] Pomern: verglich sich mit dem Gulchischen bedenken, das der Sachsen vmb erclerung solt anzusuchen sein, liess er Jme gefallen, wurt er sich dahin ercleren, der art. halben dess Landgrafen halben vnd sonsten. Konte man solch resolution nit erlangen, dass man dieselb mit vorwissen des Konigs bej dem Oratorj gesucht.

Meintz: Ob schon ein merers auss diesen bedenken kont getzogen werden, solt ⌐doch⌐ nit vnrathsam sein, das noch einest vmbgefragt, damit man sich einer gleichen meynung mocht vergleichen.

[8v] Wie die Stenndte zu zwaien vhrn zusamen khomen, Jst zu abschreibung der Khaj. Commissarien Resolution beschlossen vnnd, vnangesehen des Morgigen heilgen tags, weill

zweite vmbfrag

Trier: hetten ferner angehort, wes bedacht, vermerkten darauss, das ~~auss~~ des Konigs gesanten ▷anpringen◁ dem Ro. Ko., Jtem denn Key. vnnd Sachsen zugestelt werd, lassen sie Jnen gefallen, 2.° das man ~~de~~ bej der Ko. Mt. solt angesucht werden, dass sie sich wolten ercleren, wie weit sie handlung leyden mochten, Jtem, das die erclerung der bundtnus bej Sachsen gesucht, Jtem, das man der priuat sachen ~~lass geso~~ soll geschweygen, lassen sie Jnen gefallen.

Coln: dergleichen.

Pfaltz: das solt der rathsamst weg sein, dass die schriften des Oratoris dem Konig, den Key. vnd Sachsen geben, vnd kein declaration begeren, dan ꝼ es werd von Jme selbst volgen, wolten also Jr vorig votum geendert haben. Das beim Konig solt angesucht werden, die sachen bej den Key. zufurdern, lassen sie Jnen gefallen.

[499r] Brandenburg: verglich sich mit andern, Nemlich, das des oratoris anpringen dem Konig vnd andern vbergeben, Jtem, das declaration bej Sachsen zusuchen. Vnd der resolution beim Konig anzuhalten.

Meintz
Saltzpurg ⎯⎤⎯ dergleichen.

Beyern: dergleichen. Verglich sich der declaration halben mit Bayern [sic!], acht, es werd von Jm selbst volgen.

Passaw: verglich sich mit andern. Der declaration halben wie Bayern.

Brandenburg: wie Bayern.

Wurtzburg ⎤
Gulch ⎬ dergleichen.
Eystet ⎦

Pomern: wie die andern. Das aber die suchung bej Sachsen nit solt gesucht werden, acht er nit fur rathsam.

Jst vf die Beyerischs meynung geschlossen, das des oratoris schrift an dreyen orten solt vbereicht vnd nichs begert werden, Vnd dass man beim Konig vmb furderung der resolution bej den Keyserischen solt ~~suchen~~ anhalten.

Bayern erregt das bedencken: Er zweiffel nit, Sachsen werd die schriften des oratoris vorhin haben. Solt mans Jme nun Jetz vberantwurten vnd nichs darbej begeren, werd es kein ansehens haben, drumb hielt er darfur, das es zuunderlassen Vnd die schrift allein dem Konig vnd den Keyserischen gesanthen ⩗ zuuberantworten sein solt.

Die andern fursten, auch der Chur vnd fursten gesanten habens Jnen gefallen lassen, Jst daruf bescheen.

[499v] Die Ko. Mt. hat antwurten lassen, das Jr Mt. die schrift zu gnaden annemen, wolten sich darin ersehen. Die Keyserischen gesanthen seyen Jetzo bej Jrer Ko. Mt. gewesen vt [sic!] hetten sich vf alle puncten resoluirt, were aber noch nit mundirt. Vmb 2 vhr nachmittag wolten sies vbergeben.

Vmb zwo vhr nachmittag soll man widder zusamen kommen.

A MERIDIE

Durch den hern Genger Jst nachmittag vmb ein vhr ~~durch~~ dem Meintzischen Cantzler der Keyserischen Commissarien resolution zugestelt worden, die vmb zwo vhr den

[36r] Am 4 Juny Jst die Kay. Resolution vf die Sachsisch gehortt, Auch die Konigliche Mat. der Frantzosischen werbung nach leng bericht worden.

bonum publicum Hieran gelegen, zu funf vhrn frue zur Consultation wider zusamen zukhomen vnnd biß zur zeit des hochambts zutractiern, beschlossen worden.

Den heiligen Phingstag Morgens
frue zu funff vhrn

Jst man wider zusamen khomen. Vnnd der Erst articl der Erledigung des Lanndtgrauen zu Rath getzogen worden. Ob nun wol diser Rathe etliche vorbedennckhen gehabt, So hat Mann doch Jn gemain vnnd mit der Mereren Stym dahin beschlossen, das ain benannter ge-

anwesenden fursten, auch der Chur vnd fursten gesanthen verlesen, vnnd daruf, wes zuthun, vmbgefragt.

Trier: hetten angehort, wes die Commiss. Cesaris sich vernemen lassen, vnd achten, das sie deren abschrift notturftig, damit sie Jr bedencken furter antzeigen mogen.

Colln: begert auch Copej.

Pfaltz: es erforder die hohe notturft, das sie abschrift haben vnd das ein ~~schrift~~ stund der zusamenKunft Jetz benent wurde.

Brandenburg: verglich sich mit andern.

Meintz: da mans absch.en [= abschreiben] wol, lassen sies Jnen gefallen. Vnd weil es ein sach, die wichtig, das dass fest morgen nit anzusehen, sonder, das man frue zusamen komme.

Saltzpurg: dergleichen.

Bayern: Ko. Mt. het wol leyden mogen, dass etlich geringe puncten diesen tag erledigt weren worden, Aber weil man dahin schliess, dass die sachen morgen anzufahen, lass ers Jme auch gefallen.

die vberigen haben Jnen solch bedencken, das mans abschreib vnd morgen 6 zusamenKome, auch gefallen lassen.

[500r]   Quinta Junij mane

Meintz proponirt dem gesterigen Abschiedt nach, die v***[Tintenfleck]geben schriften zuberathschlagen, schlug ⌈er⌉ den weg fur, das ein art. nach dem andern fur handt zunemen vnd die resolutiones dagegen gelesen.

1° Des Landgrafen erle-
digung halben
vmbfrag

Trier: ~~sie hetten~~ Befunden gleichwol, das die Key. Commiss. sich dermassen verne-men lassen, das die fursorg, wo sie nit mher zur handlung greifen, das wenig frucht zuerlangen, dan zudem sie alle art. vf vngewiss stellen, so lassen sie sich dahin vernemen, dass sie nit volkomen gewalt. Nun bedechten sie, wo sie weitter nit wil-ligten, dass den sachen wenig geholfen, es sejen sachen, so zu der Key. Mt. stunde. Solt nit vnrathsam sein, die Ko. Mt. dessen zuberichten, vnd bitten, dass sie bej Commiss. erfarung thette, damit die zeit nit vergebens verflossen. wo aber fur rathsam angesehen, dass die art. vorhandt genomen, lassen sie Jnen gefallen vnd wollen Jr bedenken daruf auch antzeigen.

Coln: hetten auch verlesen, was Sachsen vbergeben, desgleichen die resolution, vnd befunden, das sie gar weith von einander, vnd wo die Commissarien weittern be-uelch nit hetten, wurd die handlung vnfruchtbar sein. drumb wer er Triers meynung, das der Konig zuersuchen, wolt man aber die berathschlagung alspald anfahen, solt es Jnen nit zuwidder sein.

Pfaltz: hetten verhoft, die resolution solt neher zu Sachsen schrift gangen sein. Stund zu bedenken, ob man zun puncten greifen oder weitter resolution erholen. Jedoch bedenken sie, das in der vnderhandlung neher zu den sachen kont gangen werden. Sehe sie fur gut an, dass man mit der berathschlagung furtgefaren, kont furtter der Ko. Mt. dass bedenken angezeigt werden.

wisser tag furgenomen, auf welchen tag der Lanndtgraue erlediget, dann auch von den Khriegsfursten das Kriegsvolckh geurlaubt vnnd Jn vermug der Khu. Resolution getrennet wurde. Es haben auch die Stennde vermaint, die Khaj. vnd Khu. Maiestaten sollen des nit sondere beschwere tragen. dhweill, wie auß der Khu. Resolution zuuernemen, die Khaj. Mt. Jnen Lanndtgrauen dem Churfursten auß Sachssen, woe er bej Jrer Khaj. Mt. etc. ankhomen, Jme, Churfursten, den Lanndtgrauen verEeren wollen, weren die Stennde Nun Mer

[500v] Brandenburg: Lassen Jnen den process gefallen vnd wiewol nit one, die resolution v?? vngewiss vnd dunkel, hetten sich einer andern versehen Jn ansehen des Lintzischen Abschiedts, liessen Jnen gefallen, der Konig dessen bericht, Jedoch findt man Jn der resolution zuuil, weil sie sich durchauss vf den Lintzischen Abschiedt zeucht. Achten sie, das der erst art., weil die gantz handlung daruf stunde, an fur handt zunemen.

Meintz: hetten auch gehort, wes votirt, vnd vorgesehen, das die ding weit von einander. Achten sie, da man die sachen Jetz nit anfahen, wurden die sachen nit gefurdert, vnd mocht man gedenken, man wolt die sach vfziehen, derwegen solt die sachen anzufahen sein, An Konig solt mans auch gefallen.

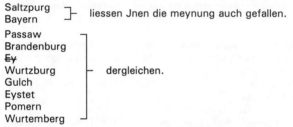

Saltzpurg / Bayern ⊣ liessen Jnen die meynung auch gefallen.

Passaw / Brandenburg / Ey / Wurtzburg / Gulch / Eystet / Pomern / Wurtemberg ⊢ dergleichen.

2. Vmbfrag

Trier: Souil den ersten art. betr.en [= betreffen], Achten sie dass die Key. Mt. mit dem Churf.en zu Sachsen & consorten einig sei, das sie die erledigung bescheen soll. Vnd stund daruf, ob es vor beurlaubung dess Kriegsvolcks solt bescheen etc. Nun befunden sie, dass die abstellung des Kriegs nit allein vf der erledigung stund, sonder dass ander Chur vnd f.en bewegt worden, sich in diese handlung Jnzulassen, [501r] dan der Landgraf schreib, wan sein vatter erledigt, vf f *** [ca. 1,5 Zeilen Lücke] hielten darfur, dass vnuonnoten, von der zeit, wan er erledigt werden soll, zu disputiren, Sonder, wo die andern art. erledigt, dass man mit Sachsen vnd Franckreich zufriden, wurden sie das Kriegsuolck selbs laufen lassen, vnd also nit so heftig daruf dingen, ob die erledigung vor oder nach geschee, doch vf fe der andern bedencken.

Coln: souil diesen puncten belangt, het man gesehen, wass die resolut. [= resolution] vermag vnd Sachsen begert. Nun wer wol dem Keyser Jn dem zuuertrawen, weil es aber die andern nit thun, verglich er sich mit Trier.

Pfaltz: hetten diss puncten halben diss bedenken, das Jn der erledigung des Landgrafen die anhangenden puncten nit solt gedacht werden, dan es Jn nachmals volgen werd. Souil disen puncten belangt, Achten sie, das der Key. vnd Ko. Mt. vf vorig lintzischs handlung, solt Sachsen vnnd hessen vertrawen, dass dass Kriegsuolck vor der erledigung bescheen, doch dass der Konig solt den Keyser vermogen, darnach den Konig[sic!] zuerledigen. wo man bessere mittel wust, wolt sie sich vergleichen.

Brandenburg: hetten den ersten art. auch gehort, dass des Landgrafen erledigung gesucht, wusten sich zuerJnnern, wass der Konig gewilligt, konnen nit allein achten, dass dieser art. billich von Sachsen gesucht, Sonder sie hetten auch Brandenburg

der vnderthanigisten Hoffnung vnnd versehens, der Churfurst von Branndenburgh, alß der
Jn gleicher verpindung Neben dem Churfursten auß Sachssen etc. verhafft were, vnnd sie,
dj Stennde, solten bej Jrer Khaj. Mt., woe nit ain Merers, doch ain gleichs Mit angedenn-
ckhen haben. Es zweiffelten auch dj Stennde hier]nnen destoweniger, dhweill die Khu. Mt.
sich zu Lintz außtruckhenlichen Hören vnnd vernemen lassen, das sie der Erledigung [9r]
des Lanndtgrafens Von der Khaj. Mt. etc. volmechtigen gewalt hetten, pitten demnach etc.
So haben auch die Stennde Cassl halber Jn disem Ersten begern articl, damit destomer fridt
vnnd Ruhe gesucht, vnnd auf das bestenndig anzaigen des Trotten bedacht, das dj Khaj. Mt.
zuuerpitten, das sie die Beuesstigung vnnd Besterkhung Cassls gnedigist zugeben, vergunsti-

vmb trew vnd eher behaft vnd verhofenlich mocht kommen, das sie derwegen bitten,
weitern schaden zuuerkomen, dass man wol bedenken seiner churf.en g.en vnd
Sachsen vnschuld, wie sie Jn diese beschwerung geraten, dass sie nie anders
gesucht noch dessen nutz gehapt, sonder dass fried vfgericht vnd der Key. Mt.
victorj desto zimlicher vnd dess kosten vberhaben vnd andern sachen auss worten
konte. Jtem, man wolt auch [501v] bedenken, das dieser art. ein vrsach dass
gantzen handels, darauss die andern sachen komen, ~~zu~~ vnd auch, da dieser
beschwerung nit abgeholfen, dass nit zuuerhofen, das ein frid eruolgen konne, Jn
ansehung, die bede Churf.en vmb Jr ehr recht versetzt stunden. konten nit erachten,
wass Cesar fur bedenken, weil die sachen so weit komen. wan schon der Landgraf
ledig, dass er weitter nit thun konte, dan die Jetzige ~~w~~. Vnd hielten darfur, wan der
Landgraf ledig, dass allen beschwerungen abgeholfen, dan dess Frantzosen vnd
Jungen Landgrafen suchung weitter erstreckt dan saxen. Nun wuss man, das der alt
Landtgraf mit sachsen suchung zufriden. do nun der ▷Jung◁ Landgraf nit wolt
absteen, het Jne der vatter abzuweysen. Vnd man solt bedenken, dass sein her
behaft, vnd weder Key. Mt. oder den Stenden dess reichs etwass thun konne, vnd
sej dem reich abgestrickt. Batten nachmalss Jn ansehung Jres hern vnschuldt, damit
frid vfgericht, man wolt die sachen befurdern, damit der Land. erledigt, vnd zweifeln
nit, da es Chur vnd f.en thun, werd es beim Keyser vnd Konig leichtlich zuerhalten
sein, dan der Konig zu Lintz sich vernemen lassen, dass Cesar willens, den Land. vor
der zeit ~~g~~ ledig zugeben.
So sie das willens ~~wegen~~ gewesen, wieuil mher wurden sie dass thun vf vorbit Chur
vnd f.en, weil sein her nit weniger vmb den Keyser verdint souil als Sachsen. Batten,
man wol des landgrafen erledigung one weittern vfhalt suchen, das werd Brandenburg beschulden. So man weitter von den conditionen werd reden, wolten sie Jr
meynung auch anzeigen. Vnd achten nit vnpillich, dass der Landgraf vf den tag
erledigt werd, daruf dass Kriegsuolck beurlaubt. Vnd auch die Cap.lon [=
Capitulation] solt ernewert werden, dass eins mit dem andern geen sollt.
[502r] Der Stat Cassel halben konne er nit gedenken, was die Key. Mt. daruf hette,
dass ein furst sein residentz Stat nit soit fest haben, dass er sich darin erhalten
konne, Zoge sich vf Adam Trotten, der wurd die sachen weitter ertzelen.
Adam Trot zeigt an: Konig hab Jme zu Lintz gefallen lassen, dass der Landgraf von
den seinen allein solt gehort werden, Vnd het sich versehen, dem solt also bescheen
sein. Hab er Jme, dem Landgrafen, angezeigt, er solt die Kriegsrustung abschafen,
wo dass geschee, solt er nit zweiffeln, er solt ledig gegeben werden. daruf er
geantwurt vnd dem Ko. seins vleis bedanckt, wols verdienen, wer mit aller handlung
zu Lintz wol zufriden, allein Jn etlichen puncten Seinen sonen geschriben, desgleichen den vnderthanen, den friden anzunemen, ~~dan~~ Vnd daruf vmb gottes willen gepetten, Jne der haft zuerlassen. Er solt dem Konig antzeigen, Man solt Jne ledig
lassen, wolt er sich, so hoch er kont, verpflichten, dass Kriegsuolck abzuschafen.
Vnd dass sich der Ko. solt versehen, wolt der gnaden nimmer vergessen, da man

gen vnnd pleiben lassen wolten, dann Je billich, das ain furst ain Sichers Hauß haben muge, Neben dem, das auch Cassl durch die Jungen Lanndtgrauen erst wider beuesstiget worden, wie dj furgeganngene Capitulation allerseits zu streitt vnnd Mißuerstanndt Chomen vnnd nit volzogen worden ist.

Jme Cassel befestigen liess, dan solt er so ploss sitzen, sej beschwerlich, solt er dan dem Keyser dienen, vnd also ploss sitzen, mocht Jne auch ein geringer vberfallen, das wolt er also angezeigt haben.

Meintz: thetten von diesem art. horen reden vnd weren wol geneigt, die erledigung helfen zubefurdern, vnd als Pfaltz vnd Branden. gleichwol vnderschiedliche vota angezeigt, wie er solt erledigt werden. wass die andern bedencken, ~~wass~~ dass furzunemen, mit den wolten sie sich auch vergleichen, souil muglich.

Saltzpurg: het vernommen, das der Landgraf solt ledig gelassen werden, het darfur, Sachsen solt mit den furgeschlagen mitteln zufriden sein.

[502v] Bayern: wie Jne die sachen ansehe, sej die sach so weit nit von einander, konte sich erJnnern, das der Konig vom Keyser Jn dem guten beuelch, Acht vnuonnoten vmb weitter reso. [= resolution]. Vnd weil man die v [sic!] 14 tag, Jtem Cassel wol streitten, Acht er, wo die Keyserischen die 14 tag nit willigen, solt man andere mittel furschlagen. zu Lintz sei ein art. furgelofen: wan dass Kriegsuolck solt verlofen, dass es zu nachteil dess Keysers vnd andern nit bescheen, Jtem dem Frantzosen nit zuziehen. Solten nun die 14 tag pleiben vnd dass Kriegsuolck die puncten widder willen der Kriegsf.en nit halten, mocht der Landgraf vfgehalten werden. Acht er, dass Key. den puncten nit solt weygern, sondern sich mit Sachsen eins erbarn tags vergleichen. Cassel belangen konne er sich berichten, dass der Jung landgraf mocht bedenken, weil der Keyser nit gehalten, drumb er auch nit schuldig. weil sie sich nun erpotten, die Cap.lon [= Capitulation] zuernewern, allein dass die festung pleib, Acht er, dass es hoch nit zu disputiren, es solt der sachen viel helfen. Vnd solt der Ko. Mt. also furgepracht werden, Vnd da es Jr gefellig, dem Sachsen anzupringen, mocht der Anstand volgen, dan wo nit, mocht sich die sachen stossen.

Passaw: verglich sich mit Bayern, das der Konig dieser zweyer puncten halben zuersuchen vnd zupitten.

Brandenburg: man muss sehen, wass bej Sachsen vnd landgrafen zuerhalten, dan wan sie die 14 tag ~~ang~~ an hetten wollen nemen zu Lintz, het mans alher nit dorfen verschieben, wo diesem ~~bed~~ puncten abgeholfen. drumb schloss er mit Bayern, dass der Konig zubitten, bej dem Keyser zuerhalten, eines tags zuuergleichen. Cassell halben wie Bayern.

[503r] Wurtzburg: vernem, das diss der hauptpunct, vnnd wo der punct nit gewesen, das Sachsen nit Jn handlung komen, Schloss mit Bayern.

Gulch: befunde dass aus der Lintzischen handlung, das der Keyser den Landgrafen wol ledig lassen. Vnd achten bej Jnen, dass Jn dem der Key. Mt. zusag, Jn beisein etlicher fursten zuuertrawen, Nichdestoweniger, so dieser handel zu grossem schaden verloffen mocht des Kriegsuolcks halben, Liess er Jme gefallen, das der Konig zupitten, das die 14 tag zu kurtzen.

Eystet: het von Bayern souil vrsachen angehort, wie diesem puncten abzuhelfen, verglich sich mit Bayern.

Pommern: Verglich sich gleichergestalt mit Bayern, vnd hielt darfur, dass der Anstand solt volgen.

Jst geschlossen, diss ersten puncten halben, das ein tag solt bestimpt werden, daruf der Landgraf erledigt vnd dass Kriegsuolcks verlauffen, auss erzelten vrsachen. Cassell halben, das der Konig zupitten, bej Keyser die vhestung als des Landgrafen hofleger zuerhalten. Vnd sej die festung derhalben widder angefangen, weil Cesar nit gehalten, hat land. gemeint, sol auch nit halten.

Was KhatzenElbögen, diß ⌐em⌐ articln auch anhenngig, belanngt, Schliessen die Stennde vnnd lassen es bej der Khu. Resolution pleiben, allain, das ain gewisser Termin vnnd tag zu Enndung des guetlichen Vertrags oder, woe das nit statt hette, zu Enndtabschidt dabej benennt vnnd angesetzt werde.

Capitul.on [= capitulation] ernewen

Wurt bedacht, da die festung zu Cassel pleib, werden die Jungen Landgraf ~~vnbe~~ die ernewern.

Catzenelnpogischs sach
Jst vmbgefragt worden

[503v] Trier: Souil diesen puncen antrefen, wusten sie sich zuerJnnern, wass der Konig sich zu Lintz erpotten, Nemlich, dass Cesar durch vnpartheische die sachen Jn der gute werd furnemen, hielten sie darfur, dass solche gute bej Nassaw vnd seinem Son zusuchen, der teutschen nation zu gutem wilfarig ertzeigen. Vnd da die gute one frucht, hab rex mittel furgeschlagen, nemlich, dass die Chur vnd f.en, so Jm Lintzischen Abschiedt vermelt, dass sie die grauamina reuidirt, vnd daruf, vnnd achten, dass der Landgraf nit zubeschwern, weil Nassaw beschwerlich, die sachen Jn vorigen stand komen zulassen. vnd wo Sachsen solchs nit beschweren, achten sie, dass noch so weith zugeen, Nemlich, das die Chur vnd f.en auch erkenen solten vf die vrsachen, so landgraf furpringen werd, Ob die sachen widder Jn vorigen stand zustellen, vnd der Landgraf ex carcere het mogen rechten.

Coln: wol Jnen nit wol gepuren, der Ko. Mt. bedencken zu lintz zuendern, doch geben sie zu bedencken, dass solchs one vorwissen Nassaw solt furgenomen werden, sie wustens auch nit wol zuwilligen. Acht, Nassaw werd sich weysen lassen.

Pfaltz: Liess Jnen der Ko. Mt. zu lintz furschlag gefallen, doch mit dem anhang, weil Nassaw sich dessen mochten beschweren, Ob nit rathsam, ein gewisse zeit der gute zubestimmen, ~~nach~~ alss in Jars frist, mocht Nassaw bewegt werden.

Brandenb.: wusten sich zuerJnner, wass rex bewilligt. Nachdem Jnen bewust, dass es ein alte vnd Jrrige sach, vnd da sie durch hessen anpracht, Jm nidderlandt gewesen, man hab niemants zu Jme lassen wollen, ~~wass er begert~~ da Jme schon productum furpracht. wass Jnen nit gefallen, hetten sie aussgestrichen. [504r] wer Jres erachtens nit vnpillich, das die sach Jn vorigen stand gesetzt werd, wiewol sie sich nit wolten sondern. Vnd da es bej der Ko. Mt. zusuchen, wolten sies auch thun. Ko. het sich zu Lintz erpotten exceptionem militarem etc. vnd furzupringen. Vnd liessen Jnen mit der Ko. Mt. gefallen. Vnd wolten erJnnert haben, wiewol Sachsen Jn der decla. [= declarations] schrift von den scheden, ▷so in werender custodj zugefugt,◁ kein meldung thut, so ziehen sie sich doch vf die Lintzischs handlung, ~~weil~~. Achten sie, dass dieselben auch gesucht werden, dan solt vf Brand. derhalben getrungen werden. Stelt zubedencken, ob daruon zureden.

Meintz: Achten, das diss ein sorglicher art., dan es wol dahin gelangen, dass zwo partheien, ~~alss~~ Cesar vnd mit der sachen [sic!] nichs weitters dan als ein richter zuthun. solt man nun einer parthei nemen vnd der andern geben, sej schwer, dan solt man Nassaw abziehen, dass er erlangt. Jedoch, do dass erpieten der Ko. Mt. mocht pleiben, wolten sie sich auch nit absondern. Vnd zweifeln nit, der Landgraf werd sich Jn dem der gepur halten.

Saltzpurg: dergleichen.

Bayern: Acht, das dieser art. ~~wog~~ etc.; der lintzischs Abschied erstreck sich vf etlich art., das alles hett der Churfurst angenommen. Die ergentzung der scheden Mag der Landgraf nach der erledigung nach der erledigung [sic!] beim Keyser ansuchen, wurden Jr Mt. Jme one zweiffel verholfen sein.

Diß bedennckhen solle der Khu. Mt. alßbaldt furgetragen vnd Jrer Mt. etc. Mainung hierauf
begert vnnd gehort werden, zudeme dann die ain vhr Nach Mittags wider benennt worden.

⊢Passaw⊣ ~~Eystet~~; wie Bayern. Vnd dass der Ko. zupitten, die sachen dahin
zurichten, das die gute furgenomen vnd solchs Jn Jars frist.
Brandenburg: wie Bayern.
Wurtzburg: wie Trier.
Eystet: wie Wurtzburg.
Pomern: ob wol der Landgraf vrsachen, warumb die sachen in vorigen stand
zustellen, dass ~~es~~ solche vrsachen vor den vnderhendlern ...
[504v] Jst geschlossen, das es beim Lintzischen abreden ⊢Vnd der Ko. Mt. beden-
ken⊣ soll pleiben, Allein das ein zeit, Jn welcher es erortert werden soll, gesetzt
werd.
Meintzischs Cantzler: so sie recht verme[rkt unleserlich], so solt dem Konig fur ein
bedenken anzuzeigen, das man die schriften ersehen vnd, souil dess Landgrafen
erledigung belangen, dahin bedacht, das, wie wol dem Key. vnd Ko. Mt.en vf Jr
erpieten vnd Jren worten wol zuuertrawen vnd man daran nit zweiffelt, nichtdestoweniger weil an diesem art. die gantz handlung stund vnd Sachsen, auch Landgraf
so hoch druf dringen vnd villichten bedencken hetten, wo es so richtig mit dem
Kriegsuolck nit zuging, ~~fu~~ vnd es Jnen auch nit wol kont gewerth werden, drumb
Sachsen vnd hessen gefharlichs besorgt, das die erledigung nit volgen mocht, Acht
man, es solt dem Keyser nit so hoch beschwerlich sein, der sachen zugut, so
g.en⌈lich⌉ [= gnediglichen] er zeigt, die erledigung, wie Sachsen begert, vf ein tag
beschee. dan da schon der Landgraf Jetz ledig, kont er nit mher furnemen, dan Jetz
beschicht, Jn bedencken, weil der Keyser hieuor bedacht, Jne zuerledigen. Vnd sol
der Ko. gepetten werden, dass er Jme solch bedenken wolt gefallen lassen. Jtem,
das Cassel als ein hofleger der Landgrafen mog befestigt werden. Verhoft man, die
prorogation des Anstandts mocht volgen. Jtem, man soll dem Konig auch vermelden,
das er sich vernemen zu Lintz hab lassen, das er vollen gewalt.
Nassawischs sach: ~~pleibt~~ Sol dem Konig angezeigt werden, das man es bej Jrer Ko.
Mt. bedencken zu Lintz lass pleiben, v [sic!] doch dass ein gewisse zeit bestimpt.
[505r] diese bedencken seind Jn ein schrift gestelt, wie die der Ko. Mt. zuubergeben
sein sollt.

Vmbfrag

Trier: hetten gehort, welchermassen die berathschlagung Jn ein schriften, sej der
berathschlagung gemess, hetten der weithleufigen persuasionibus. Vnd nachdem darin vermelt vom Krieguolck, das darzuzusetzen, das sie dem gegentheil nit zuziehen
solten, sonder mocht leichtlich ein practik widder angericht werden. Cassell solt
darbej gesetzt werden das erpieten hessen, dass es dem reich zugutem.
Coln: wie Trier.
Pfaltz: liess Jnen gefallen, Achten allein der pass der Katzenelnbogischen sachen solt
so weitleufig nit gesetzt sein.
Brandenburg: hab kein mangel an der schrift, doch gaben sie zubedencken, ob nit ein
schluss an die schrift zumachen.
Meintz: sei nit one, es sej weithleufig, es hab aber dem merertheil gefallen, derhalben
lass mans darbej pleiben. die emendationes vnd schluss zusetzen, wol man thun.
Saltzpurg: wie daruon geredt.
Bayern: dergleichen. wol man den schlus machen, mog mans thun.
Passaw ⎤
Gulch   ⎬ lassens Jnen auch gefallen.
Wurtzburg ⎦

Die Stennde seien zu ain vhrn Nach Mittags vor der Khu. Mt. etc. selber erschinen vnnd
heuttige]re Bedennckhen der Khu. Mt. anbringen lassen.
Welches die Khu. Mt. zu gnaden verstannden vnnd [9v] Mit der befurderung]n sonnder-
hait wol zufriden gewesen vnnd, dem also Nachzugeen, mit gnaden gesunnen, alß dann]r
Mt. die vnnd anndere articl schon auch bedacht, Mit dem begern, woe angeregt, der
Stenndt bedennckhen]n schrifften verfasst, das]rer Khu. Mt. ~~das vbberraicht wurde~~
⌈zuvberraichen⌉. dhweil dann]r Mt. besorgten, dj Khaj. Commissarien Möchten an der
gethailten hanndlungn nit zufriden sein, were von Notten vortzugeen.
Hierauf haben die Stennde]rer Khu. Mt. die Schrifften vberanntwurt, Mit vnderthanigem
Pitten,]r Khu. Mt.ⁿ wolten die sachen]res thails ~~auch~~ gnedigist ⊢auch⊣ befurdern. Neben
dem gedächten die Stenndt, aller hanndlungn wol furträglichen ⌈sein⌉, ~~wie~~ ⌈woe⌉ von ar-

Pomern: Last auch pleiben, gibt zubedenken, ob das argument der prorogation ~~wol~~
⌈solt⌉ hinein gesetzt werden.
[505v]   post meridiem
Der Ko. Mt.]st das heutig bedencken dess Landgrafen erledigung halben,]tem ve-
stigung der Stat Cassel, ~~er~~ erneuerung der Cap.lon [= Capitulation], vnd der Catzenelnbogischen sachen halben, vmb 1 vhr anpracht.
Daruf ~~liess~~ die Ko. Mt. durch den hern Genger vnd hofman widder antwurten lassen:
~~es het der Ko. bedacht~~ das ~~]r~~ der Konig het gehort, wes der fursten vnd potschaften
bedencken vnd het der Konig diese art. vor auch vf die vbergebnen Sechsischen vnd
der Key. Commissarien schrifften bedacht Vnd das bedencken dahin vermerckt des
puncten der 14 tag halben, dass die nachgelassen vnd die erledigung dess Landgraf,
auch beurlaubung dess Kriegsuolcks vf einen tag volgen solt, wer der Konig nit
vngeneygt, sich mit diesem rath zuvergleichen, wolt aber nit verhalten, dass der
Konig ~~besorgt~~ mit der Key. Commissa. geredt vnd souil vermerkt, dass er beysorg
truge, dass es mangel gnugsamen gewalts halben nit zuerhalten.]r Mt. het aber zu
furderung fridens diss bedenken, das dem Sachsen nachmalss einzubilden sein solt,
das nach vermog der zu Lintz gepflegten handlung dass Kriegsuolck solt beurlaubt
werden vnd ⊢alss⊣ dan]n 14 tagen darnach die erledigung solt volgen.
dargegegen [sic!] weren]r Mt. vrpittig zuwilligen, dass ~~die h her~~ er neben den
Churf.en rathen, den andern f.en vnd der abwesenden potschaft gegen Sachsen vnd
hessen ~~e~~ wolten assecuration thun, dass die erledigung volgen, dass auch der Konig
von Behem ~~a~~ vnd der Ertzhertzog zu Ostereich dergleichen auch thun solt. Vber dass
wolt sich]r Mt. gegen den Chur vnd f.en auch assecuriren, das daran kein mangel
sein solt, vnd sej mher traws daruf zusetzen, dan das hessen]n eins Chur oder
fursten handt gestelt werden solte, [506r] Vf diese Assecuration, wie gemelt, solt
dass Kriegsuolck zubeurlauben sein, vnd solten sie sich der bundtnuss mit der Cron
Franckreich begeben.
Nachmalss die beuestigung Cassel vnd die Capitulation anlangen, wolten]r Ko. Mt.
befurdern. ~~da~~
Das bedencken vber die Katzenelnbogischse sachen liessen]r Ko. Mt.]r gefallen.
Ferner, so wer]r Ko. Mt. bedencken, das vor dem die ding an Sachsen gelangt, der
Key. Mt. Commissarien dessen auch vergwist wurden, sie daruber gehort vnd man
sich mit]nen, wes Sachsen furzuhalten, vergleichen moge. Vnnd nachdem diese berathschlagung einsmalss nit samentlich kont furgelegt werden, sonder von ein vnd
etlichen art.n zu dem andern muste berathschlagt werden, vnd wes dess Konigs bedencken auch zuuernemen, So solt es vnuerbundtlich sein, was ~~]n diesen handlun-~~
~~gen furzu~~ vf ein oder ~~and~~ den andern art.n abgeredt vnd gehandelt wurt, biss man
zu end der berathschlagung vnd alle art. ~~erledigt~~ erledigt wurde.

ticln zu articln geganngen vnnd, was beschlossen, dem Churfursten alßbaldt, doch vnuerpundtlichen vnnd biß zu Enndthanndlungn alwegen zugestelt wurde. Mann versehe sich auch, das auf erledigung diß Erssten articls bej dem Churfursten vmb so vill dest leichter die prorogation zuerheben sein wurdt.

Hieruber die Khu. Mt. den Stännden wider anzaigen lassen, das sie alßbaldt die sachen berathen vnnd den Stänndten Jrer Mt. etc. Mainung wider furhalten lassen wolt. Wie beschehen. Vnnd haben Jr Khu. Mt. etc. derselben der Stenndte bedennckhen Cassln vnnd Khatzenelenpogen halber wol gefallen lassen, Vnnd sich mit Jnen gnediglichen ver-

Jst hieruf vmbgefragt

Trier: sie hetten angehort, wes der Konig antwurten lassen, mit repetirung ~~der~~ solcher antwurt, vnd wiewol sie keinen zweifel haben, wo Jr her selbs zugegen, dass sie sich vf solch erpieten hetten erwegen lassen. vnd sich hergegen gegen Hessen zuuerpflichten, wol Jnen schwer fallen, Jn solche verpflichtung einzulassen, zudem sie derhalben nit gnugsamen gewalt. vnd da es schon fur rathsam angesehen, dass sie doch nit gewalt. vnd ob wol die Commissa. vernemen lassen, das sie diss puncten halben nit gnugsamen gewalt, anders het sich der Konig zu Lintz [506v] vernemen lassen, dass sie allen gewalt vom Keyser hetten, wie dan der Keyser solchs den Churf.en bej Rhein zugeschriben, das derwegen an Konig zubegern vnd zubitten, die sachen vf sich zunemen, dan one dass trug man fursorg, da man mit diesem bedencken vor Sachsen komen, mochts die gute entschlagen. Steltens etc. Jn andern art.n ~~lassen sie~~, weil der Konig sich dess merertheil vergleich, liessen sies auch pleiben. ~~vnd~~

Colln: weil Jnen nit anders wissendt gewesen, der Konig hab gewalt, vnd wo dieser punct nit erledigt, dass die sachen zerschlagen, Wer Jr bedenken, den Konig zupitten, wie heut bedacht, den sachen abzuhelfen.

Pfaltz: ~~hetten den~~ Konten vf solch antwurt nit verhalten, dass Chur vnd f.en ~~kein~~ wissens trugen, dass Pfaltz zum friden geneigt, Jedoch hetten Jr churf.en g.en sie vf einich assecuration nit abgefertigt, zweifelten aber nit, da er zugegen, wurd sich der gepur halten; wol Jne zuwilligen nit gepurn. Liessen Jnen das Trierischs bedenken gefallen. wo dass nit stat, dass der Konig bej Sachsen ansuchung thun wolt, ob sie ein andern weg furzuschlagen.

Brandenb.: ~~he~~ Souil anlangt die 14 tag, wolten sich mit Trier verglichen haben. warumb man dess Sachsen begern heut fur pillich angesehen, hab man auss vrsachen gehort. dass der Konig kein beuelch haben solt, haben sich die Key. Mt. gegen Churf.en g.en anders vernemen lassen, werd als ein bruder sich Jn dem wol mechtigen konnen.

Der Stat Cassel, Jtem der Catzenelnbogischen sachen halben, das der Konig sich mit Chur vnd f.en verglichen, wer Jrer Mt. danck darumb zusagen, Jtem, das der Konig vnd nit die Commissa., weil sie sagen, dass sie nit gnugsamen gewalt, dem Sachsen die antwurt geben solt.

[507r] Meintz: hetten auch gehort, wes der Konig geantwurt, Vnd achten darfur, dass beschwerlich fallen wollen, sich Jn solch assecuration Jnzulassen. Vnd achten, ob wol die Commissa. kein gnugsamen beuelch, dass doch der Konig haben werd,

Den funften Juny haben sie Jnn der berathschlagung einn punct nach dem Andernn genommen. vnd erstlich, des Landtg.en erledigung betreffen, hat sich die Konig. Mat. mit deren Sun, asecuration zethun, erbotten, doch das das Kriegsvolck geurlaubt vnd Jnn 14 tag her nach der Landtgraff geledigett wurde.

glichen. Aber dj Erledigung des Lanndtgrauen betreffenndt, Haben Jr Khu. Mt. geachtet, das auß der Resolution, so Jr Khu. Mt. derohalben zu Lynntz gethan, nit zugeen vnd hier-Jnnen nach Jnnhalt bemelter Resolution der Khaj., auch Jrer [10r] Khu. Maiestaten wortten wol zuglauben seie. vnnd das der Churfurst vnnd Jung Lanndtgraue wilhelm etc. Hieran zweiflten, So seien Jr Khu. Mt. erpuettig, sich des gegen Jnen neben der Khu. W. auß Behem etc., Jrem Sune, zuuerobligiern. vnnd zu noch Mererer sicherhait, auch ablainnung alles zweifls wolten Jr Khu. Mt. die Churfurstliche Räthe, Erscheinende fursten vnnd annderer pottschafften gnedigist ersucht haben, sich Neben Jrer Khu. Mt. auch Mitzuuerobligiern. da entgegen wolten Jr Khu. Mt. den Stenndten ainen sonndern gnuegsamen schad-loß briefe zustellen, auch hetten, wie verstannden, die Khaj. Commissarien Merern Beuelch nit.

wie Key. Mt. den Churf.en g̶ geschriben, das nachmalss der Konig zubitten, die sachen zufurdern. dass man aber sagen solt, er hab beuelch, vnd der Keyser hets geschriben, tragen sies bedencken, wurdens vorhin wissen, w̶ wiewol es gute vrsachen.

Mit Cassel vnd Katzenelnbogen lassen sies bej des Konigs vergleichung pleiben, Als aber der Konig begert, man solts zuuor an die Commissa. e̶h̶r̶ ehr dan an Sachsen gelangt werden, solt e̶s̶ der verzug nachteilig, sey bedencklich. Vnd das die berathschlagung der vordersten art. vnuergreiflich sein solten, biss die volgenden auch erledigt, wiewol sie achten, dass der landgraf one die religion wol kont erledigt werden.

Saltzpurg.

Bayern: Acht, dass die Ko. Mt. nachmals zuberichten, auss was vrsachen das heutig bedenken eruolgt. der assecuration halben konne er wol denken, die gesanten werdens kein beuelch haben. Jn den andern puncten sej man einig.

Passaw: wie andern, die 14 tag belangen sej er mit andern einig, dass sie nit stat, d̶a̶s̶s̶ dan der verzug den Stenden nachteilig, drumb der Konig zubitten, sich der sachen zumechtigen, der Stend verderben zuuerhueten. Es wurd auch dem Turcken gross vrsach geben, die vberigen puncten seyen erledigt, vnd das es d̶ an die Commissa. ₍gelangt werd.₎

Brandenburg: Jst auch der meynung.

Wurtzburg: mit Cassel vnd Katzenelnbogen sei verglichen, der Assecuration halben hetten sie kein beuelch. dass man bewilligung von Jme solt bekomen, konne es die zeit nit leyden. Liess Jme sonsten gefallen, wie daruon geredt.

[507v] Gulch: es seyen heut vrsachen gnugsam angeregt, warumb die 14 tag zu kurtzen, darbej lass ers pleiben. der assecuration halben het er gleichsfalss kein gewalt, da aber sein her zugeen, wurd er an Jme nichs erwinden lassen. Die andern art. belangen, weil sie verglichen, soll man dem Konig danck sagen. Ob es zuuor an die Commissarien zugelangen, Stell ers zum merern.

Pomern: verglich sich mit Passaw vnd Bayern, wol hoch von noten sein, sich diss puncten halben zuuergleichen, Jn vberigen puncten wie andere.

Wurtemberg: befunde fast ein meynung, wie die vrsachen ausszufuren, verglichen sich mit denselbigen.

Jst geschlossen, was die 14 tag belangt, pleibt man bej heutigem bedencken, vnd dass der Konig nachmalss zubitten, sich dessen zumechtigen. Jn der Katzenelnbogischen vnd Cassel sachen, weil sich der Konig verglichen, vnd diese puncten erledigt, solt man dem Konig danck sagen.

Ob mans zuuor an die Key. Commissarien ehr dan an Sachsen solt gelangen lassen oder verziehen, biss man sich aller puncten verglichen, Jst man zweyerlej meynung, drumb noch einest vmbgefragt etc.

Hierauff haben die Stennde abermaln beschlossen, die Khu. Mt. zuuerpitten, das Jr mt. sich noch disen abennt diß articls halber mit Jnen g.en^st [= gnedigisten] vergleichen wolte, auch darauf alßbaldt solches mit den Khaj. Commissarien abhanndlen, auf das auf Morgen Noch vor Mittentagszeit dem Churfursten möchte solches angetzaigt vnnd furgehalten werden.
So hat der Churfurst schreiben, von dem Jungen Lanndtgrauen an sein Churf.en gnaden außganngen, den Stennden zubringen lassen, So mitgebracht, das ain Khriegsvolckh dem Jungen Lanndtgrauen Jn Hessen gefallen vnnd den armen an plunderung vnnd pranntt grossen schaden zugefuegt vnd noch zufuegten, So dem gemachten anstanndt gar nit gleichsehe. Darauf beschlossen, solches der Khu. Mt. anzuzaigen vnnd zupitten sein, das Jr Khu. Mt. darob sein wolten, auf das Jn zeit diß anstanndts Niemandts belaidiget wurde.
So seien die Stennde Morgen zu Sechs vhrn frue wider zusamen erfordert worden.

2. vmbfrag

Trier: Liessen Jnen gefallen Jm fall, man mit dem Ko. verglichen, das die schrift dem Ko. zugestelt, die furtter den Commissa. furzuhalten, vnd alsdan auch Sachsen.
Coln: dergleichen.
Pfaltz: da man verglichen, sol man dem Konig heimstellen, den Commissarien furzuhalten, furter solt man mit Sachsen handlen.
[508r] Brand.: Seyen zufriden, da man verglichen, das man es den Keyserischen zustell, Aber Jedoch zweiffel Jnen nit, der Konig werd sich mit den Keyserischen one das vergleichen.
Meintz: M̶ lassens Jnen auch gefallen.
Saltzpurg; dergleichen.
Beyern: Acht, der Konig solt seines erbietens zu Lintz zuerJnnern sein. weil die Keyserischen Jn dem kein gewalt, acht er nit, dass von noten, Jnen anzuzeigen. wan man mit dem Konig verglichen ist, soll mans dem Sachsen anpringen. Jn vberigen puncten werd sich der Konig mit den Keyserischen wol zuhalten wissen.
Passaw: der Konig hab sich vernemen lassen, das sie allein als ein vnderhandler do sej, vnd hab der Keyser sein eigen rathe alhie, drumb acht er, man muss an die Keyserischen gelangen.
Brandenburg: wan man sich mit dem Konig verglichen, als dan soltens Jr Ko. Mt. an die Keyserischen gelangen vnd nachmalss Sachsen.
Wurtzburg ⎤
Gulch   ⎥
Pomern   ⎬ dergleichen
Wurtemberg ⎦
Jst geschlossen, da man mit dem Konig verglichen, soll man sie bitten, das Jr Mt. daran sein werd, das die Keyserischen sich mit Jr Ko. Mt. vnd den anwesenden fursten vnd gesanten g̶e̶ vergleichen woll
~~Meintz: die hessischen hetten gester~~
Meintz: die Sechsischen hetten ein schrift von Landgraf wilhelmen vberlifert, die wurd verlesen. Vnd hielt Jn, das man Jme Jn hessen fiel, solt derwegen Sachsen Jn keinen weittern anstand vber die 14 tag willigen, dan er wol Jne Kurtz vmb nit halten.

Sachsen hatt zwey schreiben, ~~von~~ aus dem Lager von den Jungen Landtgrauen An Jme außgangen, Jm Rath vbergeben, die verlesenn worden. Darinnen wurdt geschriebenn, wie Jme, dem Landtgrauen, Post zukomen, das der von Hanstein bey Aschenburgkh den von Oldenburgkh feindtlich angegriffen vnd das Sachsen Jnn kainen weittern verstandt bewilligenn sol, Vnder anderm Jegen diese wort: Jn Summa, E.L. schreib, sing Oder sag, was sie woll, wurdt Jch doch mich weitters nicht einlaßen noch lenger vertziehenn.

[31v] Den 6. Juny haben di ko. Ma. m.gst.h. zu sich alein fodern laßen vnd sich
mit Jren churf.g. alein vnderredet, vnd solchs derhalben, wi s.churf.g. bericht, das
s.churf.g. willigen wolte, Jre vnd derselben mithuorwante krigsrustung der ke. M.
begern virzehen tag ehr abzustellen, dan der Landtgraf entledigt. Dogegen wern
s.churf.g. Jre ko. Ma. erbuttig, das si vnd Jre kinder sich s.churf.g. vnd der
mithuorwanten wolten vorsichern, das di erledigung des Landtgraffen gewißlich
erfolgen solte, vnd wolten auch darzu di Stende das ??, so alhier wern, auch
vormugen, das si solchs neben Jrer ko. Ma. vnd derselben sohnen solten vorsichern. Es haben aber s.churf.g. dorauf anders nichts begert, dan das man solchen
vorschlag s.churf.g. in schriften solt vbergeben.

Montags, den 6.Juny,

Seien Morgens frue die Stennde fur die Khu. Mt. [10v] beschiden, Vnnd denen durch Jr
Khu. Mt. etc. angetzaigt worden, das Jr Mt. etc. sich mit vnns der Erledigung des
Lanndtgrauen auch vergleichen thetten, aber, vnd dhweil auf Jrer Khu. Mt. Commissarien
Ernnstlichen angewenndten vleiß die Khaj. Commissarien sich weiter nit einlassen wolten,
alß was die Resolution, zu Lintz gemacht, der Khu. Mt. etc. Mitbrächte, auch nit weittern
gewalt hetten Vnnd darumbn, so gleich Jr Khu. Mt. etc. weitter was furnemen wolten, das
on frucht, dardurch auch die Stennde vnnd Jr Mt. etc. verfuert wurden, So haben Jr Khu.

[508v] Vff des Konigs angezeigt bedencken haben der Churf.en gesanten, die fursten
vnd andere zu dem Konig geordnet vnd Jnen widder erJnnern vnd bitten lassen, das
er Jr bedencken wolt approbirn, auss vrsachen, das der weg, den der Konig bedenckt vf 14 tag, zu Lintz nit zuerheben gewesen. Jtem, das der verzug beschwerlich, viel schadens den armen zugefugt, Jtem, das der Turck sein gelegenheit hier
durch ersehen, Jtem, wo gleich die Key. Commissa. kein beuelch, dass doch der
Konig sich der ding zumechtigen.
Anlangend Cassel, die Cap.lon [= Capitulation] vnd die Catzenelnbogischs sach
befunde man, dass sich der Konig verglich, dess man sich bedanckt da. Das vnuerbundtlich, biss zu end vnd die gantz berathschlagung zusamen keme, ⌐ge⌐handlen
⌐werden⌐ solt, Liessen Jnen der Churf.en gesanthen, auch fursten vnd gesanten
auch gefallen. den Key. Commissarien die ding anzuzeigen, wer Jnen ⌐auch⌐ nit
zuwidder, doch alle ding dermassen zufertigen, das Sachsen morgen vormittag
beantwurt wurt.
Der Konig hat ein andern furschlag gethan, Nemlich vf, das der Landgraf sich solt Jn
eines Chur oder fursten handt gestelt werden vnd das Kriegsuolck geurlaubt werden.
Sexta Junij 52 mane hora 6ta
Die Ko. Mt. hat der Churf.en gesanthen, die fursten vnd der andern potschaften zu
sich erfordert vnd Jnen durch den hern Genger anzeigen lassen. Nachdem Jr Ko. Mt.
[509r] sich mit den Churf.en gesandten, Auch den anwesenden gesanten vnd fursten
vnd der andern geschickten einer meynung dess Landgrafen erledigung halben verglichen, daruf hetten Jr Mt. nit vnderlassen, die sachen ad partim ad die Keyserischen
anwesende rathe gelangen zulassen. hab aber solch bedencken, Nemlich, dass der
Landgraf Jn eines Chur oder fursten handt zustellen etc., nit erheben konnen, dan es
Jrem beuelch zuwidder, damit aber nun die sachen nit zerstossen, hetten sein Ko.
Mt. Sachsen erfordert, vnnd Jme die Assecuration, ▷da es bej den churf.en gesanten, den fursten vnd andern rathen zuerhalten,◁ fu furgeschlagen, wiewol es
schwerlich, dass Jr Ko. Mt. neben Jrem Son Maximiliano vnd den anwesenden fursten vnd potschaften Jn solch obligation einlassen solten, daruf er, Sachs, begert,

Mt. Nochmaln die Gessterige assecuration den Stennden furgehalten vnnd begert, darauf zuschliessen gedacht zu sein.

Weill aber die Gesanndten Räthe vnd Potschafften dessen khainen gewalt gehabt, Jst Jr Khu. Mt. darfur vnd Jn der Stennde beschlueß zuwilligen wider gepetten worden, Sonnderlichen vnnd dhweil Jr Khu. Mt. sich zu Lintz vernemen lassen, wie sie diß articls volmechtigen gewalt; hetten Jr Khu. Mt. abermaln angetzaigt vnnd den Stennden Mit erinnerung, das der Lintzerisch gewalt auf dieselb Tagssatzung limitiert gewesen, entdeckhen lassen.

solch Jrer Mt. vnd der andern bedencken Jme Jn schriften zuubergeben. Vnd zweifelten Jr Ko. Mt. nit, er werd mit solcher assecuration zufriden sein, vnd begert darin zuwilligen.

Vmbfrag

Trier: sie hetten gehort, wes der Konig vf das gesterig bedencken sich vernemen lassen Vnd wes sie mit den Commissarien vnd eh Sachsen verhandlet Vnd dass er nachmalss vf der Assecuration ⊢verharret⊣. Nun het man Jr bedencken gestern angehort vnd stelten Jn keinen zweifel, da Jr her selbs vorhanden, sie wurdens willigen. wass aber Jr beschwerung, sej nit wol zuuermelden, konten sich one vorwissen nit zuwilligen, mangeln halben gewalts, liessens beim gesterigen bedencken pleiben, hielten darfur, wo die andern fursten vnd gesanthen solch assecuration annemen, es wurt Sachsen gesettigt sein.

Coln: zweifelten auch nit, wo Jr her vorhanden etc., weil aber Jn der Lintzischen handlung kein meldunge, het Jr her sie daruf nit abfertigen, konten nit willigen, wer Jnen leydt, dass die sachen dardurch solt zerschlagen werden, Vnd hielten auch darfur, wo die anwesenden fursten vnd rath neben dem Konig *** [ca. 3 Zeilen Lücke]

[509v] Pfaltz: hetten des Konigs angewendten vleis verstanden Vnd achten, Jr danck zusagen, das sich aber die sachen bej den Keyserischen gestossen Vnd furter der Churfurst die assecuration Jn schriften begert, daruf sie bedacht, dass sie Jn solchem von Pfaltz gar kein beuelch. wusten fur gewiss, do er zugegen, wurt ers nit weigern. Aber dass sie sich Jnlassen solten, dass konten sie nit thun, drumb solt der Konig bericht werden, dass der feel an den gesanthen vnd darfur zubitten. Do aber der sachen, wie Trier gemelt, solt geholfen sein, wolten sie sich mit Jnen leichtlich vergleichen.

Brandenburg: hetten auch gehort, wass der Konig gesucht, wer gestern auch daruon geredt, Aber wie dem, B Jr her steck vorhin so dief darin, als er kon. Aber damit man auss dem last komme, sol es an Jne auch nit mangeln. Hielten darfur, es wer dem Ko. anzuzeigen, vnd bitten Jrer erclerung nach, dass sie ein vngemessnen beuelch, sich zuuergleichen, vnd als ein bruder sich der sachen mechtigen, ob schon die Keyserischen kein beuelch, dan solt es nemen sie vber sich, dass es gewiss gehalten solt werden, konten sie sich dessen auch nit weigern. dan solt dieser punct nit volgen, werd die ander handlung gantz zerschlagen. wolten sich nit absondern.

Meintz: hetten gehort, wass der Konig der assecuration halben furpracht, wolten gern alles furdern, wass muglich, hetten aber von Meintz auch kein beuelch, Es wolten dan die anwesende fursten sich der sachen vndernemen.

Saltzpurg: willigt zur assecuration.

Beyern: het man die sachen an Ko. allein gelangen lassen, solt ehe geuolgt werden. der assecuration halben wuss er nit, wass Sachsen bedacht, darumb lass ers pleiben.

[510r] Passaw: Acht, das der Konig zupitten, der sachen abzuhelfen. was die assecuration belangen, acht er, saxen werd seiner person halben nit hoch achten, was aber die andern thun, soll Jme nit zuentgegen.

Gulch: hab kein beuelch.

Wurtzburg: repetirt sein gesterig bedenken, dass sie kein beuelch, da es aber bej den

Das Jr Mt.ⁿ etc. fur sich selber ħ Mit dem Churfursten hanndlungn phlegen wolten, Ob sein Churf.en g.en etc. Mit der obligation Jrer Maiestaten etc. vnnd derselben Sünen villeicht zufriden sein mochten. woe Nit, wolten Jr Mt. den anndern furschlag des Churfursten an die hanndt nemen vnnd darauf hanndlen, das Lanndtgraf Philips Jn aines Chur oder fursten hanndt Mitlerzeit der Vrlaubung gestelt wurde.

Bej deme es also ⌈ge⌉pliben, Mit dem, das dj Khu. Mt. solch bedennckhen Jn ain schrifften stellen vnnd den Stänndten furbringen lassen wolten.

Volgundts haben die Stännde zu weitterer Berathschlahung der Schrifften gegriffen Vnnd den articln der Religion an dj hanndt genomen vnnd [11r] disen articln dahin beschlossen: Erstlichen fridens vnnd Rechtens halber sich verglichen, das ain bestenndiger fridt aufgericht

anwesenden fursten zuerhalten, solt es Jme nit zuwidder sein, Oder ob Sachsen willigen wolt ~~dass ein Jr~~ stilzusteen, biss die gesanten an Jre hern ✗ konten gelangen lassen, Oder ob beim Konig zuerhalten, dass der Landgraf die 14 tag Jn eins Chur oder fursten an handt gestelt.

Pomern: Acht, der Konig solt zuersuchen sein, vf weg zugedencken, wie den sachen abzuhelfen, dan sie kein beuelch.

Wurtemberg: wie Bayern, Nemlich, dass der Konig zubitten, sich der 14 tag zumechtigen.

Der Ko. Mt. Jst hieruf durch der Churf.en gesanthen, anwesenden fursten vnd der andern potschaft solch bedencken anpracht, Vnd Jr Mt. gepetten, sich der 14 tag zumechtigen vnd zu willigen, dass der Landgraf vf den tag der beurlaubung dess Kriegsuolcks ledig gelassen werde, weil die gesanthen zu der assecuration keinen beuelch etc.

Daruf Jr Mt. geantwurt: Sie hetten sich versehen, es solt Jnen solch assecuration vnbeschwerdt gewesen sein, Jn ansehung, das mans fur gewiss, der Keyser den Landgrafen zu aussgang der 14 tag ledig lassen wurde. Weil aber die nit stat, hetten Jr Ko. Mt. vf den weg gedacht, das sie bej dem Churf.en zu Sachsen wolten suchen, Ob er sich der Obligation halben mit Jrer Ko. Mt. vnd deren Sön wollte benugen lassen, wie dan Jr Ko. Mt. solchs mit Jme, dem Sachsen, zuhandlen sich erpotten.

[510v] vnnd sej nit one, Jr Ko. Mt. hetten von der Key. Mt. vf dem tag zu Lintz gewalt gehabt, vnd aber Jr Key. Mt. derselben rath Jetzo alher abgefertigt, erstreck sich sein gewalt nit weitter vnd hetten Jetzo kein beuelch. Solt aber Jrer Ko. Mt. vnd derselben Son obligation der Churfurst nit annemen, gedechten Jr Mt. vff das mittel, welches vom Churf.en furgeschlagen vnd dem Landgrafen angenomen, Nemlich, dass der alt Landgraf Jn eines Chur oder fursten handt zustellen etc. Vnd wolten dasselb mittel alsdan Jn schriften stellen lassen vnd den Chur vnd fursten zuuor zubesichtigen vnd zuerwegen mittheilen. Vnnd da Sachsen dessen zufrieden, solt der Anstand bej Jme gesucht werden.

Der art. die religion belangen
Jst verlesen vnd daruf berathschlagt etc.
Vmbfrag

Trier: sie hetten diesen art. bej Jnen erwogen vnd befunden, dass der gross vnd wichtig vnd derwegen viel daran gelegen, wurt auch fur beschwerlich geacht, von dem Jhenen, so vormals durch die Stend beschlossen, + abzusteen. weil man aber die gelegenheit anzusehen, Befund man, dass der Konig den fridstand nomine Cesa-

Denn 6. Juny Jst die Ko. Mat. Jres entpietens zu Lintz vnd Alda erJnnert, Nemblich aller der Religion puncten vf einen Reichstag zuuerschiebenn, [36v] daselbst dauonn zuschließen, wie sichs gepurt, mit allenn stenden. vnd Antzeigt wordenn, das, was

vnnd Jn sonnderhait hier]nnen dem Cammergericht Ordnung gegeben wurde, das sie vnangesehen, was glaubens ainer were, so er sonnsten taugenlichen, antzunemen schuldig were, Das auch solches dem Cammergericht auferlegt vnnd beuolhen wurde. Dann der Religion halber solte die auf ainen Reichstag verschoben vnnd daselbn, durch was weeg, Es were durch ain General oder National Concilij oder ain annder Mittl, diser Spaltung möchte abgeholffen werden, zuberathschlahen sein.

Diß bedennckhen solle Jn schrifften verfasst vnnd Nach Mittags zeit abgehört vnnd weitter furgegangen werden.

ris zu Lintz bewilligt, bej dem es nachmalss solt zupleiben sein. doch achten sie fur ein notturft, dass der gegen.¹ [= gegenteil] solchen fridstand assecuriren, dass kein stand vom andern sich zubefarn, Jtem, das auch die Geistlichen nit allein bei Jren renthen, zinsen, gult ~~gel g~~ gelassen solten werden, sonder bej Jrer Jurissdiction, das auch dass Jhenig *** [4-5 Wörter Lücke].

Wie aber die religion zuuergleichen, vermerken sie auch, dass der Ko. furgeschlagen, dass vf kunftigen reichstag dauon zuhandlen etc.,

[511r] das auch der Keyser, wass gehandlet, solt handhaben. Hielten sie darfur, dass es dem Churf.en anzupringen, dan das man die alhie solt erortern, konne nit gescheen, dan es ein gemein. Vnd ob wol Sachsen sich beschwerd, vf reichstagen daruon zuhandlen, hielten sie darfur, dass Jme dass abzuleinen, Vnd zuuertrosten, dass man die versehung thun, dass alle partheilicheit vf den reichstagen solt furkomen werden.

Frid vnd recht belangen, dass der Abschiedt zu Speyer A° 44 solt ernewert werden, lassen sies bej der Key. Mt. rath bedencken pleiben. Sie hetten sich einiches ⌐vn⌐frides nit zubefarn, dan der Landfrid vf beyderseits willigen vfgericht, vnd haben sich also keins mangels zubefaren.

Das recht belangen, Sej die Chamerge. ordnung mit gemeiner Stend rath zu Augspurg vfgericht. Ob wol etlich mengel vorhanden, weiss man den ordenlichen weg wol, wie die Abzuschafen, als vf Reichstagen oder Visitation. Vnd achten, das Sachsen zuantwurten, dass man dieselben mengel vnder andern handlungen auch wol furnemen vnd vergleichen.

Colln: Souil die religion belangt, het man sich zuerJnnern, wo man recht daruon reden wolt, das es durch ein Concilium bescheen. weil es aber dieser zeit nit thunlich, hetten sie gelesen, wes die Keyserlich Comissarien sich resoluirt, Jtem, der Konig zu Lintz sich vernemen lassen, Als nemlich vf einem reichstag solt erortern, den weg liessen sie Jnen auch gefallen.

Frid: hab der Ko. sich zu lintz erclert, kein stand zubeschweren, wol erfordern, dass die andern Stend auch thetten, darum solten die clausel entwedig der geistlichen guter gesetzt werden. den Abschiedt zu Speyer wusten sie anders nit, dan wie die Comissa. sich erclert.

Jn vberigen art.n verglichen sie sich.

[511v] Pfaltz: konnten nit vnuermelt lassen, dass Pfaltz alwegen darfur gehalten, alles missuertrauen vrsprungklich daher komen, derhalben er gern befurdert, damit diesem zwispalt abgeholfen, wolten daran noch nichs mangeln lassen. vnd aber, wie

Sachßen der Religion halbenn furgeschlagen, zimlich auch von Brandenburg, Pommern, Gulich vnd Wirtembergkh gestimpt, Nemlich ein National Concilj Jn Teutschen Landenn vnd, daß beiderseits Jnn geringer Antzal fromme Gotforchtige gelerte vnnd schickliche menner gesetzt mit Jrer gleichen Vocibus decisiu⌐j⌐sis [sic!] secundam legem diuinam.

der sachen zuhelfen, bedechten sie, dass gleichwol das begern Sachsen dermassen geschafen, dass es nit ein vnweg, Aber hergegen dess Konigs auch kein vnweg. Vnd hielten darfur, dass des Konigs furschlagen zuuolgen, doch zuzusetzen, ~~do vf dem reichstag~~ dass man sich vf kunftigen Reichstag eins general oder National Concilium solt vergleichen, hoften, es solt dardurch hingelegt werden.

Frid vnd recht: Da die vergleichung wie gemelt gescheen vnd der Ko. den auch furgeschlagen, dass dem Chamerg. zubeuelhen, sich in alweg dem friden zuhalten. vnd ~~so~~ was die beschwerden, so Sachsen furpracht, Achten sie, dass dieselben mit den vbergeben grauaminibus zuberathschlagen sein.

Brandenburg: wusten sich zuerJnnern voriger handlung, vnd sej an dem, dass sein her Je vnd alwegen befunden, dass auss spaltung der religion alles missuertrawen eingewachsen vnd Jeder theil ~~bese~~ vberzugung besorgt, darauss die bundtnuss geuolgt, Vnd nit besser vfzuheben, dan durch ein gemein versicherung. Man wuss sich auch zuberichten, dass die religion so weith Jngerissen, dass nit wol darauss zupringen, Vnd nun demselben nit anders dan durch ein fridstand, Solt man an Konig der fridstand begert werden, doch wie solchs bescheen, werd die feder geben. Vnd da der Ko. sich verglich, hetten sie kein bedencken. dass man ans Chamerg. gelangt, wusten sich ~~zub~~ nit zuerJnnern, dass Chamerg. Jn religion sachen (ausserhalb der widdertaufer) zuurtheiln.

[512r] Vnd da solcher zwispalt lenger solt besteen, dass man nit allein Jn solchen beschwerungen sitzen, sonder mher zugewarten. Vnd weil man sicht, dass frembde Nation ▷nit gern sehen, dass◁ widder Jn friden gesetzt, ~~da nit~~ dass diese Nation den andern ein raub, wie man vf dem Tridentischen Concilio gesehen, dass viel Nation nit erschienen, damit nun dem zuhelfen, het sein her Je vnd alwegen am bequembsten angesehen, das man vor allen dingen ein National Concilium beschriben, zweifelten nit, wo ~~sehen~~ die teutschen fursten zusamen kemen, man solt sich vergleichen, vnd Konten Jnen nit missfallen, das der weg, so Sachsen furschlegt, furhandt zunemen, wie der Ko. Jme dan denselben nit missfallen liess.

Meintz: hetten auch gehort, wes der religion halben furpracht, vnd hielten darfur, ~~dass weil~~ dass der Keyser niemants gedrungen, auch niemants ▷so hoch◁ beschwerdt wurdt, Nichs desto weniger weil dass gesucht, dass man versichert, wuss man Meintz dahin gesint, dass ers Jme nit misfallen lassen werd. Des fridstandts halben lassen sie Jnen ~~mit~~ der Ko. Mt. bedencken gefallen, doch dass gleicheit Jn solchem fridstand gehalten. do der erlangt sej, frid vnd recht nit hoch zu disputiren. Mengel der ordnungen dess Chamerg. muss solchs Jn beysein einer gemeinen versamlung zuthun, wurt dan etwass mangels oder beschwerlichs befunden, so het man darfur, dass es auch gescheen konne. Meintz werdts sich mit andern vergleichen, es konne alhie nit gescheen. Jn der visitation konten auch besserung Jn etlichem gescheen.

Wie die religion ⌈zu⌉ vergleichen, konne alhie nit gescheen, sonder vf einem Reichstag alda sol daruon geredt werden, wies furzunemen.

[512v] Saltzpurg: wie Meintz.

Beyern: Acht, es sej an diesen puncten viel gelegen, Last Jme dess Colnischen meynung gefallen.

Passaw: dergleichen.

Brandenburg: was die religion belangt, sej ~~p~~ hoch von noten, das Jnsehens geschee, verglich sich Jn allen puncten mit Brandenburg, Vnd Nemlich, dass es vf ein National Concilium gericht, vnd ob wol gesagt worden, dass sie kein beschwerung gehabt, wusten sie anders, vnuonnoten zuerzelen.

Wurtzburg: befunde, das es nit die gering vrsach aller spaltung, wo die weg konten gefunden werden, das hingelegt, werd Jrem hern nit zuwidder sein, drumb solt man, souil die religion belangt, dass vf den fridstandt gehandelt. wie die vergleichung dess

Concilij furzunemen, solt vf ~~den~~ ein reichstag geschoben werden.
Gulch: sein g.r her hab diesen art. bewogen. Vnd bedechten, das der weg, so per
regem furgeschlagen, der sachen kont abgeholfen werden. Weil sie aber befinden,
dass der weg vf ein reichstag nit annemlich, das derwegen nit besser gewesen solt
sein, dan durch ein gn.l [=general] ~~Concil~~ Concilium. weil sie aber bedacht, dass vf
dem Tridentischen Concilium die frembden Nation nit gewesen, Bedechten sie, ob nit
rathsam, das zu dem National zuschreitten, vnd dass mitler zeit Jederman bej Jrer
religion gelassen vnd solt dessen g versicherung, dass auch den geistlichen Jre
zinss, Renth gelassen, der Jurissdiction halben trugen sie bedencken, weil man nit
wuss, ~~woz~~ wie weith eins Jede gehe, dass simpliciter Jn dem solt gegangen werden.
[513r] Eystet: vergleicht sich mit Bayern.
Wurtemberg: verglich sich mit Gulch.
Pommern: Hielt auch, dass ein gemeiner fridstand vfgericht, biss die religion verglichen. Vnd het die Ko. Mt. nit anders vermerkt, dan dass der fridstand nit allein biss
vf den reichstag, sonder biss zu der vergleichung der religion. Sachsen hab den
Abschiedt anders nit angezogen, dan souil den fridstand belangen. Das Chamergericht belangt, verstund er den Sachsen, dass die lutherischen nit zugelassen. Vnd
achten, das Sachsen furnemlich dieses punctes halben angeregt, Vnd solt der fridstand gescheen, musten auch volgen, dass die Lutherischen zugelassen.

2. Vmbfrag

Trier: Sie hetten Jetzund der andern bedencken angehort vnd vermerken allenthalben
sich vergleichen, das ein fridstand gemacht. dieweil nun solchs Jr bedenken auch
gewesen, lass ers nachmalss darbej pleiben. das aber ein stand den andern bej
seinen renthen, gulten vnd Jurissdiction, sei pillich, das ein Jeder bej seinem
herkomen pleiben vnd Jn fridstand solt gesetzt werden. Vnd das Jn allen andern
puncten die reichs Abschiedt gehalten, dass auch Jn solchem fridstand alle Stend
solten begrifen sein V ausserhalb deren, so verdampte sect. Was man sich desfalss
vergleich, dass solchs dem Chamerge. zuzuschreiben, dan dasselb Jn sachen des
fridstandts zu vrtheilen haben werd.
Vf was weg die religion zuuergleichen, Solt solchs biss vf ein reichstag
zuuerschieben, alda solt bedacht werden, durch wass fur ein Concilium man die solt
vergleichen, vnd nit, dass es vfm Reichstag erortert, Vnd wo der fridstand ~~bel~~
bewilligt, dass fridens rechtens nichs zuernewern.
Recht: sollens vf den reichstag oder Visitation verschoben werden.
[513v] Colln: weil der Konig sich zu Lintz resoluirt, dass niemants solt beschwerdt
werden, dabej lass ers pleiben. der ~~religion~~ Anstand halben wie Trier. Die religion
belangen Konten sie Jr vorig bedencken nit endern; dass demselben vfm Reichstag
ein mass soll gegeben werden. recht belangen konne vfm reichstag oder Visitation
bescheen.
Pfaltz: des fridstandts hielten darfur, dass der Ko. Mt. bedencken dahin gericht, darin
befunden, dass sich der fridstand vf alle theil soll erstrecken, so lang biss ein
vergleichung der religion. et, dass nun derselb fridstand dem Camerg. verkundt: ~~Jst~~
~~Jr~~ wusten sich zuerJnnern, dass gleichwol die beschwerd beim Chamerg. gewesen,
dass die lutherischen personen nit angenommen, das derwegen dem Chamerg. zubeuelhen, dass dieselben personen solten annemen. Die religion belangen Liessen sie
Jnen gefallen, weil ~~Jm~~ Ko. furgeschlagen, dass vf kunftigen reichstag solt gehandelt
werden, wie dem abzuhelfen. Vnd aber Sachsen begert, dass man sich Jetz dessen
solt vergleichen, ob mit Jme zuhandlen, dass ers biss vf den reichstag verschieb.
Vnd wiewol sie achten, dass ~~es~~ vfm gn.al [=general] Concilio nit werd abgeholfen
werden, So achten sie doch, dass dass National vfm Reichstag furzunemen. ~~Es~~ Man
het auch in vorigen puncten gesehen, wo man weithleufig handel, das es verhinder-
lich.

Solt mit mher ein wort zu des Konigs mittel gesetzt werden, durch ein National oder andere weg. frid vnd recht konten alhie nit alhie erledigt werden, sonder mit den andern grauaminibus. Vnd da Jm puncten fridstandts zwej meynung gewesen der Jurissdiction halben, hieltens darfur, dass es ~~vf~~ mancherlej verstanden mocht werden. So achten sie, dass diss wort vf ein reichstag auch zuuerschieben.

[514r] Brandenb.: wiewol war, das Brandenburg von Keyser oder Konig Jn der religion nit beschwert, Jedoch weil man befindt, dass allerlei vnrath daher entstanden, so hetten sie derwegen Jr meynung gesetzt, darbej lassen sies pleiben.

Wie der fridstand aber solt gemacht, solt man vfs papir pringen. Das sie vfs national Concilium getrungen, hab man Jr vrsach gehort, verlauf viel zeit, biss dass gn.al [= general] erlangt, vnd die hohe notturft, dass es furderlich geschee, hielten darfur, dass dass National dem Sachsen zuwilligen, dan er alhie ein gewisses haben wol, vnd nit vfm reichstag.

Meintz: Lassen Jnen den fridstand gefallen. Das Concilium belangen konne das National diss mal nit wol gescheen, Vnd achten, wo menigklich mit dem fridstand verglichen, das man Jetz gnugsam erlangt Vnd dass de modo Concilij vf reichstag zuhandln, trugen bedenkens, alhie zuwilligen. Vnd wan man des Konigs zu Lintz bedenken ersehe, werd sichs resoluiren.

Saltzpurg: dergleichen wie Meintz.

Bayern: liess Jme gefallen, das ⌈es⌉ des ⌈es⌉ Concilij halben vf ein Reichstag solt geschoben werden.

Passaw: Liess Jme auch gefallen, dass vf ein reichstag zuuerschieben.

Brandenburg: des fridstandts halben wie vor. das er aber daruon geredt, dass man sich des Concilij alhie solt vergleichen, wuss man wol, was es vf den Reichstag geschoben, dass nichs darauss, Vnd solt Zu allem guten gelangen, wo man sich Jetz dess Nationalss halben verglich, Jtem, das dem Chamerg. beuolhen, die lutherischen personen zuzulassen.

Wurtzburg: wie vor.

[514v] Gulch: das von Jnen angeregt, warumb dass general Concilium furzunemen, Nemlich, dass Sachsen nit zubewegen, solchs vfn Reichstag zuschieben, Vnd das der Ko. zuerpitten, das es dahin gericht mag werden. fridstand Liess er Jme den gefallen, dass er assecurirten, Jtem, das Jederman darin begrifen Vnd niemants mitler zeit vergwaltigt. Jurißdiction belangen: Sej darumb bescheen, das es Sachsen erst disputiren wurt, darumb solt es vf den Reichstag verschoben werden. frid vnd recht wie Pfaltz.

Aystet: wie Trier.

Wurtemberg: hetten gnugsam ~~zeit~~ erzelung gehört, wass vrsach aller spaltung, do es nit vorkomen, das noch weitterung geperen mag, vnd deßhalb liess Jme gefallen, das der fridstand biss zu erorterung der religion angestelt, vnd dass Kein theil den andern beschwern. Religion befunden sie, dass zwo meynung, erstlich, dass bei dess Ko. furschlag, Jtem, dass es vf ein Concilium. Nun het der ~~K~~ Sachs des Konigs furschlag nit annemen wollen, sej zubesorgen, er werts Jetz auch nit thun, wusten sich zuberichten, das vf vorigen tägen auch gesucht worden der religion halben, hab aber nit ~~kon~~ mogen gefunden werden. Gedechten derwegen, das die sachen dahin zurichten, das Jetz von einem National solt reden vnd schliessen, solt man Jn ein gn.al [= general] willigen, wust man, was sich vfm andern zugetragen, die welschen fragen nit viel darnach. Vnd das solch National Jetz benent vnd der Ko. Mt. furgeschlagen, dan ob wol gesagt werden, man konne es Jetz nit thun, Achten sie, die andern Stende wurdens auch nit abschlagen. hetten beuelch, dass Jhenig ~~zuhalten~~ helfen zuhandln, wass zu Gottes lob vnd ehr dienlich. Jtem, es solten zu beiderseits theologj niddergesetzt werden, die dass heyl der teutschen solten suchen. frid vnd recht verglichen sich mit Gulch vnd Brandenburg.

Nach Mittags hat dj Khaj. Mt. das bedenckhen der erledigung des Lanndtgrauen Jn schrifften den Stenndten vbergeben, darJnnen Jn etlichen Clausln vnnd wörttern Ennderung beschehen, vnnd also verglichen worden, wie das hernach auß den schrifften zusehen sein wurdt.

[515r] ~~frid~~
Pommern: den ~~Anst~~ fridstand halben da der vfgericht, solt man mitler zeit bej vfgerichten abschieden belangen. Chamergericht belangen, wie andere. Religion belangen: Lass er geschee, wie der Ko. sich mit Sachsen werd vergleichen. Vnd Je ehr es beschee, Je besser. das man sich eines Nationals kont vergleichen, hett mans vfm reichstag beuor. Wo nit, hielt ers mit Pfaltz, das es vfm reichstag gehandelt. Jurissdiction: sej pillich, wass einer Jn besitz, dass es darbej gelassen.
Jst geschlossen, das es bej der Ko. Mt. bedencken zu Lintz zulassen, doch mit einer Kleinen addition, wie durch Pfaltz geredt.

post meridiem

hat die Ko. Mt. die bedencken, so sie dess Landgrafen erledigung halben dem von Sachsen vf vorgeende vergleichung furzuhalten bedacht, den Churf.en gesanthen, auch anwesenden fursten vnd der andern potschaften Jn schriften vbergeben, wie die Jr Ko. Mt. dem Sachsen ~~furtr~~ anpringen wolten, Jst verlesen, Vnd daruf vmbgefragt.

Vmbfrag

Trier: hetten ~~angehort~~ das concept, wie Sachsen zubeantwurten, horen lesen, wusten kein enderung, dan es der berathschlagung gemess. Allein wusten sich zuerJnnern, alss zu Lintz furgeschlagen die 14 tag vnd Sachsen sich beschwerdt, dass er die fursorg getragen, dass sich dass Kriegsuolcke nit halten wurd, wie bedacht, alss dem frantzosen zuziehen etc. Achten sie, die geuerd solt aussgelassen werden. Cassel haben sie verstanden, das nit allein ~~Cassel dass~~ der 2 baw in Cassel wie angefangen solt pleiben, sonder das auch hessen die furtter beuestigen soll. Letzlich lassen sie Jnen gefallen, wo die obligation nit volg, dass ~~d~~ dass mittel, der landgraf Jn eins chur oder fursten handt zustellen etc.
[515v] Colln: liess Jme dass Trierischs bedencken gefallen etc. vnd wo dass mittel der obligation nit volge, dass dass ander solt furpracht werden. wer ~~dass mitt~~ besser, er wurd Jn eins weltlichen dan Geistlichen fursten hand gestelt, schlug Pfaltz fur.
Pfalz: ~~weil König~~ Achten, dass Jn Jetzigem Concept nit vil zuendern oder der Ko. Mt. mass zugeben. Achten aber doch, liessen sie Jnen nit zuwidder sein. wass Cassel halb angeregt, lassen sie Jnen der Trierischen bedenken gefallen.
Brandenb.: die sach sej gross, wer Jr notturft, dass sie abschrift vnd wol bedechten, weil aber Sachsen druf dringt, wolten sies nit hindern. Vnd besorgen, da es Jme also furpracht, es werd die handlung zerschlagen. der erst art. sej so weithleufig, dass man die fursorg trag, es werd Sachsen vnmuglich sein. Der letzt punct, da die obligation nit gengig[?], dass er Jn eins f.en handt gestelt, haben sie nit anders gemeint, dass der Landtgraf ~~nit~~ gleichwol nit ledig, doch Jn eins fursten handt gestelt, dass solchs aussgetruckt werd. Sej ein gemeiner wort ▷volziehung◁ oberurter sachen, hielten sie darfur, noch ~~be~~ das zusetzen nach beurlaubung dess Kriegsuolck.
Meintz: die sach wol kein verzug leyden, Vnd Sachsen zu vnwillen bewegt, wolten gern sehen, dass sie noch diss tags beantwurt, dieweil dan etlich bedencken furfallen, das ein widder willen pringen soll, liess Jnen nit missfallen, dass ~~hinein g~~ die Ko. Mt. bericht.
Saltzpurg: das letzt mittel, dass der landgraf Jn eins Churf.en handt gestelt, hab der

Churf. selbst furgeschlagen, konten also die bede weg der obligation vnd dieser miteinander nit furgeschlagen werden, sonder der mit der obligation der erst.

[516r] ▷d. hundt◁ ▷g̶e̶s̶o̶n̶d̶e̶r̶t̶◁ Bayern: weil der gefar halben sein hern auch belang, acht er vnuonnoten, die Ko. Mt. dessen Jetz zuerJnnern, sein her werdts selbs anregen, liess Jme die gestelt schrift gefallen.

Eystet ⎤⊢ liessen Jnen die schrift gefallen.
Brandenburg ⎦

Passaw: dergleichen.

Gulch: hetten kein beuelch von Jrem hern, dass der Landgraf Jn Jres hern handt solt gestelt gestelt [sic!] werden, wustens vor Jre person nit zuwilligen.

Wurtzburg: verglich sich mit dem v̶o̶ meren.

Wurtemberg: wie Beyern.

Pommern: Liess Jme gefallen, dass die schrift vbergeben werd, doch acht er, die Ko. Mt. solt der erregten puncten halben zuerJnnern sein, d̶o̶c̶h̶ ̶d̶a̶s̶s̶ ̶d̶e̶r̶ damit der Churfurst nit zu vnwillen mocht bewegt werden.

2.ᵃ Vmbfrag

Trier: Befunden, dass man vast einig, was sie aber vor zubedencken eingefurt, das lass er pleiben. w̶o̶l̶ Solt aber nit vonnoten, das die geuerd bej beurlaubung dess kriegsuolcks nit solt gedacht, sonder Bayern der Ko. Mt. antzeigen werd, liess er Jme auch gefallen. Die bedencken, so durch Brandenburg erregt, w̶i̶e̶ dass aussgedruckt werden solt, wie es des zweitten furschlags halben zubessern, lassens Jnen auch nit missfallen. Sej Jnen auch nit zuwidder, dass die bede furschleg solten Sachsen vbergeben.

Coln: wie vor, vnd sehe Jne fur gut an, dass die zwej mittel zumal vbergeben solten werden, doch beschwerd er sich, dass der Landgraf Coln vberantwurt werden solt.

[516v] Pfalz: solt zu dem Konig gestelt werden, die zwey p̶ mittel zuubergeben, do der wege keins volgte, dass alsdann Jr Mt. vf andere wege bedacht wolt sein, dan solt es nit gescheen, wer es zerruttung alles vnfalls teutscher Nation. Achten, ⌈das⌉ die zwen weg solten miteinander vbergeben werden Sachsen.

Brandenburg: wes sie angezeigt, haben sie gutter meynung gethan, dan Sachsen mocht den ergesten weg darauss schopfen, drumb liessen sie Jnen gefallen, dass der Konig zuerJnnern, ⩙ dass dem Churf.en vf einmal die zwen weg furgeschlagen werd, doch das der letzt weg besser erclert.

Meintz: lassen Jnen nit zuwidder sein, dass die enderung gescheen vnd der Ko. Mt. furpracht. dass die zwen weg furzuschlagen, mog dem Konig angezeigt werden.

Saltzpurg: wie Meintz.

Bayern: dergleichen. konne nit dencken, dass Sachsen dass e̶r̶ erst mit der obligation regis werd annemen, Aber das letzt.

Eystet: dergleichen.

Brandenburg: Acht, es solt die bauung Cassel gar ausszumachen Vnd dass die mittel bede Sachsen vf einmal zugestelt.

Passaw: liess Jme gefallen.

Gulch: dergleichen. liess Jme gefallen, dass die furschleg bed vf einmal furgetragen, dass auch der letzt punct zuerclern.

Wurtemberg[sic! wohl Fehler für Wurtzburg]: verglich sich auch, dass die bede mittel zugleich vbergeben werden.

Wurtemberg: wie Brandenburg.

Pomern: liess Jme auch gefallen, Allein, dass enderung ▷vnd erclerung◁ Jm letzten mittel gescheh.

[517r] Jst geschlossen, dem Konig anzuzeigen: Erstlich der zeit ⩙ zuuergleichen, wan dass Kriegsuolck soll beurlaubt werden, 2° dass die gesend sollen außgeschlossen werden vnd allein gesetzt werden «souil muglich vnd one geuerd darob sein, dass

dass Kriegsuolck etc.» Cassell soll gebawt ~~werden wie es~~ werden nach gefallen des Landgrafen, wass Jetz vnd Kunftig gebawt mog werden, Jm letzten mittel, dass der Landgraf Jn eins Chur oder fursten handt soll gestelt etc. ~~sol der verloffe~~ Sol also gesetzt werden ~~wan von~~ «An dem tag, wan der Landgraf Jns Chur oder f.en handt gestelt, das an dem⌐selben⌐ tag dass Kriegsuolck solt beurlaubt werden». Jtem, dass die Ko. Mt. zubitten, die bede mittel zugleich dem von Sachsen furzupringen.

Jst durch den Meintzischen Cantzler, einen Saltzpurgischen, ▷Pfaltzischen◁ vnd Bayerischen rath bescheen, die thetten relation, ~~daruf sie sich hab sich~~

Das sich die Ko. Mt. mit den Churf.en gesanthen, fursten vnd der abwesenden potschaften Jn allen puncten, wie obgemelt, verglichen vnd weren derselben zufriden. Vnd wollen Jr Ko. Mt. den Churf.en von Sachsen alspald erfordern vnd Jme solchs furhalten, vnd solten ~~die~~ man Jren ~~Churf.en g.en~~ ▷Ko. Mt.◁ Bayern, Passaw vnd zwen von Churfursten räthen, die sein churf.en g.en anmutig, zuordnen.

                                              religion
Vf heutig berathschlagung Jst das bedenken Jn schriften verfast vnnd den Chur vnd f.en, auch den gesanten verlesen.

[517v]   Vmbfrag

Trier: hetten diess Concept horen lesen vnd erwogen, dass nit allein der fridstand vf die Stend, sonder vf Key. vnd Ko. Mt. gestelt werden. Jtem, dass der fridstand bej vermeydung dess ~~fridstand~~ Landfridens gestelt. Mengel des Chamergerichts sol verschoben werden vf ein Reichstag oder Visitation geschoben werden.

Coln: wie Trier.

Pfaltz: befunden gleichwol, dass Jn etlichen puncten heut anders daruon geredt, dass man bej den worten des Konigs zu Lintz pleiben solt, vnd solt fur ~~dass~~ die gemeine wort reichs oder andere versamlung gesetzt werden, Jtem hetten auch angehenkt, dass der fridstand dem Chamerg. Jnsinuirt vnd sich densselben vnd aller andern abschieden ~~sol~~ halten sollen, versehen sich, dem werd also volg gescheen. Der beschwerden Jn Camerge. ordnung sollen vnder die gemeine grauamina getzogen werden vnd vf kein Reichstag.

Brandenb.: hetten kein mangel daran, Allein, dass der Anstand dem Chamergericht zuuerkunden, vnd dass es gefertigt, damit es het mog vberantwurt werden.

Meintz: die schrift sej der berathschlagung gemess ~~so~~ vnd der Lintzischen abred, hab die Sechsischs schrift dargegen gehalten, ~~vnd~~ vnd hinein gesetzt, damit gleicheit gehalten. was fur emendationes erregt, soll pillich darzu oder daruon gethan werden, wie preuchig.

Saltzpurg: lasts Jme gefallen.

Bayern: Mag nit schaden, dass der Anstand bej peen des Landfriden gehalten. da dass Chamerg. widder besetzt, werd von noten sein, Jnen solchs zudenuncijren. reformation Camergerichts ordnung achten er, dass die vbergebne grauamina vnd solchs vf einer gemeinen versamlung gescheen.

[518r] Eystet: liess Jme gefallen.

Brandenburg: Acht, dass dem Chamerg. solcher Anstand zuuermelden vnd vnder den personen, welcher confession sie seyen, kein sonderung zuhaben, diesgleichen des Juraments.

Passaw: liess Jme die schrift gefallen.

Gulch: hab heut erregt, dass die Jhenen, so verdampter secten seyen, Jm fridstand aussgenommen, Jtem, da der Jurissdictionen halben meldung geschicht, soll darzu gesetzt werden: Vnd wass Jeder Jn bessess etc.

Wurtzburg: Lasts Jme gefallen.

Wurtemberg: wie Gulch vnd Bayern.

Pommern: Liess auch pleiben.

Vnd ist s.churf.g. dorauf nichts vbergeben worden, Sonder di ko. M. haben s.churf.g. gegen abent widerumb laßen[1] vnd in beisein Herzog Albrechts von Beiern, des Bischofs zu Paßaw vnd[2] Jrer Ma. Reth erstlich den vorzug entschuldigen ~~laßen~~ ⌜vnd⌝ ferner vormelden laßen: Es wurden sich s.churf.g. zuerinern wißen, was freuntlich gesprech Jr ko. M. heut mit s.churf.g. gehalten. vnd weil s.churf.g. begert, den domals geschehnen vorschlag in schriften zustellen, So hetten es Jre ko. Ma. an di andern Stende gelangt vnd befunden, das di angebotne vorsicherung bei Jr ezlich nicht stadt haben wolle aus mangel gnugsammes befelchs, derhalben Jre ko. Ma. vnd di Stende vf zwen andere wege dis puncten halben gedacht vnd demnach disen ganzen artikel, des Landtgraffen erledigung belangent, in schriften laßen stellen. den wolten si s.churf.g. hirmit zustellen[3].

Dorauf haben s.churf.g. bedencken ▷solche schrift angenhommen vnd◁ gebeten, welchs ir also vorstattet.

Nach disem gemachten beschlueß Jst durch dj Khu. Mt. der Churfurst erfordert worden, vnnd angetzogene schrifften seinen Churf.en g.en Jn beisein zwaien Churfurstlichen Räthen, alß Maintz vnnd Phaltz, auch beder Meiner gnedign fursten vnd herrn, Bairn etc. vnd Passn etc., vberanntwurt worden. darauf sein Churf.en g.en melden lassen, wiewol Er die sachen zufurdern genaigt, die auch der furderung erforderet, So wolte doch sein Notturfft eraischen, die zuberathen. Hiebej Neben auch furbringen [11v] lassen: wie er bericht, solte die Jnstruction des Jungen Lanndtgrauen wilhelmen etc. den Stennden zugestelt sein. Begert daruber auch anntwurt vnd Erledigung.

Der genomen bedacht Jst seinen Churf.en g.en zugegeben vnd vergündt vnnd des Jungen Landtgrafen halber angetzaigt worden, das diser ~~zu~~ tag mit seinen Churf.en g.en anstat deren, auch derselben Mitverwanndten furgenomen, darumbn denn auch die Khu. Mt. vnnd die Stennde seiner Churf.en g.en vbergebne articl vor allen dingen zuerörttern an dj hanndt genomen, aber so baldt das fur vber, wolte Man zuerledigung des Jungen Lanndtgrafen werben, auch anderer sachen greiffen.

Auch haben dj Khu. Mt. vnnd hochermelte verordnete Stennde der prorogation des anstanndts wider anregen gethan, so der Churfurst wie das vberig zubedacht gefast vnnd ainß mit dem anndern außzugeben bewilliget.Dann so hat der Maintzisch Cantzler dj gestelt schrifften des anndern articls der Religion vnnd des Miteingetzogenen fridens vnnd Rechtens den Stennden zuabhorung furgelesen, welche schrifften auch durch die Stennde weitter disputiert vnnd zuletzt zu ainem ainhelligem beschlueß gebessert vnnd gebracht worden, wie die hernach auch abgeschrieben werden solle.

Seind die begerten correcturn ~~Jns~~ hinein gesetzt, wie im Concept zusehen.
~~resolut~~ Meintzischer Cantzler zeigt an, ~~S~~ der Konig het Sachsen die geschriften, dess Landgrafen erledigung belangen, vberantwurt, daruf sich Sachsen vernemen lassen, das sies ersehen vnnd widder antwurt geben. Jtem er het auch anpracht, dass Landgraf ~~Jr~~ wilhelm ein Jnstruction vbergeben, begert, sich vf dieselb zuresoluiren.
Daruf Jme angezeigt worden, Man mog wol leyden, das er die schriften ersehe vnd antwurt gebe. was den Landgrafen belangt, hab man Jetz seiner Churf.en g.en art. furhanden ~~hab~~, da die erledigt, wol man dass ander auch fur handt nemen.

---

[1]   fordern add.B
[2]   vnd om. B
[3]   Notiz von späterer Schrift: ~~hierbey~~, ▷Ist hierbey Zweymal fol.130◁.

Auf Morgen Erichtags den 7. Juny seien zu 6 vhrn die Stennde wider zusamen erforderet.
Erichtags Morgens Haben die Stennde den articln der Grauaminen zuerörttern vnnd zu-
schliessen furgenomen, vnnd Jn gemain diß articls halber [12r] dahin gegangen, das Jꝛ ⌐der⌐
Khu. Mt., auch Khaj. Commissarien zudannckhen vnnd solche vnnd anndere Grauaminen
auf ainen Reichstag zuuerschieben. Oder aber, das die Erledigung deren der Khu. Mt. vnnd
Jrer Mt. etc. geliebtem Sune, dem Khunig auß Behem, zu enntlicher erledigung haimbzustellen seien, darumbn dann auch ain assecuration zunemen, doch das die Erledigung vnnd
Einsehung nit allain Jetzt furgebrachter, Sonnder auch annderer beschwer halber, so noch
furkhomen möchten, Nach der gebuere, auch Guldener Bullen vnnd denn altem des Reichs
herkhomen nach, furgenomen vnnd volzogen werden möchte.

▷Sachsen: anstand Jn bedacht genomen◁
Vnnd als auch bej Sachsen vmb prorogation des Anstandts alspald angesucht, haben
Jr churf.en g.en alsgleich nit willigen, Sonder Jn bedencken biss vf morgen
getzogen.

[518v]   Septima Junij mane
                              hora 6
                    Der art. Jns Churf.en schreiben belangen
                    die beschwerden vnnd grauamina
                    des heyligen Reichs, Jst fur handt
                    genommen vnnd berathschlagt
                              Vmbfrag
▷Grauamina◁ Trier: Sagten, hetten diesen art. auch erwogen vnd demselben
nachgedacht vnd befunden auss der Keyserischen antwurt, das nit gewalt vnd nit
Jnlassen konnen. weil sie sich aber erpieten, dass der Keyser dem reichs zuwidder
zuthun geneigt, solt solchs zu vnderthenigem dank het angenomen. Der beschwerden halben, nachdem dieselben gross vnd alhie einsehens beschehen vnd erledigt,
dass viel zeit druf laufen, Nun wuss man, wie kurtz Koch der Anstand weren, Also
dass nit muglich Jchts ausszurichten. Drumb solt mans Sachsen antzegen vnd begeren, dass er diese grauamina vf ein andere versamlung verschieben wolt, auss
angeregten vrsachen, doch dass man darneben der Ko. Mt. zu Lintz erpieten anneme, dass der Keyser sein rath mit teutschen besetzen woll. vnd damit aber geg.en¹
[= gegentteil] sich nit zubefarn, dass mans vfschieben wolt, solt nit vnrathsam sein,
das man sie vertrost, das sie die ▷erledigung dieser◁ grauamina entlich vf kunftigem
reichstag oder versamlung erledigt werden solten. weil aber Sachsen sich beschwerdt, solche fur gemeine Stende komen zulassen, das Jme furzuschlagen, dass
die Jhenen, so Jetz alhie, dieselben furhandt allein nemen solten, vnd die Key. Mt.
Jren consenss darin geben.
Colln: wie Trier.
Pfaltz: hetten eben dass bedencken, dass der Ko. Mt. erpieten mit danck anzunemen.
Die grauamina seyen dar dermassen geschafen, dass alhie nit zuerorttern. Vnd solten
zwen weg furzuschlagen, das sie vf kunftigen Reichstag solt erortern oder aber Jn
[519r] einer sondern handlung Jn beysein der Ko. Mt. vnd dess Konigs auss Behem.
Vnd solten nit allein diese grauamina so erledigt werden, sonder was kunftigklich von
einem oder mher Stenden furpracht, Vnd solten die vnderhendler gewalt haben,
spruchnuss zuthun, vnd mit einer assecuration.

*Denn 7. Juny Sindt die Artl. der beschwerdenn, so Sachßen vbergeben, fur die
handt genommen worden. Es hatt auch Sachßen des Landtgrauen erledigung halbern
ein Replick vbergeben.*

Nach erledigung diß articls Seien die Stennde alßbaldt zu dem vierten articln, den Khunig von Franckhreich betreffendt, geschritten. Vnnd ist hierJnnen ainträchtiglichen beschlossen worden, die Khaj. Commissarien vmb Jr verrere erclärung anzulanngen, deßgleichen auch bej dem Churfursten von Sachssen, auf das sein Churf.en g.en bej der franntzosischen Pott-schafft, wes die Khu. Wirde auß Frannckhreich beschwere hetten, heraußzubringen vnnd den Stennden zuuberanntwurten, gewilt sein wolt.

Neben disem bedenncken Haben gleich etliche Fursten vnnd derselben gesanndten ver-maint, alßbaldt bej erledigung diß articls der Khu. W. auß Franckhreich Pottschafft auch zubeanntwurten sein, auf Mainung, das Mann der Khu.W. auß Frannckhreich werben vnd anzaigen zu danndkh anneme. was dann die angezogene libertet, auch des Landtgrafen ledi-

Brandenburg	
Meintz	
Salzpurg	
Brandenburg	wie Trier, mit dem anhang, wie Pfaltz daruon geredt
Eystet	
Gulch	
Passaw	
Wurtemberg	
Pommern	

Der art. den Konig von Franckreich
belangen, Jst auch furhandt genommen vnnd berathschlagt worden
Vmbfrag

▷Konig von Franckreich◁ Trier: bej diesem art. bedechten sie, weil der Orator dess Konigs sein werbung gethan vnd darin die mittel befunden werden, ~~dass~~ dass die Commissa. dessen zuerJnnern vnd das sie sich resoluiren solten, wurden sie sich Jchts daruf ercleren, hett man die berathschlagung furzunemen.

~~Trier~~
Coln: dergleichen.

Pfaltz: Acht, dass dem Keyser nit zuzumuten, sonder solt dem Lintzischen Abschiedt nachgangen. Achten drumb, dass also beruhen zulassen. Oder ob bej Sachsen zuer-halten, dass sie Jre beschwerden vor den vnderhendlern wolt furpringen, solt pillichs Jnsehens gescheen.

[519v] Brandenburg	
Meintz	wie Trier.
Saltzpurg	

Bayern: Ob es nit ein weg, wie Pfaltz daruon geredt. Man werd zwuschen denen hern nit wol mitteln konnen.

Aystet: Besorgt, alle handlung sej vergeben, Aber dass doch der orator solt beantwurt werden vnd seines erpietens bedancken Vnd dieselb antwurt also geben, damit man sich nit vergreif.

Brandenburg: wie Bayern vnd Pfaltz.

Passaw.

Gulch: weil die zeit Kurtz, Achten, dass beim Churf.en zu Sachsen anzusuchen, dessgleichen bej den Commissarien vmb erclerung wie Trier anzusuchen.

Wurtzburg: Lass Jme gefallen, vnd weil der Konig v. F. außgeschrieben, dass er der Libertet halben sein Krieg angefangen, ~~dass~~ Vnd man sich derselben Jrrungen Jetz verglichen, drumb acht man, er werd nichs mher darmit zuthun haben, solchs solt Sachsen anzupringen. hetten er vnd der Keyser Priuat sachen miteinander, wolt man auch furderung thun, wie sie deren verglichen.

~~Gulch~~

gung betreffe, were man Jetzo Jn stätter Embssiger Bemuehung vnnd beflissen, die Jn das werch zubringen vnnd zu ziehen, also auch den Grauaminen, so gleich wol mit beschwär eingerissen, abzuhelffen. aber die besonndere Jrrungen, so dj Khaj. Mt. vnnd dj Khu. W. Jn frannckhreich gegenainannder webetten, belanngendt, wolten die Stennde auf beder thailn Merere erJnnerung, sie bederseits zu fridlichem verstanndt zubringen, gern allen vleiß furwenden.

[12v] Weil aber durch dj Churfurstliche gesandte Räthe dißhalber, das ist der Beanntwurtung der Khu.W. auß Frannckhreich Pottschafft, nichts geredt, Jst solches bedennckhen zu weitterer Berathschlahung getzogen, doch dahin mit dem Merern beschlossen worden, das noch der zeit solche bedennckhen vnnd die Beanntwurtung der Khu. Pottschafft pillichen eingestelt werden Vnnd allain bej Nennung der beder oben vermerckhter Berichten verharret werden solle. darzue, so werde sich der Khu.W. auß Frannckhreich Pottschafft ainiches Vertzugs khain befuegte Beschwer tragen mugen, dhweil on zweifll dise Pottschafft des stätten Vleiß vnd handlungn der Stenndten, Sonnderlichen auch diß articls halber, von dem Churfursten von Sachssen guete erJnnerung vnnd Bericht haben vnnd entphahen muge.

Nach beschliessung diß articls seien die Stennde verrer forttgeganngen vnnd der achtern halber Berathschlahung furgenomen. vnnd Nach gehabten vmbfragen dahin beschlossen, das dj Khaj. Mt. etc. zuuerpitten, alle dieJhenige, so Jn Negstuerganngner Vhedt Jn dj acht khomen vnnd die Jn geburender diemut bej der Khaj. Mt. vmb aussonung vnnd begnadung pitten vnnd anlanngen wurden, denen Gnadt zubeweisen, Sonnderlichen auch die Khu. Mt. zuuerpitten sein, das Jr Khu. Mt. bej den Khaj. Mt. Commissarien so vill hanndlen wolten, auf

Pomern: repetirt dass wurtzburgischs votum, wust seine hern dahin geneigt, dass sie gern wolten, man mit Jme dem Konig zufriden. Man wuss, wass fur Priuat sachen Cesar & rex francorum vor der zeit miteinander gehapt, darauss die teutsch Nation Jn vnruh erwachten, Acht, dass man souil suchen solt, wie man verglichen.

Wurtemberg: wie Pfaltz vnd Pomern.

[520r] Jst geschlossen, das vf diesen art. bei den Key. Commiss. vmb resolution anzusuchen, Jtem, das Sachsen zuersuchen, bej der potschaft dess Konigs anzuhalten, was der Konig fur beschwerden, Jtem, weil der orator vmb antwurt ansuch, dass er zubeantwurten, Man het dess Konigs fr.en^en [= freundlichen?] willen gehort, ~~ne~~ das bedankt man. Souil die andern beschwerden anlangt, dass Jn demselben man allen muglichen vleiss wol furwenden, wie denen abzuhelfen, vnd stund man Jn arbeit, den Landgrafen zuerledigen. Vnd wol man mit der Key. Mt. handlen, da Jchts Jngerissen, ▷so der teutschen libertet entgegen sein mocht,◁ das sies abschaften. Die ~~grauamina~~ ⌈priuat sachen⌉ belangen, souer man die von Jme oder anderswo hero erfaren, wolten sie nit vnderlassen, allen vleiss furzuwenden, damit sie auch mochten verglichen werden, doch solt ~~man~~ die antwurt dess Konig von Franckreichs gesandten ▷Jngestelt vnd◁ erst gegeben werden, wan man der Key. Commissa. resolution Vnnd dem von Sachsen hette, durch Sachsen sols gesucht werden vermog der Lintzischen handlung bej dem Oratorj.

Den art. die Echter belangen

Vmbfrag

▷Die Echter belangen◁ Trier: hielten darfur, weil der Konig zu Lintz bewilligt, dass der Reingraf vnd Heydeck, dass auch die andern gleichergestalt auss sorgen gelassen, dan solt es nit gescheen, muss man alle zeit gefhar gewertig sein, vnd seyen zu Lintz in der handlung namhaftig gemacht.

Coln: wie Trier.

Pfaltz: bedenken, dass der Keyser zupitten, da solche Jn solcher gefar plieben, das man Jn gefar stunde, dass Jr Mt. alle Echter zu gnaden kommen lassen. da es ⌈nit⌉

das der anhanng "Phlicht zuthun, wider Jr Khaj. Mt. etc. hinfuron nit zudiennen etc." diß-
maln nachgesehen vnnd begeben wurden, dhweill diser anhang auch der Beschwer ainer so
zuChunfftiger, verrerer erledigung gesetzt vnnd gestelt worden were.
Aber dj Praunschweigische Jungherrn betreffenndt Jst mit dem Mererm vnnd Jn gemain
dahin geganngen vnnd guetlichen angesehen worden, das den Chaj. Commissarien dannckh
zusagen. vnnd dhweil wol zuermessen, das dise Junkheren das Schwerdt ausser Einkhomung
Jrer guettern nit gern von hannden geben werden, dardurch dann auch Neue vnRuhe zugewartten, So sehe die Stennde fur guet an, das Sachssen, Branndenburg vnnd Marggrafen

bescheen werd, wenigs fridens Jn teutschsland zuuerhofen, were Jnen Jchts g̶e̶
Jngezogen, das sie desselben widder restituirt wurden.
[520v] Brandenb.: Wie Pfaltz, konten auch nit erachten, dass ein bestendiger frid
zuerhalten, wo sie Jn sorgen gelassen. dass s̶i̶e̶-p̶ der Key. Mt. deut geschee, lassen
sie gescheen.
Meintz: wie Brandenburg.
Saltzpurg: dergleichen.
Bayern: liess Jme auch gefallen, doch der restitution halben hab der Keyser
derselben gutter nit viel. Jm lintzischen Abschiedt stee, dass sie schweren sollen,
vnd der churf.en darumb bitten thette, d̶a̶ vnd die handlung nit zerschlagen, das es
zu dem andern Jnzustellen.
Eystet: wie Bayern   ⌐
Brandenburg   ├ wie Bayern.
Passaw   ⌙
Gulch: wie Pfaltz vnd Bayern.
Wurtzburg: Liess Jme dass Bayerischs bedenken auch gefallen, dan die restitution
wol von noten sein.
Pomern: dergleichen wie Bayern.
Wurtemberg: verglich sich mit Pfaltz vnd Bayern. Vnd dass d̶e̶ an Keyser zubitten,
dass n̶i̶t̶ Jr Mt. nit allein die, so Jetz erzelt, begnadet, sonder auch die Jhenen, so
s̶i̶c̶h̶ hernachmalss darumb bitten; ▷gepurliche demut sol herraussbleiben◁
Der art. die Braunschweygische
Junckern belangen
▷Braunschweigischs Junckern◁ Trier: vermercken, dass die Key. Mt. willig, darbej
lassen sies pleiben. Vnd weil Jr Mt. sich erpotten, zwuschen diesen Junckern vnd
hertzog heinrichen der restitution halben handlung wol pflegen, sol man sich
bedancken, darzu wol man auch behulfig sein. dass man hertzog heinrichen Jetz
gepieten solt, sie zurestituirn, A̶ konne nit wol gescheen, weil man nit wuss, wie die
sachen geschafen, Sonder solten ans ordenlich recht gewiesen werden.
[521r] Colln: dergleichen.
Pfaltz: Sie bechten [sic! statt bedechten] bej diesen art., dass der Key. Mt. erpieten
anzunemen, vnd dan furter gepetten, dass Jr Mt. solche handlung wol furnemen, das
die Junckern Jn der gute mochten kommen. Wo nit, ob nit der Keyser Comissarien
ordnen, zu welchen Jetzige vnderhendler auch ordnen solten. da es nit volgte, ob
dieselben nit vf ein Sequestration zuhandlen o̶d̶e̶r̶ ⌜vnd⌝ ausstrag dem rechten.
Brandenburg: wie Pfaltz, die restitution so gesucht wurt, hielten sie darfur, da es vfs
recht gewiesen, dass der sachen nit geholfen, dan hetten sie sich mit dem rechten
wolten benugen, hetten sich Jn diese handlung nit Jngelassen. drumb achten sie,
dass die restitution gesucht, sej dem rechten nach pillich, drumb die Key. Mt.
zupitten, dahin zuhandlen, dass sie restituirt wurden. wo es nit volgen, dass die
weg, durch Pfalz erzelt, furgenomen, wolten sich nit sondern.

[13r] Hannsen von Branndenburg dise]re vnderhandlung vbergeben vnnd auferlegt wurde, auf Mainung vnd sonderlichen, dhweill furkhäme, das zuuor Etliche diser]unckheren verwanndten schon Mandaten erlanngt vnnd dem gegenthail]nsinuiert, deren sich aber hertzog hainrich nit voll bekhumert, das bede Chur vnd Fursten alßbaldt die Restitution bej dem von Braunschweig verfuegten,]nen auch, woe sein f.en g.en guettig nit volg thun wolten, Mit der That darzue vermöchten vnnd brächten. aber annderer]ungherrn sachen belangendt,

Meintz: mochten wol leyden, dass die Junckern zufriden, liess es die Brandenburgischs meynung gefallen, das beim Keyser zusuchen, daß sie restituirt, doch dem hertzogen sein anspruch vorbehalten.
Saltzpurg: dergleichen.
Bayern: liess bej dem Lintzischen der Ko. Mt. erpieten pleiben, Nemlich, dass Key. Mt. Commissarien ordnen woll, dan solt man sie Jetz alspald restituiren, sej schwer.
Eystet: wie Bayern, Acht dass die alten art. durch die Comissa. fur hand zunemen.
Brandenburg: bedencken diesen fur den beschwerlichsten, dan man wuss die gelegenheit, sein her habs hertzog heinrichen vndersagt, aber nichs erheben konnen. Besorcht, wan schon die Key. Mt. die restitution erkent, sej nichs geuolgt, mangel an der restitution. Schlug fur, ob nit ein weg, weil das volck noch beyhanden, dass dem hertzogen der Keyser vnd Konig mandirt zu restituiren, mocht ers villeicht thun, vnd furter sol er sie mit recht nemen.
[521v] Passaw: Acht, das der Keyser zupitten, die weg furhandt zunemen, damit sie restituirt.
Gulch: wo dieser punct nit erledigt, dass die handlung mocht zerschlagen. Liessen Jnen die Lintzischs handlung vnd dass bej dem Konig anzuhalten, mit den Comissa. zuhandlen, damit die restitution vf andere weg volgte, Vnd solte die handlung mit andern grauaminibus erortert werden.
Wurtzburg: hertzog heinrich solt sie anerkants rechtens pillich nit entsetzt haben, drumb acht er, dass es beim Keyser zusuchen.
Pomern: wan der sachen d̶a̶ mit der lintzischen handlung solt geholfen werden, liess ers Jme nitt misfallen, trag aber die fursorg, werden sie nit restituirt, werden sie vf weg gedenken, wie sie restituirt. Vnd glaub, her heinrich die furschleg hieuor angenomen, wer darzu nit Komen, Vnd halts darfur, das vf den Lintzischen Abschiedt zuschliessen, vnd dass hertzog heinrichen furzuhaben, wo er andere vrsachen, vber die vorige zu Jnen zusprechen, dass ers rechtlich thun.
Wurtemberg: wie Bayern, das Key. vnd Ko. zupitten, d̶a̶s̶s̶ Commissa. Jn sachen zuordnen, vnd das es vnuerlengt geschee.

2. Vmbfrage

Trier: Vmb Kurtz willen Liessen Jnen gefallen der Key. Mt. erpieten vnd, das sie alspald zubitten, Jre ansehenliche Comissa. zuordnen, die die sachen dahin befurdern, das sie zu Jren guter komen, dem hertzogen sein Jnrede vorbehalten, solten schleunig halten. Vnd Jm fal, der hertzog die restitution waygern, dass die Key. Mt. die guter durch die Commiss. liess sequestriren lassen. dan Mandata pro restitut. [= restitutione] Jetz aussgeen zulassen, sej beschwerlich.
Coln: wie Trier.
[522r] Pfaltz: erhalt das vorig bedenken dergestalt, da die restitution nit volgte, dass der Keyser Comissa. verordnet, deren beuelch gegeben, vorige handlung zuersehen vnd dan dem Keyser bericht thun, welche Junckern pillich zurestituiren. das der Keyser daruf mandirt vermog der Chamerg. ordnung, die restitution furzunemen, die Junckern aber, so nit gar befugt, soll die Sequestration furgenomen werden, das auch die vorigen vrsachen dieser entsetzung solten aussgelassen werden.
Brandenb.: wusten, wass vfm reichstag zu Augspurg dieser handlung furgelofen, vnd Jr her per Cesa. [= Cesarem] zu Comissarien ernent, die gute sej oftmals erwunden,

die solten zuuor auch hertzog hainrich etc. gehört vnnd, das die sachen des verwanndten, so lautter erfunden, alßbaldt auch mit gleicher Restitution vortgienngen, aber da die hanndlung nit so lautter, derselben Eingetzogene guettere Mitlerzeit vnd biß zu Jrer Chur vnnd f.en g.en erledigung tanquam ad sequestra. [= sequestrationem] einziehen vnnd zu Jren Chur vnnd f.en gen hannden nemen thetten.
Letzlichen haben die Stennde den articln der Jetzigen Chriegsvbungen Consorten vnnd Mituerwanndten halber zu Resoluiern auch furgenomen vnnd dahin sich verglichen, das der Khaj. Commissarien, auch Khu. Mt. etc. erpietten anzunemen, das auch die Mituerwanndte auß sorgen zulassen. So vill aber der vnbelaidigten vnnd beschedigten Restitution belanngett, Ob wol Jn gemain die Stennde fur Recht pillich vnnd Erbar erkhenndt, das dem, so vnpillichen beschwerdt, vernachtailt vnd zuuerderben gefuert, geburliche ergetzlichait eruolget, So hat doch ain guetter thaill der Stennden erachten wollen, dhweill dise ergetzung Jn des Churfursten vnnd seiner Mituerwanndten vermugen nit stee noch seie, das die beschedigte Stennde Jren schaden vnnd verderben an dem varendem guett auß Christlicher lieb dem ge-

kont nit wissen, wie deren abzuhelfen, dan dass ~~man~~ von dem Ko. vnd anderm Jetz Mandirt wurd, die restitution furhandt zunemen, Vnd da es nit volgt, dass Saxen die execution zubeuelhen, doch dass dem hertzogen sein Jnred vorbehalten. wo der weg nit gefellig, dass die guter ~~restit~~ Sequestrirt vnd volgendts committirt werden.
Meintz: wie Trier vnd Pfaltz.
Saltzpurg: dergleichen.
Beyern: Jst voriger meynung, weil auch zwo meynung hinzu kommen, das man dem hertzogen Jetz solt mandiren, dass werd schwerlich sein, Jtem, dass der Keyser Comiss. ordnet, ~~die~~ ▷denen◁ solche guter zugestelt biss zu ausstrag, denselben weg acht er, dass sichs der hertzog vnd Junckern nit zubeschweren, Vnd hielt den weg fur gut, vnd schloss wie Trier.
Passaw: ~~Acht, das~~ wie Beyern.
Brandenburg: hab vor gesagt, auss wass vrsachen es bej den Junckern nit erheblich sein, Aber wie dem ~~hof~~, Schliess er mit ~~demn~~ andern.
[522v] Wurtzburg: die gute sej zuuor oft versucht, aber vnuerfenglich, Vnd wer der meynung, dass der Keyser zupitten, die restitution an hertzogen ~~zube~~ zusuchen, wo es nit volgt, mit mandaten, wo auch nit, alsdan die restitut. hertzog Moritzen beuelhen.
Gulch: hetten Jnen gefallen lassen, dass der Konig bej den Key. Commissa. solt ansuchen. Wo er aber nit statt, so verglich er sich mit andern.
Aystet: wie Wurtzburg.
Pommern: liess Jme die Trierischs vnd Pfaltzischs meynung gefallen, doch dass die sequestration, da die restitution nit volg, ~~vor~~ zuuor vnnd ehe die Commiss. gesetzt, gescheen soll.
Wurtemberg: der Keyser solt zupitten sein, Commissarien zuordnen, so die sachen vertragen.

Art. belangen die fursten, Stet
vnd andere, so Jn diesem zug
gewesen, aussorgen zulassen
Vmbfrag

▷Aussonung deren, so Jn Jetzigem zug gewesen◁ Trier: befunden, das die Commiss. es bej dem erpieten der Ko. Mt. zu Lintz pleiben, drumb sich gepuren wol, dank zusagen vnd zubitten, das dem volg geschee. doch dass die, so Jnen nit wollen beypflichtig machen, von Jnen auss sorgen gelassen. Das auch alles Jn vorigen gesetzt etc., ermessen Sie, das solcher art. Jn allem rechten begrundet, wie es aber bej Jnen zuerhalten, hab man zuermessen, vnd da man daruf beharn, dass die sa-

mainen lasst, selber Nachsetzen solten vnd wurden, vnnd das allain, wie vernomen, ad [13v] Mobilia wollen verstannden haben, aber die Jmmobilia berurenndt, die sollen Jn allweg ainem Jeden wider Restituiert werden. Dhweil aber, wie vermerckht, nit wol veranntwurtlichen, so vill Jn Mobilibus nachzugeben vnnd dise Beschwäre den beschedigten einzuraumen, So ist schließlichen fur guet angesehen, die Mobilia gar stillschweigundt vmbzugeen vnnd derowegen gar khain erleutterung noch meldung zuthun sein.

chen mochten zerschlagen, drumb trugen sis bedenkes, Sachsen ▷solchs◁ zuzumutten, Aber was Stet vnd andere guter belangt, das die zurestituiren, Aber gelt kone nit widder restituirt werden.
[523r] Colln: lass bej der Key. Mt. be bewilligen pleiben, die restitution sej pillich, wass Jmmobilia seind, aber mobalia[sic!] konten nit wol widder beibracht werden.
Pfaltz: wie andere. Restitution belangen, wo acht er, dass pillich, w das die vnbeweglich guter widder Jnzuraumen. Beypflichtig sej Jm ersten puncten daruon geredt, sol sej pillich, dass sie durchauss fallen. was den Stenden abtrungen, Achten sie, dass pillich, dass es beschee, da mans Jnen aber Jetz solt zumutten, werd der handlung nit abhelfen, vnd hielten darfur, dass der Keyser zupitten, diesen puncten nit zuerregen.
Brandenb.: verglich sich mit Trier, restitution sej pillich, dass Jmmobilia widder restituirt, was die mobilia, wer auch wol pillich, Achten aber, es werd ein Jeder sich Jn dem zuhalten willen, vnd den Keyser pitten, diesen puncten einzustellen.
Meintz: hetten verstanden, wes erpotten, achten es darfur, dass es annemlich. et, Souil die restitution belangt, hat last man gelt pleiben, so gegeben worden, Aber da landt vnd leut Jemants genommen vnd solt nit widder gegeben, werd kein frucht pringen, drumb achten sie, dass es nit hoch zusorgen.
Saltzpurg: wie Pfaltz.
Beyern: dess ersten halben wie andern. die restit. der ligenden gutter sej pillich, dass es widder zugestelt werden, Aber mit dem andern hab es ein ander rechnung, konne so gleich nit zugeen.
Passaw: die restitution acht er, dass dieser art. gar zuubergeen, Vnd nit zusagen, ob mobilia oder Jmmobilia zurestituirn.
Brandenburg: dergleichen.
[523v] Wurtzburg: Acht, das die scheden Jn vorigem Krieg gegen den Jetzigen vfzuheben, souil die mobilia belangen.
Gulch: Sej vnmuglich, die Mobilia zurestituiren, vnd bedechten, souil die schaden belangen, seyen etlich so gebrandschatzt se vnd noch nit erlegt, dass er nichs geben darf, het aber einer Jchts geben, sollt ers Jn der gutlichen handlung vor den Konig vnd andern furpringen.
Eystet: dergleichen.
Pomern: Lasts beim lintzischen Abschiedt pleib. restitution von den vnbeweglichen gutern belangt, sej pillich. der vnbeweglichen guter halben liess er Jme dass wurtzburgischs bedenken gefallen ▷die Jm nechsten Krieg entsetzt, vnd Jetz widder Jngesetzt, dass solche pleiben solten◁, het einer ne Jchts verheissen vnd nit geben, solt ers nit geben etc.
Wurtemberg: wie Pomern.

[32r] Den 7. Juny hat m.gst.h. der ko. Ma. beiligende schrift mit C¹ gezeichnet ⌜widerumb⌝ vbergeben. dorauf haben sich der herzog zu Beiern vnd Bischof zu Paßaw mit s.churf.g. alein vnd eigner person vnderret vnd vormeldet, wi solche

Nach disen vberganngenen Rathschlägen auf des Churfursten vbergebene Schrifften]st der Maintzischen gesanndten Räthen Supplication, so durch dj Khu. Mt. den Stenndten vberschickht, verlesen worden. So mitgebracht, wie der Jung Lanndtgraue wilhelm den seinigen Beuelch gegeben, etlicher Neuer anforderungen halber dem Churfursten zu Maintz drej ambtere]n abschlag aufzufordern vnnd phlicht von den vnnderthanen zunemen vnnd]m fall]res abschlags sie dahin zuzwingen, woe das auch nit statt hette,]nen zueröffnen, das sein f.en g.en Mit Heeres crafft selber sie zuuberziehen oder durch seinen Mituerwanndten, den Marggrauen etc., vberziehen zulassen vnnd sie mit feur vnnd Schwerdt dahin zubringen. Hierauf der Churfurstlichen Maintzischen Räthen ersuchen, die Khu. Mt. wolten geburlichs einsehen vnd wennden hieruber furnemen.
Haben die Stennde fur guet angesehen, das dise Supplication auf erledigung der hieuor schon erledigten Restitution auch einzustellen seie.

Nach Mittags

Seien durch dj Khu. Mt. die]ren Churfurstliche Räthe, alß Maintz vnnd Phaltz, deßgleichen bede Meine gnedige fursten vnnd heren, Bairn vnnd Passau, alß von der Stennde wegen verordnete vmb zwo vhrn zu]rer Mt. erfordert worden. da der Churfurst von Sachssen]rer Mt. etc. vnnd den verordneten anzaigen lassen, das]r Churf.en g.en die vbergebene schrifften [14r] vnderthanig vnnd freunndtlich eingenomen, die ersehen, erwegen vnnd Berathschlagt vnd seiner Churf.en g.en Notturfft nach wider ain schrifften verfassen lassen, so er hiemit vbergebe. aber die erstreckhung des anstanndts betreffendt, weren]re Churf.en g.en zuuor gehört, das solches]n]rer Churf.en g.en Macht allain nit stuende, das auch seiner

post Meridiem

▷Sachsen hat sein replic vbergeben des Landgrafen erledigung belangen◁ Hat der Churfurst von Sachsen dem Romischen Konig, den geordenten von Churf.en vnd fursten antzeigen lassen: Er het die geschriften ersehen Vnnd sein bedencken fur sich vnnd andere, so die sachen anlangt,]n ein schrift, die er vbergab, darneben, wass der Konig dess Anstandts halben den zuerstrecken gesucht, vernommen. Nun wer er zu solchem vnd auch, die sachen zum besten zurichten, geneigt. Man het aber vermerckt, welchergestalt taglich er durch schriften angelauffen wurde, dass der fridstand nit lenger erstreckt, vnd dan welchergestalt mit thetlichen handlungen gegen Jnen volnfarn, wust derhalben nit, ob er bej den andern [524r] volg haben mocht oder nit, zuuorderst, dieweil er noch schliessliche resolution hab.
Nachdem aber er nit zweiffel, man werd sich einer resolution der andern puncten auch vernemen lassen, derwegen er Jn freuntlicher hofnung stunde, die sachen solten zu guttem gelangen, wolt ers freuntlich erwarten. ꝟ vnd wass er zum Anstand befurdern Kont, wolt er an seinem vleiss nichs erwinden lassen.

Gleicher gestaldt Mann ein Suppl.on, wie einer Marr Lesch gewaltieger weiß den Stiefft furstler, Amelnburgk vnd etzliche mehr stedt Jngenommen, die dem Landtgrauen vnd seinen erben erblich schweren mußen, gebettenn Jm vertrag zubedenckhen.

---

¹ Notiz von späterer Schrift: ▷ist hierbey fol.140, ~~vnd Concept fol.~~ ◁.

schrift alle handlung wurde zurutten, weil man keinen der ko. Ma. vnd der Stende furschlege des Landtgraffen erledigung annheme. vnd das solchs aus einem mißuortrauen entstunde, den man von beiden teilen gegen einander het. weil aber di ko. Ma. sich des nicht alein gegen s.churf.g., sonder auch gegen Jnen zum oftern het vornhemen laßen, das der ke. Ma. entlich gewißliche meinung, das der Landtgraf one lenger aufhalten noch zurtrennung des krigsuolcks solte ledig gelaßen werden, So were Je Jrer ko. Ma. billich zuuortrauen. vnd ob man gleich s.churf.g. vorschlag nachgehen vnd den Landtgraffen in eines der benanten Chur oder fursten handt stellen wolte, [32v] So wurde doch keiner zubefinden sein, der Jnen fur zurtrennung des krigsuolcks wurde annhemen. Es het auch der ko. Ma. vorschlag kein andern vorstandt, dan das auf ~~??~~ den tag, der alhier zu enturlabung des krigsuolcks benanth wurde, der Landtgraff auch in des Chur oder Fursten handt, des man sich vorgleichen wurde, solt gestelt werden vnd alsdan in virzehen tagen, wan die artikel, douon di schrift meldet, ~~vbergeben~~ volzogen, on aufhalten losgezelt werden. do ~~es~~ auch solche volzehung der artikel ehr geschehen wurde, So solt er auch ehr los geben werden.

Zum andern haben si auch fur ganz beschwerlich angezogen, das souhil priuat sachen vnd di anderleut vnd also ius tertij belangen, in di schrift bracht, Mit vormeldung, das vnmuglich denselben auf dismal abzuhelffen. Es wher aber auf ein weg gedacht, wi di andern Gemeine [33r] beschwerungen vnd Grauamina, di s.churf.g. vbergeben vnd ~~doran~~ doran allen Stenden des Reichs vil gelegen, mochten erledigt werden, wi s.churf.g. hernach solten bericht werden. vf dieselb zeit kont alsdan solchen der Landtgraffen beschwerungen auch abgeholffen werden.

Man solt auch nicht dencken, das man solche sachen wolt in langen kasten legen,

Churf.en g.en Mituerwanndte Jn lenngern anstanndt nit willigen wolten, wie auß des Jungen Landtgrauen Jnstruction erschine. darzue Jnen dann das thätlich hanndlen, wie zugedennckhen, nit Ruige vrsach gebe. Neben deme, so wolten Jre Churf.en g.en zuuor auch ganntzer Resolution vber Jrer Churf.en g.en schrifften erwartten, Mit dem anzaigen, das sich Jre Churf.en g.en getrössten thetten, Mann wurde sich auf Jetz seiner Churf.en g.en vbergebene Schrifft leichtlichen zu Resoluiern haben, vnnd erpietung, an Jrer Churf.en g.en muglichen vleiß nichts erwinden zulassen.

Der Khunig wider anntwurt geben lassen: Jr Khu. Mt. etc. wolten sich Jn der schrifften ersehen vnnd die an die Stennde gelanngen lassen, Mit befurderung.

Weil dann die vberraichte des Churfursten Schrifften abzuschreiben gegeben, wurdet der Jnnhalt darJnnen zusehen sein.

Die antwurt, so der Churfurst von Sachsen vf dass bedencken der Ko. Mt. vnnd der andern fursten vnd gesanthen gethan, ~~Js~~ dess landgrafen erledigung belangen, Jst verlesen.

Vnd ~~z~~ zeigt daruf der Passawischs Cantzler an, ~~dass se~~ weil solch dess Churf.en antwurt so weithleufig, dass man zur handlung nit wol kommen ~~werd~~ kont, das derwegen sein her vnd der hertzog von Bayern sich zum Sachsen Jetzo verfugt, ~~Vnd~~ der meynung, sein Churf.en g.en dahin zuweysen, die sachen vf engere weg zurichten. Ist hieruf fur gut angesehen, dass dissmalss von sachen nit weitter wol konte ⌜ge⌝handlett, sonder dass man morgen frue widder zusamen kommen solt.

sonder si solten gewißlich erortert werden, Mith ferner weitleuftiger ausfurung, wofur es bei meniglich wurde gehalten werden[1], wan man des Landtgraffen erledigung izundt kont erhalten vnd man wolt es ezlicher Priuat sachen halben vnderlaßen etc.

Dorauf s.churf.g. widerumb angezeigt, was s.churf.g. zu solchem vorschlag geursacht, sonderlich, das solchs das mittel were, das der ⌈alt⌉ Landtgraff selbst durch Adam Trotten furgeschlagen, vnd das es auch der mittel weg were zwischen dem, was von der kei. Ma. vnd dem Jungen Landtgraffen bei disem artikel zurtrenung des krigsuolks gesucht.

[33v] Der Particular sachen halben Jst auch angezeigt, das der Jung Landtgraf dorauf zum heftigsten drung, das auch solchs s.f.g. nothurft vnd außerhalb erledigung derselben zu keinem fride zuuormugen sein.

Als ist entlich von obgemelten Fursten vn des Landtgraffen erledigung vnd zutrenung des krigsuolcks das mittel furgeschlagen, domit es der stellung in eines Chur oder Fursten handt nicht bedurfte, das souhil desto geraumere zeit zu erledigung des krigsuolcks solt genhommen werden als nhemblich, bis ⌈das es bis⌉ Sontag vber vir ⌈drei⌉ wochen, welchs der 3. July ist, geschehe vnd das mitler zeit alle di artikel mit vornennung der capitulation vnd Ratification vnd anderm durch den Landtgraffen im Niderlandt, ▷desgleichen durch di Chur vnd Fursten, di in der[2] krigsrustung weren sein, ◁ volzogen wurde vnd das alsdan vf derselben obgemelten Sontag, den 3. July, der alt Landtgraf auch auf freien fus gestelt vnd in sein sichers gewarsam gebracht ⌈gelaßen⌉ wurde, domit es also keiner stellung in eines andern handt bedurfte.

Souhil dan di particular handel des Jungen Landtgraffen betrift, [34r] Solten dieselben so lang eingestelt werden, bis di Gemeinen grauamina, so auch vbergeben, erledigt wurden, alsdan solt zur selben zeit von denselben particular sachen auch gehandelt werden.

Solchen vorschlag, souil den ▷tag der◁ erledigung belangt, haben s.churf.g. ir nicht laßen entgegen[3] sein, Aber doneben angezeigt, das si so lang Zeit einen Anstandt nicht konten bewilligen.

Das aber ⌈auch⌉ des Landtgraffen sachen ⌈beschwerungen⌉ so lang zuerledigen solten angestelt werden ⌈werden⌉, ▷bis man die Grauamina ersehen het Solchs◁, haben s.churf.g. angezeigt, das solchs ⌈wurde⌉ bei dem Jungen Landtgraffen nicht wurde ⌈schwerlich⌉ zuerhalten sein.

Dorauf[4] di fursten widerumb angezeigt ⌈replicirt⌉: s.churf.g. solten nicht dencken, das man di Grauamina zuerledigen wurde nachlaßen, dan es lege den Stenden so vil doran als s.churf.g. selbs. dorumb konten di Landtgraffen mit Jren particular sachen so lang wol warten, vnd seint di beide fursten alsbaldt zu der ko. Ma. geritten vnd Jrer Ma. solchen vorschlag auch wollen anzeigen.

---

[1]   werden om. B.
[2]   diser B.
[3]   entgegen lassen B.
[4]   hierauf B.

[34v] Deßelbigen abents hat der herzog zu Beiern m.gst.h. bericht, das di ko. Ma. mit solchem vorschlag nicht zufriden were.

Es ist aber gleichwol solcher vorschlag an di andern gegenwertige Fursten, auch der abwesende Chur vnd Fursten gesanthe gelangt, di haben inen solchs gefallen laßen vnd, wi s.churf.g. bericht, bei der ko. Ma. zum heftigsten angehalten, das si Jr denselben auch wolten gefallen laßen mit viler weitleuftiger ausfurung ha. Es hat aber gleichwol m.gst.h. solch bedengken der Stende, vngeacht das es ⌈ob es wol⌉ in schriften ⊢ sol ⊣ gestelt ⌈sein⌉, nicht bekomen mogen.

Obbemelts abents haben di ko. Ma. den das bedencken vf den artikel, di Religion belangt, durch d. Genger vbergeben laßen.[1]

Nachsolchem seien die Stennde wider zusamenkhomen, vnnd Jnen die gestelte Nottl der heuttigen bedennckhen vber die vberigen articln vorgelesen worden, die also durch dj Stennde mit schlechter Ennderung guet gehaissen vnnd Ratificiert worden.

Jn dem Haben sich der Khu. Mt. gesanndten bej den Stenndten angetzaigt vnnd furgetragen, die Khu. Mt. Hetten sich Jn der gestelten schrifften, die Religion, fridt vnd Recht belangundt, gnedigist [14v] ersehen, funnden, das die Stennde die sachen statlichen erwegen, wüssen auch darauf darJnnen nichts zuuerbessern, liessen auch Jrer Khu. Mt. die durchauß gefallen, allain ausser etlicher weniger wort Jn vers.: «vnnd solte derohalben von Khaj. vnnd Khu. Mt. etc. vnnd Stenndten gnuegsame assecuration etc.», die Jre Mt. etc. gedächten aussenzulassen vnd vmbzugeen sein, Nemblichen dise wortt: «Jn annembung der Personen», dann dhweil dise wort die Cammergerichtsordnung belannget vnnd aber, was dasselbig, one das auf ainen Reichstag oder ordenliche visitation verschoben wurde, Hielten Jr Mt. darfur billichen, dises auch dahin anzustellen sein.

▷Grauamina, rex Franciae, Bannitj, Braunschweigischs Junckern, Aussenung dero, so Jn Jetzigem Krieg◁ Es seind die bedencken, so vf heutige berathschlagung Jn schriften verfast, belangen, Erstlichen, die beschwerden der teutschen Nation, Jtem den Konig von Franckreich belangen, Jtem die Echter, Jtem die Braunschweigischen Junckern, vnd der Aussonung der fursten, Stet vnd andern, so Jn Jetzigem zugk sein etc., verlesen.

vmbfrag

Trier: wust kein enderung, vom puncten de grauaminibus etc., dass der Keyser solt versicherung thun.

die andern liessens Jnen auch gefallen, doch mit der correctur wie Trier.

Pommern: es werd der Echter halben, so Jn vorigem Krieg gewest, allein von der Aussonung geredt, Vnd wuss er nit anders, dan es sej daruon geredt, dass sie auch widder restituirt werden solten.

[524v] ▷resolutio regis, die Religion belangen◁ Die Ko. Mt. liess durch deren Rue Cantzler vnd hofman lassen anpringen: die Ko. Mt. het ersehen, dass schriftlich bedencken der religion belangen ersehen vnd konten nit anders erwegen, dan dass fursten vnd rathe derselben wol bedacht, Vnd verglichen sich mit Jnen, Allein falt ein einig bedenken ein, beim versickel Vnd von der versicherung, Jtem dem Chamergericht etc., da bedechten sie vnd Achten, dass etlich wort ausgelassen, etlich ⌈mit⌉ annemung der personen zum Chamerg. vnd sich dem gemess zuhalten, zuuerhue-

---

[1]   Notiz von späterer Schrift: ▷so hierbey fol. 146 Item, was S.Churfurst.G. daruff geantwortet fol.149◁.

Weill dann die Stennde ermessen, das nit vill an denen wortten gelegen, der fridtstanndt
auch die one das einschliesse, dann solle khainer den anndern verachten, dise Stennde bej
der augspurgerischen Confession gelassen, So were solchem articln Je schon geholffen, Neben dem, das sie auch on frucht weren, dann nit zuuermutten, das ausser aines Reichstags
oder ordenlicher visitation bemelt Cammergericht weder besetzt noch sich sameln wurde.
Der vnnd annder vrsachen mer Haben sich die Stennde mit dem Mererm entschlossen,
HierJnnen der Khu. Mt. zuwilfaren vnnd angetzogene Wortt außzulassen sein.
Des Churfursten vbergebne Schrifften Jst zu berathschlahung auf Morgen frue der vrsachen
eingestelt worden, das bede hochermelte, Meine gnedige fursten vnd heren, Bairn vnd
Passau, den Churfursten zu sich erforderet vnnd vleiß furgewenndt, Jre Churf.en g.en auf
Neherere weeg Jn betrachtung khurtze der zeit, das auch diß Khriegsuolckh mit
verderblicher beschwer ob ain annder vnnd auf den Stännden lege, vnnd erhalten, das auch
furträglicher, disen gewalt zu Nutz vnnd schutz teutscher Nation zugebrauchen, zubringen
vnnd zuuermugen, damit [15r] dann Nach vernembung Jrer f.en g.en außrichtungen dest
schleiniger vnnd schließlicher abgehanndlet, Jst, wie verstannden, die Berathschlahung
dißhalber auf Morgen angestelt.

tung allerlej disputationes, dass der art. vmbgangen. Mocht Jn Kurtzem ein
Reichstag angsetzt, Kont von diesen vnnd anderm gehandelt werden.
Zeigt auch an, dass Sachsen embsig der vberigen art. halb vmb antwurt anhalt,
ermanten derwegen, man wolss befurdern, vnd Jrer Mt. vbergeben, wollen Jr Mt.
sich auch vergleichen.
Vmbfrag
Trier: hab gehort, das der Ko. dass bedenken Jms lasse gefallen. was die enderung
der wort belangen, lassen sie Jnen gefallen, das allein Jn g.ne [= genere] gestelt
werd, ~~mit~~ dass sie sich dem fridstand gemess halten wollen.
Coln: dergleichen.
Pfaltz: vermeint, der Ko. solt zupitten sein, dass die wort pleiben, dan es werd
Sachsen beschwerlich sein, da die fursten der Augspurgischen Confession verwandt
solten Jren presentation beraubt sein, sonst wer der fridstand vergebens, wans aber
den andern gefelt, lass ers auch pleiben.
Brandenb: Mocht wol leyden, dass die wort plieben, weil aber Jn Kurtzem ein
reichstag, dass dem Konig Jn dem zuwilfaren.
[525r] Meintz: wie Trier vnd Brandenburg.
Saltzpurg ⌐ dergleichen, dan der fridstand disponirt der
Bayern   ⌐ Camerge. personen nichs, vfm reichstag konne es discernirt werden.
Eystet: wie Beyern.
Brandenburg: Mocht leyden, das die personen am Chamerg. zugelassen werden vnd
dieser art. plieb, verglich sich doch wie andern.
Wurtzburg: wie Trier.
Gulch: dergleichen.
Passaw: wie Brandenburg.
Pomern: ~~es stee Jm~~ Liess darbej pleiben wie andern.
Wurtemberg: wie Beyern.
Jst geschlossen, das dem Konig zusagen, dass man sich mit Jrer Ko. Mt. vergleich
vnnd solche worter herauss gelassen werden, Jst auch alspald gescheen.

Mittichen, den achtenden, diß Morgens, wie die Stennde zusamen khomen, Hat mein gnediger furst vnd herr von Passau etc. das, so mein gnediger furst vnd herr, hertzog albrecht Jn Bairn etc. vnd sein gnaden an gestert mit dem Churfursten von Sachssen, dann auch mit der Khu. Mt. etc. gehanndlet, auff Mainung angetzaigt, Nemblichen, das sie hochermelten Churfursten so verr gebracht, das sein Churf.en gnaden, wie volgt, doch nit schließlichen, sonnder seines muglichen vleiß bej seinen Mituerwanndten, das auch zuerheben, zuerhalten, sich hören vnd vernemen lassen, das sein Churf.en g.en Jn ainen anstanndt, der Sonntags khunfftigs Eingeen vnnd drej wochen lanng weren solte, dergestalt willigen wolten, das Jn der zeit diß anstanndts Jr Churf.en g.en die Capitulation des alten Lanndtgrauen zuuoltziehung bringen, darein auch die Junge Lanndtgrauen Miteingetzogen werden solten, Vnnd das ainßdann Nach volenndung diß anstandts, auch vernewetter Capitulation auf ainen tag der Lanndtgraue auf seinen freien fueß gestelt, gelediget, daentgegen durch sie, die Khriegsfursten, Jr volck geurlaubt vnnd getrennt wurde.

Aber das haben auch bede fursten, Bairn vnd Passau, Mit dem Churfursten, woe das bej der Khu. Mt. stat funde, der anndern vnnd vberigen articln Jn seiner letzten vbergebnen Schrifften, auch des Jungen Landtgrauen Jnstruction begriffen, dann auch von anndern gueten Mittln vnnd wegen geredt vnnd gehanndlt, besonnder, das die beschwerungen zu der erledigung annderer Grauaminen getzogen vnnd, wes s Jn zeit seiner Custodien der Lanndtgrafe Mit Recht oder, wie er es nennet, entsetzt, das [15v] solches alles, wie bewilliget, Reassumiert, Reuidiert, durch die guet oder erkhanndtnuß abgelegt werden solte, das auch zu Wenig schädlicher Trennung des Khriegsvolckhs der Churfurst dem Khaisern Mit ainer antzall pherden ainen Reutterdiennst beweisen, Er, Khaiser, auch ainen thaill des Khriegsvolcks, deßgleichen auch der Khunig, thun vnd aufnemen mochten. Jn dem allem sich der Churfurst also erzaigt, das verhoffenlichen, Er wurde an Jme zuerhaltung diß, auch aufrichtung Rue vnnd fridens gediennet, nichte entprechen lassen.

Hierauf sich dann bede fursten, Bairn vnnd Passau, zur Khu. Mt. etc. verfuegt. Jn Summa, Jr Khu. Mt. Hetten nach villen außfuerungen es dahin gestelt, das Jr Mt. nit allain, was an den vierzehen tagen, Nachzugeben Chainen gewalt, Sonnder auch das Contrarj Jn beuelch hetten.

Ob nun wol bede fursten Jrer Mt. etc. hieruber Replicirt vnnd villerlaj beschwerden vnnderthanigist eingepilldet, So haben es doch Jre Khu. Mt. on Mittl bej vörigem anzaigen pleiben lassen, Mit lautterer vermeldung, Jr Khu. Mt. khundten sich, des sie Jn gewalt nit hetten, antzunemen, Je nit ⌈an⌉ mächtigen, Ob auch gleich das Reich daruber zu grundt vnd verderben khomen vnnd geen solte.

OCTAVA JUNII
MANE HORA VI

▷handlung mit Sachsen durch Bayern vnd Passaw bescheen◁ Passaw zeigt an, das Bayern vnd er gesterigs tags zum Churf.en zu Sachsen verfugt vnd vnderstanden, Jne dahin zubewegen, seine vbergeben replic schrift etwas enger einzuziehen. Vnd ▷von◁ Jme, souil die erledigung dess Landgrafen belangt, ein mittel vernommen, Nemlich, dass zwuschen dem nechst Kunftigen Sontag vber 3 wochen er, der Chur-f., alle puncten der Cap.lon [= Capitulation] volziehen woll, vnd dass zu aussgang derselben ▷vf ein tag◁ der Landgraf erledigt vnd dass Kriegsuolck beurlaubt werden sollt. Welches sie der Ko. Mt. angezeigt, es hetten sich aber dieselb vernemen las-

Denn 8.Juny haben Paßaw vnd Beyern, wie sie mit Sachßen vf milterung gehandlett, Letzlich nitt mehr erhalten, dann das Sachßen bewilligett, das Trinitatis vber 3 wochen er alles Somplieren wolte, was [37r] Jme vnnd den Landtgrauen belangendt. solchs ist dem Konig antzeigt, der gepetenn wordenn, vonn wegen der Kay. Matt.

Diß anpringens Haben die Stenndt grosse entsetzung vnnd befrembdung getragen Vnd darauff sametlichen sich berathen vnnd beschlossen, der Khu. Mt. etc. anzubringen sein, das diß Jrer Mt. etc. Melden vnd Vorhaben den Stenndten nit allain frembdt, Sonnder auch bej Menig verdennckhlichen sein werdt, Jr Khu. Mt. etc. Hetten sich zu Lintz vernemen lassen, das Jr Khu. Mt. etc. des Lanndtgrauen halber volmechtign gewalt entphanngn, auch hette die Ro. Chai. Mt. den Churfursten sammet, dann auch besonnder geschriben vnnd sie zu disem tag darmit erwegt, mit furwenndung, das Jr Khaj. Mt. der Khu. Mt. etc. der Erledigung des Lanndtgrauen volmechtigen gewalt gegeben. Neben dem auch den [16r] Churfursten auferlegt, Jn ainen oder den anndern weeg diser entpörung abzuhelffen, auch Rue vnnd friden Jn teutscher Nation wider anzustellen. So wurde auch bej dem armen gemainen Mann vnnd Höhern, darzue auch anndern frembden vnd Benachtparten potentaten verdennckhlichen sein, dann vmb so geringe vrsachen alß der vierzehen täg sich dise vergleichung vnnd ainigung stossen solt, So doch die Khaj. Mt. entschlossen, Jnen, Landtgrauen, zuledigen. auch den gehorsamen Stenndten beschwerlichen, ain solches nit zuuermugen, so die Khaj. Mt. dem ainichen Churfursten von Sachssen bewilligen vnnd den

sen, das sie gar nit willigen konte, dass die erledigung vnd erlaubung vf ein tag geen solt, Sonder het allein beuelch der 14 tag halben zuhandlen.
[525v] Trier: vermeint, dass der Konig dahin zuuermogen, das er von den ~~v~~ 14 tagen abstee vnd sich mit dem mittel, so Sachsen furgeschlagen, benugen zulassen, Jtem, dass bej Sachsen auch anzusuchen, dass ers an den 14 tagen nit wol mangeln vnd sachen zerschlagen lassen, Jtem, dass vmb ein weittern Anstand anzusuchen.
Coln: weil man wuss, dass der Anstand bald auss, verglich er sich mit Trier.
Pfaltz: bedanckten sich gegen Bassaw vnd Bayern dess vleiss, aber vngern gehort, dass die sachen also solt zerschlagen werden, Acht, das ein schrift gestelt vnnd alles, wass muglich, darin gesetzt, ~~dan~~ ob der Keyser vnd Ko. zubewegen, vnd den Konig zupitten, solchs der Key. Mt. vf nechster post zuzufertigen, das auch der Konig solche furpit auch wolt thun, Jtem, das mans auch bej Sachsen gehort.
Brandenburg: het auch gehort, wes die bede hern bej Sachsen gehandelt vnd konten nit befinden, dass sachs etwas verfengklich. ~~man~~ haben dass erpieten Sachsen gehort vnd konnen nit anders erachten, er hab Jme gnug gethan, Vnd dass der Konig an einem solchen kleinen ding die sachen wol zerschlagen, sej schwerlich, so man erachten konne, wo es hinauss reichen werd. drumb achten sie, dass die Ko. Mt. vnderthenigklich angelangt vnd alles zuerzelen, wass muglich, Vnd solt Jnen nit missfallen, da vmb der 14 tag willen die teutsche Nation Jn gefhar gesetzt, zu was nachteil es allen Stenden gereiche, vnd musten daruf bedacht sein, wie den sachen zuthun, dan ehe einer sich lasst verderben, thut ehr ein anders. Man solt auch dem Ko. anzeigen, das dess Ko. von Franckreichs auss schreiben ~~nach~~ schir die warheit, dass man ~~vn~~ die teutschen libertet etc., dan solt der Konig ▷vnd Stend◁ nit 14 tag erlangen, sej zuuerwundern, Kont nit anders dencken, da man den friden vmb 14 tag willen auss der handt wol lassen, das die teutsche Nation must vndergeen, Vnd das solchs an Ko. vnd Keyser zugelangen, dan es die hochste notturft.
[526r] Meintz: bedanckt sich dess angewenden vleiss vnnd verglich sich mit andern.
Saltzpurg: wie Pfaltz vnd Trier.

darin zubeseheiden(?)willigenn. Es hatt Jr Mat. anzeigt: hab kein beuelch, sonder Contrarium Mandatum.
Also haben sich die fursten vnd der Abwesendenn Chur vnnd fursten Rathe einer einhellige meynung entschloßen, Nemblich, das der Churfurst von Sachßen ein pillichen vnd Annemblichen vorschlag gethan, damit auch den gelimpf fur sich habe, vnd das

Lanndtgrauen Jme verEeren wollen, das ain gleichs die Erscheinende Chur⌈vnnd⌉ fursten nit erhalten, Noch des ansehens bej Jren Maiestaten sein sollen. So dann ausser erledigung diß articls scheinlichen vnd gewiß, das diser tag on frucht zergeen werde, das auch Menig zuuor bewust, vnnd darumbn auf so vollmechtige vilverstannden hanndlungn alles gestelt worden, Solte billichen der gehorsamen Stenndten verschonet vnnd sie anhaimbs gelassen sein werden. Es solte auch ain Jeder, ⌈woe⌉ die Khaj. vertrössttung nit gewesen, desselben falß sich in bessern gewissern verstanndt einbringen vnnd Richten mugen, wie noch vielleicht bej villen bedennckhlichen sein werde. dhweill dann die sachen ausser erledigung diß articls, wie verstannden, die ganntz hanndlung allain zu pluetuergiessung vnd Eusseristem verderben ganntzer Teutschen Nation gelanngen musse, der Eindranng des Erbfeindts des Turckhens Jrer Mt. so Nahendt alß vnns oblege, Vnnd Jr Khu. Mt. darfur allwegen erkhenndt alß der fridtliebend Khunig vnnd haubt, So were der Stennde vnderthannigs gesinnen, diß vor augen steeunndt verderben zubehertzigen vnnd Jn dise erledigung des Landtgrafen zubewilligen, das auch vmb deßwillen, damit der anstanndt, so schon außgiennge, destleichter Jn ain prorogation vnd erlengerung gebracht werden ~~mochten~~ möchte.

Beyer: verglich sich mit Trier vnd Pfaltz, allein hab er das bedencken, ~~das~~ da mans an Keyser wolt gelangen, es werd die zeit zu kurtz sein, Man Kont dan von 4 oder 5 tagen ein Anstand erlangen. Vnd deucht Jne nit vnrathsam sein lassen, weil rex zu Lintz sich erpotten, dass er vollen gewalt, den Landgrafen zuerledigen, werd ein schlecht ansehens haben, da die sachen solten zerschlagen werden.
Hessischs ansprach hielt er ~~z~~ darfur, das es zu den andern Reichssachen einzustellen.
Passaw: verglich sich mit andern, Vnd dass der Konig zuerJnnern, wo die sachen solten zerschlagen werden, zu wass nachteil es gelangen mocht, die vorige motiua sollen alle widder vorhandt genommen werden vnd dass Sachsen friedlich beantwurt.
Brandenburg: dergleichen.
Wurtzburg: Liess Jme auch gefallen, dass die Key. vnd Ko. Mt. zuersuchen.
Gulch: wie die Churf.en rathe vnd Bayern.
Eystet: dergleichen.
Wurtemberg: wie Trier vnd Pfaltz, mit dem anhang wie Bayern, das alle argumenta dem Konig furzupringen, ~~dem Konig~~ wass Jne bewegen mocht, dass er Jn die 14 tag willige.
Pommern: dergleichen.
Jst geschlossen, dass ein schrift zustellen, darin alle argumenta, so muglich, angezogen, dardurch der Konig zu den 14 tagen zubewegen vnd darin willigen moge.

solchs der Koniglichenn Mat. mit vleis vngescheutt Jnn aller Anwesendenn fursten vnnd Bottschafften Jegen vertigkait furtzutragen, welchs beschehen. vnd Jre Mat. gepetten wordenn, wie es der Churfurst zu Sachßen furgeschlagen, zubewilligen vnnd Jnn keinen weg zu wegern, auß vrsachen, die Jrer Ko. Matt. verschienen tagen des gemenen Teutschen Landts gemein vnd sonder Obliegender notth, Jamers, zerstrewens, gefhar vnd Jnfhal das Turckhens vnnd frembder Potentaten halben furgetragenn wordenn. vnd daruf Jnn spe. [= specie] widderumb angeregt vnd, wie die Tractation, so verschienen [37v] *Abendts mit dem Churf.en zu Sachßen gehalten, gutt, sonderlich Aber sein erpietenn mit den 3 wochen ledig wißen, auch Jnn andern puncten zimlich pillich vnnd annemich, darumb auch dieselbig nitt außzuschlagen Oder zu verachten id quod a maiestate sua peterent.*
Daruf auch, wo das nit geschehen Oder angenommen werdenn ~~w~~ *solt, das hierdurch vnd dieser einigen wegerung halben die gantz handlung zerschlagen, hochbeschwerlich vnnd Jrer Mat., als die fur ein guttenn friedtliebenden Konig geruempt, verweißlich,*

[16v] Auf das furbringen Haben dj Khu. Mt. von wichtigkhait wegen der hanndlung Jres bedachts vnd darneben begert, das dj Stennde zu zwain vhrn Nach Mittags wider bej ainannder sich versamblen wolten.
Auch haben an heut die Khu. Mt. Jre Räthe zu den Stennden abgeferttiget, Mit Meldung, das sich Jr Khu. Mt. etc. auf die Resolution der vberigen articln, So an Nächten Jrer Maiestat etc. vberanntwurt, auch entschlossen: Erstlichen den articln der Grauaminen betreffendt, verglichen sich Jr Mt. Mit der Stennden bedennckhen, das aber die erörtterung derselben allain auf Jr Khu. Mt. vnnd derselben geliebten Sune, die Khu. wirde auß Behem

[526v] ▷resolutio regis vf das Bedencken der Stende, die vberigen puncten des Churf.en belangen◁ Die Ko. Mt. Liess durch deren hofräthe hern hansen hofman vnnd d. Giengern den Churf.en gesanthen, den fursten vnnd der abwesenden pottschaften anpringen: Jr Mt. het g.en^lich [= gnediglichen] ersehen dass bedenken der

Jtem, das die Kay. Mat. gehn Lintz geschrieben, Jne den Konig zu volmechtigen.
Jtem, Kay. vnd Kon. Mat. solten die gehorsame Stendt, Auch, was vor vngelimpff Jme vnd dem Kayser, ~vnd~ was es fur gelimpff hertzo. Moritzenn geberen wurde, bedenckhen wolt, die beschriebenen beßer vnd mit gnaden bedenckhen, das nit Abschlagen.
Aber das alles dannocht die ~Kay~ Ko. Mat., Auch die vnschuldt vnd waren die Churf.en Brandenburg [38r] vnnd Sachßen deßhalben ~gefragt~ ⌈gebracht⌉, wurden ~zu~ ⌈er⌉ wegen vnd, da Jr Mat. dahin nitt willigenn, die handlung zerschlagenn, das es die vberigen puncten Religion, friedtstandt vnd alles ⌈anders⌉ vfheben, vnfrieden, mißvertrawen vnd anderer hernn vnderthanen entpörung, Jamer vnnd noth, Ja vieler handt ~prackt~ practickhen geberen wurden, das dem Turckenn raum vnd vrsach, widder das Christlich Blutt zu wueten.
Es hett auch die Ko. Matt. zubedencken, wo daruf verharrett vnd also von vns einigen menschen des Landtgrafen¹ vm dieser 14 tage halb, daran doch gar nichts gelegenn, zerschlagung eruolgenn solt, das es bedencklich vnd vrsach daraus von andern Stendenn geschopfft werden möcht, vff Jr selbst ruhe vnd frieden zusehen.
Es hett sich auch die Ko. Matt. zuberichten vnd wolt es Jm nit verhaltenn, das die Kay. Mat. Jnen selbst geschrieben vnd begert, allen müglichen ~vleis~ vnd ernstlichen vleis furtzuwendenn, damit solchs groß Obliegenn, so Jnn etzlich hundertt Jaren vnerhortt, zu guttem frieden gebracht.
Jtem, das die Kay. Mat. geschrieben vnd vertrostung gethan, Kain Kriegsvolckh zuhaben.
[38v] Jtem, solt es die meynung haben, so wurden sie, auch mußenn Jre sach darnach richten vnd windden, mit der weis von Ko. vnd Kay. Mat. abgetzogenn.
Zudem das andere Potentaten, so das Offenbar, wie dan nichts verschwiegen bleibt, hierauß nemen vnd gedencken habenn wurden, Als Ob Kay. Mat. nach einem andern trachten solt.
Vierdt wann etzlichen Monarichen genannt, Jtem quidam dixerint, musten selbst lugenn, wie sie sich befriedigtenn Oder auch bey pflichtig machten, weren Jrer Ko. Mat. volmachts vertrost gewesenn, des mit der weis alles vergeblich worten, Jr Mat. wolt es Jm gnedigst vnd guten vfnemen.
Daruf Jr Ko. Mat. bis nach essens bedacht begert, auch durch hofman vnd Genger vber die andernn artl. bedenckhen bracht.

---

¹ Landtgrafen: rafen aus .en korrigiert.

etc., gestelt wurde, Gedächten Jr Khu. Mt. Ratsamer sein, weill solche Grauamina nit allain dj Khaj. Mt. etc., Sonnder auch anndere beschwere, als des Cammergerichts halber vnnd anndere Miteingezogen wurden, So die Khaj. Mt. nit allain berurten, Gedächten Jr Khu. Mt., dise erörtterung Neben Jrer Mt. etc., den gegenwurtigen Chur vnnd fursten haimb zu stellen sein, auf Mass, woe die von denen sammet nit ertragen möchten werden, die zu Enntlicher Resolution an dj Khaj. Mt., auch Chur vnd fursten weitter zuuerschieben vnnd zubeuelhen sein.

Den anndern articl, den Khunig auß Frannckreich betreffenndt, Stuennde der Stennden bedennckhen auf zwen weeg, den fridtstanndt vnnd das priuat. was dann das publicum vnnd den fridtstanndt belangunndt, vermainten Jr Khu. Mt. etc. von den Khaj. Räthen Chainen Bericht einzuziehen, Sonnder der Khu. W. Pottschafft zubeanntwurten sein, auf Mainung, was den gemainen fridtstanndt betreffe, Stuennde Man Jetzo Jn verhoffennlicher hanndlung, Mit deme auch die Khu. W. auß Frannckhreich wenig zethun. aber der priuathanndlungn wegen Verglichen sich Jr Mt. mit der Stennde guet achten, das von dem Churfursten hier]nnen Mererer bericht genomen werden solte.

[17r] Zum dritten vnnd die außsonnung betreffendt, Hetten Jr Mt. etc. das bedennckhen, ganntz beschwerlichen fallen, das die, so außgesönet wurden, nit Jn phlicht genomen werden solten, hinfuran wider dj Khaj. oder Khu. Mt. oder auch das Reich nit zudiennen, Vnnd, das alles zuChunfftiger besserer Rue schaffung, Sonderlichen Jn bedennckhung, das deren etliche lehensleuth vnnd gemainlichen sie alle dem Reich vnderworffen weren.

vberigen art. halben vnnd ~~demnach~~ Jr bedenken zuuer~~l~~melden: Die grauamina belangen verglichen sie sich mit den Stenden, dass sie vf den reichstag zuuerschieden [sic!]. dass aber bedacht, dass vfm Reichstag nit wol kont gescheen, Het der Ko. dass bedenken, weil solche grauamina dermassen geschafen, dass sie nit allein den Keyser, sonder auch das Chamerg., dass ~~derwegen~~ demnach der art. vnd punct, dass gleichwol der Ro. Ko. Jr Son dieser handlung vndernemen, Jm fall aber die entstunde, zuerhaltung der Key. hocheit, ▷dass alsdan◁ auf Jr Mt. selbs vnd gemeine Stende geschoben. Den art. den Konig von Franck. hetten sie befunden, dass es vf zwen vnnderschiedlich art. gestelt, souil die Reichssach belangt, bedencken sie von vn~~uon~~vnnoten [sic!], solchs an die Comissarien zugelangen. Vnd weil es ~~der sein~~ sachen, damit der Konig v. franck. nit zuthun, dass dem Konig derwegen kein antwurt zugeben. Priuatsachen belangen verglich sich der Konig mit den Stenden.

Echter betrefen: befunde rex gleichwol, dass die personen eingezogen wollen werden, die dem reich nit verwandt, sonder dem Konig von frankreich, Aber zuerhaltung ruhe vnd einigkeit, wolten sich Jr Ko. Mt. ~~vorg~~ vergleichen mit den stenden, das aber dieselben solten nit verpunden ~~zu~~ werden, widder die Key. vnd Ko. Mt. vnd das Reich nit zudienen, Kont nit wol vmbgangen werden, zuerhaltung des Keysers reputation, dass sie pillich die beschwerden tragen wie andere, weil sie reichs personen, vnd sehe den Ko. fur gut an, das es bej der Lintzischen handlung pleibe. ~~Die Braunschweigischen guter~~ der Ko. vergleich sich, dass die eingezogen Stetten vnd flecken widder zugeben, vnd achten, dass das geschutz auch widder zugeben. Was einer Jm vorigen verzug verloren vnd Jetz widder [527r] bekomme, dass ers behalten solle, Achten Jr Mt., dass sie widder zustellen vnnd wer darzu zusprechen, ~~d~~ solchs mit recht zuthun.

Die beschedigte Stend sej beschwerlich, dass sie Jrer vnschuld halben Jn schaden steen musten, Achten, wer also beschedigt, dass vf kunftigem Reichstag der Key. Mt. anzupringen vnd ergetzung bescheen. Braunschweigischen Junckern verglichen sie sich, Allein der Sequestration halben solt zu der Commissarien erkentnus gestelt werden, ob die Sequestration gescheen solt, woll die Ko. Mt. die personen gern

Zum vierten, betreffendt dj Restitution der guettern, vermainten Jr Mt. etc. auch das Geschutz hinzuezusetzen sein, Neben dem, das auch dj wortt, Jn der Stennden bedennckhen diß ortts begriffen, «ausserhalb was ain Jeder Jn diser Khriegsübung seines aignen guets eingetzogen etc.» gar zu gemain, die auch baser zuerleuttern sein.

Fur das funfft, das die beschedigte Stennde Jrer vnschuldt so höchlichen entgelten sollen, were Jrer Mt. achten nach ganntz beschwerlichen. darumben halten Jr Khu. Mt. etc. darfur, disem articln anzuhanngen sein, das diser beschedigten halber zu khunfftigem Reichstag weittere weeg vnnd Mittl furgenomen werden solten.

Letzlichen der praunschweigischen Jungheren halber wollen Jr Khu. Mt. etc. den Sequestrum zuerChanndtnuß versteen. auch achteten Jr Khu. Mt. guett sein, das alßbaldt die Personen, so zu dem furgenomen werden solten, benennt wurden.

Die Stennde seien zu ainer vhrn Nach Mittags widerzusamen erforderet vnnd beschiden worden.

Wie Mann Nach Mittentags zeit zusamen khomen, Jst von wegen Hertzogen Otthainrichen Phaltzgrauen ain [17v] Supplication verlesen worden, darJnnen verleibt, das sein f.en g.en des verganngnen 46. Jars von bederlaj Khriegsvolck vberzogen vnnd den seinigen die Prouiandt genomen, Zu letzt gar seinen gnaden das lanndt eingetzogen, Nit allain, das die Glaubigere gar nit betzalt, Sonnder der Schuldtlasst Mit dem Jnteresse der nit betzallungen halber vmb Etliche tausent gulden gestaigert worden were. Ob Nun wol sein f.en g.en funf ganntze Jare hette vmb Begnadung angehalten, So hetten sein f.en g.en doch seiner Missgunstigen halber, denen glauben gegeben worden, nichts außrichten mugen. Das sein f.en g.en dem Cardinaln von Augspurg was eingetzogen, were durch sein f.en g.en etc. deren fleckhen halber, so der Cardinal Jn disen seiner gnaden abwesen außgepetten, geschehen. pieten sein f.en g.en die Stennde freunndtlichen vnd gnediglichen, bej der Khu. Mt. seiner gnaden zuguettenn fürpittlichen zuerscheinen etc.

vernemen, so d [sic!] zu Commissarien verordnet × [sic!] oder durch die Key. Mt. furzuschlagen.
Diese berathschlagung Jst eingestelt.
Durch den Meintzischen Cantzler Jst ongeuherlich den Stenden erzellt worden, wes der Ko. Mt.en anzupringen, dardurch Jr Mt. bewegt werden mocht, sich der 14 ꝣ tag zumechtigen, Jst auch Jn schriften verfast ▷vnd Jst der Ko. Mt. alspald anpracht worden, welche ein bedacht biss nach Mittag genommen◁
POST MERIDIEM
▷hertzog Otheinrichs gesanten, Supl.n [= Supplikation]◁ Zeigen an, welchergestalt Jn vorigem Krieg Jrem hern sein Land vnd leut genomen, aber vnpillich. Bitten, die Chur vnd fursten wollen Jren hern furpitten gegen der Key. Mt., Jme dabej pleiben zulassen, wie er von den Jetzigen Kriegs Chur vnd fursten widder Jngestelt. Vnnd bitten auch vmb rath, wie die glaubiger zustillen, weil seine land vnd leut nun Jns sechst Jar vnder andern handen gewesen.
vmbfrag
Trierischen: hetten dass begern verstanden vnd weren Jren f.en g.en zu wilfaren geneigt, Befunden aber, dass die sachen bej dem art. der recuperation, so diese tag verhandlet worden, beruhen woll ▷vnd aber Ko. Mt. an heut dessen bedenken gehapt◁, drumb sol nit vnrathsam sein, dass sie einzustellen biss zuerledigung desselben art.s.
Coln: dergleichen.
Pfaltz: zeigten an, das Jr g.ster her gleichwol zu recuperation hertzog Otheinrichs gar nichs gewust, hab dartzu wedder rath oder that geben, d̶ welches sie nit wolten verhalten. Sonst wie Trier, Bitten, die sachen vf solche weg helfen handln, damit hertzog Otheinrichen z̶u̶ bej dem seinen pleiben moge.

Die Berathschlahung der Stenndten vber dise Supplication Jst Remittiert vnd gewiesen zu der Resolution des gemainen articls der Restitution vnd Recuperation.

Allain haben dj Phalzgräfische Churfurstliche Räthe vermeldet, das Jr gnedigister herr vmb diß Recuperiern Jrer gnaden Vetterns gar nichts gewisst, das auch mit Jrer Churf.en g.en willen nit beschehen noch furgenomen worden were, doch vmb furderung vnnd hilff die Stennde gehorsamblichen auch gepetten.

Hinach haben die Khu. Mt. die Stennde erfordern lassen, vnnd Jst Jrer Khu. Mt. etc. furtrag auf das gesterigs Mundtlichs beschehen anbringen gewesen: Jr Khu. Mt. Hetten bemelt anbringen, betreffendt die erledigung des Lanndtgrauen, gnediglichen angehört, Befünden, das solches hoch vnnd wol erwegen. Was auch, woe der Lanndtgraue geledigt, darauß zugewartten, was auch auß der anstellung eruolgen möchte, So sollen auch die Stennde wissen, das Jr Mt. etc. dem [18r] Lanndtgrauen seiner ledigung lenngist wol vergündet, alß dann Jr Khu. Mt. furpitt derohalber gethan, wie dem Lanndtgrauen selber bewisst, Jr Mt. sich dessen auch Jn den hertzogen von Bairn etc. getzogen haben wolten, wie das auch auß Jrer Mt. etc. hanndlungn erschine, darJnnen geleuttert, das Jr Mt. die

[527v] Brandenburg: wie Trier.

Meintz: souil diese Sp.lon.[= Supplication] anlangt, waren sie des Trierischen bedencken, was sie sonsten befurdern konten, dass hertzog Otheinrichen zu gutem kont dienen, wolten sies gern thun.

Saltzpurg ⎤
Beyern   ⎦ dergleichen

Eystet: sej Jme ein guter nachbar gewesen, wolt Jme gern helfen, souil muglich befurdern, Vnd sich aber die sachen nit wolten lassen sondern, liess ers bej dem Trierischen bedencken pleiben.

Braunschweig ⎤
              ⎦ dergleichen
Wurtzburg

Brandenburg: Acht, ~~das~~ dass der ~~vorig~~ punct von der recuperation erledigt, ~~dass~~ ⊢Jnzustellen biss vf den art.⊣

Passaw   ⎤
Gulch   ⎟
Wurtemberg ⎬ Liessen Jnen der andern bedencken gefallen.
Pommern   ⎦

Jst noch einest vmbgefragt vnd geschlossen, das man die sachen soll Jnstellen biss zuerorterung dess gemeinen art.s., von der restitution meldend, Auss vrsachen, man einer Jeden particular sachen dissmals nit ausswarten ▷no. furbit § 5 ◁, dass sol man den gesanthen auch antzeigen.

▷Ko. Mt. antwurt vf der Stend heutig anpringen, so mundlich bescheen◁ Die Ko. Mt. hat nach mittag vmb zwo vhr die Stend erfordern vnd vnd [sic!] anzeigen lassen: Jr Mt. hetten heut angehort, wie hoch beweglich Jme die sachen anpracht, mit erzelung, wass nachteil eruolgen mocht, da die gute entstunde [sic!]. Nun solt man gentzlich darfur halten, das ~~die k~~ Jr Mt. dem landgrafen sein erledigung vor der zeit wol gegont, wie sie auch dieselb bej Key. Mt. gesucht, wie dan Jr Ko. Mt. noch zuthun geneigt weren. Es mochten auch Jr Ko. Mt. mit grundt sagen vnd Beyern zu zeugen nemen, das, wiewol der landgraf durch sein handschrift sich vieler ding erpotten, hab er, der Konig, doch die sachen dahin befurdert, dass Jme der mehrer theil [528r] derselben nachgelassen. Jr Ko. Mt. hetten auch dieser sachen halben Jr landt vnd leudt verlassen, auch alle gute gelegenheit verseumen mussen vnnd sich dieser sachen vnderfangen. So sej es auch offenbar, wie trewlich es Jr Mt. zu Lintz gehandelt, wie sie dan solchs Jetz auch zuthun geneigt seyen, vnnd solten die Stend

grössissten articln dem Landtgrauen zu guettem vnnd Ringerung seiner ledigung abgebracht, wie sich das auch noch bej Jrer Mt. etc. ersehen liesse, Jn dem, das Jr Khu. Mt. etc. mit beschwerlicher verabsaumung deren Lannden disen tägen vnnd hanndlungn so lannge zeit vnnd mit dem Embssigen vleiß obligen thetten. auch sollen die Stennde es gewißlichen darfur halten, woe in Jrer Mt. etc. dise lediglassung gewalt vnnd Macht stuennde, das Jr Mt. den Stenndten zuwillfarn ganntz genaigt, So were auch der gewalt, den Jr Mt. zu Lintz gehabt, auf dj lauttere Condition gestelt gewesen vnnd mitgebracht, Jn Nichten angetzogene vierzehen täge Nach zugeben. das aber dj Khaj. Mt. so hefftig vnnd Ernstlich hierauf drüngen, Beschehe annderer Mainung auch ⌈nit⌉, alß allain, die Stennde vor schaden zuuerhuetten, vnnd, damit die Stennde gleichs schadens, wie zu Magdenburg eruolgt, an dem abziehen nit zugewartten hetten. Darumbn, wie gern Jr Mt. etc. den Stennden willfaren vnnd khainen ainichen Nachtaill vergunden vnnd nit gern sehen noch hören wolten, das sich dise guett Jrer Mt. etc. halber zerstossen solt, So hetten sich die Stennde auch zuberichten, das Niemandt mer an dem friden gelegen alß Jrer Mt., die der Hilffen gegen dem Turckhen bedurfften. Da sich aber dise guett stossen solle, allain der Verhörung vnnd verderbens zugewartten, so khundten Jr Mt. etc. doch sich aines Merern, alß sie zethun, Je nit mächtigen, alß dann die Khaj. Commissarien dessen auch nit gewalt zuhaben antzaigten. auch hetten Jr Mt. etc. gedacht, dise vierzehen täg solten den Khriegsfursten auf erpottene assecuration nit so zu grosser beschwere gefallen sein. Doch, vnnd [18v] damit die hannd-

entlich darfur halten, wo die sachen Jn der Ko. Mt. macht stunde, wolten Jr Mt. sich gar leichtlich mit den Stenden vergleichen, Vnnd wiewol nit one, die Ko. Mt. Jhen Lintz mit gewalt abgefertigt, auch den f.en d̶e̶ denselben zugeschrieben, so hab er doch d̶ kein andern gewalt gehabt, dan das der landgraf nach b̶ erlaubung dess Kriegsuolcks solt erledigt werden, vnd beschee solchs darumb, das man kein nachteil dess dess [sic!] Kriegsuolcks Jm abzugk zubefaren, wie gescheen Jst, als es vor Magdenburg abzogen, welches dan den Stenden sonder zweiffel vnuerborgen sej. Vnd wiewol Jr Ko. Mt. zum hochsten geneigt, vf der Stend Jetz ansehenlich begern wilfarung zuthun, auch Jrer Mt. leyd were, dass Jne, den Stenden, Jchts nachteil darauss eruolgen solte oder auch dass sich die sachen zerstossen solten, So sej doch war vnd am tag, dass Jr Mt. andern beuelch, dan wie ertzelt, nit hetten, dessgleichen auch die Commissarien der Key. Mt. sich v̶m̶b̶f̶r̶a̶g̶ ̶d̶e̶r̶ ̶K̶o̶.̶ ̶M̶t̶.̶ ̶v̶o̶r̶t̶r̶a̶g̶e̶n̶ der 14 tag zubegeben hetten, derwegen wolt Jrer ⌈Ko.⌉ Mt. nit gepuren, d̶e̶r̶ sich der Key. Mt. Jn dem zumechtigen, vnd hetten sich auch die Key. Mt. nit versehen, dass Sachsen einiche beschwerung der 14 tag halben solt gehapt haben, Jnansehung der statlichen versicherung, so Jr Ko. Mt. sich zuthun erpotten. Achteten auch, dass die Stend Jr Mt. Jn nit verdencken wurden, dass Jr Mt. sich einer sachen solt mechtigen, dass dem Keyser zu misfallen. Vnd darmit aber die sachen nit zerschlagen, schlugen Jr Mt. ein mittel fur, Nemlich, dass man sich Jn allen puncten solt vergleichen, wolten Jr Ko. Mt. der Key. Mt. alle handlung vf der post, darin zuschliessen zuschicken. Vnd dass bej Sachsen ein Anstand vf sieben tag gesucht werd, Vnd wurden auch die Key. Mt. desto geneiger sein, darin zu willigen, da es mit Jrer Mt. vorwissen geschee. Jr Ko. Mt. begerten auch, die Stend wolten vnbeschwerd sein, Jr mundtlich anpringen, so heutigs tags bescheen, Jn schriften zustellen, wolten Jr

Nach Mittag hatt Jr Mat. des Landtgrauen erledigung halben geantwort, das sie nitt weitter beuelch, Vnnd wes des Turcken halbenn angeregt, selbst gesagt, wie Jr Mat. auch Jnn dem pfeffer were, wolts An Kayser eilendts gelangen laßenn vnd begert, die Sachßen daruff vmb 7 tage prorogation zupittenn.

lung sich derohalben nit stosse, vermainen Jr Khu. Mt., alß Jr Mt. an gestert beden fursten, Bairn vnnd Passau, auch furgeschlagen, Mann were mit Berathschlahung der vberigen articln vortt geschritten vnnd, Jn wehe [sic!] mann weitter Jrrig wurde, das man dasselb alles vmb Resolution der Khaj. Mt. eillundt vberschickt vnnd von Jrer Khai. Mt. etc. enntlichs beschaidts also erwartt hette. Derohalben vmb ainen anstanndt Siben tag lanng bej dem Churfursten anzuhalten, welcher anstanndt seinen Churf.en g.en nit schwerlichen fallen solle, dhweill sein Churf.en g.en zeit drej wochen lanng selber geben wollen. auch haben Jr Mt. fur guet geacht, der Stennde furbringen mit guetter stattlicher ausfuerung Jrer Mt. Jn schrifften zuubergeben, Mit gnedigem erpieten, das Jr Mt. bej der Khaj. Mt. Neben den Stennden zu Rue vnnd friden mit allem vleiß furpittlichen sein wolten. Es haben auch Jr Mt. selber Mundtlichen gemeldet, das Mann denen wegen wolte nachdennckhen, wie diß Khriegsvolck on schaden getrennet werden möchte. disfalß setzten Jr Mt. etc. gar in khainen zweifl, die Khaj. Mt. etc. wurde sich gnedigist hieruber ertzaigen.

Also seien zu erhebung angeregter Prorogation Neben hochermelten beden fursten, Bairn vnnd Passau etc., etliche Churfursten⌈liche⌉ vnnd furstliche Räthe zu der Khu. Mt. etc. verordnet, alß dann die erstreckhung bej seinen Churf.en g.en auf funf tag, die erst vbermorgen freitags Eingeen sollen, vnnd das Mer erhalten, das es der vberigen zwaien tägen halber auch nit Manngl haben solle.

Volgunndts seien die Stennde wider zusamen khomen vnnd die Khu. Resolution der vberigen articln wider zuberathschlahen an dj hanndt genomen. Was dann vnd fur das erst den articln der Grauaminen belannget, Vergleichen sich die Stennde mit Jrer Khu. Mt., auf Mainung wie volgt: das Jn sachen vnnd grauaminibus die Khu. Mt. sambt Chur vnd fursten

Mt. solchs der Key. Mt. zuschicken vnd darneben, wass an Jr, die sachen auch befurdern etc.

[528v] ▷vberigen art. Jn des Sachsen schrift, Grauamina◁ Vff das bedencken, so die Key. Mt. an heut erstlichen der beschwerden teutscher Nation vnd anderer puncten halben anzeigung thun lassen, Jst die berathschlagung furhandt genomen vnd daruon geredt, wie volgt.

vmbfrag

Trier: het gehort an heut, wass rex fur bedencken anzeigt, Erstlich die grauamina belangen, hat Jnen gefallen lassen der Stend bedencken, souil aber anlangt, dass diese beschwerde durch den Ko., ~~vnd~~ Jren Son vnd die Stend, so Jetz alhie, solt verhandlet werden, das sie bedenckes tragen auss vrsachen, dass sie des Keysers person vnd dass Chamerg. antrefen, drumb es von Jrer Mt. vnd Comissa. fur vercleynerung der Key. Mt. Jst, solt Jne moderirn, Nemlich dass die Stende ~~alhie~~, so Jetz alhie, kunftig erledigen solten, da es nit verfengklich, dass die Key. Mt. vnd Stend ~~ende~~ dieselben entscheiden sollen. Nun befunden sie, das diese grauamina die Key. Mt. vnnd derselben hofleut vnd diener belangen, Achten sie, dass die Key. Mt. von Ampts wegen nit ausszuschliessen von dieser erorterung, ~~Als~~ so Jrer Mt. person oder Land vnd leut nit anlangt, was aber Jrer ~~person~~ Mt. landt vnd leudt belangt, solt der Konig vnd Jr Son verrichten, werd beim geg.en' [= gegenteil] desto eher zuerhalten sein.

Coln: wusten nit anders zusagen, dass die distinction zumachen, wie der Trierischs daruon geredt.

Pfalz: wie Trier.

Brandenburg: het auch gehort, was von diesen puncten geredt, wern wol geneigt gewesen, vf Jrem gesterigen vota berueheten, weil aber ein distinction gemacht, wollen sie sich verglichen, doch da die sachen der Key. Mt. heimgestelt, dass die gulden Bull fur handt zunemen.

die erledigung haben, aber Jn sachen, anndere allain belanngendt, Solle [19r] die erörtterung der Khaj. vnnd Khu. Mt. etc., Chur vnnd fursten zusteen vnnd Jre Mt. nit außgeschlossen sein.

fur das annder, den Khunig auß Frannckhreich berurendt, lassens dj Stennde bej dem Khuniglichen bedennckhen beruehen. Zum dritten so vill die außsönung betrifft, vermainen

Meintz
Saltzpurg ⎫
Bayern   ⎭ ⊢ wie Trier.

[529r] Wurtzburg: wer gleichwol gestern auch der meynung gewest, wie dass bedenken gestalt, Jedoch vergleicht er sich mit andern.

Brandenburg: wie Brandenburg Churf.en

Passaw: wie Trier mit dem anhang wie Bayer[sic!].

Gulch
Wurtemberg ⎫
Pommern   ⎭ ⊢ dergleichen.

~~Vom andern P~~

Jst geschlossen, d [sic!] wass den Keyser oder Ko. anlangt, Jn denselben sachen sollen ▷sie nit schiedmener sein, Sonder◁ Chur vnd fursten, Jn den andern sachen mogen sie schieder sein.

Vmbfrag vom Art.
den Konig von Franckreich belangen

▷Konig von Franckreich◁ Trier: Vermercken, daen [sic!] rex sich mit den Stenden ~~ausserha~~ vergleich, souil aber der ~~erst~~ Stend erst bedencken belangt, dass man sich gegen ~~demss~~ Konigs von Franckreichs orator nit ~~einer~~ antwurt solt vernemen, Vnd aber der Konig Jme solchs nit gefallen lassen, Verglich er sich mit Jrer Mt., Nemlich, dass man Jn arbeit stunde, sich mit Sachsen zuuergleichen, vnd Jne die sachen nit belang, acht man von vnnoten, mit dem oratorj sich Jnzulassen.

Coln: Liessens bej der Ko. Mt. bedenken pleiben.

Pfaltz: wie Trier.

Brandenburg: verstunden den art. vf zween puncten, vnd ~~daliessen~~ Jnen der Trierischen bedenken gefallen, Aber souil die Priuatsachen belangen, dass Sachsen solchs vom oratorj vernemen soll etc. Stels zubedencken.

[529v] Meintz
Saltzpurg
Bayer   ⎫
Aystet   ⊢ wie Trier.
Braunschweig ⎭
Wurtzburg

Brandenburg: wie Trier mit dem anhang wie Brandenburg.

Wurtemberg: wie Trier.

Pommern: dergleichen.

Jst geschlossen, man lass bej dess Konigs bedencken pleiben, doch mit dem anhang, dass der priuat sachen halben beim Sachsen anregung geschee.

Vom art. die ~~Braun~~
Echter belangen

▷Echter◁ Trier: Vermerken, dass der Konig mit der Stend bedencken zufrieden, wiewol sie etwass der frembden halben beschwerung, drumb solt man Jrer Mt. danck gesagt werden. Den anhang belangen, das die Jhenigen, so aussgesont, nit desto weniger schweren solten, hinfuro widder Key. Mt. vnd das reich nit dienen etc., trugen sie beisorg, wiewol sie achten, dass es pillich, dass es doch schwerlich volgen werd, dan Reingraf, reckerod vnd andere beim frantzosen dinst wurdens nit

die Stennde anfangs dannckh zusagen sein vnnd, ob wol billichen, das die zur phlicht gehalten, Tragen doch dj Stennde grosse fursorg, das werde nit wol zuerheben sein, Sonnderlichen dhweil hierummbn ain sonnderer articl Jn den grauaminibus angetzogen, vnnd haben dahin die Stennde Jr Merer guet achten gestelt fur die phlicht, dise wortt zusetzen sein «das sie schuldige gehorsam Khaj.ʳ vnd Khu.ʳ Mt. etc. vnnd dem heilgen Reich zulaissten schuldigsein solten».

Betreffenndt vnnd zum vierten die Restitution vnnd Recuperation, lassen die Stennde Jnen den zusatz des wortts Munition gefallen. das aber Jr Khu. Mt. etc. vermainen, die Recuperation seie zu weitleuffig angerürt, vermainen die Stennde, die Khu. Mt. darfur zupitten sein,

thun, drumb der Konig zubitten, sich dessen auch zumechtigen. Stelts zu den andern, wol mans dem Churf.en zumuten, sols Jnen auch nit zuwidder sein.

Coln: wie Trier. Vnd nachdem allerlej sein, so widder dass Reich gedient, Achten, dass sies nit vnpillich thuen.

Pfalz: V̶n̶d̶ dass die Jhenigen s̶i̶c̶h̶, so aussgesonet, sich nit zubeschwern. dass sie schweren, Achten sie fur pillich.

[530r] Brandenb.: Sej wenig hofnung zuhaben, dass s̶i̶e̶s̶ schweren werden, wiewol sies doch fur pillich achten. Achten, das nach gelegenheit Jetziger zeit die Ko. Mt. zubitten, sich der sachen zumechtigen. Stelts auch * * * [ca. 1,5 Zeilen Lücke]

Meintz: wie Pfaltz.

Saltzpurg: wie Pfaltz.

Beyern: trug die forsorg, es solt nit zuerhalten sein. Acht, dass d̶e̶r̶ die dinst zu vmbgeen vnd gesetzt werden «der Key. Mt. gepurlichen gehorsam leisten». damit aber der Konig gewilligt, ob man zugeben mocht, dass sie frembden potentaten zuziehen mochten a̶u̶s̶s̶e̶, doch das sie widder dass reich nit dieneten.

Wurtemberg: trag die fursorg, es werd nit wol sein konnen. damit man dan etwass thue, liess d̶ er Jme d̶e̶r̶ dass Bayerischs bedenken gefallen.

Brandenburg: Konten nit erachten, dass die personen, so dem Reich nit verwandt, dass sie pflicht thun solten, drumb achten sie, das allein die zubeeyden, so dem reich mit dinsten verpflichen vnd lehen.

Passaw: wie Pfaltz.

Gulch: sej dem rechten vnd pillicheit gemess, dass die Jhenen, so dem reich verwandt, widder dasselb nit zudienen, weil es aber beim gegl. [= gegenteil] nit zuerhalten, liess beim Bayerischen bedencken pleiben.

Wurtemberg: wie Bayern.

Pomern: ob wol verhoflich, dass dem Bayrischen bedencken geuolgt, Jedoch liess er Jme das Bayerischs bedenken gefallen.

[530v]   ~~Art. die Braunschweigischen~~
                              ~~Junckern~~

▷restitution◁ Trier: hab der Konig begert, nit allein landt vnd leut, sonder auch dass geschutz, Liess Jnen gefallen. recuperation trugen der Konig bedenken, vnd achten fur pillich, dass den Possessoribus die guter gelangen, vnd wer zu Jnen zusprechen etc. wiewol nun nit one, dass keiner des seinen entsetzt, Achten sie, dass des reichs ordnung Jn dem wol mag furgenomen werden. wer Jr bedenken, das der Konig zuersuchen, sich mit den Stenden zuuergleichen, Vnd achten, wo solch erclerung beschicht, werd zufriden. Die beschedigten belangen, dass vf kunftigen reichstag vf mittel vnd weg verdacht, wie die Jres schadens ergetzt, wiewol es pillich, besorgen, es werd bej Sachsen nit zuerheben. Acht drumb, dass dieser art. gar vmbgangen, konte ein Jeder dass sein an gepurenden orten clagen.

Coln: Liess Jme gefallen wie Trier, wass die Jmobilia, wie Trier.

vnnd schliessen, das auch der Reichsordnung nach dise Recuperation zulässig, dann Jn crafft derselben ainem Jeden zugegeben, das, darumben Er mit gewalt Chomen, vnnzt vnnd so lanng Er seine gehilffen vnnd freunde gehaben muge, zu Recuperiern. doch wolten die Stennde diß Jr bedennckhen allain auf die hanndlungn, so sich seit des 46. Jars here eraiget vnnd zugetragen hetten, gedeuttet haben der beschedigten halber vnnd das varundt betreffendt, Gedennckhen die Stennde, das stillschweigundt vmbgeen sein.

Letzlichen die Praunschweigische Junckherrn betreffendt, Haben es die Stennde bej dem Khu. bedennckhen lassen beruehen vnd zu Commissarien dj drej Churfursten Maintz, Sachssen vnnd Branndenburg Mit dem Merern, anndere gleichwol auch anndere, ~~bemuehet~~ benennet.

Pfaltz: Achten, dass der versuch bej Sachsen d?? [unleserlich] dess geschutz halben zuthun, recuperation, dass Konig bedenkes tregt etc., bedechten sie, dass Jn summa, da die restitution verglichen, trag es vf Jme, das die recuperation stat vnd nit ~~her~~ hinder sich zutreiben, drumb rex zubitten, bej der Stend bedenken pleiben zulassen, dan wan mans recht verstee, mans vf die guter, so A° 46 entwert, das aber die beschedigten vf dem reichstag ansuchen, Achten sie pillich, ~~aber~~ verglich sich mit dem Konig, dass beim Sachsen zusuchen.

Brandenb.: bej den Mobilibus sol man bitten, dass der Konig in guet wol pleiben lassen. recuperation halben sol der Konig zubitten, dass ers bej der Stend bedenken pleiben zulassen. der beschedigten halben sol stil geschwigen werden.

[531r] Meintz: wie Trier.

Saltzpurg: wie Trier.

Bayer: last Jme gefallen, dass dess geschutz halben ~~nichs~~ hinzu gesetzt, wiewol er besorgt, es werd nit verfenglich sein, die ~~p??ita~~ restitutio. sol der Jmmobilia gesetzt werden, wass Jn dem Schmalkaldischen krieg etc. Beschedigung halben wie Trier, last Jme gefallen, dass vmbgangen werd.

Eystet: dergleichen.

Braunschweig.

Wurtzburg: tregt die fursorg, da man vom geschutz sagen, werden sie dass geschutz widder haben wollen, dass der Keyser vergangen Krieg bekomen.

Brandenburg: wie Wurtzburg.

Passaw: wie andern.

Gulch: wie Trier, das geschutz belangen, was weith verfurt, konte nit widder herbejbracht werden.

Wurtemberg

Pommern: wie Trier vnd Bayern, ~~da man dahin wolt~~

Art. die Braunschweigischen
Junckern belangen

▷Braunschweigische Junckern◁
Vmbfrag vf der Ko. Mt.
heutig bedencken.

Hertzog Braunschweigs gesanther zeigt den Stenden vor der berathschlagung an, die Ro. Ko. Mt. het seinem hern etlich schriften, vnder anderm ein art. die Junckern belangen, zugeschickt. Nun het er vf solchen art. ein genugen beschedt, wer dem andem, dass sein ~~geben~~ genomen widder zuzustellen. Nun hetten solche Junckern, als er hertzog vberzogen, mit eigen handen vnderschreiben, ▷dardurch er als seinen feind verursacht, Jnen dass Jr Jnzuziehen◁, hettens gutlich nit gesucht, sonder mit trutzen vnd bathen, het sein her sie vorm Chamerg. vorgenomen, Bat, Jne dabej pleiben lassen, wol aber der Konig gutlich handlung furnemen, ~~wollen~~ mogten sies wol leyden.

den 8.Juny ▷vormittag◁ haben di ko. Ma. m.gst.h. zu sich alein fodern laßen, Sich auch s.churf.g. alein vnderredet, das kein Rat dobei gewest, vnd wi s.churf.g. bericht, ist es der virzehen tag halben gewest, nemblich das s.churf.g. 14 tag zuuor

[531v] Trier: Sie hetten vermerckt, wes der Braunschwegischs anpracht, Nemlich, dass sie die restitution nie, wie recht, gesucht etc. vnd dieweil es vf der berathschlagung stunde, sej one noth, Jne zu beantworten, vnd liessen Jnen dass bedenken, der Ko. Mt. vbergeben, gefallen, dan ob er wol ein andern bericht gethan, dan vorgelaufen, Vnd dan die Sequestration wol furzunemen, Solt der Konig gepetten werden, sich mit den Stenden zuuergleichen. ▷Comissa. belangen schlugen Meintz vnd Marg. hanss von Brand. furzuschlagen.◁
Colln: Lasst Jme gefallen, wie Trier.
Pfaltz: Souil die Sequestration belangt, solt man sich mit dem Konig vergleichen. Comissarien belangen schlugen sie Sachsen, Brandenburg, Bremen, Munster oder, wer sonst mher nahe gesessen vorzuschlagen seyn, fur.
Brandenb.: wusten sich zuerJnnern, wess gestern bedacht, vnd der Ko. bedenken gehapt, Vnd acht, dass dem Konig der gesanth sein anpringen gethan solt haben, dass Jme auch zusagen. vnd weil die Junckern Jetz alhie, wurt Jr Ko. Mt. mittel darin zufinden wissen. Comissa. halben wie Trier vnd weil die Junckern vf die restitution sich z leynen wurt, vnd hielten darfur, dass der weg Sequestrationis furzunemen, vnd Sachsen werd sich daran benugen lassen. Comissarien belangen: Seind die personen, so vorgeschlagen, vor Jn Sachen gehandelt, Schlug hertzog Augusten, Mansfelt vnd Br Stolberg fur, vnd dass ein tag zu gutlicher handlung angesetzt.
Meintz: wie Trier, vnd dass die nechst gesessen zu Commissarien ernent.
Saltzpurg: dergleichen.
Bayern: Acht, das sie dhin zuweysen, wie Brandenburg, den hauptpuncten belangen, sej statlich daruon geredt, dass der weg der Comissa. furgeschlagen, pleibs pillich, des Sequesters halben, dass die Comissa. erst dieselb Sequestration thun solten, weil die guter nit gleich, drumb solt man sich mit dem Konig vergleich.
[532r] Eystet: wie andere, der Comissa. wuss er nit, wer am nechsten gesessen, der Sequestration halben wie andere.
Brandenb.: referirten sich vf Jr vorig bedenken vnd schlossen mit beyern, vnnd weil die sach zweiffelich, konne die sequestration nit wol gescheen, sonder must die restitution vorgeen, doch weil die Comissa. furgeschlagen, lass ers Jme auch gefallen.
Wurtzburg: verglich sich mit Trier vnnd Pfaltz, besorgt aber, es werd bej Sachsen nit zuerheben sein.
Gulch: weil sie bericht, das die sachen nit gleich mit den Junckern, als da befindung, des einer ofentlich entsetzt, dass derselb restituirt. da aber kein spolium vorhanden, das die sequestration furgenomen, drumb liessen Jnen der Trierischen vnd Brandenb. bedenken gefallen. Die Comissa. belangen stelt zu bedenken, weil der Churf.en von Brand. nit vbel gesessen, ob derselb zum andern zunemen.
Passaw: wie andere, der Comissarien halben acht er, dass vnpartheischen darzuzunemen.
Pomern: Trier vnd Bayern, wuss sich auch zuberichten, dass die gute zuuor versucht, drumb liess er Jme nit missfallen, dass hertzog Augustus, Jtem hans Georg von Manssfelt vnd der von Stolberg vnd Brandenburgische hofräthe darzuzuordnen.
Jst geschlossen vf das Trierischs votum, vnd soll Jn schriften gestelt vnnd dem Konig vberreicht werden.

~~dan der Landtgraff entledigt, das krigsuolck solt vrlauben. dogegen haben sich~~
~~s.churf.g~~ ⌐Jr ko. M.⌐~~erbotten, das si vnd Jre kinder,~~ ▷~~deßgleichen auch di~~
~~Stende, so alhier sein,~~ ◁ ~~s.churf.g.~~ ⌐~~vnd Jre mithuorwanten des entlich⌐ wolten~~
~~dergleichen vorsichern, das di erledigung des Landtgraffen gewis erfolgen solt.~~
▷~~dorauf haben s.churf.g. gebetten, das man~~◁
[35r] ▷~~Obbemeldts tags~~ ⌊den 8.Juny haben di⌋ ◁¹ ~~Die~~ ko.ᵉ Mat. ~~haben den achten~~
~~Juny~~ durch doctor Gengeren lassen antzeigen, S.ch.g. wurden sich zuerJnnern
wissen, was der hertzog von Beiern vnd der Bischof von Passau mit s.ch.g.
gesterigs abents ⌐geret⌐, der zeit halben des Landgrauen erledigung ~~halben~~, vnd
solchs hetten auch Jre f.g. an die ko.ᵉ Mat. gebracht vnd gebeten, das Jre ko.ᵉ Mat.
sich der key. Mat. hirinnen solten mechtigen.
Wiewol nun Jre ko.ᵉ Mat hiebeuor zw ieder zeit des Lantgrauen erledigung mit
schriften vnd sonst befurdert, auch nochmals zubefurdern geneigt vnd so weit
bracht, das die key.ᵉ Mat. ~~Jr~~ auf Jrer ko. Mat. bruderlich vnd dienstlich anhalten
gewilligt, s.f.g. ledig zugeben, So erJnnerten sich doch Jre Mat., das sie zw Lintz
die macht nicht gehabt vnd vil weniger itzunt hetten, den gethanen vorschlag zubewilligen etc. Dan der key. Mat befelh gienge allein dahin, das der Lantgraf xiiij
tage nach enturlaubung des krigsuolcks solte entledigt werden, vnd were die vrsach
solcher zeit, damit Jre key.ᵉ Mat. des Abzugs des krigsuolcks [35v] mochte gewiß
sein, das darJnnen nicht etwan ein Vorzug vorfiele, wie vor Magdeburg Jrer Mat.
auch begegnet. Damit aber die sachen geforderd, So weren Jre ko.ᵉ Mat. entschlos-
ṣen, das sie sich in allen furgebrachten Artickeln mit s.ch.g., souil moglich, wolten
vorgleichen Vnd alsdan sich bey der key. Mat. entlichs bescheits darauf bey einem
~~eignen~~ ⌐eilenden⌐ Currir erholen. Es wolten auch daneben Jre Mat. alle ~~gutte~~ ⌐gne-
digste⌐ furderung thun, damit dise sachen zw gutter entschaft mochten gebracht
werden.
Weil aber zw solcher abfertigung vnd wider erlangung der key. Mat. Resolution zu
wenigsten sieben tage vonnoten, So hetten Jre ko.ᵉ Mat. solchs Jren ch.g. gnediger
vnd freuntlicher meinung wollen anfugen vnd ersuchten demnach Jre Ch.g., das sie
den gewilligten Anstant die sieben tage vber wolten erstrecken vnd erlengern, vnd
zweifelten nicht, solchs wurden in s.ch.g. [36r] gewalt stehen vnd das sie sich der
andern Jrer Mituorwandten wol mechtigen konten.
Darauf haben s.ch.g. angezeigt: sie wuste sich zuerJnnern, was Beiern vnd Passau
gesterigs abents mit s.ch.g. geredt, zweiffelten auch nicht, Jre f.g. wurden dassel-
bige dermassen bey Jrer ko. Mat. haben anbracht, wie es von s.ch.g. gemeint,
damit aber hirJnnen kein misuorstant vorfiele, So beten s.ch.g., die ko.ᵉ Mat.
wolten denselben vorschlag aufs papir lassen bringen.
▷vnd weil s.churf.g. vormergkten, das di ko. Ma. nicht entlichen befelch hetten
von wegen der kei. Ma., alhier zuschlißen, sonder di sachen zuruck an Jre ke. Ma.
wolten gelangen laßen, So wolte s.churf.g. gleicher gestalt, was alhier gehandelt
wurde, ~~an~~ derselben mithuorwanten zuschigken vnd bestes fleis befurdern, das es
dieselben an Jnen auch nicht mangeln lißen. ◁²

---

¹ Ab hier andere Schrift, lt. Bonwetsch 99: Krackow.
² Diese Randbemerkung ist von Mordeisens Hand.

Was aber den Anstant anlangt, hetten Jre ko.ᵉ Mat. hiebeuor von s.ch.g. vorstanden, wie schwehr s.ch.g. sein wolte, die erlengerung solchs Anstandts bey
s.ch.g. ⌜derselben⌝¹ Mituorwandten zuerhalten, Sonderlich weil sie sich beclagten,
das Jren vnderthanen in disen werenden Anstant schaden zugefugt, wie Jre ko.ᵉ
Mat. aus den vorigen [36v] vbergebnen schriften vormerckt.
Damit aber zubefinden, das s.ch.g. nicht gerne etwas vnderlassen wolten, das zw
furderung diser sachen dinstlich, So wolten s.ch.g. der ko. Mat. zw ehren ⌜sich⌝
s.ch.g. Mituorwandten² so weit mechtigen, das sie von der zeit an, wan diser
Anstant ausgienge, denselben auf funff tage wolten erstrecken, doch bescheidenlich
vnd also das solche erstreckung geschehe des krigsuolcks halben so s.ch.g. vnd
dem Jungen Lantgrauen zustunde vnd itzo Jm ober Lande beysamen.
Vnd nachdem das schreiben, so s.ch.g. derhalben Jns Leger werden thun mussen,
Jnnerhalb dreier tagen vngeferlich aller erst Jns Leger kommen kan, ob nun von
zeit an, wan sich der itzo bewilligte fridstandt geendet, mitler weil, ehr das schreiben hinkomen, etwas gescheen were, als sich doch s.ch.g. nicht vorsehen, das
s.ch.g. solchs vngeferlich were. [37r] So were auch der von Oldenburg mit seinem
krigsuolck etwas weit von hinnen, also wan gleich s.ch.g. Jme derhalben schreiben
wolten, das sie Jnen doch in der zeit schwerlich konten erreichen, derwegen konnten s.ch.g. seinet ⌜halben⌝ auch den Anstant nicht erstrecken³, vnd beten s.ch.g.,
die ko.ᵉ Mat. ▷wolten an stat der key. Mat. den Anstant bis auf obbestimbte zeit
am zuhalten auch vorordnen vnd◁ die sachen vmb souil desto mehr befurdern.⁴

▷Sachsen, religion◁ Der Churfurst von Sachsen hat sein replick der religion halben
an heut der Ko. Mt. vnnd den erscheinenden Stenden vbergeben.
[532v] ▷prorogation des Anstandts◁ Der Churfurst vonn Sachsen hat vf begern der
Ro. Ko. Mt. vnd der Stend auss nach außgang dess Anstandts, so biss nechst freitag
auss sein wurt, noch sieben tag prorogirt, vnnd ehr hat solchs fur sich selbs gethan,
wo dan er von andern kein beuelch, wol auch seinem Kriegsuolck beuelhen, die zeit
stilzusteen, vnd weil aber der anstand vbermorgen auss, vnd sein bot dasselb so

[39r] Paßaw vnd Beyern haben die 7 tage von Sachßen fur sich vnd sein Kriegsvolck
erhalten. sich protestirt, wo sie vor der Certification etwas angrieff thun wurdenn.
Jtem Wust nit, wo Aldenburg wer, vnd so etwas durch Jn geschehe, wolt sich auch
entschuldigett haben, hett sich von Marggraff Albrechten kain macht noch buelech,
auch kain gewaldt vom Landtgraue Wilhelmen, darumb er fur sie nitt versprechen
vnd doch allenn muglichen vleis.
Es ist auch des Churf.en Replick vber den puncten der Religion vberreicht worden.
Jnn der Landtgrauischen Jnstruction sindt vonn den Naßawischen sachen vnder
andern diese wort gestanden, Nemlich: dann den mer vns Alweg mit dieß sachen
soltenn, wie biß hieher geschehen, Tribuliren vnd fretten laßen, das wirdt vns kain
biedermann rathenn.

¹   derselben: Schrift Mordeisens.
²   So wolten ⌜sich⌝ s.churf.en g.en der Kon.Mait zu ehren sich s.churf.en g.en ⌜Irer⌝
      Mithuorwandten so B
³   Hier steht ein durchgestrichenes O, aber nichts am Rand.
⁴   Ab hier wieder Mordeisens Schrift.

Doneben aber ist der ko. M. gleichwol ad partem angezeigt, das s.churf.g. ~~das s~~ zu den funf tagen noch zwen tag di erstreckung des anstants wolten willigen.

bald nit antreffen vnd sie ~~da~~ nach aussgang dess anstandts angreiffen wurden, ~~das e~~ bat er Jne entschuldigt zuhalten, er wol aber die sach so ehr muglich furdern. was dess Landgrafen, auch ▷Margraf◁ Albrechts Kriegsuolck belangt, angreiffen wurden, ~~solt~~ kont er nit fur, man solt Jne entschuldigt halten, Aber dess Kriegsuolcks er mechtig, solt die zeit Jnhalten, Vnd het daruf vmb furderung der sachen gepetten.

Ferrer hatt Hertzog Maintz allerhandt Grauamina vnd beschwerung vbergeben, welche also Jntitulirt gewesenn: Kurtzer bericht etzlicher gemeiner oder sonderer beschwerung des Reichs Teutscher Nation, so erst Jn Newlicher Zeitt widder das herkomen, [39v] freyheitt vnd wolfart der Teutschen Nation eingefhurt, Allein zu weiterm nach gedenckhen vnd erJnnerung derselbenn vnd andern mehr beschwerungenn gestelt,
Die Churf.en Jn sonderheitt belangendt, die Churfursten, fursten vnd Ander stendt Jnn gemein betreffendt.
So hatt ▷*??*◁ *der Obgemelt Frantzosisch Orator vmb Audientz bey dem Mentzischen Cantzler, Ehe er gehort wordenn, vielmhals angehalten vnnd vnder anndern Auch diese wort gepraucht:*
Quoniam itaque rationes Christianissimi regis non ferunt, Vt hic nihil agentes diu subsistamus, petimus a te maiorem in modum id, cum magnitudo beneficiorum Christianissimj regis pro Vnidicanda ubertate Germanica exigit, Tum ita e re totius imperii est, Vt si quid serui imperi velimus, differre nullo modo debeat. Vale.
Der Landtgrauisch erledigung halben Jst der Churfurst von Sachßen daruf beharrett, das die beurlaubung des Krigsvolcks vnd die erledigung vf einen
tag beschehen sol. Er mog auch leiden, das der Landtgraue Jn der Stadt Coln Oder des Bischoffs ⌜*da*⌝ *selbst [40r] handenn gestelt Oder Jnn Gulich, Trier, Pfaltz, Beiern, Auch der Ko. Mat. selbst handenn, welcher der Kayser gefellig, vnd Alßdann das Kriegsvolck geurlaubt vnnd das der Chur Oder furst, Jn des handenn er also gelieffertt, sich verschreib, sich niemandt daran hindern zulaßen, vnd das dem vertrag eingeleibt werde, diesem allem Ohne geuerde nachtzusetzen.*
Sachßen ist auch daruf behart, das die stedte bey Jren Jtzt geordnetten Räthen vnd priuilegien pleiben.
Jtem das Hertzogk henrich den geschworne vertrag halte.
Solches alles ist Abgeschriebener maßen von den vnderhendlern gewilliget, daruf an Kay. Mat. gelangt, vnd die Prorogation 7 tage bewilligett, welche den 15. Juny sich geendett.
Was nun die Kay. Mat. sich daruf declariert, Vnd ob es Krieg Oder friedt geberen, Wurdt man Jnn Kurtzem erfharen.

[19v]   Phintztags, den 9. Juny,
Seien zu acht vhrn Morgens dj Stennde wider zusamen Chommen, vnnd bej Jnen dj Khu.
Räthe abermaln erschinen vnnd, so vill die ~~vberige~~ vberige, noch vnerledigte articl betreffe,
Jrer Khu. Mt. verrer bedennckhen eröffnet.
Vnnd erstlichen den articln der Grauaminen belangundt, damit der dest Mererern Schein
bej der Khaj. Mt. habe, Gedächten Jre Khu. Mt. disen ~~articln~~ zusamen getzogen werden
sollen, darzue auch zu Ennde dise volgunde worrt «zuuergleichung abgehandlet» hinzuzu-
setzen sein.
Des articls halber der außsönung Gedennckhen Jr Khu. Mt. etc. dise wortt auch hinzuzu-
setzen sein «vnnd wider Jre Mt. vnnd das heilig Reich nit diennen sollen», doch haben es Jr
Khu. Mt. auf die Merer erledigung der gemainen Grauaminen eingestelt.
Den articln der Restitution oder Recuperation belangunndt, der were noch was vnlautter,
darumbn Jr Mt. gedennckhen, anzuhenngen sein volgunde wortt «hieruber weder verträg
noch was annders aufgericht» etc.
Dann wissendt, das dj Khaj. Mt. vill confisciert, verenndert vnnd vbergeben haben.
Der beschedigten halber were Je beschwerlichen, die also on alle hoffnung zulassen,
darumbn Jr Khu. Mt. Noch gedennckhen, disen articln auf Chunfftigen Reichstag
zuuerschieben sein.
Letzlichen wolten sich Jr Mt. der Sequestration halber Je gern vergleichen, aber Jr Mt. etc.
truegen fursorg, das bej dem Gegenthaill absque cognitione nichts zuerheben sein.

                                   Nona Junij
▷1 Grauamina
2 Frantzoss
3 recuperation
4 Beschedigten
5 Braunschweigischs Junckern◁ Die Ko. Mt. hat durch derselben hofrethe hern hans
hofman vnd den ~~Vice~~ hern Gienger den Stenden anpringen lassen: der Ko. hetten
ersehen Jr bedenken der letzten puncten vnd wolten die sachen nit gern vfhalten. Jr
Ko. Mt. wolten sich Jn allem mit Stenden vergleichen, das die sachen bej dem
Keyser zubefinden. Souil erstlich die grauamina belangt, befinden sie der Stend
bedenken, dass die sachen, so den Key. vnd Ko. belangen, von Jetzigen Stenden
solt abgeholfen werden etc., damit nun der Keyser desto ehr bewegt ~~vn~~ So gedecht
rex, dass diese art. zusamen zogen, ~~do~~ also, das die beschwerden, so den Key. ⌈vnd
Ko.⌉ belangten, durch die anwesende Chur vnd fursten, die vberigen ▷gemeine◁
durch die Key. Mt. vnd Stende dess reichs verglichen. ▷Begern, die beschwerden,
Jre personen belangen, durch alle Stend abgehandlet werden soll◁. frantzosen
halben vergleicht sich der Konig. die aussgesoneten, das dieselben solten dem
Keyser gepurlich gehorsam leisten, widder Jr Mt. vnd dass reich nit dienen biss zu
erorterung der sachen. der recuperation halben: der Jhenigen, so sie widder
Jngenommen, wil den Konig dunckel sein, vermeint, dass darzu zusetzen, die guter,
da keine vertreg vfgericht.
[533r] ⊢Jn⊣ ~~Vnd~~ erwegten, dass derselben guter durch die Key. Mt. zu confiscirt
▷vnd hingeben◁, ~~besorgt~~ besorgt, dass schwerlich zuerlangen, vnd vf dass mittel
gedacht, das hinein zusetzen, aussgenommen die guter, so nit durch die Key. Mt.
confiscirt noch begeben worden. Die beschedigten belangen, den punct Jetz nit
konne vergleichen, sonder vf ein reichstag zuuerschieben ~~Achten sie, den anhang
zuthun, was durch Key. mit nit confiscirt etc.~~ Sequestration der Braunschweigischen
Junckern wolt Ko. ⌈sich⌉ gern mit den Stenden vergleichen, da es beim geg.en' [=
gegenteil] zuerheben. da die gute nit stat, das alsdan ▷zu◁ der Commissarien
erkandtnus steen solt, ob die guter zu Sequestriren.

[20r] Hierauf haben die Stennde das alles zuberathschlahen wider furgenommen. vnnd erstlichen die Grauminen betreffendt, vermainen die Stennde, die Khu. Mt. zuerpitten vnnd dahin zuschliessen sein, das, was dj Khaj. Mt. on Mittl belannge, das solche beschwere durch dj Khu. Mt., Khunigliche wurde etc., Jetzt gegenwurttige Chur vnnd fursten zuerledigen, aber dj sachen, so den Khaisern nit betreffendt, sein Khaj. Mt. Jn demselben nit außzuschliessen sein.

Der articl der außsonung pleibt.

Belanngendt die Recuperation, Seie nit weniger der Khu. Mt. bedennckhen, seie bilichen aber, vnnd dhweill die zeit ganntz geuerlichen, darzue khain fridt derowegen bej dem

<del>Berathschla</del> vmbfrag

Trier: Die beschwerungen, so die Key. Mt. anlangten, durch alle Stend solten erorterten werden, vnd die priuat sachen per cesa.[= cesarem] & status Jmperij, zweifelt nit, wass Jr meynung gewesen, Nemlich, dass des Keysers beschwerungen allein durch den Konig, Jtem den Konig zu Behen vnd die Jetz anwesende Stend solten erortert werden, Aber die andern beschwerden, so den Keyser nit belangen, solten durch die Jetz anwesende Stend vnd Key. Mt. erortert werden. bej dem bedencken lass ers noch, dan solten des Keysers grauamina Jnn <del>Reichs</del> beysein aller Reichs Stend berathschlagt, Mocht sachsen sagen, es hetten die Key. Mt. die Jren Jm rath sitzen, wer partheischs. Jtem, es brecht auch verlengerung der sachen vnd ein vnordnung, wie es dan Sachsen zu Lintz nit thun wollen, pleiben bej erstem Jrem bedencken. 2° Aussonung, lassen sies bej der Ko. Mt. bedencken pleiben. 3° restitution vermerk man, dass der Konig einig, ausserhalb der recuperation etc. Achten, dass nit one, es mocht pillich sein, wass Cesar confiscirt, dass es darbej pleiben, Konnen aber nit erachten, das es bej g.en^I [= gegenteil] erheblich, hindern sej schwerlich, da einer schon nit <del>Jm den</del> widder den Keyser gedienet vnd Jme doch dass sein genomen, drumb <del>solt die</del> liess ers bej seinen gesterigen bedenken pleiben, Wass aber priuat sachen, so nit furstenthumb oder lehen, mocht Jrer Mt. wilfart werden.

[533v] 4° Beschedigten, weil es Jrer Mt. gefellig, wie angezeigt, lassen sies pleiben, hielten aber darfur, dass besser dieselben art.s gar zugeschweygen, doch last ers bej der Ko. Mt. bedenken pleiben. 5° desgleichen der Sequestration halben, verglichen sie sich auch.

Coln: Grauamina belangen, repetirt sein gesterig bedencken. 2° Aussgesonten liess es bej der Ko. Mt. bedencken pleiben. 3° restitution sej der Ko. einig. 4° recuperation wie Trier. 5° <del>Re</del> Beschedigten halben.

Pfaltz: beschwerden, Jtem restitution, Jtem die Braunschweigischen Junckern wie Trier. Aussonung halben Achten sie den Ko. zupitten, sich mit den Stenden zuuergleichen, Nemlich dass sie alle zu g.en vfgenomen, vnd solten verpflicht sein, widder Key. vnd Ko. Mt. vnnd das reich dienen solten etc. restitution mobilium, Achten, dass rex zuerpitten, sich mit der Stend bedencken zuuergleichen.

Brand.: Jn ersten zweyen puncten wie Trier. Der Außgesonten halben hetten sie vermeint, es solt bej Jrem bedencken plieben sein, Aber damit der Ko. desto williger, sol Jme Jn dem wilfart werden. recuperation verglichen er sich. Vnd nachdem auch etlich vom Ko. angezogen, die nit weniger Jn gefhar als diese, Achten sie, dass der Ko. Mt. gleichsfals wies des Keysers auch gedacht werden, Vnd der Ko. derhalben zupitten. Beschedigten halben sol man schweygen, sey besser. Sequestration: hetten wol gern gesehen, das es bej der Stend bedenken geplieben, weil sie horn, dass man sich mit der Ko. Mt. soll vergleichen, so wolten sie sich nit sondern, sonder mit der Ko. Mt. vergleichen.

[534r] Meintz: wie Trier.

Saltzpurg: dergleichen.

gegenthaill zuuerhoffen, Neben dem auch beschwerlichen, das auch der, so nichts ver-
wurckht, buessen solle. Schliessen die Stennde, hieruber die Khu. Mt. etc. zuuerpitten vnnd
bej vorigem der Stennde bedennckhen zulassen sein. der beschedigten vnnd Sequestration
halber lassen es die Stennde bej vorgehabtem bedennckhen beruehen.
Jm articl der außsönung Haben gleichwol die Stennde ainesthails erst heut angerürt, dj Khu.
Mt. auch darein zuziehen, aber, vnnd dhweill dise guettige Vnnderhanndlung die Khu. Mt.
annderst nit alß ainen vnnderhanndlern betreffe, auch hieuor das nit vermeldet, vnnd Jetzo
zu letzt beschwerlichen bej Jrer Mt. möchte bedacht werden, So ist mit dem Mererm fur
guet angesehen, das Nochmaln zuvnnderlassen, doch vnnd zuuergnuegung etlicher Stennde
Möchte vnnd solte das Mundtlichen an Jr Mt. gebracht werden.

Zu dreien vhrn Nach mittags sollen die
Stennde widerzusamen Chommen.

Alß die Stennde zu dreien vhrn wider bej ainander gewesen, Hat dj Khu. Mt. durch Jre Räthe den [20v] Stennden wider anzaigen lassen, das Jr Mt. der vberigen articln halber sich
mit den Stennden verglichen. allain Jm articl der Recuperation Begerten Jr Khu. Mt. erleutterung der furstenthumbn, lanndt, leuth vnd lehen, auf welche sie, dj Stennde, dise Recuperation verstannden haben wolten, also auch des furpitts halber, So Mundtlichen an Jr Mt.
etc., wie heut beschlossen, gelanngt worden, So begern auch Jr Mt. Jn dem articl der Religion fort zufaren.

Bayern: Liess Jme der Trierischen meynung, Allein der Aussonung besorg er, es
werd beim Ko. nit zuerhalten sein, dan Jr Mt. nit gern vom Aydt vnd der verpflichtung gewichen etc., das allein diss wort verpflichtung hinein gesetzt. ~~was~~ das man
aber hinein setzen solt den Konig, dass er seine Echter auch auss vngnaden solt
lassen, mocht ers der Behem halben bedenckes haben vnd gedencken, warumb man
Jetz komme.
Eystet: vt Bayern.
Brandenburg: beim ersten puncten liess sie Jnen die Trierischs meynung gefallen, die
aussonung belangen wie Brandenburg Churf.en, ~~restiperation~~ restitution liess beim
meisten bedenken pleiben.
Passaw: wie Bayern, dass man den Ko. hinein setzen, wolt sich nit gepuren.
Braunschweig: verglich sich durchauss mit andern, Allein den letzten art. die
Sequestra. [= Sequestration] belangen henck die sachen am Chamerg., so kont Jn
kein sequestration willigen, wan aber der Keyser werd Comissa. Jn der gute ordnen,
werd sich sein her der gepur halten.
Wurtzburg: vt Passaw.
Gulch: wie Trier, der Aussonung halben wie Pfaltz.
Pommern: wie andern, Acht auch nit, dass der Konig der aussonung halben hinein
zusetzen, dess letzten puncten halben soll der Konig zupitten sein, sich mit der Stend
bedencken zuuergleichen.
Wurtemberg: wie andern, ⌈Achten⌉, das ~~aber~~ der Konig hineinzusetzen, die Jren
auch Ausszusonen.

Jst noch einest vmbgefrag
ob der Konig zubitten, seine
Echter auch auss vngnaden zulassen.

Vnnd Jst fur gut angesehen, das dess Konigs Jn dem zuuerschonen vnnd allein gesetzt werden, dass alle die Jhenen, so ~~versch~~ Jn vngnaden ▷der Key. Mt. vnd◁ dess
Reichs seyen, auss sorgen gelassen.
Jst Jn ein schrift gestelt vnd der Ko. Mt. vbergeben worden.
[534v]   post meridiem
Die Ko. Mt. liess durch derselben hofräthe hofman vnnd Gengern anzeigen: het dass
letzt bedenken vf die vberigen art. verlesen, vnd vmb furderung der sachen vergli-

Hierauf haben die Stennde abermaln mit dem Mererm die sachen dahin gestelt, das Jn der Recuperation Hertzog Otthainrich Phalzgraue der Khu. Mt. benennt vnnd dann weittere specification bej dem Churfursten gesucht werden solle, aber das furpets halber Haben die wierttembergerische angetzaigt, wie Hertzog albrecht von Bairn etc. die sachen bej der Khu. Mt. alhie zu guettigen hanndlungen schon anhenngig gemacht. da es dann zu verrern handlungen khäme, patten sie alßdann, Jnen Mitfurpittlichen zuerscheinen. darbej es verpliben. Der Religion halber seien dj Stennde erpuetig, darJnnen auch zuschliessen.

chen sie sich mit den Stenden durchauss, Allein Jn dem puncten ~~was la~~ der recuperation, wass landt, leut vnd reichslehen belangt, wolt Jr Ko. Mt. gleichwol die sach nit verhindern, doch achten Jr Ko. Mt., dass derselb art. besser zuerleuttern, Nemlich, was land, leut, Reichslehen, die sie Jetzundt recupueriert, wurde sich die Key. Mt. desto bass ercleren.

2° begert die Ko. Mt., weil der art., die religion belangt, wichtig, dass man den auch fur hand nemen wol, damit man ▷also◁ die gantz handlung an die Key. Mt. mag gelangen lassen, weil Jn dem kein theilung ~~zuthun~~ fuglichen zuthun.

3° die aussgesondten, dass Jr Mt. die Jhenen, so Jn Jrer Mt. Acht sein, sollen auch zubegnaden, wusten Jr Mt. sich deren keinen zuerJnnern, so dem reich verwandt, begert, die namhaftig zumachen, wolten Jr Ko. Mt. sich furter der gepur ertzeigen.

Vmbfrag

Trier: heten gehort, wes der Konig furpringen lassen, vnd vermerkt, das rex sich mit den Stenden fast vergleichen, Allein der recuperation halben trugen sie fursorg, der Keyser wer Jne disputirn, begert erclerung, wass man damit verstanden haben wolt etc. ~~wu~~ vnd wust man sich zuerJnner, welchergestalt man vrsach genomen, von dieser recuperation zureden, wol Jnen schwer fallen, erclerung zuthun, dan was hertzog otheinrich gethan, ob man Jne allein melden wol, sol es Jnen nit zuwidder sein, vnd darfur bitten, Jne pleiben zulassen, ~~oder~~ mher zu specificiren, hetten sie kein bericht.

[535r] die beschedigten belangen, dass der Konig fur begeren ansucht, dass bej Jrem vorigen bedenken zupleiben vnd ein art. zustellen etc., lassen sies auch pleiben, achten, dieser art. sej also mit dem Konig verglichen. Das man den art. der religion furdern, liessen sie Jnen auch gefallen. Letzlich die aussonung der Echter belangen, dass der Konig die Jhenen zu specificiren, so Jn Jrer Mt. vngnad, trugen sie dessen kein bericht, Achten aber, es mocht Wurtemberg, Jtem die von Plawen, so vf reichstagen angesucht damit zu~~b~~gemeinen, ob man sie aber soll benennen, stellen sie ▷zum andern◁, vnd sollt nachmals die bit bescheen.

Colln: wie Trier.

Pfaltz: hetten nit anders verstanden, dan wie durch Trier ertzelt. Souil die erclerung der recuperation belangen, bedenken sie, dass dieser punct durch die Stend nit erregt, sonder durch Sachsen, wol die notturft erfordern, dass Sachsen die erclerung thue. Erinnerten sich auch hertzog Othenrichs Sup.lon [= Supplikation], darin sie antzeigen, dass sie Jr landt vnd leudt recupuerirt, vnd weil gepetten wurt, vf weg bedacht zusein, damit er dabej pleiben, bedechten sie, dass derselben Sup.lon [= Supplikation] solt gedacht werden bej diesem puncten, vnd die furbit zuthun, Aber mher personen zuernennen, wusten sie nit. 2° Anlangen die Echter, so Jn dess Konigs vngnad sein mochten, gedechten sie, das dem Ko. zuantwurten, man wust sich derselben so eygentlich nit zuerJnnern, sie echten aber, dieselben personen wurden sonder zweifel bej Jrer Mt. ⌈selb⌉ ansuchen vnd ⌈sich⌉ namhaft ~~hap~~machen, versehen sich, Jr Mt. wurden sich al~~g~~her gnedigst gegen derselben, so dem Ro. reich vnderwurfig, erzeigen. 3° dass man die religion furdern wolt, hetten sie anders nit verstanden, das man eben keins andern vorhabens, drumb der Konig zubeantwurten, Man stund Jn arbeit vnd wols befurdern.

[535v] Brandenb.: wie Trier, vnd sonderlich Jm ersten der recuperation halben, wiewol sie ~~p~~ nit wissen, wer Jnteresse oder die sachen angeen mag, weil aber zu Augspurg bewilligt, fur hertzog otheinrichen furbit zuthun, vnd dasselb Jetz widder gesucht, Lassen sie Jnen nit misfallen, das die specification vf dasselb beschee, Jtem da der Ko. begerten, erclerung zuthun deren, darfur man bit, wuss man die nit zu specificiren, ~~es~~ sie hetten von Wurtemberg gehort, wusten aber nit, ob ers leyden mag, solches zu den gesanthen dess von Wurtembergs.

Meintz: souil die recuperation belangt, wusten nit, wen die ding anlangten, machten leiden vm Jeder dass sein hetten, ~~Allein~~ vernemen aber, dass hertzog Otheinrichs gedacht, wie er zu Augspurg auch begert etc. sej ein vfzugig antwurt geuolgt, das aber nun solchs widder zusuchen, hielten darfur, weil er Jetz abermals ansuchen, dass er zubenenen, woltens gern mit helfen thun. 2° die Ko. Mt. Specification belangen, wusten sie nit, wer die ~~nit~~ weren, Genger hab alspald specification begert, hettes aber nit thun konnen, da Jemants anzuzeigen, wolten sie gern dass Jr darzuthun vnd befurdern.

Saltzpurg: wie Pfaltz.

~~Brandenburg~~ ⌐Bayern⌐: Acht, es muss specification bescheen, zog sich vf Pfaltz, wiewol er trag bedenckes, da der Keyser hertzog otheinrichs landt Jngenomen, sej es nit Jn seinen handen, sonder Jn der landschaft handen gewesen. Wurtembergs halben werd rex sagen, es sej ein affterlehen, Jtem stee mit Jme Jm rechten, trug die fursorg, dass diese specificationes ein sondern tractat erfordert, daruf zeit lauf, besorg, es mocht das gantz werk vmbstossen. Wurtembergs halben sol Jme die furbit, da es die gesanten begern, nit zuwidder sein.

[536r] Passaw: wie Beyern.

Brandenburg: Achten, das die specification von Sachsen gescheen mus, Jn andern puncten war er mit Trier vnd Pfaltz einig.

Wurtzburg: wie Passaw.

Braunschweig: wie Trier, Pfaltz vnd Bayern. Acht, dass der Konig nit allein specification der personen begert, sonder wass fur Landt, leudt oder lehen seyen, was man aber Jn spe. [= specie] mit hertzog Otheinrichen vnnd Wurtemberg bedacht, lass er Jme nit misfallen.

Eystet: wie Passaw, Nemlich, dass es allein vf die guter zuuersteen, so Jm Schmalkaldischen Krieg genomen vnd Jetz recuperirt.

Gulch: wie Trier, Pfaltz vnd sonsten, Achten aber, ~~dass~~ die furbit solt bescheen, die Kriegs Chur vnd fursten werden die namhaft machen.

Pomern: Liess Jme gefallen, dass die specificattion der recuperirten guter von Sachsen zubitten, vnd dass die furbit fur hertzog Otheinrichen thun solt, dass man fur Wurtemberg bitten solt, wer ~~z~~ von den gesanthen zuuernemen, wer die vom Adell, so auch lehen von Wurtemberg.

Wurtemberg: Mit der aussonung, weil Pfalz ein bedenken angezeigt, Jn g.ne [= genere] ~~z~~ die echter zufurbitten, vnd wer ansuche, dass sie begnadet werden solten, vnd furnemlich, dass man den missuerstand Jm reich damit vfheben wolt. was aber Jren hern belangt, bedankten sich dessen, wolten nit verhalten, das Bayern Wurtemberg zugesch.en [=zugeschrieben], dass rex sich vf Jr furpit vernemen lassen, alhie zu Passaw ~~von~~ Jr f.en g.en von den vngnaden abzusteen, wusten nit, wass Jnen Jn dem zuthun, Souer aber es die andern fur gut ansehen, dass sie vnbeschwerdt sein wolten, die furpit zuthun, ~~hetten, da es dan zur gute keme hetten.~~ Es solt auch alhie gutlich handlung furnemen, hetten auch beuelch, da die gute entstunde, dass sie die Stend zur furbit vermogen ~~solten v~~ vnd bitten solten.

Freitags, den 10. Juny,

Seien die Stennde zu funf vhrn Morgens frue wider zusamen khomen vnnd haben die Replickhen des Churfursten auf den articln der Religion zuberathen furgenommen. Vnnd erstlichen biß auf den Versicl «Bej dem punct etc.» bedacht, das die wortt «so vill deren sie Jn possess etc.» alß zu general vnnd Captioß gestelt nit zupassiern sein werden, auch nit wol stat haben muge: quod Caesar alicuj tollat ius suum, derohalben zupitten, damit solche wortt außgelassen wurden, Neben dem, ~~auch~~ das dise wortt auch der abgehanndleten Restitution zuwider weren.

[536v] Jst geschlossen recuperation belangen, dass erstens solt gescheen, dass hertzog Otheinrich benent. Bej den aussgesonten ~~wer bej der Ko. Mt. ansuchen wurde, so Jn dem reich gesessen vnd darunder gesessen~~ Solt Sachsen specification vernemen lassen. Wer ansucht vmb aussonung, weldt[?] sich rex der gepur halten. Jtem, das Wurtembergs, wo vonnoten, ~~aussonung~~ auch bedacht, ~~w~~ da einich vngnad vorhanden sein solt.

Solche bedencken seind Jn schriften gestelt vnd der Ko. Mt. vbergeben.

Decima Junij

▷religion◁ Des Churf.en zu Sachsen Replicschrift vber den art., die Religion belangen, fur hand genomen vnnd berathschlagt worden.

vmbfrag des ersten

Trier: hetten gehort ~~was~~ des Churf.en replic, dieselb erwegen vnd befunden vil art. darin, so Jnen bedencklich, sonder ~~sch~~ zweiffenlich fallen wollen. 1° Jn fridstand zusetzen, das die Geistlichen bej Jren gutern etc. souil sie deren Jn possession, sej widder recht, dass einem sein Jus sol abgeschnitten werden, zudem es regj noch Stende nit gepuren, tertio Jchts zupräiudiciren. Sej ein art. beschlossen, dass die ~~recu~~ guter, so den Stenden genomen, widder soll zugestelt werden, ~~obsch~~ dieser art. sej weithleufig vnd captioss gestelt, Sej zu Augspurg geschlossen, dass der entwerten guter halben zum Keyser gesetzt, ~~solche~~ drumb Jnen beschwerlich, darauss zuschreitten. Jtem, der art. sej gar Jn g.ne [= genere] gestelt, drumb hielten sie darfur, dass der Churf.en darfur zupitten, diesen art. ausszulassen, auss erzelten vrsachen.

2° das des fridstandts halben versicherung gescheen soll, sej hieuor gewilligt, drumb soll sachsen anzeigen, wie ~~derselb~~ dieselb zugescheen.

Der Stend, so abwesend etc., solt es auch bej dess Churf.en meynung pleiben.

Den Beysitzern den fridstand zuuerkunden, liess er Jme Sachsen meynung gefallen.

[537r] Coln: Den fridstand belangen, Achten sie, dass man sich dessen zuuergleichen vnd dem Keysser furter vmb resolut. [= resolution] zuzuschicken. 2. Die so Jn besess, Sej Jnen bedenklich, wusten nit zuwilligen, dass Sachsen darfur zupitten, verglich sich mit Trier. das Chamerge. sej Jetz nit, drumb soll mit der verkundung vertzogen werden, biss zu widder vfrichtung desselben.

Pfaltz: Achten, das der Konig zuersuchen.

die guter, so Jn possessione sein etc., hetten sie auch darfur, dass mit Sachsen zuhandlen, die sachen vf den Abschiedt 44 zu disponiren. Schlossen wie Trier ~~fridstand den Chamerg. zuJnsinuiren~~

Brandenburg: wie Trier.

Meintz: dergleichen, was sie kundten befurdern zum frieden, wolten sies gern thun.

Saltzpurg: dergleichen.

Bayern: liess Jme auch gefallen, doch mit der clausel dess Chamerg. halben wie Coln, vnd erledig sich derselb punct selbs, was beim Chamerg. sej.

▷Gulch: wie Pfaltz◁

Die vberigen haben Jnen dass Trierischs vnd Pfaltzischs votum gefallen lassen.

Protokolle zum 10. Juni: — / 21r / 537r-538r

[21r] So haben dj Stennde Jnen nit zuwider sein lassen, das Das wortt "Colloquj" auch einuerleibt wurde.
Von wegen versicherung des fridtstandts von dem Churfursten Bericht zunemen, wie sein Churf.en g.en die begern thuen. Etliche auch von dem fridstandt, anno etc. 44 aufgericht, Reden vnnd disen fridtstandt dahin ziehen, Referiern wollen. Versic. «Bej dem punct etc.»: Jst mit dem Merern dahin geganngen worden, das man den Churfursten vertrössten solle, das zu khunfftigem Reichstag Jn ca. [= causa] Religionis also gehanndlt werden solte, das Chain thail beuorthailt, aber das Mann Jetzo von gleichem Stymmen oder auf ainen anndern weeg schliessen muge, das Chundte nit sein, darumbn diser articl auf ainen Reichstag zuuerschieben.
Das Colloquj solle, wie vernommen, Miteingetzogen werden.
Der articl «So vill aber den articln» Solle auch auf khunfftigen Reichstag verschoben werden.
Dann sovill den articln «das auch der augspurgerisch etc.» seien gar nit zulässig, Beschwerlich, darzue auch der Khaj. Mt. verclainerlichen vnd wider Recht, Jnteresse habent ibique

S Wie die spaltung zu einem
einhelligen verstand zupringen
Vmbfrag
Trier: bej diesem puncten hetten sie kein sonder bedencken, geben zu bedencken, ob man eins Colloquj meldung thun wolt. Das aber die vergleichung einhelligklich getroffen, konne man nit wol daruon reden, sonder soll man dem Churf.en sagen vnd die vertrostung thun, dass vf kunftigem Concilio ~sol~ daruon zureden.
Coln: wie Trier, Solt Sachsen gepetten werden, sich zuuergleichen.
[537v] Pfaltz: Liess Jnen gefallen, des Colloquj halben zum Konig zustellen. der Stim halben verstunden sies dermassen, weil zwo religion, sej auch pillich, das gleiche vota seyen, drumb solt gleiche antzal der personen zuorden sein.
Brandenb.: wie Trier.
Meintz: hielten auch darfur wie Trier, dass colloquium soll Jnen auch nit zuentgegen sein, von den stimen werd sich Jederman dermassen ertzeigen, dass fried vnd ruhe erhalten.
Saltzpurg: wie Pfaltz.
Bayern: Last Jme gefallen. dess colloquij halben zum Konig zusetzen. vom Churf.en sol man horen, der stim halben, wie es zuuersteen.
Eystet: wie Pfaltz.
Die andern schlossen auch mit Trier vnd Pfaltz, Nemlich des Colloquj halben, weil man Jndifferer, mag mans setzen. Eynige stimen, das solchs durch ein Ausschuss zuthun, doch dass die Churf.en Jre vota behalten.
Art. recht~ens~ belangen
vmbfrag
▷recht◁ Trier: wusten sich zuerJnern, dass man Jungst alle puncten, dass Chamerg. belangen, vf ein reichstag oder versamlung geschoben, kont Jetz daruon nit zuhandln, wusten von keiner partheilicheit am Chamerg., solt es aber hinein gesetzt werden, lasses Jme gefallen, dan es pillich.
Coln: dergleichen.
Pfaltz: hetten dass bedenken, das sie sich mit Sachsen wolt vergleichen.
Brandenburg: wuss von keiner partheilicheit dess Chamerg.
[538r] Suspension des rechten
▷Suspension dess rechten◁ Trier: befund diesen art. beschwerlich, also das Jrem hern nit gepuren will zu willigen. Man wuss den Abschiedt, A° 44 gemacht, auss wass vrsachen die Papisten nit darein willigen konen, dan sie sich dahin letzlich begeben, dass sie den Abschiedt tolleriren wolten, es sej auch dem Keyser veracht-

Jr Jus, dergestalt abzustrickhen, Neben dem, vnnd dhweil alhie ~~auf~~ ain friedtstanndt aufgericht, werde der alß das Junger alles, so Jme zuwider, selber abstellen vnd aufheben.

lich, man habs Jetz zuthun mit macht, hielten darfur, dass es beim vorigen bedencken zupleiben. het der Churf. beschwerung, solt es vf kunftigem reichstag thun. wo aber Je Jchts solt gewilligt werden, must es durch die Ko. Mt. beschehen, da sies vf sich nemen wollen. von Jres hern wegen wusten sie sich nit Jnzulassen.

Colln: Achten darfur, das Sachsen sich ersettigen lass mit vorigem bedencken, Stend hetten den Abschiedt tollerirt vnd dazumal nit willigen wollen, ~~ko~~ vilweniger sies Jetz thun konten, vnd wo Sachsen dessen bericht, werd er sich aller pillicheit halten.

Pfaltz: bedechten, dass man ~~J~~ alhie Jn handlung von wegen eines friedstands der religion, wass demselben anhengt, mochten die Abschiedt, so dem zuwidder, nit stat haben. Moge leyden, das dieselben beschwerden der Abschied vf den Reichstag geschoben.

Brand.: acht, es wer vnuonnoten gewesen vnd wol vmbgangen werden kone, vnd acht, da Sachsen ~~??~~ bericht, er werd sich settigen lassen.

Meintz: es wer schimpflich, das man dass ⌐recht⌐ suspendiren solt, dan es Ja kein libertet, Achten diesen art. fur beschwerlich vnd pillich zuunderlassen.

Saltzpurg: dergleichen.

Beyern: Acht, dass dieser art. vf ein reichstag zuschieben, verglich sich mit Pfaltz.

Eystet: wie Beyern.

[538v] Braunschweig ⌐
Passaw
Brandenburg   ⌐ wie Pfaltz vnd Brandenburg
Wurtzburg
Gulch   ⌐

Wurtemberg: die newe constitutiones derogirn den alten, dunckten Jne, es sej der sachen nit vngemess, er verstees alles vf die religion.

Pomern: Sachsen wol nit, dass dass gantz recht vfgehoben, sonder wass die ~~gleichmessig rech~~ religion belangt, Liess Jme dess Pfaltzgreuischs bedencken gefallen.

2. vmbfrag

Trier: Befunden diesen art. fast beschwerlich, liesses bej Jrem vorigen bedenken pleiben, dan es bej der Key. Mt. verkleinerung pringen thet, da das recht vfgehoben. Steltens dahin. was Keyser vnd Ko. Jn dem thun, musten sie tollerirn, Chamerg. kondten Jres eydts halben nit thun.

Coln: wan der fridstand gestelt, dass dieser handlung geholfen, souil den puncten anlangt, Key. moch vngnad schopfen, da diese wort Jn fridstand gesetzt.

Pfaltz: Achten, das alles dass Jhenig, so dem alhijgen tractat, so er beschlossen, zuwidder, solt suspendirt werden, vnd dass Sachsen vf den weg zuweysen.

Brandenb.: achten, dass dieser art. dem Konig heimzustellen.

Meintz: wie Brandenburg.

Saltzpurg.

Bayern: sol Jngestelt werden biss zum reichstag, wol man zum Ko. stellen, lass er Jme auch gefallen.

Jst geschlossen, das der Ko. Mt. anzuzeigen, ~~das dieser art.~~ damit der fridstand sein wirklung haben mag, das darin gesetzt werden soll, wass Jme entgegen, nit binden solt, Vnd dass Key. vnd Ko. Mt. die ding also ordnen wolten.

Letzlichen belanngundt dj Presentation der augspurgerischen Confession verwanndten, auch
das Jurament, Jst fur guet angesehen, den Ersten articln zuuerschieben sein.
[21v] Doch mit der vertrosstung, das zukhunfftign handlungn solches seinen weeg haben
vnnd billichen sein werden solle, dann es auß disem fridtstandt selber eruolgen thue. Jetzo
seie es aber on frucht, dhweill nit zugedennckhen, das diß Cammergericht on ainen
Reichstag oder anndere versamblung sich werde samblen mugen, aber das Jurament seie
zuzugeben qu.quidem [= quandoquidem] ex Canone.

[539r]   Presentation ~~anb~~ der personen[?] ans
                         Chamergericht, Jtem zu den
                         heyligen nit schweren
▷Chamergerichts personen presentation◁
Trier: achten darfur, weil ~~durch~~ die Chamerg. personen sich zertrent vnd nit
zuuermuten, dass sie vorm reichstag widder zusamen komen werden, drumb achten
sie, dass es vf den reichstag oder den andern grauaminibus zuuerschieben.
Coln: dergleichen.
Pfaltz: Achten fur rathsam, vf solchen art. zuantworten, vnd ob wol das Chamerg.
so bald nit zusamen komen werd, sej es doch nit nachteilig, da es Jetz schon
beschee, dess eydts halben acht ers nit vnpillich.
Brandenburg: Acht, dass der presentation halben ~~vff~~ ein reichstag verschieb, des
Juraments halben solls zum Konig gestelt werden.
Saltzpurg ⌐
Bayern   ├ dergleichen
Eystet   ⌐
Braunschweig: wie andere.
Passaw: die aufnemung der personen gehor alhier nit, soll vf den reichstag
verschiebt werden, des Juraments verglich er sich mit andern.
Brandenburg: wie Pfaltz.
Wurtzburg: vt Passaw.
Gulch: dergleichen.
Wurtemberg: hielt darfur, dass mans wol thun moge, vnd dass des Churf.en begern
nit vnpillich, den eydt betrefen acht er, dass dem Churf.en zu wilfaren.
Pomern: Man redt ~~allein~~ derhallb, dass die person, so Lutherischs, nit ~~z~~ zugelassen,
sondern veracht werden, hielt darfur, dass rex Jme diese meynung nit wolt misfallen
lassen. den eydt verglich er sich mit andern.
~~Jst geschlossen, der Ko. Mt. anzuzeigen, 1°-annemung der personen vf den reichs-~~
~~tag Jngestelt, dass Jurament belangen d Sej Stenden nit zuentgegen, die form dess~~
~~Juraments zuhalten, wie Sachsen furgeben, doch vf willigen des Konigs~~
[539v]   2. vmbfrag
Trier: wiewol sie sich nit wusten zuberichten, dass denen der Augspurgischen
Confession benomen, die Jren zu presentiren, Jedoch wollen sie diese puncten dem
Konig heimstellen.
Coln: Man sols vf ein reichstag verschoben werden.
Pfaltz: erhalten Jr vorig votum. Wo aber dagegen votirt, Solt Sachsen zuwilfaren
sein, dass die presentirten personen angenomen werden.
Brand.: besorgen, es werd beim Key. vnd Ko. nit zuerhalten sein, drumb waren sie
der meynung, man solts vf ein reichstag verschoben werden, Sachsen werdts sonder
zweiffel willigen.
Meintz: wie vor gehort, das vf den reichstag zuuerschieben, des Juraments halben
wie vor.

Nach Mittags seien dj Stennde widerzusamen khomen, denen haben dj Khu. Räthe furgetragen, wie sich Jr Khu. Mt. vber vorangeregt bedennckhen der Religion Mit den Stenndten gnediglichen verglichen. allain begert, das dj Stennde, wie sie vermainten, die Caution aufzurichtensein, Jn ain Nottl zustellen.

Saltzpurg
Bayer
Eystet   Sol vf ein reichstagen verschoben werden zu den
Braunschweig   andern grauaminibus, vnd dass man Sachsen ~~p~~
~~Wurtzburg~~   getrost, die sachen zu befurdern.
Passaw

Brandenburg: lasst Jme auch gefallen, dass es vf ein reichstag verschoben.
Wurtzburg
Gulch ⌐ dergleichen

Wurtemberg: weils nit sein mag, dass Jetz zuerorttern, verglich er sich mit Passaw.
Pommern: Acht, man solts Jn der gn.alitet [= generalitet] pleiben lassen, wie auch dieser punct Jn g.ne [= genere] gestelt. ᵛ

Jst geschlossen, was die presentation anlangt, dass solchs vf gemeinen reichstag zuuerschieben, Aber dess Juraments halben sols zum Konig gestelt werden.

Jst Jn schriften gefast vnd dem Konig vbergeben.

[540r]   POST MERIDIEM

▷resolutio regis, die religion belangen◁ Die Ko. Mt. liess den Stenden durch derselben hofrath hern hofman vnnd hern Gengern anpringen: der Konig het das heutig bedenken der religion ersehen, vnd die sachen nit vfzuhalten, wolten sie durch auss sich mit den Stenden vergleichen. Aussgenommen, welchermassen Jn kunftiger vnderredung der religion ▷der Stimmen halben solt gehalten werden◁, weren wol geneigt, ⌐solche⌐ zu furdern, damit die vergleichung der Stimmen ⌐beschee⌐, Bedunck Jne ⌐aber⌐, es werd nit wol gesein konnen, Achten, weil die andern art. der religion vf kunftige handlung geschoben werden, dass dieser punct dahin auch zuschieben. Vnd nachdem Jr Ko. Mt. vernemen, dass ein notturft, dass Caution des fridstandts verfast, lasts ⌐sies⌐ Jnen gefallen vnnd begert, man wolt die ~~se~~ verfassen vnd Jrer Mt. furtter ⌐furter⌐ [sic!] sehen lassen. Vnd weil die ~~sachen~~ erstrekung des Anstandts kurtz, vnd die sachen vf dem beruhen, dass ~~resolution dass einer~~ resolution dess Keysers zuerholen, derwegen Jr Mt. furarbeiten ~~lassen~~ vnd alle erledigte puncten zusamen ziehen lassen, die sie Jnnerhalb einer halben stund vberreichen ~~lassen~~ wolten, dessgleichen ~~wolten~~ Jr Mt. diss puncten halben der religion auch thun lassen wolen, Vnd betten Jr Mt. vmb befurderung der sachen.

Vmbfrag

Trier: hetten angehort, wes die Ko. Mt. anzeigen lassen, Vnnd nachdem Jr Mt. sich durchauss vergleichen mit den Stenden ausserhalb der Stimmen etc., zweifelt nit, man wuss, wass Jr bedencken, Nemlich das mans dahin Jnstellen solt, weil sie nun befunden, damit vergleichen, lassen sies darbej pleiben. 2° Die caution anlangen, dass man die nottel solt fallen lassen vnd dass man auch verdacht sein wol, wie die zuuersehen, Achten sie, das sichs gepuren wol, der Ko. Mt. erclerung hierin zuhoren, desgleichen solt Sachsen auch ersucht werden, welchergestalt er ~~vnd~~ & consortes versichern wolten. ~~Was dan~~ Konten Stend sich Jrent halben auch der gepur halten etc.

[540v] Colln: het die antwurt auch gehort. Vnd dass Jr Mt. fur gut ansehen, das der Stimmen halben vf kunftigen tag zuschieben etc., Konten sie nit anders gedencken, dan dass alle Stende darzu zugeprauchen vnd sich mit der Ko. Mt. vergleichen. 2° Caution belangen hielten darfur, dass dem Konig Jn dem nit zufurgreifen, sonder Jrer

Auch hetten Jr Khu. Mt. allain zu fur arbaith auf die beschlossene articl Concept lassen begreiffen, wie die Jn ainer halben Stundt den Stenndten zu vbersehung zugebracht werden solten. Wie beschehen, vnnd sich die Stennde Mit der Khu. Mt. verglichen, wie das auß den schrifften erscheinen wurdt.

Mt. als der oberst schiedtsman gepure etc.
Pfaltz: Was die ▷vergleichung der◁ Stimmen belangen, hielten sie darfur, das Jr Mt. dahin zupitten, das sie Sachsen neben den Stenden wolt vertrostung thun, das die fursehung zuthun, das diese versehung Kunftig gescheen soll, 2° Caution belangen: wie Trier. Jtem, dem Konig der vergleichung vnd furarbeit zudancken.
Brandenb.: dess ersten puncten halben wie Pfaltz, ~~Cantz~~ Caution belangen hetten sie gedacht, damit disputationes verplieben, dass man sich einer nottel bej Sachsen solt erfordert werden, wie sie wolten versichert sein, Kont man sich darin ersehen vnd den Konig furter berichten.
Meintz: Stimmen belangen, hielten auch darfur, dass man sich mit dem Konig vergleich, doch mit dem anhang wie Pfaltz, das sich Sachsen des vberstimmens nit zubefaren, Caution halben soll ~~d~~ von dem Ko. vnd Sachsen zuhoren sein, wie die zustellen etc.
Saltzpurg: wie Meintz.

Beyern
Eystet
Braunschweig
Wurtzburg   — Verglichen sich mit den andern.
Gulch
Passaw
Wurtemberg
Pommern

Jst geschlossen, das man sich, souil vergleichung der Stimmen belangt, mit dem Konig vergleich, Nemlich, dass es vf Kunftigen tag zuuerschieben, doch dass Jr Mt. dem Churf.en von Sachsen die [541r] vertrostung thun solten, das ~~sich~~ man vff Kunftigem tag die sachen dahin wolle ziehen, dass sich sein Churf.en gnaden Keines vberstimmens zubefaren. 2° der Caution halben: Soll der Ko. Mt. bedencken, wie die zustellen, Auch dess Churf.en meynung, wie er versichert sein woll, zuuor gehort ~~we~~ vnd ~~soll~~ der Ko. Mt. Jn dem nit vorgegriffen werden.
Solches ist Jrer Mt. alsbald durch den Meintzischen Cantzler, einen Pfaltgreuischen vnd Bayrischen angezeigt worden.
Daruf Jr Mt. geantwurt: ~~da~~ Lass Jme gefallen, das Sachsen die vertrostung geschee. Caution belangen hetten Jr ko. Mt. darumb anregen lassen, das sie nit wissen, was es fur ein Caution thun soll, dan Jr Mt. hetten darfur gehapt, da es Jm vertrag versehen, das es gnug sein solt, Begeer, ob es ein neben Caution sein solt oder obs beim vertrag solt geplieben werden, drumb solt solchs von Sachsen vernommen werden ⌈vnd⌉ wie Jr churf.en g.en caution thun wolten etc.
Jr Mt. haben haben [sic!] die geschriften der erledigten puncten den Stenden zuuerlesen vbergeben, wie die Sachsen zuubergeben. ~~vn~~ Seind verlesen worden, 1° des Landgrafen erledigung vnnd die Catzenelnbogischs sachen belangen, Jst vmbgefragt, ob es den Stenden also, wie gestelt, gefellig.
                              Vmbfrag
▷Landgrafen erledigung, Catzenelnbogischs sach◁ Trier: hetten die schrift, von dem Konig vberreicht, horen verlesen vnd, wiewol sie sich nit zuerJnern, was Bayern vnd Passaw mit Sachsen gehandelt, Jedoch wusten sie, wess der Churf.en Jn seinen Replicen beschwerdt, derwegen trugen sie fursorg, es werd nit zuerhalten sein, drumb

acht er, dass die wort herauss gelassen werden, das sie dem frantzosen nit dienen
solten ⌜vnd⌝ ~~Sonder~~ wusten nit anders, dan dass bedacht, dass dass Kriegsuolck
widder Keyser, Konig vnd dass reich nit dienen solten. Die Catzenelnbogischs sach
stee Jn solcher schrift, das alle sachen solten suspendirt werden, verstee ers dahin,
dass allein die vrtheil, so Jn werender Custodj ergangen, [541v] solten suspendirt
werden. Vnd nachdem er vernim, dass Nassaw ein gesanthen alhie haben soll, ob nit
gut, dass Jme anzuzeigen, damit Jn dem one vorwissen Nassawes nichs verhandlet,
dass er sich heut oder morgen zubeschweren.
Coln: wie Trier.
Pfaltz: Die erledigung hessen belangen, werd disse schrift Sachsen zugestelt, werd
ers dan anemen, wie gestelt, wol gut. Die Nassawischs sachen wie Trier, Vnnd weil
es Jn preiudicium tertij, das derwegen ausstruklich gesetzt werden soll, dass die
vrtheil allein, so Jn werender Custodj ergangen, suspendirt.
Brandenb.: Sachsen habs gestritten, das das volck dem frantzosen nit zuziehen
solten, Acht er, er mocht noch daruf besteen, drumb, da es beim Konig zuerhalten,
liess ers Jme nitmisfallen. Caution halben acht ~~Jn~~ ⌜er⌝, es wol von noten sein, das
der Konig ein nottel der vrsched, wie der Landgraf sich ~~versch~~ obligieren soll,
zugestelt werde, sich darin zuersehen. Das aber Jn der schrift steet, dass das
Kriegsuolck dem Keyser zuziehen solt, Achten sie, es werd ein seltzam ansehens
haben, weil der Keyser vnd frantzoss nit eins, mocht gedencken, es geschee Jme
zuwidder, drumb sehe Jne fur gut an, dass ~~dass kein~~ ⌜die⌝ der Koniglich Mt. fur die
Key. Mt. zusetzen.
Meintz: verglich sich vfs erst mit Trier. das ~~der~~ die wort ~~dass~~ sich der ~~landgraf der~~
newen bundtnus zuenteussern, Acht er, dass es herauss zulassen. Fur Key. Mt. die
Ko. Mt. zusetzen, lassen sie Jnen gefallen, der vrsched halben soll beim Konig
angesucht werden.
Saltzpurg: dergleichen.
Eystet: liess Jme die enderungen gescheen, was anlangt die vrsched, soll begert,
ledigzelung der Stet sol gescheen.
[542r] Braunschweig ⎤
Wurtzburg   ⎬ dergleichen.
~~Passaw~~ Eystet   ⎦
Brandenburg: wie Beyern.
Passaw: wie Pfaltz vnd Beyer.
Gulch: liessen Jnen die schrift gefallen, da es zuerhalten, ~~w~~ er het aber Jetz am
nehern beim ersten puncten schwer gemacht, wiewol der Keyser sich anders nit wol
werd weysen lassen, derwegen acht er, das dieser punct zu den andern komen
lassen. Sachsen hab sich auch beschwerdt, das sie Jn der Key. Mt. ~~gnad~~ ▷gehor-
sam◁ widder komme, hinfurter komen solten, ob das wort hinfurtter ausszulassen.
Sachsen hab sich auch beschwerdt, das Kriegsuolck dem Keyser nit zuziehen soll,
liess Jnen diss puncten halben Brandenburg ᵹ meynung gefallen. Nassaw: wie Trier
vnd Pfaltz. Mochten leyden, dass ein nottel der obligation dess Landgrafen zustellen.
Die Stett belangt, Achten sie, dass specificirt wol sein, ob die alten oder new rathe
pleiben sollen. Sonst wie Beyern.
Wurtemberg: ~~stelten~~ Man sols Sachsen zustellen vnnd horen, ob ers annemen woll,
die vberigen art., so noch nit berathschlagt, solt auch furhandt genomen werden.
Nassawischs sachen acht er, dass sie suspendirt, wass Jn der Custodj verhandlet,
Capitulation Jn form zustellen.
Pomern: het wenig bedenken Jn dieser schrift, wan es vom geg.en¹ [=gegenteil]
wolt angenomen werden, verglich sich mit andern.

Den 11¹. Juny haben di ko. Ma. m.gst.h. laßen erfordern vnd den vorzug entschuldigt von wegen vilheit der personen, mit denen muste geradtschlagt werden vnd dan auch deshalben, das der ~~personen~~ artikel vil. Nhun hetten si sich der anthwort entschloßen vf alle artikel². di wolten ~~s.~~ Jr ko. M. s.churf.g. hirmit zustellen vnd, ob gleich dieselb nicht allerding s.churf.g. begern gemes, weil si sich aber den mhern teil domit vorglichen, [37v] So begerten di ko. Ma., gegenwertige Fursten vnd der abwesenden gesanthe, s.churf.g. wurde³ nach gelegenheit aller sachen doran bemuig sein vnd hirin sonderlich bedengken, das Jre ko. Ma. vf di kei. Ma. muste ein respectum haben vnd di sachen also stellen⁴, das si von ~~Jr~~ der kei. M. auch mochten bewilligt werden, vnd demnach wolten s.churf.g. ferner disputation vorhuten vnd sich mit Jrer ko. Ma. vnd den Stenden vorgleichen. vnd ob mher artikel wern, di izt nicht erledigt, di konthen vf kunftiger reichsvorsamblung in richtikeit bracht werden.

Sambstags, den xi. Juny, frue zu 7 vhrn

Haben die Khu. Mt. bede fursten, Bairn vnnd Passau, dann auch die Maintzische vnnd phaltzgräfische Räthe, zu sich erfordern lassen.
Jn deren bej sein die Khu. Mt. etc. dem Churfursten den Beschlueß Jrer Mt. vnnd der Stennden aller articln zustellen vnnd behenndigen lassen. Sein Churf.en g.en die zubedacht genomen.
So ist auch die Maintzisch Supplication wider furgenomen, vnnd die zubeschlueß abermaln eingestelt worden.

[542v]   VNDECIMA JUNII
                      ante Meridiem hora 7
▷Sachsen seind ~~alle~~ die schriften aller puncten zugestelt◁ Meintzischer Cantzler zeigt an, der Konig het hertzog Albrechten, ⊢B.v.⊣ Passaw, Pfaltz ▷gesanten◁ vnd Jne zu Jrer Ko. Mt. erfordert, wer der Churfurst von Sachsen erschienen, vnd Jme Cantzler ⌐zuuor⌐ antzeigen lassen: das Jr Mt. die begerten enderung Jn den gesterigen schriften, die man Sachsen vbergeben soll, zum theil gethan, wie er, Cantzler, solche enderungen anzeigt. Vnnd zeigt weitter an, das Ko. begert, der Caution halben sollen Sachsischen vnd Brandenburgischen dieselbig stellen vnd dem Konig vbergeben, die Echter sollen Jn Kraft des vertrags außgesont sein, des sich der Konig bewilligt. Der Braunschwegischen Junckern halben hetten sich der Konig noch nit declarirt. Der Religion halben het sich Jr Ko. Mt. entschuldigt, auss was vrsachen Jr Mt. ~~sich noch nit resoluirt~~ dieselb schrift heudt den Stenden nit geben, Sie sej aber mit den Stenden eynig. Daruf seyen Sachsen solche bedencken zugestelt vber alle art., die sie angenommen, sich darin zuersehen.
                      Duodecima Junij 52
[Rest der Seite: vacat]

---

¹   Bei der Zahl 11 ist 11 aus 12 verbessert.
²   Von späterer Schrift ist "vf alle artikel" unterstrichen, am Rand die Notiz von späterer Hand: Solche underschiedtliche Kon. vnd der Stende Resolutiones seindt hierbey fol: als die erste fol.154.157, die 2. fol 160, die 3. fol 163, die 4. fol.165, die 5. fol.167, die 6. fol 172, die 7. fol.175.
³   ~~wurde~~ ⌐wolte⌐ B
⁴   ⊢an⊣stellen B

Dorauf haben s.churf.g. den 12. Juny widerumb anthwort geben[1]. vnd domit di sach mit langwirigen schriften nicht wurde aufgehalten, haben s.churf.g. in der ko. Ma. vbergebnen schrift ezliche wort, di s.churf.g. bedengklich gewest, vnderstrichen, auch ezliche artikel vf den randt hinzu gesezt, ▷Aber ~~den~~ di funften schrift, belangende di aussonung, gar geendert, wi hirneben zubefinden◁, vnd doneben gebeten, di ko. Ma. ~~wolte~~ neben den andern Stenden wolten zu erhaltung gemeines fridens vnd einigkeit di artikel dergestalt, wi di [38r] izundt gesezt, bleiben laßen vnd doneben gnedigst bedengken, das s.churf.g. auch hirinnen nicht fur sich alein handelten, sonder von wegen derselben mithuorwanten vnd das gleichwol s.churf.g. in ?? ezlichen artikeln souhil nachlißen, das si ~~beisorg trugen , si~~ nicht wusten, ob si es bei derselben mithuorwanten konten erhalten.

Aber der Braunschwigischen Jungkern halben Jst der ko. Ma. ~~Jre~~ di Supplication vnd schrift, so di Jungkern m.gst.h. vf den vorschlag zugestelt, vberanthwort vnd ~~beger~~ gebeten worden, das Jre ko. Ma. ~~derhalben~~ si gnedigst der restitution halben wolt bedengken, Jn erwegung, das ~~außerhalb dis artikels~~ sonst di Jungkern nicht ~~solten~~ wurden zu disem vortrag zubewegen sein vnd das dodurch zeruttung diser ganzen handelung mocht erfolgen, ▷vnd vnder ~~der anzal~~ dem artikel der Braunschwigischen Jungkern ⊻ vorstunden s.churf.g. auch die zwen heßischen Jungkern Wilhelm von Schachten vnd Herman von der Malßburg, welche Herzog Henrich des iren auch entsezet◁.

[22r]   Sonntags zu abentzeit, den 12 Juny,

Jst der Churfurst vor der Khu. Mt. erschinen, Jn bejsein Salzburg, Bairn, Aichstet vnd Passau, auch der Churfurstlichen Räthen Maintz vnd Phalz. vnnd Jrer Churf.en g.en weittere anntwurt vbergeben, Mit Meldung, das Jre Churf.en g.en gesterigs tags von Jrer Khu. Mt. etc. Neben den Stennden, was derselben Mainung, vnderthanig vnd freunndtlichen auß den zugestelten schrifften vernomen. Nun wolten Jre Churf.en g.en die sachen Je nit gern aufhalten, Sonnder muglichs vleiß befurdern. So auch Jre Churf.en g.en gedächten, das auß disen hanndlungen Chain frucht eruolgen solte, schon deren lieber erlassen sein, weil dann Jre Churf.en g.en nichte aigens suchten, Sonnder allain vnnd wie sie mit Eeren ?? auß den hanndlungn zuerhaltung fridens wider Chomen mochten, auch zu furderung Jre Churf.en g.en, vill beschwerden antzupringen, vnnderliessen vnnd nit ain Merers anrurten alß, so vil Jre Churf.en g.en gedächten, bej derselben Mituerwandten zuerhalten sein, wie sie dann mit diser Jrer anntwurt schrifften allain zu abschneidung der Länng auch gethan vnnd, was sie zuenndern, allain ad marginem, wie Mann sehen wurde, zaichnen lassen, was sie darfur hielten, bej den Mitverwanndten, wie vernomen, zuerheben. So haben auch Jr Churf.en g.en der ausgesönntten halber ain Nebenschrifften mitvbergeben, Mit erpietung seines thails, wie allwegen, vnd pitt, sich hergegen gnediglichen vnnd freundtlichen zuerzaigen. Neben dem hetten dj Praunschweigische Jungherrn, weill sie vernommen, das hertzog hainrich von Praunschweickh bej den Stennden sein sachen guet ⌈zu⌉ machen beflissen were, Jre⌈n⌉ Churf.en g.en auch ain Schrifften zugestelt, so sein Churf.en g.en hiemit auch vberanntwurten thetten.

---

[1]   Randnotiz späterer Schrift: ▷die Antwort ist auch hierbey fol.177 Solche geenderte Artickel seindt hierbey zu ezlich vndersch ?? als der erste fol.181, der ander fol.210, der dritte fol.241, der vierdte fol.254, der funffte fol.262, der 6. fol.311, der 7. fol.351.

[22v] Die Khu. Mt. hat dj sachen zubedacht gefasst, welll dann die der schrifften vill, Seien dj Schreiber zum abschreiben alßbaldt beschiden, vnnd das die Stennde Morgen, Monntags den 13., diß zu 8 vhrn s vor Mittags, zusamen Chomen, verlassen worden.

Alß an heut Montags, den 13. Juny, die Stende zusamen khomen, Haben sie bej Jren gegebnen anntwurten des Churfursten vertzaichnete Ennderung zuberathen an die hanndt genomen. Vnnd Erstlichen betreffendt dj Schrifften der erledigung des lanndtgrauens vnnd die wortt «wider den Turckhen», Haben etliche gemaint, dj zugedulden sein, weill die allein declaratiue vnnd nit Respectiue verstannden werden solten. anndere dise wortt mit dem zusatz erclärn wollen: «wider den Turckhen oder, so disen vertrag nit halten, deme zugegen hanndlen oder das heillig Reich beschedigen wurden", aber mit dem Merern Jst letzlichen dahin beschlossen worden, solches der Khu. Mt. vnnd den Khaj. Commissarien haimbzustellen sein.

Also seien auch die wort der Ennteusserung der Pundtnuß Jn Mer weg disputiert vnnd, dj zumiltern, von etlichen, wie volgt, gedacht, alß Nemblichen «vnnd solle dise Neu aufgerichte Pündntnuß gefallen sein», aber auch zu letzt, wie oben, Mit dem Merern gegangen worden.

Dann das in diser Schrifften auch begriffen, das dj Khaj. Mt. Jr Khriegsvolck gleicherweiß trennen vnnd ausfuren etc. sollen, Jst mit dem Merern fur guet angesehen, die Khaj. Mt. hoher nit zudringen, alß das Jr Mt. Jr Khriegsvolck on schaden der Stennden vnderhalten wollen.

[543r]   DecimaTertia Junij
Des Churf.en zu Sachsen gesterige vbergebne fernere bedenken, vber alle puncten, seind zuberathschlagen fur hand genommen.
                          Des Landgrauen erledigung,
                      auch die Nassawischs sach belangen
Erstlich pro den 3 Julij sollt gesetzt werden n. Julij, Jtem, das das Kriegsuolcks widder den Turcken soll geprauch werden.
Pfaltz: hielten darfur, das hinzuzusetzen: «widder den turcken oder da einer oder mher den vertrag nit wurdt haten oder dem zuwidder geleben».
Der bundtnus halben mit franckreich sollen diese wort darfur gesetzt «Vnd solle diese bundtnus hiermit gefallen sein».
Brandenb.: trug kein bedencken, das dass wort nit solt steen pleiben. Vnderstrichne worter der pundtnus halben, soll der Ro. Konig zupitten sein, die wort heraussen zulassen.
Meintz: Die Addition «widder den turcken» moge steen pleiben, mit den außgeruckten außgethanen oder vnderstrichnen worten, wie Pfaltz, Acht aber vmb gewinnung der zeit, das diese schriften der Ko. Mt. vnnd Key. Mt. Commissarien zugestelt werden, sich daruf zuresoluiren.
Saltzpurg: derh dergleichen.
Bayern: dess turcken halben wie Brandenburg. Den vnderstrichen puncten bese wol Sachsen den nit darin haben, vnd wol Jne der Keyser nit herauss thun, Schlug fur, ob nit ein hofliche meldung darin zuthun, das es doch so expresse nit aussgetrukt.
Eystet: Acht, das es der Ko. Mt. heim zustellen vnd den Key. Commissarien anzuzeigen, wass sie leyden Konnen.
Brandenburg ⎤
Passaw   ⎦ wie Eystet.
Gulch: des turcken halben wie andere, der pundtnuss halben sej Jr vorig bedencken gewest, weil Sachsen & rex nit weichen woll, das mans doch fuglich anzuregen, oder dass dieser punct Jn ein nebenhandlung zuziehen.
Liess Jme auch gefallen, dass die alle puncten regj & Comissarijs zugestelt wurden.

Verrer Giessen halber Haben dj Stennde vermaint, den Churfursten zuermanen sein, auf das er nichte Neueß [23r] einfuren, doch woe hefftiger hierumben angehalten, solches auch zupassiern sein.

So lassen es dj Stennde bej den 4 ~~fursten~~ fursten, wie es der Churfurst Moderiert, auch pleiben, vnnd möchte ain Jarß zeit benennt, doch das ad discretionem Regis gestelt werden

[543v] Wurtzburg: Liess Jme auch gefallen, das dass wort «widder den turcken» pleiben, der pundtnuss halben wie andere. Vnd acht, das alle puncten der Ko. Mt. zuubergeben.

Pomern: Liess Jme dass gemein bedencken, Nemlich das die sachen an Konig zugelangen vnd zubitten, die ding an Key. Commissarien zugelangen, Jr gemut anzuhoren.

Jst Jn Schriften furgefaren

Vmbfrag

▷Cap.lon [= Capitulation]◁ Die ratification der Cap.lon [= Capitulation] soll vfgericht ~~werden~~ vnd durch Sachsen vnnd Brandenburg gestelt werden.

▷Landgraf Jhen reinfels zustellen◁ Jtem, das der Landgraf Jhen Rheinfels zuantwurten.

Jtem, das Cesar vf solchen tag sein Kriegsuolck auch soll trennen vnd ausser dem Reich furen.

vmbfrag

Trier: last Jme gefallen, das der landgraf Jhen Rheinfels bracht werde. Des Kriegsuolcks halben sej pillich, das sie widder Sachsen vnd die seinen nit dienen.

~~Pfaltz~~

Coln: dergleichen.

Pfaltz: liess Jme auch gefallen, dass der landgraf Jhen Rheinfelss gestelt. das Kriegsuolck belangen, Sol gesetzt werden, das sie widder ~~kein~~ ▷diese oder andere◁ Stend teutscher Nation, ~~die~~ Jn diesen vertrag ~~v~~ begrifen, nit dienen.

Jtem, dass wort «trennen vnd auss der teutschen Nation ▷furen◁»[1] solt herauss gelassen.

Die andern habens Jnen gefallen lassen.

▷Cassel, Giessen◁ Was an Giessen gebawt, dass mans pleiben solt lassen.

Vmbfrag

Trier: da es zuerhalten, mogen sies leyden. Dergleichen haben die andern Jnen auch gefallen lassen.

▷Katzenelnbogen sachen◁ Nassawischs vrtheil Jn werender Custodien, Jtem allenthalben stilgestanden.

Jst hieuor der Stende bedencken also gewesen.

No. [= Nota] «Souil mit recht sein mag» etc. Jtem Curf.en bej Rhein, Jst Rhein aussgethan, Jtem sechs personen, Jtern 3 weltlich ▷vnd 3 geistlichen◁, Jtem Exceptionen pleibt.

[544r]   Vmbfrag

Trier: liess diese werter, so hinzu gesetzt, pleiben, ausser halb deren wort «souil mit recht sein mag».

~~Ko~~

Coln: dergleichen.

---

[1] Die Worte vnd auss der teutschen Nation ▷furen◁ sind gestrichen und unterpunktet, am Rande steht: valet.

darneben halten dj Stennde darfür pro aequalitate seruanda in caussis Maintz, Teutschen Maisters et reliquorum, eben den weeg zunemen, wie mit Nassau, nit vnbillichen sein.

Jn der Religion schrifften Haben zum thaill die Stennde vermaint, den Hintzugesetzten wortten «Was sie noch des 44 Jarß. vnnd noch» etc. mit volgunden wortten zuhelffen sein «vnd dar]nnen angetzognenen Regenspurgerischen abschids», auch gedennckhen die Stennde die anzueg, das Chainer ob dem anndern Scheuhe tragen, Jtem das wortt «ainhelliglichen»

Pfaltz: Acht, souil die 6 fursten belangt, das es weithleuffig, solt mit Sachsen vf 4 gehandelt werden, der zeit halben acht er vf ein Jar.

Brandenb.: Sachsen wol ein gewiss haben vnd dass die wort «souil mit recht sein mag» solten hinzugesetzt werden, Achten sie ~~das~~ es vnuonnoten, die Commissarien wurden sich der gepur ertzeigen.

Saltzpurg ⎤
Meintz ⎬ dergleichen.
Bayern ⎦

Eystet: auch.

Brandenburg: wie Pfaltz der fursten halben, sonsten wie Brandenburg.

Dergleichen die andern haben Jnen auch gefallen lassen, das es also zupleiben, doch das 4 fursten ernent. Der zeit ▷vnd fursten◁ halben, wan die sachen soll erortert werden, soll man vf ein Jar stellen, wo moglich, der fursten halben werden sich die partheyen vergleichen.

▷G. reinhart von Solms◁ Graf reinharten belangen: Last man pleiben, das er erledigt werde.

▷Teutschsmeister, Braunschweig◁ Jtem, das die sachen mit dem teutschen Meister vnnd Braunschweig Jn vorigen standt zustellen, wie vor der Custodien etc.

Trier: das die sachen ~~Jn den Stand~~ ⌜Jn vorigen stand zustellen⌝ Stelt ⌜er⌝ zu der Ko. Mt.

Pfaltz: die wort «Jn vorigen standt» ausszulassen, sonst wie Trier.

Brandenburg: sol der landgraf stilsteen, dass die andern auch ~~stilsteen~~ geduldt tragen.

Deßgleichen ~~wie~~ die andern wie die andern.

[544v] Art. die religion belangen

▷religion◁ Jtem, was die Geistlichen Jn zeit des Abschiedts Anno 44 Jn possess gehapt vnd noch.

Trier: acht, es solt vf das 41. Jar gesetzt werden.

Coln: dergleichen, dass es Jndefinite gesetzt werde.

Pfaltz: zu den worten soll gesetzt werden der 41. regenspurgischs Abschiedt.

Brandenburg ⎤
Meintz |
Saltzpurg ⎬ dergleichen.
Bayern |
Eystet |
Brandenburg ⎦

No. die Geistlichen haben nit darin willigen wollen, soll zum Konig gesetzt werden.

▷propositio, Chamergerichts personen◁ Jtem, das man Jede Chamerg. person bej seiner Religion etc., so diesem fridstandt nit zuwidder.

Jtem, das die religion nit soll gescheucht werden etc.

Trier: diese Addition sej dem andern, so hieuor gewilligt, zuwidder, dass es vf den reichstag zuschieben.

Pfaltz: man solt Jne lassen pleiben.

Das merertheil hat dahin geschlossen, das ~~man~~ diese wort pleiben sollen.

aussen zulassen sein, so möchte die zeit des Reichstags der Khaj. Mt. haimbgestelt werden, auch Halten dj Stennde darfur, das der hintzugesetzt anhanng wol pleiben muge.

Das dann Jn grauaminibus hinzu verzaichnet wurdet «Neben seinen Churf.en g.en» achten die Stennde nit vnbillichen sein, Es were dann, das der Stritt oder Grauaminen sein Churf.en g.en selber betreffen wurdt.

Auch halten die Stennde darfur, das der frantzosisch Orator zubeanntwurten seie. was fur anntwurt zugeben, daruon mag hinach geredt werden.

▷propositio reichstag◁ ⊢No.⊣ Reichstag: ein ausschus vorm Reichstag zuordnen, die daruon reden solten, wie die vergleichung.

Trier: Acht, vf Michaelis solt der angestelt werden, doch stelts ers zum Keyser. «Einhellig», dass wort konne wol aussgelassen werden.

Coln: Des reichstags halben stelt ers zum Keyser, dess Ausschuss halben soll es biss zum Reichstag verschoben werden.

Pfaltz: wie Trier.

Brandenburg: dergleichen

Meintz: auch sic & alij.

Jst geschlossen, dass man ein Reichstag benennen soll, vf ein halb Jar nach vfgerichtem fridstand, vnd sol gutbedunckens weiss an Keyser gelangt werden.

[545r]   Der art. die beschwerden belangen

▷Grauamina◁ Additio «vnnd der Stende gemein vnnd sonderbare» etc. Last man pleiben.

Additio «auch die teutsche sachen durch teutsche gehandelt werden» etc. placet.

Additio: «neben seiner churf.en g.en» etc.

Trier: das Sachsen auch bej den grauaminibus sein wil, acht er, das er bej denen sachen, so Jme nit verwandt, pillich darbej sein soll, die andern habens Jnen gefallen lassen.

Additio: «ein zeit zusetzen zuerledigung dieser puncten», Jtem «das solchs befurdern».

Trier: ~~man~~ Acht, das ein zeit zu specificiren ~~al~~ vf dem Reichstag, der Jn einem halben Jar soll angesetzt werden.

                         Konig von Franckreich

▷Franckreich◁ Additio: «Das dem oratorj vf sein mundtlich antwurt ein schriftlich nachgeschickt werden soll» etc.

Trier: die notturft wol erfordern, das er nit wol vnzubeantwurten, wie dan Jungst von der antwurt geredt etc., ~~d~~ Nemlichen, das man sich Jn den Jrrungen alhie verglichen etc., er hab nichs mit zuthuen etc.

Coln: dergleichen.

Pfaltz: Achten, Beyer vnnd Passaw solt mit Sachsen handeln, dass es keiner antwurt notturftig.

Brandenburg: wie Trier.

Meintz: wie Pfaltz.

Saltzpurg: dergleichen.

Beyern: schliest mit dem merern, Acht, er sej zubeantwurten.

Eystet: dergleichen.

Brandenburg: wie Trier.

Passaw: wie Pfaltz.

Gulch: wie Trier.

Wurtzburg: wie Trier.

Pommern: wie Trier.

Man soll Jne beantwurten, Jst gemeinlich ~~fur~~ beschlossen.

Jn der Schrifft der ~~aussönung~~ außgesöneten Gedennckhen dj Stennde dj wort «predicanten» [23v] dann sie on das Jn gna.lj [= generali] dispositione begriffen, Jtem «Khaj. Mt.», Jtem «bej Jetz geordnetem Regiment» außzulassen sein, So ist von dem articln der beschedigten auf villerlaj Mainungn geredt worden, vnnd das Merer dahin verstannden worden, das pro bono pacis was zuzugeben seie, das auch deren Jn Chunfftigen Reichshilffen verschönet werden möchte.

Der angelanngten aufrichtungen halber will ain Jeder fur seinen heren vnnd nit anndere ferttigen.

[545v]   Aussonung der Echter
▷ Echter ◁   vmbfrag

Trier: befunden, das bej diesem ersten viel puncten geendert, drumb solt man die schrift, ⌜so⌝ dem Sachsen von dem Konig vnnd Stenden vbergeben, bej der handt het, dass mans dargegen halten moge. Jtem, das die predicanten solten gemelt werden, acht er nit thunlich, sonder werden vnder den gemeinen worten begriffen, Jtem, das die aussgesoneten Jn Kraft dess vertrags aussgesonet sein sollen, ╪ Jtem Jn dinst sich zubegeben ausserhalb dess heylgen Reichs, solt zu den andern puncten verschoben werden.

Coln: dergleichen.

Pfaltz: Predicanten sollen herausspleiben, restitution der priuat sachen verstunden sie nit anders dan wie vor, dass alle liegende guter restituirt solten werden, aber mit den gutern, so entwendt sein mochten, dass man den vmb fridliebens willen vmbgangen.

Brandenburg: wie Pfaltz.

Meintz: wie Trier.

Saltzpurg: wie Trier.

Beyern: liess Jme der predicanten halben auch gefallen, das sie herauss pleiben solten, sonst wie andere.

Eystet
Brandenburg ⎤— dergleichen.
Passaw   ⎦

Gulch: auch

Wurtzburg.

Pommern: der Predicanten halben wie andere.

Wurtemberg: wie Pfaltz vnd Bayern.

                    Jtem, das den Jhenen dass Jr,
                    so sie Jn diesem Krieg widder
                         erobert, pleiben
▷ propositio, was Jm Krieg erobert, restitutio ◁
                         vmbfrag

Trier: bedechten, souil die restitut. [= restitution] belangt, dass es pillich, achten, das der art. wol mag steen pleiben, weil gesetzt, dass alle entwerte guter solten restituirt werden, das Jn den Stetten die rathe, so Jetzo gesetzt, pleiben, soll man der Key. Mt. Comissa. bedenken horen, wol dem Keyser nit gepuren, die vfhebung der beschedigten zuthun, drumb soll es vf den reichstag verschoben werden.

[546r] Coln: Acht, dass vf mittel vnd weg zugedencken, damit einer Jeder dass sein widder bekomen.

Pfaltz: Die Stet belangen solten die Comissa. gehort werden, der Priuilegien halben seis pillich, restitution sej pillich.

Brandenburg: den ersten puncten, dass die wort «bej Jetz geordnetem regiment» aussgelassen, liessen sie Jnen gefallen, Sej beschwerlich, mit der restitution halben besorgt, es werd nit wol muglich sein, Achten der wegen, das darbej zupleiben.

Meintz: die gesetzten worter sollen außpleiben, des vberigen halben last Jnen der Trierischen meynung gefallen.

Saltzpurg: liess Jme gefallen.

Beyern: der worter halben wie andere, des andern halben acht er, das vf den Reichstag zuschieben, Acht, die wort solten also gestelt werden, dass der Key. vf mittel vnd weg solt gedacht sein, dardurch ...

Eystet: er beger, dess halben Jme ~~genom~~ abgenomen worden, nichs anders dan recht, hab nit helfen mogen, man solt einem sein recht so gar nit abschneiden, sej pillich, dass einem ergetzung geschee.

Brandenburg: verglich sich mit andern.

Passaw: wie Bayern.

Gulch: Jm ersten art. wie Trier, Jm andern wer vnpillich, das einem solt abgeschnitten werden, darumb er komen, wie Beyern.

Wurtzburg: Acht, wan sich die sachen daran stossen solt, wiewol sein her grossen schaden erlitten, doch wurd er sich weysen lassen.

Pomern: verglich sich mit andern, Acht, dass die sachen zur Key. Mt. zustellen, diese ding vfzuheben.

Wurtemberg: dergleichen wie Brandenburg.

[546v] Hertzog Otheinrichen belangen, darf keiner vmbfrag.

Jtem ein art. zustellen, dass alle auss sorgen gelassen, so Jn diesen zug gewesen. Man Lasts pleiben.

Margraf Albrecht, da ers Kriegsuolck lauffen vnd ⊢diesen vertrag anemen⊣, soll er auch hierin begriffen sein.

Trier vnnd andere seind dessen zufriden.

Eystet: doch wo er einem Jchts vnpillicher weiss abgetrungen, dass ers restituir.

Jtem, ein art. zustellen, das ~~kein~~ dieser vertrag gehalten etc.

Trier: Achten, es wol noth sein, das die versicherung beschee, drumb solt sie gestelt werden.

Coln: dergleichen.

Pfaltz: trugen kein zweifel, wass Jr her zum frieden befurdern, dass sies gern thun, auch Siglen werden, aber fur andere zuuersprechen, wie dieser vertrag mitpringen werd, hetten sie kein beuelch.

Brandenburg ⎫
Meintz   ⎭ wie Pfaltz.

Saltzpurg: lasts pleiben.

Beyern: wol bedencklich sein, das die gegenwurtige fursten allein siglen solten, vnd die gesanthen von Jrer hern wegen nit.

Eystet ⎫
Brandenburg ⎭ dergleichen.

Gulch: weil man fur andere sich obligiren muss, begeren sie, den puncten dermassen zuuerfassen, damit er Jnen nit nachteilig, dan er kein beuelch, sich fur andere zuobligiren.

Wurtzburg: wie Bayern.

Pomern.

Jst geschlossen, ~~es~~ es sej wol zudencken, wo der vertrag vfgericht, dass diese clausel hinden dran zuhenken, dass Cesar & rex denselben steet wollen halten, Also musten die gesanten vnd fursten auch thun, desgleichen Sachsen auch, ~~da man dan~~ drumb sollen solche cautiones respectiue gestelt werden, sonst wers beschwerlich von andern Stenden [547r] zuuersprechen. Verstehe mans also, wass mans thue, das es von eines Jeden hern wegen geschee vnnd Kunfftigem reichstag die andern auch solchs ratificiren solten.

Was dann dj Schrifft der Praunschweigischen Jungherrn belanngen thuet, Seien die Stennde Mit dem Merern dahin geganngen, das dj auf Jr groß erpieten Jn allweg zu Restituiern weren. gleichwol haben etliche dise Restituti.s [= Restitutiones] dahin limitiern vnnd auf dj Jhenigen Restringiern wollen, So seit des 46.^{ist} Jars here priuiert vnnd entsetzt worden weren, secus in alijs.

Erichtags, den 14. Juny, vor Mittags

hat dj Khu. Mt. den Stennden anzaigen lassen, das Jr Khu. Mt. sich mit Jnen Jn dem Merern verglichen, darumbn von vnnötten, was annders, alß darJnnen Jr Khu. Mt. anndere bedennckhen hetten, zuuerlesen. Demnach, vnnd betreffenndt die enteusserung der pundtnussen, weren Jre Khu. Mt. hieuor verstannden worden, das dj Khaj. Mt. etc. disen articln mit nichten nachgeben wurden wollen. Damit dann die zerruettung diß ganntzen werckhs verhuettet, Gedächten Jre Khu. Mt., das dise wortt pleiben oder aber denselben Jn anndere weeg geholffen werden solte.

Braunschweigischen Junckern haben etlich schriften
vbergeben, neben einer Sup.lon [Supplikation]

▷Braunschweigischs Junckern◁
Vmbfrag

Trier: Achten, das so hoch nit von noten, Jn spe. [= specie] von solchen schriften zuhandlen, sonder das man sich vfs *** [Rest der Zeile: Lücke]

Wo nun die sachen, Jnen angeben, also geschafen, dass die restitution solt eruolgen, dan weil Sachsen Jnen versicherung gethan, es mocht den vertrag vmbstossen, Achten, man solt mit dem Ko. vf den weg der restitution handlen, oder der Sequestration zum wenigsten.

Coln: dergleichen.

Pfaltz: gedachten, ob es ein mittel, dass die Junckern, so vor dem Krieg A° 46 von dem Jren getrungen, dass dieselb zurestituiren, Aber die andern so daruor daruon komen, mit der Sequestra. [= sequestration] furzufaren.

Brand.: wolten sich gern vergleichen, Befunden aber die sachen dermassen, dass kein ander weg zufinden, dan dass sie restituirt, es het bisshero kein gute stat haben. Nun zeigten sie one dass, Sachsen sie der restitut. [= restitution] vertrost, solt es dan nit gescheen, mocht es die ander handlung vmbstossen, vnd Jr suchen der pillicheit gemess, hielten darfur, dass man sich Jn dem so hoch nit kont vergreifen, da sie beim Ko. befurderten, dass sie restituirt.

Meintz: wolten gern alles befurdern, damit man auss diesem handel komen moge, wie Brandenburg.

Saltzpurg: wie ~~Trier~~ Meintz pro Brandenb.

Beyern ⎤
Passaw ⎬ dergleichen.
~~Gulch~~ ⎦

Brandenburg
Wurtzburg
Gulch: wie Trier.

Jst ~~g~~beschlossen, dass man die restitution beim Konig zusuchen oder, da dass nit zuerhalten, dass man zur Sequestration komen solt.

[547v] Decima ~~Tertia~~ Quarta
Junij

▷Clos von Rottorfs Sup.lon◁ Jst verlesen worden, Jst nichs daruf votirt.

▷~~resolutio regis~~ responsio regis vf alle art.◁ Die Ro. Ko. Mt. Liess durch derselben hoffrathe hern hansen hofman vnnd d. Gengern antzeigen lassen: hetten die gesterigen bedenken vff des Sachsen schriften ersehen vnd hetten die sachen erwegen vnd

So halten Jr Khu. Mt. etc. darfur, das der Churfurst dj Ratification der Capitulation selber stellen solle.

[24r] Das aber der Churfurst vermainet, dise wortt «so vill mit Recht» heraußzulassen sein, achten Jr Khu. Mt., weill dise wort allain Jus tertij anruren vnnd nit dj Khaj. Mt. etc., disen außlaß ganntz beschwerlichen fallen, oder das zum wenigisten an stat diser was annderes alß «souill sich gebueret» gesetzt wurde.

Jn puncto religionis vermainen Jr Khu. Mt., das die Meldung des Camergerichts wie die presentation verschoben auf Chunfftigen Reichstag eintzustellen sein, alß dann auch Mit dem anregen auß Chaj. Macht beschehen musse.

Der außgesönnten halber, ▷so Jn des Frantzosen dienst weren◁, gedächten Jr Khu. Mt., disen ausgesönten ain Monatsfrist zu Jrem abzueg zubestimen sein. Das auch Jn der Restitution die Munition vnd das geschutz gemeldet wurde, also auch M Neuenburg halber gemaine Meldung zethun sein.

Gleichergestalt sehe Jr Khu. Mt. etc. fur guet an, Mann liesse es der Praunschweigischen Jungherrn halber bej vorbeschehenem furschlag allerdings pleiben.

verglichen sich fast durchauss mit den Stenden ausserhalb weniger bedencken: 1° Kriegsuolck zuziehen vnd dess Reichs enteussern etc. befunden souil bej den Commissa., da der Keyser nit gnugsam versichert, dass die gantz sachen zerschlagen. Vnd damit sie dartzu nit bewegt, Acht rex, das dieselb clausel zu mocht pleiben. 2° Cap.lon [= Capitulation] soll man sich vergleichen vnd regj furtter furpringen, wollens ersehen. 3° Nassawischs sach - «souil mit recht sein mocht», wer wol bedacht, solchs fallen zulassen, aber trugens bedencken, hetten vf diese wort «souil sich gepurt wurt». 4° restitution ▷«wes ein Jeder in besitz» etc.◁ vergleich sich rex, dass man alle Abschied 41 vnd 44 mitJnziehen soll. 5° religion - Beysitzer bej Jrer religion pleiben zulassen: Bedenck rex, dieser punct hang dem presentation art. an, vnd dan derselb art. vf den reichstag verschoben, dass dieser auch dahin zuuerschieden [sic!]. 6. Den Keyser zupitten, dass Jr Mt. wolten verschaffen, ▷erstellen◁ den die scheden, so einem Jeden beschehen, einzustellen. 7. Aussonung, nit widder dass reich zudienen, Bedencken sie [*** etwa 3 Zeilen Lücke] ▷abziehen◁ 8. restitution der gutter, als geschutz [*** etwa 1,5 Zeilen Lücke] 9. [*** etwa 2 Zeilen Lücke] ⊢10.⊣ 9 Braunschweigischs Junckern: weren wol geneigt, dass sie restituirt, Sachsen solt bej Jnen suchen, ob sie den vorigen furschlag annemen wolten. da es aber nit eruolgen solte, wer Jr Mt. nit zuwidder, die sachen an Key. Mt. gelangen zulassen vnd zubefurdern.

[548r]   vmbfrag
Trier: hetten angehort, wes der Konig anpringen lassen, vnd hetten gleichwol kein sonderlich bedenken erwogen, aber auss gelegenheit aller handlung, dass die enderung dess Konigs nit wurden zuerheben sein, drumb solten Bayern vnd Passaw mit Sachsen handlen, ob sie solche bedencken wolten eingehn, sachen wurden sonsten vertzogen, vnd da man von Sachsen resolution hette, das volgents rex zubitten, die vberigen puncten, ƀ so noch nit Stat verglichen, bej dem Keyser zubefurdern.

Coln: wiewol sie auch kein bedenken, Jedoch besorgten sie, es werd bej Sachsen vnerheblich sein, drumb liess er Jme dass Trierischs votum gefallen.

Pfaltz: wie Trier. hertzog Otheinrichen belangen: geben zubedenken, das gleichwol der furgeschlagen weg durch Sachsen nit ein vnweg, ob aber Es seyen aber von solchem hertzogthumb etlich flecken komen, dass die sachen dahin gericht, dass er mit nutzen zum landt komen vnd darbej pleiben, dan solten die flecken, er nit herzu-

Nach gehabten vnnderreden Haben sich dj Stennde auf den weeg entschlossen, das sie der Khu. Mt. bedennckhen guet vnnd billichen sein erachteten, wie sie dann auch Jres thailß darein willigten, das sie auch zuuor weitter nit geganngen, woe verhoffenlichen gewesen, bej dem gegenthail was annders zuerhalten, wolten also das alles Jrer Khu. Mt. haimbstellen, darneben auch freundtlichen vnd vnderthanig pitten, Bairn vnn [24v] Passau wolten ~~sich~~ mit der Khu. Mt. sich ~~mit der Khu. Mt.~~ so vill bemuehen, damit bej dem Churfursten das alles zu Ennde (Es seie, wie Jr Khu. Mt. fur guet ansehet oder auch dj gessterige der Stennde gehabte bedennckhen) beschlossen vnnd ain Ennde gemacht mochte werden.

Bede fursten, Bairn vnd Passau, haben ainer zuordnung begert, wie beschehen, vnnd Maintz vnd Phalz Jnen zugeordnet worden.

komen, vnd die schulden abgeholfen, werd er mit nutz dass land nit besitzen mogen, bath, vf mittel zugedenken.

Brandenb.: bedechten dasJhenig wie Trier vnd Coln. ~~wor~~ liessen Jnen Jr meynung gefallen, dass rex, Bayern & Passaw mit ~~d~~ Sachsen ~~zu~~ solten handlen, doch solt darneben dem Ko. angezeigt werden: wass man ~~J~~ bisshero gethan, wer auss der vrsachen gescheen, damit die sachen gefurdert, wolten sich mit dem Konig vergleichen. Hertzog Otheinrichen belangen weren sie geneigt, die sachen zufurdern, vnd wes man fur dass merer, wolten sie nit an Jnen mangeln lassen.

Meintz: achten auch, dass die sachen nunmher zubefurdern, vnnd liess Jnen den weg Triers belangen, Hertzog Otheinrichs halben wie Brandenb.

[548v] Saltzpurg: wie Meintz

Beyern: wol von noten sein, von art. ▷von art.◁ zuschliessen, sonst wust er sich mit Sachsen nit einzulassen.

Eystet: wie Trier, dan solt erst derhalben vmbgefragt werden, richt man nichs auss vnd verliere die zeit.

Brandenb: dergleichen.

Passaw: wie Beyern. Man solt zuuor daruon reden.

Gulch: wie Trier vnd Brandenburg, das Bayern & Passaw mit Sachsen handlen solten.

Wurtzburg: wie Brandenburg

Wurtemberg   ⎤
Pommern   ⎦ dergleichen

Beyern vnd Passaw seind gepetten worden, sich der sachen zubeladen.

Sie weygerten sich~~e~~, dan man Kon mit Sachsen nit wol handlen, weil man mit dem Konig noch nit verglichen, begerten, man solt daruon reden.

2. vmbfrag

Trier: hetten darfur geacht, dass die gesterigen bedencken der sachen dinstlich gewest, weil aber rex andere bedencken furpracht, Liessen sie Jnen gefallen, dass man sich durchauss mit dem Konig verglich, vnd mit dem Sachsen zuhandlen. wo aber Sachsen nit volgen wolt, das alsdan rex zubitten, dass er die sachen bej der Stend gesterig bedenken wolt pleiben lassen, damit die sachen nit zerschlagen.

Coln: ~~hett~~ Solt Jnen nit zuwidder sein, dass man sich mit dem Konig zuuergleichen, wol aber daruf steen, obs Sachsen annemen wolt, drumb solt man mit Sachsen handlen, mit vorgemelt, da er aber nit wolt abweichen, dass rex wolt nachdenckens haben, wie der sachen geholffen.

[549r] Pfaltz: wie Trier, vnd da einer oder der ander weg nit zuerhalten, dass vf die weg zuhalten, dass die Bundtnus ad partem mocht gehandlet werden. Neuburg belangen lassen sies beim vorigen anregen pleiben, baten wie vor.

Brandenb.: weren wol der gesterigen opinion, da es verhofenlich, dass rex sich mit denen vergleichen wolt, weil aber rex Jetz fast dess mererntheils gemiltert, So hiel-

Den 14. Juny haben di ko. Ma. ~~neben der~~ s.churf.g. laßen erfordern vnd in gegenwertikeit Jrer ko. Ma. Reth, auch des Bischofs zu Paßaw vnd herzog Albrechts von Beirn Jr ko. Ma. vnd der Stende bedengken [38v] ~~vm den~~ ⌐vf di⌐ artikeln, so noch vnuorglichen, ▷deßgleichen di zusez vnd additionen, so s.churf.g. das nehermal vbergeben, muntlich durch d. Genger anzeigen laßen. ◁
~~Den 15. Juny seint solche vorglichne artikel s.churf.g. v schriftlich zugestelt worden.~~
~~Den 16. Juny haben sich di ko. Ma. der vnuorglichnen artikel halben ferner vnderredet vnd hat sich furnhemblich gestoßen an den beiden artikeln, di confiscirte guter vnd restitution der Braunschwigischen Jungkern belangende, vnd haben di ko. Ma. der Jungkern halben den artikel dergestalt s t e l l e n ⌐endern⌐ laßen, wi hirneben zubefinden, vnd ist an s.churf. g. begert, dorauf zuhandeln, das di Jungkern domit wolten zufriden sein. So wolten s. di ko. Ma. den andern artikel auch nachdengken.~~
~~Es haben auch s.churf.g. den artikel der vorsicherung der ko. Ma. vberanthwort, domit derselb der ke. Ma. auch mochte mit zugeschigkt werden.~~
~~Den 17. Juny hat m.gst.h. di zusez, so di Braunschwigischen Jungkern zu dem artikel, si belangende, gethan, der ko. Ma. vberanthwort N e b desgleichen auch eine Notel, wi di capitulation s o l e = ? ? durch den alten Landtgraff, auch di~~ [39r] Vnd in solcher vnderrede seint furnhemblich di[1] ~~artikel~~ ⌐puncten⌐ streitig gewest

Jn disem khlainen ausschueß oder versamblung Haben dj Khu. Mt. etc. Erstlichen dem Churfursten die noch ~~??~~ vnerledigte strittige articl vngeuerlichen auf die Mainung vnnd, wie zuuor verstannden, wider furhalten lassen alß:

ten sie darfur, dass rex entlich daruf beharren werd, drumb vnuonnoten, weitter ~~zu~~anzuhalten, drumb schlug er den vorigen weg fur, mit Bayern vnd Passaw, solt zu beden theiln nichs wurcklichs volgen, solt mans an Key. Mt. gelangen lassen.

Meintz
Saltzpurg ⎤⊢ dergleichen.
Bayern: het wol leyden mogen, von puncten zu puncten zureden, weils aber nit sein, wolt ers auch lassen pleiben.

Eystet
Brandenburg ⎤⊢ wie Brandenburg.
Passaw: wie Beyern
Gulch ⎤
Wurtzburg ⊢ wie Brandenburg
Wurtemberg ⎮
Pomern ⎦
Hieruf seind Bayern vnd Passaw, dessgleichen dess Ertzbischofen zu Meintz vnd Pfaltzgrafen bej Rhein gesannthen zu der Ko. Mt. verordnet, die den Churf.en von Sachsen erfordern lassen vnd sich mit Jme vber aller puncten verglichen, wie dass Jn eln schrlft verfast.

---

[1] diese B

Jn dem ~~punct~~ ⌐artikel⌐ des Landtgraffen erledigung
belangendt

Di wort «bei welchen solchs zuerhalten» hat di ko. Ma. begert auszulaßen, weil es
allerlei bedengken mocht machen vnd doch an im selbst were, das es einem iden
freistunde. dorauf hat m.gst.h. gewilligt, dieselben wort auszulaßen.

der wort «widder den Turcken» haben di ko. Ma. ▷bedengken gehabt derhalben,
das es Jrer Ma. etwas vorcleinlich, ob es wol di meinung hat, das es dohin solt
eingezogen werden◁ ~~auch geschritten~~, vnd do si bleiben solten, haben Jr Ma. den
zusaz haben wollen «odder widder di Jenigen, so disen vortrag nicht annhemen vnd
di Stende des reichs beschedigen wurden». domit nhun hirin ~~auch kein~~ di sachen
auch vorglichen, Jst ?? bedacht, das beiderseits hinzugesezte wort solten ausgetan
werden, vnd ~~ist~~ ⌐halts⌐ m.gst.h. ~~bedengken~~ ⌐dafur⌐, das sich di Jenigen, so sich
sollen brauchen laßen, Jre gelegenheit selbst wol werden zubedengken wißen.

Di clausel «vnd dem konig zu Franckreich nicht zuzihen noch weiter vorbunden
bleiben, sonder sich solcher neu aufgerichten buntnus zueßern» hat vil disputirns
gehabt, dan di ko. Ma. angezeigt, das di k. M. dieselb nicht wurde außenlaßen.
dogegen m.gst.h. vormeldet ~~d??~~ [39v], wo di so außdrucklich solt stehen, das
s.churf.g. derselben mithuorwanten zu disem vortrag nicht wurden bewegen, vnd
sonderlich: so wurde es auch der konig zu Franckreich ime schimpflich achten vnd
desto mher disen vortrag hindern, do doch sonst gute hofnung were, das es
seinthalben nicht wurde erwinden, vnd weil ~~es~~ dan im im selbst, wo diser vortrag
seine wirgkung erreichtet, di clausel wurde verificirt werden, nhemblich das dis ??
Neue buntnus mit dem konig in Franckreich wurde aufhoren, do anders fride sein
solte, So beten s.churf.g., di ko. Ma. wolte zu befurderung der sachen di clausel
außlaßen.

Als aber di ko. Ma. dorauf wider replicirt, das es ⌐bei⌐ der ke. Ma. anderer gestalt
nicht wurde zuerhalten sein, dan di furnhembste vrsach, dodurch Jre ke. Ma. zu disem vortrag zubewegen, di wurde dis sein, das man von dem buntnus abstunde
etc., So hat m.gst.h. laßen vormelden, das sich s.churf.g. derhalben ad partem mit
der ko. Ma. alein wolt vnderreden. vnd aus diser vnderrede ist erfolgt, das m.gst.h.
der ko. Ma. derhalben ein sonderliche beiobligation neben dem vortrag geben vnd
dieselb in groser geheim sol gehalten werden, wi solchs dem von Carlowizen weiter
bewust. vnd dorauf ist gewilligt, di wort im vortrag auszulaßen.[1]

das dj enteusserung der franntzosischen pundtnuß nit nachzugeben, das auch dj Khaj. Mt.
daruon nit werde weichen khunden, vnnd darumben den Churf.en dahin anngehalten, das
sein Churf.en g.en hierein willigen oder doch anndere weeg zu vergnuegung der Khaj. Mt.
selber anhengen vnnd furschlahen, also auch, das sein Churf.en g.en die Ratification der
Capitulation stellen vnnd bej der Nassauerischen Reassumption fur die wort «so vill mit
Recht» dise wortt «so vill sich gebuert» gedulden, auch an der Gestell, da vom Rechten
vnnd gerechtigChait der Geistlichait meldung beschicht, den anzueg der abschiden aussenlas-
sen, deßgleichen auch die presentation verschieben wolte. So wurde auch nit stat haben, das
dj Khaj. Mt. propria authoritate et ex plenitudine p.tatis [=potestatis] diß alles Ratificiern

---

[1] Von "geheim" bis "auszulaßen": Anstreichung am Rande.

[40r] Di worth «der k. M. krigsuolck aus der deutschen nation furen» ist also geendert, das solch krigsuolck wider di Stende, so disen vortrag annhemen, nicht gebraucht noch auf denselben ligen sol. dobei hat es m.gst.h. auch laßen bleiben. Des puncten halben mit Gißen haben di ko. Ma. begert, denselben auszulaßen, dan es were ein neuer artikel, der zuuor ~~dergestalt~~ zu Linz vnd auch im anfang alhier nicht were erregt worden, vnd wan es an di ke. Ma. ⌐gelangte⌐ ~~wurden si daruber bewegt, das man alzeit neue artikel erregt~~ ⌐mocht es vorursachen, das ~~di~~ ⌐Jr⌐ ke. Ma. kaßels halben zubewilligen auch mocht bedengken haben⌐. vnd wiewol m.gst.h. hinwider[1] angezeigt, das ~~solchs wi~~ ▷der baw an Gißen◁ zwischen der Linzischen handelung vnd zu der zeit, do sich ein krigsuolck vmb Franckfurt vorsamblet, erst angefangen vnd der wegen zuuor nicht hetten douon konnen meldung thuen, So hat es doch bei der ko. Ma. nicht konnen erhalten werden. Aber souhil haben gleichwol ir ko. Ma. vormeldet, wan di sachen sonst vorglichen, so wolten Jre ko. Ma. selbst bei der kei. Ma. ein bit helffen thuen, das ~~es~~ ⌐Gißen auch also, wi es izo ist⌐, bleiben mocht, vnd were zuhoffen, ▷di ke. Ma.◁ wurde es an dem auch nicht mangeln laßen.

Graff Reinharts von Solmis halben ~~ist seint~~ ⌐haben di ko. Ma. vf⌐ di wort «one entgeltnus» ~~von der ke. Ma.~~ zum hochsten ~~gestritten werden~~ gedrungen, [40v] vnd wiewol gebeten worden, di clausel anzuhengen «do sich der Graff mit dem Jungen Landtgraffen ▷in der gute◁ vortragen wurde, das solcher vortrag solt kreftig bleiben», So hat es doch auch nicht konnen erhalten werden. dan man angezeigt, das solcher vortrag vf des von Solmis seite, ▷wo der fur ⌐oder in⌐ seiner erledigung furgenhomen ~~wurde~~◁, nicht wurde aus freiem willen oder gemuth gehen. wan sich aber der Landtgraff nach seiner genzlichen entledigung mit Jme vortruge, das wurde der k. M. nicht zuwider sein.

▷di wort bei dem puncten der Naßaischen sach «so vil mit recht sein mag» seint auch gestritten, weil es aber ius partis belangt, hat di ko. Ma. dieselben nicht so gar

solte, darzue von Nötten sein, das dj ausgesönnte, so Jn FrannChreich weren, Jnner ainer benannten zeit alß aines Monats abzuegen, vnnd beschwerlichen, woe dj praunschweigische Jungheren sich des gethanen furschlags nit ersettigen solten etc.

Hierauf des Churfursten anntwurten gewesen: Das sich [25r] Jre Churf.en g.en des tags der erledigung des Landtgrafen, auch Trennung Jres versambleten Khriegsvolcks Mit der Khu. Mt. etc. vergleichen wolten.

Auch haben Jre Churf.en g.en begert, an dem ortt, da von der Trennung geredt vnnd die wortt gesetzt worden «wider den Turckhen», dise wort aussenzulassen vnnd an derselben stat zusetzen: «der Khu. Mt. auf Jr begern».

Der Ennteusserung der frantzosischen pundtnuß wolten sich Jr Churf.en g.en fur deren person mit der Khu. Mt. etc. selber auch vergleichen.

So wollen Jre Churf.en g.en Grauen Reinhart von Sulms eben des tags, auf welchen der Lanndtgraf geledigt wurdet, auch bemuessigen, vnnd begert, woe mit genomen Reinharten Jnner der zeit gehanndlt vnnd die sachen vertragen wurdt, das solches bede thaill pindten vnd von Jnen stät gehalten werden solte.

Nassaw halber, das der process eben in eos terminos wider gesetzt, wie der vor der Custodien geschaffen gewesen, vnnd das zu guettiger g vergleichung Jeder thaill drej seiner freundt geben vnd erpitten solte.

---

[1]   hinwiderumb B

wollen vmbgehen vnd gleichwol also moderirt «so vil sich geburt», Sonst seint die
andern additiones et mutationes bliben ~~bis auf di~~◁ ~~Di~~ di lezten wort in solchem
artikel «vnd alle sachen in den standt gesezt, wi di fur s.f.g. custodia gewest» ~~di~~
haben di ko. M. keins wegs wollen dulden ~~von des wan~~ vnd di vrsach angezeigt,
das dadurch di ganz capitulation vnd alles, was derselben zufolge geschehen, aufgehoben wurde. vnd als m.gst.h. sich erclert, das s.churf.g. ~~dahin~~ ⌈di wort⌉ vor-
stunde vf di proces vnd vrtel, so am Cammergericht vnd sonst ~~mitler~~ in werender
s.f.g. custodia ⁇ ergangen vnd gesprochen, haben Jr ko. Ma. bewilligt, andere
wort, di dem vorstande gemes weren, sezen zulaßen.

Bei dem artikel di
Religion, auch fride
vnd recht belangendt

haben di ko. Ma. dise wort «wi si deren in zeit des ~~ab~~ Abschidts, so im 44.ten Jhar
aufgericht in posses gehabt oder noch haben» nicht wollen bleiben laßen aus der
vrsach, das dodurch allerlei mißuorstandt vnd zwispaltung ~~erfolgen~~ zwischen den
Stenden erfolgen wurde. dorumb solt der artikel general bleiben, wi ᶦer albereit
gesezt. [41r] ~~wurde~~ vnd ob es ~~gleich~~ wol von m.gst.h. abgeleint vnd angezeigt, das
es zu mhererm vorstandt vnd guter vorgleichung vonnoten, das dise wort stehen
bliben, Jtem ~~daneben wi~~, das dergleichen wort auch in den vorigen Reichsabschiden
⌈als⌉ des 41.ten[1] vnd anderen zubefinden, So hat es doch bei Jrer ko. Ma. nicht
konnen erhalten werden. ▷vnd haben Jr Ma. laßen anzeigen, das di auslaßung diser
wort nimals zu nachteil solten gereichen vnd das es alein dorumb geschehe, domit
kunftig disputation zwischen den Stenden mocht nachbleiben◁.

Als haben s.churf.g. di ko. Ma. erinnert des ⁇ neben artikels, den s.churf.g. Jrer
ko. Ma. ~~geben~~ ⌈der geistlichen guter halben⌉ ad partem geben vnd ~~doneben ange-~~
~~zeigt, sofern demselben~~ ⌈vf di zuuorsicht, das⌉ durch der ko. Ma.[2] ~~abgeholffen, So~~
~~haben es s.churf.g. auch~~ befurderung eine gute anthwort dorauf von der k. Ma.
werde erlangt werden, haben es s.churf.g. dobei auch bleiben laßen. ~~vnd~~ ⌈dorauf⌉
di ko. Ma. ~~hat~~ m.gst.h. zugesagt, hirin allen fleis furzuwenden.

Es ist aber der vorstandt dises artikels nicht anders bei m.gst.h., dan das er der
Geistlichen guter halben alein vf di ~~gehe~~ sol vorstanden werden, so di Geistlichen
⌈izt⌉ im brauch haben ▷izt oder fur disem krig ingehabt vnd also ad praesentia◁,
das man si bei denselben ⌈solle⌉ bleiben laßen, ~~Jtem das man in das widergebe,~~
~~was inen in disem krig g e ⁇ ⁇ an gutern genhomen~~ nicht aber, das es ad praeter-
ita vnd was sonst ein ider furst fur diser zeit der geistlichen guter halben fur
enderung gemacht, gedeut oder gezogen sol werden, Sonder domit bleibt es, wi
zuuor, vnd solchs geben di wort des artikels, weil dorin steht «bleiben laßen». [41v]
zudem so geht diser punct der guter halben alein vf di Stende des reichs, dorumb
kan es auf andere closter oder geistliche guter, di keinem Stande im reich zustehen,
nicht gedeutet werden. ▷vber das so ~~geht der~~ ⌈ist in dem⌉ Reichs abschidt Anno
etc. 48 ein sonderliche vorsehung gemacht der ▷geistlichen◁ guter halben, di fur
derselben zeit seint eingezogen, nhemblich das di ke. Ma. darzu wil commißarien
vorordenen, vnd ist also di Restitutio nicht Simpliciter befholn, dorumb kan ~~es~~

---

[1]   xlj.ten Jhares B
[2]   Von "erinnert" bis "das durch der ko.Ma." Anstreichung am Rand.

vilweniger diser artikel vf solche guter vorstanden werden. Jtem nota, das alein steht «bei pon des neuaufgerichten landtfridens» ◁.Den punct der praesentation der beisitzer, das di der Religion halben nicht gescheucht wurden, hat m.gst.h. zum heftigsten gedrungen vnd ausgefurt, ~~das vn~~ das kein bestendiger fride kont erhalten werden, es wurde dan das Cammergericht von leuten vnserer Religion so wol als des andern teils besezt. Es hat aber di ko. Ma. dorauf beruhet, das ~~sie~~ ⌜dismals vnd⌝ außerhalb gemeiner Stende ▷bewilligung◁ solche vorenderung der Cammergerichtsordnung nicht konten ~~machen~~ ⌜geschehen⌝. vnd wiewol dogegen angezeigt, das di k. M. vf dem Reichstag zu Speier Anno etc. 44 ~~auch~~ fur sich selbst vnd one willen der andern Stende solchs geordent vnd das ⌜es⌝ derhalben ▷izundt◁ auch geschehen konthe, So ist man doch dorauf beruht, das nicht gut sei, one vorwißen gemeiner Stende das zuhinderzihen, das durch[1] ~~di~~ in ~~andern~~ ⌜gemein⌝ bewilliget. vnd haben sich doch di ko. Ma. entlich erbotten, bei der kei. Ma. zubefordern, das Jr Ma. sich dis puncten halben alsbaldt wolte vorsehung thun. Jr ko. Ma. haben auch zugesagt, wan es zu einem reichstag kumbt, das si derhalben allen fleis wolten furwenden vnd mit angehengt: Es wurde doch das Cammergericht [42r] nicht so baldt widerumb besezt werden. dorumb ~~??~~ solt der vorzug bis auf den nehern reichstag s.churf.g. billich nicht beschwerlich sein.

Di wort «so wol der Ausburgischen confession vorwant als den andern teils» haben di ko. Ma. laßen paßirn. Aber das wortlein «einhelliglich» haben si nicht leiden wollen vnd angezeigt, das solchs widder alles herkommen vnd brauch were vf reichstagen, das es auch nicht wol muglich, das alle Sine contradictione solten willigen vnd das es gar vmformblich, wan eines oder zweier nicht bewilligung der andern aller vorgleichung solte vmbstoßen.

Jn dem artikel di Grauamina belangent
hat man alle m.gst.h. zusez laßen bleiben.

Jm artikel mit Franckreich
haben di ko. Ma. vormeldet bei m.gst.h. addition, das das antragen des francosischen orators s.ko. Ma. nicht anginge. Aber di Stende haben m.gst.h. vortrost, das ~~so~~ der orator schriftlich solle beanthwort werden.

Bei dem artikel di außonung derer
belangent, so in k. M. vngnade sein
vnd Braunschwigisch Jungkern
Seint anfengklich di wort «vnd di vortribnen praedicanten» angefochten worden aus dem, das es bei der k. Ma. ein bedengken wurde ~~machen~~ ⌜bringen⌝, das man di nhamhaftig solt[2] machen. vnd ist gleichwol [42v] doneben angezeigt, das si doch

Neben dem gepetten, die presentation der augspurgerischen Confession verwanndten Jetzt alßbaldt zu Ratificiren. Vnnd begert, dj Khu. Mt., auch Chur vnnd fursten, so hieher beschriben, wolten noch vor Chunfftigem Reichstag die vbergebene vnnd anndere gemaine Grauamina erledigen. [25v] Deßgleichen dem Khriegsvolck, so dem frantzosen dienneten, den angetzogenen Termin Jres abzugs auf drey Monat zuerstreckhen, vnnd das dj Munition vnd geschutz, so Jn dem articln der Restitution miteingetzogen wurdt, diser anzueg, dhweill das nit bej ainander vnnd vnmuglichen, zuvnderlassen.

---

[1]   durchaus B
[2]   solte namhaftig B

vnder den gemeinen worten «alle vnd ide hohes vnd niders Standts, benant vnd
vnbenant» begriffen weren. Nachdem aber m.gst.h. ~~angezeigt~~ ⌐vormeldet⌐[1], das si,
di praedicanten, vnder diser generalitet nicht wol konten begriffen werden, ~~aus der
vrsache~~ weil si nicht des vorgangnen krigs, sonder do zwischen in vngnade
khommen vnd auch sonderliche eidt thuen mußen, So ist der punct dohin gericht,
das di ko. Ma. aus Jrer Ma. Canzlei mit wenig worten zu disem artikel sol
vorzeichnen laßen, das di vortribnen praedicanten vnder der generalitet auch sollen
begriffen sein, welchs Jr Ma. also ~~zuthun~~ zuuorschaffen bewilligt.

Der wort halben «vnd zu Jren furstenthumben, herschaften vnd gutern gestattet
werden» ist der confiscirten guter halben ein disputation furgefallen, dan di
keiserlichen Reth, wi di ko. Ma. vormeldet, haben bei obgemelten worten den
zusez wollen haben «doch das sich di Jenigen, deren guter ~~andern durch~~ di ko. Ma.
▷ in kraft der confiscation ◁ ⌐andern⌐ vorgeben, vorschriben ~~vnd confiscirt mit~~ oder
vorkauft, fur der restitution mit denen, ~~sollen~~ so solche confiscationes erlangt,
vortragen vnd dieselben zufriden stellen», So hat m.gst.h. solchs nicht willigen
konnen, dan si vortrauten, solchs bei ~~der k. M.~~ ⌐iren mithuorwanten⌐ nicht zuerhalten, vnd mochten di confiscationes so hoch sein, das einen das gut wenig nuz were,
wan es dieselben solte dulden, vnd ist wol das mittel vorsucht worden, das [43r] es
der confiscationen halben vf di restringirt wurde, welche ~~di~~ ⌐Jre⌐ guter ~~allen~~ noch
vf dise zeit nicht in possession hetten, sonder in derer henden weren, di solche
confiscationes erlangt. Es haben aber di ko. Ma. angezeigt, das solchs ~~mher ??~~
nicht alein ein restrictio, sonder ein ganze aufhebung der confiscationen were, weil
bei diser krigsubung ein ider das seine wider wurde genhommen haben. Et sic clau-
sula illa esset nullius effectus, ▷ vnd ist diser punct in weiter bedengken genhommen worden ◁ ~~Entlich ist diser punct zu=v(??) noch gehabtem weitern bedengken dohin gericht, das m.gst.h. solt specificirn di personen, denen ire guter
widerumb solten zukommen. Als haben s.churf.g. dieselben vbergeben ▷ namhaftig gemacht ◁, wi hirneben zubefinden. dorauf di ko. Ma. di sachen in bedacht
genhommen.~~ Der Reichsstedt halben haben di wort «bei irem izt geordenten radt»
zulaßen nicht konten erhalten werden, ▷ dan man hat angezeigt das es di
ka.[*sic!*]Ma. etwas ~~be~~ ~~klagen~~ ⊢ ~~hart~~ ⊣ ⌐beschweren⌐ wurde, wan di ~~wort~~ ⌐clausel⌐
so clar dorin stehen solt, vnd ~~??~~ haben di ko. Ma. an stadt derselben clausel ◁
~~sonder~~ das wort «freiheit» ~~ist~~ zu den alten priuilegien gesezt.

Bei dem punct, di scheden, so in disem krig ir ezliche erduldet, belangende, Jst
auch ein heftige disputation vorgefallen, dan di ko. Ma. haben denselben dohin
wollen stellen, das vf dem nehern Reichstag vf mittel vnd wege solt gedacht

Dhweill dann auch Jr Khu. Mt. vnnd die Stennde des wortts, da von den Stetten Tractiert,
Nemblichen «Bej Jetzigen Rathsordnungen» etc. beschwer truegen, zusetzen «Bej Jren
priuilegien vnd freihaiten». So haben Jre Churf.en g.en der beschedigten varunder guettern
halber lauttere erledigung begert, auch Jn Jrer Churf.en g.en aussönung bej dem wortlein
«darJnn» dise zwaj wort «oder darunder» auch haben wollen.
Noch gepetten, die Praunschweigische Jungheren Jn allweg zu Restituiren.
Und letzlichen bej der ~~Re~~ Restitution der Jmmobilien, die wortt «ausser deren, so die Khaj.
Mt. Confisciert vnnd vergeben» außzuthun, gesunnen.

---

[1]   ~~bewillig~~ vermeldet B

werden, wi si di Jenigen, so schaden erlitten, deßelben widder solten ergezt
werden, ▷dan di k. M. konten denselben Jr ge forderung vnd recht so gar nicht
benhemen. Es wolten aber ir ko. Ma. doran sein, das es auf leidtliche wege mocht
gericht werden◁. dogegen [43v] aber f haben s.churf.g. angezeigt, das ⌈es⌉ irer
selbst vnd der andern irer mithuorwanten hochste nothurft were, das den beschedigten nicht alein keine forderung vorbehalten, sonnder auch dieselb genzlich vnd
ausdrucklich aufgehoben wurde, vnd das solchs von der ke. Ma. wol geschehen
konte vmb vorhutung willen ferners nachteils im reich vnd also propter publicam
utilitatem[1]. des haben si sich vfs recht gezogen. So wher es auch sonst in solchen
vnd dergleichen fe krigssachen, wan di zu gutlicher handelung kommen, also
breuchlich, das di scheden allerseits zu gleich wurden aufgehoben. dergleichen wer
es vmb di scheden, so disen krig ergangen, also gelegen, das dieselben widerumb
zuerstatten in s.churf.g. vnd derselben mithuorwanten vormugen nicht were. Solten
nhun s.churf.g. vnd di andern der gefar, wan di sache sonst vortragen, gewertig
sein, das si solcher scheden halben solten angefochten vnd zu erstattung derselben
gedrungen wern[2], So wer es inen vil wegerer, das si noch ir heil vorsuchten, dan
das si folgents vmb alle ir vormogen kommen solten. Es konten auch s.churf.g. wol
dencken, das man furnhemblich den anfechten wurde, der etwas zuuorliren hat.
dorumb konten s.churf.g. disen punct gar nicht willigen, sonder betten, denselben
[44r] also zusezen, wi der von s.churf.g. vbergeben.
Dorauf haben di ko. Ma. widerumb angehalten vnd gesagt, das es dohin nicht
gemeint wurde, das den beschedigten aller ir schade kont erstattet werden, dan
solchs zuthun, konten Jr ko. Ma. wol bedengken, were vnmuglich.
Aber di ke. Ma. muste denoch dorauf bedacht sein, das denselben beschedigten
etwan ein erstattung geschehe. Als haben s.churf.g. widerumb replicirt, das
s.churf.g. der k. M. hirinnen kein mas wuste zugeben, wem sie wolten erstattung
thuen oder nicht, doch Aber das es one s.churf.g. vnd derselben mithuorwante
zuthun, beschwerung oder schaden geschehe. hirauf ist der artikel also wi obgemelt
vorglichen, das gegen disen Stenden di forderung der scheden solt aufgehoben sein
vnd das di k. Ma. di beschedigten one derselben Stende zuthun mit gnaden wolle
bedengken.
Der Braunschwigischen iunckern halben haben di ko. Ma. laßen vormelden, das si
des puncten halben derwegen selbst bekommert, dan si wolten Jnen, weil sie horten
als di fur ehrlich namhaftig leut gerumbt wurden, gerne mit gnaden helffen vnd
wolten es dennoch auch ▷gerne also machen, das es◁ gegen Herzog Henrichen zu
Braunschwig als dem part mocht voranthwortlich sein vnd praetextum iuris haben.
dorumb wolten ir ko. Ma. dorauf bedacht sein. So solten s.churf.g. dem artikel, di
confiscirten guter anlangende, auch nachdencken.
[44v] Herzog Otto Henrichs halben hat m.gst.h. nicht erhalten konnen, das di wort
wern bliben «wi es s.f.g. oder derselben landtschaft im anfang der vorgangnen
Schmalkaldischen krigsubung ingehabt», dan Jre Ma. haben angezeigt, das es
disputation vnd vnrichtikeit wurde machen, vnd ist an stadt derselben wort gesezt
«vormoge s.f.g. gesanthen vbergebnen Supplication».

---

[1] Von "willen" bis "utilitatem" Anstreichung am Rand.
[2] solten werden B

~~Bei dem artikel punct, di außonung derer, so in diser krigsubung seint, belangendt, haben s.churf.g. 2 2 gebeten, denselben etwas ausdrucklicher vf den feltmarschalh, Obersten, befelchs vnd krigsleut zustellen, welchs also bewilligt~~ Den ~~16~~ ⌜14.⌝ Juny seint di artikel, derhalben man sich muntlich vnderret ~~in~~ vnd vorglichen, m.gst.h. in schriften zugestelt worden.

~~Deßelben tags nach mittag~~ ⌜Den 15. Juny⌝ haben s.churf.g. di bedencken, so si in solcher ~~schrif~~ gestelten notel haben, der ko. Ma. angezeigt, ~~als~~ ⌜vnd⌝ in dem ersten artikel des Landtgrafen erledigung ist der ~~anhang~~ ⌜zusaz oder additionalartikel⌝ in der konigischen copei «vnd im fal, ~~des~~ da ein teil des krigsuolcks nit fridtlich etc.» angefochten ~~vnd von der ko. Ma. bewilligt worden, denselben ganzen punct auszulaßen~~ ▷ aus der vrsach, das es s.churf.g. wolte schimpflich sein, so ausdrucklich zusezen, das si ir eigen krigsuolck wolt vberzihen, vnd gebeten, das man es bei der

Nach disen gehabten vnderreden haben sich dj Khu. Mt. neben den verordneten Stenndten mit Jrer Churf.en g.en, wie volgt, guetig verglichen.

Erstlichen Jst guettig zu der zeit der erledigung vnnd Trennung der vierzehendist tag July schirist furgenomen vnnd bestimbt worden.

So sollen vnd wollen Jre Churf.en g.en Muglichen vnnd [26r] Menschlichen vleiß der Trennung halber furwennden, darzue dann dj Khaj. Mt. die Jrige zu Jrer Churf.en g.en auch furnemen vnd verordnen mugen.

Jn der Nassauerischen hanndlung Solle bej den Thailn die Benennung der Commissarien biß vnnd nach volzogener erledigung des lanndtgrauen eingestelt sein, doch solle Jedweder thail funf benennen, vnnd auß denen zehen die Khaj. Mt. etc. Sechs zu Commissarien vnnd vnnderhanndlern zuerkhiesen haben.

Die erledigung Grauen Reinharten von Sulms pleibt, das aber angerurt, woe die sachen mitler weil vertragen, das solches stat haben solle, den verstanndt haben, Souerr graue Reinhart nach erlanngter seiner erledigung des vertrags zufriden sein wurde, dann one das solle Jme frej sein zu seinen gepruchen lediglichen widerumbn zusteen vnnd zutretten.

Annderer sachen, alß Maintz, Teutschmaister, Jst gemittlt, das exceptio Carceris stat haben vnnd dise hanndlungn zu der erledigung reliquorum grauaminum et eosdem Judices verschoben werden sollen,

Welche grauamina auch gleich Eingangs des Chunfftigen Reichstags abgehanndlet werden sollen.

Den frantzosischen Khriegsleuthen Seien zu Jrem abzug sechs wochen vnnd dann Noch zwaj Monat ad reditum ipsorum zugegeben werden.

Der Praunschweigischen Jungheren sachen Seien zu Commissarien Hertzog Moritz, Churfurst, Pomern [26v] vnnd Marggraue Hanns von Branndenburg cum plenitudine potestatis benennt worden.

Der Confiscierten guettern Jst durch den Churf.en vermeldet, das Jre Churf.en g.en von annderer oder Merer wegen nit anhielten alß allain derJhenigen, so Jren Churf.en g.en Jn diser Khriegsvbung verwanndt. vnnd hierauf gemittlt, das die, so dergestalt des Jrigen Restituiert, sich mit denen, so gnadt bescheen, geburlicher ~~weiß~~ ding vergleichen vnd vertragen solten.

Letzlichen des anstanndts halber Haben gleichwol die Khu. Mt. vnnd die zugeordnete Stennde, denen auf acht zuerstreckhen, dann auch, ⌜woe⌝ von der Khaj. Mt. Resolution khäme, vnnd das Jr Khaj. Mt. den vertrag Ratificiert, disen anstanndt gar vnnd auf den 14. July zuerlenngern begert. aber der Churf. hat disen articln biß auf Morgen Mitichen zubedacht genomen. vnnd dhweill dj Khu. Mt. dise hanndlungn alle auf Ratification der Khaj. Mt. eingestelt, Hat der Churf. gleicher gestalt, solches an seine Mituerwanndte zubringen, Jme auch furgesezt, so seinen Churf.en g.en bewilliget vnnd zugegeben worden.

vorigen erclerung, so ad partem geschehen, wolt bleiben laßen◁. Jtem di zeit,
innerhalb welcher di Naßaisch sach solt geortert werden, ist vf zwei Jar durch
s.churf.g. gestelt. Jtem, s.churf.g. haben begert, den Stilstandt am Cammergericht
▷in den sachen, di wider den Landtgraffen furgenommen, zuuorschaffen vnd◁
~~mitlerzeit bis zu ??~~ ⌈solchs⌉ am ende desselben ~~clausel~~ artikels[1] [47r] anzuhengen[2]
an stadt der ⌈forigen⌉ wort «vnd alle sachen in den standt gesezt, wi di fur der
custodien gewest».
Bei dem artikel der aussonung ist gebeten, den Graffen von Oldenburg auch
zuspecificirn;
Jtem, di wort «aus dem felt zihen» auszulaßen;
Jtem bei dem punct der scheden di worth «vmb ir treu vnd gehorsam willen», Jtem
«Jres ehrlichen wolhaltens halben» auszulaßen.
Jtem bei dem ~~artikel~~ punct der außonung derer, so disem krig vorwant etc., Jst
▷gebeten, das man denselben etwas clerer auf Oberisten, haupt vnd befelchsleut
vnd in gemein auf alle krigsleut, di s.churf.g. vnd derselben mithuorwanten dinen,
stellen wolte vnd als◁ in der koniglichen schrift hin bei gesezt «dergleichen auch
si gegen iren eignen vnderthanen etc.»
Des hat sich s.churf.g.[3] zum hochsten beschwert vnd angezeigt, wi ein
beschwerliche einfurung es machen wurde, wan ~~der v~~ eines ~~iden~~ hern ⌈eigne⌉
vnderthanen ~~halben di kei. Ma. widder iren herrn halb~~ on ir ersuchen oder ~~lieb~~
gnugsame vorhor der sachen ~~in~~ in solche vortrag mit solten eingezogen werden,
~~vnd~~ vnd wurde sich sonst ein ider ▷her gegen sein vnderthanen◁ wol wißen
geburlich zuuorhalten, vnd do es nicht geschehe, so het es albereit sein vorsehung
in den reichsordenungen.
Vf alle obgemelte artikel haben di ko. Ma. gewilligt, das zuthun, wi s.churf.g.
begert vnd bei dem lezten ist an stadt der wort «gegen Jren eigen vnderthanen»
gesezt «auch si gegen andern»[4]
[45r][5] Di ko. M. haben ~~auch~~ ⌈aber⌉ bei dem artikel des Landtgraffen erledigung
~~sonderlich~~ dis bedengken erregt, das darinnen stunde, das der Landtgraf vf den 14.
July solt entledigt vnd gegen Reinfels gestelt werden.
Nhun kont der Landtgraff so baldt vnd vnder sechs tagen von Mecheln nicht gegen
Reinfels khommen.
So wern auch ezlich artikel, di zuuor musten erledigt werden, ehr man s.f.g.
loszelte, als di Assecuration vnd Ratification s.f.g. vnd der Landtschaft. Dorumb
wolten di ko. M., s.churf.g. bedengken hirin were, wi dem zuthun[6]. dan wo man
ein solch mittel konte finden, das di puncten, di der Landtgraf sol volzihen, fur
seiner erledigung fur dem 14. tag etwan ein tag oder sechs mochten ausgericht vnd
vorfertigt sein, also das s.f.g. noch derselben volzihung dennoch den 14. tag gegen

---

[1] Unten auf der Seite von späterer Kanzleischrift: "anzuhengen anstadt etc.".
[2] B fügt 47r direkt am richtigen Ort ein.
[3] sein Churf.en B
[4] Hier folgt in A die #, am Rand die # mit der nach oben zeigenden Hand. In B folgt nach 47 r direkt 45r/v, dann 47v.
[5] Bleistifnotiz am Rand: "nach 47a", weiter unten eine Notiz am Rand: "Verke 2 pag:"; über der ersten Zeile steht #.
[6] wi dem hirin zuthun were B.

Reinfels kommen mochte, so solt es an der erledigung nicht mangeln.

Dorauf haben s.churf.g. vormelt, das ~~si vorhoften~~ di briflichen vrkunden ~~d?~~ vnd anders, was ~~solte~~ fur des Landtgraffen erledigung ⌈solte⌉ volzogen werden, konthe zu Reinfels denen, so den Landtgraffen heraufbrechten, zugestelt werden, also das si dieselben gegen erledigung des Landtgraffen entpfingen vnd also eins mit dem andern ginge.

[45v] Es haben aber di ko. M. angezeigt, das es bei der k. M. nicht wurde zuerhalten sein, das si den Landtgraffen liße herauf bringen, Jr Ma. hetten dan zuuor solche ratification vnd anders.

Dorumb must es zu Mecheln vberanthwort werden, vnd weil es nicht anders zuerhalten gewest ~~haben- e s -s.churf.g. dobei auch mußen bleiben laßen, vnd ist dorauf bei demselben punct di clausel herzu gesezt, das di briflichen vrkunde vf n. tag gegen Mecheln solten vberanthwort werden~~, haben sich s.churf.g. erbotten, muglichen fleis furzuwenden, domit solche schriften vnd obligationen ein tag oder sechs fur dem 14. July mochten zu Mecheln vberanthwort werden, domit also der Landtgraf vf den 14. gegen Reinfels ledig mocht gestelt werden. das seint di ko. Ma. also zufriden gewest.

[46r] [*vakat*][1]
[46v] [*vakat*][2]

[47v] ~~Den 18. Juny~~ ⌈Es⌉ haben sich ⌈auch⌉[3] di ko. Ma. mit m.gst.h. der vnuorglichnen artikel halben als der confiscirten guter vnd Braunschwigisch Junkern belangende ferner vnderredet. vnd souhil di confiscationes anlangt, haben di ko. Ma. den weg furgeschlagen, ~~weil sie aus dem vbergebnen vorzeichnus vormergkten~~, das ~~des mher teil derer~~ der artikel der ~~??~~ restitution der guter, deßgleichen der punct mit den confiscationen bede solten ~~her~~ aus der schrift gelaßen, vnd gleich ~~wi~~ derhalben kein disposition oder vorsehung geschehen, sonder beides miteinander stecken bleiben. Als aber hirauf m.gst.h. gemelt, das es ir vilen wurde beschwerlich ~~sein~~ vnd dem vortrag hinderlich sein, wan si nicht solten wißen, ~~??~~ das si neben der ~~vngnadt~~ außonung auch zu Jren gutern kommen ~~solte~~ mochten, vnd s.churf.g. sonderlich des Reiffenbergers gedacht, haben sich di ko. Ma. erbotten, derhalben ad partem bei der ke. Ma. allen fleis zuthun, das er bei sein gutern mocht bleiben, vnd als ~~solche~~ s.churf.g. ~~anze~~ wider replicirt, das es der andern halben gleichergestalt di nothurft sein wolte, So haben di ko. Ma. begert, das m.gst.h. di personen wolt namhaftig machen, di ~~Jre~~ ⌈s.⌉ churf.g. irer guter wolt restituirt wißen. wiewol nhun s.churf.g. liber gewolt, das man di confiscationes het[4] namhaftig gemacht, weil [48r] aber di ko. Ma. angezeigt, das ~~si~~ es ▷di keiserlichen Reth◁ selbst nicht wusten, So haben s.churf.g. ezlicher namen vbergeben, wi hirbei zubefinden.

---

[1] spätere Aufschrift: "Verk."
[2] Es findet sich nur die Zeichnung einer umgedrehten Hand neben der Raute # die auf die entsprechende, nach oben links zeigende Hand unten am Rand auf 47r [s. vor 45r] zeigt, unter der eine # ist, diese Raute ist weiter rechts unter dem Text wiederholt.
[3] aber B
[4] het om. B

Dorauf haben di ko. Ma. durch d. Gengern vormelden laßen, was pfalzgraf Otto
Henrichs ~~halben~~ restitution anlangt, do were albereit ein sonderlicher artikel gesezt.
Furst Wolffen von Anhalts halben wust Jr Ma. nicht, was fur ein restitution
seinthalben gemeint, dan wo es auf das gelt solte gehen, das von s.g. wegen dem
von Latron geben worden in kraft der confiscation, So kont man dorzu nicht
khommen. do es aber alein vf sein landt ginge, das er izundt inhat, das er dobei
moge bleiben, so wurde es kein mangel haben.
Die Braunschweigischen hern vnd Jungkern hetten auch ein sonderlichen artikel.
Graf Ludwigs von Ottingen halben het es di gelegenheit, das er seine guter
widerumb[1] eingenhomen vnd wer kein confiscation dorauf ~~??~~, dan was seinen
brudern doran geben, di wurden sich vndereinander wol vorgleichen.
Schertleins halben wern di ko. Ma. ~~zu~~ bericht, das sich di von Ausburg mit ime
aller seiner guter halben albereit vorglichen.
Souhil dan den Reingraffen, Reckerot, Reiffenberger vnd Rodenhausen anlangt,
wolten Jr ko. Ma. auch allen muglichen fleis anwenden bei der kei. Ma., das si zu
iren gutern mochten gelaßen werden.
[48v] Vf solche der ko. Ma. erclerung seint s.churf.g. zufriden gewest, das der
artikel der restitution mochte ausbleiben: doch das di ko. Ma. der andern halben,
di ausdrucklich nicht benant wurden, ad partem ein schein gebe, das si ~~vnder~~ zu
iren gutern auch solten khommen vnd das Schertle vnder denselben auch begriffen
wurde, dan, ob sich wol die Stat Ausburg mit Jme vmb seine guter in handelung
eingelaßen, So weren ~~doch die~~ ime doch dieselben von ezlichen lehenhern
eingezogen, das ~~es~~ er si also nicht konte geweren, dorumb si Jme auch das kaufgelt
nicht geben.
Dorauf haben sich di ko. Ma. erbotten, allen muglichen fleis anzuwenden, domit
solchs bei der ke. Ma. mocht erhalten werden.
Souhil di Braunschwigischen Junckern anlangt, haben di ko. Ma. ~~ein ander artikel
irenthalben stellen laßen vnd an m.gst.h.~~ ▷vormelden laßen, das Jr Ma. vnd di
Stende den punct auch dohin richten wolten, das den Jungkern di Restitution auch
one furgehendt rechtlich erkenthnus widderfarn solte, vnd domit man durch ein
erbarn fug dozu kommen moge, So hetten Jr Ma. vnd di Stende dorauf gedacht,
das es zu einem schein ~~erstlich~~ den hiuor benanten commißarien solt committirt vnd
denselben volkommer gewalt geben werden, di sachen zuuortragen vnd im fal, das
si es in der gut nicht konten vortragen, das si di Restitution innerhalb dreier Monat
thuen solten. vnd solchs hetten auch Jr Ma. dorumb bedacht, domit di k. M. desto
ehr mochte bewogen werden, ~~im fal domit~~ ⌐dorein⌐ zuwilligen, ~~vnd~~ ⌐wan⌐ di
commissio der restitution halben nicht so gar rauch gestelt, sonder ein gutliche
handlung vorher ginge vnd haben doneben den artikel, wi der gestelt, m.gst.h.
vbergeben◁ ⌐vnd⌐ begert, das s.churf.g. dorauf mit den Jungkern wolte handeln,
das si domit zufriden.

---

[1]   wider B

Mittichen, den 15. Juny,
Seien die Stennde Nach Mittentags zeit wider zusamen khomen, vnnd zu Rath getzogen, ob
nit Nutz vnnd guett, das dj gegenwurtige Stennde Neben der Khu. Mt. der Ro.Chai. Mt.
Mitschreiben vnnd Jre Khai. Mt. vnnderthanigist, Jn disen vertrag zu Rue, friden vnnd
ainigChait vnnd zu verhuettung des Eusseristen verderbens, auch vmb verschonung [27r]
willen der gehorsamen vnschuldigen Stennden Jrem beuolhenem Khaiserlichen ambt nach
vnnd zu Jrer Khaj. Mt. Eewigem lob vnd preiß, das hiedurch auch Jrer Khaj. Mt.
Reputation nit allain nit gemindert, Sonnder Nur gemehrt wurde, Das haben Jnen dj
Stennde Jn gemain, doch das solches schreiben der Khu. Mt. zuersehen gegeben werde,
gefallen lassen.

[549v]   15 Junij 52
Meintzischer Cantzler proponirt: Nachdem die berathschlagung vergange tag
verhandlet vnd gesterigs tags mit Sachsen verglichen, vnd dass es an Key. Mt.
zuschicken, Nichtdestoweniger weil Stende als mithendler, stunde es zu Jnen, ob sie
dieser ding halben auch an Jr Mt. schreiben wolten, damit solchs samptlich d̶e̶ neben
dem Ko. schreiben beschee moge, vnd nicht heut oder morgen, da es nit beschee,
die schult den Meintzischen, alss ob es nit proponirt, moge zugemessen werden.
                                    Vmbfrag
Trier: hetten die proposition vernomen etc. vnd auss allerhand vrsachen liessen sie
Jnen gefallen, dass ein glimpflich vnd beweglich schreiben gethan, doch der gestalt,
dass Jr Mt. nit zu misfallen bewegt, wie dan solchs Jn die fedder zupringen, J̶n̶ das
der Keyser obwegen lieb vnd zuneigung zum vatterlandt getragen, solt ers Jetz Jn
hochsten noten thun, ob schon sie einer andern meynung von wegen Jrer hocheit,
s̶o̶l̶ so solt sie doch solchs fallen lassen vnd die wolfart bedenken, vnd wass daran
gelegen. Vnd wie wol Stend Jme gehorsam zuleisten willig, Jedoch weren sie vor
Got schuldig, Jre vnderthanen vor vnpillicher gewalt zuretten, darneben hetten sie
bedacht: weil die handlung alhie zu ende lauft vnd Sachsen ein schrift vbergeben,
darin Margraf Albrechts bemelt, Also das ⊢sie⊣ achten, dass Margraf Albrecht
zuersuchen, wess man sich zu Jme versehen, vnd solt solchs durch Sachsen
bescheen.
Coln: v̶n̶d̶ wiewol von wegen seins hern alles zubefurdern geneigt vnd darfur hielten,
dass die schrift zuthun, So trug er doch fursorg, es mocht beim Konig nachdenkens
haben, weil rex mit Saxssen furnemlich gehandelt, solt man nun sonderlich
schreiben, solt darfur zuachten sein, h̶ alss ob man dem Konig nit wolt vertrawen,
hielt darfur, dass ein schreiben Jn namen regis zustellen, vnd da Jchts vnderlassen,
dass es durch die Stende beschee, Solt es aber ein merers sein, wolt er sich nit
sondern.
[550r] Pfaltz: hetten auch d̶e̶ gedacht, dass die notturft erfordern wol, das ein
vnderthenigst schreiben zubescheen, darin sie ersucht, dass sie zum friden dienlich
nichs wolten erwinden lassen, Jnansehung hieuoriger dem Konig vbergeben
anpieten, Sonderlich auch, dass diss sach zum hochsten wer angetzogen, da sie sich
zum friden richte, dass Jr reputation nit geringert, sonder zu hochsten vfnemen.
Das Trier angeregt, dass Cesar zuerJnern, dass man muss bedacht sein, dass einer
sein vnderthan muss schutz, Acht er, dass es zuuerpleiben, weil es hieuor
angezogen. dass Coln angeregt, dass es bedenklich zuschreiben, hielten sie darfur,
dass Jn alweg dem Konig zuuor solt erofnet werden, dass es mit Jrem willen also
beschee.
Brandenb.: wie hoch am friden gelegen, dass hab man statlichen die tag bedacht,
drumb, wass man furnemen kon, dass der Keyser zu bewegen, dass es furzunemen,
vnd liessen Jnen gefallen, dass das schreiben furgee, Achten nit, das es dem Konig

Vnnd nach disem gehabtem beschlueß Haben bede fursten, Bairn vnnd Passau, sambt]ren Mitgeortnedten, den Stennden oben vertzaichnete außrichtung Summarie entdeckht, Mit dem Melden, das der Churf. an]etzo vor der Khu. Mt. auch anndere schon, wie verstannden, gemittlte, verglichne articl Mit neuer äferung Enndern wollen, So aber Chainen manngln hette, dann dj Khu. Mt.]n denselben allen sich mit]ren Churf.en g.en leichtlichen vergleichen khundten vnnd wolten. allain hetten]r Khu. Mt.]nen, den Stennden, Noch zwen articln furzuhalten fur guet angesehen, Nemblichen des anstanndts vnnd dann der praunschweigischen]unghern halber; dann des Churfursten anregen dahin gelauttet, das

zuwidder sej, doch sol Jnen nit zuwidder sein, dass zuuor dem Konig angezeigt werd.]tem, dass mit dem Margrafen zuhandln, liessen sie Jnen nit misfallen.
Meintz: weil es fur rathsam angesehen zuschreiben, soll es Jnen auch nit zuentgegen sein, woltens helfen fertigen, vnd weil am friden gelegen, vnd man der ding gantz gesichert, liessen sie Jnen nit misfallen, dass bej Sachsen des Margrafen halben anzusuchen.
Saltzpurg: wie Pfaltz.
Bayern: Acht auch, dass zuschreiben, vnd obschon die vrsachen alle, so hieuor dem Konig furpracht, darin Jngezogen, dass es der sachen nit vndinstlich sein solt, Acht, Keyser werd dardurch desto ehr bewegt werden, die puncten anzunemen.
~~da~~ Liess Jme gefallen, man sol die antwurt stellen vnd furter dem Konig antzeigen vnd bitten, neben Jrem schreiben zuuberschicken, Jtem Jrer Mt. copej zustellen vnd sol sich Jn kein disputation Jnlassen.
[550v] Margrafen halben hab er souil vernomen, wan er Jn werendem fridstand ansuch, wol gut, wo nit, werd man Jme nit fast nachlaufen. Man mog aber Sachsen derhalben ersuchen.
Aystet: der schriften halben an Keyser wie andere. Margrafen halben acht er, dass Sachsen zuersuchen, bej Jme anzuhalten, sich Jn vertrag auch zubegeben.
Brandenburg: Achten auch fur gut, dass ein schreiben an Keyser zustellen vnd alle argumenta darin zuuermelden, vnd dass es allein Sup.lon [= Supplikation] vnd bits weiss geschee. Margraf Albrechten belangen, liess er Jme der andern bedencken gefallen.
Wurtzburg: dergleichen.
Gulch: Liessen ~~es~~ Jnen dass schreiben auch gefallen, dess Margraffen halben wie Bayern.
Passaw: wie Beyern.
Wurtemberg: wie Beyern.
]st geschlossen, das solch schreiben an die Key. Mt. also, wie daruon geredt, zustellen, vnd furtter dem Konig Copej zugestelt werden, ehe es vberschickt werd.
▷resolutio des Churf.en zu Sachsen, des Anstandts halben◁ Meintzischer Cantzler referrirt, wes Bayern, Passaw vnd die andern geordente neben der Ko. Mt. mit Sachsen gehandelt, Nemlich Sachsen sej erschienen vnd sich des Anstandts halben erclert, vnd etlich art. ~~6~~ widder erregt, die sich die Ko. Mt. mit Jme werd vergleichen, Aber vnder anderm seyen 3 art. noch furgefallen: 1° die erledigung der Knecht, da sich die nit trennen wolten, wie sie zutrennen, wer Sachsen beschwerlich, gegen Jnen ⌈Jchts⌉ zu thun, doch werd der Konig sich mit Jme derhalben vergleichen, 2° het Sachsen vf den art. dess Anstandts auch geantwurt, weil gestern 7 oder 8 tag begert,
[551r] Jtem, dass des Kriegsuolcks halben biss vf den 14. Julij stilgestanden, daruf er geantwurt, wolt die sachen gern furdern, hetten ⌈aber⌉ allerlej bedencken, musts an die andern, ▷seine mitKriegsuerwanten zuuor◁ gelangen lasen ~~langen~~. Kondten den alhie ausstrucklich nit willigen.

vber seiner Churf.en g.en muglichen angewenndten vleiß, ob sein gnaden dise Junckheren
Jn das gesterig Mittl bewegen mugen, Hetten sie, dj Jungherrn, sich dahin hören lassen,
annder Mittl alß die Restitution plößlichen nit anzunemen, Mit furgebung, pillichen sein, das
sie vor allen dingen Restituiert vnnd, wie hertzog hainrich sie ausser Recht vnnd mit gewalt
des Jrigen entsetzt, gleichs Rechtens sein, das sie auch ausser erkhanndtnuß wider Restituiert
wurden, dann, woe sie das nit [27v] erlanngen khunden, wolten sie hiemit den bericht gethan haben, das sie mit hilff Jrer zugewanndten, ob gleich friden gemacht, alßbaldt hertzog
hainrichen vberziehen vnnd nit allain Jr ligundts, Sonder den erlittenen schaden auch wider
suchen vnnd bekhomen wurden wollen. Hierauf der Churf. vmb die begert Restitution
selber auch angehalten vnnd gepetten hätte. Dann vnnd von wegen des anstanndts Hetten
Jre Churf.en g.en angetzaigt, wie sie Jres thails ganntz willig weren, Jn den begerten
anstanndt zubewilligen, weill das aber Je Jn seiner Churf.en g.en Macht nit stuennde, wolte
Er solches an seine Mituerwanndte bringen vnnd doch disen anstanndt so Lanng erstreckht
haben, vnnzt vnnd biß sein Churf.en g.en zu derselben Khriegsvolck Chomen mochte vnd
wurde. So baldt auch sein Churf.en g.en zu Jrem Chriegsvolckh Chomen, wolten sie muglichs vleiß diß anstanndts halber hanndlen vnnd, was seiner Churf.en g.en außrichten, des
dj Khu. Mt. vnnd die Stennde vnuerzogenlichen widerhieher berichten. dann Jre Churf.en
g.en gedächten, gegenwurtigem thun vnnd wesen nichte Nutzens sein, alß das sich Jre
Churf.en g.en nach beschlossener abreden vnnd vergleichung alßbaldt zu Jrem Khriegsvolckh
erhuebe vnnd verfueget. Vnnd ob wol dj Khu. Mt. vnnd die zugeordnete Stennde diß
verraisen bej Jren f.en g.en abstellen vnnd die biß zu erlanngter Resolution des Khaisers hie
zuuerharren derselben persuadiern wollen, So hetten doch Jre Churf.en g.en Mit furgebung,
das es ganntz von vnnötten, auch vmb sonnsten were, Neben dem, das anndern Churfursten
der vertrag zu verferttigung zugeschickhet werden musset, Neben dem, das Nunmer dj
hanndlung allain an dem beruehet, das diser vertrag Jn ain Nottl begriffen, die abgehört,
also vnnd on ainiche Ennderung durch dj Khaj. Mt. Ratificiert vnnd [28r] seinen Churf.en
g.en alßdann vbersenndet wurde, wolten Jre Churf.en g.en Jresthails den ferttigen vnnd das,
so Jren Churf.en g.en darJnen auferlegt, strackhs volziehen vnnd demselben geleben, Mit
Neben Meldung vnnd außfuerung etlicher beweglicher vrsachen, darumbn Jre Churf.en g.en
oben Mer alß mit hieiger lenngerer verweillung Nutz sein möchte: ainmaln hetten Jre
Churf.en g.en die gewisse Khundtschafft, das allerlaj Practickhen vnnd Meittereien vnnder
dem Khriegsvolckh schon gebraucht vnnd das dem franntzosen bestelt werden, der Mainung, woe gleich der fridt angestossen, das Nichts weniger diß Khriegsvolckh, Mit ganntzem

Sie~~we~~ Er wolt sich aber zum Kriegsuolck verfugen Vnd ~~soj~~ ~~wol~~ ⌈die sachen⌉
befurdern, dass ⌈solcher anstand⌉ ~~er~~ bewilligt werd, ~~wol~~ doch wol ⊢er⊣ den
Anstand so lang bewilligt haben, biss er zum Kriegsuolck kom, vnd wols ▷alspald,
ob er gewilligt oder nit◁, widder alher gelangen lassen. Jtem hab begert, dass man
diese ding lautter wol machen vnd dass man weitter nit die sachen disputir vnd der
vertrag vfgericht vnd Jme zugeschickt werd. Er konne auch nit widder alher komen,
sonder must beim Kriegsuolck pleiben, man solt Jme den vertrag one ferner disputation zuschicken, wie die sachen Jn ein oder andern weg geschaffen, dan er wolt
eben dass Jhenig mit der siglung vnd anders thun, was er thette ~~solt~~, wan er alhie
were.
▷Braunschweigischs Junckern◁ Jtem, vf alles gesterigs, so gehandelt, dass der
Konig vnd die verordente erpotten, dass er, ▷Sachsen◁, selbs, ~~oder~~ ⌈bede⌉
Brandenburg vnd Pomern Jn sachen zwuschen Braunschweig vnd den Junckern
sollen gutlich oder rechtlich sprechen vnd auch exequiren etc. ⌈solten⌉, daruf
Sachsen Jetzo gesagt, ▷vnd Jetz zu antwurt geben, dass er zum vleissigsten mit
Jnen gehandelt, aber◁ ~~das~~ die Junckern solchen weg nit annemen wollen, sonder ⌈vf
der restitution behart⌉, wollen weg suchen, wie sie restituirt werden etc.

hauffen dem frantzosen zuzuziehen, sich vndersteen mochte, das dann disfalß Jre Churf.en g.en der Khu. Mt., wie gehanndlt, das Jrig, das ist Jrer Khu. Mt. etc. diß Khriegsvolckh zubewerben, nit statt haben, auch den schaden Jn dem abzueg dißfalß nit wol wurden wennden mugen, So alles, woe Jre Churf.en g.en oben zugegen dieselb leichtlichen zu furChomen hetten. Dise bede articln Hetten dj Khu. Mt. etc., wie verstannden, an dj Stennde zubringen beuolhen.

Darauf dj Stennde gleichwol nach gehabten, etlichen bedennckhen Jn sonnder mit erwitterung der Sequestration, doch mit dem Merern zu letzt auf die begerte Restitution auß oben gehörten vrsachen vnd pro bono pacis, das auch priuata commoditas utilitatj publice weichen vnnd cediern solle, geganngen vnnd beschlossen haben.

vmbfrag des Braun-
schweigischen art.s halben

Trier: het gehort, wes Sachsen sich erclert, betrefen die Braunschweigischen Junckern, dass sie dass mittel nit annemen ~~wollen~~, sonder die restitut. [= restitution] haben wolten etc., zweifelten nit, ~~wass~~ man wuss, wass Jr Jungst bedencken, Nemlich da der weg nit gnug, dass man die Sequestration ~~halben~~ furhandt nemen wol, [551v] weil sie aber auch abgeschlagen, Sej beschwerlich, one alle erkandtnuss die restitution zuthun, wusten ferner nit darzu zureden ~~sonder~~ dan allein, dass man die bedencken der Key. Mt. zugeschriben vnd begert werd, vf mittel bedacht zusein, wie sie gestilt, steltens der Key. Mt. heim.

Coln: hets darfur gehalten, dass sie der weg ainen sollten angenomen haben, weils aber vf der restitut. [= restitution] beharten, wust er nit, wie die gescheen konte one vorgeende rechtlich erkandtnuss, Acht auch, das die furgeschlagen mittel dem Keyser zuzuschicken, wol dan Jr Mt. die restitut. [= restitution] vor der erkantnuss wollen willigen, lass ers gescheen, besorg aber, der Keyser wolts nit thun.

Pfaltz: wiewol sie nichs liebers gesehen, dass die mittel solten angenomen sein, vnd achten, weil man vnder zweyen vbeln eins zuwelen, dass der Key. Mt. die zwej mittel solten zugeschriben werden, vnd solten die priuata den gemeinen nit vorgesetzt werden, vnd wer Jnen nit zuwidder, das sie restituirt wurden, vnd het der hertzog dass recht entgegen noch, sej besser, dan dass dass teutschslandt druber verderbt.

Brandenb.: hetten auch gehort, woruf die sachen beruheten, nemlich dass die Junckern wollen restituirt werden, Achten sie, dass der Keyser Commissa. solt ordnen, welche die Junckern alspald restituirn solten vnd furter rechtlich erkandtnuss furnemen, weil dan die ding anderer gestalt nit konten gericht werden, liesen sie Jnen gefallen, den Keyser solchs zuberichten.

Meintz: wolten gern zur furderung reden, es wol aber an dem art. viel gelegen sein, vnd dass sich die Junckern nit wollen weysen lassen, derhalben weil restitutio ex abrupto nit gescheen kon, Aber doch der gemein fried nit verhindert, solt derwegen dem Konig anpracht werden, damit man zu allentheilen zufriden, dass Jr mt. mit Braunschweig handel, das er die Junckern restituir.

[552r] Bayern: Sachsen hab ernstlich mit den Junkern gehandelt, hab aber nit verfahen wollen, sonder vf der restitution behart, Vnd acht er auch darfur, ~~dass~~ damit die handlung nit zerschlage, weil zubesorgen, es ~~p~~ werd bej der restitution nit pleiben, ~~Acht~~, konte derwegen nit achten, das es sonder beschwerlich, dass sie restituirt werden, vnd volgendts mit recht aussfuren, dan da es nit Jn gute geschee, hab sich Sachsen horen lassen, solchs mit gewalt zuthun. Das man aber dem Keyser die vorigen bedencken solt vberschicken, acht er nit rathsam, sonder mocht disputation geperen.

Passaw: ~~hin~~ Jst auch der meynung vmb gemeines fridens willen, das sie restituirt werden, one erkantnuss rechtens vnd furter ans recht weysen.

Also auch haben dj Stennde es des anstanndts [28v] halber, weill ain Merers bej dem Churfursten nit zuerhalten, vnnd des abraisens halber, so das die Khu. Mt. auch Neben den verordneten fur guett angesehen, bej derselben hanndlungn Jres thails pleiben lassen. allain vnnd, dhweil das Churfurstlich ausschreiben vnnd verglaiten auf die prorogation sich nit erstreckhen mochte vnnd damit die veregesessene gesanndte zu Jren heren sicher Jm fall, da

Gulch: Sej nit one, sej schwerlich, Jemants one erkantnuss zurestituiren, Jedoch acht er, es Kont solch restitution auss Key.ʳ macht wol mandirt werden, doch dem hertzogen dass recht vorbehalten.
Wurtzburg: Acht auch darfur, vmb gemeines fridens willen solt sich Braunschweig der restitution nit beschweren.
Wurtemberg: wie Beyern.
Eystet: Acht auch, man muss den weg an die hand nemen, der am besten.

Art. vom Anstand
vmbfrag

▷Anstand◁ Trier: wes mit Sachsen des Anstants halben gehandelt, vermerken sie, auss wass vrsachen er den nit ausstruklich bewilligen konen, Acht, dass seiner antwurt alhie zuuerharren vnd dass man vmb sicherung ansuchen solt, damit man Jm heimziehen versichert, da der Anstand nit fur sich ging.
[552v] Coln: weil Sachsen nit ausstruklich willigen konen, wuss er nit, wass weitter an Jne zubegeren, mocht dencken, man wol an [*** drei Wörter Lücke] Acht, man solt verharren biss zur antwurt.
Pfaltz: bedacht, batten auch, dass Bayern bej Sachsen zuuersuchen, ob die sachen des Anstandts vf miltere wege zupringen, oder wo nit, das doch Sachsen so lang wolt ~~forr~~ verharren, biss der vertrag begrifen, vnd solt Jne ratificiren, damit, wo der Keyser alle puncten willigte, dass seine versicherung vorhanden. des gleidts halben wie Trier.
Brand.: zweifelt nit, Bayern vnd Passaw wurden allen vleis dess Anstandts furgewendt ~~werden~~ haben, drumb acht er, das sein antwurt zuerwarten. Der sicherung halben acht er, sej gewilligt, vnd der Anstand erstreck sich allein vf dass Kriegsuolck, hielten darfur, das vnuonnoten, dass Beyer vnd Passaw weitter zubemuhen, Acht fur gut, dass Sachsen zuersuchen ~~d~~, noch ein zeitlang alhie zuuerharren oder widder alher zukomen.
Meintz: liessen Jnen die meynung gefallen, dass Sachsen zuersuchen, lenger alhie zupleiben, wo nit, solt man verharren biss zu seiner antwurt, Jtem, dass Sachsen zupitten, widder alher zukomen. Gleidts halben, werden vil gefhar hin vnd widder gesucht, drumb wol von noten sein, derhalben anregung zuthun, damit Jederman sicher widder anheimschs komen mocht.
Beyern: bedecht 2 ding, ob besser, dass Sachsen alhie pleib, oder ob besser sej, er hinweg ziehe, welches der Konig auch bedacht, vnd souil von Jme verstanden, wan man all ding mit Sachsen alhie verglich, konne er nit dencken, was er weitter alhie nutz were, Vnd da die antwurt vom Keyser kome, ~~wol~~ solt mans Jme zuschiken, Jtem die Churf.en musten mit Jren Jnsiegeln siglen, die sie nit beihanden,
[553r] Jtem, Sachsen seyen zeittung komen, das ~~das~~ vnder dem Kriegsuolck allerlej meuterej sej, Nemlich, dass sie sich horen liessen, wo Sachsen ein vertrag Jngee, wolten sie mit vfgerichten fenlein franckreich zuziehen, vnd ~~dab~~ da er bej Jnen, kont ers abwenden. Vnd hielt beyern auch darfur, dass so hoch daran nit gelegen, wan er schon hin weg ziehe, verglich sich mit dem merern, Gleits halben, placet.
Passaw: wie Bayern.
Gulch: dergleichen wie Beyern, das gleit belangen, sej dasselb weithleufig gestelt.

Den 17. Juny haben di Braunschwigischen Junckern zu dem artikel, si belangent, ezliche zusez gethan. di hat s.churf.g. der ko. Ma. also zugestelt vnd gebethen, das man si dorinnen gnedigst wolt bedengken.

Doneben haben auch s.churf.g. ein Notel, wi der alt vnd Jung Landtgraff di capitulation solten ratificirn, stellen laßen vnd der ko. Ma. vberanthwort.

dj Khai. Mt. disen Tractat nit annemen noch Ratificiern solten, wider haimb khomen mochten, von dem Churf.en Jn solchem versichert zuwerden, anregen gethan. darauf sich hertzog albrecht, solches bej Jren Churf.en g.en außzurichten, mit gnaden erpotten.

Freitags, den 17. Juny,
Seien zu Siben vhrn Morgens die Stennde wider zusamenkhomen, vnnd hat der Maintzisch Cantzler den Stennden, wes sich dj Khu. Mt. Neben vnnd zu sambt hertzog albrechten Jn Bairn etc. mit dem Churf.en, wie Mittichen angetzaigt, Jn dem sein Churf.en g.en Etlicher articln halber Ennderung gesucht, verglichen, furgehalten.

Vnd Erstlichen dj Trennung der Khriegsleuth belanngundt, Hetten dj Khu. Mt. etc. die wortt «on allen schaden» Nachgesehen, also, das die in den Vertrag nit eingeleibt werden solten etc.

So hat der Churfurst das begern Giessen halber auch nachgeben.

Vnnd dhweill dj erledigung des lanndtgrauen, Jn dem durch den Churf.en difficultiert worden, das nit muglichen aines tages alß den 14. July dise Erledigung Jn wurckhliche volziehung zubringen, Haben sich dj Khu. Mt. erpotten, ainen tag vier oder funf ▷dauor◁ dj sachen also zurichten, [29r] auf das den bestimbten 14. tag er, lanndtgraff, gewißlichen geen Reinfelß geanntwurt werden solle.

Die Nassauische Richtsachen sollen Jn zwaien Jarn Jr Erledigung gewynnen vnnd die Jn den Termin vnnd Stanndt, wie die vor der Custodien geschaffen gewesen, wider gestelt werden.

Was aber anndere hanndlungn alß Maintz vnd Teutsch Maister etc. belanngendt, dj sollen zu dem außtrag der Grauaminen geschoben sein.

Wurtzburg
Wurtemberg ⎱ wie Beyern
Eystet

Beyern will bej Sachsen vmb dass Gleidt ansuchen.

16. Junij
▷vergleichung mit Sachsen◁ Hat der Konig vnd die geordenten von Stenden mit dem von Sachsen zu vergleichung dess, so noch streittig gewesen, abgehandlet.

17. Junij
▷relation der vergleichung mit Sachsen◁ Jst den Stenden vnd potschaften Jn gemein angezeigt vnd referirt, was gesterigs tag mit Sachsen gehandelt, Nemlich der trenung der Knecht, da Sachsen angemut worden, ~~Jn vertr~~ dass er mit ernst dran sein wol, dass sie zertrent, dessen sich Sachsen beschwerdt, sich dessen ausstruklich zuuerbinden vnd Jn vertrag zusetzen, derwegen rex solchs letzlichen fallen lassen vnd dieser art. verglichen. [553v] Sej gestritten worden dess baws halben zu Giessen. Sej dahin komen, dass Sachsen dauon abgestanden. 3° Landgrafen erledigung vf den 14 Julj Jhen reinfelss gelifert, het der Konig dass bedenken, sol vf demselben dass Kriegsuolck geurlaubt vnd der Landgraf vf denselben tag zu reinfels sein soll, kon nit wol muglich sein. Letzlich Jst dahin gepracht, dass Sachsen alle sachen wol helfen furdern, das ~~er~~ der Landgraf wol dahin komen konne, daruber rex & Sachsen verglichen. 4° Der rechthengigen sachen am Chamerg., dass die termin, so Jn werender custodj gehalten, vnd die sachen Jn vorigen standt zustellen sein solten etc. Seyen die sachen dahin komen, sol Landgraf

Die Meldung des abschidts, Jm 44^{ist} Jare aufgericht, vnnd Jn sonderhait dj wortt «so vill ainer Jre Possess gehabt etc.» Hat der Churfurst doch nit gern vnnd beschwerlichen nachgesehen, Jtem auch das wörttlein «ainhelliglichen».
Also auch Jst dem Churf.en, den von Oldenburg Jn den vertrag einzuleiben, bewilliget worden.
So hat der Churf. Nach lannger vnnderRede vnd den Bericht, das vnder der gemainen disposition die predicanten auch begriffen wurden, das wortt «predicanten» auch Nachgeben, doch solle Jn dj abschrifft der Nottl, so seinen Churf.en g.en diß vertrags halber behenndiget wurdt, solches ad Marginem verzaichnet werden.
Der außgesönnten halber so dem Franntzosen diennetem, Jst auf die Mainung, die vergleichung gemacht vnd fur dj wortt «auß dem feldt zuziehen» zusetzen sein beschlossen «vnnd gleich von derselben zeit an wider dj Khaj. Mt. etc. vnd dj Stende des Reichs verrer nit zudiennen».
[29v] Der beschedigten halber, weill Jnen dj Mobilia abgesprochen, Solle Jren halben vngeuerlichen das Eerlich anregen beschehen, das sie «getreulichn, gehorsamblichen vnnd wol gehandlt vnnd vnschuldiglichen» Jn disen schaden khomen etc., Hat der Churf. auch zugeben.
Vnnd da steet «sie gegen Jren aigen vnnderthanen» solle gesetzt werden «sie gegen ainander».
Jn der aussönung sollen specifice die beuelchs vnd Kriegsleuth genennt werden, alß feldt Marschalh, Rottmaister, haubt leuth, fennderich etc.
So hat der Churf. der Confiscierten guettern halber die Clausl «ausser was Confisciert oder vergeben» aussenzulassen begert, vnnd derohalben weiter sein begern nit stellen wollen alß

vrsachen antzeigen vfm reichstag, worumb sie solten ~~suspe~~ Jn vorigen stand komen, daruf die hessen dass wort exceptiones gestritten. Sej rex & Saxen auch verglichen. 5° Abschied A° 44 der possession halben etc., hab sich Sachsen letzlich dahin lassen weysen, dass ers ausslassen woll. 6° Sej ein wort Jn den schriften «einhellig», ~~vergleichen~~ hab Sachsen auch gefochten, Sej auch dauon abgewiesen vnd solchs fallen lassen. 7° ~~het~~ Graf von Oldenburg, dass er auch ausszusonen, Sej auch verglichen, dass er sol vnder den aussgesonten begrifen sein. 8° Predicanten hab Sachsen auch widder erregt, das sie aussgesonet sein solten, Seyen Jme angetzeigt, dass die aussonung vf die, so Jm krieg gewesen, gee, wan nun andere der religion aussgesont, seien sie auch darunder begriffen. Sej auch dauon abgestanden, doch dass Jn der copej des vertrags Jn margine gesetzt werden, damit seine consortes sehen mochten, das er Jrer gedacht. 9. [554r] das die aussgesonten Jn 6 wochen sich ercleren vnd auss dem veldt ziehen, hab Sachsen sich beschwerdt, dass sie auss dem velt ziehen solten, wurd den lantsknechten bedenklich. Solt gesetzt werden «vnd gleich von derselben zeit an widder die Key. vnd Ko. ł, auch Stend ferer nit ~~mher~~ zudiennen», Vnd Jst also verglichen. 10. Von den beschedigten etc. als etlich worter darunder g[sic!] vermelt, dass sie sich getrew, gehorsam vnd ▷gehorsamlich◁ ~~vnschuldig~~ gehalten, vnd hab der Konig Jm vertrag haben wollen ⊢vnschuldig Jn sachen komen⊣, damit solchs den beschedigten zum ehrlichsten bedacht, dessen sich Sachsen beschwerdt, doch mit Jme souil gehandelt, dass Sachsen bewilligt, die zusetzen. Jtem, es seyen weitter wort «vnd sie gegen Jren vnderthanen kein vnwillen haben», vnd sie, die fursten, gegen Jren selbs eygen vnderthanen, ▷sol gesetzt werden «sie gegeneinander»◁, wiewol sichs Sachsen beschwerdt, hat ers doch pleiben lassen. 11° Aussonung, hab Sachsen begert, die Ampter der Landtsknecht zusetzen, Sej auch verglichen. 12° Confiscirten guter, beruhet Sachsen letzlich daruf, ~~sol~~ souil Schertlein, reckerod vnd Reffenberger ▷solten restituirt werden◁, Jtem, das die clausel auch ausszulassen «die guter, so

auf dj drej Schärtl, Reckhenrott vnnd Reichenbergro. diser articl Jst zu weiterer beratschlahung eingestelt vnnd an dj Stennde zulanngen durch dj Khu. Mt. etc. beuolhen. So hat der Churfurst den anstanndt auf funf täg erstreckht, vnnd volgunds so lanng, vnnzt Jr Churf.en g.en zu derselben Khriegsvolckh khomen werdt.
So hat dj Khu. Mt. der Praunschweigischen Junckheren halber derselben bedenckhen Jn ain schrifften verfassen lassen, so der Churf. zubedacht genomen vnnd den Erst Nach Mittags außgeben solle.
Hierauf haben dj Stennde der Confiscation vnd vergebungen halber Nach vill gehabten vnnderreden disen articln auf den Beschlueß vnnd bedennChen, so hieuor Jn gemain vnnd dann mit Namen auf dise drej benante beschlossen werden, abermaln gestelt vnnd sich dahin von Churtz wegen getzogen.

confiscirt, verkauft etc.» ~~sol auch aussgelassen werden, dessen man verglichen~~. Jst noch nit verglichen, sonder man soll noch daruon reden. 13. Anstandt belangen, Sej mit Sachsen souil gehandelt vnd sich dahin lassen bewegen, dass er noch 4 oder 5 tag alhie pleiben, vnd ~~d~~ sol der anstand solch tag auch pleiben, vnd bej seinen mituerwanten ~~souil~~ handlen, ~~dass sie~~ ob der vberigen Anstandt auch zuerlangen.
Solche Additiones seind durch den Genger zu den puncten ad margines gesetzt worden.
[554v] ▷her hans Graf vnd her zu Mansfelt◁ Bit von wegen seines vatters, Graf Albrechten von Mansfelt, seiner bruder vnd sein, die Stend wolten sie gegen der Ko. Mt. furpitten, das sie Jrer Graf vnd herschaft widder zurestituiren, erpieten sich gegen menigklich rechtens.
Vmbfrag
▷Confiscirten guter◁ Trier: hetten gehort, wes man sich mit Sachsen verglichen, bedanken sich. Souil den art. die confiscirten guter, das Sachsen begert, die clausel «souil der guter confiscirt, verkauft etc.» herausszulassen, wusten nit, wie der sachen am besten zuhelfen. Jres wissens sej Schertlein, Reckerod vnd Reffenberger nichs genomen, drumb es desto weniger streit, Aber wie dem, mocht der art. dahin gestelt werden, dass die Key. vnd Ko. Mt. Comissarien orden solten, so die partheien Jn gute vertragen, vnd dass die sachen dahin gericht, ~~weil~~ dass die possessores die nutzung behalten vnd Jnen die plassen gutter zustellen, tragen fursorg, ~~da~~ es mocht sonsten vnrichtigkeit pringen.
▷Mansfelt◁ Souil den von Mansfelt belangen, vernemen sie, wes er begert, trugen der sachen kein wissens, doch hetten sie vernomen, dass Graf hanss Georg von Mansfelt vnd seine bruder die Jn besitz, Achten, das die furpit dahin zurichten, dass Key. Mt. auch Comissa. ordnet, die sie vertrugen.
Colln: bedancken sich der handlung vnd belangen die Confiscirten guter belangen, Specificir Sachsen drej, denen Jr guter widder sollen zugestelt werden, ~~or~~ daruf der Konig ein mittel furgeschlagen, da es nit stat, achten sie, [555r] da es bej Sachsen zuerhalten, dass die beschedigten ~~die~~ dess Kaufgelt widder erlegten. Schlugen den weg fur, welche guter nit verkauft, solten den vorig possessoribus zugestelt werden vnd die ▷Jnhaber den vsfr??[unleserlich] mitler zeit behalten◁, welche guter aber verkauft, wird den Kaufern schwerlich sein, Jren gelt zuuerlieren.
Die von Mansfelt belangen, schlug er den weg fur, dass sie beim Konig zufurbitten ~~sie~~.
Pfaltz: Confiscirten guter hetten sie vermercken, was fur ein furschlag ⌈durch⌉ Sachsen bescheen, vnd bedechten, weil Sachsen noch kein antwurt geben, dass man nit wol der Stend bedenken antzeigen, Achten, das dess Sachsen resolution zuuor zuhoren.

Mansfelt hielten sie darfur, weil die gantz vnderhandlung sich dahin erstreck, dass man den friden furdern wol, weil dan sie, Mansfelt, kemen, hielten sie darfur, dass Jren g.en zuwilfaren sein, vnd solt man sie furpitten, damit sie zu dem Jren widder mochten komen.

Brandenburg: ~~wie~~ Confiscirten guter, hetten sie verstanden, was Sachsen sich beschwerdt, vnd wiewol sie auch des churf.en declaration erwarten wolten, Aber bedechten sie, solt der art. also absolute pleiben, ⱴ so wurt der art. grosse weitterung geben, hielten von noten, dass es angehengt vnd des Konigs suchen nit vnpillich, weil aber Sachsen die drej Specificirt vnd sie furpit, wusten sie, dass reiffenb. vnd reckerod nichs genomen, sonder allein Schertlein, wan schertlein seins hette, ~~solt de~~ Kont der art. ~~den art.~~ der ~~ar~~ declaration halben gar heraussgelassen werden.

Mansfelt sej bey Key. Mt. aussgesonet, Mogten die Jnhaber wol leyden, dass er sein herschaft widder het, allein Graf Gebhart, Achten, dass er zufurbitten.

[555v] Meintz: Konten gleichwol nit eygentlich versteen, wie es der guter halben gemeint, weil Sachsen etlich specificirt, wass es dan eins generals art.s Jm vertrag bedurf, Aber nichtdestoweniger weil der Konig der Stend bedenken begert, Achten sie, das die sachen diss art.s halben bej der Key. vnd Ko. Mt. heimzustellen, Vnd dass der Konig zupitten, den art. mit Sachsen zuuergleichen.

Mansfelt: Kone man etwass guts furnemen, dass Jnen geholfen, wolten sies helfen befurdern.

Saltzpurg: wie Pfaltz der confiscirten guter halben.

Beyern: Sej nit one, dass vil von diesem art. gehandelt, aber nit vergleichen lassen, vnd dahin komen, dass Sachsen begert, dass dieser art. nit hinein zusetzen, doch dass man Schertleins, reckerodts vnd reffenb. nit vergessen, Hielt darfur, wan Sachsen nachmals den art. liess fallen vnd allein bei den art. der 3 person gedacht werden, acht er fur den besten weg, da er Jne ⱴ Je wolt haben, dass er doch gesetzt wurde, dass nit vil disputirens gepere.

Mansfelt belangen, Acht er, das ~~sie zufurbitten~~ ⌈dem Ko. heimzustellen⌉, die sachen beim Keyser zufurdern.

Passaw ⎤
~~Brandenburg~~ ⎬ wie Beyern
Braunschweig ⎦

Wurtzburg: es seyen noch mher, die guter verloren, dan die drey, sej vnpillich, dass die andern nit auch solten restituirt werden, es werd auch nichs guts geperen, Man sol gleicheit halten. Mansfelts halben wie Beyern.

~~Brandenburg~~

Brandenburg ⎤
Eystet ⎦ wie Beyern

[556r] Gulch: Acht, dass der Konig mit Sachsen zuhandlen diss puncten halben, wusten sich zuerJnnern, dass Reiffenbergen nichs genomen, es mochten die, so die gutter aussgepetten, ~~and~~ dahin zuuermogen sein, dass sie sich weysen liessen.

Mansfelt acht, dass er zufurpitten.

Wurttemberg: wie Wurtzburg, wer schwerlich, dass ~~d~~ etlich vnd nit alle solten restituirt werden, vnd dass der Konig zupitten, die weg furhandt zunemen, damit dieselben, auch Mansfelt bedacht.

Pommern: helt auch darfur, wol man ein bestendigen friden haben, dass pillich, dass ~~die~~ andere auch ~~auss~~ restituirt. Mansfelts halben acht er, dass Jme sein bit nit abzuschlagen.

2. Vmbfrag

Trier: Liess Jme das bayerischs bedenken wol gefallen, aber sie bedencken, solt der erst art. also pleiben, dass dem bayrischen bedenken gnug gethan, auch alle sachen Jn solchem art. wol vnd gnugsam begrifen, Vnd acht, dass es beim ersten art.

zupleiben vnd hin zu gesetzt werden, das Key. Mt. zuersuchen, dass Jr Mt. Comissa. ordnen wollen, die zwischen den partheien handelten vnd vertrugen, doch wolt er sich mit andern vergleichen.

Coln: konte nit gedencken, was nachteiligs sein solt, dass der art. plieb, so Jn g.ne [= genere] g̶e̶s̶t̶e̶l̶t̶ gestelt, derwegen weren sie dess Trierischen bedenkens, da rex denselben willigt, das Sachsen pillich auch zufrieden sein solt.

Pfaltz: Setzen Jn kein zweifel, dieser punct sej hieuor verglichen, vnd das also dieser art. erledigt, Solt regj furzupringen sein, dass dieser punct sein erledigung hette vnd mit Sachsen daruf handlen.

Mansfelt: sej es Jn solchem art. schon beschehen, darumb er ansuch, dass solt Jme gesagt werden, doch wolt mans beim Konig noch einest anregen.

[556v] Brandenb.: wiewol sie verstanden, wass votirt, hetten sie doch dessen noch kein wissens, dass der art. die meynung haben solt, Sachsen werd Jne vergebens nit angeregt haben, verglich sich mit Beyern. Mansfelts halben acht, dass er zufurbitten.

Meintz: wan der art. also pleiben solt, sej nit von noten, von den confiscirten guter weitter zureden, der dreyen halb werd sich rex mit Sachsen zuuergleichen wissen. Mansfelten solt man sagen, das sein sach albereidt gefurdert, begert er aber, dass man sein Jetzige Sup.lon [= Supplikation] solt furpringen, solt es Jnen auch nit zuwidder sein.

Saltzpurg: wie Bayern.

Bayern: wie zuuor.

Passaw: wie Bayern, Je enger man diesen art. einziehe, Je pesser, vnd lass Sachsen die 3 zu. Mansfelts halben wie andere.

Braunschweig: wie Bayern & Passaw.

Wurtzburg: Jm ersten art. seien die sachen gnugsam versehen, vnd hab der Konig Sachsen vrsach geben, do er Jme etwass weitters aussegen wollen, Acht, dass hinein zusetzen, dass die aussgesoneten sich mit den Poss⌈ess⌉oribus nach pillichen dingen vergleichen solten, wo nit, dass der Key. Comiss. ordnet, die sie Jn gute oder entlich rechtlich verglichen.

Brandenburg ⎫
Eystet   ⎬ wie Bayern.
Gulch   ⎭

Wurtemberg: wie vor, Mansfelts halben wie Meintz.

Pomern: wie Meintz.

Der erst gn.al [= general] art. soll pleiben, vnd sollen die 3 personen auch hinein gesetzt werden. Vnd sols zu der Key. Mt. zustellen.

[557r] ▷Braunschweigische Junckern◁ Meintz sagt, das dem Sachsen ein ander mittel furgeschlagen von wegen der Braunschweigischen Junckern, Nemlich, dass die hieuor furgeschlagen chur vnd f.en zu Commissarien zugeben, die gute furzunemen, oder, wo die nit stat, als dan sollen s̶i̶e̶ ̶e̶n̶t̶l̶i̶c̶h̶ ̶r̶e̶c̶h̶t̶l̶i̶c̶h̶ die Junckern Jrer gutter restituirt werden, doch Jedem sein forderung f̶u̶r̶z̶u̶ vorbehalten. Solchs Jst Sachsen furgehalten, daruf er begert, da dieser furschlag bej den Junckern verfengklich, so solten die Key. vnd Ko. Mt., auch die Stend, so Jetz alhie, verpinden vnd obligiren solten, die execution helfen zu thun.

Vmbfrag

Trier: Liessen Jnen den furschlag gefallen, dass aber sie von wegen Jres hern solten verpflichten, die execution zuuerrichten, Konne man erachten, das sie derhalben nit abgefertigt, Konten sich auch nit Jnlassen, Achten auch, dass nit von noten, dass sich Key., Ko. vnd Stend solten verpflichten, wer vercleinerung, Man wuss, was hieuor der execution halben verabschiedet, drumb hielten sie darfur, dass derselb weg furhand zunemen, Also das die Comissarien auch executores sein solten, da sie zugering, das sie alsdan beuelch hetten, den Kreyss, darunter sie gesessen, zube-

[30r]   Sambstags, den 18. Juny,
Seien dj Stennde Morgens zu funf vhrn wider zusamen Chomen, vnnd ist Erstlichen die
gestelt Nottl der assecuration zuberathschlahen furgenomen vnnd die dahin bedacht
worden, das dj Khaj. vnd Khu. Mt., auch anndere Stennde, den Jhenigen, so wider disen
vertrag getrenngt werden solten, hilff vnnd Beistanndt zuerzaigen verpunden sein solten,
Neben dem, so thette sich der Churfurst gannz plößlichen vnnd auf seiner Churf.en g.en
vermugen allain vnnd nit bej Jren f.en g.en Eeren, wirden, wortten, aiden vnnd phlichten,
auch nit weitter alß Jre f.en g.en vnnd nit fur derselben Erben, Nachkhomen vnnd diß
Khriegs verwandte obligiern, derohalben dise assecuration Mit Mererer sicherhait vnnd auf
ain Gleichait zustellen sein, ita quod sit reciproca. das auch hiebej versehen vnd durch ainen
sondern articl erclärt wurde, zu Chunfftigem Reichstag disen vertrag gemainen Stennden

schreiben vnd mit Jrem zuthun die execution zuthun, dan solt man den furgeschla-
gen weg Jngeen, ~wer~ mocht dem Reich ein bosen Jngang pringen.
Coln: wie Trier.
Pfaltz: wie Trier, da auch ein kreyss nit stat gnug, das die andern zubeschreiben.
Brand.: weil an dem werck gelegen vnd es das an der ~ex~ versicherung ligt, sol es an
Jrem hern nit mangeln.
Meintz: wie Trier.
[557v] Saltzpurg: dergleichen.
Beyern: Liess Jme dess Ko. furschlag gefallen, was aber die obligation betrifft, Kont
er nit fur vnpllich achten, dass Keyser Comissarien exequir, dass er aber die Chur
vnd fursten mit Jngezogen, vnd diese handlung durch die Chur vnd f.en verhandlet,
dass auch pillich, sie mithelfen. Sachsen mocht leichtlich zubewegen sein, sich der
execution zuunderfahen, solt mans aber thun, mocht der letzt schad erger dan der
erst, da aber der weg fur handt genomen, wie durch regem furgeschlagen, Acht ~er~,
dass die Key. Mt. zuersuchen, vf weg zugedenken, wie den ~ex~ sachen abgeholfen.
Passaw: wie Trier.
Brandenb.: heten die furschleg gehort, vnd man nit wuss, ob die von Junckern
angenomen werden wollen oder nit, wollen an Jnen, souil die Comission anlangt, an
Jme nichs erwinden lassen.
Wurtzburg: hab kein beuelch der Caution halben von seinem hern, da sich aber
andere Chur vnd f.en Jnlassen, werd sich Jr her auch nit sondern.
Gulch: Acht auch, da die sachen der Comissa. halben furgieng, ~vnd d~ werd Key. Mt.
an der execution nichs erwinden lassen, wils hinder sich gelangen der obligation
halben.
Eystet: da es zur execution Komen sollt, liess er Jme gefallen, da mans an der zeit,
dass es hindersich zugelangen, wo nit, liess er Jme Beyern bedenken gefallen.
Wurtemberg: wie Trier, Pfaltzen & Meintz.
Pommern: sejn her sej Jn Sechsischem kreiss nit gesessen, Achten, dass man die
form der execution beim reichsAbschiedt solt lassen.
Jst geschlossen, das die ~sachen~ execution vf die Key. vnd Ko. Mt. vnd die
Comissarien zustellen vnd dess reichs ordnung vnd das mit hertzog heinrichs
gesanten solt gehandelt vnd angezeigt werden, wie die sachen steen, vnd dass er
Jme selbs fur schaden sein woll.
[558r]   Decima Octaua Junij
Des Churf.en zu Sachsen Nottel der versicherung halben, so dem vertrag
anzuhencken, Jst fur hand genommen vnd berathschlagt.
                              vmbfrag
Trier: befunden gleichwol, dass der art. Jn etlichen art.en bedencklich, dass ~sie~ ⌈Jn⌉
solchen art. nit gleicheit gehalten. 1° da die Key. Mt. obligirt, wurt kein meldung

furzutragen vnd sie dahin anzuhalten, auf das sie solchs alle Ratificiern vnnd sie zu gleichem verpinden thuen. Die Geistlichen haben dj Mitobligation Jrer Capitln auf hindersichbringen angenomen, Mit anregung, das dieselben sich hierinnen aller gebuere nach wurden halten vnnd Chain weigerung suchen.

gethan, da ein theil den andern belestigen etc., dass ers wolt abschafen. 2° bej dess Sachsen verpflichtung etc. wer etwass ploss gestelt, Achten, dass an etlichen orten zubessern, Sonderlich da steet, solchs steet vnd vhest zuhalten etc., da stunde nit fur Jre nachkomen, dass solt man darzu setzen. 3° nach allem vnsern vermogen nachzukomen, sej solchs nit gnug verpflicht, sol reciproca obligatio bescheen. 4° dhumcap.ls [= dhumcapitels] bewilligung, hetten sie allein von Jrem hern vnd nit ~~die~~ vom dhomcap.l abgefertigt, konten sie von Jrer wegen nit Siglen, baten vmb declaration, hindersich zugelangen. 5° wer widder den vertrag thette, das einer dem andern helfen solt etc. Solt vf kunftigen reichstag die andern Stende auch solchs fur gehalten vnd darin Jngezogen werden. 6° zu vrkundt etc. sicherheit vnd andere wort mher zusetzen.

Colln: hetten eben ~~dass~~ ⌈die⌉ bedenken wie Trier, dass die obligation Jn ein concept getzogen solt werden. 2° dass einer dem andern hulf leisten solt etc. dass zusetzen, dass vf kunftigen Reichstag solchs willigten vnd sich verbunden, auch hulf zuthun. 3° ~~damit p~~ ledig zelung der Pflicht von Keyser etc. werd allerlej bedenkens dem Keyser geperen, Kont Jn gemein gestelt werden, dass kein Stand einich verpflichtung hindern soll, sonder frej sein etc.

[558v] Pfaltz: Achten, dass die puncten, wie Trier gemelt, hinein zusetzen. 2° dass bej dem pass, wie Moritz etc., dass sie sich nit allein fur sich vnd Jre nachkomen verpflichten, sonder die Jhenen, so Jn diesem Krieg gewesen, vnd weil solcher pass etwass plass, soll gesetzt werden: versprechen wir bej der warheit, solchs steen ~~vnd~~ [*** ca. 2 Zeilen Lücke].

Brandenb.: dass Sachsen sicherheit suchen, Konte er sie nit verdenken vnd liess Jme die meynung, wie die andern daruon geredt, gefallen, ausserhalb dess letzten puncten, dass einer dem andern helffen solt etc., besorgen sie, weil sies zu Jrer sicherung suchen, werden sich nit damit benugen lassen, vnd dan pillich, dass einer dem andern helff, versehe er sich, es solt Sachsen solcher versicherung halben an Jme auch nichs mangeln lassen.

Meintz: liessen Jnen die vorgeenden bedencken gefallen, soll auch aussgetruckt werden, ~~w~~ dass verkomen werd, dass einer zur hulf nit allein soll angezogen werden, sonder samptlich alle Stend.

Saltzpurg: wie Trier vnd Pfaltz.

Bayern: Sej pillich, dass gleicheit der obligation halben gehalten werd, Acht auch ein notturft, dass man samptlich vnd nit einer allein hulff thun solt.

Passaw: wie andern.

Brandenburg: wie Brandenburg Churf.en.

[559r] Wurtzburg: was andere hern Geistlichs standts thun, werd seinem hern auch nit zuwidder sein.

Braunschweig ⎤
Eystet ⎦ wie andern.

Gulch: Achten, das gut gewesen, dass solche nottel den Key.^{n} Comissarien zuzustellen, obs Jnen also gefiel oder nit, hetten ~~nit~~ gewilligt, dass einer Jeder bej seinen rechten, zinssen etc., die er seither dem Reichsabschiedt de A° 44.

Pomern: wie andere.

Wurtemberg: verglichen sich mit andern.

[49r] Den 18. Juny haben di ko. Ma. m.gst.h. widerumb laßen erfordern vnd vf di
zusez, so di Braunschwigischen Jungkern bei dem artikel, si belangende, ▷ge-
than◁, laßen anzeigen.

Erstlich di zwo Stedt Braunschwig vnd Goßlar belangende, das dernhalben zuuor
in der Linzischen handelung nicht anregung geschehen, So wust man auch von
keinen gutern, deren si von dem herzogen mit gewalt entsezt, sondern wern andere
irrungen, welche zu einen anderm austrag gehorig, dorumb konten si in disen
artikel nicht gezogen werden. Aber des erbitens wern di ko. Ma., das si bei der
kei. Ma. bestes fleis wolten befurdern, das Jr Ma. den obgedachten vir Commißa-

Dann vnnd zum anndern Jst dj Nottl, dj Praunschweigische Junckhern betreffendt, Mit den
Sachssischen additionen auch verlesen, vnnd dahin mit dem Mereren beschlossen worden,
den Churf.en zuuerpitten sein, das sein Churf.en g.en alle dj additionen Jn gemain alß
Neuerungen vnderlassen wolle, woe nit, Jst mit dem Merern dahin geganngen worden,
[30v] das dise additionen zuzugeben, ausser der Meldung der Schulden, das auch diser
anzueg wider die schon beschlossen Restitution seye, da allain de Bonis vnd nit Nominibus
tractiert worden, Das aber Je das auch zugegeben werden solte, doch das Reseruatis
exeptionibus et Juribus aines Jeden thailß beschehen, das auch den Junkhern Copie diser
hanndlungn vnnd, so sie berurten, zugestelt werden möchte.
Neben dem hat ainer der Stat Praunschweig diener ain Senndtschreiben an dj Stennde
vbergeben, so verlesen, vnd der Praunschweigisch gesanndt, die sich darJnnen ain Chlains
zuersehen begert, Jst Jme ~~vermelt~~ ▷vermeldet worden, das Jme◁ abschrifften vergünt sein
solle. was dann seines herrn Notturfft, muge er Chunnftig furbringen.

        Additiones des Churf.en zu Sachsen
        die ~~Braunschweigischen~~ Stet Braun-
            schweig vnd Gosslar belangen
Trier: befunden, dass Braunschweig vnd Gosslar der Stet von newem Jetz gedacht
werd, sej bedenklich, vnd wuss man nit, obs Jr meynung, damit aber danocht der
frid befurdert, sol Jnen nit zuwidder sein, dass es pleib. 2° was sie mit prief vnd
Sigel beweysen etc. sej bedenkllich vnd sej vor kein anregung gescheen, ~~solt~~ man
Kone Jme nit wol vflegen, alle schulden zubezalen, Achten, das die Junckern sich
bej dem letzten furschlag settigen lassen. Solt es aber pleiben, solt es restringirt
werden, was offenlich vnd sie weysen konen. 3° dass Cesar Jne den frieden geperen
solt, acht er nit fur vnpillich, man mag die ansuchung thun beim Keyser.
[559v] Colln: solt gleicheit mit den Stett vnd Junckern gehalten werden, wie Trier.
Pfaltz: wie Trier, doch [*** ca. 1,5 Zeilen Lücke]
Brandenburg: weil der Stet handlung allein gutliche verhor belangt, acht er, es werd
dem Konig nit zuwidder sein, der restitution halben, da der hertzog Jnen Jchts
schuldig, dass Kundtlich, sej pillich, das ers betzal, dass man sie aber soll schutzen,
stee solchs dem Keyser zu. dass dem hertzogen mandirt werd etc. sej pillich.
Meintz: hetten darfur gehalten, man solt mit den newen Additionibus verschont sein,
den ersten liessen sie pleiben. 2° restitution, Kone vnder dass nit wol getzogen
werden, Stet vnd Junckern sol der Konig zubitten sein, weg furzunemen, damit
thetlichs ~~handl??~~ handlung furkomen.
Saltzpurg: dergleichen.
Beyern: ~~Acht~~ wie andern.
Passaw
▷Ko. Mt. ~~Jst solch~~ seind der Stend bedencken angezeigt◁

rien auch befelch theten, in derselben sach zwischen dem herzogen vnd der Stadt gutlich zuhandeln.

Ferner so wurden ezlicher schulden ~~halben~~, domit Herzog Henrich den Jungkern sol vorhaft sein, ~~angeben~~ auch in solchen zusezen gedacht. Nhun were aber dis nicht ein artikel, der zu der Restitution gehorte, dan dieselb ginge alein vf das, was einem eingenhommen vnd er deßelben entsezt. dorumb kont man auch daßelb ~~nicht~~ in di Restitutio nicht zihen. Aber Jr Ma. vnd di Stende wolten gerne befurdern, das den obgemelten commißarien derhalben auch befelch geschehe, zwischen den parteien zuhandeln [49v] vnd si in der gute der billikeit zuweisen. Aber der entwerten guter halben, do solt di restitution geschehen noch inhalts des gestelten artikels, vnd wolten sich di ko. Ma. vorsehen, di Jungkern wurden domit zufriden sein.

Dorauf hat m.gst.h. vormelt, das s.churf.g. solchs an di Jungkern wolt gelangen laßen, vorhoften auch, sie wurden ~~domit zufriden sein der~~ ⌜mit der geschehnen⌝ erclerung der beider Stet halben zufriden sein. Es wolt aber gleichwol di nothurft erfodern, das Herzog Henrichen ernstlich vnd bei pen der Acht gebotten wurde, nichts tetlichs widder di beide Stet furzunehmen, sonder der gutlichen handelung zuerwarten.

Dergleichen were auch der Junckern nothurft, das ein Mandat an Herzog Henrichen ausginge, das sich s.f.g. an Jren leib, hab vnd gutern nicht solte vorgreiffen, das er auch Jre holzer vnd guter nicht solte vorwusten.

Vnd nochdem s.churf.g. neben andern aufgelegt wurde, di sachen zuuorhoren vnd di Execution wirgklich zuthun, So wolt gleichwol s.churf.g. nothurft sein, das s.churf.g. hinwider neben den andern mitcommißarien wißen mochten, das si von der kei. vnd ko. Ma., auch den Stenden des reichs bei solcher furgenhommenen Execution solten geschuzt werden. dorumb beten s.churf.g., solchs also ausdrucklich zusezen.

[50r] Hirauf haben di ko. Ma. bewilligt der obbemelten Mandaten halben, solchs bei der k. Ma. bestes fleis zufordern, das di mochten erhalten werden.

Was aber di handthabung solcher Execution anlangt, hilten[1] ▷Jr ko. Ma. s.churf.g. suchen nicht fur vnbillich. Es befunden aber ~~s.~~ Jr ko. Ma., das der Chur vnd Fursten gesanthe aus mangel gnugsames befelchs ~~??~~ bedengken hetten, sich sonderlich derhalben zu etwas zuuorpflichten. derhalben bedechten Jr ko. Ma., das der punct dohin zurichten sein solte, das di Stende des reichs schuldig wern, ~~bei~~ di Commißarien bei der Execution zuhandthaben vormoge des Landtfridens vnd Reichsordenung. des kont sich nimants beschweren.

Solchs hat m.gst.h. an di Jungkern gelangen zulaßen vf sich genhommen, vnd ist deßelben tags den Jungkern vorgehalten, di auch domit zufriden gewest, wi dan derhalben Jre erclerung dem hern doctor Genger schriftlich zugestelt worden.

Es haben auch domals di ko. Ma. der ke. Ma. ▷vorordenten Reth◁ bedengken bei dem artikel der Ratification s.churf.g. vbergeben, vnd haben s.churf.g. dorin furnhemblich ~~angezeigt~~⌜fochten⌝, das di condition ausgelaßen «so fern auf obgemelten tag der Landtgraf der custodien entledigt etc.». weil aber doctor Selden hantschrift am rande gemelt, das es sonst den vorstandt hette, wo der vortrag sein

---

[1] haben B

wirgkung het, So haben es s.churf.g. mit der mas dobei bleiben laßen, das enzweder d.Seldens handschrift oder aus der ko. Ma. canzlei solche addition am randt gesezt wurde.

[50v] weil auch in der keiserlichen Reth concept di wort «vnd was vns sonst anderer artikel halben in obgemelten vortrag zu gnaden vnd guten gesezt» aus dem bedengken ausgestrichen, das si es dohin vorstanden, als wolt der Landtgraf kein andere artikel bewilligen, wan di Jme zu guten gesezt, So hat es s.churf.g. also erclert, das es nicht di menung haben, sonder alein vf di milterung ezlicher artikel solt verstanden werden, di in disem vortrag geschehen. dorauf hat man di wort passirn laßen.

Es haben auch s.churf.g. ⌐di ko. Ma.⌐ domals des artikels ▷halben◁ der vorsicherung des vortrags, der ko. Ma. vbergeben welchen Jre ko. Ma. in bedengken genhommen, di vorenderungen, so di Stende bei solchem artikel bedacht, angezeigt, Mith vormeldung das ezliche zusez furnhemblich derhalben geschehen, domit gleichheit gehalten wurde, welchs in dem der notel, so m.gst.h. vbergeben, nicht geschehen were, dan man het di ke. Ma. vil herter vorbunden dan s.churf.g. vnd derselben mithuorwanten.

Als nhun s.churf.g. solche vorenderung der vorsicherung ersehen, haben si befunden, das drei artikel s.churf.g. etwas beschwerlich, Erstlich, das dorinnen steht di clausel «fur sich auch alle di Jenigen, so inen in diser krigsubung zugethan vnd vorwant gewest», dan ir churf.g. wusten nicht, ob alle dieselben disen vortrag wurden annhemen, dorumb solt man es zum wenigsten einzihen auf di, so disen vortrag annhemen vnd bewilligten. [51r] Solchs haben di ko. Ma. also zusezen laßen bewilligt.

Zum andern haben sich s.churf.g. des wort beschwert, das si sich ▷izundt◁ so ausdrucklich solte vorpflichten widder di, so den vortrag nicht halten, weil ⌐dan⌐ es ⌐kont⌐ wol sein mocht, das alsbaldt ezliche, di in s.churf.g. vorwanthnus izundt sein, disen vortrag nicht wolten annhemen oder halten. das nhun s.churf.g. alsbaldt widder dieselben zihen oder sonst hulf leisten solt, das wolt s.churf.g. vorweißlich sein.

Dorauf haben di ko. Ma. replicirt in eigner person, das sich s.churf.g. des nicht zubeschwern, wer auch Jrer churf.g. vnuorweißlich vnd vnnachteilig, wan si sich gleich noch volzognem vortrag widder di hulf leisteten, di disen vortrag nicht wolten annhemen, zudem so muste Je in solcher vorsicherung gleicheit gehalten werden. Nhun vorpflichteten sich aber di kei. Ma. nicht alein, ob solchen vortrag zuhalten vnd di Stende widder di, so demselben zuwider handeln wurden, zuschuzen, sonder es vorpflichteten sich auch Jr ko. Ma. vnd di Stende selbst widder Jre kei. Ma., vnangesehen das er ir bruder vnd her ist. dorumb solten s.churf.g. vmb souil destoweniger bedengken haben, si auch hulf vnd radt zubewilligen widder di, so den vortrag nicht hilten, dan man must mit gleichem spis fechten etc.

Als haben s.churf.g. disen punct sofern gewilligt, das dorzu gesezt inhalts wurde «in kraft des hiuor aufgerichten gemeinen [51v] Landtfridens, Reichsordenung vnd dises vortrags vnd fridtstandes», dan es haben es s.churf.g. dohin bedacht, was si vormoge des Landtfridens theten, das wern si zuthun schuldig vnd kont Jren churf.g. von nimandte mit bestandt vbel ausgelegt oder vorwisen werden.

Zum dritten hat sich s.churf.g. des zum hochsten beschwert, das in der Zettel, so
an di vbergebne Notel gehengkt, der buntnus vnd voreinungen so ausdrucklich
s.churf.g. vnd derselben mithuorwanten teils gedacht vnd gesezt wirt, das si sich
der wolle vorzeihen, dan das ~~sei~~ ⌜were⌝ eben das, s.churf.g. bei dem ersten artikel
gestritten, vnd weil s.churf.g. sich derhalben albereit mit der ko. Ma. vorglichen,
so solt es bei solcher vorgleichung billich bleiben .
Dorauf haben di ko. Ma. angezeigt das solcher anhang von den gegewertigen
Fursten, auch der abwesenden ~~gesanthen~~ Chur vnd fursten gesanten vnd also nicht
von Jrer ko. Ma. gemacht.
So ginge es auch nicht weiter dan vf das, wo dem vortrag zuwider etwas furgenhommen wurde. Es liß sich auch das nicht ad partem handeln, dan es were ein
einhelliger beschlus aller anher erforderten hendeler, ~~dorum~~ vnd si wurden auf den
gegenfal auch dergestalt wider zu handthabung des vortrags vorbunden. dorumb
solten es [52r] s.churf.g. billich nicht streiten. Als aber s.churf.g. aus obgemelter
vrsach vnd, das si es bei derselben mithuorwanten nicht trauten zuerhalten, ⌜in⌝
obgemelte ~~wort~~ ⌜clausel⌝ nicht hat willigen wollen, sonder ~~das~~ dieselb zuunderlaßen
gebeten, haben di ko. Ma. solchs in bedencken genhommen vnd sich erbotten, fleis
anzuwenden, ob solche clausel mochte gelindert werden.

Nach Mittags

Seien dj Stennde abermaln zusamen erforderet vnnd denen furgehalten worden, das sich dj
Khu. Mt. Mit dem Churf.en der versicherung halber verglichen. allain haben dj Stennde bej
dem puncten, da steet «hilff vnd Beistandt vermug des gemainen lanndtfridens vnd
Reichsordnung» bedacht, diß also zuenndern vnd zu addiern sein «vermug des gemainen
lanndtfridens vnd diß fridtstanndts».
Also auch solten sich Jr Khu. Mt. der Confiscierten guettern halber mit dem Churf.en auch
verglichen haben, Besondr aber, das dj Restitution weiter alß ad Jmmobilia nit getzogen
noch gedeut werden solte.
Vnd letzlichen die Stenndt bedacht, dj Execution diß fridtstanndts Jn die Reichßordnungn
vnd abschiden zu Reguliern sein.

post meridiem

▷relation, Nottel der versicherung, ~~Braun~~ restitution der aussgesoneten◁
Meintzischer Cantzler zeigt an: Es die Ko. Mt. gehort, wes man der Nottel der
versicherung halben, Jtem der Junckern halben. Vnd souil die Caution belangt,
hetten Jr Mt. neben den Comissa. ~~de~~ Cesaris ersehen vnd angezeigt, das sie Jr
solche bedenken lassen gefallen, desgleichen die Comissarien. vnd souil die
Braunsch. Junckern belangt, weil alwegen etwass ~~gef~~ weitters gesucht, solten
derwegen die additiones herausspleiben, vnd het sich auch mit den Stenden
verglichen.
[560r] daruf mit Sachsen gehandelt, vnd letzlich ~~dahin~~ hab die Ko. Mt. den
geordenten antzeigen lassen: Der Confiscirten guter halben sej mit Sachsen dahin
pracht, das Sachsen wils dabej j[sic!] lassen pleiben, da die Jhenigen, so Jn seinen
zettel benent, dass Jr mogen ~~el~~ erlangen, wolten sies zufriden sein, dass der art. Jn
der nottel aussplib. Vnd der Ko. daruf der Stend bedencken begert. 2° Nottel der
versicherung etc., hetten rex & Bayern mit Sachsen gehandelt vnd letzlich dahin
pracht, dass Sachsen der Additionen, so durch Stend berathschlagt, solten pleiben,
~~vnd~~ doch mit der bescheydenheit, dass am Pass «Vnser getrew hulf vnd beystand

etc.» sol dartzu gesetzt werden «vermog dess gemeinen landfriden vnd reichsordnung samptlich vnd sonderlich zuleisten etc.», Jtem volgents bey dem Pass «kein
ander verpundtnuss pflicht oder eynung etc.», solten ausspleiben vnd anderselben
stat ~~konen~~ ~~etlic~~ andere wort, so Jn genere gestelt, setzen. [*** ca. 2,5 Zeilen
Lücke]

3. ~~S~~ weil auch etliche heut angezeigt, das sie von dem dhomcapln. [= dhomcapiteln]
kein beuelch hetten, ~~er, Cantzler~~ die geordenten dem Konig auch angezeigt, Aber
kein sonderlich antwurt daruf empfangen.

vmbfrag

Trier: hetten angehort, wes die Ko. Mt. der Confiscirten guter halben mit Sachsen
gehandt[sic!] vnd verglichen, dabej lassen sies pleiben. 2° Die Nottel belangen, das
etliche additiones zuthun, Sej nit one, der landfrid geb mass, wes man sich halten
soll, Man sej aber Jn dem fridstand weittergangen, das keiner mit gewaltiger that,
sonder auch sonsten nit betrangt werden, an gutern vnd anderm, vnd wurt die hulf
nit Jn ein kreyss allein, sonder Jederman solt hulf thun, drumb acht er, das Sachsen
zu wilfaren vnd die wort herausslassen, Vnd setzen: «⊢die hulf⊣ vermog des
landfridens vnd Jetzigem frydstand zuthun». der andern Addition halben, souil die
bundtnuss vnd eynung belangt etc., Achten sie, das sie nit wol herausszulassen, da
man aber acht, das man gnugsam versehen, lassen sies Jnen nit entgegen sein, das
sie herausspleiben.

[560v] Coln: Der Confiscirten guter halben, weil er verglichen sej, one noch weitter
dauon zureden. 2° die erst addition belangen liessen sie Jnen gefallen, dass
coniunction solt gesetzt werden, dass man die hulf schuldig sej zuthun vermog dess
landfridens vnd dieses fridtstandts. die ander addition betrefen Achten, dass solche
nit wol herauss zulassen vnd das es bej Sachsen zusuchen. Sej es zuerhalten, wol
gut, wo nit, muss mans gescheen lassen. 2. Versicherung belangen, wusten sie sich
von wegen Jres hern vnd d̄ dhomcapl. [= dhomcapitel] nit Jnzulassen, dan sie kein
beuelch, Jr her werd sich aber der gepur halten, da es an Jne gelangt.

Pfaltz: Seyen der versicherung halben nit mit beuelch nit abgefertigt, hettens aber an
Jren hern gelangen lassen. Belangen die Confiscirten guter hieltens darfur, das es bej
der vergleichung zulassen. 2° versicherung, das sachsen Jn gleiche bundtnuss nit wil
verpunden, sonder allein vf den Landfriden, hielten sie darfur, da es furtging, wurt
grosse vngleicheit ~~zu~~ geperen Jren herren, derwegen solt rex mit Sachsen handlen,
sich vf vorige meynung zuuerpinden oder aber, wo sie vf Jrem furnemen verharten,
das die andern chur vnd f.en auch nit hoher verpunden werden dan vermog dess
landfriden, oder aber verpinden Sachsen & consortes sich ~~von~~ vf den landfriden vnd
coniunction vf bede. Die ander Additio bedenken sie, Sachsen werd nit weichen, solt
derwegen die wort herausgelassen werden.

Brandenb.: was verglichen, lassen sie pleiben. Souil aber die addition vermog des
landfriden, Seyen sie der meynung, dass ein g.nalitet [= generalitet] gehalten
werden, vnd solt die 3 weg, durch Pfaltz furgeschlagen, furhandt genomen werden.
Die ander additio belangen mochten sie leyden, dass solchs Jn specie plieb, Aber
damit den sachen abgeholfen, vnd dass merer were, dass durch die gemeine wort
den sachen [561r] abzuhelffen vnd mher declarirt vnd eingezogen werden, solt Jnen
nit misfallen. Sej auch gemelt worden «samptlich vnd sonderlich etc.», diese wort
wolten bedencken einfuren, dass ⌜vf⌝ ein stand ~~moe~~ Jnsonderheit mocht verstanden
werden, Vnd achten, dass das wort «samentlich» hinein zusetzen.

Meintz: Confiscirten guter, weil der verglichen, liessen sies pleiben. Vnd da der Konig
weitter bedencken haben wolt, solt mans Jrer Mt. heimstellen vnd bej den vorigen
bedencken lassen pleiben, dan sie achten, dass den Chur vnd f.en daran nichs gelegen. Belangen die Nottel, darin etlich Additiones: 1° den landfriden, achten, dass es
vf den Landfriden vnnd fridstandt solt coniungirt ~~ple~~ werden, hetten darfur, Sachsen

werd gleicheit halten. Das man der Capl. [= Capitel] vnd hern halben nit ausstruckenlichen beuelch, Konte sich ein Jeder dess erholen. Die zweit addition halben, hab Sachsen sich der bundtnuss halben beschwerdt vnd sich nit wollen Jn vertrag komen lassen, Achten sie, solt alhie meldung bescheen, sej nit gut, drumb solt es mit gemeinen worten setzen.

Saltzpurg: Die Additiones belangen, verglich sich mit Trier vnd Pfaltz.

Beyern: wie Trier, wol notturft sein, das der landfrid hinein gesetzt, damit Jn Kraft derselben wort dass Chamergericht procediren möge. Bundtnuss belangen besorgt er, es werd nit zuerhalten sein, verglich sich mit Meintz, letzt Addition muss? sol aussgelasen.

Wurtzburg: der confiscirten guter halben verstee er, sej verglichen, vnd sols dem Konig heimgestelt werden. die erst Addition belangen, weil es bej Sachsen nit zuerhalten, muss ers auch lassen pleiben, doch dass ein Stand nit mher verpunden dan der ander. Bundtnuss halben sollen andere wort darfur gesetzt werden. Versicherung halben hetten sie kein ausstrucklichen beuelch, Jr her werd aber sich der gepur halten.

[561v] Brandenb.: wie Trier. Der versicherung halben hetten sie gleichwol kein beuelch, wollens an Jren hern gelangen lassen, werd an Jme nichs erwinden lassen.

Eystet: wie Meintz.

Braunschweig: verglich sich mit andern. Vnd nachdem er vernim, dass der art. der Braunschweigischen Junckern halben seinem hern Je lenger Je beschwerlich gestelt werd, Konne er gar nichs willigen, wedder dess Landgraffen erledigung oder der andern art. halben. Vnd hett dessen kein beuelch, Sonder da er vernemen werd, dass seinem hern Jchts nachteiligs gehandlet wurde, solt er sich darwidder legen, vnd pro.tiren [= protestiren], wie er solchs hiemit gethan haben wolt.

Passaw: vergleich sich mit Trier vnd Pfaltz.

Gulch: dergleichen.

Pommern: wie Meintz, was die sicherung belangt, wuss er sein hern dahin geneigt, dass er an Jme nichs werd erwinden lassen, wass zu furderung der sachen dienlich.

Wurtemberg: verglich sich mit den Churf.en, was aber dass wort samptlich, solt sonderlich darzu gesetzt werden. Was die obligation halben belangt, hetten sie ein gemeinen beuelch, woltens an Jren hern gelangen lassen, werdts sich der gepur halten.

Jst geschlossen, der Confiscirten guter halben sols zum Ko. gesetzt werden. 1° die wortter «Jn Kraft dess gemeinen landfridens, reichsordnung vnd dieses vertrags». 2° die worter «verwandtnuss, pundtnuss etc. pflicht vnd vereynung» solt ein gnal. [=general] clausel gesetzt werden, dass man doch versichert. 3° «Samptlich vnd sonderlich»: Acht man, dass sie wol pleiben mogen, es wurt sonst keiner hulf thun, wan man nit samptlich zoge, vnd wass alhie beschlossen, gee vff Key., Ko. Mt.en vnd stend ge der hulf halben.

[562r] ▷Braunschweigischs Junckern◁ Meintzischs Cantzler: Konig. Mt. het auch vermeldet, dass mit Sachsen der Braunschweigischen Junckern halben gehandlet, vnd dass Jme vf gesterigen Additionen angezeigt, dass pillich derselben verschont, do weil er alweg etwass newes precht, Vnd Jst verglichen. Vnnd wass Stet Braunschweig & Gosslar anlangt, solten zur gute getzogen werden. Was die ander Addition der schulden halben betrift, hab sich Sachsen weysen lassen, dass solchs allein vf kuntliche schulden zuuersteen, vnd solten die Comissa. darin handlen. 3. Das die Chur vnd f.en auch Jn der obligation, souil die execution belangt, solten begrifen sein, Sej Sachsen die furgeschlagen, dass es vf dess Reichsordnung vnd landfriden solt regulirt werden, das konten die gesandten wol thun. Das hab Sachsen zubedencken genomen, solchs mit den Junckern zuhandlen.

Jst nit vmbgefragt worden.

▷ Den 19. Juny haben di ko. M. di enderung des artikels der vorsicherung m.gst.h. zustellen laßen ◁ ¹

Den 20. Juny haben doctor Genger vnd ich di concept der schriften sampt den geschehnen enderungen vberlesen, vnd seint di heßischen Ret ~~auch~~ ▷ durch mich ◁ vf ~~dem~~ ⌈das⌉ schlos ~~gewest~~ ⌈erfordert worden⌉, di gleichwol Jren befelch vnd, das si in ~~das~~ di handelung nicht willigen konten, angezogen vnd doch der sachen zum besten di Noteln auch ersehen vnd etlich artikel erinnert.

Vnd ist bei dem artikel, di ~~be~~ entledigung des Landtgraffen belangende, bei der clausel, do von ledigzelung der Stende vnd Stet, so sich disen krigsfursten anhengig gemacht, gemelt wirt, di sorgfeldikeit furgefallen, ~~das~~ weil solchs fur erledigung des Landtgraffen geschehen mus, das di zeit etwas kurz sein wurde, vnd ist auf den weg gedacht worden, das man di loszelung [52v] schriftlich solte thuen vnd dieselb patent in das Niderlant in originali neben den andern ~~beis~~ obligationen schigken.

Jtem, das der tag, wan der landtgraf solt gegen Reinfels gestelt werden, Specificirt wurde, ▷ und ~~we~~ weil sich di handelung etwas vorzogen, ist der tag durch m.gst.h. ferner erstreckt ◁, ~~?? dorauf vorglichen das es der 18. Juny sein solt~~ ⌈bis auf den 18. Juny [sic! statt 18. July], domit di schriften mochten ein tag oder sechs zuuor vber⌉ anthwort werden.

Jtem, di heßischen Ret haben gebeten, das di wort mochten dorzu gesezt werden «one entgelt». ▷ Jtem bei dem punct, ~~di~~ Caßel belangt, do steht «Stadt Caßel», das zuuorhutung ferner cauillation gesezt wurde «Schlos vnd Stadt Caßel» ◁.

Jtem, das der artikel von Graf Reinharts entledigung ~~hinder~~ herhinder vnder den artikel von ausgesunthen Stenden ~~mochte~~ vnd, do von andern gefangnen vormelt, mocht gesezt werden.

Jtem, ⌈das⌉ bei dem artikel der Religion ~~hat man~~ der punct, di form des Juraments belangende, mit den worten erclert wurde «denen di schweren sollen frei gelaßen werde».

Bei dem artikel di Braunschwigisch Jungkern belangendt haben di heßen insonderheit gebeten, Herman von der Malßburg vnd Wilhelm von Schachten namhaftig zumachen.

Solche puncten hat d. Genger vf sich genhomen, ~~mit~~ bei der ko. Ma. anzubringen, vnd noch deßelben abents anthwort einbracht, das di ko. Ma. domit allenthalben zufriden vnd, das di form der loszelung ▷ durch m.gst.h. ◁ solt gestelt werden [53r] ~~Jungen hern vnd Landschaft in heßen solt ratificirt werden. dis alles haben~~

Sontags, Montags vnnd Erichtags: Nihil.

Volgende drej tag Jst nichs verhandlet worden, sonder haben sich die Ko. Mt. mit dem hertzogen zu Sachsen entlich verglichen, vnnd die Post zu der Key. Mt. mit aller handlung abgefertigt etc.²

---

¹   Darunter Notiz von späterer Hand: Ist hierbey vnter den andern artikeln fol. [es fehlt die Angabe].

²   Dieser Absatz ist wohl von derselben Hand, aber sehr ordentlich und aufrecht zwischen den schnell geschriebenen Absätzen vorher und nachher geschrieben.

~~s . c h u r f . g . Jre ko. Ma.~~ ~~in bedengken genommen bis vf den folgenden tag~~
Aber di beide Heßen alein zuspecificirn, das were ein neues, das zuuor nicht
anbracht. So wuste man auch nicht, ob Jre sachen dermaßen gelegen, das di zu der
Restitution gehorten. dorauf ist dem hern d. Genger bericht geschehen, das es mit
Jnen eben di meinung het, wi mit den Braunschweigischen Junckern, dan Herzog
Henrich het inen auch di heuser, dorauf si Jr gelt ~~gehabt~~ gelihen vnd pfantsweise
ingehabt, mit gewalt eingenhommen. vnd das si es nicht also wi di
Braunschwigischen Junckern clagt, sei aus dem vorbliben, das es der Landtgraf
nicht hat gestatten wollen, weil si in dem vortrag, den der Landtgraf mit Herzog
Henrichen gemacht, mitbegriffen. weil aber nhun dieselb handelung angestelt
wurde, So wher Jre nothurft, das si neben den andern Jungkern bedacht wurden.
Das hat d.Genger, an di ko. M. zu bringen, abermals auf sich genhommen.
[53v] Den 21. Juny haben s.churf.g. di form der loszelung der ko. Ma. vberanthwort, welche mit wenig worten geendert worden, dobei es dan s.churf.g. ~~hat~~ auch
hat bleiben laßen.
Jtem, es ist ein form gestelt, wi ~~sich~~ s.churf.g. neben dem Churfursten zu Branden.
vnd Pfalzgraf Wofgang [sic!] Jre obligation solten vorneuen.
So hat m.gst.h. vf der ko. Ma. embsig anhalten den artikel der vorsicherung, wi
der geendert worden, weil er in gemein steht vnd alein vf den izigen ~~bun(?)~~ vortrag
vnd di Stende des Reichs gehet, auch paßirn laßen, doch das das wortlein
«widderruffen» außenbleib, welchs dan di ko. Ma. auszulaßen gewilligt.
Bei dem artikel der Braunschwigischen Jungkern ist bedacht, domit hirin kein
zweifel vorfile, wer vnder denselben solt begriffen sein, vnd das auch di heßischen
iunckern mit mochten eingezogen werden, das aller derselben Jungkern namen
solten Specificirt vnd in vortrag gesezt werden, dorauf dan auch di Jungkern Jre
nhamen vbergeben[1], vnd seint di beide heßen dorunter auch genant worden.
Den 22. Juny haben di ko. Ma. einen sonderlichen artikel stellen laßen, di
erstreckung des gutlichen [54r] anstandts betreffende, vnd ist derselb im anfang
dohin gericht gewest, als ob dise frides vnd vortrags handelung auf der k. M.
gnedigst wolgefallen, bewilligung vnd ratification gestelt worden. weil sich aber
m.gst.h. ider zeit im handel des hat vornhemen laßen, das s.churf.g. di handelung,
so alhier furgefallen, auch an derselben mithuorwanten must gelangen laßen, So
haben s.churf.g. zu solchem artikel di wort ~~auch~~ gesezt «auch des Churfursten
halben vf s.churf.g. mithuorwanten». Solchs zusaz halben ist abermals ein große
disputation zwischen der ko. Ma. vnd s.churf.g. furgefallen, vnd haben di ko. Ma.
erstlich mich ~~er~~ zu Jrer Ma. erfordert vnd vormeldet das Jre Ma. ~~den~~ di handelung
nicht anders vorstanden, dan das m.gst.h. di ding allenthalben fur sich vnd
s.churf.g. mithuorwanten außerhalb Marggraf Albrechts gewilligt, dorumb were
auch Marggraf Albrechts halben ein sonderlicher artikel gesezt. Es wer auch
albereit vf di meinung an di ke. Ma. geschriben vnd furnemblich, ▷Jre ke. Ma. in
solche handelung zubewegen, ◁ das angezogen, ~~das der~~ weil s.churf.g. albereit fur
sich vnd Jre mithuorwanten gewilligt, das es Jr Ma. auch gnedigst wolt bewilligen,
vnd solte derhalben bei s.churf.g. nochmals anhalten, das s.churf.g. di handlung

---

[1]   Am Rand Notiz von späterer Hand: Solch verzeichnus ist hierbey fol.299.

nicht lenger aufzehen, sonder fur sich vnd sein mithuorwanten dorein bewilligte.
[54v] Dorauf ich¹ widerumb vormeldet, das ich ider zeit von s.churf.g. souil
vorstanden, das si der andern irer mithuorwanten halben nicht gnugsamen gewalt,
on hindersich bringen entlich zu schlißen. Jch wolt aber Jrer ko. M. gnedigst
anzeigung s.churf.g. vnderthenig anbringen. Als haben Jr Ma. mir befholn, weil
her hans hofman gleich izundt bei s.churf.g. were, das ich m.gst.h. solchs in
gegenwertikeit her hansen berichten solt, das ist auch also geschehen. Es hat sich
aber s.churf.g. alsbaldt gegen hern hansen abermals erclert, das solchs in s.churf.g.
befelch vnd gewalt nicht were vnd ~~derwegen~~ gebethen, di ko. Ma. wolten
▷derwegen◁ in s.churf.g. nicht dringen.

[31r]   Mittichen, den 22. tag Juny,
Haben die Khu. Mt. Nach Mittags zeit den Stenndten durch derselben Räthe lassen
anzaigen, das Jre Khu. Mt. die hanndlungn vnnd articln alle mit dem Churfursten zu Ennde
abgehandlt, Mit dem dann dj Zeit also verflossen. was auch dj abhanndlungn weren, wurden
die Stennde auß gegenwurtigen vnnd alßbaldt Mitvbergebnen Schrifften vernemen.
Auch ⌜vnd weiter⌝ haben Jre Khu. Mt. melden lassen, das sie vmb lengern anstanndt bej
dem Churfursten vnnd Nemblichen dahin angehalten, das solcher anstanndt biß auf die zeit
der Execution (zuuersteen der Trennung des Khriegsvolckhs, dann auch der Erledigung des
Lanndtgrauen), das ist den xviii. Monatstag July schieristen (dann auf disen tag Jn den
vermerckhten vnnderhandlungen geganngen worden) erstreckht wurde vnd derohalben dem
Churf.en ain Nottl zustellen lassen. darauf Jre Churf.en g.en so weit geganngen, das Jre
Churf.en g.en dj erlenngerung bemelts anstanndts biß auf den xxviiij. diß Monats Juny
zugegeben vnd bewilliget, aber Jn angeregter Nottl allain, da steet «auf der Khaj. Mt. etc.
wolgefallen, Bewilligung vnd Ratification etc." begert, das diß ortts hinein gesetzt vnd also
geendert wurde "wolgefallen, auch des Churfursten Mituerwanndten Bewilligung vnd Ratification etc." Zu dem sein Churf.en g.en gepetten, zu ~~diser~~ außgebung diser willigung seinen
Churf.en g.en zehen täg zuuergünden, doch wolten sein Churf.en g.en derselben Mituerwanndten Bewilligen, Ee vnnd zuuor sich dj Khaj. Mt. Resoluieret, außgeben vnnd öffnen.

                          Vigesima secunda Junij
                                  1552
▷Anstand◁ Die Ko. Mt. hat den fursten vnd potschaften lassen anpringen: Es hetten
Jr Mt. vollendts mit dem von Sachsen, was Jrrig gewesen, abgehandlet, vnnd wer
dasselbig alles, wie es verglichen, Jn den geschriften, die er mit vbergab, ordenlich
begriffen, die auch also an die Key. Mt. solten gelangen, darneben, so het die Ko.
Mt. dess Anstandts halben ferner mit dem von Sachsen gehandlet, vnd wer ein
Nottel daruber begriffen, wie es mit demselbigen Anstandt gehalten werden solt,
Vnd wer dess von Sachsen beger, dass diesem Anstand zettel noch solt [562v]
addirt werden, das diese ding nit allein vf der Key. Mt. ratification gestelt, sonder
auch vf seiner Churf.en g.en mituerwandten ratification zustellen sein solt, welchs
sich die Ro. Ko. Mt. befrembdt, dan Jr Mt. die sachen dahin verstanden, dass
Sachsen nit allein von wegen sein selbs handlet, sonder auch von wegen der andern,
der sachen mechtig were, welches auss der lintzischen handlung vnd abschied wol
abzunemen. So het Jetz alhie Sachsen allein Margraf Albrechten aussgeschlossen.

---

¹   hab ich B

So dann diser genomener Bedacht bej Jrer Khu. Mt. hoch verdennckhlichen, vnnd Jre Khu. Mt. annderst nie verstannden, alß das Churf. derselben Mituerwanndten halber zuhanndlen volmechtign gewalt hette, [31v] auch darauf anhere gehanndlet. so auß dem erschine, das Jr Chur.en g.en Mermaln sich dahin vernemen lassen, wie dieselb ain Merers nit bej derselben Mituerwandten erheben mugen, das auch sein Churf.en g.en allain den Marggrauen außgenommen, Jgit. [= Jgitur] etc. Hetten Jr Khu. Mt. hieruber dj Stennde hören wollen.

Verner het sich Sachsen vernemen lassen, er wolt sich zu seinen mituerwanten verfügen vnd derselben resolution Jnwendig zehen tagen Jrer Ko. Mt. widder vermelden, daruf solt die Keyserlich resolution auch gehort werden, Vnd beg solt die zehen tag der Anstand weren, biss vf den 3. Julij. Hieruf der Konig der Stend bedencken begert.

Vmbfrag

Weil Sachsen sich vernemen lassen, er hab von seinen mitkriegsuerwanten kein gewalt vnd wol denselben Jnwendig 10 tagen bej Jnen holen, vnd dass derselben ratification auch hinein zusetzen, soll mitler zeit der Anstand weren.
Trier: hetten angehort, wes rex anpringen lassen, Nemlich etc. Achten, dass die verglichen art. abzuschreiben. 2° p das rex vermeint, das der fridstand zuerstrecken vnd ein art. stellen vnd Sachsen zustellen lassen, ausserhalb eins puncten, dass hinein zusetzen: auch vf Sachsen consorten verwilligung etc., Also dass die sachen Jn zweiffel wollen gestelt werden Vnd Sachsen 10 tag begert, der ratification halben etc., wiewol sie fur schwerlich achten, dass die sachen also Jn leng vfgetzogen, hetten sie alwegen die fursorg getragen, dass Sachsen nit gnugsamen gewalt mocht haben. Aber weil Sachsen die sachen sich Jedessmalss gemechtigt Vnd Jetz solchs vf seinen consorten gestelt, Geb die noth selbs den weg, dass Sachsen die ratification erlangen muss, hielten darfur, dass Sachsen der bedacht zuzulassen, doch das die ratification vf Key. Mt., Sachsen & consorten gestelt gestelt werde [563r] vnd der anstand mitler zeith wheren solte.
Coln: es wol die notturft sein, dass die vberreichte schrift zuersehen. Acht auch fur ein notturft, dass der Anstand prorogirt werdt, dass aber rex sich beschwerdt vnd sich nit versehen, dass Sachsen Kein gewalt solt gehapt haben, Sej gleichwol bedencklich, das es der Key. Mt. zuerofnen, dass Sachsen sich erst resolution erholen wolt, werd der sachen ▷ver◁lengerung geperen. Solt derwegen an Sachsen zubegeren sein, dass weil er der furnembst, er solt sich der andern mechtigen, wo ers nit thun wol, muss man thun, wie Jm sein woll.
Pfaltz: Achten fur notturf, dass die vbergebne schriften abgeschriben werden. 2° den Anstand belangen vnd dass Sachsen sich resolution bej den seinen erholen wolt vnd erpotten, solchs Jn 10 tagen zuthun vnd sich vor dem Keyser resoluiren wolten, hieruf wusten sie sich anders ▷auss aller handlung◁ nit zuerJnnern, dan es het Sachsen gnugsamen beuelch Jn dieser sachen. Bedechten gut sein, dass regj anzupringen, das gut sein solt, dass Jr Mt. nachmalss bej Sachsen gesucht hette, sich der sachen, wie die abgeredt, zumechtigen vnd entlicher beschluss also bej dem Keyser stunde.
Brandenb.: schriften sol man abschreiben. Dess von Sachsen begern anlangt vnd fernern Anstandts etc. Vnd hetten gehort, das zweyerlej meynung fur geloffen, weren gleichwol auch der meynung wie der Konig, dass die wort nit wol hinzuzusetzen, dan sie nit auch nit anders vermeint, er hab gnugsamen gewalt, weil niemants dan Margraf Albrecht aussgeschlossen, Jtem, dass er zu lintz beuelch gehapt, Jtem hette sichs Jn allen schriften von wegen sein vnd seiner mitkriegsuerwanten gehandelt.

Hierauf haben dj Stennde mit dem Merern dahin beschlossen,
Vnnd erstlichen, das man dj vbergebene schrifften abschreiben thue, dann vnnd zum
anndern, das man den Churf.en diß genomenen Bedachts vnnd hindersichbringung an dero
Mituerwanndten auß vorertzelten vnnd anndern Mer vrsachen, alß das sich dj hanndlung zu
Lintz allain Manngl gewalts halber, den sein Churf.en g.en Erst erholen mussen, gestossen,
Jtem, das auch der Churfurst Jn seiner g.en Replickhen begern thuet, erinnert zusein, ob der
Khu. Mt. hanndlungn dj Khaj. Mt. pindten solten (Jgit. [= Jgitur] Neben dem, das es auch

Hielten zu furderung der sachen darfur, dass Sachsen dessen zuerJnnern vnd die Ko.
Mt. ad partim solchs zuberichten, dass er sich wol ercleren oder der Stende mechtigen, Jm fal es aber Sachsen nit thun wolt, muss mans wol gescheen lassen.
[563v] Meintz: schriften sollen abgeschrieben werden. 2° dass Sachsen Kein gewalt
von seinen consorten, Acht er, Kont man die post fertigen zum Keyser, es solt nit
vndinstlich sein. Solt es nur bej Sachsen zuerhalten sein, dass er sich der andern
mechtigen wolt, wie man anders nit gemeint hette, ~~dass~~ liess ers Jme gefallen, wo
nit, sej er der meynung wie Trier, doch dass er die resolution vor dem Keyser thun
wolle.
Saltzpurg: dergleichen.
Beyern: wie andern. 2° Sachsen halben wie Coln, Brandenburg vnd Meintz, dan er
auch nit anders gemeint, dan Sachsen hab beuelch von seinen mituerwanten, wie Jn
den schriften, so vbergeben, zusehen. Der hauptpunct sej erledigung dess
landgrafen, dass also, wes gehandelt, schliesslich sein solt, drumb acht er, rex solt
Sachsen dauon abweysen.
Eystet: Je lenger man handel Je lenger man von einander Kome, wie dem, lass Jme
dass Beyerischs votum gefallen.
Brandenburg: Hetten auch vermeint, die sachen solten ehr gefurdert vnd solcher
zweiffel nit Jngefallen sein, Liessen Jnen den weg nit misfallen, dass bej Sachsen
zusuchen, dauon abzusteen, Aber wie den solt Sachsen kein gewalt haben, were es
von noten, dass sie auch ratificirten.
Vnd acht, dass mitlerzeit nichs desto weniger dem Keyser die art. zuzuschicken,
damit die handlung desto ehr gefurdert.
Passaw: Hab die bede weg auch angehort, dauon die andern geredt. Sachsen hab Jn
der vnderhandlung sich ~~vor~~ ausstrucklich vernemen lassen: wol man die handlung an
Keyser gelangen lassen, So wol ers an die seinen auch gelangen lassen, drumb acht
er, Sachsen werdts nit thun.
[564r] Braunschweig: wie Passaw.
Wurtzburg: wie Bayern, da der ein weg nit volge, solt der ander furhandt genomen
werden.
Gulch: Geb zubedenken, Jm fal der erst weg nit zuerhalten, dass ~~er sich~~ doch bej
Jme zusuchen, dass er sich etlicher mechtigen, wiewol es besser, sie willigten alle,
wol sich mit andern vergleichen, damit die post furderlich gefertigt.
Pomern: wie Trier, auss vrsachen durch Passaw angezeigt, ⌈dan⌉ solt man lang mit
Sachsen handeln, werdts vnuerfenglich sein, vnd verlauff die zeit, solt der sachen
furderlicher sein, ▷dass Sachsen zu wilfaren◁ vnd dass der fridstand vfgericht. Het

Deßelben tags nach mittag haben di ko. Ma. s.churf.g. zu sich erfodern laßen vnd nimandts dan Herzog Albrecht von Beiern bei sich gehabt vnd in eigner person nochmals angehalten, das ~sich~ s.churf.g. fur sich vnd derselben mithuorwanten izundt alsbaldt alhier wolte schlißen vf di artikel, wi di bißher abgehandelt, Mit der einfurung, weil s.churf.g. vber den artikeln so heftig disputirt[1], dorzu di heßischen gesanthen oftmals bei sich gehabt vnd von den artikeln mit in[2] geradtschlagt, vnd auch gebeten, das Jr ko. Ma. [55r] neben den andern Fursten vnd gesanthen wolten befurdern, domit di ke. M. es bei disen artikeln auch bleiben, dan s.churf.g. vortrauten, bei derselben mithuorwanten nicht mher zuerhalten. das Jr ko. Ma. ~di sachen~ nicht anders vorstanden, dan das s.churf.g. das Jenige, wes si sich bei einem iden artikel vornhemen lassen, nicht alein vor sich, sonder auch Jre mithuorwanten gethan vnd das es ferners hindersich bringens vonunnothen. Dorauf hat m.gst.h. widerumb anzeigen laßen, das ~solchs~ in s.churf.g. macht nicht stunde, der andern Jrer mithuorwanten halben entlich zuschlißen, wi sich s.churf.g. des zuuor auch het vornhemen laßen. das si aber di artikel gestritten, das wer Jrer selbst nothurft halben vnd, domit si di andern vmb souil destomher bewegen mochte, geschehen. Das ~s.~ auch s.churf.g. si[3] konthen mherers nicht erhalten bei derselben mithuorwanten, das were an im selbst, ob si aber das noch erhalten konten, das were zweifelhaftig.

pöttlichen, das dj, zeithere nichte schließlichs solte abgehanndlet sein, abreisen sollte, das es aber Je nit zuerhalten, das dißfalß sonderlichen Jn bedennckhung, das solches hieuor gegen dem Churf.en nit gestritten, die Khu. Mt. auf ain bestimbte zeit zu außgebung der Resolutionen abhanndlen, dahin auch dj erstreckhung des anstanndts erlenngern vnnd außbringen, Jre Khu. Mt. auch ~en~ on lenngern verzueg die hanndlungn alßbaldt der Khaj. Mt. vberschickhen wolten. doch verstuennde Man disen genommenen Bedacht nit auf Jrer Khurf.en g.en person, Sonnder allain derselben Mituerwanndten, Jm fall, das auch der fridtstannd angenomen vnnd bewilliget, der gemacht anstanndt biß auf vermelten xviii. tag der Execution hiemit erweittert werde.

von Sachsen souil selbs gehort, dass ers Jn schriften vbergeben, wie weith er gewalt hab, Acht, dass dem Churf.en zuwilfaren, solt der sachen dinstlich sein.
Wurtemberg: wie Passaw, doch mit dem anhang, dass Sachsen nit vfgehalten, sonder dass er sich zum Kriegsuolck verfug vnd frid mach, dass sie den Anstand halten.
Jst geschlossen, der Ko. Mt. bede weg furzuhalten, Nemlich, dass Jr Mt. ~den~ mit dem von Sachsen solten handlen, sich seiner mituerwandten zumechtigen, weil man anders nit vermeint gehapt, er hab beuelch. Da es aber bej Sachsen nit ~Sach~ stat, dass alsdan Jme zuzulassen, sich resolution bej den andern seinen miduerwanten zuerholen, doch wol mans anders von Jme, Sachsen, nit vernemen, dan dass er fur sein person Jn die abred willig Vnd dass der Anstand prorogirt werd, auch er die verfugung thun wol, dass das Kriegs-volck ~kein~ nit furfare, mit plundern oder anderm. Jtem, die post zur Key. Mt. soll nichs desto weniger furderlichen gescheen.

---

[1] bei "artikeln so heftig disputirt darzu" Anstreichung am Rande.
[2] ihnen B
[3] si om.B

Vnd ob sich gleich s.churf.g. entlichs befelchs het von hier aus erholen wollen, So
hetten doch s.churf.g. baldt[1] anfangs von Jrer ko. M. vormergkt, das si von der k.
M. ⊢wegen⊣ auch nicht entlich schlißen, sonder di bedengken an Jr k. M. wolten
gelangen laßen. dorumb hetten [55v] es s.churf.g. auch dohin pracht, das derselben
mithuorwanten fur dem entlich beschlus des auch musten bericht werden.
Domit aber zubefinden, das s.churf.g. alles das gerne wolten befurdern, was zu
~~solcher~~ ⌜fridtlicher⌝ vorgleichung dinstlich, So wern s.churf.g. des erbitens, das si
sich in eigner person zu derselben mithuorwanten ins leger begeben vnd allen
menschlichen vnd muglichen fleis wolten anwenden, si dohin zu bewegen, ~~domit~~
das sie in dise mittel auch willigten vnd di ~~vor~~ gestelten vorschlege auch annhemen.
Vnd wern s.churf.g. guter hofnung, derselben vorwanten wurden auch gemeine
wolfart bedengken vnd sich ~~immer~~ mit annhemung solcher mittel auch fridtlich
erzeigen, vnd haben dorauf gebethen, di ko. Ma. wolte es dobei gnedigst bleiben
laßen, dan s.churf.g. wolten nicht gerne etwas zusagen, das si nicht leisten
konthen, So were auch der ~~ko. M.~~ sach mit blosen zusagen, wan di folge ~~bei~~ nicht
sein solte, nicht geholffen, vnd konten s.churf.g. di leut also, was si sich Jrer
mechtigten, das sie vilweniger dorein bewilligen wurden den sonst etc.
Hirauf seint di ko. Ma. zufriden gewest, das ~~der~~ sich s.churf.g.[2] zu derselben
mithuorwanthen [56r] mocht begeben, vnd begert, das s.churf.g. muglichen fleis
wolten anwenden, das si solche mittel, wi man sich der alhier vorglichen, auch
annhemen. doneben wolten auch s.churf.g. si erinern, das si nicht mit neuen
artikeln herfur kemen, dan weil s.churf.g. gebethen, das di k. M. in dem, was
vorglichen, kein enderung wolt machen, So wurde es s.churf.g. ▷mithuorwanten◁
halben vm souil destomher auch dise meinung haben mußen.
Vnd weil der vorzug schedlich, So ~~begert~~ hilten es Jr ko. Ma. dofur, das s.churf.g.
solche reise in siben tagen konte vorrichten.
Es wolten auch Jr ko. Ma. des s.churf.g. vorwarnet haben, das man s.churf.g. der
kei. Ma. resolution nicht ehr wurde erofnen, Es hetten dan s.churf.g. zuuor irer
mithuorwanten anthwort einbracht, dan Jre k. M. wurden sich nicht erst wollen
ausholen laßen. Aber dohin wolten es Jr ko. M. gerne befurdern das mitler zeit
~~weil~~ vnd wan s.churf.g. wider anherkomme, der k. M. resolution auch moge
furhanden sein.
Doneben haben auch Jr ko. M. begert, das s.churf.g. dorob sein wolte, domit der
Anstandt moge gehalten werden, [56v] deßgleichen das Marggraf Albrecht denselben auch bewillige, dan es weren Jrer Ma. izunt zeitung vnd kuntschaft einkom-

---

[564v] Demnach hat die Ko. Mt. mit dem Churf.en zu Sachsen Jn beysein dess von
Bayern weitter gehandlet, vnnd seind die ding entlich dahin verglichen, das der
Churfurst von Sachsen wol Jns leger ziehen, seine mituerwanten mit allem vleiss zu
der ratification bewegen, vnnd wolle von dem tag, vf welchen er alhie aussziehe,
vber acht oder zehen tage widder alhie erscheinen, vnd wass er aussgericht,
anzeigen. vnnd soll es mit dem Anstand mittler weil, wie Jn einem sondern zettel
verfast, gehalten werden.

---

[1]   alsbaldt B
[2]   sein Churf.en B

men, das der Marggraf nach Regensburg zeucht vnd albereit zu Regensstauf sein gesindt sol gelegen sein, das er nhun s̶.̶ ⌈Jr⌉ ko. Ma. d̶e̶s̶ vnd den hendelern alhier so nahe fur der nasen solt ligen ▷vnd sich gegen einer reichsstadt feintlich erzeigen◁, das were beschwerlich, wi s.churf.g. selbst kont bedengken.

Dorauf haben sich s.churf.g. erbotten, muglichen fleis bei derselben mithuorwanten anzuwenden. Aber der zeit halben haben s.churf.g. vmb zehen tag gebeten, konten si es aber in achten vorrichten, so wolten sie kein fleis sparen.

Dergleichen wolten s.churf.g. des Anstandts halben auch allen fleis anwenden, domit derselb mocht gehalten werden, doch das er vf der k. M. seiten auch gehalten wurde.

S.churf.g. wolten auch fleis haben[1], das si ▷zu◁ Marggraf Albrechten selbst mochten kommen vnd alsdan a̶u̶c̶h̶ ̶b̶e̶i̶ s.f.g. d̶i̶s̶e̶n̶ ⌈zum⌉ vortrag vnd anstandt auch zum fleißigsten vormanen.

Domit seint die ko. Ma. zufriden gewest, vnd ist der lezte artikel des Anstandts halben mit den zusezen erclert, wi s.churf.g. g̶e̶b̶e̶t̶e̶n̶ begert.

[57r] [2]Den 24. Juny d̶e̶ ist s.churf.g. von hinnen ins leger vorruckt. der almechtig got vorleihe seine gnade, das etwas guts moge ausgericht werden. Amen.

▷post◁ Eodem die post meridiem vmb 6 vhr Jst die post zu der Key. Mt. mit aller handlung vmb resolution abgefertigt vnd aussgeritten.

Vigesima Tertia Junij

Haben der Churf.en rathe bej Sachsen furtragen gethan von wegen Jetziger Kriegslauf halben, d̶e̶r̶ ̶s̶e̶i̶n̶e̶r̶ der Churf.en, auch Jrer vnderthanen Jn dem zuuerschonen, was auch Sachsen daruf geantwurt, Jst Jn einer sondern verzeichnuss vfgemerckt Vnd vnserm g.sten hern vberschickt.

Jtem, dieses tags haben auch der Churf.en gesanthen bej Sachsen vmb sicherheit vnnd Gleidt, widderumb zu Jren herschafften zuziehen, angesucht.

Vigesima quarta Junij in die Johannis Baptistæ

Nihil actum est etc.

[565r]   ### Vigesima quinta Junij

Die Romischs Ko. Mt. hat an heut vnsers g.sten hern vnd der andern gesanthen ⌈rathe⌉ zu Jrer Mt. erfordert vnnd begert, Jr Mt. zuuerstendigen, wes die Key. Mt. Jm fall, der vertrag Jn wurcklicheit nit Kommen solt, ▷sich zu seinen Churf.en g.en◁ zuuersehen. Jtem begert, den bewilligten gemeinen pfennig Jn ansehung, der Turck mit zweyen grossen heeren vf Sieburgen vnd Vngern zoge.

Solchs Jst an vnsern g.sten hern, nach lengs aussgefurt, gelangt, vnd Jrer churf.en g.en resolution begert worden.

Vigesima Sexta Junij

Hat die Ko. Mt. an vnserm g.sten hern ▷vnd andere◁ von wegen gesteriger proposition alss der erclerung vnd dan dess gemeinen pfennigs halben geschrieben vnnd dass schreiben der gesanthen mitgeschickt.

---

[1] anwenden B

[2] Randnotiz von späterer Hand: Nota: ehe S.Churf.en g.en verreiset, habn die Churf.en abgesandte bey demselben g̶e̶s̶ vnter andern mundtlichen gesucht, das ihrer herrn landt mit dem durchtzuge vnd sachen verschonet bleiben mochte. was nun S.Churf.en g.en darauff geantwortet, das ist alhier zuende dieser Registratur fol.78.

Montags, den 27. tag Juny,

Seien die Stenndt wider erforderet vnnd die anntwurt, so des Khunigs auß Frannckhreich Pottschaff zugeben, vnnd durch den Maintzischen Canntzlern auf vörige Rathschläg, schon gestelt gewesen, gelesen vnnd dahin berathschlagt [32r] worden, das diser anntwurt ain abschrifften dem herrn Gienger etc., dj der Khu. Mt. etc. haben furzutragen, Mit gemainer er]nnerung, das sich dj Stennde diser anntwurt, so vnuergrifflichen gestelt, entschlossen, zugestelt werden solte, vnnd alßbaldt bej den Sächssischen auch anzuhalten, ob sie sich der vbersenndung vnnderfahen wolten, woe nit, so möchte der Maintzisch Canzler ain NebenBriefl Mit eingeschlossener anntwurt dem oratorj selber zuschickhen. was dj anntwurt Mitbringt, wurdt auß derselben erscheinen.

Vigesima Septima Junij

▷Konig von franckreich◁ Vff des frantzosischen orators mundtlich vnd volgendts schriftlichen vorbringens Jst vff ~~sein auch begern~~ dess Churfursten zu Sachsen ▷begern◁ ein antwurt gestelt, die verlesen worden vnd den Sechsischen zuuberschicken zugestelt.

Vmbfrag

Trier: ~~vnd~~ wiewol nit one, dass sie Jungst der meynung gewesen, dass [ca. 3 Wörter Lücke], Jedoch liessen sies pleiben, wie es vfs papir pracht, das ~~man~~ gesetzt wurd, man seye der hofnung, der Keyser werd die gefangen fursten ledig, Sej Sachsen ledig vnd sol hessen Jetz auch ledig gelassen ▷~~assertiue~~◁, da der vertrag fur sich gee, solt assertiue gesetzt werden, etlich worter so scharf mochten gemiltert werden.

Coln: liess Jme auch gefallen das gestelt Concept, vnd dass die rawen wort zumiltern. was die gefangen fursten belangt, wuss man nit gewiss, ob Sachsen ledig oder quibus conditionibus, drumb solt es Jn genere pleiben. ▷eingang etwass Jn genere◁

[565v] Pfaltz: dergleichen.

Brandenburg: liess Jme auch gefallen, wie daruon geredt, vnd wiewol er wol der meynung, dass der eingang etwas Jn gne. [=genere] gestelt vnd eingezogen werd, weils aber die andern pleiben, lass ers Jme auch nit misfallen.

Meintz: wuss nit anders, es sej der berathschlagung gemess, da dan Jchts darin zuendern, lassen sie Jnen auch nit misfallen.

Saltzpurg ⎤
Bayern   ⎬ dergleichen
Wurtzburg ⎦

Brandenburg: Acht, das es gut, dass solche antwurt mit wissen der Ko. Mt. geschee. ▷Braunschweigische Junckern execution◁ Zeigt darneben an, Man wuss sich zuer-Jnnern, dass von wegen der restitution der Braunschweigischen Junckern Jr her neben dem Churf.en zu Sachsen, Brandenburg vnnd dem hertzogen ~~von~~ zu Pomern zu Commissarien furgeschlagen, vnnd daruf abgeredt, Jm fall, die gute Jr wurck-licheit nit erreichte, dass sie vermog der Reichsordnung vnd ⌈dess⌉ landfriden ~~exe~~ die execution solcher restitution furnemen solten. Nun ~~sey~~ befunden aber sie, dass Jn der letzten vergleichung, so die Key. Mt. mit Sachsen gethan, vnd dieselben schriften Jungst vbergeben lassen, weith auss solcher ersten ~~bedencken~~ abred ge-schritten, welches Jrem hern, dem von Brandenburg, deßgleichen hertzog Philipsen von Pomern beschwerlich, die execution solcher gestalt vf sich zunemen vnd zube-willigen. Hetten auch solche execution hieuor auss mangel beuelchs nit eingeen wollen, Konten es auch noch nit thun, dauon sie parten batten, Jnen dessen be-kantlich zusein.

Die andern liessen Jnen die gestelt schrift gefallen, doch das dieselb noch einest ersehen vnd an orten, da es von notten, geendert, werd.

Den 28. Juny haben der abwesenden Churfursten Reth, gegenwertige Fursten vnd
der andern gesanthe ▷durch den Menzischen Canzler vnd einen pfelzischen radt◁
mir di anthwort in schriften zugestelt, welche si des konigs von Franckreichs
gesanthen vf seine werbung zugeben willens vnd ~~dorauf hat der~~ begert, ▷weil sie
furnhemblich auf anhalten m.gst.h. des Churfursten vorfertigt◁, das ich dieselb
~~m.gst.h.~~ ⌜s.churf.g.⌝ oder dem Bischof zuschigken wolt. dorauf ich gebeten, das
er[1] doneben ein briflein an den Bischof schreiben wolt vnd di anthwort dobei
vorsigeln, So wolt ichs alsdan[2] an das ort zuschigken wißen, do es Jme[3] solt
vberanthwort werden, das ist also geschehen vnd noch deßelben tags s. ~~eh~~ churf.g.
vf der Post zugeschigkt worden[4].

Den ersten July haben s.churf.g. vns ein vorsigelten brif zugeschigkt an di Stende
vnd der abwesenden botschaften, so alhier vorsamblet. dorinnen s.churf.g. inen
zuschigkt des konigs von Franckreichs[5] ferner anthwort, welchergestalt er[6]

[566r]   29 Junij
▷Lotringen◁ Die Meintzischen gesanten vf den tag Jhen Passaw haben der
Churfursten rathe Trier, Coln vnd Pfaltz zu sich erfordert vnnd Jnen furgehalten, wes
die Hertzogin von Lottringen an stat Jres Sons durch Jren teutschen Bellis vnd
Nicolaum Lestut vnserm g.sten hern, dem Ertzbischoffen zu Meintz, Churf.en etc.
vor Jren, der gesanten von Meintz, abreysen furpringen ~~lassen~~ vnd daruf begeren
lassen, mit antzeig, dass sies an die andern Churf.en auch gelangen wolten vnd
gleichergestalt begern, ~~vff~~ weil sie die obersten heupter Jm reich, Sie wolten vf weg
bedacht sein, wie sie widder zum hertzogthum Kommen vnd Jren Son auss franckreich widder bekommen mocht etc. Daruf hochgedachter vnser g.ster her sie beantwurt, das sie Jr anliegen vf dem alhie zu Passaw anpringen wolten, welches sich
beschwerdt ~~Jn~~ von wegen kurtze der zeit vnd begert, Jre churf.en g.en woltens den
andern alhie anpringen vnd daruf abgeschieden. Vnd begert hieruf die ~~der~~ Meintzische, die andern churf.en rathe wolten sich entschliessen, wes Jn sachen zuhandlen,
ob ~~es de~~ die hertzogin vnd regirung von den vier churf.en schrifftlichen widder
zubeantwurten, dass man die sachen alhie nit handlen konte, sonder vf den Reichstag zuuerschieben, Oder ob mans den andern fursten vnd gesanten zuuor Jetz alhie
antzeigen solt. Vnd Jst daruf geschlossen, dass es den andern, so alhie, anzupringen
vnd die hertzogin nit schrifftlichen zubeantwurten, sonder da widder von Jr
angesucht wurtt, soll man Jr sagen, wes durch die Jetzigen anwesenden fursten vnd
gesanthen verhandlet ~~ver~~ vnd fur gut angesehen worden.
Der Churf.en rathe bedencken auch, dass die sachen vf kunftigen reichstag zuuerschieben, wusten sie aber andere weg, wolten sies anhoren.

---

[1]   ~~er~~ ▷der Menzisch Canzler◁ B
[2]   ichs als dan ⌜dieselb⌝ an B
[3]   ~~ihme~~ ⌜dem Orator⌝ B
[4]   Randnotz von späterer Hand: Solche antwort ist hierbey fol.354. Item des Gesandten
      werbung, so er den 3. Juny angebracht, fol.358.
[5]   des Konigs von Franckreichs ⌜Orators⌝ B
[6]   ~~er~~ ⌜sein her⌝ B

konne handlung leiden[1]. daßelb schreiben haben wir alsbaldt dem Menzischen
Canzler vberanthwort.
[57v] den andern July gegen abent seint s.churf.g. widerumb anher gegen Passaw
khommen.[2]

Freitags, den 1. July ao. etc. 52,

Seien die Stennde zu 7 vhrn abents zusamen erfordert, vnd denen ain senndtschreiben des
Churfursten Mit eingeschlossenen articln des Khunigs zu Frannckhreich Oratoris verlesen,
darauf auch beschlossen worden, Noch denselben abendt bede schrifften abzuschreiben
vnnd, das Man Morgen, Sambstags, den 2., diß zu 7 vhrn, dj Stennde wider zusamen
khomen, wie beschehen.

Sambstags, den 2. July,

Haben die Stenmnde ainhelliglichen dahin beschlossen, das Mann bede Schrifften der Khu.
Mt., wie die vberanntwurt, zustellen, doch vnnd darneben Jr Khu. Mt. etc. pitten solte, Jre

[566v]   Prima Julij 7. hora
                         post Meridiem

▷Hertzog Moritz zu Sachsen, Churfurst◁ Jst an heudt ein schreiben von Sachsen
anKommen, an die Stend Samptlich haltend, welchs Jn versamlung derselben
erprochen vnnd verlesen, dess Jnhalts: 1° vberschickt ̶d̶ er die resolution dess Konigs
von franckreichs, Begert, die sachen vf die weg zubefurdern, damit frid etc. erhalten,
damit man sich zu seiner ankunft resoluiren moge etc.
Jst diesen abent daruon nichs verhandlet, sonder man sols zuuor abschreiben vnnd
morgen daruon reden.

Secunda Julij

▷Franckreichs resolution der priuat sachen halben◁ Die resolution des Konigs von
franckreichs orators, so gesterigs tags durch Sachsen vberschickt, Jst an heut vmb
7 vhrn fur handt genomen vnd berathschlagt worden.
Trier: hetten gestern angehort, wes Sachsen & orator geschrieben vnd sich der priuat
sachen erclert, Befunden, das Sachsen begert, solchs an Ko. Mt. gelangen zulassen,
vnd dan der Lintzischs Abschied vermog, das Sachsen die erkundigung thun soll, vnd
furter regj vnd Stenden ~~belangen~~ behandigen, drumb acht er, dass dem Konig
furzuhalten. Vnd weil etlich herbe wort darin, so die Key. Mt. beleydigen mochten,
Solt derwegen rex zupitten sein, dieselben herausszulassen, da ̶d̶ sies dem Keyser
zuschicken wolten.
Coln: wiewol es bedencklich, einich berathschlagung der resolution furzunemen, weil
er kein schein vom Konig furgelegt, Aber wie dem, weil Sachsen der sachen sich
vnderfahe, lass er Jme Triers meynung gefallen, Aber der Konig solt allein bericht
werden dess Jhenen, so zu der sachen dienlich vnd zu frieden befurderlich, Vnd solt
rex die sachen dahin handlen, dass der frantzoss vf kunftigem Reichstag durch die
seinen den Stenden die priuat sachen antzeigen, gleicher gestalt solt Cesar auch
thun, Jtem dem Konig solt die resolution vnd Sachsen schreiben [567r] zustellen,

---

[1] Randnotiz von späterer Hand: Churfurstlicher Bruvhlich sambt Einer Copey von
     Franckreichs ferner erclerung fol.361, darunter: 2 Item, was die Rethe an S.Churf.en g.en
     hinwider geschrieben fol.366, darunter: 1 Item was S.Churf.en g.en an die Stende
     geschrieben fol.362.
[2] Ein Zeichen (╬) verweist darauf, daß nach chronologischer Abfolge 58rff hierher
     gehört; 58r oben steht dasselbe Zeichen (╬).

Khu. Mt. wolten nit allain fur sich selber die scherpffere wort des oratorns Milter außlegen,
Sonder die auch bej der Khaj. Mt. etc. vmbgeen vnnd allain die sachen dahin befurdern, auf
das Jr Khaj. Mt. Mer Naigung zu aufrichtung aines bestendigen fridens alß zerruettung
desselben schopffen mochten.

Vnnd ₍ob₎wol dj Stennde aines thails bedacht, Jetzo [32v] ~~worden das diser anntwurt ain~~
~~abschrifft dem hern Giengern, die der Khu. Mt. etc. haben furzutragen, Mit gemainer~~
~~Erinnerung das sich dj Stende diser anntwurt, so vnvorgrifflichen gestelt, entschlossen,~~
~~zugestelt werden solt vnnd alßbaldt~~
alßbaldt von der haubtsachen zureden, vnnd die Mittl der Khu. Mt. etc., wie der fridt vnnd
hanndlung zwischen den beden Häubtern antzustellen, furzuhalten sein, So ist doch mit dem
Mererm dahin geganngen vnnd beschlossen worden, auf das Mann mit der furgreiffung die
Khaj. Mt. etc. nit vnwillig noch dieselb Reuen machet vnnd Jrer Mt. etc. frembdere
bedennckhen nit EinReumet.

vnd sol man von franckreich horen, wes er dess Turcken halben gemeint, weil Jn
fine der resolution ~~vo~~ dess Turken halben ein erbieten.
Pfaltz: hielten darfur, das diese art. dem Konig zuuberreichen, vnangesehen, was
Sachsen fur ein bedencken haben mocht, Aber, da von der hauptsachen solt geredt
werden, wolten sie sich auch vernemen lassen.
Brandenb.: Liessen Jnen auch gefallen, dass die schriften Sachsen vnd des Orators
gantz vberreicht werd, dan es vormalss nit gescheucht worden, verdacht
zuuerhueten, Vnd zubitten, da Jr Mt. es an Keyser gelangen wolt, dass es zum
glimpfigsten geschee, dan man ob den harten worten kein gefallen, Jtem regem
zupitten, die sachen beim Keyser zufurdern, dass dem reich am nutzlichsten, was die
Stend thun Konten, wolten sie auch thun.
Meintz: achten auch darfur, das die schriften dem Konig zuubergeben seyen, vnd
zubitten, die ding zum besten an Key. Mt. zugelangen, der hartten worten halben
vnd die ding zum frieden zubefurdern, wol man Jn der hauptsachen daruon reden,
wolten sie sich von Meintz wegen auch der gepur vernemen lassen, dan es hetten zu
wormbs ▷, auch alhie◁ sich etlich Chur- vnd f.en gegen franckreich erpotten, die
sachen beym Keyser zufurdern, ~~d~~ vnd hetten dessen vrsach genomen auss der Key.
Mt. schreiben an die Churfursten etc.
Saltzpurg: liess Jme auch gefallen, dass dem Konig das schreiben zugestelt, vnd
sonst wie andern.
Bayern: verglich sich mit andern, Mit dem anhang, das man vor der Key. resolution
von dieser sachen nit handlen konte, doch dass rex zupitten, die sachen beim Keyser
zubefurdern.
Eystet: dergleichen.
[567v] Brandenb.: Was [sic!] auch der meynung, das dem Konig solche erclerungen
zugestelt, Jn ansehung, rex ein mitvnderhandler, verglich sich sonsten mit Meintz
vnd Bayern.
Passaw: wie die Churf.en rathe.
Braunschweig: vernemen, dass man einer meynung, darbej lass ers pleiben.
Wurtzburg: wie Bayern.
Gulch: der vberreichung halben der schriften dem Konig, lass er Jme gefallen.
Pomern: dergleichen, vnd war der meynung wie Meintz vnd Pfaltz, Nemlich, dass
man neben vberreichung der schriften dem Konig der Stend bedencken angezeigt
werd.
Wurtemberg: dergleichen.
Jst geschlossen, das der Ko. Mt. Sachsen vnd des Oratoris vbergeben schriften sollt
~~regj~~ zugestelt werden, mit erJnnerung der herten wort ▷dieselben zulindern, da es
der Key. Mt. solt zugeschikt werden◁, vnd dass ferner solt berathschlagt werden,

Nemblichen das Neben diser vberanntwurtung dj Chu. Mt. zum vleissigsten erinnert wurde, wie Hoch vnd was Jrer Khu. Mt. etc. Teutscher Nation vnd gannzer Cristenhait an dem bestenndigen friden der beden Heubtern gelegen, das auch Mermaln hieuor auf den Reichstägen vnd dahin schließlichen geredt worden, das dem Reich teutscher Nation nit Muglichen, ausser zuthun annderer Cristenlicher potentaten disen Erbfeindt außträglichen wider-

wes weitter furzunemen, damit Cesar zur vnderhandlung mocht bewegt werden, weil ⌐aber⌐ zweyerlej meynung, wan solche berathschlagung ~~bescheen soll~~, ob es Jetzt oder nach der Key. Mt. resolution bescheen soll, ⌐furfelt⌐, drumb noch einest vmbgefragt worden.

2. Vmbfrag

Trier: Liessen Jnen nachmalss nit misfallen, das man Jn sachen etwas weitter gangen wurd, dan wie sie die sachen verstunden, befund man auss der handlung, dass der Orator beantwurtet solt, die priuat sachen proponiren, wolt man die an Cesarem gelangen vnd die gute furnemen, Jtem die Churf.en hetten sich dessen auch Jnsonderheit gegen den frantzosen [568r] erbotten, welches er Jme gefallen lassen, vnd begert, solchs zubefurdern. weil dan sie vermerken auss der resolution, das der frantzoss vrpitig vnd spruch darin leyden mag, Solt derwegen nit vnpillich sein, die Key. Mt. zuersuchen, sich auch Jn die gute zubegeben, dan Jr Ko. W. sich dan mher erpotten, Jtem sej Jn kriegsrustung vnd Jn verpundtnuss der Chur vnd f.en, drumb solt man den Keyser ersuchen vnd dahin vndersteen zuuermogen, damit fried erhalten, vnd solt die Ko. Mt. neben den Stenden solchs thun, mit Jnfurung allerlej beweglichen vrsachen, wiewol es Jrem g.sten hern beschwerlich, neben andern Jn solchen wichtigen sachen zurichten, Aber do sein churf.en g.en von dem Keyser ersucht, werd er es nit abschlagen. Vnd solt man den oratorem befragen, ob er beuelch von der Ko. W., Jn solch compromiss zuwilligen.

Coln: Das die Key. Mt. solt ersucht werden neben der Ko. Mt., kont er nit fur rathsam achten, weil Jm lintzischen Abschiedt, das Sachsen sich bej franckreich solt resolution erholen vnd die Ko. Mt. dessen berichten, solchs furtter an Key. Mt. zugelangen Vnd Jres gemuts zuerlernen, drumb acht er, das mans zuuor an Ko. Mt. ~~vo~~ solt gelangen, das Jr Mt. die Key. Mt. furtter bericht, Jtem, dass die rauhen wort gelindert, Jtem, das vf allen reichstagen dauon geredt vnd verAbschiedt, dass frembde potentaten zuersuchen, beystand widder den turcken zuthun, das solchs die Key. vnd Ko. Mt. ~~h~~ zuhertzen furen wolten, Jtem, das die erclerung von Key. Mt. zubegeren.

Pfaltz: ~~he~~ vernemen souil, dass man eynig, das die schriften dem Konig zuuberreichen vnd zupitten, dass sie nit allein fur Jr person die scharpfe wort vf den miltern wege versteen, sonder die beim Keyser dahin richten, damit Jr Mt. die nit Jn vnwillen verstee, damit seyen sie eynig.

[568v] Ob man regj neben den schriften dass bedenken der Stend anzuzeigen sein etc., Erinnerten sie sich auss aller handlung, das frankreich alwegen daruf getrungen, das er Jm werk mag funden, dass man zu frieden geneigt, vnd die sachen beim Keyser dahin befurdern, das ein fried Jm reich furgenomen. Solt man nun dem Konig nichs weitters Jetz furpringen, mocht frankreich bedenklich sein.

Vnd achten, das Jn sachen zueylen vnd man sehen mog, dass der ernst do, dan man sehe Jres Orators schriften, das sich franckreich entschuldigt, da weitter vnruhe Jn teutschs landt ~~nit~~ zutrag, dass mans Jme nit wol zumessen, darauss sie verstanden, er mocht teutschs landt vberziehen. Drumb acht er, rex zupitten sein, die ding dem Keyser also anzupringen, damit Jr Mt. sich vf der Ko. W. erpieten gnedigst auch wolten vernemen lassen, Vnd weil der frantzoss sich vf ein arbitrium zeucht vnd willigt, Acht er, dass solchs vf den Reichstag zuschieben, werd kein

standt zethun, da denn dj Khu. W. auß Frannckhreich an Jetzo so groß erpietens, sich Jn ain laudum der Stenndt zubegeben, darauß dj Mithilf verhoffenlichen, das demnach Jr Khu. ~~wirde~~ Mt. den gnedigisten vleiß bej der Khaj. Mt. furwennden vnnd die verpitten wolten, damit Jr Khaj. Mt. etc. deren erpietten nach dj Mißuerstenndt zu guetter ainigung Chomen

bestendiger fried Jn teutschslandts nunmer werden, da zwuschen dem Keyser vnd frankreich kein fried, wie dan der Turck albereidt vf, vnd sehen fur gut an, dass die Ko. Mt. dessen alles nach notturft zuberichten, verhoften, Jr Mt. werdts beim Keyser erhalten.

Brandenb.: weren zuuor der meynung gewesen, dass dem Ko. die schriften zuzustellen vnd zupitten, den frieden beim Keyser zubefurdern, hetten geacht, es solt zum anfang gnugsam sein, dan da Cesar lust zum frieden, wurden Jr Mt. der Stend gemuth ~~der~~ darauss wol trennen. Sie horen aber, das weittere suchung beim Ko. zuthun sein solt, was Jn dem dass merer thue, wolten sie sich nit absonder, vnd sej nit one, dass es die hochste notturft, die bede potentaten einig, damit man dem Turken widderstand thun mocht, weil verderben zubesorgen. [569r] drumb wie mans fur gut ansieht, weren sie einig. Jne wolten aber gern die hendel dermassen furhand nemen, damit Cesar nit mher widder den Kopf geschlagen, dan zu gute gereitzt, mochten gedencken, man geb Jr Mt. albereidt vnrecht, mocht Jr Mt. gegen den Stenden verdacht zufallen, wie man nun den mittel weg geen mocht, dess hielten sie fur dass gelegenist. Vnd dass Jr Mt. zupitten, die sachen zufurdern, weil der frantzoss die gute nit abschluge, dass Jr Mt. wol bedenken, wass Jr Mt. am frieden dess Turken halben gelegen, Vnd sich frantzoss hulf erbeut, dass Jr mt. solchs zugemuth furen wol, damit die handlung nit zerschlagen, Vnd hielten darfur, da solchs dem Ko. furgehalten, er werd der Stend gemutt wol mercken.

Meintz: es sej nach der lenge von der sachen geredt, was fur argumenta neben ~~der~~ den schriften der Ko. Mt. furzupringen, damit der Keyser zur gutlichen handlung zubewegen, verglichen sich der wegen mit den andern, Vnd das es mit fugen beschee, dass Jre Mt. dardurch nit beschwerdten.

Saltzpurg: wie Meintz.

Bayern: verstund, dass die sachen der Ko. Mt. etwass statlicher anzupringen, lass er Jme auch nit misfallen, trag die fursorg, weil die resol. der Key. Mt. heut oder morgen zugewarten, dass solch suchen vergebens sein werd. Man moge es aber der Ko. Mt. Jetz anpringen, Vnd dass Jr Mt. nach der resolution an Keyser gelang.

Eystet: verglich sich mit andern.

Brandenburg: Acht auch nit, dass diss punctes halben von Stenden an Keyser zuschreiben, sonder das es an Ko. Mt. zugelangen vnd dem Lintzischen abschiedt nachzugeen. Vnd weil franckreich sich der pillicheit gemess [569v] erbeut vnd es der teutschen Nation dinstlich vnd sonderlich, weil sein Ko. W. einer hulff contra den turcken sich vernemen lassen, Sehe sie fur gut an, dem Ko. heimzustellen, die sachen beim Keyser zubefurdern, damit Jr Key. Mt. sich auch weysen liessen.

Passaw: Acht, das der Ko. zuersuchen, die sachen beim Key. zubefurdern, damit Jr Mt. die wolfart teutscher Nation wol bedencken, wurden sich die Stend Jn dem auch der gepur halten. wan dan des Keysers resolution Kompt vnd sich zum friden richte, das alsdan die Key. Mt. schriftlichen von Stenden zuersuchen, damit Jr Key. Mt. sich Jn gutlich handlung gegen franckreich wol einlassen.

Braunschweig: Verstund die handlung nit anders, dan das mans der Ko. Mt. soll heimstellen, die Key. Mt. zuersuchen, mit allerlej persuasionibus, wie daruon geredt, der meynung wer er auch.

[1]Den dritten July seint s.churf.g. von der ko. Ma. erfodert worden, vnd ~~bei~~ ⌈ist an⌉ s.churf.g. ~~gi~~ begert, das dieselb ~~22~~ der sachen ein anfang machen wolt. was nhun dorauf s.churf.g. anbracht vnd ferner replicirt, das ist aus beiuorwarter schrift zubefinden.[2]

Den 4. July haben di ko. M. s.churf.g. widerumb laßen erfordern vnd der kei. Ma. resolution halben anzeigung gethan. was nhun[3] dorauf bei der ko. Ma. vnd den

lassen wolten, Mit dem erpieten, das dj Stennde auf Jrer Khaj. Mt. gnedigists ersuchen an Jrem Muglichen vleiß hieran nichts erwinden lassen wolten, Mit dem vnderthanigisten ~~erpietten~~ pitten, Jr Khaj. Mt. wolten hieruber Jr gnedigiste Resolution der Khu. Mt. vnnd den Stennden freundtlichen vnd gnediglichen lassen zukhomen vnnd, das also mit disem bedennckhen der Khaj.[n] Resolution vber dj articln der fridts-[33r]hanndlung zuerwartten. woe dann die zu friden geen solte, das alßdann erst von weittern Mittln vnnd weegen diß der Khu. W. Jn Frannckhreich erpietens geredt wurde.
Bej deme es pliben.
Sontags, den 3 July,
Seien dj Stennde Nach Mittentags fur dj Khu. Mt. geen hof erfordert worden. da hat der Churfurst (so Sambstags Negst daruor hie wider ankhomen) Jrer Khu. Mt. vnnd den

Wurtzburg: wie Bayern vnd Passaw ~~vnd~~.
Gulch: Achten auch, das rex zum vnderthenigsten zuersuchen, dass Jr Mt. neben den Stenden den Keyser zuuermogen, zu frieden sich weysen zulassen. Vnd nachdem dem frantzosen von etlichen vertrostung gescheen, ~~d~~ solt Jnen nit zuwidder sein, dass der ~~Keyser~~ Keyser vmb vnderhandlung zuersuchen, Solt man aber heut vf dass Compromiss tringen, besorgt er, es werd vom Keyser nit angenomen werden, Sonder dass vf den Reichstag zuuerschieben vnd Jetz alhie vmb gutlich handlung angesucht werden.
Pomern: dergleichen vnd dass der Konig zuersuchen, mit erJnnerung, wes die Churf.en bej Rhein sich gegen dem frantzosen erpotten, vnd hielt darfur, dass rex der ding zu lintz, Jtem auch, was sich hieuor zugetragen, zuerJnnern, vnd dass die sach biss zu ~~he~~ resolution dess Keysers einzustellen.
Wurtemberg: liess Jnen der andern meynung gefallen.
[570r] Jst geschlossen, das die schriften der ~~bitt~~ Ko. Mt. zuzustellen, Mit bitt, Jr Ko. Mt. wolten die sachen bej der Key. Mt. dahin befurdern, mit ausfurung allerlej ~~alle~~ argumenten, damit die Key. Mt. zur vnderhandlung bewegt werd, Mit dem erpieten, was die Stend darzu befurdern Konten, dass sies thun wolten. Vnd solt sonst die sachen der Stend halben biss nach der Key. Mt. resolution Jngestelt werden.
Tertia Junij [sic!] post meridiem
▷resolutio des Churf.en zu Sachsen◁ Die Romischs Ko. Mt. hat vmb 1 vhr nachmittag die Stend zu sich erfordert, aldo der Churf. von Sachsen auch erschienen vnd anzeigen lassen, dass Jr churf.en g.en genomnem Abschiedt nach sich Jn eygner

---

[1]   Randnotiz von späterer Hand: Nota. hierbey ist auch, was die Stende in vberantwortung der Frantzosischen articul an die Kon.M. mundlichen haben gelangen laßen den 3. July, fol 372.
[2]   Randnotiz von späterer Hand: Solch anbringen ist hierbey fol.381.
[3]   Was nun ▷dieselb gewest vnd welcher gestalt◁ darauf B

Stenden fur[1] anbringen geschehen ▷und sonst gehandelt◁, das ist hirneben zu befinden[2].
~~Den 5.July sind s.churf.g. widerumb nach dem leger vorritten.~~
~~Den 6.July haben di ko. Ma. Jorg von Pappenheim vnd doctor Zasium vnd di Stende her Johan von Winnenberg freihern von wegen Trir, Johan von Dienheim Amptman zu Kreuzenach von wegen Pfalz, Nothaft von wegen Beiern vnd Jacob von Zizewiz von wegen Pommern an v.gst.h. vnd s.churf.g. mithuorwante abgefertigt, bei denselben anzuhalten vnd s ꞮꞮ zuuormanen, ꞮꞮ n das s ꞮꞮ vf den fal, do di kei. Ma. ▷wi zuuorhoffen◁ vf der ko. Ma. personlich ersuchen in di alhier bedachte mittel des vortrags wurde~~ ▷[3] willigen, ~~das dobei Jre~~ ⌜si⌝ bei der izt alhier geschehnen bewilligung auch solten bleiben vnd es also Jres teils nochmals an dem, was zu fridt vnd rhue dinstlich, ires teils nicht erwinden laßen ~~mith weiterer ausfurung~~◁
[58r][4] ⊢Nachdem⊣ der Churfurst zu Sachßen etc. ▷bei derselben mithuorwanten im leger gewest vnd den 2. July zu nacht wider khommen vnd folgenden tag hernach zu der ko. M. vnd den ~~erf~~ Stenden erfodert vnd begert worden, das s.churf.g. Jrer erlangten anthwort solten bericht thuen, haben s.churf.g. anfenglich dise anzeigung muntlich gethan◁: het dem genhommenen abschidt nach di mittel vnd

---

[1]   Stenden ~~fur~~ anbringen B
[2]   Randnotiz der Kanzlei: dis ist gleichergestalt hierbey fol.388.400. B hat: "das ist hier neben ~~zu befinden~~ in einer sonderlichen schrift verzeichnet". Hiernach enthält B eine Kurzfassung bis zum 13. Juli, d.h. 58r-73r (vorletzte Zeile) von A fehlen in B. Diese Kurzfassung lautet: [34r] (...) vnd den Stenden ~~fur~~ anbringen geschehen, das ist hierneben ~~zubefinden~~ in einer sonderlichen schrift verzeichnet,
den funften July seint sein Churf.en g.en nach dem Lager verritten.
Nach s.churf.en. g.en abreisen haben die Stende, so alhier gewest, ein schreiben an die Key. Mait. gestelt vnd ihre Key. Mait. zum hochsten ermant vnd gebeten, das ihre Key. Mait. die alhier verglichene handllung ihr auch on ferner enderung gnedigst wolten gefallen lassen, Wie die Copey solches schreibens, welchs den funften July datiert, hirbei verwart, vnd haben dasselb der Kon. Mait. zugestelt, damit sie es zu ihrer ankunft der Key. Mait. mecht vberantworten.
den Sechsten July seint die Kon. Mait. auf der Post von hinnen zu der Key. Mait. nach Villach verruckt
[34v] Es haben auch desselbigen tags di Kon. Mait. Jorg von Pappenheim vnd doctor Zasium vnd die Stende her Johan von Winnenberg Freihern von wegen Trier, Johan von Dinheim Amptman zu Creuzenach von wegen Pfaltz, Sebastian Nothaft von wegen Beiern vnd Jacob von Zizewitz von wegen Pomern an v.gst.h. vnd s.churf.en g.en Mithvorwandte abgefertigt, bei denselben anzuhalten vnd zuuermanen, das vf den fall, do die Key. Mait. wie zuuorhoffen vf der Kon. Mait. personlich ersuchen in die alhier bedachte mittel des vertrags wurde willigen, sie bei der itzt alhier gescheenen bewilligung auch solten bleiben vnd es also ihres teils nicht erwinden lassen.
den 13. July seint die Kon. Mait. widerumb von Salzburg anher komen [folgt der Text wie ab 73v].
[3]   Die Randnotiz gehört zum gestrichenen Textblock, ist also ebenfalls zu tilgen; ist jedoch nicht eigens durchgestrichen.
[4]   ǂOǂ verweist darauf, daß 58rff. am 3.July einzufügen ist. Oben links steht "3 July", ganz oben auf dem Blatt zentriert von späterer Schrift: "Kon.M. anbringen".

furschlag, so zu abwendung der vorstehenden krigsrustung durch di ko. Ma., der
abwesenden Churfursten Reth, gegenwertige Fursten vnd der andern potschaften
~~furgeschlahen vorschiner zeit~~ alhier vf disem tag zu Paßaw bedacht, an s.churf.g.
mithuorwanten bestes fleis gebracht, ▷hetten sich auch der sachen zum besten also
gefurdert, das si ehr anher khommen, dan das si sich vormutet◁, vnd ~~wern auch
dorauf~~ ⌐hetten auf das beschehen anbringen⌐ ein ⌐solche⌐ entliche anthwort von
derselben ⌐mithuorwanten⌐ erlangt, ▷das s.churf.g. in keinen zweifel stelten, di ko.
Ma. vnd di andern Stende wurden domit gnedigst vnd freuntlich zufriden sein. weil
dan s.churf.g. nicht zweifelten◁ ~~So fern nhun~~, di ko. Ma. ⌐wurde⌐ von der kei.
Ma. vf den gethanen ~~??~~ schriftlichen bericht ▷diser handelung halben◁ auch entlich
~~vnd~~ gnedigste Resolution erlangt ⌐haben⌐. ~~wi s.churf.g. nicht zweifelten vnd~~ ⌐do
nhun⌐ Jr ko. Ma. ~~wolten dieselb~~ noch angehortem s.churf.g. mithuorwanten
anthwort ▷solche der k. M. resolution◁ auch alsbaldt gnedigst ⌐wolten⌐ erofnen,
So ~~wolten~~ ⌐wern⌐ s.churf.g. ⌐erbuttig⌐, wes si bei deren mithuorwanten erhalten,
der ko. M. vnd gegenwertigen Stenden ~~auch~~ ▷izo alsbalt◁ vnderthenigst vnd ~~b~~
freuntlich zuuormelden. vnd weil viler treflicher vrsachen halb ~~der kei. Ma. nothen~~
⌐nicht alein⌐ s.churf.g., sonder auch diser ganzer sachen nothurft erfoderte, das
hirin nicht ferner vorzogen, sonder ~~alle Stende~~ furderlich zu beschlus griffen
wurde, So beten s.churf.g. vnderthenigst, di ko. Ma. wolten dise sachen gnedigst
befurdern.
[58v] Dorauf haben di ko. M. laßen anzeigen, das si s.churf.g. anbringen freuntlich
gehort vnd wusten sich gleichwol zuerinnern, welchergestalt di ding hibeuor
zwischen Jrer ko. Ma. vnd s.churf.g. vorlaßen vnd vorabschidt vnd das derselb

Stennden furbringen lassen, das Jre Churf.en g.en auf den genomenen abschidt Jn aigner
person die alhie gehabte hanndlungn an derselben Mituerwanndte gebracht vnnd auf Jrer
Churf.en g.en furgewenndten, Mueglichen vleis die sachen dahin befurderet, das Jre
Churf.en g.en gedächten, Jr Mt. vnnd die Stennde wurden darob gnedigist vnnd freunndtlichen gnuegig sein. So setzten auch Jre Churf.en g.en Jn khainen zweifl, Jr Khu. Mt.
wurden Mitler zeit von der Khaj. Mt. dero Resolution gleichsfalß auch erholt haben, woe
denn Jr Khu. Mt. die zueroffnen vorhabens, wolten Jre Churf.en g.en deren Mituerwanndten Mainung auch entdeckhen.
Hierauf die Khu. Mt. vnnd die Stenndt Mit Repetierung Jrer Churf.en g.en antzaigens dise
anntwurt geben lassen, das Jr Khu. Mt. sich annderst dem gemachten beschlueß nach nit
hetten zuerJnnern, alß das Jre Churf.en g.en derselben ainigungsverwanndten Mainung
Erstlichen eröffnen solten, So wolt sein Khu. Mt. Jren Churf.en g.en nit pergen, das an

person zu seinen mitkrieguerwanthen Jns leger verfugt, denen die alhie berathschlag-
te art. furgehalten vnnd ⌐bej Jnen⌐ mit vleiss, damit fried vnd eynigkeit gefurdert,
vmb resolution angehalten, die ~~doch~~ ⌐er⌐ letzlich, wiewol doch gantz beschwerlich,
erlangt, ~~vnd~~ deren man sonder zweiffel zufrieden sein wurde. Vnd zweiffelt sein
churf.en g.en gar nicht, die Key. resolution sej gleichergestalt numher auch
ankommen, da es bescheen vnd die Jetz alsspald solt erofnet werden, wer Jme auch
vnbeschwerlich, die seine zuuermelden, bat vmb furderung etc.◁
Die Ko. Mt. vnd Stend beschwerdten sich dessen, dieweil sie sich wusten Jungster
abred zuerJnnern, dass Sachsen erstlich sein erlangte resolution erofnen solt, alsdan
solt der Key. Mt. daruf volgen. Vnd wolten Sachsen nit verhalten, das gleich heut
am morgen dieselbig allererst einkommen, Es ⊢hetten⊣ ~~haben~~ ⌐aber⌐ Jr Mt. sich

dohin ~gericht~ gestanden, das sich s.churf.g. zu derselben widerkunft irer erlangten resolution bei derselben mithuorwanten erstlich solten erofnen vnd, wan das geschehen, das alsdan der kei. Ma. resolution s.churf.g. auch solt vormeldet werden. Nhun wer der kei. Ma. resolution wol heut vor mittag khommen, Aber von wegen des feiertags hetten es Jr ko. M. nicht konnen mit den keiserlichen Rethen vnd gegenwertigen Stenden vorlesen vnd vilweniger sich dorauf entschlißen. Es wolten aber Jre ko. Ma. solchs zum furderlichsten thuen vnd alsdan solche der kei. Ma. resolution s.churf.g. nicht vorhalten vnd begerten dorauf gnedig vnd freuntlich, s.churf.g. ⌜wolten⌝ Jre erlangte resolution erofnen, So wolten Jr ko. M. dieselb anhoren vnd daran sein, das die keiserlich resolution s.churf.g. auch zu~er~forderlister gelegenheit solt vormelt werden.

Hirauf haben s. churf. g. widerumb laßen anzeigen, das sich Jre churf. g. des iungsten vorlas mit erofnung der Resolutionen wusten zuerinnern. Si hetten aber [59r] gleichwol dieselb dohin vorstanden, das, obwol der kei. vnd Jrer ko. Ma. zu ehrn s.churf.g. Jrer mithuorwanten anthwort am ersten solten einbringen, das doch hinwider alsbaldt der kei. Ma. resolution s.churf.g. solte erofnet werden. Weil dan s.churf.g. vormergkten, das dieselb ankhomen, So wern s.churf.g. der hofnung, das dieselb s.churf.g. auch nicht wurde vorhalten bleiben vnd, wo muglich, ~auch~ zu furderung der sachen noch heiut disen abent ▷oder Je morgen fru◁ entdeckt werden, vnd auf dieselb zuuorsicht vnd Jrer ko. Ma. zu ehrn wolten s.churf.g., was si fur resolution von Jren mithuorwanten erlangt, erofnen. Vnd wher an dem, wi s.churf.g. im anfang angezeigt, das si der ko. Ma. vnd gegenwertiger Fursten, auch der abwesenden Chur vnd Fursten gesanthen ~anthwort~ mittel vnd bedencken, wi di in schriften gestelt, s.churf.g. mithuorwanten mit allen fleis anbracht, auch bei ~ezlich~ idem artikel sonderliche ausfurung vnd erclerung gethan. wiewol nhun dieselb s.churf.g. mithuorwanten dorinnen allerlei bedengken gehabt vnd sonderlich

heut frue Jrer Khu. Mt. die Resolution von der Khaj. Mt. auch zukhomen, die aber Jr Khu. Mt. des heilgn Sonntags halber Mit den Khaj. Commissarien vnnd den Stennden noch nit vbersehen. Jr Khu Mt. [33v] wolten aber das onuerzeug thun, Mit dem gnedigem gesinnen, Jre Churf.en g.en wolten mit Jrer eröffnung vorttgeen.
Auf solches hat der Churf. wider Repliciert, das sich Jr Churf.en g.en des gemachten abschidts wol zuerJnnern vnnd den annderst nit verstannden hetten, alß das auf Jrer Churf.en g.en eröffnung alßbaldt dj Khu. Mt. etc. die Khaj. Resolution auch offnen solten. Jedoch vnnd, damit nit gemainet, Jre Churf.en g.en suchten willig auszueg, vnnd damit dj

biss noch vmb heutigs Sontags willen mit den Stenden vnd Key. Comissarien ~noch~ ⌜derhalben⌝ nit vnderredt, [570v] wolten solchs aber befurdern vnd Sachsen die furtter nit verhalten. Vnd begert Jr Ko. Mt. neben den Stenden, Sachsen wol sein ▷erlangte◁ resolution ~anpringen~ vermelden.
Sachsen zeigt hergegen an: wust sich Jungstes Abschiedts wol zuerJnnern, den er dahin verstanden, dass nach ▷erofnung◁ seiner resolution der Key. Mt. ~Jn??tinentj~ alspald daruf ⌜auch⌝ volgen solte. Er vermerk aber, dass der Key. Mt. erst an heudt ankomen vnd noch nit ersehen, wiewol Jme solchs beschwerlich, aber damit man spuren mog, dass er nit geneigt, den handel vfzuhalten, So wollten Jre churf.en g.en der Ko. Mt. zu ehren vnd den Stenden zu freuntlichem gefallen, wass sein churf.en g.en aussgericht anzeigen. Verhoft hergegen, die Ko. Mt. vnd Stend wurden die

~~das~~ angezogen, das ezlichen Jren obligenden beschwerungen in solchen mitteln gar
nicht abgeholffen, ezliche artikel aber beßere erclerung zuuorhutung kunftiger
disputation bedurften,

[59v]   ~~Nota, wan di anthwort also gestelt, das sich di ko.~~
                    ~~Ma. der kei. M. resolution~~
                    ~~alsbaldt auch ercleren~~
                    ~~wil alsdan ferner~~
                    ~~zuuormelden:~~

~~S.churf.g. hette di handelung, wi di alhier vorruckter tag furgelauffen, an derselben~~
~~mithuorwante bestes fleis anbracht, vnd wiewol s.churf.g. hibe vormergkt das~~
~~s i es~~ ▷bei ~~denselben dofur gehalten wie dafur= halten, das in ezlichen~~
~~artikeln weitere erclerung zuthun vonnoten, da eins theils~~ ⌐das⌐ ~~auch d~~
⌐zumteil⌐ ~~Jre nothurft wern gar ausgelaßen vnd dan das~~
⊢vnd dan das der⊣ mherer teil ~~was~~ ⌐der artikel, so di⌐ gemeine des Reichs
beschwerungen belangen vnd zu wolfart der~~selben~~ ⌐deutschen Nation⌐ gereichen,
auf andere ~~hin~~ tagsazung ~~allerlei bedengken furgewent also noch vrsach hetten in~~
~~disen handel~~ ⌐vnd in die leng vorschoben vnd derwegen in solche⌐ ▷~~gehabt,~~
~~welcher halben inen beschwerlich ist~~◁ furgeschlagne mittel ~~fur sich~~ so blos ~~nicht~~
~~zu willigen~~ ⌐nicht gerne willigen wollen⌐, ⟨wi si dan auch s.churf.g. allerlei ~~??~~
schriften zugestelt, dorinnen ~~we~~ vmb weitere erclerung vnd vorsehung ~~zuthun(?)~~
⌐ezlicher artikel halben⌐ angehalten ~~wirt~~, ⌐wi⌐ ~~di auch~~ s.churf.g. ⌐solche schriften⌐
wol furzulegen ~~hetten~~ ⌐wusten⌐. So haben doch s.churf.g. ▷nicht vnderlaßen, ferner bei denselben anzuhalten vnd alles das zu gemuth zufuren, dodurch si mochten
bewegt werden, vnd sonderlich di sachen dohin zurichten, domit ~~di ko. Ma.~~ dieselb

hanndlung, wie hoch von Nötten, befurderet, So wolten Jre Churf.en g.en Jrer Khu. Mt.
zu Eeren vnnd den Stennden zu freunndtlichem gefallen vnnd willen Mit Jrer eröffnung
vortfarn, der vnnderthanigen pitt, Jre Churf.en g.en der Khaj. Resolution zum
furderlichisten auch zuberichten vnnd, woe Mueglichen, Noch diß abennts, dann lennger
sich hie aufhalten zulassen, darzue wurden Jre Churf.en g.en nit khomen mugen.
Jre Churf.en g.en Haben erstlichen erzelen lassen, wie von derselben Mituerwanndten Jren
Churf.en g.en vill vnnd grosse difficulteten vber die abgeredte hanndlungn furgewenndt
worden weren vnnd sonnderlichen, das vill puncten Jn der hieigen Berathschlahung gnuegsam nit bedacht, aines thails dunckhl vnnd nit erclärt, Jtem auch, das dj haubt articl, das
heilig Reich betreffendt, allain lennger verschoben vnnd deren vill Mer beschwerden, die
Jren Churf.en g.en sie Jn schrifften auch vbergeben vnnd Jre Churf.en g.en die wol furze-

sachen gleichsfalss befurdern, also das es an heut noch beschehen mog, dan Jren
churf.en g.en lang alhie zuuerziehen, sej derselben gelegenheit nit, wie er solchs der
Ko. Mt. ad partem anzeigen wollte.
Vnd dem genomnen Abschiedt nach het er die sachen seinen mituerwanten anpracht, vnd wiewol sie etlich difficultet darin gehapt, het er Jnen doch dieselben,
▷souil muglich◁, abgeleynet, damit es bej der abredung pleiben moge, vnd ~~wiewol~~
~~sie nun~~ ⌐hetten⌐ vnder anderm vermeldet, dass Jrer Jn ~~all~~ vielen puncten nit gnugsam gedacht, auch etlich puncten nit Klar vnd ausstrucklich gnug, Jtem, dass der
merertheil solcher art. nit erledigt, sonder vf ander zeit verschoben, Also dass sie wol
vrsach gehapt, weitter~~ung~~ erclerung zubegeren, wie dan Jme Sachsen ~~Jme~~ etliche
schriften von Jnen derhalben zugestelt, ~~vnd~~ ⌐die er⌐ wol darzulegen hette,

nicht lenger aufgezogen noch ferner disputirt, sonder einsmals mochten geschloßen werden vnd ◁ entlich nach vilfaltiger gehabter mhue vnd fleis souil erhalten, das ~~si derselben~~ ⌈s.churf.g. mit⌉ vorwanten Gott ▷zu ~~ehr~~ ⌈lob⌉, auch ◁ der ko. Ma. vnd den hendelern zu vnderthenigem freuntlichen ⌈ehrn vnd⌉ gefallen vnd, domit offentlich zuspuren, das si mher ~~zu~~ fride vnd rhue auch mit Jrem nachteil ▷zubefurdern◁ dan [60r] ~~zu~~ vnrhue vnd vorderben ~~so~~ armer leuth ~~zuer~~ zuuorursachen geneigt, mit den vorschlegen vnd mitteln, so di ko. Ma. vnd gegenwertig Fursten, auch der abwesenden botschaften ~~dermaßen~~ ▷dergestalt vnd mit der beschedenheit vnd mas ◁ zufriden ⌈sein⌉ vnd dieselben nicht ausschlahen wollen, Sofern di kei. Ma. ~~in~~ solche mittel ▷one ferner ~~zusez~~ beschwerliche zusez oder anhenge ◁ auch allenthalben vnd durchaus bewilligen.

Deßgleichen, das auch di artikel, welche di ko. Ma. vnd di andern vnderhendtler bei der kei. Ma. zubefurdern, zusuchen, zubitten oder zubefleißen auf sich genhommen, von der kei. Ma. clar bewilligt vnd in den vortrag vorbintlich gesezt werden.

Vnd das ~~so s.f.g.~~ der alt Landtgraf gewißlich vf di bestimpte zeit gegen Reinfels vf freien fus gestelt wurde oder, do es kurz halben der zeit nicht ehr sein kont vnd domit auch di briflichen vrkunde ~~in das N~~ der Ratification, Loszelung vnd obligation

bringen, so Jre Churf.en g.en allain zu abschneidung lenngerung vmbgienngen. aber Jre Churf.en g.en hetten vor allen dingen Gott dem almechtigen zu Eeren, Jrer Khu. Mt. vnd den Stennden zu vnnderthanigem, freundtlichem gefallen vnnd, damit gespürt, das Jre Churf.en g.en Mer zu Rue alß weitterung genaigt so vill gehanndlt, das derselben Mituerwanndten die furgeschlagene Mittl fur guet vnnd Nutzlichen annemen thetten, doch vnnd woe dj Khaj. Mt. hergegen Jn die on alle Ennderungn auch bewilligen wurden, wie Jre Churf.en g.en dann dessen Jrer Khu. Mt. etc. ain Schrifften von dem Jungen Lanndtgrauen hiemit auch furlegen wolten. allain petten Jre Churf.en g.en, da hieuor Jn dem Tractat gestannden «Mit vleiß bej der Khaj. Mt. zubefördern», Nit auf vleiß, sonnder auf Enntliche handlungn zustellen. [34r] auch vnnd dhweill der angesetzt tag zu Enntlicher volziehung Nahenndt an der Hanndt vnd nit wol muglichen, die aufrichtungn Jn den Noch vberigen wenigen tägen allenthalben Jn das werch zebringen vnnd Jn das Niderlanndt Hin vnnd wider zuschickhen, pitten Jre Churf.en g.en abermaln, Nichtsweniger Mit der Erledigung des alten

[571r] weil aber Sachsen sich behart hette, da er die an die Ko. Mt. vnd Stende pringen wurde, dass sie dieselben nit wenig beschweren ~~wurden~~, auch verlengerung der sachen geperen ⌈wurden⌉, So het er nit vnderlassen vnd vf ferner anhalten sie dahin gepracht, dass sie Got dem Almechtigen vnd volgendts der Ko. Mt. zu ehren, auch den Stenden zu freuntlichem gefallen, ~~Vnd~~ dass man sie ⌈auch⌉ zum frieden geneigt zusein spuren mog, die ~~hetten sie die~~ mittel, so bedacht, dergestalt bewilligt, souer die von der Key. Mt. one einich difficultet oder anhang auch bewilligt, Jtem, dass auch dass Jhenig, so von der Ko. Mt. vnd den Stenden ⊢Jn solcher abred⊣ pittweiss ~~auf~~ ⌈bej⌉ Key. Mt. zubefurdern, nit allein mit vleiss angepracht, ~~sonder~~ das auch dieselben bej Jrer Mt. erhalten werden, Jtem ⌈dan⌉, das des Landgraffen erledigung eruolgung beschee etc. Vnd weil die zeit dess 18. Julij fast kurtz, ~~dass~~ ⌈darin⌉ die obligationes vnd andere prieflich vrkund Jn die Nidderland ~~nit~~ so pald nit konten geschickt vnd die erledigung daruf geuolgt werden ~~konde d~~ Vnd dan dieselb ⊢nit vfgehalten⊣ ~~dieselb nit vf h vfgehalten⌈vnd⌉ solchs nit gesein mochte~~, Batt er

moge gegen Mecheln geschigkt werden, das solche zeit bis auf den 23. July erstreckt ~~wer~~ wurde vnd di ~~ledigs~~ ledigstellung gewißlich erfolgte.
Vnd weil ~~Jre di nothurft sein~~ ⌐Jnen geburen⌐ wolte, di ding an di ko. W. zu
Franckreich gelangen zulaßen vnd den schlus des vortrags mit seinen vorwißen
zuthun, So wirt gebeten, das ~~di ko. Ma.~~ denen, so si ~~der~~ ⌐zu dem⌐ Konig ~~zu~~ ⌐in⌐
Franckreich solchen vortrag ankundigen ~~sollen~~ schigken ~~werden~~ ⌐mochten⌐, von
der ko. M. ein gnugsame sicherung vnd gleit moge geben werden, ▷wi dan solche
anthwort s.churf.g. also in schriften ~~??~~ zugestelt worden, ~~di~~ ⌐douon⌐ si auch der
ko. Ma. ~~hirmit~~ abschrift hirmit in vnderthenigkeit vbergeben◁.
[60v] ~~vnd~~ Nachdem ~~hibeuor oftmals angezeigt welchergestalt der Konig zu~~
~~Franckreich den krigsfursten zu diser sachen auch vormant (vnd s.churf.g.~~
~~aufgelegt das sich s.churf.g.,~~ ⌐in der⌐ auch hibeuor in der Linzischen vnd dan alhier
~~zu~~ gepflogner handelung fur gut angesehen, das sich s.churf.g.⌐ bei Jrer ko. W.
erkunden solten, worauf Jre ko. W. beruheten, So haben s.churf.g. vber das anbringen, so derselben Orator alhier bei den Stenden muntlich gethan, noch eine
anthwort ▷si naulicher tage, weil s.churf.g. im leger gewest◁, erlangt vnd den
Stenden alhier zugeschigkt. Doraus s.churf.g. befinde, das ~~s. ko. W.~~ ⌐der Konig in
Franckreich⌐ di sachen, so ~~si~~ ⌐s. ko. W.⌐ mit der ke. Ma. ~~hand~~ zuhaben vor-
meinen, vf der Chur vnd Fursten des reichs vnderhandelung vnd arbitrium zustellen
erbuttig ▷mithuorwante◁ ▷weil dan ~~nicht nur(?)~~ s.churf.g. ~~mithuorwanten doron~~
~~vil gelegen, sonder auch allerlei dem ganzen reich~~ ⌐durch ein solche⌐ vorgleichung
der ganzen Christenheit wolfart konte gefurdert werden◁, So bitten s.churf.g., di
ko. Ma., auch di Stende wolten bei der kei. Ma. ~~nochmals~~ ⌐auch⌐ freuntlich vnd
vnderthenigst anhalten vnd ~~erbitten~~ ⌐befurdern⌐, domit ~~solche sachen~~ Jre k. M.
solche ▷fridtliche handelung auch nicht ausschlahe, sonder gemeiner wolfart zumbesten di◁ irrungen gleicher gestalt zu der Chur vnd Fursten vnderhandelung

Lanndtgrauen vortzugeen, Oder aber den tag auf den 23^isten zuerstreckhen. dann vnnd
dhweil, wie zuuor verstannden, sie das alles Mit des Khunigs auß Frannckhreich vorwissen
schliessen mussen, were abermaln Jrer Churf.en g.en begern, die Jhenigen, Mit denen sie
disen Beschlueß der Khu. W. auß Frannckreich vbersennden wurden, von der Khaj. Mt.
wegen alßbaldt vnnd Notturfftiglichen zuuerglaitten. Letzlichen Hetten dj Khu. W. auß
Frannckhreich Jren Churf.en g.en Erst Jetzo, wie sie oben Jm leger gewesen, Jrer Khu. W.
Mainung vnnd Vorschläg berichten lassen, Jn schrifften zugeschickht, welche schrifften Jre
Churf.en g.en den Stennden alßbaldt zugesenndet. weill sich dann Jr Khu. W. darJnnen Jn
das arbitrium der Stennde begeben, Hielten Jre Churf.en g.en darfur, solches hoch zuer-

vmb erstreckung biss vf den 23. Julij ⌐vnd⌐ also eins mit dem andern geen mochte.
Vnd nachdem Sachsen vnd seiner mituerwandten notturft erfordern wolt, mit franckreich solches ~~halben~~ ⌐halben⌐ auch ⊢mit deren vorwissen⊣ zuschliessen, Batt er
vor die Jhenigen, so sie dahin schickten, wurden vergleittung [sic!]. [571v] ⊢Vnd
letzlichen alss⊣ ~~Nachdem auch~~ die Lintzischs, auch hieig handlung mit sich prechte,
~~der~~ beim art. Franckreich belangen, dass Jr Ko. W. Jre beschwerungen ⌐Jme
~~Sachsen~~⌐ ~~auch~~ ▷der priuat sachen halben Jme, Sachsen, vbergeben solte etc., Als
~~nun~~ ⌐nun⌐ sein churf. g.en Jns leger kommen, weren Jme etlich derselben art. von
dem Oratorj, ▷so Jme vom Konig zugeschikt,◁ zugestelt, die er den Stenden Kurtzer
tag alher vberschickt, vnnd ~~weil~~ ⌐weil⌐ Jr churf.en g.en darauss befunden, dass

gnedigst wolte komen laßen, domit also in der ganzen Christenheit moge fride
gemacht vnd dem erbfeindt derselben, dem Turcken, desto statlicher ~~mochte~~
widerstandt geschehen, das seint s.churf.g. ▷vnd derselben mithuorwanten◁
zuuordinen ganzwillig ~~weil auch s.churf.g. vnd derselben mithuorwanten nothurft,~~
~~dise handelung an di ko. W. zu Franckreich gelangen~~ [61r] ~~zulaßen vnd den schlus~~
~~des vortrags mit Irer ko. derselben vorwißen zu thun, So wollen Jre chur vnd~~
~~f.g. ir daßelb hirmit vorbehalten haben vnd bitten, di ko. Ma. wolte von wegen Jrer~~
~~vnd der kei. M. fur di Jenigen, so si derwegen an di ko. W. schigken werden, ein~~
~~offentlich gnugsam Gleit gnedigst w ÷ alsbaldt mitteilen~~
~~vnd bitten~~
Hirauf haben di ko. Ma. begert, weil di sachen wichtig vnd gros, s.churf.g. wolten
disen iren furtrag in schriften[1] vorfaßen vnd ~~s.churf.g.~~ Jrer ko. Ma. zustellen.
Dorauf s.churf.g. wider ~~angezeigt~~ ⌜geanthwort⌝, das albereit in der vbergebnen
schrift ~~dorin der Landtgraf~~ di Substants ~~alles~~ des Jenigen, was ~~sein~~ s.churf.g. ~~hetten~~
~~ange~~ Jrer mithuorwanten bewilligung halben angezeigt, begriffen, derwegen es
weiter schriften nicht bedurft, vnd beten alein s.churf.g., weil ~~derselben gelegenheit~~
~~nicht were di sachen entlich zuu~~ si nicht lang alhier vorzihen konten, di ko. Ma.
wolte ~~s. der f~~ der k. M. resolution ~~halben~~ s.churf.g. ~~auch~~ mit dem

wegen vnnd nit außzuschlahen sein, auf das ainsten ain bestendiger fridt, Rue vnnd
ainigkhait der ganntzen Christenhait mochte aufgericht werden.
Die Khu. Mt. haben auf solches dem Churfursten wider anzaigen lassen, das sie vnnd die
Stennde gern gehört, das Jrer Churf.en g.en Mituerwanndte den Tractat durch auß
annemen, aber vnnd dhweil dj sachen hochwichtig, were Jrer Khu. Mt. begern, die antwurt
Jn schrifften zuubergeben. Der Churf. wider anzaigen lassen, wie das alles in der
vberRaichten, des Jungen Landtgrauen Schrifften begriffen were, darbej vermeldet, das Jre

Franckreich die handlung vor die Stende kommen lassen wolle, vnd ~~sich~~ ⊢deren⊣
~~eines~~ arbitrium ~~erpotten~~, ⌜wie es der Orator nent⌝, leyden moge, Batt er, der notturft
nach die ding zubedencken, weil durch den weg ~~desto~~ frid Jn der ganzen
Christenheit vfgericht vnd ~~damit desto~~ ⌜vnd statlicher⌝ dem erbfeindt derselben Christenheit ⌜desto statlicher⌝ widderstand bescheen moge, bej der Key. Mt.
zubefurdern, ▷dass sie sich hierin auch also milt erzeigen wolten◁, damit die sachen
~~zu erorte~~ vf ~~furgeschlagne~~ ⌜solche⌝ wege furgenommen vnd zuerorterung Kommen
moge, Mit gewonlichem erpieten etc.
Die Ko. Mt. vnd Stend haben hieruf vermelden lassen, weil die sachen wichtig,
begerten sie, Sachsen wolt vnbeschwerdt sein, die schriftlichen zuubergeben, vmb
gleiches verstandts willens, volgendt der Key. Mt. resolution desto ehr auch ⌜haben⌝
zubefurdern etc. Vnd Sachsen also nit lang vfgehalten werde, ▷wolten der Key. Mt.
resolut. weg[?] erwegen vnd Jme die alsdan auch vf furderlichst antzeigen◁.
Sachsen: Die verzeichnussen, so seinen churf.en g.en von deren mituerwanten
furpracht, weren mher als eine, deren summarier er allein berichten wollen, ▷zoge
sich vfs landgraf schrift◁ ~~wie solchs Jn einer schrift, die er vbergab, verfast~~, darin
seins versehens die gantz resolution zufinden, Acht derwegen von vnnoten, weitter

---

[1] Randanstreichung: "von disen iren furtrag in schriften".

furderlichsten vnd, wo es nicht heut sein konte, doch zum wenigsten morgen fru erofnen.

[61v] [*vakat*]¹

Churf.en g.en, wie hieuor, vmb befurderung petten, diß tags wolten sie geduldt haben, aber lennger Chundten sie nit verharren.
Die Khu. Mt. etc., alßbaldt das werckh Muglichist zubefurdern, sich ~~er~~ anerpotten vnnd dj Stennde auf weitter ansagen abschaiden lassen.
[34v]   Montags, den 4. July,
Seien die Stennde von der Khu. Mt. zu 7 vhrn Morgens wider erfordert worden.
Vnnd haben]r Khu. Mt. etc. den Stennden wider vermelden lassen, ~~das]r~~ das]r Khu. Mt. an gestert den Stennden zuerkhennen geben, das]rer Khu. Mt. etc. von der Khaj. Mt. die Resolution auch zuChomen, die]r Khu. Mt. ersehen vnnd volgundts mit]nen, den Stennden, weiter berathschlahen wolten, dabej Neben Hetten]r Khu. Mt. von]rer Khaj. Mt. auch ain schreiben, an die Stennde lauttundt, emphangen, so alßbaldt vberraicht worden.
Ob nun wol]r Khu. Mt. hie aufgerichte Capitulation der Khaj. Mt. etc. vberschickht, auch nichts liebers gesehen, alß das]r Chai. Mt. precise alles angenomen vnd bewurdiget, aber]r Khu. Mt. khundten den Stänndten nit verhalten, das]r Khaj. Mt. solches waigerten vnnd so vill disputationes einfuerten, das]r Khu. Mt. nit allain von Vnnötten achteten, das alles nach lenngs den Stänndten furzuhalten, Sonnder das auch hiedurch dj zeit vergebenlichen verlorn vnnd dannocht zu letzt]r Khu. Mt. vnnd dj Khaj. Commissarien hieruber zuschliessen nit gnuegsame Beuelch noch gewalt haben wurden, Vnnd demnach zu letzt]r Khu. Mt. dj sachen dahin auß der liebnuß, so]r Khu. Mt. etc. zum Reich teutscher Nation vnnd Menig truegen, bedacht, das]r Khu. Mt. etc. entschlossen, selber ainen Ritt zu der Khaj. Mt. zethun vnnd mit der Khaj. Mt. Muglichs vleiß zuhanndlen, damit]r Khaj. Mt. etc. derselben dise Fridtshanndlung durch auß gefallen liessen vnnd die Ratificierten. wie

schriften zuubergeben, ~~we~~ dan er alhie nit lang zuuerharren het, auss vrsachen, die er der Ko. Mt. anzeigen wolt, Batt nachmalss vmb furderung etc.
[572r]   Quarta Julij
▷resolutio regis no.ie [= nomine] Caesaris◁ Vmb sieben vhr vor Mittag hat die Ko. Mt. die Stend zu sich erfordert vnnd durch den d. Genger anzeigen lassen: Es ⌈het⌉]r Ko. Mt. gesterigs tags den Stenden anzeigen lassen, ~~das~~ ⌈das⌉ die Keyserliche resolution vf die vberschikte alhie verglichne Cap.lon [= Capitulation] ankommen, die]r Ko. Mt. ▷neben den Key. Mt. commissarien◁ ersehen vnd furter den Stenden erofnen wolten, welches bescheen, vnd dabeneben ein schreiben an die Stend haltend funden, dass]r Ko. Mt. vbergab. Vnnd wiewol]r Ko. Mt. solche Cap.lon [= Capitulation] vnd handlung der Key. Mt. vberschickt vnd die sachen, souil muglich, zum trewlichsten vnd vleissigsten befurdert vnd nichs liebers gesehen,]r Mt. solt dieselb also angenomen haben, So konten doch]r Ko. Mt. den Stenden nit verhalten, dass die Key. Mt. ~~dass~~ ⌈den⌉ merertheil solcher ⌈art.⌉ ~~beschwerdt vnd~~ fur ▷beschwerlich halten vnd◁ difficultir, also das]r Ko. Mt. gnugsamen beuelch nit hetten, Jn solche abgeredte Cap.lon [= Capitulation] zuwilligen, ~~ve~~ wie vom gegentheil bescheen, vnd da auch]r Ko. Mt. vf weg gedencken konten, wie solche difficulteten mochten oder konten geendert vnd erledigt werden, weren sie dessen wol

---

¹ Auf dem Kopf: "Vorzeichnus des anbringens s.churf.en gn. mitbewilligung den 3. July"; gerade herum: "Vorzeichnus welchergestalt".

schwerlichen solche Raiß Jren Chu. Mt. fielle, derselben KhunigReich vnnd Erblannde diser beschwärlicher zeit also zuuerlassen, So wolt sie doch, wie verstannden, disen Ritt auf sich nemen vnnd den achtennden tag Mit gnaden Gottes hie wider erscheinen, darzue auf solche zeit Mit dem Churf.en zuhanndlen vnnd hierein zubewilligen, so vill muglichen, bewegen, alß dann Jr Khu. Mt. gedächten, diser verzueg solte Jren Churf.en g.en nit ⌐zu⌐ so gar hoher beschwer Raichen, weill sie on das die Erstreckhung auf den 3. oder 24^{isten} tag diß zuerlenngern begereten. das auch mitler der zeit alle aufrichtung vnd ferttigung befurderet vnnd eben aines weegs volzogen werden möchte, Mit dem freundtlichen vnnd gnedigem gesinnen, Sie, die [35r] Stennde, wolten Jrer Khu. Mt. wider ankhunfft hieher mit geduldt alhie erwartten.

zuthun geneigt, ~~b~~ trugen aber die fursorg, es wurd ▷bej der Key. Mt. nit zuerhalten sein, zu dem◁ lang zeit daruf geen vnnd dem gegentheil auch vrsach zu weitterung geben ⌐wurde⌐, weil aber Jr Ko. Mt. Je gern sehe, damit solche handlung nit zerschlagen, sonder einen furtgang gewunne, So hetten Jr Mt. ~~gedacht~~ den sachen weitters nachgedacht, besorgten gleichwol, da man an die Key. Mt. schon weitter schreiben oder schicken wurde, dass es nit furtreglich noch bej Jrer Mt. zuerheben sein werdt, wusten derwegen kein bessern vnd furtreglichern wege, [572v] dan das Jr Ko. Mt. sich selbs Jn eigner person vf der post zu der Key. Mt. verfuge ▷~~vnd Jn 8 tagen widder alher komen~~◁, wiewol Jrer Mt.en ~~solchs~~ deren erblanden ~~vnd~~ dess turcken halben gantz beschwerlich vnd nachteilig, Jedoch wolten Jr Ko. Mt. dem hey. Reich vnd desselben Stenden zugutem, ~~dan~~ damit fried vnd eynigkeit Jn der Christenheit gemacht vnd plutuergiessen verhutet werde, Vngeachtet einicher vngelegenheit ▷weren Jr Ko. Mt. bedacht◁, solchs vf sich zunemen vnd sich zu der Key. Mt. zubegeben vnd die sachen bej Jrer Mt. mit vleiss zubefurdern, damit Jr ⊢Key. Mt. ⊣ ~~die~~ ⌐zu⌐ Cap.lon [= Capitulation] bewegt werden mochte ▷vnd Jn acht tagen alhie gewisslich widder ankomen◁. Jr Ko. Mt. versehen sich auch, da solchs dem Churf.en zu Sachsen durch Jr Mt. vertrawlich wurde angezeigt, er werd dess verzugs der acht ⌐tag⌐ ~~kein~~ gedultt tragen, Jn ansehung, ~~m~~ die ~~zeit~~ bestimpt zeit der erledigung dess landgrafen vnd vrlaubung dess Kriegsuolck noch lang vnd sie auch deren weittere erstreckung begert, also dass es one nachteil seiner mituerwanten wol gescheen konne. Vnd solt man mitler zeit mit verfertigung der Cap.lon [= Capitulation], assecuration vnd anderm furtfaren vnd ~~vorf~~ zu furderung der sachen verfertigen. ~~Wo~~ Mit ~~bit~~ gnedigsten ⌐begern⌐, die Stend wolten vnbeschwerdt sein, mitler zeit alhie mit gedult zuwarten, wolten Jr Ko. Mt. Jn 8 tagen gewisslichen widder alhie sein etc.
[*** mehrere Zeilen Lücken, durchgekreuzt vnd mit "vacat" gekennzeichnet]
Das Keyserischs schreiben haben die Stende verlesen vnnd daruf vmbgefragt.
[573r]   vmbfrag
Trier: het gehort, wes die Ko. Mt. anzeigen lassen ~~neben~~ der resol. [= resolution] halben Cesaris. Vnd nachdem sie Jm Key. schreiben befinden, vf dass schreiben, so er regj gethan, referirt, stelten sie zu bedenken, ob ihm Konig derhalben zubegeren, ob Jn specie von solchen puncten zuhandlen. da sies aber nit fur rathsam ansehe, wie sie dan gesagt, das es vnuerfengklich, lass man es bej Jrer Mt. erpieten, das sie zum Keyser postiren wolten, pleiben, welches sie auch fur den sichersten weg hielten. Vnd Jr Ko. Mt. zudancken vnd zubitten, solchen last vf sich zunemen, damit frid gemacht. Das Stend alhie mitler zeit auch alhie pleiben vnd Jrer ankunft erwarten wolten, Jtem, das rex solt gepetten werden, dass er mit Sachsen wol handlen, mitler zeit auch ~~alher~~ zu [sic!] alhie zuuerharren vnd den anstand prorogiren, Vltimo weil

der Key. Mt. schreiben scharpf, achten sie von noten, das man solchs ableynen vnd mit antwurt vernemen lassen.

Colln: Was der Key. Mt. schreiben anlangt, befinden sie, dass solchs einer antwurt bedurf, vnd entschuldigung zuthun, solt vertzogen werden. was die resol. [=resolution] belangt, dass rex zum Keyser wol, sol man Jme danken vnd zupitten, Jrem erbieten nachzusetzen. Stend wolten 8 tag alhie pleiben, Jtem dass rex mit Sachsen handel, alhie auch zuwarten, vnd wo von noten, dass Stend auch mit Sachsen handlen wolten vnd dass der Anstand mitler zeit gehalten. Letzlich, weil vorab ein art. verfast, dass Margraf Albrecht auch Jn vertrag zukomen etc., Solt bej Sachsen desshalben erclerung begert werden.

Pfaltz: weil Trier & Coln bedenken also gestelt, dass sies nit zuuerbessern, verglichen sich mit Jnen.

Brandenb.: ~~was~~ verglich sich auch mit Trier. Dass Key. schreiben belangen, wol die notturft erfodern, das mans beantwurt. Man sols abschreiben vnd da man ein Ausschuss wol ordnen, sol Jnen nit zuwidder sein.

[573v] Meintz: het vernomen, dass der Churf.en rethe einer meynung, ~~liess~~ liessen Jnen solchs gefallen, vnd solt man dem Konig antwurten: Man wol des Key. schreiben bedenken, die resol. [= resolution] belangen, weil man vermerck, die art. difficultirt wurden vnd Jr Mt. sich erpotten, sich zum Keyser zuuerfugen vnd die sachen befurdern wol, het man nichs liebers gesehen, Cesar solt solche Cap.lon [= Capitulation] angenomen haben, Jn betrachtung des verderbens teutschen Nation, Vnd wolt man nachmalss Jr Ko. Mt. bitten, sich der sachen zumechtigen, damit man sich mit Sachsen verglich, sonderlich weil abgeredt, dass nach der Sachsischen resolu. [= resolution] die Keyserlich volgen solt, ~~weil~~ ⌈dan⌉ aber kein sicherer weg zufinden, bedanckten ~~sie~~ die Stend sich dess Konigs erpieten, Jtem, das Jr Mt. mit Sachsen handelten, der ding mitler zeit zufrieden zusein vnd der Anstand gehalten werd Vnd das mitler zeit alle ding gefertigt wurde. Stend wolten alsdan gern die zeit alhie pleiben, da es aber bej Sachsen nit verfengklich vnd die seinen furtfuren, were beschwerlich, Jn die leng alhie zuuerharren, es wolt dan Sachsen ~~die~~ sich zum haufen verfugen etc. vnd vf [*** ca. 2,5 Zeilen Lücke]

Saltzpurg: Wie andern.

Bayern: Von Key. schreiben sej Jetz nit zudisputiren, biss rex widderkome, Jtem, dass an Ko. zubegeren, Jn specie die resol. [= resolution] zuerofnen, Acht er von vnnoten, biss Jr Mt. widderkomen. Das rex wil zum Keyser, sol man sich bedanken mit bit, die sachen dermassen befurdern, mit aussfurung aller gelegenheit, Jtem mit Sachsen zuhandlen, damit man keiner beschwerlicheit zubefaren. Ob man des Anstandts halben mit Jme wolt handlen, liess er Jme auch nit missfallen etc.

[574r] Eystet: Zu des Keysers schreiben solt ein Ausschuss verordnet werden, resolut. [= resolution] belangen, dass die so weitleufig, dass der Konig besorgt, werd nichs fruchtbarlichs zuhandlen sein, ~~v~~ Sol man sich bedanken, das Jr Ko. Mt. zum Keyser wollen, Stend wolten alhie verhanden [sic!]. Mit Sachsen solt gehandlet werden, wie daruon geredt. Gab zubedencken, ob rex mit dem Keyser dess frantzosen halben Jetz auch handeln solt.

Braunschweig: Wie Eystet & die Churf.en reth etc.

Passaw: verglich sich mit andern, doch gab er zu bedencken, ob zu mererm ansehen willen ~~dass~~ die Stend 2 oder 3 personen Jr Mt. zugeben, acht, es solt nutzlich sein, Jn ansehung Jr Mt. Jnsonderheit von den Stenden ersucht worden, wo es Jr Ko. Mt. leyden mochten.

Brandenburg: Was dass Key. schreiben belangen, achten sie, das Jetz nit rathsam zubeantwurten, sonder vfzuschieben biss zu ankunft der Ko. Mt. vnd dass ein Ausschuss mitler zeit gemacht werde. Gab zubedenken, ob die resol. [= resolution] beim Ko. zusuchen. dess Anstandts halben vnd suchung bej Sachsen wie andere.

Wurtzburg: dass schreiben belangen vnd dass erpieten der Ko. Mt.: verglich sich mit Eystet.

Gulch: wie Bayern, Mit dem anhang, da man fur gut angesehen, beim Ko. anzuregen, die sachen d dess frantzosen halben zubefurdern.

Pomern: wie Meintz. Dess Frantzosen halben wie Eystet, da dem Ko. auch nit zuentgegen, von Stenden Jrer Mt. Jemants zuzuordnen, solt Jme nit zuentgegen sein.

Wurtemberg: dergleichen.

Des merertheils halben, wes bej dem Ko. zusuchen, sej man eynig. Was aber den frantzosen belangt, Jtem das man von dem Ko. Mt. zuordnen solt, Jst noch einest derhalben vmbgefragt.

[574v]   2. vmbfrag

Trier: Margraf Albrechten belangen, weil man nit weiss, ob er diesen vertrag annemen wol, von noten sein, bej Sachsen erkundigung thun, damit rex Cesarem desto sicherer derhalben berichten mog. Liessen Jnen gefallen, das rex die sachen des frantzosen halben beim Keyser furdern, vnd weil sie von Sachsen gestern verstanden, dass sie Jnen vorbehalten, den beschluss diss vertrags an Frankreich zugelangen vnd solcher punct nit verstendtlich, solt bej Sachsen auch erclerung begert werden, damit rex claren verstandt het. Dass man regj von Stenden zuordnen solt, wiewol sie auss des Ko. furtrag vermerkt, da man schon ⊢zu⊣ dem Keyser schicken oder schreiben wurde, dass es nit verfengklich, Jedoch da es die andern fur gut ansehen, sols Jnen auch nit entgegen sein.

Colln: Margrafen belangen, Liessen er Jme auch gefallen, dass Sachsen derhalben be befragt werd. Frankreichs halben wie Trier, das rex beim Keyser anregung thue. Der Ordnung halben von Stenden, da es den andern gefellig, sols Jnen auch nit entgegen sein, Achten es aber von vnnoten, Konig mocht dencken, man wolt Jme nit vertrawen, die handlung wurd auch so schleunig nit fur sich geen, dan wan rex allein were. Jtem es wurd zeit vf die Jnstruction geen, Vnd achten, die sachen solt regj zuuertrawen sein.

Pfaltz: Margrafen etc. liessen Jnen nit misfallen, das rex mit Sachsen handlen vnd suchen, wie es mit Jme geschafen, damit man entlich sich darnach wust zurichten. Frantzosen art. belangen, wiewol sie darfur hetten, weils dem Ko. hieuor anpracht, vnd rex solchs sich zuerJnnern, Aber Jedoch da man es fur nachteilig acht, das al anregung zuthun, liessen sie Jnen auch nit gefallen [sic!]. 3° Schickung von Stenden hetten sie diss bedenken, da es dem Ko. angezeigt, es mochten Jr Mt. bedenken haben, Achten fur rathsam, stilzuschweigen, wurde auch solche verordnung ein verzug pringen.

[575r] Brand.: Margrafen belangen etc. wie andere daruon geredt, das der Konig beim Keyser des Frantzosen halben zuhandlin, liessen Jnen gefallen. Ordnung der Stende wolten sie auch wol der meynung sein, das alles furgenomen, wass furderlich. Acht, es werd verlengerung geperen, drumb dem Konig die sach zuuertrawen. Vnd dass rex zupitten, nit allein Jn Jrem namen, sonder der Stend halben mit Cesarj zuhandlen.

Meintz: verglich sich des Margrafen halben mit andern. Acht, das die zuordnung von vnnoten. Die erclerung sol man von Sachsen begeren etc.

Saltzpurg: dergleichen.

Bayrn: Margrafen halben, liess er Jme der andern meynung gefallen, besorg, Sachsen werd kein resol. [= resolution] von Margrafen haben. Franckreich belangen, liess Man thus oder thus nit, so werdts sichs doch selbs einziehen werden, declaration des arts., mit Frankreich den vertrag zuschliessen, sol erclerung bej Sachsen gesucht werden. Ordnung, da es rathsam, lass ers Jme gefallen, schlug Bayern Passaw fur.

Eystet: wie bayern.

Nach genomenem bedacht vnnd vnnderrede Haben dj Stennde das Chaj^lich an sie beschehen senndtschreiben angehort. was desselben Jnnhalt, Jst bej der abschriften zusehen. Volgundts mit dem Merern dahin beschlossen vnnd der Khu. Mt. wider anzaigen lassen: Jm fall, das Jr Khu. Mt. so vill gewalts hetten, das sie sich hierinnen der Khaj. Mt. etc. anmechtigen möchten, das Jr Khu. Mt. zu Enntlicher Resolution Jn ansehung der geuerlichen, beschwerlichen Leuffe vnnd zeit Jn Namen der Khaj. Mt. greiffen vnnd ain fridliche Enndtschafft der hanndlung machen wolten. das aber Je Jr Khu. Mt. etc., wie dj verstannden, zu solchem nit gnuegsamen gewalt noch beuelch haben solten, Nemen dj Stennde zu vnderthanigisten dannckh an, das Jr Khu. Mt. etc. disen last vnnd Mue des selb abraisens also gnedigist auf sich legen thetten. weill auch die Stennde Jrer Khu. Mt. etc. fridlichen gemuets vnd zueNaigung one das erfarung hetten vnnd wüssten, das Jr Khu. Mt. an Jrem vermuglichen vleiß nichte erwinden lassen wurden, So wolten sie, dj Stennde, gleich alles also Jrer Khu. Mt. vnderthanigist haimbgestelt haben vnd Jrer Khu. Mt. etc. widerChunfft vnderthanigist hie erwartten, Mit dem vnderthanigen pitten, Jr Khu. Mt. wolten deren gnedigem erpieten nach, das also mit Churf.en abzuhandln, bemuehet sein vnnd sonnderlichen ainen Neuen anstanndt auf dise zeit der acht tägen bej Jren Churf.en g.en erlangen. Vnnd ob gleich Jre Churf. g.en dise acht täg hie zuuerharren nit gesinnet, das doch Jre Churf.en g.en auf den achtenden tag Neben Jrer Khu. Mt. hie wider anChomen vnnd erscheinen vnnd mitler der zeit Nichtsweniger zu aufrichtung vnd verbrieffung gephlegener handlungn greiffen wolten.

Braunschweig: befund ein einhellige meynung Jn allen puncten, liess pleiben.
Passaw: dergleichen.
Brandenburg: wie andere, dess Margrafen halben sol dieses vnd dess andern puncten halben erclerung bej Sachsen gesucht werden. Jtem, das rex die sachen des Frantzosen halben beim Keyser soll befurdern. der ordnung halben vernim er auch, wass vor Jme daruon geredt, Konten auch nit fur rathsam achten, dass regj zuzuordnen, sonder das Jrer Mt. Jn dem zuuertrawen.
Wurtzburg: verglich sich mit dem merern.
[575v] Gulch: Margrafen halben liess er Jme die suchung bej Sachsen gefallen, Schickung zum Keyser acht er nit fur rathsam, dan es zu verlengerung der sachen.
Pomern: verglich sich mit dem merern, vnd das rex zuersuchen, ~~mi~~ auch Jn namen der Stend zuhandlen.
Wurtemberg: wie dass merertheil etc.
Jst geschlossen, der Konig sol zupitten sein, auch Jn namen der Stend mit Key. Mt. zuhandlen, Jtem, das man des Margrafen halben bej Sachsen erclerung suche etc. vnd anders wie volgt.
▷Stend antwurt vf die Key. resolut. [= resolution]◁ Der Ko. Mt. Jst hieruf durch die Stend anpracht worden: sie hetten verhoft, die Key. solt ~~Jme~~ die alhie berathschlagt Cap.lon [= Capitulation] durchauss angenomen haben, damit frid vnd ruhe erhalten, wie sie nachmalss gern sehen wolten, ▷es hetten◁ die Ko. Mt. ~~hetten~~ sich dieser handlung gemechtigt. wo nit, ~~bedechten sie~~ liessen sie Jnen nit missfallen, dass die Ko. Mt. sich vf die rayss ~~ge~~ begeben vnd solchen last vf sich nemen, vnd batten hieruf, die Ko. Mt. wolle den sachen zuguttem solchem also nach setzen vnd ~~vorsch~~ vorsteend verderben der teutschen Nation helfen allergnedigst abwenden vnd Jn namen Jrer Mt. vnd der Stend ~~d~~ mit der Key. Mt. handlen, damit Jr Mt. desto ehr ~~Jn~~ ~~solch~~ zu solcher bewilligung bewegt werden moge, wie Jr Ko. Mt. ⌜dan⌝ solchs zuthun wol wuste, dass weren sie, die Stend, gegen Jrer Ko. Mt. Jn vnderthenigkeit zuuerdienen geneigt. 2° Batten die Stend, Jr Ko. Mt. wol mit Sachsen handlen, mitler zeit, Jr Ko. Mt. auss sein wurde, gedult zutragen, sonst wurde den Stenden, da Sachsen nit auch Jn solche zeit willigen solt, schwerlich fallen, alhie zuuerharren.

Neben dem Haben dj Stennde auch Jrer Khu. Mt. furgehalten, dhweill gesterigs tags von wegen Marggrafn albrechten etc. von dem Churf.en nichts furChomen, noch [35v] angebracht, das von Jren Churf.en g.en von Jrer Khu. Mt. derowegen erleutterung zunemen, das auch auf des Churf.en gesterigs anregen der frantzosischen werbung vnnd des Jungen Lanndtgrafen wilhelmen etc. begern, Jr Khu. Mt. vber??änigs[unleserlich] beschehen, der Ständt anpringen, hieruber Mit der Khaj. Mt. etc. zuhanndlen vnnd alles zubestennnigen, gamainem friden zurichten, Nochmaln erinnert vnd vnderthanigist gepetten sein wolten. Letzlichen vnd dhweill Jn der schrifften des Jungen lanndtgrauen wilhelmen zu letzt der wissenmachung an den Khunig auß Franckhreich ain verdunckhlter anhanng beschehen vnnd nit aigentlichen verstannden wurde, ob sein f.en g.en Jr Ratification auf des Khunigs auß Franckhreich guethaissen vnnd schliessen stelleten oder hiemit beschlossen haben wolten, das Jr Khu. Mt. disfalß auch ain declaration von dem Churf.en nemen wolten.

Hierauf haben dj Khu. Mt. den Stennden wider melden lassen, woe sie so vill gewalts hetten, sich anzumechtigen, das Jr Khu. Mt. die Muesame Raiß vnnd Jn so Churtzer zeit nit vber sich nemen wolten, aber vnnd dhweil Jrer Khu. Mt. etc. an beuelch vnnd gewalt Mannglete, wolten sich Jr Khu. Mt., wie hieuor vernomen, diser Mue zu guetem vnnd gnaden gern vnderfahen vnnd mit gottes hilff Jn acht tagen wider hie erscheinen vnnd verstunnden zu gnaden, das dj Stennde alhie Jrer Khu. Mt. erwartten wolten.

[576r] Das auch Jr Ko. Mt. mit Sachsen vf fernern anstand handlen wolt, fur sich vnd seine mituerwanten ⌈vnd⌉ dass ~~auch~~ derselbig gehalten werde, So wolten die Stend Jrer Mt. widder ankunfft alhie gewertig sein, vnd dass Jhenig mitler zeit fertigen, wie von Jrer Mt. begert. 3° Sie, die Stend, hetten auch auss gesterigem des Sachsen furtragen vernomen, dass Margraff Albrechts halben gar kein meldung bescheen, ~~weil m~~ weil er dan Jn den verfasten art.n begriffen vnd man sein gelegenheit Jn dem nit wusse, Batten sie, Jr Ko. Mt. wol bej Sachsen vernemen, wes er derhalben mit Jme, dem Margrafen, gehandlet, dan es die notturft ᵭ erfordern wolt, den friden volkomlich zuerlangen etc. 4° Des Konigs von Franckreichs halben hab die Ko. Mt. neben den Stenden gesterigs tag von Sachsen gehort, dass er ~~mit Fr vnd seine mituerwandten mit~~ Franckreichs ~~diesen vertrag auch schliessen musten etc. wie wiewol man nit zweiffelt~~ halben meldung gethan, wie dan sein churf.en g.en newlicher tag dess oratoris art. ~~vberschickt~~, so Jr, der Ko. Mt., auch zugestelt worden, vberschickt, mit angehengkten begern, die sachen bej der Key. Mt. zubefurdern etc. wiewol man nit zweiffelt, Jr Ko. Mt. werdts solches noch Jngedenck sein, Jedoch hetten sie nit vnderlassen wollen, Jr Ko. Mt. solchs widder zuerJnnern, vnd baten, die sachen bej der Key. Mt. vf die begerte wege zubefurdern. 5° Nachdem auch Sachsen gesterigs tags anregung gethan, wie dan der Landgraf Jn seinem schreiben auch vermelt, dass er diesen vertrag mit franckreich auch schliessen muss vnd vmb vergleittung [576v] gepetten, Vnd dan sie, die Stend, Jn dem ein zweiffenlichen verstand hetten, Batten sie, Jr Ko. Mt. wol bej Sachsen derhalben erclerung erlangen. Hieruf der Konig anzeigen lassen: Sie hetten der Stend vf Jrer Mt. hieuorig furpringen g.ˡⁱᶜʰᵉⁿ angehort, Vnd solten die Stende gentzlich darfur halten, wo er von der Key. Mt. mit einichem beuelch oder gewalt versehen, dass er ~~sich~~ seiner ⊢mit⊣ solcher muhesamen reyss lieber wolt verschonen, vnnd ᵉ solchs den Stenden nit verhalten vnd diese reyss, die sich vf etlich vnd 100 meil wegs erstreckten, gern vmbgangen, derwegen Jr Mt. solchen reyss dem reich et teutscher vnd den Stenden zuguttem gedultigklich vf sich nemen vnd dieselb dermassen zubefurdern, das Jr Mt. (ob Gott wol), verhofenlich Jn 8 tagen alhie widder ankommen wolte, begerten abermalss, die

[62r] ¹Den 4. tag July vmb zehen vhr fur mittag haben di ko. Ma. m.gst.h. zu sich erfordern laßen, vnd seint di Stende bei Jrer ko. Ma. gewest vnd zu s.churf.g.

So wolten Jr Khu. Mt. etc. Neben vnnd zu sambt seiner Khu. Mt. etc. geliebten Sune, Hrtzog albrechten, Herauf Mit dem Churfursten Sonnderlichen auch des anstanndts halber hanndlen Vnnd die erleutterung vnnd Jme, Betreffenndt Marggraue albrechten vnnd der annhemung des Jungen Lanndtgrauen schrifften, emphahen, darzue bej der Khaj. Mt. etc. der franntzosischen werbung n halber auf vörigs, auch Jetzigs der Stennden anregen zuhanndlen Jn khainen vergess stellen, Vnnd, damit das mit bessern fuegen verricht werden möchte, Begerten Jr Khu. Mt., die Stennde wolten Jrer Khu. Mt. etc. Jr außfuerlichs bedennckhen, so sich Mundtlichen an Jr Khu. Mt. derohalben gebracht, Jn schrifften auch zustellen. So dj Stennde alßbaldt zustellen vnnd Jrer ~~Khaj.~~ ⌐Khu.⌐Mt. etc. zu ~~vberannt ze~~ vberraichen bewilliget.

[36r] So haben Jr Khu. Mt. etc. letzlichen an dj Stennde begert, dhweill dj Khaj. Mt. ~~begert~~ dise Capitulation so hoch disputieret, guet ~~sein~~ sein, woe die Stennde Jr Khaj. Mt. Notturfftiglichen wider beanthwurten thetten, bej deme es dj Stennde auch pleiben lassen. Der Churfurst Jst alßbaldt durch dj Khu. Mt. erforderet vnnd durch Jr Khu. Mt. vnd hertzog albrechten etc., wie beschlossen, zuhandlen furgenomen, auch etliche Räthe zu stellung der anntwurtt, dann auch des angetzogenen Mundtlichen furtrags auf dj frantzosisch werbung alßbaldt verordnet vnnd dj Stende zu ain vhrn Jn das Capitlhauß wider beschiden worden.

Stend wolten vnbeschwerdt sein, mitler zeit zuwarten. Jr Ko. Mt. erpoten sich auch, alspald mit Sachsen zuhandln neben dem von Beyern vnd die sachen dahin befurdern, dass er dess verzugs halben Kein beschwerung vnd der Anstandt erhebt werd, desgleichen wolten ~~Jr~~ auch Jr Ko. Mt. des Margrafen halben ~~erb~~ bej Sachsen erkundigung haben vnd wess man sich dess Anstandts halben zu Jme zuuersehen. Vnd letzlichen dess art.s halben, dass Sachsen vnd seine mituerwanten diesen vertrag mit ~~Sachsen~~ Franckreich schliessen wollen, hetten Jr Mt. gleichwol den verstandt darauss genomen, dass, da die sach bej der Key. Mt. wie bej Jnen richtig, dass der beschluss alhie alspald daruf volgen solte. Jr Mt wolten aber ~~mit~~ bej Sachsen derhalben fernern bericht einnemen, vnd wass verhandlet, an die Stend furtter gelangen lassen. ~~Jtem~~ Dessgleichen wusten sich auch Jr Ko. Mt. der art. ~~so der~~ dess frantzosischen Orators, durch Sachsen vberschickt, zuberichten, [577r] vnd sej Jr Mt. nit zuwidder, der Key. Mt. solchs mit besten fugen bruderlichen vnd freuntlichen anzupringen vnd handlung zupflegen. Vnd nachdem die Stend Kurtzer tagen derhalb ein mundtlich furpringen ▷neben vberantwortung solcher art.◁ bej Jrer Ko. Mt. gethan, begerten Jr Mt. desselben vortrags abschrift, die sachen desto statlicher an die Key. Mt. haben zugelangen.

Die Stend bedankten sich alles erpietens, vnd ~~wolten~~ sey Jnen nit zuwidder, solchen mundtlichen furtrag Jn schriften ~~z~~ vngevherlich zuuerfassen vnd Jrer Mt. zuzustellen. Die Ko. Mt. begert weitter, weil die Key. Mt. die sachen so hoch difficultirt, Sehe sie fur gut an, dass die ⌐Stend⌐ Jrer Mt. mit aussfurung allerlej beweglichen vrsachen, zum friden dienlich, ▷bej Jrer Ko. Mt alspald◁ geschrieben hetten, dardurch die Key. Mt. desto ehr bewegt werden mocht.

Stend haben es auch gewilligt vnd wollen solche schriften also verfertigen.

---

¹ Notiz am Rand von anderer Schrift: Vorzeichnus, was den 4. July zu Passau gehandlet, darauf auch s.churf.en g.en volgendes tags vorritten Anno etc.Lij.

ankunft hinaus gangen. Als haben s. ko. M. volgende meinung laßen anzeigen:
Es het gestrigs tags der kei. Ma. resolution halben nicht mogen anthwort gefallen
von des wegen, das Jre ko. Ma. mit den keiserlichen Rethen sich der halben het
vnderreden mußen.
Aber heut hetten Jre ko. Ma. solche resolution allenthalben ersehen, vnd wiewol
durch Jre ko. Ma., auch di gegenwertige Fursten vnd der abwesenden gesanthe di
Relation aller der handelung, so bißher ▷dise Zeit vber◁ alhier gepflogen, mit
allem fleis an di ke. Ma. hetten gelangen laßen vnd genzlich gehoft, Jre kei. Ma.
wurde dorinnen nicht difficultirt haben, So befunden doch Jre ko. Ma., das di kei.
Ma. bei ezlichen ansehenlichen artikeln sich dermaßen resoluirten, das Jre ko. Ma.
aus mangel gnugsams befelchs izundt alhier ▷Jrer kei. Ma. teils◁ zu entlichen
beschlus nicht kommen mochten.
Wiewol nhun di erforderten fursten vnd der abwesenden Reth vf allerlei mittel einer
weitern schrift oder schigkung an di kei. Ma. gedacht, Jre Ma. [62v] nochmals
ferner zubewegen, das si sich also erclerten, domit man zu einem entlichen
beschlus kommen mochte, So trugen si doch doneben fursorge, das dodurch nichts
fruchtbarlichs mocht erhalten werden.
Weil si aber gleichwol nicht gerne wolten, das sich di sach solte zurschlagen,
sonder vilmher, das fride vnd rhue in deutscher Nation mocht gepflanzet werden
gemacht vnd di beschedigung der armen vnderthanen vorhutet werden, So hetten
Jre ko. Ma. auf den weg gedacht, das sich Jre ko. Ma. in eigner person vf der post
aufmachen vnd selbst zu der kei. Ma. vorrucken wolten.
Vnd wiewol solche reise Jrer ko. Ma. beschwerlich wolt vorfallen Jres leibs vnd
anderer irer gescheft halben, So wolten sich doch Jre ko. Ma. solchs alles nicht
irren laßen vnd Jre reise dermaßen anstellen das vnd dohin richten, das sie (ob got
wil) innerhalb acht tagen ▷ge?? gewißlich◁ widerumb wolten alhier sein, dan Jre
ko. Ma. vorhoften, in drei tagen hin zuzihen vnd in dreien hinwider, So wolten si
in zweien tagen di sachen bei der ke. M. vorrichten.
Vnd weil Jre ko. Ma. solche burde auf sich nheme, So whern Jre ko. Ma. vnd di
Stende der [63r] genzlichen hofnung, di kei. Ma. solte dadurch ▷Jrer ko. Ma.
gegenwertikeit◁ bewogen werden, das si Jr dise alhier gepflogne handelung auch
gnedigst on fernern difficultet gefallen ließen.
Demnach begerten J ko. Ma., s.churf.g. wolten dise kurze zeit vber der acht tage
alhier gutwillig warten oder, do es s.churf.g. gelegenheit nicht were, alhier zu
bleiben, sonder wolten ins leger vorrucken, das s.churf.g. bei derselben mithuorwanten gleichergestalt dohin richten wolten, domit sie solcher kleinen zeit gutwillig
erwarteten.
Es wurde auch in solcher zeit nichts vorseumbt, weil doch one das, wi aus
s.churf.g. gestrigs tags eingebrachten anthwort zubefinden, di entliche volzihung
des vortrags bis auf den 24. des Monats solte vorschoben werden. Vnd begerten Jre
ko. Ma., das s.churf.g. ▷auch doran sein wolte, domit◁ mitlerzeit di brif vnd
obligationen allenthalben mochten volzogen werden, So wolten Jre ko. Ma. di
schriften auch mitlerweil laßen fertigen, domit also di volzihung des vortrags, wan
di bewilligung bei der kei. Ma., wi man vorhofte, erfolgen wurde, vf den 24. dis
Monats gewißlichen geschehen moge.
[63v] Es hetten auch di gegenwertige fursten vnd der abwesenden botschaft ▷albe-
reit◁ bewilligt, das si dise zeit vber vnd, bis Jre ko. Ma. wider anher kome, alhier

beieinander bleiben wolten. Weil dan kein ander mittel durch Jre ko. Ma. ▷vnd di
Stende◁ het mogen bedacht werden, dodurch dise sachen zu guter entschaft mochte
gereichen dan dis, das sich Jre ko. Ma., wi obgemelt, zu der kei. Ma. eigner
person begeben solten, So begerten auch s.ch Jre ko. Ma., s.churf.g. wolten fur
sich selbst bewilligen vnd bei Jren mithuorwanten befurdern, domit der fridtliche
anstandt dise kurze zeit vber noch mochte erstreckt werden.

Dergleichen begerten Jre ko. Ma. vnd di Stende, das s.churf.g. bei Marggraf
Albrechten gleichergestalt wolt anhalten vnd befurdern, das s.f.g. solchen anstandt
auch hilten vnd folgents auch in disen vortrag allenthalben bewilligten.

Es mochte auch in des Landtgraffen ▷gestris tags vbergebnen◁ bewilligung di
lezte clausel vnd anhang, dorin gemelt, das der Sten Jrer f.g. nothurft ⌈were⌉, den
vortrag an di ko. W. zu?? zu Franckreich gelangen zulaßen etc., ein zweifel, ob
alle di ganz fridtshandelung vf di ko. W. in Franckreich wolt gestelt werden, [64r]
welchs sich doch Jre ko. Ma. nicht wolten vorsehen, auch der bisher gepflognen
handelung nicht gemes were, oder ob es den vorstandt het, das di handelung allenthalben solt volzogen werden vnd das hernach oder mitler zeit di ding an den Konig
zu Franckreich¹, des alein wißenschaft zuhaben, sind solten wolten bracht werden.
dorumb begerten Jr ko. Ma. dorauf von s.churf.g. erclerung.

Als auch s.churf.g. gestris tags des lezern erbitens halben des konigs von
Franckreichs erinnerung gethan vnd begert, bei der kei. Ma. zubefordern, das si
den Stenden des reichs handelung vnd austrag gest zwischen Jr ke. Ma. vnd ko. W.
gestatten wolten, wher gleichergestalt von den erforderten Fursten vnd der
abwesenden botschaften bei s.f.g. ⌈Jrer ko. Ma.⌉ auch gesucht, vnd Jre ko. Ma.
wern erbuttig, solchs bestes fleis an di kei. Ma. zubringen.

Dorauf haben di ko. hat sich m.gst.h. d solcher keiserlichen resolution zum
hochsten beschwert² vnd noch der leng ausgefurt,

was fleis mehr wi sich erstlich s.churf.g. vf Jrer ko. M. begern zur ha gutlichen
handelung balt anfangs [64v] het bewegen laßen vnd dodurch nicht wenig vnwillens
▷vordachts◁ bei derselben mithuorwanten auf sich geladen,

Wes fleis, a mhue vnd arbeit auch folgents s.churf.g. in diser handelung furgewant,
Wi auch s.churf.g. gar nicht Jren eignen oder priuat nuz in diser sachen gesucht,
sonder alein errettung Jrer ehr, vnd traue vnd glaubens vnd dan gemeiner deutschen
nation vnd des reichs wolfart, welchs auch von Jrer ko. Ma. vnd den Stenden selbst
fur billich angesehen.

Das auch s.churf.g., wiewol nicht one beschwerung, souil erhalten, das der
fridtlichen anstandt mit s.churf.g. vnd derselben mithuorwanten hochstem nachteil
so lang bewilligt, vnd gehalten worden vnd dodurch andere, Jre gute gelegenheit
vorseumbt worden,

Das auch entlich s.churf.g. bei derselben mithuorwanten souil erhalten ⌈erlangt⌉,
das si di mittel vnd furschlege, wi di von Jrer ko. Ma. vnd den stenden geschehen,
selbst fur billich angesehen, vngeacht, das Jre nothurft dorin nicht gnugsam bedacht
vnd sonst allerlei bedengken derwegen furgefallen, gleichwol on ferner disputation
angenhommen,

---

¹   Anstreichung bei "di ding an den Konig zu Franckreich".
²   Anstreichung am Rand bei "resolution zum hochsten be".

[65r] Das sich auch s.churf.g. vf Jrer ko. Ma. gnedigst begern gestrigs tags erstlich irer mithuorwanten resolution erklert, vngeacht, das der k. M. anthwort s.churf.g. nicht balt erofnet,

Vnd das solchs alles von s.churf.g. vnd derselben mithuorwanten derhalben geschehen, domit in wergk zubefinden, das si außerhalb hochgenotdrengter vrsach dise krigsrustung nicht furgenhommen vnd das si mher zu fride, rhue vnd einigkeit dan zu vorderbung oder zuruttung ~~gemeines~~ des heiligen reichs[1] vnd der Stende deßelben geneigt,

Es hetten sich auch s.churf.g. genzlich ~~vor~~ vnd vngezweifelt vorsehen, di kei. Ma. wurde ~~sich~~ on einig ferner difficultirn solche Jrer ko. Ma. vnd der Stende selbst furgeschlagne mittel angenhommen haben,

Wi dan s.churf.g. dorauf zu Linz vnd alhier von der ko. Ma. vortrost ▷vnd dorauf mit s.churf.g. bei einem iden artikel so heftig gehandelt◁ worden ~~vnd~~, di Linzisch handlung auch klar mit sich bringt, das Jre ko. Ma. allen gewalt habe, entlich zuschlißen,

~~Dergleichen ist s.churf.g. solcher~~ dorauf dan auch s.churf.g. derselben mithuorwanten ~~vortrost~~ widerumb [65v] di ~~vo~~ vortrostung gethan, das ~~si es~~ an der k. M. bewilligung kein mangel sein wurde vnd si dodurch bewogen, das si dergestalt on fernern anhang auch gewilligt.

Jr churf.g. hetten sich auch solcher bewilligung vmb souil destomher vormutet, weil sich di k. M. oftmals ~~erbo~~ vornhemen laßen, das si nichts libers dan fride vnd einigkeit im reich ~~wissen~~ befurdern wolt,

Vnd dan auch, weil di gefhar des Turcken an souil orten, sonderlich in der ko. M. erblanden so gros vnd treflich vberhandt nhimbt, ▷vnd furnhemblich auch, weil Jre ko. Ma. vnd di furnembste Stende des reichs solche mittel selbst furgeschlagen vnd hendeler gewest◁,

Weil aber solchs alles vngeacht di ke. Ma. ~~sol~~ dise furgeschlagne mittel nicht haben ~~annhemen~~ ⌈bewilligen⌉ wollen, So hetten di ko. M. zubedengken, was ansehens solchs bei ~~w~~ s.churf.g. mithuorwanten vnd andern haben wurde vnd ~~ob ??~~ worauf dise gutliche handelung mocht vorstanden werden,

Deßgleichen auch, ~~mit was~~ wi ~~beschwer~~ in treflichen vordacht ~~sich~~ s.churf.g. durch dise handlung bei derselben mithuorwanten kommen werden, das si dergestalt vorgeblichen ausgeholt,

[66r] Jr churf.g. ~~wissen~~ ⌈getrosten⌉ sich aber gleichwol irer vnschult ~~g~~ vnd, das si es Je treulich vnd gut zu befurderung eines bestendigen fridens ~~vnd~~ im Reich[2] gemeint vnd doran Jres theils gar nichts hetten erwinden laßen,

Derhalben dan auch s.churf.g. an alle dem vnrath, zuruttung vnd weiterung, so aus diser sachen kunftiglichen erfolgen mochten, fur got vnd der welt vnschuldig[3] vnd dem teil, an dem es gemangelt, billich zuzulegen,

Vnd ~~dau~~ dauerte s.churf.g. hirin nicht wenig di ko. Ma. vnd derselben gelibten ~~kinder~~ sohne, welchen der erbfeindt der Christenheit, der Turck, izundt so beschwerlich obleit, vnd ~~Jr~~ das irer ko. Ma. di ~~vorhofte~~ hilf, so si aus vorrichtung

---

[1] Anstreichung "zubefinden des si außerhalb ... des heiligen reichs vnd der".
[2] Anstreichung: "von befurderung eines bestendigen fridens im Reich".
[3] Anstreichung: "an alle dem vnrath ... vnschuldig".

diser handlung zugewarten, solte entzogen werden, do doch s.churf.g. dieselb zum hochsten zufurdern geneigt were.

~~Das sich aber di ko. Ma.~~

Das sich aber di ko. Ma. so gnedig erbotten, das si nochmals eigner person vf der Post zu der kei. M. vorreiten vnd dieselb zu bewilligung der vorgeschlagnen mittel vormhanen wollen etc., [66v] das vormergkten s.churf.g. ~~ge~~ von Jrer ko. M. vnderthenigst vnd stelten in kein zweifel, das es Jre ko. Ma. gnedigst vnd gut meineten, vnd wolten auch darinnen Jrer ko. Ma. kein mas geben.

Das aber s.churf.g. alhier lenger vorharren solte, achteten s.churf.g. vonunnoten. So hetten si auch hibeuor gemelt, das si dermaßen hochwichtige vrsachen hetten, sich widerumb in das leger zufurdern, das si keines wegs lenger alhier konten vorharren.

Das si auch einigen fernern anstandt solten bewilligen, das stunde in s.churf.g. gewalt nicht.

Weil auch s.churf.g. hibeuor, do sich s.churf.g. einer guten resolution von der kei. Ma. vormutet vnd dorauf derselben mithuorwanten getrost mit trefflicher beschwerung ~~si~~ di erstreckung solchs anstandts haben erhalten konnen, So konten sich s.churf.g. vmb souil desto weniger solcher ~~vormutung~~ bewilligung izundt vormuten, do di resolution dergestalt gefallen, ~~vnd sonderlich~~ dan ~~s.churf.g.~~ der vordacht ⊢vnd vnwillen, den si⊣ ~~der~~ zumtheil hibeuor bei s.churf.g. mithuorwanten durch dise fleißige handelung auf [67r] sich geladen, ⌜wirt⌝ nhumer dermaßen gesterckett werden, das s.churf.g. bei denselben gar wenig folge oder gehor haben werden.

Do sich aber gleichwol di ko. Ma. mit der mhue, zu der kei. Ma. zupostirn, wurden beladen vnd ~~erlan~~ bei Jrer kei. Ma. souil erlangen, das si in dise alhier furgeschlagne mittel auch bewilligten, vnd solchs wurde von Jrer ko. Ma. s.churf.g. ins leger zugeschriben, So wolten s.churf.g. daßelb nochmals ~~an~~ ⌜bei⌝ derselben mithuorwanten gerne anbringen vnd, was si dobei guts befordern konten, daßelb nicht vnderlaßen.

Das aber s.churf.g. zusagen solten, das es dern mithuorwanten alsdan bei solchen mitteln auch wurden entlich bleiben laßen, das were auch in s.churf.g. befelch nicht, dan s.churf.g. wern anderer gestalt nicht von derselben mithuorwanten abgefertigt, dan das si Jre bewilligung der furgeschlagnen mittel vf den fal solten thuen, do alsbaldt aus der k. M. resolution zubefinden, das Jre k. M. domit auch entlich zufriden were.

[67v] Weil aber nhun daßelb nicht erfolgt, So konten s.churf.g. auch ferner nicht willigen.

Was auch Marggraf Albrechten anlangt, do s.churf.g. zu Jme wurde kommen, wolten si nicht vnderlaßen, solche der ko. Ma. vnd der Stende begern vnd suchen bei s.f.g. auch anzubringen.

Souil aber den anhang antrift, der in des Jungen Landtgraffen bewilligung des konigs zu Franckreichs halben gemacht, Achteten s.churf.g., weil di resolution dermaßen gefallen, solchs vonunnoten, zudem das wort an ir selbst den vorstandt mit sich brechten.

Das aber auch di ko. M. das ~~anbringen~~ ⌜iungst vberschickt⌝ des konigs von franck-reichs ~~erbitens~~ auf di Stende des reichs etc. an di kei. Ma. wolten gelangen, des bedanckten sich s.churf.g. ~~flei~~ vnderthenig, vnd do dise handlung alhier iren fortgang ~~gehabt~~ ⌜gehabt⌝ vnd di ke. M. des konigs in Franckreich halben ~~solchs~~ ⌜di vnderhandelung⌝ auch bewilligte ~~hett~~, So zweifelten s.churf.g. nicht, es wurde ~~doraus~~ solchs zu mher nuz vnd wolfart in der ganzen Christenheit gereichen, dan vileicht izundt mochte gedacht vnd glaubt werden.

[68r] Vnd weil s.churf.g. sich gleichwol in diser handelung aller gebur vnd also vorhalten, das si nicht alein fur sich in di vorschlege gewilligt[1], sonder auch bei derselben mithuorwanten gleichergestalt di bewilligung erhalten vnd also Jres teils an nichts erwunden, das zu fride, rhue oder einigkeit dinstlich, So ~~seint~~ ⌜weren⌝ s.churf.g. der vnderthenigen hofnung, di ko. M., auch Stende des reichs wurden sich nicht alein wider s.churf.g. vnd derselben mithuorwanten nicht laßen bewegen, sonder auch s.churf.g. in ~~freunt~~ gnedigem freuntlichen befelch ⊢haben⊣ vnd nicht gestatten, das si vber Jre beschehne bewilligung in etwas solten beschwert werden. das weren s.churf.g. vnderthenig vnd freuntlich zuuordinen willig vnd theten sich der ko. M. vnderthenigst befheln.

Dorauf haben di ko. Ma. mit s.churf.g. gar alein geredt. wi aber s.churf.g. bericht, seint si auf diser anthwort beruhet.

Nach Mittags zeit

Jst doctor Gienger vor den Stennden erschinen, denen angetzaigt, wie das dj Khu. Mt. Neben vnnd zu sambt Hertzog albrechten etc. Mit dem Churf.en dem heuttigen verlass vnnd abschidt nach gehanndlt, aber anndere oder Merere anntwurt noch bewilligung von Jren Churf.en g.en, alß wie hernach verstannden, nit bringen noch erhalten mugen. Nemblichen weren Jre Churf.en g.en precise dahin geganngen, Jre Churf.en g.en stelleten Jn khainen zweifln, dj Khu. Mt., fursten vnnd Stennde Hetten sich gnuegsam zuerinnern, wie willfärig sie sich ertzaigt vnnd bemuehet, vnnd das nit von aigens Nutzens wegen, Sonnder vnnd Erstlichen Jr selber auß den sachen zuhelffen vnnd dann zu fromm vnnd Nutzen des heilgn Reichs, derohalben Jre Churf.en g.en den tag zu Linz besucht, den Jetzo alhie auch erstanden vnnd disen lanngen fridtlichen anstanndt erworben vnnd durch solche, seiner Churf.en g.en getreue handlungen sich bej derselben Mituerwanndten nit wenig suspect vnnd verdächtlich gemacht, welches alles Jre Churf.en g.en vmb des gemainen Nutzens willen [36v] nit geachtet, vnnd sich so hoch bearbaithen, das sie zu lengst zu

post meridiem secunda hora

Jst der Genger bej den Stenden erschienen vnd von der Ko. Mt. wegen angezeigt, dass Jr Ko. Mt. neben dem hertzogen zu Bayern vf den verloffnen Abschiedt mit Sachsen gehandelt, vnd Jme mit besten fugen, wass heut vermelt, ertzelt, daruff Jr churf.en g.en geantwurt, er stelt Jn keinen zweiffel, die Ko. Mt. vnd Stend hetten bissher scheinbarlichen vnd gnugsam verstanden, wie wilfarig er sich Jn dieser handlung erzeigt vnd sich bemuhet, bej seinen mitkriegsuerwanten solchs zusuchen, vnd Jn aller handlung Kein eigen nutz gesucht, sonder allein [577v] allem, wie er seiner beschwerung ~~er??~~ entladen vnd ▷nichs dan◁ dess reichs wolfart vnd nutzen Jn dem gesucht vnd daruf also sich Jn handlung zu ~~vnd~~ Lienz vnd alhie Jngelassen, hetten auch hieuor vnd Jetz bej seinen mitkriegsuerwanten so lang diese handlung geweith ~~er~~, den Anstand erhalten vnd sich bissher nit wenig suspect bej Jnen Jn dieser handlung gemacht vnnd allerlej nachred leyden mussen, welchs er doch nit

---

[1] Anstreichung: "in diser handelung aller gebur ... gewilligt".

solcher bewilligung abgehanndleter Capitulation die sachen gefurderet vnnd gebracht hetten. Darumben dann Jre Churf.en g.en beteurn vnnd betzeugen wolten, das sie hierinnen Je vnnd allwegen annderst nichts gesucht alß dj gemain wolfart, sich auch Chaines anndern versehen, alß diß thails auch enntliche Resolution Jetzo hie zuerlangen. das aber solches nit sein wolt vnnd an gewalt Manngl erschine, Beschweret Jre Churf.en g.en vast seer, das dj Khaj. Mt. des heilgen Reichs obligen so Ruig, darzue auch dj Khu. Mt. vnnd ganntze Cristenhait so wenig bedächten vnd seiner Churf.en g.en vor erwisne Diennst so gar nit ansehen. Jre Churf.en g.en Muessten das alles Gott beuelhen.

das aber dj Khu. Mt. der hanndlung zu guet vorhabens weren, zu der Khaj. Mt. selber zuuerraisen, das liessen Jre Churf.en g.en geschehen. das aber Jres Churf.en g.en Jn ainichen weitern anstanndt willigen oder zugeben khundten, das stuennde Jn Jrer Churf.en g.en gewalt nit, Khundten vnnd möchten es auch nit thun, were Jren Churf.en gen vnmuglichen. zu dem vnd, woe gleich hernach von der Khaj. Mt. die Resolution eruolgen solte, Khundten vnnd wussten Jre Churf.en g.en nit, ob derselben Mituerwanndte bej gethaner bewilligung weitter wurden pleiben wollen oder nit, So wüssten Jre Churf.en g.en derselben widerkhunfft Niemandts zuuertrossten Noch Jchts zuzusagen.

Die anndere articl belanngendt alß von wegen Marggrauen albrechten etc., Jtem der franntzosischen werbung vnnd declaration, Lanndtgrauen wilhelmen etc. schrifften, weill die sachen so weitleuffig stuennde, were ainicher declaration von vnnötten. das aber dj Khu. Mt. Je derselben Raiß wurde an dj hanndt nemen, wolten Jre Churf.en g.en Mueglichs vleiß bej

geacht noch sich abwendig machen lassen, sonder het die ~~abre~~ abred fur vnd fur helffen furdern, auch die abgeredt Cap.lon [= Capitulation] bej seinen mituerwandten strackts erlangt, damit sie also bej der Ko. Mt. vnd den Stenden bezeugen wolt, wie trewlich Jr churf.en g.en dess reichs wolfart gesucht vnd gemeint hett, vnd het sich nichs anders versehen, er solt zu seiner widderkunfft die Key. Mt. resolution dergleichen auch furdern haben, weil er aber vernomen, dass mangel halben gnugsams ~~gewalts~~ beuelchs nit Konte geschlossen werden, beschwerdt er sich dessen nit wenig, Jnansehung dass die Key. vnd Ko. Mt.en die gelegenheit dess turcken ~~dar~~, auch Jrer churf.en g.en getrewe dinst nit bedacht werden wolten, weil es dan an Jme Je nit erwunden, must er gleich die sach Gott beuelhen vnd an dem wenden lassen, dass man dannocht wuss, wie die sachen verhandlet vnd an Jren churf.en g.en nichs gemangelt hab. dass aber die Ko. Mt. sich erpotten, vf der Post sich zu der Key. Mt. zuuerfugen etc., lass er gescheen. dass er aber solt vergwissung thun, verpunden zusein bej der Cap.lon [= Capitulation], ~~das~~ dieselb beim Keyser erhalten, zupleiben, wuss er Keins wegs zuthun. Vnd ob [578r] gleich die Key. Mt. die abgeredt Cap.lon [= Capitulation] nachmalss annemen wurde, so kondte doch seine Churf.en g.en ~~weitt~~ fur sich vnd seine mituerwanten ~~weit~~ Kein weittere vergwissung thun, dass sie hinfurtter ~~die Cap.lon~~ dieselb annemen wurden, vilweniger kont sein churf.en g.en sich auch dess Anstandts ~~mechtigen one zu~~ mechtigen, wust ~~sich~~ seiner mituerwanten ▷Jn dem◁ nit zu ~~mechtigen~~ ⌜vermogen⌝ ~~wer~~. Es wer auch seiner churf.en g.en bedencklich, widder alher zukommen, da aber die Ko. Mt. Jrem erpieten ⌜nach⌝ die sach vf der post furnemen wolte, ~~mocht er leyden~~ vnd wess Jr Ko. Mt. furtter ⌜bej der Key.⌝ Mt. verrichten vnd an Sachsen gelangen wurde, wolten sie an Jrer befurderung mit deren mitkriegsuerwanten, wass zum frieden dinstlich, nichs erwinden lassen. Was Margraf Albrechten vnd den frantzosen anlangt, achten vnuonnoten, weil die sachen also stunden, sich weitter einzulassen noch einicher declaration, er mocht auch gern sehen vnd solchs befurdern, dass der Margraf zu dem fridstand vnd Cap.lon [= Capitulation] mochte bewegt werden, vnd daruf letzlichen gepetten, die Ko. Mt. woll neben Bayern ~~sie wolten~~ dieser handlung Jngedenck sein vnd da hernachmalss etwass beschwerlichs sich zutragen sollt, dass sein chur-

Nach mittag haben s.churf.g. di gegenwertige Fursten, auch der abwesenden Chur vnd Fursten reth ~~zu sich laß~~ durch den Meinzischen Canzler vf das capitel haus zusammen ~~laßen~~ erfoderen vnd inen di anzeigung thuen laßen, wi hirneben vorzeichnet.
[68v] Als seint di gegenwertige Fursten vnd der abwesenden Reth baldt noch solcher beschehnen anzeig, so m.gst.h. thuen laßen, zu der ko. Ma. gangen vnd, wi zuuormuten, Jrer ko. Ma. douon bericht gethan.

deren Mituerwanndten diß anstanndts halber hanndlen, auch dahin ~~be~~ bemuehet sein, Ob sie Marggrauen albrechten Jn dise Capitulation bringen mochten, doch hiemit nichts zugesagt Noch vertrösstung gethan haben, petten auch, diß alles Jren Churf.en g.en, woe sich verrere schädlichere erweitterungn zutragen solten, Jnngedennckh zusein.[1]
[37r] Vnnd bemelter herr Giennger weitter vermeldet, wie dj Khu. Mt. etc. ain Merers nit bej dem Churf.en erhalten mugen, das Jr Khu. Mt. etc. die Räthe aller seits abgeschaffen vnnd Jr Khu. Mt., auch hertzog albrecht ganntz besonnder mit Jren Churf.en g.en allain gehandlt, was Jrer Khu. Mt. vnnd seiner f.en g.en außrichten, wurde Mann von hochermeltem Hertzogen vernemen.
Hochermelter Hertzog mit khurtz entdeckht, das der Churfurst darbej gepliben. Er wolle, khundte vnd wisse nichts zuwilligen, Er wolle gleichwol muglichen vleiß furwennden, doch darmit Niemannd vertröst haben. Sein f.en g.en Hetten auch allain vnd weitter ad partem mit dem Churf.en gehanndlt, aber ain Merers alß verstannden nit außgericht. Darauf dann dj Khu. Mt. angetzaigt, wie sie auf solchen wohn auch nit abraisen khundten.
Jn dem hat der Churfurst fur dj Stennde zuChomen vnnd audients begert, wie alßbaldt beschehen, vnnd den Stennden furtragen lassen: Jre Churf.en g.en achtetten von vnnötten sein, zuerzellen, wie schließliche vnnd Enntliche anntwurt Jre Churf.en g.en von derselben Mitverwanndten hieher gebracht vnnd an gestert eröffnet, auch alles zu wurckhlicher volziehung zubringen bewilliget, Gedächten auch, das Chain Manngl hieran erschinen, woe zu gleichem dj Khaj. Resolution auf der Khu. Mt. vnnd der Stenndt hanndlungn eruolgt

f.en g.en darzu kein vrsach geben vnd dieselb Jn dem entschuldigt halten etc. Daruf het die Ko. Mt. mit Sachsen vertraulich geredt ~~wurde Jr J chur~~, wurden die Stende von Bayern vernemen.
Bayern zeigt vf solchs an, die Ko. Mt. het fur rathsam angesehen, weil die sachen ~~mit~~ Jren furgang nit erreichen wolten, mit Sachsen zuhandlen, ob sie Jne vf andere weg pringen Konten, vnd daruf mit Jme [578v] conuersirt, dass er alhie wolt verharren, biss die Ko. Mt. widder ankemen Vnd auch darneben an Jne begert, da die Key. Mt. solch Cap.lon [= Capitulation] also willigen wurde, dass er seine mitverwanten bej abgered ~~d~~ Cap.lon [= Capitulation] zupleiben auch ~~ver wilf~~ vermogen wolt. daruf Sachsen geantwurt, er konne vnd wuss sich Jn dem ~~nit one~~ fal nit Jnzulassen, wol aber vleiss furwenden, ob er sie darzu bewegen Konte, ~~konte~~ derwegen nichs zusagen. Er, der hertzog von Bayern, hab auch sonderlich mit Jme gehandelt, hab sich aber nit wollen weysen lassen. <u>Vnd wie er vermerkt, so wol auch die Ko. Mt. vf den whon sich der reyss nit vnderfangen, wol wissen, wie vnd wan, So ~~wol~~ verhar Sachsen vff seiner meynung.</u>
Als solchs bescheen, hat Sachsen sich bej den Stenden anzeigen lassen, da es Jn Jrer gelegenheit, wolten sein churf.en g.en denselben etlich ~~anzeigen~~ mundtlich anpringen thun, wie dan sein churf.en g.en alspald erschienen vnd volgender gestalt

---

[1] Ganz unten rechts steht eine Raute, ebenso auf 37r oben neben der 1. Zeile.

were. weill aber solches nit beschehen vnnd ob wol dj Khu. Mt. zuuerraisen willens vnnd begeret, Jre Churf.en g.en wolten dj khlain zeit geduldt tragen, So Jre Churf.en g.en nit willigen Chundten noch mochten. Nun stelleten Jre Churf.en g.en Jn Chainen zweifln, die Stennde wurden zu lintz vnnd hie, auß was Nott getrenngten vrsachen Jre Churf.en g.en Jn dise Khriegsübung khomen, gnuegsam verstannden haben, das solches allain zu erledigung des alten landtgrauen beschehen, darumbn sie an Treu, Eer vnd Glauben verschriben gewesen, So hetten Jre Churf.en g.en anfanngs [37v] vnnd alwegen die Churfursten vnnd Stennde zu vnnderhanndler leiden mugen, darumbn auch zu Linz angehalten, darauß dann diser hieiger tag eruolgt, vnd on zweifl wurden dj Stennde durch auß vermerckht haben, das Jre Churf.en g.en Jn allem, so zu abstellung aller vnRue diennen mugen, sich willig erzaigt, auch hetten Jre Churf.en g.en Jn hanndlungn die Khu. Mt. vnnd sie, dj Stennde, zu gleichem fridlich vnd guetwillig gespurt vnd, das Jr Khu. Mt. etc. vnnd dj Stennde die hanndlungn gnedigist vnnd freundtlichen erwegen, Nutzlichen bedacht vnnd den sachen gern zu guetter Rue geholffen hetten, welche der Stenndten freundtliche vnd wolgemainte handlungen Jre Churf.en g.en derselben Mituerwanndten erinnern wolte. Jre Churf.en g.en

antragen lassen: Er acht von vnnoten, die Stende widder zuerJnnern, wass sein churf.en g.en fur entlich vnd schliesslich antwurt vf die mittel, so durch die Ko. Mt. vnd Stend bedacht, bej seinen mit-verwanten erhalten, vnd volgendts anpracht, darauss souil vermerckt, vngeacht wass fur beschwerden bej seinen mituerwandten Jn solchen art.n furgefallen, dass sie nichs desto weniger dieselben Jn ~~wan Jr~~ wurckliche volnziehung komen zulassen gewilligt, zweiffelt auch nit, die Stend seyen von der Ko. Mt. bericht, wass die Key. Mt. sich Jn dem resoluirt. Jme Sachsen sej aber derhalb Jn specie nichs anpracht, Ob er gleich allen vleiss furgewendt vnd versehen, die Ko. Mt. solt benugig [579r] gewesen sein, so sej doch Jme ~~solch~~ ⌈zu⌉ antwurt gefallen, dass Jr Mt. auss mangel beuelchs zum beschluss nit Kommen Konte, Vnnd sich dan Jr Ko. Mt. ~~sich~~ erpotten, vf der post sich zu der Key. Mt. zuuerfuegen vnd die sach bej Jrer Mt. zubefurdern, dass sie Jr die mittel gefallen liessen, Mit beger, ~~Sachsen~~ ⌈er⌉ wolt dess verzugs halben gedult tragen vnd den Anstandt begert. Nun stelt er Jn keinen zweiffel, den Stenden sej gnugsam wissendt auss der lintzischen vnd hieigen handlung, wie churf.en g.en zu der sachen komen, Jtem, dass er auch zu anfang dieser kriegsrustung die ▷gutliche◁ handlung der Stend leyden konnen vnd die nit allein nit aussgeschlagen, sonder ▷dieselb vilmher◁ befurdert, wie sich dan solchs Jn der handlung zu Lintz befinden, welche alher verschoben. Vnd stelt Jn Keinen zweiffel, man wuss sich Jn Jetziger handlung zuberichten, dass er nichs anders gesucht dan die wolfart teutscher Nation, vnd dass dess landgrafen erledigung fur ein priuat sach wol angezogen werden, wer Jme an solcher sein trew vnnd glauben gelegen, derwegen er nit vnpillich zu solcher erledigung bewegt. Er het auch auss der vnderhandlung der Ko. Mt. vnd Stend souil vermerckt, dass sie die sachen gnedigst vnd freundtlich erwogen vnd bedacht, dass die grauamina furderlicher erledigung bedurfftig, ~~dass~~ die auch nit allein Jr churf.en g.en vnd deren mituerwanten, sonder alle Stende betreffen thette, neben dess landgrafen erledigung, wie sie ▷~~die Stend~~◁ solchs Jn schriften vbergeben. Daruf het sein Churf.en g.en nit vnderlassen, [579v] bej seinen mituerwandten solche handlung furzunemen, deren sie gesettigt. Vnd ob wol etlich art. Jme hetten wollen Jngetrungen werden, hetten sie doch dieselben nit vf sich nemen wollen, wie er dan desshalben wenig danck verdient, vnd solchs nit vmb seines, ~~d~~ sonder dess gemeinen nutzens willen gethan. Vnd wer der hofnung gewesen, die Ko. Mt. solt vermog der Lintzischen handlung ~~sich~~ vf den dazumal furgeschlagnen mitteln sich weitter haben vernemen lassen, darauss die gemeine wolfart zuuermercken, darzu dan auch Jr Mt.

wolten auch gar nit zweifln, woe allain dj Khaj. Mt. etc. bewilliget, es solte vorsteender
verderbung, Eusseristen Nott des Turckhens Rath befunden sein worden. weil aber das Je
nit sein wollen, were es Jren Churf.en g.en bekhumerlichen. dann ob wol dj Khu. Mt. diß
Milten erpietens, wie vernomen, So stuennde ⌐es⌐ doch Jn Jrer Churf.en g.en gewalt nit. So
hetten sie allberaith nur zu vill bewilliget vnnd vnerhörte anstänndt zugegeben, dardurch dj
zeit vnnd bequemlichait verloren vnnd verläs, auch das gelt vnnutzlichen verschwenndet
vnnd dem Gegenthail sich zusterckhen statt gegeben, derohalben khundten sich Jre Churf.en
g.en weitter nit Einlassen, doch vnnd, woe dj Khu. Mt. etc. derselben vorhaben nach zu der
Khaj. Mt. Raisen wolten vnd das Jr Khu. Mt. furderlichen Jr Churf.en g.en der Khaj.
bewilligung berichteten, disfalß wollen Jre Churf.en g.en bej dero Mituerwanndten
Nochmaln muglichen vleiß anCheren, alles zu außträglicher handlung zubefürdern, petten,
wie hieuor, diser Jrer Churf.en g.en guetwilligkhait vnnd dahin Jnngedennckh zusein, ob
weitterung eruolgten, das Jre Churf.en g.en daran nit schuldig weren. Sie mussten es gott
beuelhen, vnnd petten Jre Churf.en g.en, sie, dj Stennde, wolten sich gegen Jren Churf.en
g.en Niemandt bewegen lassen, Sonnder das erzaigen, so ain Stanndt gegen dem anndern
zuerzaigen der Reichsverwanndtnuß nach schuldig, So Jre Churf.en g.en hingegen auch
[38r] thun vnnd, so vill muglichen, der Stenndten schaden verhuetten vnnd hiemit ainen
freundtlichen guettigen abschidt von den Stenndten genomen haben wolten.

solt bewogen haben, die vorsteend zerruttung teutscher Nation, auch die eusserste
gefar dess Turcken, vnd da dieser vertrag von der Key. Mt. angenomen, disfalss
guten rath begegnet werden Konne. Weil er aber vermerckt, dass die Key. Mt. dahin
nit zubewegen, hab er solchs mit betruebtem gemuth vernommen. Vnd ob wol die
Ko. Mt. sich zu der Key. Mt. Jn eygner person verfugen wolt ~~w~~ vnd die art.
verhoflich bej Jrer Mt. zuerhalten, welches er anders nit, dan ▷dass es guter trewer
vormeynung beschee◁, ~~vnderthenigst vnd wol~~ vermerckt, So stund doch sein
beuelch dahin nit, dass er einich weitter zusag thun solt, ob gleich die art. ~~de~~
hernachmalss von der Key. Mt. solten bewilligt werden, dan sein churf.en g.en sich
~~Jn allen di~~ dermassen erzeigt, dass ers darfur acht, dass es Jn Kriegsubungen ⊢Jn
langer zeit⊣ nie erhort, Jn solchen langen Anstandt zuwilligen [580r] dardurch die
zeit vnd gelt versaumpt, auch der gegenthail sich mitler zeit gesterckt, Jedoch het er
dass hindan gesetzt, dieweil es aber Jetz nit sein wol, ~~Jn sachen zuschliessen~~ Jn
sachen auss mangel der Keyserlichen resolution zuschliessen, so kont er zu weitterm
Anstand nit willigen, auss vrsachen, er von seinen mituerwanten anderer gestalt nit
▷anders◁ abgefertigt, dass er Jr resolution vermelden vnd dess Keysers alspald
daruf horen solt. Da ⌐nun⌐ die Ko. Mt. zum Keyser derhalben verreisen, darin er Jr
kein mass gebe, vnd Jr Mt. Jne dessen, wess sie aussgericht, berichten wurde,
wolte er an seinem vleiss, die sachen bej seinen mituerwanten zubefurdern, nichs
erwinden lassen, vnd wass er bej Jnen erlangt, Jr Mt. furtter berichten. Weil aber die
art. von der Key. Mt. dissmalss nit angenomen, acht er von vnnoten, lenger alhie
zupleiben, vnd hab nit vnderlassen wollen, den Stenden solchs zuuermelden, dessen
freuntlich Jngedenck zusein, dass der mangel an Jren churf.en g.en vnd deren mitverwanten nit gewesen. Vnd weil es am gegentheil gewonnen, muss ers Got dem Almechtigen beuelhen vnd sich trosten, was vnraths vnd schaden kunftig entsteen
mochte, dass er daran kein vrsach.
Vnd versehe sich, da diese sach zu weitterung Komen solte, sie, die Stende, wolten
dess Jngedenck sein, dass es an Jrer churf.en g.en nit gestanden vnd sich [580v]
gegen Jren churf.en g.en nit bewegen lassen, sonder der freuntlichen verstendtnuss
nach, damit ein Stand dess Reichs dem andern verwandt, ~~sich dermassen zuerzeigen, dessgleichen wolten~~ erJnnern vnd sich gegen seinen churf.en g.en dermassen
ertzeigen vnd daran ⌐sein⌐, damit deren land vnd leut zum wenigsten beschwerdt

werden solten. Vnd wolt also ein freuntlichen Abschiedt genommen haben.
[*** Rest der Seite ausgestrichen, mit der Notiz "vacat"]
[581r]   Vmbfrag vf der Ko. Mt.,
                    auch des Churf.en zu Sachsen
                    furpringen etc.
Trier: hetten gehort die relation regis, wes Jr Mt. vnd Bayer mit Sachsen gehandelt, welches fast die meynung, wie hieuor von regj referirt, weil Sachsen sich Jn handlung nit weitter Jnlassen wil vnd von hinnen verrucken etc. Vnd halten darfur, dass Sachsen zubeantwurten. 1° das man Jne Jn gantzer handlung freundtlich vnd gnugsam Jm werck befunden, damit dem last abgeholffen, wie dan Stend neben der Ko. Mt. solchs auch gethan, die sachen beim Keyser zubefurdern, damit Jr Mt. bewilligt. Vnd hetten nit geringe beschwerung, das sies difficultirt, Aber hetten sich versehen, weil rex zum Keyser postiren wolt, hie es mocht den sachen abgeholffen werden vnd derhalben auch one beschwerung nit vernomen, welcherge dass er sich Jn weitter handlung Jnlassen dorft [sic!], wolt sich aber nichs anders versehen, da er die seinen mechtigen Konte, das er an Jme nichs wolt mangeln lassen, damit der friedt getrofen, wol auch bedenken, das dem Keyser alss dem obersten haupt gepuren wolt, die sachen alspald zuwilligen. Aber man wolt nit vnderlassen, weitter gutlich handlung beim Keyser zusehen etc. Vnd horen, was sachsen antwurt. wo er dan sagt, hab kein beuelch, Must man vf weg bedacht sein, das die sachen vf pilliche wege gepracht, wo dan Cesar die handlung anneme, das er die sachen alsdan wol befurdern, thet man sich bedancken, Vnd versehe man sich, er werd an Jme nichs erwinden lassen vnd dass er der Stend vnd vnderthanen verschonen, Jtem, dass dem Konig solchs zuuor auch anzupringen
[581v] Coln: Verglich sich vmb kurtz willen mit Trier, dass solchs also bej Sachsen gesucht werd, Vnd da die Key. Mt. solche mittel willigen wurde, dass er seine mituerwanten darzu bewegen woll, Sej der Stend, auch sein verderben zubesorgen, vnd sol man solchs an Konig gelangen.
Pfaltz: het auch dis anpringen der Ko. Mt. vnd Bayern eingenomen, hetten darfur, das Sachsen zupitten, das er Jn bedacht diss hohen wercks, weil er sich bissher gutwillig erzeigt, dass er nachmalss die Acht tag verharren wolt.
Brandenb.: hetten die Churf.en rathe horen votirt, verglichen sich mit denselben, dass Sachsen mit freuntlichen worten bericht, weil er sich gutwillig erzeigt, das ers nachmalss thun wolt, das auch Stend sich mit embsigen vleiss bemuhet, die sachen vf friedliche weg zurichten. Vnd weil er Je wol verreysen, Konne man wol erachten, was Konig vnd Beyern nit erhalten, Stend wurdens nit thun, verglichen sich auch mit Trier vnd Coln, das Sachsen vermant werde, dass er die sachen wol bedenken, wass darauss eruolgen moge, Jtem, dass regj diese handlung anzuzeigen.
Meintz: Acht auch, dass Sachsen ⌈rex⌉ nachmalss zuersuchen, dass er dass verderben der teutschen Nation wol behertzigen Vnd die sachen nit wol zerschlagen lassen Vnd dass beim da er sich Jchts zumechtigen oder bej den Key. Comissa. zuerhalten, dass sies thetten.
Saltzpurg: wie Meintz.
[582r] Beyern: Das der Konig nachmalss mit Sachsen zuhandlen, solt ersucht werden, liess er Jme auch nit misfallen, sonst wie andere.

Hierauf[1]

Haben sich dj Stennde auf volgunde anntwurt vnnderRedt, das dj Churfurstliche Räthe, gegenwurte [sic!] fursten vnd der abwesennden Pottschafften Jre Churf.en g.en Jn allen hanndlungn fridlichen vnnd guetwillig gespurt, des versehens, Jre Churf.en g.en wurden die Stennde auch annderst nit, alß die zu Rue vnnd friden genaigt weren, vermerckht haben, wie dann Je dj Stennde, was zu Rueschaffung diennen mugen, an Jrem vleiß nichts erwinden lassen. Das aber annderer Beschaidt, alß verhofft worden, von der Khaj. Mt. eruolgt, des truegen dj Stennde Mit Jren Chrf.en g.en gleiche Beschwere, Neben dem, das Jre Churf.en g.en Jn weitern anstanndt zuwilligen auch nit gewalt haben solten, vnnd were der Stenndten höchsts erinnern vnnd Pitten, Jm fall, das Jre Churf.en g.en die acht täg zubewilligen nit gewalt hetten, das doch Jre Churf.en g.en derselben freundtlichen vnd gnedigem erpieten nach bej derselben Mituerwanndten oben so vill hanndlen wolten, auf das diser Chlainer zeit erwarttet vnnd Jn allweg Jetzo vnnd hinfuran der Stennden des Reichs vnnd derselben zugehörign vnnd verwanndten verschönet vnnd zufriden getrachtet wurde. dann Jre Churf.en g.en selber Jrem hohen verstanndt nach zuermessen, das auß vorsteeunder KhriegsRuesstung vnnd vbung annderst nichts alß verwuesstung, verhörung vnnd Trennung des heilgen Reichs letzlichen eruolgen wurde vnnd musset, So mochte villeicht auch dise, der Khaj. Mt. waigerung nit so beschwerlichen zuuerdennckhen, Sonnder dahin Miltiglichen zudeutten sein, das die Mer zuerhaltung geburlicher Reputation

2. vmbfrag

Trier: Sehe fur gut an, das rex zuberichten, was Sachsen furpracht vnd wes bedacht, Jren churf.en g.en weitter furzupringen, Vnd stelten zu bedencken, ob nit rathsam, das rex ersucht, Jm fal, Sachsen sich weitter nit einlassen wolt, das nichs desto weniger rex personlich zum Keyser ziehen wolten vnd vndersteen, Jne zum frieden zubewegen, Vnd dass mit Sachsen zuhandln, das er vf seiner bewilligung pleiben wolle. Steltens zum andern.

Coln: weil rex Jr bedencken den Stenden angezeigt, konten sie auch nit anders achten, es solt am nutzlichsten sein, sich zu der Key. Mt. verfugen. Vnd dass Jr Ko. Mt. nachmalss mit Sachsen handln wollt, alhie zuuerharren. Neben dem, wo es andern gefellig, das etlich mit Sachsen Jns leger zuordnen, die die sachen helfen furdern.

Pfaltz: Acht, dass regj anzupringen, wes Sachsen anpracht, Vnd ~~weil~~ ⌈da⌉ rex der Stend bedenken horen wolt, solt vermelt werden, dass Jr Mt. Sachsen ~~vf~~ nachmalss vff vorigem wege zuhandln, oder da die 8 tag nit zuerhalten, dass man mit Sachsen ordnen solt Jns leger, die die sachen handelten.

[582v] ~~Sachsen~~
Brandenb.: hielten fur nothwendig, dass rex zuerJnern, aller gelegenheitt vnd vrsach, ~~da~~ wass darauss eruolgen wurde ~~dass~~ da diss werck zerschluge, Vnd gepetten, dass Jr Mt. bej Sachsen allen vleiss furwenden, da diss werck nit zerschluge, ~~da Sachsen~~
Meintz: kurtz halben liessen sie Jnen gefallen, dass Ko. Mt. zuersuchen, sich der sachen zu mechtigen, wo nit, das er ~~sich~~ mit Sachsen handln wolt, dass er verhart, Vnd dass ~~es~~ Sachsen furter auch zuerJnnern der beschwerung.
Saltzpurg: wie Meintz.
Beyern: ~~Liess Jme~~ Besorgt, es werd bey Sachsen nichs zuerhalten sein, drumb solt ⊢rex⊣ ~~Sachsen~~ die sachen ~~ers~~ ersitzen lassen Vnd doch mit Sachsen Jns leger ordnen, Vnd Jr Mt. ~~sie~~ die sachen nichs desto weniger mitler zeit furdern wolten.

---

[1] Das Bf.-pass. Protokoll faßt Beratung über Moritz' Anbringen und Antwort an ihn zusammen und fügt daher die Antwort an Moritz schon hier ein.

alß zu ainem Enntlichen abschlag, wie verhoffenlichen, gegeben were. das es aber Je dahin gelanngen solte, Muesse Mann dannocht gedennckhen, wie fridt vnnd [38v] Rue zuschaffen vnnd vorsteeunnden VnRath allenthalben begegnet werden möchte. Die Stennde wolten auch Jrer Churf.en g.en erpietens Jnngedennckh sein, sich hingegen, wie sich wol aigen vnnd gebuern wurde, verhalten, des versehens, Jre Churf.en g.en wurden deren vnd derselben armen leuthen diß Eusserist verderben nit zuziehen.

Also Jst vngeuerlichen der Churf. von den Stenndten wider beanntwurt worden.

Auch bedacht, das obuermelt anpringen des Churf.en der Khu. Mt. antzutzaigen seie.

Volgundts Haben die Stännde sich auf d. Gienngers Bericht der anntwurt entschlossen, die Khu. Mt. etc. zuerinnern, wie gnedigist sie sich diser vnderhandlung gleich anfanngs vnndernomen, darzue auch dj Stennde vermügt, Vnnd das nur der angewenndt vleiß also on frucht zergeen vnd sich dj hanndlungn zerstossen solten, annderst nichts zugewartten alß die zersterung Teutscher Nation vnnd verderbung des Armen, darumbn der Stenndten höchsts pitten, woe Jr Khu. Mt. etc. sich hierinnen der Khaj. Mt. Mächtigen möchten, sich vmb gemaines fridens vnnd Rue willen des zu vnderfahen, woe nit, das Jr Khu. Mt. nochmaln, Ob gleichwol khlaine hoffnung Mererer außrichtung vorhannden, den Churfursten Jn disen anstanndt zubewegen, bemuehet sein wolten. Vnnd das nichts zuerlanngen, Nichtsweniger Jr Khu. Mt. dj Raiß zu der Khaj. Mt. etc. an dj hanndt nemen vnnd, wie friden anzustellen, muglichist sich befleissen wolten. disfalß hielten die Stennde auch darfur, Nutz sein, woe Jr Khu. Mt. etc. dem Churf.en Etliche zugeordnet, dessen die Stennde sich guetwillig auch erpotten.

Acht fur noth, das dem Konig angezeigt ⌈werd⌉, wass Sachsen furpracht.

Aystet: wie Bayern, dass man regem bit, Jns leger zuordnen.

Brandenb.: wie Bayern.

Passaw: Acht, dass rex zuerJnnern, der ~~be~~ hohen beschwerungen, so eruolgen mochten, Vnd dass sie Jr ♭ erpieten zu lintz zuerJnnern.

Braunschweig ⎱ wie Bayern.
Wurtzburg   ⎰

Gulch: da aber rex beschweren wurd, von Jrer wegen zuschicken, dass ~~vf~~ doch die Stend schicken solten.

Pomern

Wurtemberg: wie Payern.

[583r] Hieruf haben die Stend der Ko. Mt. anpracht, sie hetten nit vnderlassen sich zuunderreden vf dass anpringen, so Jr Mt. durch d. Gengern Jnen anzeigen lassen, wes sie ~~mit~~ neben Bayern mit Sachsen verhandlet. Vnd da es noch Jn der Ko. Mt. macht, sich der sachen zumechtigen, wolten sie vnderthenigst darumb gepetten haben, wie es dan auch rathsam vnd gut, grossern vnrath vnnd verderben zuuerhutten, Jn betrachtung, dass die gegentheil mit Kriegsuolck dermassen gefast, dass sie die gehorsamen Stend leichtlich auch widder Jren willen zu beschwerlichen dingen tringen konten. Da es aber Jn Jrer Ko. Mt. gewalt nit were, So betten die Stend, Jr Mt. wollen nachmalss mit Sachsen handlen, ob Jchts zuerheben. Vnd ~~so~~ wo solchs alles nit stat haben solt, Batten sie, die Ko. Mt. wol vnbeschwerd sein, sich ~~zu~~ Jrem erpieten nach zu der Key. Mt. zuuerfugen vnd die sachen ~~vf~~ bei Jrer Mt. vf die weg richten, ob Jr Mt. sich zum frieden wolten bewegen lassen. Das auch Jr Ko. Mt. mit Sachsen handlen wolt, dass ers der abgeredten art. halben bei seiner ~~gethanen~~ vnd deren mituerwanten gethanen bewilligung wolte pleiben lassen. Es sehe auch die Stend fur gut an, dass Jr Ko. Mt. Jemants der Jren zu Sachsen vnd deren mituerwanten Jns leger ordnen wolt, dergleichen wollten sie, die Stend, auch thun, die allen vleiss anwendten, ob sie den Anstand solche zeit, biss die Ko. Mt. mit der resolution widder ankeme, erhalten mochten.

vnd haben di ko. Ma. s.churf.g. auch erfordern vnd vngeferlich folgende anzeigung thuen laßen:

Es hetten s.churf.g. heut fur mittag vornhommen, aus was vrsachen vnd vorhinderung gnugsams befelchs di bedachte vnd alhier gestelt capitulation des vortrags nicht habe izundt konnen geschloßen werden vnd das sich gleichwol Jre ko. Ma. erbotten, eignener person zu der kei. Ma. vf der post ~~sich~~ zubegeben vnd zufleißigen, das di kei. Ma. nochmals dorein on fern difficultirn oder anhang, sonder Simpliciter bewillige, vnd das dorauf begert, das s.churf.g. solche kleine zeit

Hierauf haben die Khu. Mt. abermaln gnedigist anzaigen lassen, das Menig zugedennckhen, woe Jr Khu. Mt. etc. so vill gewalts sich anzumächtigen hetten, das Jr Khu. Mt. dise Muesame Raiß nit wurden [39r] vber sich nemen, Jr Khu. Mt. wolten gemainer wolfart zu guetem der Raiß sich beladen vnnd mit gottes hilff Jn acht tagen hie wider erscheinen, auch noch mit dem Churfursten hanndlen, ob sein Churf.en g.en Jn weittere willigung gebracht werden mochte. So liessen Jr Khu. Mt. etc. Jr die Mitordnung ganntz wol gefallen, wolten Jres thails abferttigen, das dann dj Stennde auch thun solten.

Die Stennde Haben Jrer Khu. Mt. hierauf des Churf.en an sie beschehen anbringen entdeckht, Bej deme es Jr Khu. Mt. ausser des letztern anhanngs auch beruehen lassen, Mit dem vermelden, Jr Khu. Mt. wolten sich versehen, die Stennde wurden geburlichs anntwurt zugeben wissen.

Die Stennde haben auch begert, Jr Khu. Mt. wolten der Franntzosischen werbungen, allberaith mit der Khaj. Mt. zuhandlen, mit gnaden gedacht sein.

Die Khu. Mt. haben hieruber begert abschrifften des furtrags vnnd guetbedunnckhens, so dj Stennde Jrer Khu. Mt. etc. Mundtlichen derohalben angebracht.

Auch letztlichen fur guet angesehen, das dj Stennde der Khaj. Mt. auf derselben schreiben bej Jrer Khu. Mt. anntwurt wider geben vnnd Jr Khaj. Mt. abermaln aller gelegenhait Notturfftiglichen vnd vnderthanigist berichten wolten.

Des sich dj Stennde gehorsambist erpotten, wie das Jn beden schrifften hieneben zusehen.

[583v] Die Ko. Mt. liess hergegen anzeigen: Sie hetten der Stend ferner bedencken angehort, Vnd solt man gentzlich darfur halten: da es Jn Jrer Mt. macht vnd sie es verantworten konten ▷Vnd Jn sachen dissmals entlichen zuschliessen◁, wolten Jr Mt. Sachsen vnd die Stend so lang damit nit vfgehalten haben. weil es aber Jn Jrer macht nit stunde, seyen Jr Mt. notwendiglich getrungen, vf den weg, sich zu der Key. Mt. selbs ~~zuuerfugen getrungen~~ ⌜zubegeben⌝, zugedencken. Vnd weren Jr Mt. den Stenden vnd gantzer teutschen Nation zugutem noch vrputig, die rayss, die gleichwol beschwerlich, vf sich zunemen, Vnd gedechten, die ~~fals~~ sach also zubefurdern, damit ~~Sachsen die~~ die Key. Mt. solch Cap.lon [= Capitulation] auch zuwilligen bewegt werde. Es wolten auch Jr Mt. mit Sachsen weitter handlung der Stend begeren nach furnemen Vnd waren willig, Jre gesanten neben den Stenden Jns leger zuschicken, ~~dan~~ die sachen, wie vermelt, zubefurdern, dan wass Jr Mt. gantzer teutschen Nation zugutem handlen vnd furnemen kont, weren sie geneigt.

Die Stend zeigten auch ~~Sachsen an~~ der Ko. Mt. an, wes Sachsen Jne den Stenden anpracht, daruf die Ko. Mt. antwurten liess, befunde, dass solchs dess Sachsen anpringen dem Jhenen, so er Jrer Mt. auch anzeigen lassen, fast ein meynung, ausserhalb des letzten anhangs, dass die Stend vermog Jrer verwandtnuss bej Jme halten solten, wie ein stand dem andern schuldig etc. Vnd wurden sich die Stend vf solchen anhang gegen Jme vnd andern der gepur ▷vnd, dass es bej der Key. Mt. verantwurtlich◁ ~~vnd vnuerweysslich~~ ⌜zu⌝ erzeigen wissen.

nochmals wolt gedult tragen etc. Es hetten aber Jre ko. M. aus s.churf.g. ▷heutigen◁ anthwort befunden, das dieselb solcher Jrer ko. Ma. begern etwas vngemes gefallen.

Nhun solten es s.churf.g. gewißlichen dofur halten, wo gnugsame Resolution von der kei. Ma. furhanden were, das also Jre ko. Ma. izundt zu einem beschlus alhier kommen mochten, das si s.churf.g. nicht wolten aufhalten, auch sich selbst mit der beschwerlichen reise zu der kei. Ma. beladen.

[69r] Weil es aber an dem, das di kei. Ma. ezlicher puncten halben difficultirten, So wolten sich Jre ko. Ma. der sachen zumbesten ~~vo~~ in solche reise zu der kei. Ma. personlich begeben vnd dieselb, wi auch heut gemelt, in acht tagen vorrichten. ~~Nhun~~ ⌈Vnd⌉ wolten Jre ko. Ma. wol am libsten, das s.churf.g. solche zeit vber alhier vorharrten vnd der anthwort, ~~wi~~ so Jr ko.~~W.~~ Ma. erlangen werden, erwarteten, wi dan di andern Stende auch zuthun gewilligt.

Do es aber s.churf.g. gelegenheit nicht were, alhier zubleiben, So begerten doch Jre ko. Ma., s.churf.g. wolten es bei derselben mithuorwanten dohin befurdern, domit, wan di hibeuor furgeschlagne capitulation des vortrags bei der kei. Ma. erhalten wurde, das si es dobei auch bleiben ließen, wi si dan daßelb izundt gewilligt.

Dergleichen, ~~wolten auch~~ das s.churf.g. den fridtlichen anstandt solche kurze zeit vber auch erstrecken vnd ~~auch~~ mitler zeit doran ~~were~~ ⌈sein wolten⌉, das mit vorrichtung der briflichen vrkunden, der man sich vorglichen, auch fortgeschritten wurde, domit di vortragshandelung auf den 24. July gleichwol zu entlicher volzihung khommen mochte.

Vnd nachdem Jre ko. Ma. vormergkten das s.churf.g. Jr selbst bei derselben mithuorwanten durch di fleißige handelung etwas vordachts mochten aufgeladen haben, So hetten sich Jre ko. Ma. mit den Stenden vorglichen, [69v] das si ezliche personen s.churf.g. wolten zuordenen, di von Jrer ko. Ma. vnd der Stende wegen solchs, wi obgemelt, bei s.churf.g. mithuorwanten auch suchten vnd begerten.

Es wern auch Jre ko. Ma. der freuntlichen zuuorsicht, wan di handelung ~~wan di handelung~~ zu entlichen beschlus kommen solten, s.churf.g. wurden zuuolzihung derselben eigner person ⊢wider⊣ anherkommen.

Dorauf haben s.churf.g. widerumb angezeigt, das si Jrer ko. Ma. gnedigs begern heut vor mittag fast auch vf di meinung, wi izundt widerholt, auch vorstanden. Es hetten auch s.churf.g. hinwiderumb ~~was~~ ire nothurft vnd, ~~bei vnd~~ ⌈was si bei⌉ derselben mithuorwanten zuerhalten vortrauten oder nicht, vndertheinigst anbracht, das konthen si nochmals nicht endern. S.churf.g. stelt auch in kein zweifel, ~~was~~ das Jre ko. Ma. di handelung ~~nicht~~ gerne befurderten, wo es in derselben gewalt stunde, weil es aber der k. M. teils erwunde, So wurden s.churf.g. vnd dern mithuorwanten auch billich entschuldigt gehalten. Es wolten auch s.churf.g. nicht vnderlaßen, solch irer ko. M. gnedigs begern an deren mithuorwanten zubringen vnd nochmals allen guten fleis anzuwenden, wan es von der k. M. bewilligt, das si es auch nicht ausschlugen, doch konten s.churf.g. hirin nichts entlichs zusagen.

Das auch Jre ko. M. vnd di Stende ezliche personen zu s.churf.g. mithuorwanten wolten schigken, dorin ~~konte~~ ⌈geburte⌉ s.churf.g. ~~in ?? auch kei??~~ ┬solcher ??┬ ⌈nicht, das si Jrer ko. M. solten⌉ mas geben, hilten es ~~auch~~ ⌈doch⌉ der sachen nicht abtreglich. ▷das ⌈aber⌉ s.churf.g. widerumb zu beschlus des handels solte anherkommen, dorin wolten s.churf.g. sehen, wi es derselben gelegenheit geben ~~wolte~~

⌈wurde⌉, vnd do s.churf.g. Je eigner person nicht kommen konte, wolten si es doch
(so fern es sonst wurde fortgengig sein) ires theils an geburlicher vorordenung,
⌈das di ding mochten zur entschaft bracht werden⌉ nicht mangel sein laßen◁, vnd
wolten s.churf.g. hirmit ~~iren~~ ⌈ein⌉ vnderthenigen abschidt von Jrer ko. M. haben
genommen vnd theten sich derselben vnderthenig befeln.
[70r] ▷Hirauf haben di ko. Ma. wider laßen anthworten, ~~das si es vber di~~ weil si
vormergkten, das s.churf.g. vf voriger anthwort fest beruheten vnd sich gleichwol,
~~zu~~ Jrem fleis anzuwenden, erbotten, So wolten es Jre ko. M. dißmals auch dobei
bleiben laßen vnd sich gnediglich vorsehen, s.churf.g. wurden di ding allenthalben
zum besten bei Jren mithuorwanten befurdern, vnd haben dorauf s.churf.g. ~~den~~
⌈Jren⌉ abschidt von der ko. Ma. ~~vor~~ genhommen◁.
~~Folgents~~ ⌈Alsbalt dornach⌉ haben di Fursten vnd abwesende gesanthen s.churf.g.
vngeferlich nachfolgender gestalt beanthwort:
Si hetten sich auf s.churf.g. furtrag vnderredt vnd, souil di einkommen keiserlich
resolution anlangt, wher inen douon durch di ko. Ma. gleichergestalt vor-
~~vormug(?)~~ ⌈meldung⌉ geschehen, wi si aus s.churf.g. furtrag vormergkt, das an
s.churf.g. auch bracht, vnd hetten sonst solche resolution in Specie nicht gesehen.
Souil aber s.churf.g. ~~anzeigung~~ ⌈tragen⌉ vnd ~~beschehne~~ ⌈erstlich di⌉ ausfurung, wi
~~si~~ sich ⌈s.churf.g.⌉ in diser handlung vorhalten, anlangt, wusten si sich anders nicht
zuerinnern, dan das sich s.churf.g. ider zeit freuntlich, gutwillig vnd gnediglich
hetten finden laßen, vnd spurten souil, das s.churf.g. den gemein nuz deutscher
nation wol bedacht vnd zu fride vnd rhue geneigt weren, des si sich dan freuntlich
vnd vnderthenig bedanckten, vorhoften auch, s.churf.g. wurden nochmals in
solchem guten willen vorharren.
So wurden on zweifel s.churf.g. aus der handelung auch vormergkt haben, das di
Stende auch zu fride, einigkeit vnd wolfart deutscher nation geneigt, wi si es dan
nochmals an Jrem treuem fleis, solchs zubefurdern, nichts wolten erwinden laßen.
[70v] So hetten si auch von der ko. Ma. nicht anders vormergkt, dan das si auch
allen fleis furgewendet vnd das si nochmals ~~alle~~ gerne das beste thuen ~~wolte~~ vnd
derwegen in eigner person zu der kei. Ma. postiren vnd muglichen fleis anwenden
wolte, das di k. M. di alhier gepflogne handelung ir auch lißen gefallen, vnd
wolten in acht tagen widerumb alhier sein vnd hetten gute hofnung, etwas
fruchtbars auszurichten.
Weil es dan ein kleine zeit were, So beten si freuntlich vnd vnderthenig, s.churf.g.
wolten es bei derselben mithuorwanten dohin richten, das solche zeit mochte
stilgestanden vnd di Stende des reichs vnbeschwert bleiben.
Dan s.churf.g. hetten zubedencken, wi ganz vnschuldig di Stende dorzu kemen, das
si solten vorderbt werden, do auch ein Standt angriffen vnd zuruttet wurde, So
were das Reich albereit zurtrent vnd wurde zu entlichem vndergang der deutschen

Nation¹ gereichen, welchs sonder zweifel s.churf.g. ▷als der furnhemen glider des reichs einer◁ ~~ir~~ nicht gerne wurde gestatten, sonder vilmher dorzu rathen vnd helffen, das das Reich vnzurrutet [71r] in dem standt vnd wesen beisammen blibe, wi es nhun ezlich hundert Jhar herkommen vnd fur allen Nationen der Christenheit gerumbt worden.

Dorin dan s.churf.g. sonderlich auch di armen vnderthanen wolt bedengken, di dordurch vnschuldiglich² zum eußersten vorderbt wurden.

Dergleichen wolten auch s.churf.g. zu gemuth furen, das durch dise krigsubung, wo di im heiligen reich iren fortgang erreichen solte, dem Turcken raumb gelaßen wurde, di Christenheit noch mher dan geschehen zuschwechen.

Vnd ob si wol nicht gerne erfarn, das der k. M. resolution dermaßen gefallen vnd di sachen also mußen vorzogen werden, So wolten si doch neben der ko. Ma. nochmals allen fleis furwenden, di ke. Ma. dohin zubewegen, das si in di hier furgeschlagne mittel auch bewilligten,

Vnd weren der hofnung, s.churf.g. vnd derselben mithuorwanten wurden domit auch nochmals zufriden sein vnd bedengken, das vileicht di k. Ma. irer reputation ?? ~~dem be??~~ ~~halten wollen das si sich~~ ⌜halben⌝³ so baldt ⌜nicht⌝ ~~nicht haben~~ ⌜mogen⌝ zu bewegen ~~laßen~~ ⌜gewest⌝ vnd das gleichwol di ko. Ma. sich eigner person dermaßen ~~bewegen~~ ⌜bemuhen⌝.

[71v] Was dan s.churf.g. lezt angeheng begern anlangt, wolten si das Jenig, so s.churf.g. begert, das si es wolten indengk sein, in kein vorgeßen stellen. Si stelten auch in ⌜kein⌝ zweifel, di abwesenden Chur vnd Fursten wurden sich auf s.churf.g. bit vnd beger aller gebur der vorwanthnus nach, domit ein Stant des reichs dem andern zugethan, freuntlich erzeigen, vnd also vorhalten, das zubefinden das si nichts libers wolten dan fride vnd einigkeit, das auch s.churf.g. bei dem iren in rhue mochten bleiben.

Vnd vorsehen sich zu s.churf.g. hinwidder alles guten freuntlichen willens etc.

den gemeinen dan eygen nutz bedacht, bedanckten sich dessen zum ~~h~~ vleissigsten, versehen sich, sein churf.en g.en wurden Jn solchem guten willen verharren, wie dan sie, die Stend, auch geneigt, vnd dass sie nichs liebers sehen, dan dass fried gemacht vnd dass verderben teutscher Nation abgeschaft wurde, wie sie dan an Jnen auch nichs wolten erwinden lassen, wie dan die Ko. Mt. gleichergestalt der ~~moy~~ meynung, die sachen zubefurdern. Vnnd batten, sein churf.en g.en wol die sachen dahin richten, das die gering ⌜zeit⌝ mit ⌜dem⌝ fridlichen Anstandt erwart Vnd die Stend mit ~~ve~~ beschedigung verschont wurden, dan sein churf.en g.en hetten zugedencken, da der Krieg fur sich geen solt, dass es der gantzen teutschen Nation verderblicher schad, welches Je gantz beschwerlich, Vnd versehe man sich, wurd solchs bedencken, damit solcher schad vnd verderben abgewendt etc. Hergegen wolten die Chur vnd fursten dess reichs sich gegen Jrer churf.en g.en ⌜auch⌝ der gepur ertzeigen vnd beweysen.

---

¹   Anstreichung: "zuruttet wurde … der deutschen Nation".
²   Anstreichung: "auch die armen … unschuldiglich".
³   Anstreichung von "di K.M. irer reputation halben" und der gestrichenen Zeile: "… halten wollen das".

Dorauf haben s.churf.g. widerumb kurzlich laßen replicirn:

Das si gerne vornhemen, das di ~~handlung von~~ gegenwertige Fursten, auch der abwesenden Reth s.churf.g. gemut vnd handelung dermaßen ▷freuntlich◁ vnd wol vorstunden, wi es von s.churf.g. gemeint. So hetten si auch hibeuor laßen anzeigen, das s.churf.g. ⊢Jrer aller ⊣ in diser handlung ~~Jren allen~~ ⌐treuen⌐ angewanten fleis zum freuntlichsten vormergkt vnd ~~nicht anders befunden~~, das si sich auch deßelben freuntlich bedangkt, [72r] vnd weil s.churf.g. di vrsachen so noch der leng ausgefurt, welcherhalb am besten vnd nothwendigsten were, das man zu fride vnd rhue kommen mochte, bei sich selbst auch bedacht vnd sonderlich, do diser krig fur sich gehen solte, was zuruttung des reichs deutscher Nation[1] erfolgen wurde, So hetten auch s.churf.g. bißher allen muglichen fleis furgewant, das solchs mochte vorkommen ~~wurd~~ vnd di sachen in der gute vorglichen werden, wi si dan derhalben nhun fast in den dritten Monat[2] mit solcher handlung vmbgangen vnd dieselb bei s.churf.g. so weit bracht, das si in di mittel, So di ko. Ma. vnd di Stende bedacht, auch gewilligt. Das aber nhun der kei. Ma. resolution dermaßen gefallen, das were ~~wol~~ s.churf.g. wol bekommerlich, es ~~w~~ befunden aber di Stende doraus, an wem ~~der~~ es mangelte ~~were~~.

Vnd weil di ko. Ma. willens were, sich zu der ke. M. eigner person zubegeben, vnd si, di Stende, auch nochmals fleis anwenden wolten, di ke. M. zubewegen, solche mittel anzuhemen etc., So wern s.churf.g. auch des erbitens, wi dan hiuor gemelt, das si solchs an Jre mituorwanten auch gerne wolten bringen.

[72v] Si konten aber derhalben nichts gewißes zusagen, weil si alein vf den fal zu bewilligen gewalt hetten, wan di ke. Ma. ir solchs auch alsbaldt hetten gefallen laßen, wi si dan solchs di ko. Ma. auch berichtet.

Dergleichen wolten auch s.churf.g. des Anstandts halben di zeit vber, bis di ko. Ma. widerumb anher keme, allen fleis furwenden.

Was aber ~~den~~ ▷s.churf.g.◁ ~~lezern anhang~~ ⌐begern⌐ vf den fal, do di ke. Ma. ~~d~~ zu disen furgeschlagnen mitteln gar nicht zubewegen, anlangt, vorstunden s.churf.g. ~~Jre~~ ⌐di⌐ gegebne anthwort freuntlich vnd dohin, das si sich ~~di S~~ als Stende des reichs berurts fals ~~gegen~~ ⌐wider⌐ s.churf.g. vnd derselben mithuorwanten ▷nicht alein nicht wurden bewegen laßen, sonder auch◁ dermaßen erzeigen ~~wurden~~, domit

[584v] Sachsen ~~er~~ zeigt hieruf mit erholung der Stend furtragen an, ~~da vnd~~ ⌐Jr churf.en g.en⌐ bedanckt sich erstlich gegen den Stenden des freuntlichen erpietens vnd seyen die vrsachen gleichwol dunckel gnug, warumb die Keyserlich resolution nit ~~ero~~ auch erofnet, dardurch man also zum fryden nit kommen konte, Vnd hett ~~sich~~ auch nichs ~~gespart~~ an seinem guten vleiss gespart noch erwinden lassen, ~~ob die~~ damit die sachen zum vertrag komen mochten ~~Vnd het sich~~ ▷wie sein churf.en sich dan dessen◁ hieuor ⌐oftmals⌐ erpotten, da die abgeredt Cap.lon [= Capitulation] von der Key. Mt. also gewilligt, dass er bej seinen mituerwanten allen muglichen vleiss anwenden woll, damit sie deren auch zufrieden etc. dessen erpietens sej er noch, het ~~auch~~ der Stend erpieten auch vernommen, wol sich auch zu Jnen getrosten, sie wurden sich der gepur ertzeigen, Jn ansehung, der mangel an seiner churf.en g.en

---

[1]   Anstreichung: "man zu fride vnd rhue ... des reichs deutscher Nation".
[2]   Anstreichung: "in den dritten Monat".

s.churf.g. vnd di Jren vber solche ~~gleichmeßige~~ ⌜geschene⌝ bewilligung nicht beschwert ~~wurden~~ ⌜wurden⌝ etc. des theten sich s.churf.g. freuntlich bedangken Vnd wolten ⌜sich⌝ auch vf solchen fal hinwider aller gebur vnd freuntlikeit gegen Jnen erzeigen vnd Jrer selbst vnd irer vnderthanen schaden vnd nachteil, souil s.churf.g. zuthun muglich, vorkommen vnd wolt also hirmit ~~si~~ ein freuntlichen abschidt von inen genommen haben.

[73r] Dorauf ist widerumb ~~replicirt~~ durch di Stende ~~replicirt~~ geanthwort:

Das solche s.churf.g. anthwort inen zu freuntlichem gefallen gereichte, vnd vorsehen sich zu s.churf.g. alles guten willens vnd wolten sich auch deßelben hinwiderumb iderzeit gegen s.churf.g. freuntlich befleißigen.

Den 5.tag July ist m.gst.h. widerumb von hinnen ins leger vorritten.

Noch s.churf.g. abreisen haben di Stende, so alhier gewest, ein schreiben an di kei. Ma. gestelt vnd Jre kei. Ma. zum hochsten ermant vnd gebeten, das Jre kei. Ma. di alhier vorglichne handelung Jr auch one ferner enderung gnedigst wolten gefallen laßen, wi di copei solchs schreibens[1], ▷welchs den 5. July datiert◁, hirbei vorwart, vnd haben daßelb der ko. M. zugestelt, domit si es zu irer ankunft der kei. Ma. mochten vberanthworten.

Den 6.tag July seint di ko. Ma. auf der post von hinnen zu der ke. Ma. noch villach vorruckt[2].

Den 13.July seint di ko. Ma. widerumb von Salzburg anher kommen.

Erichtags, den 5. July,

Haben dj Stennde dj anntwurt an dj Khaj. Mt. angehört vnnd die beschlossen, also auch dj gestelt Nottl der franntzosischen werbung,

Jtem auch dj Mituerordnung abgeredt, darzue Jresthails vnnd von der Churfursten wegen herrn [39v] Philipen von Winderberg, Trierischen, vnnd Johann von Diyhaim, Phalzgräfischen Räthen, vnnd von der Fursten wegen Sebastian Notthafften, Bairischen Marschalhen, vnnd den ~~Pomerisch~~ pomerischen gesanndten furgenommen.

Die Khu. Mt. haben den von Bappenhaim vnd doctor Zasium abgesenndet.

nit. Vnd da ~~d~~ auch die sach zu weitterung ~~geloff~~ gelangen solten, wolten sie sich dermassen ertzeigen, das man spuren solt. Vnd wolt also hiemit abermalss von Stenden ein Abschiedt genomen haben etc. Stend erpoten ⌜sich⌝ gleichergestalt aller freundschaft gegen Sachsen. Vnd ist Sachsen damit abzogen.

Sexta Julij

▷abreyss der Ko. Mt.◁ Die Romischs Ko. Mt. Jst an heut am morgen zu 2 vhrn vfgewesen vnd von Passaw auss zu der Key. Mt. vf der post verritten.

So seind die verordenten Jns leger auch an heut vmb den Mittag aussgezogen, denen Jnstruction vnd Credentz verfertigt vnd mitgeben worden.

Decima Tertia

▷ankunft der Ko. Mt.◁ Jst die Ko. Mt. zu Passaw von der Key. Mt. widder ankommen.

---

[1]   Unterstreichung von "wi di copei solchs schreibens".

[2]   Randnotiz späterer Kanzleischrift: "Nota: hierbey ist zubefinden, was die Rethe an S. Churf.en g.en den 7. July geschrieben vnd was S.Churf.en g.en darauff gentwortet haben fol.412 & 428".

[73v] Den 14. July haben di ko. Ma. di Stende zu sich laßen erfordern vnd inen bericht gethan, was si bei der ke. M. ausgericht vnd, wi wir berichtet, ist di Summa deßelben gewest, das di kei. Ma. vf irer ko. Ma. vilfeltig anhalten vnd bit[1] mit dem mhererteil der artikel, inmaßen di alhier abgeredt, zufriden were, alein bei den beiden puncten, di Religion vnd Grauamina belangent, ~~haben~~ ⌈hetten⌉ Jre kei. Ma. ezliche enderung vnd erclerungen gethan vnd wolten dieselben artikel

Phintztags, den 14. July,

Nachdem die Khu. Mt. an gestert Mittichen, den 13. July, hie von der Khaj. Mt. etc. wider ankhomen, Haben Jre Khu. Mt. heut phinztags zu drej vhrn Nach Mittentags die Stennde fur sich erfordern vnnd denen furhalten vnnd anzaigen lassen: Sie, die Stennde, Hetten sich zuerinnern, wassmassen die alhie abgeredte Capitulation durch dj Khaj. Mt. etc. so beschwerlichen Jn Jrer gegebner anntwurt angetzogen, das Jr Khu. Mt. khainen Nähern weeg, alß das sich Jr Khu. Mt. etc. zu der Khaj. Mt. selber verfuegten, befunden, darzue Jr Khu. Mt. etc. acht tag furgenomen vnnd sich am gestert acht tag verganngen hie erhebt vnnd Freitags geen villach ankhomen, Die Khaj. Mt. etc. da Gesundten von den gnaden gottes gefunden, auch gelassen, also bej Jrer Khaj. Mt. den Sambstag vnnd Sonntag zugebracht vnnd, bej Jrer Khai. Mt. willfärige anntwurt zuerlanngen, Muglichen vnnd Mennschlichen vleiß gannz Bruederlichen vnnd freundtlichen angewenndet, Volgundts sich verschinen Montags wieder auf den weeg gemacht vnd gestert alhie Mit Gott wider anChomen weren. Damit dann die Stennde nit aufgehalten vnnd, was Jrer Khu. Mt. außrichtung, er]nnerung emphienngen, So wolten Jre Khu. Mt. den Stennden Erstlichen ain Senndtschreiben zu sambt ainer Nebenschrifften, alles von der Khaj. Mt. außgeeundt, vnnd dar]nnen die anntwurt auf der Stenndt Jungster schreiben begriffen, vbergeben lassen, Mit dem anregen, das, ob wol, wie oben verstannden, Jr Khu. Mt. allen Mennschlichen, Mueglichen vleiß, precisum Responsum zuerlanngen, zum höchsten sich bemuehet vnnd bearbaith, So hette Jr Khu. Mt. doch solches also strackhs [40r] bej der Khaj. Mt., alß die

[585r]   Decimaquarta Julij 52

Die Romischs Ko. Mt. hat lassen den erscheinenden fursten vnnd potschaften den 14. Julij furhalten: Nachdem die Stend vnd Potschaften hieuor gnugsam erJnnerung empfangen, welchergestalt die Key. Mt. die alhie gepflegte handlung Jrer Mt. vberschickt, fur beschwerlich angezogen vnnd Jn viel wege difficultirt vnnd derhalb Jr Ko. Mt. keinen nehern oder furtreglichern wege, die Key. Mt. zubewegen vnnd Jren consenss zuerlangen gewist, dan sich Jr Ko. Mt. selbs zu der Key. Mt. erheben, derhalben dan Jr Mt. sich gestern acht tag von hinnen zu Jrer Mt. begeben vnd volgenden freitags zu Villach bej Jrer Mt. ankommen, da sie auch Jr Mt. frischs vnnd gesunth funden vnd verlassen, Sambstag vnnd sontag zupracht, auch muglichen vnnd menschslichen vleiss furgewendt vnnd sich Montags widderumb auff den weg begeben. Vnd damit sie nun die lenge nit vfgehalten werden, sonder gnugsamen ausfurlichen bericht empfangen, wes sein Mt. gehandelt vnnd außgericht, vbergeb sie erstlich ein schreiben von Jrer Key. Mt., an sie, die Stend, aussgangen, Jtem ein nebenschrift, von Jrer Key. Mt. Jrer Ko. Mt. zugestelt, darauß die Stend vnd Potschaften auf Jr Jungst der Key. Mt. vberschickt schreiben vernemen werden. Vnnd wiewol Jr Ko. Mt. an allem muglichen furwenden nichs erwinden lassen, Jr Mt. zubewegen, Jn die alhie abgeredte Cap.lon [= Capitulation] stracks vnnd precise zuwilligen, So het doch Jr ~~J~~ Mt. Jn erwegung der hohen verletzung vnd beleydigung

---

[1]   Anstreichung: "di Kei Ma. ... anhalten vnd bit".

vf dem kunftigen reichstag mit zuthun aller Stende des Reichs erledigen. vnd seint
dorauf di artikel, wi si di ke. Ma. geendert, Jtem ein credenz an di Stende, Jtem di
anthwort der kei. Ma. vf der Stende schreiben, Jtem der kei. Ma. ratification, desgleichen di form des eingangs vnd beschlus des vortrags in schriften zugestelt, wi
wir dan douon auch Copeien bekommen vnd hirneben zubefinden[1].

so hoch verletzet vnd belaidiget, nit erhalten khundten. Nichtsweniger vnnd auf Jrer Khu.
Mt. etc. so villfeltige, bruederliche gethane erJnnerung Jr Khaj. Mt. letzlichen dahin bewegt,
das Jr Khaj. Mt. Mit Khurtz den ganntzen hieigen Tractat allain ausser zwaier puncten
volChomenlichen angenomen vnd bewilliget hetten, alß Jn den articln der Religion vnd
Grauaminen, Jn welchen beden articln Jr Khaj. Mt. etlichermassen Ennderung furgenomen,
Nemblichen Jn der Religion, da steet vnnd gesetzt wurdt «Ob gleich dj Strittig Religion nit
ertragen wurde, das nichtsweniger der fridtstanndt etc.", disfalß vermainen vnd
gedenncken Jr Khaj. Mt. etc., derselben Jrer Khaj. Mt. vnnd gegenwurtign Stennden nit
gebueren, fur sich selber allain vnd ausser annderer Stennden dermassen ainen vnbedingten
friden aufzurichten, der vrsachen, solches dahin zuerleuttern sein, das Jetzo der fridt angee
vnnd biß zu verrerer Chunfftiger, gemainer Reichsversamblung disposition zuRestringiern
seie, also, was alßdann auf ainem gemainen Reichstag weiter hieruber beschlossen, das
solches durch Jr Khaj. Mt. vnnd die Stennde treulichen gehalten vnd volzogen wurde.

solches endtlich vnnd stracks nit erheben mogen, nichs desto weniger het ~~der~~ ⌈Jr⌉
Ko. Mt. sich der sachen bej Jrer Key. Mt. souil angenommen, [585v] das letzlich Jr
Key. Mt. bewegt worden, das sie Jn die alhieig Cap.lon [= Capitulation] ausserthalb
zweyer puncten gnedigst bewilligt, vnnd Jn den vberigen Kein bedencken gehapt,
Sonder Jr vorig meynung Jn denselben fallen lassen. Vnnd hetten demnach solch
zwen art., Nemlich Religion, frid vnnd recht, auch Grauamina betreffen, etwas
transsponirt, erclert vnd verendert, wie auß den art.n oder schriften, so Jr Mt.
vbergeben, zusehen. Auf das aber die Stend erJnnerung empfahen mochten, auß
was vrsachen Jr Mt. Jn der Alteration derselben bewegt, Haben Jr Ko. Mt. denselben ferner vermelden lassen, das Jn dem art., fried vnnd recht belangendt, d [sic!]
wie der alhie abgeredt, ein art. begriffen were, Es wurde nachmals vergleichung Jn
der Religion funden oder nit, das nicht desto weniger der fridstandt fur vnnd fur
weren vnd pleiben solte. Nun hetten die Key. Mt. dieses puncten halb ein gross
bedencken, das also ein vnbedingter Jmmerwerender friedstandt bewilligt werden
durch ein particular handlung vnnd versamlung, dieweil die handlung des friedstandts
die Stendt alle gemeinlich mitberurt. Gepure derwegen der Key. Mt. vnnd den
Stenden, vf einem Reichstag daruon zuhandln, Jr Mt. konne auch denselben
anderst nit bewilligen, Mit dem anhang vnnd vertrostung, was alsdan daselbs weiter
gehandelt, das es bej demselben pleiben soll, Achten darfur, man werde damit auch
zufrieden sein.

---

[1] Notiz am Rand von späterer Hand: Nota: die ⌈2⌉ geenderten Artikel seindt nicht ~~vnter den
vorig Artikel~~ hierbey, Item die form des eingangs ~~bey den~~ vnd beschlus des vertrags ??,
▷ seindt aber hernachher von dem Burggraffen vnd Stende gesandten, als sie zu S.Churf.en
g.en ins leger kommen, vbergeben worden, dobey sie zufinden fol. 495.498. Item bey der
Sentschreiben, so sie den 15. July gethan, fol.442.455 ◁, ~~bey dem 6. Artikul belangende
Caution vnd versicherung dieses vertrags~~ etc., des Kay. Credenz schreiben aber fol.432 vnd
Kay. antwortt fol.434.

Also auch Jn dem articl der Grauaminen, da dj Erörtterung der «Khu. Mt., Khu. Würden auß Behem vnnd gegenwurtigen Stennden allain haimbgesetzt», ziehen Jr Khaj. Mt. auch zubeschwär. dann ob wol Jr Khaj. Mt. die Khu. Mt. vnnd gegenwurtige Stennde nit verdächten, Nichtsweniger vnnd dhweil solcher articl nit allain Jr Khaj. Mt. etc., Sonnder Chunfftige Khaiser vnnd Khunig, auch alle Stennde des Reichs betreffe, Gedennckhen Jr Khaj. Mt., die decision billichen allen Stennden Jn gemain zubeuelhen vnnd also auch auf Chunfftigen Reichstag solches zuuerschieben sein.
Ausser Jetzt erzelter zwaier Ennderungen liessen es dj Khaj. Mt. etc. Jn dem vbrigen allem bej dem verfastem Tractat pleiben, vnnd solte daran nit Manngl haben, wie das auß der Khaj. Mt. Ratification (so Jr Khu. Mt. auch vbergeben thetten) zu sehen. Neben dem hetten Jr Khu. Mt. allain zu furderung den Einganng vnnd beschlueß hieiger abgeredter sachen vnd hanndlungn schon stellen lassen, So Jr Khu. Mt. auch hiemit den [40v] Stennden zustellen liessen. Mit g.en^ist erwitterung, Jr Khu. Mt. wolte sich versehen, Mann wurde hierauß Jrer Khu. Mt. etc. angewenndten vleiß spüren, darneben auch, wie g.en vnnd vätterlichen es dj Khaj. Mt. gemaint, vermerckhen. vnnd dhweill die zeit verstriche, Musse der tag der Erledigung des Lanndtgrauen erlenngert, auch vnnd dhweill der Churfurst auß Sachssen nit wol hieher zufordern, vnnd damit dj zeit nit verloren, Hielten Jr Khu. Mt. etc. darfur, zu seinen Churf.en g.en vnnd anndern dero Mituerwanndten Gesanndte mit diser Khaj. Resolution abzuferttigen sein, darzue Jr Khu. Mt. etc. Jres thails die Jrigen Mit abzuordnen erpuetig vnnd genaigt.

Den andern puncten, die erledigung der angezognen [586r] beschwerden belangen, hetten die Stend sich auss der alhieJgen Cap.Ion [= Capitulation] zuberichten, das solche erledigung durch Jr Ko. Mt., ▷die Ko.◁ W. zu Behem vnd sie, die Stende, solte bescheen vnnd darin erkantnus furgenommen werden, das hetten sich Jr Mt. beschwerdt befunden. Dan ob wol Jr Mt. fur Jr person wenig bedenckens trugen, den Stenden solchs zuuertrawen, So bedechten sie doch, das diese handlung nit allein Jrer Mt. person, sonder auch dero nachKommen am Reich Officium, ampt vnnd hocheit betrefen theten Vnd darneben andere Stende nit [sic! für mit] belangten. Were also nit allein beschwerlich, sonder auch vnuerantwortlich, Jrer Mt. selbs vnnd den kunfftigen Keysern vnd particular Stenden kunfftigliche zupraeiudicirn, derwegen Jr Mt. bewegt worden, den art. also zulimitiren vnnd zuendern, das die erledigung der angezognen beschwerden verschoben werde vff kunftigem Reichstage vnnd das sie alsdan samentlich durch Jre Mt. vnnd Reichsstende beschee, mit dem erpieten, das Jr Mt. sich alsdan gnedigklich vnd vetterlich wolle ertzeigen. Sonst vnnd ausserhalb dieser puncten werde es bej dieser Jrer Key. Mt. kein mangel oder bedencken haben, allein wurt die notturft numher erfordern, die zeit der erledigung des Landgrafen zuerstrecken.
Vnnd damit die Stende der Ko. Mt. vleiss, auch der Key. Mt. gnedigen willen vnd neygung zu friedt vnd ruhe Jm heyligen Reich spuren mochten, so hetten Jr Key. Mt. [586v] vf Jrer Ko. Mt. befurderung ein form der ratification stellen, wie Jr Mt. bedacht, die hieig handlung zu ratificiren, einzugeen vnnd zubewilligen, Jtem, so wer auch der eingang vnd beschlus des vertrags gefertigt, damit die sach gefurdert wurde.
Das alles hab Jr Mt. den Stenden zu aussfhurlicher erJnnerung gepfleter[sic!] handlung lassen antzeigen, des versehens, sie wurden darob vernemen, das sich Jr Key. Mt. g.en^lich ertzeigt vnnd die geg.en^I [= gegenteil] nit vrsach haben, weitters zusuchen, so sie anderst sonst lust vnd neygung zur aynigkeit tragen.
Vnnd nachdem diess der Key. Mt. entlich meynung sej, Jr Ko. Mt. bedencken zu furderung der sachen, das es dabej pleib, vnd dieweil es sich zu lange verziehen wurde, des Churf.en von Sachsen ankunft alhie zuerwartten, So wolten Jr Ko. Mt.,

Die Khu. Mt. etc. Haben nach solchem furhalten den Stennden Jren angewenndten vleiß auch angetzogen, Mit dem lautterm anhanng, das dise anntwurt der Khaj. Mt. den widerwerttigen nit beschwerlichen sein solte, Jn ansehung, das Jr Khaj. Mt. Mit Khriegsvolckh zu Ross vnnd fueß allberaith, dann auch mit gelt Notturfftiglichen Nunmer verglichen weren.

Hierauf seien dj Stennde zusamen ganngen, vnnd Jn gemain dahin beschlossen, das dj vbergebene Schrifften Noch disen abent abgeschrieben werden solten.

Der Aberttigung halber Jst mit dem Merern dahin das bedennckhen gestelt worden, dj Khu. Mt. zuuerpitten sein, das Jr Khu. Mt. ain ansehenliche person verordnen wolten, deren Mann die hieuor schon abgesenndte auch, woe von Nötten, Noch anndere vnnd Neue zuordnen mochte. Vnnd verlassen, das auf Morgen zu Siben vhrn vor Mittags die Stennde wider zusamen Chomen vnnd Jr verrer bedennckhen auf angeregte schrifften vnnd hieruber weitter außgeben vnnd schliessen sollen.

die handlung zukurtzen, gern dartzu thun, vnd solten die Stendt Jemants vss Jnen neben Jrer Mt. zu dem Churf.en von Sachsen vnnd seinen mituerwandten verordnen, dess alles sie zuberichten etc.

[*** Rest der Seite: Lücke].

[587r] Das Schreiben, so die Key. Mt. an die Stend mit der Ko. Mt. vberschickt, Jst verlesen, neben der resolution. Vnd daruf bedacht, man solt alle schriften, so die Ko. Mt. den Stenden vbergeben, abzuschreiben.

Es ist auch durch den Meintzischen Cantzler proponirt, dieweil die Ko. Mt. furgeschlagen, das Jemants von den Stenden vnd Jrer Ko. Mt. vnd der Stend wegen mit der Key. resolution zu Sachsen vnd seinen mituerwandten zuschicken, welche sie dahin vermogen we, das sie Jn solche resolution auch willigten, derwegen von nöten, daruon zureden, wer von der Stend wegen zuschicken.

Vmbfrag

Trier: hetten angehort, wes die Key. Mt. resoluirt, vnd verstanden, das sie Jnen die abgeredte handlung ausserhalb 2 puncten gefallen lassen. Vnd weil vnuonnoten, einich berathschlagung oder enderung zusuchen, Achten sie, das die sachen Sachsen zum furderlichsten vberschickt werd vnd das Stend neben regj darzu verordnet hetten, die die sachen zum vleissigsten anprechten, damit sie sich auch weysen lassen. Vnd achten von der Churf.en wegen, der Brandenburgischs Marschalck Adam Trot, die fursten wurden auch zuordnen wissen.

Coln: weil die handlung vf dem beruhet, die sachen an Sachsen & consorten zugelangen, Acht er auch, dass die befurdert, schlug auch Adam Trotten von Churf.en wegen, werd ...

Pfaltz: vermerk auch, woruf die sachen beruhen wollen, Vnd acht, das die schickung nit vndinstlich, Jm fall Sachsen & consorten sich we weiyern wurden, das sie sie darzu bewegen hette, schlug Adam Trotten fur, Acht, das nit vnrathsam, das den andern gesandten zu Sachsen geschrieben, der sachen anzuhangen vnd alda zuuerharren.

Brandenb.: Liess Jme der andern meynung gefallen, was aber Jne, Adam Trotten, anlangt, hab er zuuor Jn sachen viel gehandlet, besorgt, sein Jetzig handlung werd vnfurtreglich sein, dan es an personen, die bej Jnen angenem, Schlug Bayern & Passaw fur, verhofft, weil sie vor Jn hand sachen gehandelt, solten nit vndinstlich sein.

[587v] Meintz: Acht auch, das die schriften abzuschreiben, Schikung belangen, weil rathe vorher abgefertigt, Acht, dass Jetzo desto weniger zuschicken vnd dass sie samptlich handelten vnd dass rex zupitten, auch Jemants zuschicken oder dem vorigen beuelch zukomen lassen.

Saltzpurg: wie Meintz.

Den 15. July haben di ko. Ma. Carlowitz vnd mich zu sich erfordern. was nhun Jre
ko. Ma. vns anzeigen laßen vnd wir hinwider geanthwort, auch ferner an v.gst.h.
haben gelangen laßen, das befindet sich aus der schrift, so wir an s.churf.g. gethan.

[41r]   Freitags, den 15. July, anno etc. 52,
Wiewol dj Stennde auf dj gesterig Relation der Khu. Mt. etc. beder articln fridens vnnd der
Grauaminen Mererlaj bedennckhen gehabt vnnd aines thails dise Khaj. Resolution hoch
disputiern wollen, So ist doch mit dem Mererm dahin geganngen vnnd beschlossen, das dj

Beyern: was die schickung belangen, acht auch, da die vorigen gesanten noch alda,
dass schir gnug, Aber weil die sach willig, wol die notturft erfordern, statlich
zuschicken, drumb rex zupitten, ein ansehenlichen rathe neben der Stend ~~hob~~
schicken vnd die sachen furprechten vnd handelten. dass man auch morgen zusamen
komen vnd die zwej bedencken ~~erst~~ der Key. Mt. ersehen, damit, wo etwass darin,
das bej Sachsen nit zuerhalten, ob milterung bescheen moge.

Aystet   ⌐
Braunschweig |
Prassaw   ├ wie Bayern.
Brandenburg |
Wurtzburg   ⌐

Gulch: dergleichen.
Wurtemberg: Schlugen Bayern fur, sich der sachen zu vndernemen.
Morgen sol man widder zusamen komen Vnd die geenderten art. besichtigen, vnnd
da sie zu scharpff, ob milterung darin zusuchen, vnd die Ko. Mt. ein neben beuelch
derhalben haben mocht.
                         Decimaquinta Julij,
                         7ª hora ante meridiem
Vmb sieben Vhr vor Mittag ~~Ɉ~~ Seind die erscheinende fursten vnd der abwesenden
gesanthen zusamen kommen, vnnd wes durch die Ko. Mt. gesterigs ⌐tags⌐ neben der
Key. resolution vbergeben, besichtigt, vnd daruf vmbgefragt, Auch wie die schickung
zu den KriegsChur vnd fursten furzunemen.
                         Vmbfrag
[588r] Trier: hetten die art. ersehen vnd gegen den vorigen erwegen, befunden, dass
Cesar Jn den 2 art. allerlej bedenken. Vnd achten, es wol den verstand bej Jme nit
haben, wie die alhie berathschlagt, kondtens nit endern, Besorgten, es werd Sachsen
zuwidder sein, die also zu willigen, dan 1°, souil der fridstand Jn der religion belangt,
sej der allein vf den reichstag angestelt, vnd wer gut gewesen, das der Keyser dahin
zuuermogen, den fridstand, wie der abgeredt, zuwilligen, Sachsen werdts versteen,
dass sie der relig. [= religion] halben von Cesarj nit gar gesichert, die Stend der alten
religion bedorften des fridstandts mher dan die andern, Vnd Cesar nit Jedessmalss
eylende hulff zuthun, drumb hielten sie darfur, dass rex zuersuchen, da er weittern
beuelch Jn dem, solchen zuerofnen, Jtem das die wort [ca. 1 Zeile Lücke] nit
ausgelassen, sonder an ein ander fuglich ort gesetzt werden. 2° grauamina belangen,
seyen zusetz gescheen, 1° dass die ~~priuat~~ beschwerungen, so den Keyser belangen,
durch die Ko. Mt. vnnd alhieigen Stend vf kunftigem reichstag verhandlen sollen,
wiewol Sachsen dessen wenig bedenken, doch mocht es difficultet begeren [sic!],
Jtem der sonderbaren beschwerungen halben der Stend mocht auch bedenckens
beim geg.enⁱ [=gegenteil] zuerhalten, Achten, das rex zuersuchen, solche wort
herauss zulassen, Steltens zu der andern bedencken.
Colln: hetten auch die enderungen bej den beyden puncten gesehen, wusten nit, wie
dem abzuhelfen, dan dass bej regj anzusuchen, wie durch Trier daruon geredt.
Pfaltz: het auch Jn eyl die schriften ersehen, befunde, dass diese 2 puncten geendert

vnd verglich sich mit Trier. Vnd acht, dass nit vnrathsam, das der Konig zuersuchen, da er weittern neben beuelch, dass sie denselben volkomlich vbergeben wolten den Jhenen, so zu den KriegsChur- vnd fursten zuschicken. Vnd damit es zuentlichem vergleichen pracht werd, Acht er, das der Brandenburgischs Marschalck vnd der furst zu Bayer, Jtem wurtemberg Jn eygner personen, Vnd da solchs also beschee, es solt den sachen geholfen werden, dan da der vertrag volg, mocht derselb vertrag zubesiglen vberschickt werden, vnd dass rex zupitten, dass er den Stenden wolt erlauben ...

[588v] Brandenb.: wiewol sie verhoft, rex solt die sachen bej dem Keyser dahin erhalten, damit mher verglichen dan bescheen, weil aber Cesar daruf verhar, mussen sies pleiben lassen. weil sie aber wussen, das der religion halben viel beschwerung Jngerissen vnd one ein fridstand nit wol kone Jchts bestendigs verhandlet werden Vnd da es also an die Kriegsf.en gelangt, mocht Jnen nachdenkens vnd zu misstrawen verursacht, drumb verglichen sie sich mit Trier, das die Ko. Mt. weitter zuersuchen, weil rex zu lintz sich erclert, das hinfuro kein Stand der religion halben soll beschwerdt werden, solt es pillich darbej pleiben, solt dessen nachmalls zuerJnnern sein vnd das die nottel ~~etl~~ etwas weitter zubegreiffen. Vnd da rex sich verglich, solt solchs alspald Jngrossirt vnd versiglet vnd Sachsen Jme furpracht, dan da sies ploss prechten, mochten sie die sachen weitter grubeln, wurden sich desto ehr bewegen lassen. Wer aber die gesanthen sein solten: Nachdem die sachen gross vnd von noten, dass furderlich zum friden gericht, hielten sie darfur, dass statliche personen, so Jnen befreundt vnd ansehens hetten, Vnd bedechten, das rex zupitten, den von Plawen zuschicken, Vnd auss den Stenden Bayern, weil er den sachen nit weyth gesessen, Vnd damit auch einer von wegen der Churf.en vorhanden, weil Pfaltz dem leger nit weith gesessen vnd ein alter her vnd ansehens, dass er von regj vnd Stenden darzu solt ersucht werden vnd ob er dessen bedenckens, sich Jns leger zubegeben, kont man Jne an ein besonder ort, wie dan am besten, zubescheyden, wolten sich mit andern verglichen. Achten auch, es solt der sachen dinstlich sein, da schon der Key. Mt. meynung plieb, das die Stend ~~ver~~ sie, die Kriegsfursten, versichern solt, das es kein missuerstandt haben solt. das man bej regj vmb erlaubung solt anhalten, bedechten, das es der sachen gantz vndinstlich, wuss man, wie die Key. Mt. geschaffen, da man verruken solt, mochten Jr Mt. zu anderm bewegt werden, acht, dass besser alhie zuuerharren, biss die resol. [= resolution] kome.

[589r] Meintz: hetten gehort, wes die Churf.en rethe vor Jnen daruon geredt, die Key. Mt. zuersuchen, dass der fridstand fur vnd fur weren solt etc. Nun het man gestern gehort, dass Cesar sich also entlich erclert, Jedoch soll Jnen der versuch nit zuentgegen sein, ob man Jchts weitters erhalten konne, wo nit, muss mans pleiben lassen. Vnd die suchung bej Sachsen zuthun, Achten auch, das der vertrag Jn ein form zustellen vmb gleichsverstandts willen. Verordnung belangen hat er, dass ansehenliche Chur vnd f.en zuordnen, da es gescheen mocht Jn einer kurtzen zeit, liessen sie Jnen gefallen, batten darumb, solt es sich aber verweylen vnd ~~ein f~~ die Stend noch weitter beschwerdt solt werden, sej beschwerlich vnd solt nit vnrathsam sej, das man den vorigen weg fur handt neme.

Saltzpurg: wie Meintz.

Bayern: verstund, dass der Key. Mt. entlich resol. [= resolution], acht, rex werd weitter nit geen. da dem also, Acht er, das rex zupitten, die schickung furderlich Jns werck zurichten, liess Jme der Trierischen meynung gefallen, ob rex bedenkens het, den Stenden alle weittere resolut. [= resolution], ▷da sie einich weitter het◁, zuthun, das Jr Mt. solchs den gesanten thet. dass man aber lang disputiren solt, wess fur fursten zu schicken, werd wol ein f^i [= firtel] Jars daruf geen.

Aystet: besorgt auch, es werd rex kein weitter resolut. [= resolution] haben, Aber wie dem, verglich er sich mit Bayern vnd Trier, dass rex zupitten, da er einich weitter

Khu. Mt. allain zuuerpitten sein, Ob Jr Khu. Mt. verrern Beuelch hetten, das zuöffnen vnnd dj hanndlungn zubefurdern, woe nit, Jr Khu. Mt. widerumbn vnderthanigist anzulanngen, ansehenlichen abzufertigen vnnd, ob wol von der Stennde wegen auf den Churfursten am Rhein, Phalzgrauen, Hertzogn Jn bairn vnd wierttemberg geredet worden, So ist es doch bej dem ⌐ver⌐pliben, das den gesanndten, so one das von der Stennden wegen oben bej den Khriegsfursten zugegen, dj sachen zubeuelhen weren, Vnnd beschlossen, Jezt alßbaldt den abschidt zu Jngrossiern vnnd zuuerferttigen vnnd den verordnetten (disen den Khriegsfursten haben zuuberantwurten) zuzustellen sein.
Diser beschluß Jst der Khu. Mt. etc. angetzaigt worden. darauf haben Jre Khu. Mt. selber anntwurt gegeben, das Niemandt annderst gedenckhen solle, woe Jre Khu. Mt. Merern Beuelh hetten, woltten Jr Khu. Mt. darmit nit Jnnenhalten, aber Jr Khu. Mt. handletten frej vnnd Rundt Mit dem g.en^ist vermelden, das sich Chain Stanndt Mißtrauens durffe besorgen, dj Khaj. vnd Jr Khu. Mt. etc. wurden Niemandt Jn glaubens sachen gewaltigen, wye das der Khaj. Mt. gegebene Ratification zuuersteen gebe, vnnd, was Jr Khaj. Mt. etc. hierJnnen einstellet, Beschehe allain der vrsachen, wie an gestert vermeldt, [41v] das nit gepreuchig, bej Jrer Chaj. Mt. etc. deren wichtigen sachen halber also particulariter zuhanndlen vnd zuschliessen. Jr Khu. Mt. wolten den heren Burggrauen etc. abferttigen. vnnd dhweill dj vörige Gesanndten mochten wider am herziehen sein, were Jrer Khu. Mt. guet achten, Neue verordnung zethun.

resol. [=resolution], dass er die den geschickten anzeige. Sej besser, die kriegsfursten an ein besonder ort zubeschreiben, dan Jm leger zuthedingen, Wurttemberg solt auch dartzu vermocht werden.
Brandenb.: Liess Jme gefallen, dass zuuersuchen, ob die Ko. Mt. weittere resolution hetten, den Stenden solche zuerofnen, Vnd sonderlich dess fridstands halben. Achten, dass nutz, die nottel des vertrags gestelt vnd Jngrossirt werd, Schickung belangen, da es bej den fursten, da Brandenb. von geredt, zuerhalten, liess ers Jme gefallen.
[589v] Passaw ⌐
Gulch
Wurtz~~emberg~~   ⌐ dergleichen
Wurtemberg ⌐
Jst geschlossen, das die Ko. Mt. vmb weittere resolution zuersuchen, da sie einich weitter von der Key. Mt. hette vnd sonderlich dess fridstandts halben, ▷wes Jr Ko. Mt. zu Lintz bewilligt◁, Jtem, das der vertrag Jngrossirt vnd Jn sein gantz ordnung verfast. Der schickung halben solt Pfaltz vnd ~~Wurtemberg dessgleichen~~ Bayern ersucht werden, sich Jn eygner person zu den KriegsChur vnd fursten zuuerfugen vnd die sachen bej Jnen zubefurdern, die resolution der Key. Mt. anzunemen etc.
Der Ko. Mt. Jst solchs also vermeldet worden, ⌐vnd⌐ daruf sie widder antwurten lassen: Man solt gentzlich darfur halten, da Jr Mt. Jchts weitters gewalts oder beuelchs von der Key. Mt. empfangen, es solt den Stenden vnuerhalten plieben sein, vnd hetten Jr Mt. weitter bej der Key. Mt. nit erhalten konnen, Jr ▷Key.◁ Mt. wolten auch vmb ein ~~Jo?~~ Jota nit weitter weichen. Den vertrag hetten Jr Mt. alberedt zuJngrossiren beuolhen, vnd sej den zuuersecretiren auch willig. Dergleichen wolten Jr Mt. auch Jemants der Jren mit Jns leger ordnen Vnd sehe Jr Mt. fur rathsam an, die Stend hetten auss d̶ Jnen auch geordnet, ob sie die andern gesanten, so hiebeuor geschickt, nit antreffen wurden. Das die ~~Stend etlich~~ Additiones ~~suchen~~ ▷belangen, so Cesar hinzu gesetzt◁, wuss Jr Mt. fur gewiss, dass Cesar Jn dem kein gefhar suche, Vnd thuen es Jr Mt. allein auss dem bedencken, das sie Jnen ⌐zu⌐ solchen wichtigen sachen Jn gemein vnd nit Jn sondern rathen der Stend ⌐zu⌐ schliessen ~~ke~~ gepuren woll.

Hierauf dj Stennde vnnd dj Churf.en Räthe auf den Branndenburgerischen Marschalch, herr adam Trott, vnnd Gulch geredt.

So haben dj Khu. Mt. Jr gefallen lassen, den Receß zustellen, wie auch beschehen solle, vnnd hernach, was furgenommen, zusehen sein wurdt.

Sambstags, den 16. July,

Seien den Stenndten der Receß, dann auch dj Jnstruction, Mit deren die Khu. Mt. etc. den herrn Burggrauen heren von Plaun etc. zu dem Churfursten vnnd seiner gnaden Mit Khriegsuerwanndten abgeferttiget, verlesen worden.

Darauf die Stennde Mit dem Merern volgunde bedennckhen gehabt, vnd Erstlichen, das Eingangs die ainiche vrsach diser guettigen vnderhanndlungen alß dj Erledigung des Lanndtgrafen angezogen werden solle, Haben dj Stende darfur gehalten, Nit allain dise Vrsach, sonnder Noch andere Mer vnnd Jn sonnderheit die Teutsch libertet anzuziehen sein. Vnnd fur das annder, das dise Schrifften den Sachssischen Räthen auch vorgehalten

[590r]   16. Julij 52

Die Nottel des vertrags haben die Ko. Mt. verfertigen ▷beiwerenden verstandt◁ vnd den Stenden ehe vnd zuuor sie Jngrossirt zubesichtigen zustellen lassen. Jst also verlesen worden, dessgleichen die Jnstruction auf den fursten von Plawen gestelt.

Trier: es sej der freiheit nit sonderlich gedacht ⌐Jm eingang¬, Jtem, das Sachsen Cantzler vnd Carlewitzen der vertrag zuuerlesen, Jtem acht, da der vertrag also verfertigt, dass vnuonnoten, lenger alhie zuuerharren, Trotten baten sie, sich geprauchen zulassen.

Coln: Acht auch, das ~~den~~ die enderung Jm Jngang zuthun, sonst wie Trier. Versicherung von allen hern vnd Cap.l [=Capiteln] zugescheen, het er nechst gesagt, dass vom dhomcap.l [= dhomcapitel] kein beuelch, ~~ba~~ hets hindersich geschriben, bat sich entschuldigt zuhaben. Das der vertrag 2, Acht er, das deren 3, damit einer bej des reichs Cantzlej sej. Franckreich, das er vrsachen antzeigen soll, seyen danoct etlich anpracht, ob man den Konig derhalben ansuchen, mocht man thun.

Pfaltz: acht, es werd numer nit viel zuendern sein, wie Trier des Jngangs halben, ▷bat, dass anregung bej regj zuthun, das◁ hertzog Otheinrichs ~~solt~~ halben der vorig pass Jntegre hinein gesetzt. Assecuration halben hetten sie von Jrem hern bescheidt erlangt, weil dan die sachen erstlich des ▷Jmmerwerenden◁ fridstandts halben beschlossen, aber Jetz enderung z gethan, bat er des Jngedenk zusein, Schickung halben ⌐er¬bat er Adam Trot, Jtem die Jnstructio sol wie des Konigs sein, deren solten der Churf.en vnd f.en gesanten thun, Jtem, dass rex vmb erlaubnuss zupitten.

Brandenburg: wie Trier & Coln, vnd nachdem Trot verordnet zur schickung vnd Plawen verordnet, dass er dass Gulchischs hofmeister vnd der von Pleningen Jme zuzuordnen. Vnd nachdem man an Sachsen schreiben wil, stund er Jn der hofnung, wie Brand., Baten Jn die Jnstruction zusetzen, das er Jres hern wol Jngedenk sein, damit er auss der haftung komen mag.

Meintz: des Jngangs halben besorgt er, es sej zu spat, weil man gestern die ~~nottel~~ ⌐post¬ gehapt, solt es angezeigt worden sein, Jnstruction halben sollen die gesanten sich der Konigischen zugeprauchen, Acht, dass vmb erlaubnuss zupitten, da es zuerhalten, solt es Jnen nit misfallen. Jtem solten 3 vertreg gemacht werden. Franckreichs halben sol man schweigen, werd vergebens sein, An Sachsen zu schreiben, wil mans thun, sols Jnen nit entgegen sein.

Saltzpurg: wie Meintz.

Bayern: Die Jnstruction sollen die gesanten der Konigischen geprauchen vnd sol Jnen ein Credentz geben werden, Acht, dass 3 vertragsprief, Jtem das man begeren solt, hinweg zuziehen.

wurde, dann auch vnnd zum dritten Nit allain zwoe vertragsNottl, Sonnder drej aufzurichten sein, also das dj ain der Khaj. Mt. zugestelt, die anndere dem Churfursten von ~~Sach~~ Sachssen vnnd Jrer gnaden Mitverwanndten, die dritt der Maintzischen Cannzlej zugestelt werde. So dann vnnd zum vierten die Khu. Mt. den herrn Burggrauen etc. [42r] abzuferttigen entschlossen, Haben dj Stennde auf den Branndenburgerischen Marschalch vnd Cleuischen hofmaister Jre Stimmen gegeben vnnd dj bede solcher absenndung vermugt. Wiewol verrer von etlichen angeregt worden, bej der Khu. Mt. sich der Chaj.Resolution auf das frantzosisch werben zuerChundigen, So ~~ist~~ ist doch solche Nachforsch durch dj Meerung eingestelt worden vnd verpliben, auch vnd zum Sechsten Beredt worden, die Täg vnd, da n. steet, zuspecificiern. Vnnd sonderlichen Haben dj Phalzgrafische Hertzogen Otthainrichen halber begert, Nochmaln der ergetzlichait seiner gnaden schäden auch Meldung zethun, angeruert, Jtem durch dj wierttembergerische vnnd zum ~~achten Sibenden~~ ⌐achten⌐, da von der aussonung vngeuerlichen auf Mainung «das die, so in voriger Khriegsuebung vnnd sich Jetzo auch» etc. disponiert wurdt, Jm fall, das dise Partickhl «vnnd» allain Collectiue verstannden, Vnnd dardurch die, so gegenwurttiger KhriegsRuessтung nit verwanndt, außgeschlossen sein solten, were Jr Putt, an stat diß wortts «vnnd» die distributiuam «Oder» zusetzen. Letzlichen auch bedacht worden, das dj Stennde Nunmer sich anhaimbs erheben vnnd vmb erlaubnuß pitten möchten.

Die Churfurstliche Branndenburgerische Räthe Haben auch gepetten, das man Jn den persuasionen, so Man den geschickhten auflegen werde, vnnder anndern auch Jr gnedigister herr, der Churfurst von Branndenburg etc., dahin angetzogen wurde, das Hertzog Moritz Jre Churfurstliche gnaden etc. doch bedennckhen vnnd derselben verschonen wolten, wie zubeschehen allberaith bewilliget worden.

Passaw: wie Meintz des Jngangs halben, vrlaubs halben liessen ers Jme auch nit misfallen, doch dass man sich vnderredt, da kein fried, wes zuthun, vnd solt man rege causirt[?] werden.
[590v] Brandenb.: begerten, das Jn der Jnstruction Jres hern gedacht, Acht, dass 3 vertreg zumachen.
Wurtzburg: dergleichen.
Gulch: ~~Ne~~ Die Assecuration belangen, hetten sie kein beuelch empfangen von Jrem hern, da Jr her ersucht, werdts nit mangeln. Der andern art. halben verglichen sich mit andern, Credentz an Sachsen zustellen, das Gulchischs hofmeister solt geschickt werden, acht er sich fur vngeschickt, ~~doch~~ sonst wolt er gern da thun dasJhenig, wass der sachen dienlich.
Wurtemberg: wie Bayern, Aber die aussonung belangen, versteen sie, dass nit allein die Jetzigen, sonder die Jm vorigen Krieg, dan solt es ein zweiffel darin sein, Achten, das fur dass «vnd» ein «oder» gesetzt werden. ~~Achten, das die Jhenen, so Jr vo~~ Man het Jm anfang dauon geredt, das ein bestendiger fried zumachen, dass dardurch kein newer vnfrid ~~z~~ erweckt werden mocht, hetten solchs beuelch, anzuregen von wegen Graf Georgen. Schickung belangen ~~wuss~~ wuss sich fur sein person, da er geschickt, nit zuweygern, man wuss aber, wass er von seinem hern beuelch, wol Jme nit wol gepuren, one vorwissen, schlug den Gulchischen fur.
⊢Jst geschlossen⊣: Erstlich, weittere erzelung Jm eingang, Jtem dem Sachsischen zustellen, Jtem 3 vertreg, Schickung ordnen, Missiff an Sachsen zuschreiben, das man vf denen votis beharren wol des fridstandts halben, Jtem gesanten sollen sich des tags der erledigung mit Sachsen vergleichen, Jtem hertzog Otheinrichs pass volkomlich hinein zusetzen, Aussonung, dass die im vorigen Krieg gewesen auch darunder begriffen sein sollen, Graf Georgen von Wurtemberg zugedencken, ⌐da⌐ speciale, Erlaubnuss zupitten.

Auf dise der Stennde bedennckhen Haben dj Khu. Mt. sich dahin vernemen lassen, vnnd
erstlichen hetten Jre Khu. Mt. den Einganng selber erweittert, Mit denen wortten «vnnd
anndern Mer vrsachen». dj teutsch libertet anzuziehen, were Odioß, darumben
zuunderlassen. So weren Jr Chu. Mt. etc. selber gedacht, disen bedacht den ~~Geistlichen~~
▷ Sächssischen ◁ furzuhalten, wie sie allberaith erforderet.
[42v] Achteten auch fur guett, das drej vertrags Nottl aufgericht wurden. So liessen es Jre
Khu. Mt. etc. bej vnnserer verordnung pleiben. aber dj Benennung der täg der Erledigung
des Landtgrauen, also auch der vrlaubung des Khriegsvolcks Musse oben beschehen.
Weittere disposition von wegen Hertzog Otthainrichen zethun, Haben Jre Khu. Mt. etc. fur
Thuelichen nit erkhennen wollen, dann Jn disem Receß werde dispositiue gehanndlet vnnd
nit auf ein vngewiß, wie beschehen musset, woe disem begern statt gethan werden sollet.
doch haben sich Jre Khu. Mt. etc. erpotten, woe der vertrag angenomen vnnd das hertzog
Otthainrich noch weittere beschwere hette, Muege Er die der Khaj. Mt. etc. furbringen, was
alßdann Jr Khu. Mt. befurdern werden mugen, wöllen Jre Khu. Mt. etc. freundtlichen vnd
gnedgilichen [sic!] gern thun.
Jn der aussönung solle fur das «vnnd» das wortt «Oder» gesetzt werden.
Letzlichen vnnd dhweill dise hanndlung Nunmer so weit Mit Mue vnnd Arbaith gebracht,
damit dann zu völliger Enndung auch nichts vnderlassen, Khunden Jre Khu. Mt. etc. nit fur
Thuelichen erChennen, das Mann vnerwartt des beschlueß von hinnen von ainannder
verruckhen solte, wiewol Jre Khu. Mt. Mit beschwerlicher vngelegenhait hie legen. Nichts
weniger wolten sie das alles hindan setzen vnnd zu Ennde verharren. Zudem hetten Jr Khu.
Mt. etc. Noch mit den verordneten des gemainen Phennigs auch zuhanndlen vnnd, ob der
Fridt sich zerstiesse, dannocht Mit den Stenndten zuberathen, was weitter furzunemen sein
wurde.
Der absenndung halber Haben dj Stennde Mit dem Merern dahin Jre Bedennckhen gestelt,
das den Geschickhten der Khuniglichen Jnstruction gemeß sich [43r] zuhalten auferlegt,

Solchs ist der Ko. Mt. durch die dartzu verordneten anpracht, Vnd haben Jr Mt.
daruf antwurten lassen vnd, souil den ersten puncten, Jm Jngang mher vrsachen
zuerzelen, hetten Jr Mt. solchs vorbetrechtlich gethan vnd ein gnal. [= general]
clausel «vnd ander mher vrsachen» etc. vnd acht, es sej nit thunlich, solch vrsach
der libertet hineinzusetzen. 2° Sachsen halben, wollen Jr Mt. den gesanten den
vertrag pleiben. 3. Sollen 3 vertrag vfgericht. 4° Schickung liessen Jnen gefallen,
dass Brand. vnd Gulchischen neben Plawen ziehe. 5. n. Julij sol Jm leger verglichen
werden. 6. hertzog Otheinrichs halben etc. hat rex bedenkens, ~~das der vertrag~~ es
pleib nit bej der vnwissen Sup.lon [= Supplication], es sej Jetz dispositiue gesetzt,
acht nit rathsam, Jchts weitters hinein zusetzen, wass er aber weitter fur
be[591r]schwerung, soll er beim Keyser suchen, was rex befurdern kone, wol er
nichs mangeln lassen. 7° Aussonung wil rex ~~dass~~ dass wort «oder» fur «vnd» setzen
lassen. 8. Erlaubung, wiewol rex gern die sachen wolt richten, dass man anheimschs
zoge, wer Jr notturft auch, leg one nachteil nit alhie, weil aber die ding so weith
komen vnd man nichs eygentlichs wiss, Acht er, es wol von nöten sein, alhie
zuuerharren, sej man solang alhie plieben, soll mans nachmalss thun, damit dass
gantz werk nit zerfal, Vnd begert, man woll biss vf der gesanten widderankunft
verharren, Jtem Jr Ko. Mt. hab mit den verordenten zum gemeinen das auch noch
handlung zupflegen. Vnd da die handlung solt zerschlagen, muss man vf weitter weg
verdacht sein.

~~A MERIDIE~~
post Meridiem
▷ Schreiben an Sachsen ◁ Vff die heutig berathschlagung Jst ein schreiben ⌈an⌉
churf.en zu Sachsen verfertigt, darin sein churf.en g.en gepetten wurt, das er die

dann ain gemaine Credentz an den Churfursten vnnd seiner gnaden Mit Khriegsuerwanndten zugestelt, Vnnd dann ain sonnder schreiben an den Churfursten Hertzog Moritzen behenndiget werden solte, Jn welchem besonnderm schreiben die persuasionen mit vleiß angetzogen wurden. allain haben dj Stennde Jn dem ainß Mer getzwaiet, das etliche vermainet, vergwissung dem Churfursten Jn disem besonndern schreiben zuthun sein, das gegenwurttige Stennde des Yhemer werenden fridens zu khunfftigem Reichstag, wie Jetzo hie beschehen, votiern vnnd schliessen wurden wollen. So anndere widersprochen vnnd Jre obern vnd herrschafften Jn dem nit verpünden wollen, darumbn dann dj Stennde Nach Mittags wider zusamen khomen vnnd disen stritt auf Milttere wortt vnnd vertrösstungen erleuttert vnnd nit obligatorie gesetzt haben.

Wie das auß auß [sic!] demselbigen Senndtschreiben zuersehen ist.

enderung der Key. Mt. von wegen der zweyer puncten wol zufrieden sein vnd bej ~~den~~ seinen mituerwandten auch darzu bewegen.

Trier: ~~G~~ liess Jme das gestelt concept gefallen, gab zubedencken, ~~weil~~ ob nit anzuregen, das man bej den alhiegen votis des fridstandts kunftiglich wolt pleiben, vnd gab auch zubedenken, welchem theil der fridstand am nutzlichsten, doch das man sich nichs ausstrucklichs verpunden.

Coln: liess Jme auch gefallen.

Pfaltz: dergleichen, doch das Brandenburgs darin gedacht werd, trag doch die fursorg, es werd den Kriegsf.en hoch bedencklich sein des fridstandts halben, ~~drumb~~ vnd dan der Keyser niemants zuuergewaltigen willens, Acht er, es werd sich keiner vnder den Stenden Sachsen kunftig vertrostung zuthun, das man bej Jetzigen votis pleiben wolt ~~de~~ vnd dass es expresse ~~zuzu~~ Sachsen zuuertrosten.

[591v] Brand.: liess Jme das Concept gefallen, mit dem anhang wie Pfaltz, damit die sachen desto ehr gefurdert, dan solt Cesar ~~an~~ anziehen, zu was weitterung es gelangen wurde, konte man wol denken. Vnd acht, das die vertrostung zuthun vnd an guten worten nit mangeln lassen, vnd Jst sie nit, obs ein newerung, muss man doch die gelegenheit ansehen, dan ~~es~~ Jederman vf seinen freyen fussen nit stell, derwegen kont er nit achten, was man fur beschwerd an solcher vertrostung haben solt, wie Pfaltz, das die vertrostung hinein gesetzt werd, Jm anfang der schrift steet, das Cesar vmb ein buchstaben nit wol weichen, solt aussgelassen werden.

Meintz: mochten leyden, das die sachen gefurdert, wolten sich mit den andern, ~~v~~ so vor geredt, vnd ~~n~~ hernacher reden werden, dan man Je gern vor schaden sein wolt, was meer, das sej Jnen auch zufrieden.

~~Strassburg w~~

Saltzpurg: wie andere.

Beyer: het des kein ~~bedenkens dass man vertrostung thue~~ ⌈schew⌉, dan was er alhie votir, wol er hernachmalss auch thun. das er sich aber Jn einer schrift soll obligirn, sej Jme bedencklich, Bedenckt auch, obs bej andern Stenden verantwortlich, also Jn einer particular sachen sich zuuerbinden, weil man auch nit ~~?~~ nach wuss, ob sies annemen werden oder nit, wie dan die Keyserlich Mt. auch nit Jn dieser particular handlung Jn solchen Anstand ~~anb~~ one vorwissen der andern ▷zu beharlichen frieden◁ nit willigen wolt, trag er bedenckens, derhalben einich ~~be~~ vertrostung zuthun, Sonder dass man Jn die schriften solt setzen: das man allen muglichen vleiss wol vf kunftigem reichstag thun, damit ein beharlicher fridstand gemacht.

Passau: wie Bayern, es wol sich nit wol fuegen, solche vertrostung zuthun, wol sich vbel reuen, dass man mit freyem fuess vf den Reichstag komen solt, man wuss die proposition des Keysers noch nit, ~~S~~ Vnd acht, man solt hinein setzen, man wol vf kunftigen reichstag an gutem vleiss nichs erwinden lassen.

[74r] Den 16. July s haben vns di ko. Ma. di Notel des vortrags, wi der allenthalben in ein form bracht, laßen zustellen, dorauf wir denselben ersehen vnd ezlicher ~~arti~~ puncten halben enderung vnd erclerung in schriften gebeten doch alei[n]¹ fur vns vnd nicht, als hetten wir des einigen befelh. was wir nhun dorauf fur anthwort erlangt, das weist beiligende copei des schreibens, so wir an v.gst.h. derhalben gethan, ferner aus².

Deßelben tags ~~haben~~ seint wir auch berichtet, das di ko. Ma. den Burggraffen von Meißen vnd di Stende Adam Trotte vnd den Juligischen Hofmeister zu v.gst.h. dem Churfursten abfertigen wolten vnd durch diesel[be]³ s.churf.g. von dem, was di ko. Ma. bei der kei. Ma. erhalten, laßen bericht thuen vnd doneben zu annhemung

[592r] Brand.: wusten sich zuerJnnern, das dieser art. nit anders beschlossen von Stenden, dan dass der Jmmerwerendt fridstandt solt vfgericht werden vnd der Key. Mt. vberschickt, gesterigs tags hab man auch noch daruf votirt, vnd dass man es auch vf kunftigem reichstag thun woll, Liess Jme derwegen der Trierischen votum gefallen, dan nichs bessers dan ein bestendiger fried, drumb achten sie, das die vertrostung zuthun.

Eystet: liess Jme gefallen, das die vertrostung nit weitter dan vf ein muglichen vleiss gestelt werd.

Gulch ~~wie P~~ wie Pfaltz.

Wurtemberg: ▷dergleichen◁, doch das die verba nit gar obligatorie gesetzt werden. Jst geschlossen, die schriften soll also wie gestelt pleiben, vnd soll vf der Key. Mt. erpieten noch etwas weitters, nemlich etwas vertrostung zuthun, Kunftiglich bej den votis zupleiben, doch soll es nit gar verbindtlich gestelt werden Vnd omnem diligentiam anbieten, Jtem, es soll Brandenburgs auch gedacht werden, das Sachsen seiner auch gedencken wolt, damit er aussen dem last, darin er dess landgrafen halben ist, komen moge.

~~Trier zeigt an~~

▷Trier contra Coln◁ Trierischs Cantzler zeigt den andern Churf.en rathen an, er hab ~~e~~ auss der gestelten Nottel dess vertrags ~~v~~ heutigs tags ~~zu e~~ vernommen, das Coln vor seinen hern gesetzt, welches nit breuchig, dan man vf reichs vnd andern tägen ein vmb den andern vor setz, vnd sej das anfahen an Trier, darumb es pillich, Jetz auch bescheen sein solt, Kont es auch von seines hern wegen nit ~~dulden~~ gestatten, da aber Coln darauss kein gerechtigkeit schopfen, wolt ers dissmal pleiben lassen, dieweil der vertrag albereid Jngrossirt, ~~J~~ wo nit, wolt [592v] er pt.ᶦʳᵗ[= protestirt] haben, das er Jn gantzen vertrag von wegen seines gst.en hern nit wolt willigen.

Der Colnischs gesandt d. heinrich Saltzpurg zeigt an, es ~~kon~~ sej ein vertrag zwuschen Coln vnd Trier ~~dess~~ desshalben vfgericht, also wan Coln ~~vornen Jm eingang~~ zuforderst gesetzt werd, ~~pf~~ sollt Trier vnder vor Coln Siglen & econtrario, wolts mit ~~Abschied~~ reichs vnd Cap.ls [= Capitels] tagen Abschieden beweysen, das Coln vorgesetzt.

Trierischs gestund Jme des vertrags, aber sein g.ster her pfleg Jn solcher alternatif der vorderst zusein, plieb vf voriger meynung, da es seinem hern Kein nachteil Vnd Coln es fur Kein gerechtigkeit haben, wolt ers Jetz pleiben lassen.

---

¹ Der Endbuchstabe "n" ist von einem Tintenfleck und der eingerissenen Seite überdeckt.
² Notiz von späterer Kanzleischrift: "Solches ist hierbey fol.455".
³ Wegen des eingerissenen Randes sind die letzten 2 Buchstaben unleserlich.

solchs vortrags vormhanen, ▷vnd ~~sich~~ seint auch di beide Adam Trote vnd der Hofmeister[1] deßelben tags von hinnen gereist◁.

Es haben ⌜auch⌝ di Stende obgemelten iren beiden gesanthen ein vorschloßen schreiben an m.gst.h. mitgeben[2], dorinnen si sich erbiten, wi aus der copei deßelben, so auch hirbei vorwart, ferner zuersehen, vnd haben sich doneben di gesanthen gegen vns ad partem vornhemen laßen, das Jre hern vf dem kunftigen Reichstag nicht anders wurden votirn dan alhier geschehen.

[74v] Den 17. July ▷haben vns di Stende zu sich laßen erfodern g fur der ko. Ma. zimmer. Aldo dan gegenwertig gewest der Erzbischof von Salzburg vnd herzog Albrechten von Beirn von wegen der Fursten vnd di Menzischen vnd pfelzischen Ret von wegen der Churfursten◁ ~~seint di gegenwertig Fursten vnd der abwesenden Churfursten gesante beisammen gewest~~, vnd ist der gefaste vortrag vf ein Papir geschriben vnd durch di ko. Ma., di Menzischen vnd pfelzischen gesanthe, den Erzbischof zu Salzburg vnd herzog Albrecht zu Beiern ~~vnder~~ mit eignen henden vnderzeichnet gewest. vnd hat vns der Menzisch Canzler vormelt, das der vortrag dermaßen vnderzeichnet, wi wir alhier sehen, Aber bei di Siglung fil ein bedengken fur, dan nach der ko. Ma. wurde der Churfursten Meinz vnd Pfalz Sigel aufgedruckt, vnd weil di andern beide Fursten ~~als~~ Salzburg vnd Beirn ~~vn~~ auch vnderhendler wern vnd von der andern fursten aller wegen Sigelten, So hilten e si es dofur es solt am bequembsten sein, das Jre Sigel balt ~~vf~~ ⌜an⌝ der Churfursten Sigel solten aufgedruckt ~~wern~~ ⌜werden⌝ ▷vnd das hernach v.gst.h. der Churfurst zu Sachßen neben dem Landtgraffen fur sich vnd Jre mithuorwanthen auch hetten gesigelt◁

Dieweil aber ~~v.gst.h. von Sachßen~~ ⌜s.churf.g.⌝ auch ein Churfurst were, dem di Sigelung fur den Fursten geburte, So wolten si dennoch s.churf.g. nicht gerne offendirn vnd hetten vns solchs wollen anzeigen vnd begerten dorauf vnser bedengken.

[75r] Als haben wir angezeigt: Wir hetten von v.gst.h. keinen befelch, in disen vortrag zu bewilligen, wi wir dan auch vormergkten das di ko. Ma. vnd di Stende zu erlangung s.churf.g. bewilligung eine sonderliche schigkung thuen wolten. dorumb konthen wir auch der Sigelung halben vns nichts vornhemen laßen. Wir wolten aber der beschehnen anzeigung der Siglung halb indengk sein vnd, wo vonnothen, solchs v.gst.h. berichten, hilten auch dofur, wo s.churf.g. vnd derselben mithuorwanten one das mit dem vortrag wurden zufriden sein, das s.churf.g. der Sigelung halb auch nicht sonderlich bedengken haben wurde, zuforderst weil im beschlus des vortrags di Sigelung auch gleichergestalt zu geschehen gemelt were.

Dorauf si widerumb angezeigt, das si wol wusten, das wir den vortrag zubewilligen nicht befelch hetten, vnd wer di anzeigung vns alein dorumb geschehen, das wir wusten, aus was bedengken di Siglung furgenhommen, vnd das es bei v.gst.h. dem Churfursten nicht anders mochte gedeutet werden. So must auch der vortrag one das noch einsmals ingrossiert werden, do kent man di Sigelung alsdan vorendern.

---

[1] Julichisch Hoffmeister B
[2] Randnotiz von späterer Hand: Solche Copey ist sonderlich Registrirt neben der Stende werbung 504 [es fehlt: "fol."].

[75v] Dobei haben wir es auch bleiben laßen, vnd ~~haben~~ ⌐seint¬ dorauf der ▷obgemelten◁ Chur vnd Fursten als der hendler ⌐Sigel¬ noch einander ~~Jre Sigel laßen~~ aufdruckett worden.

Deßelbigen tags ~~hat~~ ist der her Burggraf von Meißen ~~abgereist~~ zu m.gst.h. auch vorritten vnd di vnderschribne vnd ~~vnderzeichnete~~ ⌐gesigelte¬ Notel mit sich genhommen.

[1]Den 22. July hat der Menzisch Canzler mir copei zugeschigkt von der anthwort, so di kei. Ma. bei der ko. Ma. den Stenden[2] ~~geben~~ in schriften vbergeben laßen[3] ~~das~~ vf des konigs in Franckreichs orators letze ~~vberschig~~ schrift, s welche m.gst.h. ▷den 1. July anher◁ vberschigkt, vnd dorauf auch s.churf.g. bei der ko. Ma. selbst anregung gethan, weil wir aber zuuor durch di ko. Ma. vnd auch durch in den Menzischen Canzler bericht, das der Furst von Plauen solche anthwort auch bei sich hab vnd m.gst.h. douon copei ~~zuschigk~~ zustellen wurde, So haben wir vonunnoten geacht, dieselb s.churf.g. zuzuschigken.

▷Montags [sic!], den 17. tag July, haben dj Khu. Mt. etc. den hern Burggrauen von Plau zu den Chriegsfursten geen Franckhfurt abgeferttiget◁[4].

Montags, den 18. July,

Haben dj Khu. Mt. Mit den verordneten Gemainen Phennigs hanndlen lassen, was dise hanndlungen gewesen, des Musse Jch Mich Erst erkhundigen, dann Passau Jn diser verordnung nit begriffen.

Disen Monntag seien Etliche Schrifften abgeschriben worden, Nemblichen der Stenndt schreiben an die hiruor vnnd mit dem Churfursten abgeferttigte pottschafften, Jtem dj Khu. ~~Mt.~~ Jnstruction an den herrn Burggrauen.

Was auch vnnd zum dritten dj Khaj. Mt. etc. auf die [43v] Franntzosische werbungn fur anntwurt gegeben, dann auch ain lateinisch senndtschreiben, von den Stathaltern vnd Räthen Jn Hungern an dj Stenndt außgangen, also auch das begern der Khu. Mt. des gemainen Phennigs an dj verordnete Stennde, wie vernommen, beschehen etc.

▷ ~~Sontags, den 17. tag July, hat dj Khu. Mt. d~~ ◁

Decima Septima
Julij

▷Plawen◁ Seind der Furst von Plawen, Adam Trot vnd der Gulchischs hofmeister mit dem verfertigten vertrags z zu den Kriegschur vnd fursten auss Passaw abgefertigt, sie dahin zuuermogen, denselben also wie gestelt zuwilligen, deren widderkunft man gewertig etc.

---

[1]   Das folgende ist späterer Nachtrag Mordeisens.
[2]   den Stenden om.B
[3]   Randnotiz späterer Kanzleischrift: Ist hierbey fol. 501.
[4]   Dieser Nachsatz fehlt in der Kopie in 3168.

Samstags, den 6.tag
Augustj,
Seien die Stenndt ▷vor Mittags◁ abermaln bejainannder erschinen, denen dj ankhunfft doctor Zasij angetzaigt vnd ain senndtschreiben, so er auß dem leger von den Chur vnd ~der~ Jr der Stenndt gesandten gebracht, eröffnet worden. darauß dann befunden, wie der Churfurst zu Sachssen die alhie abgeredte fridtshandlung angenomen vnd bewilliget habe, wie hiebej zu Negst am Ennde zusehen.
Darauf sich dj Stennde Sontags, Montags, Erichtags vnnd Mittichen Negst hernach aufgemacht vnd Jren weeg wider von hinnen genomen vnd hinwegig getzogen.
So ist dj ⌜Ro.⌝ Khu. Mt. phintztags hernach zu 10 vhrn gegen Mittags, den xi. augustj, von hinnen Nach wien auch verruckht.
der Eewig Got verleihe hiemit vnns allen sein gnadt, amen.

Sexta Augusti
▷Gesanthen Jm leger◁ Haben ~g~ die gesanthen, so Jns leger verordnet, ⌜mit d.Zasio⌝ den Stenden geschriben, das Sachsen vnd seine mituerwandten ausserhalb Margraf Albrechts von Brandenburg etc., mit dem man noch Jn handlung stee, den vertrag, wie der gefertigt vnd mit dem von Plawen vberschickt worden, angenommen, Vnd haben die Ko. Mt. ~nach Mitta~ die Stende alspald erfordert vnd Jnen die friedtshandlung auch angezeigt.
[593r]   Octaua Julij 52
▷erlaubung der Ko. Mt.◁ ~Sen Jst der vertrag~
Nachmittag vmb vier vhr hat die Ko. Mt. die Stende erfordert vnd furtragen lassen: wiewol Jr Mt. hieuor es fur rathsam bedacht vnd die Stende ersucht, vf den von Plawen alhie zuuerharren, so hetten doch Jr Mt. vf ferner ansuchen etlicher auss den Stenden vnd andern vrsachen Jn dem Jr bedencken geendert vnd vnder anderm erwogen vnd befunden, das Jn der sachen alhie beschlossen vnd die mittel angenommen, das es nunmher dass bequemist, das sich die Fursten zu Jren Landen vnd Leutten vnd die potschafften widderumb anheimischs zu Jren herschafften begeben, dan obgleich der vertrag noch Jn forma zufertigen, so Konnte es doch alhie nit geschehen, Sonder muß ferner zu der versiglung vberschickt werden. Vnd wiewol die Ko. Mt. den getrewen vleiss, so die Stende alhie furgewendt, der Key. Mt. geruhmet vnd es die Key. Mt. zu sondern g.en angenommen, So wols doch Jr Mt. noch ferner auch thun, zweiffeln nit, die Key. Mt. werdts mit g.en erkennen, So nemens Jr Ko. Mt. zu freundtlichen vnd g.en gefallen auch an vnd sej es gutwilig zuerkennen geneigt Vnd wolten hieruf den Stenden erlauben. Die fertigung des vertrags solt Kurtzlich hieruf eruolgen.
Neben dem zweiffelt Jr Mt. nit, die Stende weren Jngedenck, wes der bericht des Landts Siebenburgen halben gewesen, vnd wiewol die Moldawer vnd Jre verwanten schaden zugefugt, das sie doch abgetrieben worden, ~dagegen het sich zugetragen~ ⌜aber⌝ dagegen aber het sich zugetragen, das dass Kriegsuolck Jn Temeschwar sich vf conditionen ergeben, die doch Jnen nit gehalten, sonder seye dasselbig erlegt vnd zerhawen worden, [593v] Hab das ander Kriegsuolck Jn Lippa die Stat daselbs verprent vnd sej verloffen, derhalben die notturft erfordert, das sich die Ko. Mt. hinab verfuge, vnd der Churfurst von Sachsen auch mit seinem Kriegsuolck hinab ziehe, welches one den gemeinen Pfenning nit wol gescheen moge.
Sachsen werd vf den 11. oder 12. zu Thonawwerdt ankomen, derwegen Jr Ko. Mt. ~v~ gnedigs ansinnen, mit erlegung dess gemeinen Pfennigs beraydt zusein, vnd wolten die gesanthen bej Jren hern befurdern, das sie mit erlegung desselbigen der general Mandaten nit wolten erwarten, die doch auch solten gefurdert werden.
Ferner het die Key. Mt. beuolhen, die f.en vnd Pothschaften zuerJnnern ~wie~, das der

Konig von Franckreich die Stift Vnd Stet Metz, Thull vnd Verdun, auch das furstenthumb Lotringen eingenommen, zu schmelerung des hey. Reichs. Nun wer die Key. Mt. bedacht, des heylgen reichs recht vnd gerechtigkeit zuerhalten vnd widder zuerlangen. Solten die erscheinenden fursten, wie dem zuthun, auch daruf bedacht sein, vnd die Potschaften solchs Jren hern anzeigen, damit d sie den sachen auch nachdechten.

Nachdem man abgedretten, hat die Ko. Mt. der vier Churf.en am Rein räthe fur sich erfordert vnnd selbs Jn abwesen seiner räthe sie zum hochsten ermanet, Jre hern, die Churfursten, zubewegen, das sie den gemeinen Pfennig furderlich vnd getrewlich erlegen wolten vnd Jn dem die vorsteend noth bedencken, doch dabej sich Jn der rede vernemen lassen, mit Meintz wuss er nit, wie es geschaffen, die andern wollen das best thun.

[594r] ▷Lotringen◁ Der Meintzischs Cantzler hat den Stenden anbracht: wes lotringen bej der vnserm gst.en hern verschiener zeit gesucht vnd sich vom frantzosen beclagt. Vnnd Jst nichts daruf bedacht worden, Jnansehung die Ko. Mt. one dass wegen der Key. Mt. begert, die Potschaften woltens es an Jre herschaften gelangen, vf weg bedacht zusein, wie Jnen widder zuhelffen, dabej last man es nachmals pleiben. Vnd soll ein Jeder demselben also nachkomen.

Literaturverzeichnis

1. Ungedruckte Quellen

a) Sächsisches Hauptstaatsarchiv Dresden

— Originalurkunde 11454 (incl. Beilage).
— loc.8093/10 ("Handlung zu Passau so sich angefangen den 31 May 1552")
— loc.8093/11 ("Passawische Handlung und Vortrag und alda vorgebrachte Gravamina Anno 1552")
— loc.8093/12 ("Passauische Handlung 1552"; Innentitel: "Etzliche Schreiben und Berichte ... Anno 1552");
— loc. 8099/3 ("Hess. HändeSchreiben den Passauischen Vertrag ao. 1552 1576 betr.")
— loc.9145 ("Hessische Entledigung. In Landgraff Philips zu Hessen etc. entledigungssache das Dritte Buch ... Anno 1552");
— loc.9146 ("Des Landgrauen gesuchte Erledigung ... 1552")
— loc.9155

b) Österreichisches Staatsarchiv, Außenstelle Haus-, Hof- und Staatsarchiv

— Allgemeine Urkundenreihe 1552 VIII/2 (2 Urkunden)
— Mainzer Erzkanzler-Archiv, Religionssachen 3 [= MEA Re 3]
— Mainzer Erzkanzler-Archiv, Religionssachen 4 [= MEA Re 4]

c) Hessisches Staatsarchiv Marburg

— Samtarchiv Schublade 37, Nr. 38
— Samtarchiv Schublade 38, Nachtrag 1
— Bestand 3 (Politisches Archiv), nr.1114 (Akten des Landgrafen Wilhelm; 1552 Apr.-Aug.; Küch S.726f);

— Bestand 3 (Politisches Archiv), nr.1116 (Akten des Kanzlers Heinrich Lersner und des Johann Milching von Schönstadt auf dem Tage in Passau; 1552 Mai - Juli; Küch S.729f);
— Bestand 3 (Politisches Archiv), nr.1117 (Akten des Landgrafen Wilhelm, dann des Landgrafen Philipp und des Statthalters und der Räte in Kassel; 1552 Juli - Nov.; Küch S.730f)

d) Bayerisches Hauptstaatsarchiv München

— Äußeres Archiv nr. 3167
— Äußeres Archiv nr. 3168
— Bleckkastenarchiv No.7, N. 17 1/2 (Acta und Protocol deralhie zu Passaw gepflogenen guetlichen Handlung)

2. Gedruckte Quellen

Brandi, Textausgabe
Der Augsburger Religionsfriede vom 25. September 1555. Kritische Ausgabe des Textes mit den Entwürfen und der königlichen Deklaration, bearbeitet von Karl Brandi, 2., erweiterte und verbesserte Auflage, Göttingen 1927.

Briefwechsel Württemberg
Ernst, Viktor (Hg.): Briefwechsel des Herzogs Christoph von Wirtemberg. Erster Band: 1550-1552, Stuttgart 1899.

Cornelius, Moritz
Cornelius, C.A.: Churfürst Moritz gegenüber der Fürstenverschwörung in den Jahren 1550-51, Abhandlungen der Historischen Classe der Königlich Bayerischen Akademieder Wissenschaften, Bd. 10, München 1867. S.635-697.

Denkschrift Selds
s. Hornung-Protokoll

Druffel
Druffel, August: Briefe und Akten zur Geschichte des Sechzehnten Jahrhunderts mit besonderer Berücksichtigung auf Bayerns Fürstenhaus.

Bearbeitet von —. Erster Band. Beiträge zur Reichsgeschichte 1546-1551, München 1873. Zweiter Band. Beiträge zur Reichsgeschichte 1552, München 1873. Dritter Band. Beiträge zur Reichsgeschichte 1546-1552, München 1882. Vierter Band. Beiträge zur Reichsgeschichte 1553-1555. Ergänzt und bearbeitet von Karl Brandi, München 1896.

Hornung-Protokoll
Das Reichstagsprotokoll des kaiserlichen Kommissars Felix Hornung vom Augsburger Reichstag 1555. Mit einem Anhang: Die Denkschrift des Reichsvizekanzlers Georg Sigmund Seld für den Augsburger Reichstag. Herausgegeben von Heinrich Lutz und Alfred Kohler, Österreiche Akademie der Wissenschaften. Philosophisch-historische Klasse. Denkschriften, 103. Band, Wien 1971.

Interim
Das Augsburger von 1548. Nach den Reichstagsakten deutsch und lateinisch hrausgegeben von Joachim Mehlhausen, Texte zur Geschichte der evangelischen Theologie 3, 2. erweiterte Auflage Neukirchen-Vluyn 1996.
IPO/IPM
Instrumenta Pacis Westphalicae. Die Westfälischen Friedensverträge 1648. Vollständiger lateinischer Text mit Übersetzung der wichtigeren Teile und Regesten. Bearbeitet von Konrad Müller, Quellen zur neueren Geschichte 12/13, Bern 1949.

Langenn
Friedrich Albert von Langenn: Moritz, Herzog und Churfürst zu Sachsen. Eine Darstellung aus dem Zeitalter der Reformation. Teil 2, Leipzig 1841 [ebd. S.175 - 398: Beilagen]
Lanz
Correspondenz des Kaisers Karl V. Aus dem Königlichen Archiv und der Bibliothèque de Bourgogne zu Brüssel, mitgetheilt von Karl Lanz. Erster Band. 1513 - 1532. Zweiter Band. 1532 - 1549. Dritter Band. 1550 - 1556, Gießen 1844, Nachdruck 1966.

Opel
Opel, J.O.: Eine Briefsammlung des brandenburgischen Geheimen Raths und Professors Dr. Christof von der Strassen. Gratulationsschrift zur dritten Säcularfeier des Domgymnasiums zu Merseburg dargebracht von dem Stadtgymnasium zu Halle a.d.S., Halle 1875.

PKMS III

Hermann, Johannes/Wartenberg, Günther (Bearbeiter): Politische Korrespondenz des Herzogs und Kurfürsten Moritz von Sachsen. Dritter Band. 1. Janiar 1547 - 25. Mai 1548, Abhandlungen der Sächsischen Akademie der Wissenschaften zu Leipzig, Philologisch-historische Klasse Band 68 Heft 3, Berlin 1978.

PKMS IV

Hermann, Johannes/Wartenberg, Günther (Bearbeiter): Politische Korrespondenz des Herzogs und Kurfürsten Moritz von Sachsen. Vierter Band. 26.Mai 1548 - 8.Januar 1551, Abhandlungen der Sächsischen Akademie der Wissenschaften zu Leipzig, Philologisch-historische Klasse Band 72, Berlin 1992.

PKMS V

Hermann, Johannes/Wartenberg, Günther/Winter, Christian (Bearbeiter): Politische Korrespondenz des Herzogs und Kurfürsten Moritz von Sachsen. Fünfter Band. 9. Januar 1551 - 1. Mai 1552, Berlin 1998.

3. Sekundärliteratur

Die Beiträge aus Schindling, Anton/Ziegler (Hgg.): Die Territorien des Reichs im Zeitalter der Reformation und Konfessionalisierung. Land und Kofession 1500-1650, Band 1: Der Südosten. Band 2: Der Nordosten, Band 3: Der Nordwesten, Band 4: Mittleres Deutschland, Band 5: Der Südwesten, Band 6: Nachträge, Band 7: Bilanz - Forschungsperspektiven - Register, Katholisches Leben und Kirchenreform im Zeitalter Glaubensspaltung 49-58, Münster [2]1989.[3]1993.[2]1995.1992.1993.1996.1998 werden nach dem Verfasser zitiert, die Reihe wird abgekürzt mit "Territorien" und Bandzahl.

ANGERMEIER, Heinz: Die Reichsreform 1410-1555. Die Staatsproblematik in Deutschland zwischen Mittelalter und Gegenwart, München 1984.

AULINGER, Rosemarie: Das Bild des Reichstages im 16.Jahrhundert. Beiträge zu einer typologischen Analyse schriftlicher und bildlicher Quellen, Schriftenreihe der historischen Kommission bei der Bayerischen Akademie der Wissenschaften 18, Göttingen 1980 .

BARGE, Hermann: Die Verhandlungen zu Linz und Passau und der Vertrag von Passau im Jahre 1552, Stralsund 1893.

BAUER, Christoph: Melchior Zobel von Giebelstadt, Fürstbischof von Würzburg (1544-1558). Diözese und Hochstift Würzburg in der Krise, Reformationsgeschichtliche Studien und Texte 139, Münster 1998.

BAUMGARTEN, Hans: Moritz von Sachsen. Der Gegenspieler Karls V., Berlin/Wien 1943.

BECKER, Winfried: Der Kurfürstenrat. Grundzüge seiner Entwicklung in der Reichsverfassung und seine Stellung zum Westfälischen Friedenskongreß, Schriftenreihe der Vereinigung zur Erforschung der neueren Geschichte 5, Münster 1973.

BLASCHKE, Karlheinz: Moritz von Sachsen. Ein Reformationsfürst der zweiten Generation, Persönlichkeit und Geschichte Band 113, Göttingen/-Zürich 1983.

BONWETSCH, Gerhard: Geschichte des Passauischen Vertrages von 1552, Diss.phil., Göttingen 1907.

BORN, Karl Erich: Moritz von Sachsen und die Fürstenverschwörung gegen Karl V., Historische Zeitschrift 191 (1960), 18-66.

BOSBACH, Franz: Monarchia universalis. Ein politischer Leitbegriff der frühen Neuzeit, Schriftenreihe der Historischen Kommission bei der Bayerischen Akademie der Wissenschaften 32, Göttingen 1988.

— Köln. Erzstift und Freie Reichsstadt, Territorien 3, 58-84.

BRANDENBURG, Erich: Moritz von Sachsen. Erster Band: Bis zur Wittenberger Kapitulation (1547), Leipzig 1898.

BRANDI, Karl: Passauer Vertrag und Augsburger Religionsfriede, Historische Zeitschrift 95 (1905), 206-264.

— Kaiser Karl V. Werden und Schicksal einer Persönlichkeit und eines Weltreiches. Erster Band. Zweiter Band. Quellen und Erörterungen, München 1941.

BROCKMANN, Thomas: Die Konzilsfrage in den Flug- und Streitschriften des deutschen Sprachraumes 1518-1563, Schriftenreihe der Historischen Kommission bei der Bayerischen Akademie der Wissenschaften 57, Göttingen 1998.

BUCHOLTZ, F.B. von: Geschichte der Regierung Ferdinand des Ersten. Aus gedruckten und ungedruckten Quellen herausgegeben von –, Bd. 7, Wien 1836.

BUNDSCHUH, Benno von: Das Wormser Religionsgespräch von 1557 unter besonderer Berücksichtigung der kaiserlichen Religionspolitik, Reformationsgeschichtliche Studien und Texte 124, Münster 1988.

CORNELIUS, C.A.: Zur Erläuterung der Politik des Churfürsten Moritz von Sachsen, Jahrbuch der historischen Classe der [bayrisch-]königlichen Akademie der Wissenschaften 1866, 257-304.

CORNELIUS, MORITZ s. unter 2. Gedruckte Quellen

CSÁKY, Moritz: Karl V., Ungarn, die Türkenfrage und das Reich (Zu Beginn der Regierung Ferdinands als König von Ungarn), in: Lutz, Heinrich (Hg.) unter Mitarbeit von Elisabeth Müller-Luckner: Das römisch-deutsche Reich im politischen System Karls V., Schriften des Historischen Kollegs. Kolloquien 1, München/Wien 1982, 223-237.

DECOT, Rolf: Religionsfrieden und Kirchenreform. Der Mainzer Kurfürst und Erzbischof Sebastian von Heusenstamm 1545-1555, Veröffentlichungen des Instituts für europäische Geschichte Mainz 100 (Abteilung für abendländische Religionsgeschichte), Wiesbaden 1980.

DICKMANN, Fritz: Das Problem der Gleichberechtigung der Konfessionen im Reich im 16. und 17. Jahrhundert, HZ 201 (1965), 265-305.

— Der Westfälische Frieden, 4. Auflage Münster 1972.

DOLLMANN, Eugen: Die Probleme der Reichspolitik in den Zeiten der Gegenreformation und die politischen Denkschriften des Lazarus von Schwendi, Diss.phil. München, Ansbach 1927.

EHMER, Hermann: Württemberg, Territorien 5, 168-192.

FERNANDEZ ALVAREZ, Manuel: Politica Mundial de Carlos V. y Felipe II. Prologo de Vicente Palacio Atard, Historia de España en el mundo moderno 1, Madrid 1966.

— Imperator mundi. Karl V., Kaiser des Heiligen Römischen Reiches Deutscher Nation, Stuttgart/Zürich 1975.

FISCHER, Gerhard: Die persönliche Stellung und politische Lage König Ferdinands I. vor und während der Passauer Verhandlungen des Jahres 1552, Diss.phil., Königsberg 1891.

FISCHER-GALATI, Stephen A.: Ottoman Imperialism and German Protestantism 1521-1555, Harvard Historical Monographs 43, Cambridge 1959.

GUNDERMANN, Iselin: Herzogtum Preußen, Territorien 2, 220-233.

HARTUNG, Fritz: Karl V. und die deutschen Reichsstände von 1546 bis 1555, Historische Studien I, Halle 1910.

HECKEL, Martin: Deutschland im konfessionellen Zeitalter, Deutsche Geschichte 5, Göttingen 1983.

— Autonomia und Pacis Compositio. Der Augsburger Religionsfriede in der Deutung der Gegenreformation, Zeitschrift der Savigny-Stiftung für Rechtsgeschichte 76 (1959) Kan. Abt. 45, 141-248; zitiert nach: Schlaich, Klaus (Hg.): Martin Heckel. Gesammelte Schriften. Staat - Kirche - Recht - Geschichte, Band 1, Tübingen 1989, 1-82.

HEIL, Dietmar: Die Reichspolitik Bayerns unter der Regierung Herzog Albrechts V. (1550-1579), Schriftenreihe der Historischen Kommission bei der Bayerischen Akademie der Wissenschaften 61, Göttingen 1998.

HERMANN, Johannes: Augsburg - Leipzig - Passau. Das Leipziger Interim nach Akten des Landeshauptarchives Dresden 1547 - 1552. Diss.Theol. Leipzig 1962.

HERMANN/WARTENBERG, PKMS IV, EINFÜHRUNG s. unter 2. Gedruckte Quellen: PKMS IV.

HERMANN/WINTER, PKMS V, EINFÜHRUNG s. unter 2. Gedruckte Quellen: PKMS V

HOFFMANN, Christian: Oldenburg, Territorien 6, 130-151.

HOLLERBACH, Marion: Das Religionsgespräch als Mittel der konfessionellen und politischen Auseinandersetzung im Deutschland des 16. Jahrhunderts, Europäische Hochschulschriften. Reihe III. Geschichte und ihre Hilfswissenschaften 165, Frankfurt a.M./Bern 1982.

ISSLEIB, Simon: Moritz von Sachsen gegen Karl V. bis zum Kriegszuge 1552, Neues Archiv für Sächsische Geschichte und Alterthumskunde 6 (1885), 210-250.

— Moritz von Sachsen gegen Karl V. 1552, Neues Archiv für Sächsische Geschichte und Alterthumskunde 7 (1886), 41-103.

— Von Passau bis Sievershausen 1552-1553, Neues Archiv für Sächsische Geschichte und Alterthumskunde 8 (1887), 1-59.

— Hans von Küstrin und Moritz von Sachsen, Neues Archiv für Sächsische Geschichte und Alterthumskunde 23 (1902), 1-63.

— Moritz von Sachsen und die Ernestiner. 1547-1553, Neues Archiv für Sächsische Geschichte und Alterthumskunde 24 (1903), 248-306.

JÜRGENSMEIER, Friedhelm: Kurmainz, Territorien 4, 60-97.

JUNG, Hildegard: Kurfürst Moritz von Sachsen. Aufgabe und Hingabe. 32 Jahre deutscher Geschichte 1521 - 1553, Hagen 1966.

KASTNER, Ruth (Hg.): Quellen zur Reformation 1517-1555, Ausgewählte Quellen zur deutschen Geschichte der Neuzeit (Freiherr vom Stein-Gedächtnisausgabe) 16, Darmstadt 1994.

KIEWNING, Hans: Herzog Albrechts von Preußen und Markgraf Johanns von Brandenburg Anteil am Fürstenbund gegen Karl V. Teil I. 1547-1550, Diss.phil., Königsberg 1889.

KITTEL, Erich: Siegel, Bibliothek für Kunst- und Antiquitätenfreunde 11, Braunschweig 1970.

KLEIN, Thomas: Ernestinisches Sachsen, kleinere thüringische Gebiete, Territorien 4, 8-39.

KOHLER, Alfred: Antihabsburgische Politik in der Epoche Karls V. Die reichsständische Opposition gegen die Wahl Ferdinands I. zum Römischen König und gegen die Anerkennung seines Königstums (1524-

1534), Schriftenreihe der historischen Kommission bei der Bayerischen Akademie der Wissenschaften 19, Göttingen 1982.

KOSSOL, Erika: Die Reichspolitik des Pfalzgrafen Philipp Ludwig von Neuburg (1547-1614), Schriftenreihe der Historischen Kommission bei der Bayerischen Akademie der Wissenschaften 14, Göttingen 1976.

KRATSCH, Dietrich: Justiz - Religion - Politik. Das Reichskammergericht und die Klosterprozesse im ausgehenden sechzehnten Jahrhundert, Jus ecclesiasticum 39, Tübingen 1990.

KRAUSE, Mathilde: Die Politik des Mainzer Kurfürsten Daniel Brendel von Homburg [1555-1582], Diss.phil. Frankfurt a.M., Darmstadt 1931.

KRONE, Rudolf: Lazarus von Schwendi. 1522-1584. Kaiserlicher General und Geheimer Rat. Seine kirchenpolitische Tätigkeit und seine Stellung zur Reformation, Schriften des Vereins für Reformationsgeschichte 28 (1910), Nr. 107, Leipzig 1912, 125-167.

KRUMWIEDE, Hans-Walter: Kirchengeschichte Niedersachsens. Erster und Zweiter Teilband. Erster Band. Von der Sachsenmission bis zum Ende des Reiches 1806. Zweiter Band. Vom Deutschen Bund 1815 bis zur Gründung der Evangelischen Kirche in Deutschland 1948, Göttingen 1995.1996.

KÜHN, Helga-Maria: Die Einziehung des geistlichen Gutes im Albertinischen Sachsen 1539-1553, Mitteldeutsche Forschungen 43, Köln/Graz 1966.

KÜHNS, Walter: Geschichte des Passauischen Vertrages 1552, Göttingen 1906.

KURZE, Barbara: Kurfürst Ott Heinrich. Politik und Religion in der Pfalz 1556-1559, Gütersloh 1956.

LANZINNER, Maximilian: Passau, Territorien 6, 58-76.

LAUBACH, Ernst: Karl V., Ferdinand I. und die Nachfolge im Reich, Mitteilungen des Österreichischen Staatsarchivs 29 (1976), 1-51.

— "Nationalversammlung" im 16.Jahrhundert. Zu Inhalt und Funktion eines politischen Begriffes, Mitteilungen des Österreichischen Staatsarchivs 38 (1985), 1-48.

LUDOLPHY, Ingetraut: Die Voraussetzungen der Religionspolitik Karls V., Arbeiten zur Theologie 1. Reihe, 24, Stuttgart 1965.

LUTTENBERGER, Albrecht Pius: Glaubenseinheit und Reichsfriede. Konzeptionen und Wege konfessionsneutraler Reichspolitk (1530-1552) (Kurpfalz, Jülich, Kurbrandenburg), Schriftenreihe der Historischen Kommission bei der Bayerischen Akademie der Wissenschaften 20, Göttingen 1982.

— Landfrieden und Reichsexekution. Erster Teil: Friedenssicherung und Bündnispolitik 1552/1553, Mitteilungen des Österreichischen Staatsarchivs 35 (1982), 1-34.

— Kurfürsten, Kaiser und Reich. Politische Führung und Friedenssicherung unter Ferdinand I. und Maximilian II, Veröffentlichungen des Instituts für europäische Geschichte Mainz. Abteilung Universalgeschichte Bd. 149, Beiträge zur Sozial- und Verfassungsgeschichte des Alten Reichs 12, Mainz 1994.

LUTZ, Heinrich: Karl V. und Bayern. Umrisse einer Entscheidung, Zeitschrift für bayerische Landesgeschichte, 22 (1959), 13-41.

— Christianitas afflicta. Europa, das Reich und die päpstliche Politik im Niedergang der Hegemonie Kaiser Karls V. (1552-1556), Göttingen 1964.

MAURENBRECHER, Wilhelm: Karl V. und die deutschen Protestanten 1545-1555. Nebst einem Anhang von Aktenstücken aus dem spanischen Staatsarchiv von Simancas, Düsseldorf 1865.

— Zur Beurtheilung des Kurfürsten Moritz von Sachsen, Historische Zeitschrift 20 (1868), 271-337.

MAURER, Wilhelm: Bekenntnisstand und Bekenntnisentwicklung in Hessen, Gütersloh 1955.

MAYER, Manfred: Leben, kleinere Werke und Briefwechsel des Dr. Wiguleus Hundt. Ein Beitrag zur Geschichte Bayerns im XVI. Jahrhundert, Innsbruck 1892.

MEHLHAUSEN, Joachim: Art. Interim, Theologische Realenzyklopädie 16 (1987), 230-237.

MENCKE, Klaus: Die Visitationen am Reichskammergericht im 16. Jahrhundert. Zugleich ein Beitrag zur Entstehung des Rechtsmittels der Revision, Quellen und Forschungen zur höchsten Gerichtsbarkeit im Alten Reich 13, Köln/Wien 1984.

MENTZ, Georg: Johann Friedrich der Großmütige. 1503-1554. Dritter Teil: Vom Beginn des Schmalkaldischen Krieges bis zum Tode des Kurfürsten. Der Landesherr. Aktenstücke, Beiträge zur neueren Geschichte Thüringens, Jena 1908.

MENZEL, Karl: Wolfgang von Zweibrpcken. Pfalzgraf bei Rhein, Herzog in Baiern, Grav von Veldenz, der Stammvater des baierischen Königshauses (1526-1569), München 1893.

MOLITOR, Hansgeorg: Kurtrier, Territorien 5, 50-71.

MÜLLER, Gerhard: Karl V. und Philipp der Großmütige, Jahrbuch der hessischen kirchengeschichtlichen Vereinigung 12 (1961), 1-34.

— Art. Philipp von Hessen, Landgraf (1504-1567), Theologische Realenzyklopädie 26 (1996), 492-497.

NADWORNICEK, Franziska: Pfalz-Neuburg, Territorien 1, 44-55.

NEUMANN, Reinhold: Die Politik der Vermittlungspartei im Jahre 1552 bis zum Beginn der Verhandlungen zu Passau, Diss.phil. Greifswald 1896.

NEY, Julius: Pfalzgraf Wolfgang, Herzog von Zweibrücken und Neuburg, Schriften des Vereins für Reformationsgeschichte 28 (1910), Nr. 106, Leipzig 1912, 1-124.

OER, Rudolfine Freiin von: Münster, Territorien 3, 108-129.

OPEL, BRIEFSAMMLUNG s.u. 2. Gedruckte Quellen

PETRI, Franz: Nordwestdeutschland im Wechselspiel der Politik Karls V. und Philipps des Großmütigen von Hessen, Zeitschrift des Vereins für hessische Geschichte und Landeskunde 71 (1960), 37-60.

— Herzog Heinrich der Jüngere von Braunschweig-Wolfenbüttel. Ein niederdeutscher Territorialfürst im Zeitalter Luthers und Karls V., Archiv für Reformationsgeschichte 72 (1981), 122-158.

POENSGEN, Georg: Gestalt und Werdegang, in: Ders. (Hg.): Ottheinrich. Gedenkschrift zur vierhundertjährigen Wiederkehr seiner Kurfürstenzeit in der Pfalz (1556-1559), Sonderdruck der Ruperto-Carola, Heidelberg 1956, 22-61.

POSSE, Otto: Die SIEGEL DER DEUTSCHEN KAISER und Könige von 751 bis 1806. Hg. von —. III. Band. 1493-1711, Dresden 1912; V. Band [Text], Dresden 1913.

— Die SIEGEL DER ERZBISCHÖFE und Kurfürsten VON MAINZ, Erzkanzler des Deutschen Reiches bis zum Jahre 1803, Dresden 1914.

PRESS, Volker: Die Bundespläne Kaiser Karls V. und die Reichsverfassung, in: Lutz, Heinrich (Hg.) unter Mitarbeit von Elisabeth Müller-Luckner: Das römisch-deutsche Reich im politischen System Karls V., Schriften des Historischen Kollegs. Kolloquien 1, München/Wien 1982, 55-106.

— Landgraf Philipp von Hessen, in: Scholder, Klaus und Kleinmann, Dieter (Hgg.): Protestantische Profile. Lebensbilder aus fünf Jahrhunderten, Königstein/Taunus 1983, 60-77.

RABE, Horst: Reichsbund und Interim. Die Verfassungs- und Religionspolitik Karls V. und der Reichstag von Augsburg 1547/1548, Köln/Wien 1971.

— Karl V. und die deutschen Protestanten. Wege, Ziele und Grenzen der kaiserlichen Religionspolitik, in: Ders. (Hg.): Karl V. Politik und politisches System. Berichte und Studien aus der Arbeit an der Politischen Korrespondenz des Kaisers, Konstanz 1996, 317-345.

— Art. Karl V., Kaiser (1500-1558), Theologische Realenzyklopädie 17 (1988), 635-644.

— REICH und Glaubensspaltung. Deutschland 1500-1600, in: Moraw, Peter, Press, Volker und Schieder, Wolfgang (Hgg.): Neue Deutsche Geschichte Band 4, München 1989.

RANKE, Leopold von: Deutsche Geschichte im Zeitalter der Reformation, Gesamt-Ausgabe der Deutschen Akademie Leopold von Ranke's Werke, 5 Bde., München 1925.

RASSOW, Peter: Die politische Welt Karls V., 2. Aufl. München o.J. [1946]

REITZENSTEIN, Alexander von: Ottheinrich von der Pfalz, Berlin 1939.

REUSCHLING, Heinzjürgen N.: Die Regierung des Hochstifts Würtzburg 1495- 1642. Zentralbehörden und führende Gruppen eines geistlichen Staates, Forschungen zur fränkischen Kirchen- und Theologiegeschichte 10, Würzburg 1984.

RITTER, Moritz: Deutsche Geschichte im Zeitalter der Gegenreformation und des Dreißigjährigen Krieges (1555-1648). Erster Band (1555-1586). Zweiter Band (1586-1618), Stuttgart 1889 (ND: Darmstadt 1962).

RUDERSDORF, Manfred: Ludwig IV. Landgraf von Hessen-Marburg 1537-1604. Landesteilung und Luthertum in Hessen, Veröffentlichungen des Instituts für europäische Geschichte Mainz. Abteilung Universalgeschichte 144, Mainz 1971.

— Brandenburg-Ansbach und Brandenburg-Kulmbach/Bayreuth, Territorien 1, 10-30.

— und SCHINDLING, Anton: Kurbrandenburg, Territorien 2, 34-66.

— Hessen, Territorien 4, 254-288.

SCHINDLING, Anton und ZIEGLER, Walter: Kurpfalz, Rheinische Pfalz und Oberpfalz, Territorien 5, 8-49.

SCHLAICH, Klaus: Die Mehrheitsabstimmung im Reichstag zwischen 1495 und 1613, ZHF 10 (1983), 299-340.

SCHMID, Alois: Zur Konfessionspolitik Herzog Albrechts V. von Bayern, in: Albrecht, Dieter und Götschmann, Dirk (Hgg. unter Mitarbeit von Bernhard Löffler): Forschungen zur bayerischen Geschichte. Festschrift für Wilhelm Volkert zum 65. Geburtstag, Frankfurt a.M. 1993, 99-114.

— Eichstätt, Territorien 4, 166-181.

SCHMIDT, Berthold: Burggraf Heinrich IV. zu Meißen, Oberstkanzler der Krone Böhmen, und seine Regierung im Vogtlande, Gera 1888.

SCHMIDT, Georg: Landgraf Philipp der Großmütige und das Katzeneln-bogener Erbe, Archiv für hessische Geschichte und Altertumskunde N.S. 41 (1983), 9-54.

— Die Lösung des katzenelnbogischen Erbfolgestreits, Archiv für hessische Geschichte und Altertumskunde N.S. 42 (1984), 9-72.

SCHMIDT, Roderich: Pommern, Cammin, Territorien 2, 182-205

SCHÖNHERR, David: Der Einfall des Churfürsten Moritz von Sachsen in Tirol 1552 (Separatabdruck aus dem Archiv für Geschichte und Alterthumskunde Tirols Bd.IV), Innsbruck 1868.

SCHRADER, Franz: Anhalt, Territorien 2, 88-101.
— Mecklenburg, Territorien 2, 166-180.
SEIBT, Ferdinand: Karl V. Der Kaiser und die Reformation, Berlin 1990.
SICKEN, Bernhard: Ferdinand I. 1556-1564, in: Schindling, Anton und Ziegler, Walter (Hgg.): Die Kaiser der Neuzeit. 1519-1918. Heiliges Römisches Reich, Österreich, Deutschland, München 1990, 55-77.
SKALWEIT, Stephan: Reichsverfassung und Reformation, in: Jedin, Hubert/ Moeller, Bernd und —: Probleme der Kirchenspaltung im 16. Jahrhundert. Hg. von Raymund Kottje und Joseph Staber, Regensburg 1970, 33-58.
SMEND, Rudolf: Das Reichskammergericht. Erster Teil: Geschichte und Verfassung, Quellen und Studien zur Verfassungsgeschichte des Deutschen Reiches in Mittelalter und Neuzeit Band IV/3, Weimar 1911.
SMOLINSKY, Heribert: Albertinisches Sachsen, Territorien 2, 8-32.
— Jülich-Kleve-Berg, Territorien 3, 86-106.
SOWADE, Herbert: Das Augsburger Interim. Das kaiserliche Religionsgesetz von 1548 in seiner politischen und theologischen Relevanz für eine Einung der Christen, Diss.theol. Münster 1977.
SUTTER-FICHTNER, Paula: Ferdinand I of Austria: The Politics of Dynasticism in the Age of the Reformation, East European Monographs 100, New York 1982.

TRAUTZ, Fritz: Ottheinrichs Stellung in der pfälzischen Geschichte. Zum Gedenken an den Regierungsantritt des Kurfürsten vor 400 Jahren, Ruperto-Carola 8 (1956), 29-45.
TREFFTZ, Johannes: Kursachsen und Frankreich 1552-1557, Diss phil., Leipzig 1891.
TURBA, Gustav: Beiträge zur Geschichte der Habsburger II, Archiv für österreichische Geschichte 90 (1901), 1-76; III, ebd. 233-319.

WARMBRUNN, Paul: Pfalz-Zweibrücken, Zweibrückische Nebenlinien, Territorien 6, 170-197.
WARTENBERG, Günther: Kurfürst Moritz von Sachsen und die Landgrafschaft Hessen. Ein Beitrag zur hessischen Reformationsgeschichte, Jahrbuch der hessischen kirchengeschichtlichen Vereinigung 34 (1983), 1-15
— Landesherrschaft und Reformation. Moritz von Sachsen und die albertinische Kirchenpolitik bis 1546, Quellen und Forschungen zur Reformationsgeschichte 55, Gütersloh 1988.

— Philipp Melanchthon und die sächsisch-albertinische Interimspolitik, Luther-Jahrbuch 55 (1988), 60-82.

— Die Entstehung der sächsischen Landeskirche von 1539 bis 1559, in: Junghans, Helmar (Hg. im Auftrag der Arbeitsgemeinschaft für Sächsische Kirchengeschichte): Das Jahrhundert der Reformation in Sachsen. Festgabe zum 450jährigen Bestehen der Evangelisch-Lutherischen Landeskirche Sachsens, Berlin 1989, 67-90.

— Kurfürst Moritz von Sachsen (1521-1553), in: Straubel, Rolf und Weiß, Ulman (Hgg.): Kaiser. König. Kardinal. Deutsche Fürsten 1500-1800, Leipzig/Jena/Berlin 1991, 106-114.

— Art. Moritz von Sachsen (1521-1553), Theologische Realenzyklopädie 23 (1994), 302-311.

— Mansfeld, Territorien 6, 78-91.

WEISS, Dieter J.: Deutscher Orden, Territorien 6, 224-248.

WEISS, Ulman: Landgraf Philipp I. von Hessen (1504 - 1567), in: Straubel, Rolf und Weiß, Ulman (Hgg.): Kaiser. König. Kardinal. Deutsche Fürsten 1500-1800, Leipzig/Jena/Berlin 1991, 74-84.

WENCK, Woldemar: Kurfürst Moritz und Herzog August, Archiv für Sächsische Geschichte 9 (1871), 381-427.

WITTER, Julius: Die Beziehungen und der Verkehr des Kurfürsten Moritz von Sachsen mit dem Römischen Könige Ferdinand seit dem Abschlusse der Wittenberger Kapitulation bis zum Passauer Vertrage, Neustadt a.d.Haardt 1886.

WOHLFEIL, Rainer: Art. Ferdinand I., Kaiser (1503-1564), Theologische Realenzyklopädie 11 (1983), 83-87.

WOLF, Gustav: Der Passauer Vertrag und seine Bedeutung für die nächstfolgende Zeit, Neues Archiv für Sächsische Geschichte und Altertumskunde 15 (1894), 237-282.

ZEEDEN, Ernst Walter: Salzburg, Territorien 1, 72-85.

ZIEGLER, Walter: Bayern, Territorien 1, 56-70.

— Braunschweig-Lüneburg, Hildesheim, Territorien 3, 8-43.

— Würzburg, Territorien 4, 98-126.

Alphabetisches Verzeichnis der Artikel aus ADB = (Allgemeine Deutsche Biographie) und NDB (= Neue Deutsche Biographie):

Adolf III., Graf von Schaumburg (Schauenburg), Kurfürst und Erzbischof von Köln: NDB 1 (1953), 83f (Robert Haaß)

Albrecht V., Herzog von Bayern: ADB 1 (1875), 235-237 (Riezler); NDB 1 (1953), 158-160

Albrecht [Alcibiades], Markgraf von Brandenburg-Ansabch-Kulmbach: ADB 1 (1875), 252-257 (Maurenbrecher); NDB 1 (1953), 163 (Erich Frhr. v. Guttenberg)

August, Kurfürst von Sachsen: ADB 1 (1975), 674-680 (Kluckhohn); NDB 1 (1953), 448-450 (Hellmuth Rößler)

Brendel von Homburg, Daniel; Erzbischof und Kurfürst von Mainz: NDB 3 (1957), 507f (Anton Ph. Brück)

Carlowitz, Christoph von: ADB 3 (1876), 788-790 (Flathe); NDB 3 (1957), 145f (Christa Schille)

Christoph, Graf von Oldenburg: ADB 4 (1876), 241-243 (Merzdorf); NDB 3 (1957), 346f (Werner Storkebaum)

Christoph, Herzog von Württemberg: ADB 4 (1876), 243-250 (P.Stählin); NDB 3 (1957), 248f (Robert Uhland)

Distelmeyer, Lamprecht: ADB 5 (1877), 256-258 (Th.Hirsch); NDB 3 (1958), 744f

Ernst, Herzog von Bayern: ADB 6 (1877), 249f (v. Zeißberg); NDB 4 (1959), 619 (Dieter Albrecht)

Ferdinand I, deutscher Kaiser: ADB 6 (1877), 632-644 (Maurenbrecher); NDB 5 (1961), 81-83 (Adam Wandruszka)

Friedrich II., Kurfürst von der Pfalz: ADB 7 (1877), 603-606 (Kleinschmidt); NDB 5 (1961), 528-530 (Peter Fuchs)

Georg, Herzog von Mecklenburg: ADB 8 (1876), 680 (Fromm)

Harst, Karl: ADB 10 (1879), 647-649 (Harleß); NDB 7 (1966), 705 (Heinz Martin Werhahn)

Heideck, Johann Freiherr von: ADB 11 (1880), 294 (Landmann)

Heinrich der Jüngere, Herzog von Braunschweig-Wolfenbüttel: ADB 11 (1880), 495-500 (Spehr); NDB 8 (1969), 351f (Heinrich Schmidt)

Heinrich V., Burggraf von Meißen: ADB 11 (1880), 577-579 (Ferdinand Hahn)

Hofmann, Johann: ADB 12 (1880), 629-630 (Zeißberg); NDB 9 (1972), 454 (Adam Wandruszka)

Hund, Wiguleus: ADB 13 (1881), 392-399 (Eisenhart); NDB 10 (19754), 64-66 (Leonhard Lenk)

Joachim II. Hector, Kurfürst von Brandenburg: ADB 14 (1881), 76-86 (Th.Hirsch); NDB 10 (1974), 436-438 (Johannes Schultze)

Johann V. [von Isenburg], Erzbischof und Kurfürst von Trier: ADB 14 (1881), 424-426 (Endrulat)

Johann (Hans) von Brandenburg (von Küstrin): ADB 14 (1881), 156-165 (Th.Hirsch); NDB 10 (1974), 476f (Johannes Schultze)

Johann Albrecht I., Herzog von Mecklenburg: ADB 14 (1881), 239-243 (L. Schultz); NDB 10 (1974), 499 (Hildegard Thierfelder)

Karl V., deutscher Kaiser: ADB 15 (1882), 169-206 (Maurenbrecher); NDB 11 (1977) (Alfred Kohler)

Lersner, Heinrich: ADB 18 (1883), 433f (Lenz); NDB 14 (1985), 322-324 (Mühleisen)

Ludwig, Graf zu Stolberg: ADB 36 (1893), 339-345 (Ed. Jacobs)

Mandelsloh, Bertold von, vgl. NDB 16 (1990), 11 (Hans-Jürgen Rieckenberg)

Mansfeld, Albrecht III., Graf von: ADB 20 (1884), 215-221 (Größler); NDB 16 (1990), 78f (Reinhard R. Heinisch)

Maria, Königin von Böhmen und Ungarn, Statthalterin der Niederlande: ADB 20 (1884), 374-378 (Maurenbrecher); NDB 16 (1990), 207-209 (Gernot Heiß)

Maximilian II., deutscher Kaiser: ADB 20 (1884), 736-747 (Maurenbrecher); NDB 16 (1990), 471-475 (Volker Press)

Melchior Zobel von Giebelstadt, Fürstbischof von Würzburg: ADB 21 (1885), 286-289 (Wegele); NDB 17 (1994), 8f (Alfred Wendehorst)

Mordeisen, Ulrich von: ADB 22 (1885), 216-218 (Dister); NDB 18 (1997), 90f (Johannes Hermann)

Moritz, Herzog und Kurfürst von Sachsen: ADB 22 (1885), 293-305 (Maurenbrecher); NDB 18 (1997), 141-143 (Günther Wartenberg)

Otto Heinrich (Ottheinrich), Kurfürst von der Pfalz: ADB 24 (1887), 713-719 (Salzer)

Philipp I., der Großmütige, Landgraf von Hessen: ADB 25 (1887), 765-783 (Friedensburg)

Philipp I., Herzog von Pommern-Wolgast: ADB 26 (1888), 31-34 (von Bülow)

Reiffenberg, Ritter Friedrich v.: ADB 27 (1888), 687-690 (Otto)

Schertlin, Sebastian S. von Burtenbach: ADB 31 (1890), 132-137 (Alfred Stern)

Schwendi, Lazarus Freiherr von: ADB 33 (1891), 382-401 (Kluckhohn)

Seld, Georg Sigismund: ADB 33 (1891), 673-679 (August von Druffel)

Solms, Graf Reinhart der Aeltere, Graf zu: ADB 34 (1892), 584f (B. Poten)

Strassen, Christoph von der: ADB 36 (1893), 506-510

Wilhelm IV., Landgraf von Hessen: ADB 43 (1898), 32-39 (Walther Ribbeck)

Wilhelm V., Herzog von Jülich: ADB 43 (1898), 106-113 (Harleß)

Wilhelm (II.) von Ketteler, Bischof von Münster: ADB 43 (1898), 127f (Harleß)

Wolfgang, Fürst zu Anhalt: ADB 44 (1898), 68-72 (F. Kindscher)

Wolfgang, Pfalzgraf, Herzog von Zweibrücken und Neuburg: ADB 44 (1898), 76-87 (Julius Ney)

Wolfgang von Salm, Bischof von Passau: ADB 44 (1898), 117 (Walter Goetz)

Zasius, Johann Ulrich: ADB 44 (1898), 706-708 (Walter Goetz)

Zitzewitz, Jacob von: ADB 45 (1900), 379-381 (v. Stojentin)

Zobel, Hans = Sohn von Christoph Zobel (?), vgl. ADB 45 (1900), 383 (v. Eisenhart)

Register der Orte und Personen

Berner, Claus (um 1505-1553); Ritt-
meister der Bundesfürsten; braun-
schweigischer Junker 27 Anm.
104
Bessel, Andreas; braunschweigischer
Junker 27 Anm.104
Bingen 19
Bock, Curdt; braunschweigischer
Junker 27 Anm.104
Bodenstein 45 Anm.187
Böcklin von Böcklinsau, Wilhelm (†
1585); kaiserlicher Hofmarschall
23 Anm.91
Böhmen 45 Anm.187; 64; 64 Anm.
275
Bömelberg, Conrad 45 Anm.187
Bortfeld von, Philips Ditterich und
Christoff; braunschweigische Junker 27 Anm.104
Brandenburg 1; 6 Anm.22; 22 Anm.
90; 23; 31; 31 Anm.125
Brandenburg-Kurmark 1
– als Stand bzw. Verhandlungspartei
5; 19; 31f; 34 Anm.144; 35
Anm.147; 55 Anm.233; 56; 56
Anm.237 167; 173f; 176; 178;
180; 182-185; 187-192; 194-196;
198; 200; 202; 204f; 207-210;
213; 215f; 218; 223; 225; 230;
232-236; 241f; 244-248; 250f;
254-260; 262f; 274; 276-278;
282-286; 290; 295f; 300; 303;
305; 316f; 330f; 342; 344; 346;
348f
– Kurfürst von, s. Joachim
Brandenburg-Neumark, als Stand
bzw. Verhandlungspartei 31-33;
35 Anm.147; 79 Anm.307; 173-
176; 179; 181; 183f; 186-190;
192; 194; 196; 199f; 205; 207;
209f; 213; 215-218; 223; 226;
230; 233-236; 242; 244; 247-
249; 251; 254; 256-260; 262f;
275f; 282-285; 291; 296; 300;

303; 305; 316; 318; 332; 343;
345; 347; 350
– Markgraf von Brandenburg-Neumark s. Hans von Küstrin
Braunschweig (Stadt) 2 Anm.3; 5; 5
Anm.20; 27; 27 Anm.104; 72;
85; 126; 286f; 291;
Braunschweig/Wolfenbüttel 1
– als Stand bzw. Verhandlungspartei
5; 87; 167f; 230; 233; 235; 242;
244; 247-251; 256; 276; 278;
282f; 285; 291; 296; 303; 305;
316; 332; 343
– Herzog von, s. Heinrich
Braunschweig/Calenburg-Göttingen
1f
Braunschweigische Junker (vgl. die
Aufstellung 27 Anm.104) 5 Anm.
20; 26f; 30; 38; 56 Anm.238; 57
Anm.247; 72; 79; 85; 119; 123-
125; 171; 215-217; 222; 228;
235f; 240f; 252f; 260f; 267;
269f; 272f; 276f; 279; 281; 283;
286; 289; 291-293; 300
Bremen 236
Brendel, Daniel von Homburg
(1523-1582); Kanzler von Mainz;
ab 1555 Erzbischof und Kurfürst
von Mainz 15 Anm.56; 19; 23
Anm.92f; 60; 67; 81f; 81 Anm.
314; 101; 134; 166; 354
Brixen 45 Anm.187
Burgund 64 Anm.275
Burkhart, Dr. Franciscus; Gesandter
von Köln 101

Carlowitz von, Christoph (1507-
1578); albertinischer Rat 3 Anm.
7; 6 Anm.22; 11 Anm.42; 23
Anm.91; 46 Anm.190; 54; 55
Anm.231; 74f; 169; 264; 302;
346; 350f

Anm.27.29; 9 Anm.34; 18; 36
Anm.152; 45 Anm.187; 102;
124; 140

Hansestädte 23 Anm.92

Harst, Dr. Karl (1492-1563); Gesandter von Jülich 102

Hecklin, Dr. Johann Heinrich, von
Steineck; Gesandter von Württemberg († vor 12.6.1563) 103

Heideck von, Johann (1508-1554)
7f; 8 Anm.27; 9 Anm.35f: 63
Anm.273; 118; 214

Heinrich II. (1519-1559), ab 1547
König von Frankreich 4f; 14
Anm.53; 43 Anm.180; 59f; 73;
117f; 143; 171; 189; 213f; 222;
225; 228; 233; 257; 264; 300-
302; 305; 312; 319; 322; 324f;
352; 354

Heinrich II. d.J., Herzog von
Braunschweig/Wolfenbüttel (1489
[1514]-1568) 2 Anm.3; 5; 5
Anm.20; 18; 27; 27 Anm.104;
36 Anm.152; 45 Anm.187; 56
Anm.238; 57 Anm.247; 85; 102;
108; 123-126; 140; 215; 216;
217; 235; 239; 253; 269; 286;
287; 293

Heinrich IV. (Reuß) von Plauen s.
Plauen, Heinrich von

Heinrich, Graf zu Casstl; Gesandter
von Würzburg 102

Heinrich von Schachten s. Schachten
von, Heinrich

Hessen 2; 65 Anm.278; 85; 86
Anm.329; 162
– als Stand bzw. Verhandlungspartei
3f; 3 Anm.9; 7; 10; 10 Anm.39;
18; 22; 23 Anm.91; 34; 39 Anm.
160; 64; 82; 83 Anm.318; 84;
87; 91 Anm.351; 198; 226; 292;
297;
– Landgraf von, s. Philipp
– Junger Landgraf von, s. Wilhelm

Heusenstamm, Sebastian von (†
1555); ab 1545 Erzbischof und
Kurfürst von Mainz 64-66; 64
Anm.277; 68; 101; 132; 134;
140; 162; 219; 235; 239; 263;
301; 351

Hirnheim von, (Hans) Walter (†
1557); kaiserlicher Truppenführer
14 Anm.56; 139

Hofmann, Johann (Hans) (um 1492-
1564); königlicher Rat und
Kämmerer Ferdinands 23 Anm.
91; 197; 222; 227; 240; 242;
249; 260; 294

Holffant, Johann 23 Anm.91

Homroth von, Bartolt; braunschweigischer Junker 27 Anm.104

Hornung, Dr. Felix (1515/20-1566);
Kanzler des Erzbischofs von
Trier 87 Anm.336; 88; 88 Anm.
341; 90; 101; 350

Hund, Dr. Wiguleus (1514-1588);
bayerischer Rat 21; 21 Anm.83;
23 Anm.91f; 51 Anm.216; 60
Anm.268; 76 Anm.297; 209

Innsbruck 10 Anm.39; 44; 55

Italien 43; 45 Anm.187; 55

Joachim II. (Hector) (1505-1571);
ab 1535 Kurfürst von Brandenburg 2 Anm.3; 3; 10; 10 Anm.
39; 18; 76; 101; 124; 135; 140f;
193; 215f; 227; 235f; 270; 293;
300; 347

Johann von Brandenburg/Neumark
s. Hans von Küstrin

Johann V. von Isenburg (1507/8-
1556), ab 1547 Erzbischof und
Kurfürst von Trier 15 Anm.56;
19; 101; 140; 350; 354

Johann, Graf von Mansfeld († 1567)
281

Oberwesel 19
Österreichische Erblande 20 Anm.81
Österreich(-Ungarn) 14 Anm.52; 64;
64 Anm.275
Oldenburg 200; 238
Oldershausen von, Ludolff, Hans,
Jobst, Matias, Adam Tomas Jost,
Bartold Ditterich; braunschweigi-
sche Junker 27 Anm.104
Orator, französischer s. de Fresse
Ottheinrich (Otto Heinrich) (1502-
1559), ab 1552 Pfalzgraf von
Pfalz-Neuburg; ab 1556 Kurfürst
23 Anm.91; 57; 71; 85; 119;
121; 127; 229f; 243-245; 259;
261f; 269; 273; 346-348
Otto, Truchseß von Waldburg
(1514-1573); ab 1544 Kardinal
von Augsburg 229

Parma 45 Anm.187
Passau 18; 18 Anm.73; 21 Anm.85;
40f; 45f; 49; 52; 54; 58; 60; 62
Anm.273; 63 Anm.274; 64 Anm.
276; 66-70; 73; 75-82; 76 Anm.
297; 77 Anm.299; 100; 133;
138; 158; 166; 301f; 308; 338
– als Stand bzw. Verhandlungspartei
22; 24; 30f; 162; 167; 173f; 176;
179; 181; 183-190; 192; 194;
196; 199f; 202; 205; 207; 209f;
213; 215-218; 223; 225f; 230;
233-236; 238; 242; 244; 247-
251; 253f; 257-263; 275; 277f;
282-286; 291; 296f; 303; 305f;
316; 318; 332; 342-345; 347;
349; 352
– Bischof von, s. Wolfgang von
Salm
Paul IV. (1476-1559), ab 1555 Papst
85
Pfalz 78
– als Stand bzw. Verhandlungspartei
23; 30-34; 34 Anm.143f; 35

Anm.147; 63-65; 74; 81; 167;
173-177; 180; 182-185; 187-192;
194-196; 198; 200; 202; 204;
206-210; 212-218; 223; 225f;
229f; 232-236; 239; 241; 243-
248; 250f; 254-262; 274f; 277f;
281-286; 290f; 295; 300f; 303f;
316f; 330f; 342-344; 346; 349
– Kurfürst von, s. Friedrich
Pfalz-Neuburg 57; 87
Philipp, Graf von Eberstein († 1565)
45 Anm.187
Philipp, Freiherr zu Winnenberg
und Beyelstain; Gesandter von
Trier 101; 307 Anm.2; 338
Philipp I., Landgraf von Hessen
(1504[1518]-1567) 2 Anm.4; 3; 4
Anm.15; 8; 10; 12 Anm.49; 14
Anm.56; 15-17; 17 Anm.67; 18;
21 Anm.85; 25; 27f; 30; 31
Anm.125; 38f; 38 Anm.158; 41;
44; 48; 48 Anm.199; 56 Anm.
238; 58 Anm.248; 60; 62 Anm.
273; 63 Anm.274; 65f; 68f; 71;
73; 76f; 77 Anm.302; 82; 83
Anm.318; 85; 91; 98; 105f; 108;
135; 141; 162; 170; 189; 191-
197; 199; 201; 203; 208-214;
219-221; 224-227; 230f; 237;
239; 250; 254f; 264f; 270-272;
279; 287f; 291-293; 296; 311f;
348; 351
Philipp I., Herzog von Pommern-
Wolgast (1515[1532]-1560) 102;
124; 140; 300
Plauen von, Heinrich (1510-1554);
1520 Burggraf von Meißen, ab
1547 von ganz Reuß; Oberster
Kanzler des Königreiches Böhmen und Rat Ferdinands 14
Anm.52; 15; 15 Anm.57.59; 23
Anm.91; 56; 56 Anm.237f; 57
Anm.241f; 73-82; 73 Anm.286;
76 Anm.297; 77 Anm.301f; 79